■2025年度高等学校受験用

市川高等学校

収録内容一覧

★この問題集は以下の収録内容となっています。また、編集の都合上、解説、解答用紙を省略させていただいている場合もございますのでご了承ください。

（○印は収録、一印は未収録）

入試問題と解説・解答の収録内容		解答用紙
2024年度	英語・数学・社会・理科・国語	○
2023年度	英語・数学・社会・理科・国語	○
2022年度	英語・数学・社会・理科・国語	○
2021年度	英語・数学・社会・理科・国語	○
2020年度	英語・数学・社会・理科・国語	○

★当問題集のバックナンバーは在庫がございません。あらかじめご了承ください。

リスニングテストの音声は、下記のIDとアクセスコードにより当社ホームページで聴くことができます。
（当社による録音です）
ユーザー名：koe　アクセスコード（パスワード）：31438　使用期限：2025年3月末日

※ユーザー名・アクセスコードの使用期限以降は音声が予告なく削除される場合が

●凡例●

【英語】

≪解答≫

〔　〕 ①別解
②置き換え可能な語句（なお下線は置き換える箇所が2語以上の場合）
(例) I am〔I'm〕glad〔happy〕to ~

（　） 省略可能な言葉

≪解説≫

1, **2**… 本文の段落（ただし本文が会話文の場合は話者の１つの発言）

〔　〕 置き換え可能な語句（なお〔　〕の前の下線は置き換える箇所が 2 語以上の場合）

（　） ①省略が可能な言葉
(例)「(数が) いくつかの」
②単語・代名詞の意味
(例)「彼（＝警察官）が叫んだ」
③言い換え可能な言葉
(例)「いやなにおいがするなべにはふたをするべきだ（＝くさいものにはふたをしろ)」

// 訳文と解説の区切り

cf. 比較・参照

≒ ほぼ同じ意味

【数学】

≪解答≫

〔　〕 別解

≪解説≫

（　） 補足的指示
(例)（右図１参照）など

〔　〕 ①公式の文字部分
(例)〔長方形の面積〕＝〔縦〕×〔横〕
②面積・体積を表す場合
(例)〔立方体 ABCDEFGH〕

∴ ゆえに

≒ 約、およそ

【社会】

≪解答≫

〔　〕 別解

（　） 省略可能な語

＿＿ 使用を指示された語句

≪解説≫

〔　〕 別称・略称
(例) 政府開発援助〔ODA〕

（　） ①年号
(例) 壬申の乱が起きた（672 年)。
②意味・補足的説明
(例) 資本収支（海外への投資など)

【理科】

≪解答≫

〔　〕 別解

（　） 省略可能な語

＿＿ 使用を指示された語句

≪解説≫

〔　〕 公式の文字部分

（　） ①単位
②補足的説明
③同義・言い換え可能な言葉
(例) カエルの子（オタマジャクシ)

≒ 約、およそ

【国語】

≪解答≫

〔　〕 別解

（　） 省略してもよい言葉

＿＿ 使用を指示された語句

≪解説≫

〈　〉 課題文中の空所部分（現代語訳・通釈・書き下し文)

（　） ①引用文の指示語の内容
(例)「それ（＝過去の経験）が ～」
②選択肢の正誤を示す場合
(例)（ア，ウ…×）
③現代語訳で主語などを補った部分
(例)（女は）出てきた。

／ 漢詩の書き下し文・現代語訳の改行部分

市川高等学校

所在地	〒272-0816 千葉県市川市本北方2-38-1
電　話	047-339-2681(代)
ホームページ	https://www.ichigaku.ac.jp/
交通案内	京成線 鬼越駅より徒歩20分 JR・都営新宿線 本八幡駅／JR 市川大野駅／JR・東西線 西船橋駅よりバス (西船橋駅からのバスは登下校時のみ運行)

普通科

男女共学

くわしい情報はホームページへ

応募状況

年度	募集数		受験数	合格数	倍率
2024	単願推薦	30名	81名	33名	2.5倍
	一般	90名	1,083名	643名	1.7倍
	帰国生		66名	40名	1.7倍
2023	単願推薦	30名	100名	31名	3.2倍
	一般	90名	1,106名	623名	1.8倍
	帰国生		62名	41名	1.5倍
2022	単願推薦	30名	67名	30名	2.2倍
	一般	90名	1,080名	481名	2.2倍
	帰国生		88名	38名	2.3倍
2021	単願推薦	35名	71名	36名	2.0倍
	一般	85名	877名	586名	1.5倍
	帰国生		55名	40名	1.4倍
2020	単願推薦	35名	63名	35名	1.8倍
	一般	85名	960名	545名	1.8倍
	帰国生		62名	35名	1.8倍

※募集数には市川中学校卒業生を含まない。

試験科目　(参考用：2024年度入試)

［単願推薦］国語・数学・英語・社会・理科
［一　　般］国語・数学・英語・社会・理科
［帰 国 生］国語・数学・英語

本校の特色

①第三教育の実践：「自分自身による教育」を確かなものとするため，生徒一人ひとりの自主性を育成する教育を行っている。
②土曜講座：各界の第一線で活躍する有識者を講師に招き開講。生徒自ら学ぶ機会を支援している。
③リベラルアーツ教育：市川アカデメイア(対話型セミナー)，LAゼミ(ゼミ形式の少人数授業)などを導入している。
④SSH指定校：2009年度よりＳＳＨ(スーパーサイエンスハイスクール)に指定されており，現在４期目を迎えている。

進路状況

2024年・主な大学合格者数　(2024年４月１日現在)
東京大31名，京都大５名，一橋大10名，東京工業大９名，北海道大17名，旭川医科大１名，東北大６名，筑波大11名，千葉大33名，東京医科歯科大３名，東京外国語大２名，東京農工大５名，お茶の水女子大４名，横浜国立大13名，名古屋大１名，大阪大３名，九州大２名，福島県立医科大１名，防衛医科大１名，早稲田大171名，慶應義塾大111名，上智大70名，国際基督教大１名，東京理科大159名，明治大171名，中央大78名，立教大63名，日本医科大２名，東京医科大２名など。

編集部注―本書の内容は2024年3月現在のものであり，変更されている場合があります。正確な情報は，学校のホームページ等で必ずご確認ください。

出題傾向と今後への対策

出題内容

	2024	2023	2022
大問数	3	3	3
小問数	39	41	47
リスニング	○	○	○

◎大問３題，小問数25～45問前後である。放送問題はやや長めの英文を１～２題聞くもので，英問英答の選択形式となっている。

2024年度の出題状況

Ⅰ 放送問題

Ⅱ 長文読解総合―説明文・対話文

Ⅲ 長文読解総合―物語

解答形式

2024年度	記　述（○）／マーク／併　用

出題傾向

読解問題の占める割合が大きい。長文は２題出題され，分量はやや短め～標準のものが多い。設問は指示語，英文解釈，内容真偽，英問英答，文の並べ替えなど読解力を試すオーソドックスな問題が多い。長文以外では単語の発音がたまに出題されるほか，誤文訂正問題が近年よく出題されている。放送問題は英問英答となっている。

今後への対策

読解問題が多いので，複雑な文章でも正確に把握できるような読解力を身につける必要がある。まず教科書で単語や熟語，文法事項を完全に理解し，暗記をしよう。その後は長文読解の問題集で何度も繰り返して英文に慣れていくとよい。仕上げに本校の過去問を数回解き，問題の形式や時間配分などを把握しておこう。

◆◆◆◆◆ 英語出題分野一覧表 ◆◆◆◆◆

分野			2022	2023	2024	2025予想※
音声	放送問題		★	★	★	◎
	単語の発音・アクセント					
	文の区切り・強勢・抑揚					
語彙・文法	単語の意味・綴り・関連知識					
	適語(句)選択・補充					
	書き換え・同意文完成				●	△
	語形変化					
	用法選択					
	正誤問題・誤文訂正				●	△
	その他					
作文	整序結合		●	●	●	◎
	日本語英訳	適語(句)・適文選択				
		部分・完全記述				
	条件作文					
	テーマ作文					
会話文	適文選択					
	適語(句)選択・補充					
	その他					
長文読解	内容把握	主題・表題				
		内容真偽	●	●		◎
		内容一致・要約文完成			■	△
		文脈・要旨把握	●	■	●	◎
		英問英答				
	適語(句)選択・補充		★	■	■	◎
	適文選択・補充		●	■		◎
	文(章)整序					
	英文・語句解釈(指示語など)		●	●	●	◎
	その他(適所選択)				●	△

●印：１～５問出題，■印：６～10問出題，★印：11問以上出題。
※予想欄　◎印：出題されると思われるもの。　△印：出題されるかもしれないもの。

出題傾向と今後への対策 数学

出題内容

2024年度 作 証 グ

大問５題，12問の出題。1は関数で，放物線と直線に関するもの。点の位置を作図で求める問題もある。2はサイコロを用いた確率に関する問題。サイコロを２回ふったとき，出た目の和が７になる確率を求めるもの。サイコロの目を書きかえられるのがポイント。3は平面図形で，２つの直角三角形を組み合わせた図形について問うもの。証明問題も出題された。4は空間図形で，立方体の内部にできる図形について問うもの。5は数の性質から約数に関する問題。

2023年度 作 証 グ

大問５題，14問の出題。1は関数で，放物線と直線に関するもの。点の位置を作図で求める問題もある。2は場合の数に関する問題。３点を選んでできる三角形のうち，条件を満たすものが何個あるかを求めるもの。3は特殊・新傾向問題。２つの数の列を用いた問題。4は空間図形で，四面体について問うもの。球を四面体の面で切断したときの断面について問うものもある。5は平面図形で，円と六角形を利用した問題。証明問題も出題されている。

作…作図問題　証　証明問題　グ…グラフ作成問題

解答形式

2024年度	記述／マーク／併用

（記述に○）

出題傾向

大問５～６題，総設問数14～17問で，各分野からまんべんなく出題されている。設定や条件が複雑なものが含まれ，重みを感じる問題が多いので，問題を見きわめることも重要なポイントとなる。近年は，作図，証明問題も出題されている。

今後への対策

基礎をしっかり身につけ，標準レベルの問題で解法のパターンを一つ一つ習得し，標準レベルの問題は確実に解けるようにしておきたいところ。そのうえで発展レベルの問題まで手をつけたい。証明も手際よくかけるようにしておきたい。

◆◆◆◆◆ 数学出題分野一覧表 ◆◆◆◆◆

分野		2022	2023	2024	2025予想※
数と式	計算，因数分解	■			△
	数の性質，数の表し方			■	△
	文字式の利用，等式変形				
	方程式の解法，解の利用				
	方程式の応用				
関数	比例・反比例，一次関数				
	関数$y=ax^2$とその他の関数	★	★	★	◎
	関数の利用，図形の移動と関数				
図形	（平面）計量	★	■	●	◎
	（平面）証明，作図	●	●	●	◎
	（平面）その他				
	（空間）計量	★	★	★	◎
	（空間）頂点・辺・面，展開図				
	（空間）その他				
データの活用	場合の数，確率	■	■	■	◎
	データの分析・活用，標本調査				
その他	不等式				
	特殊・新傾向問題など		★		
	融合問題				

●印：１問出題，■印：２問出題，★印：３問以上出題。
※予想欄　◎印：出題されると思われるもの。　△印：出題されるかもしれないもの。

出題傾向と今後への対策

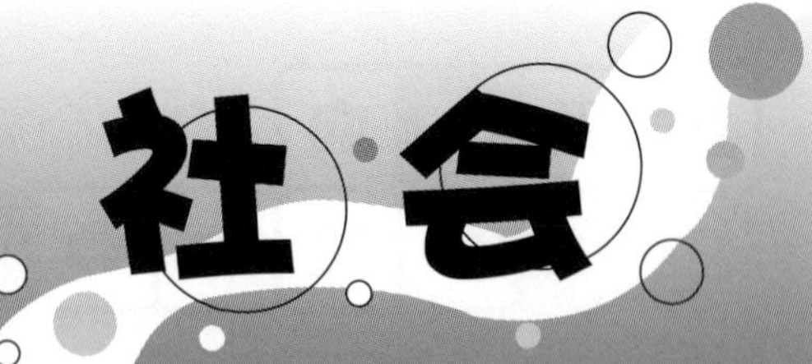

論…論述問題

出題内容

2024年度

地理・世界と日本の自然環境，人口，産業を題材とした問題と東南アジアに関する問題。 論

歴史・古代から現代までの日本と世界の政治と経済や国際関係，戦争に関する問題。 論

公民・物価や景気の変動などの経済や日本国憲法と人権，外国人参政権等に関する問題。 論

2023年度

地理・人口１億人以上の国を題材とした世界と日本の人口や産業，文化，気候等に関する問題。 論

歴史・日本に来た外国人を題材とした古代から現代までの日本と世界の政治や文化等に関する問題。 論

公民・国際関係，政治，基本的人権，成年年齢引き下げ，消費者問題等に関する問題。

2022年度

地理・世界と日本の気候，世界の地形，自給率，日本のエネルギー供給，人口等に関する問題。 論

歴史・古代から現代までの日本と世界の政治と経済や国際関係，戦争に関する問題。 論

公民・日本国憲法と人権，政治の仕組み，企業，経済，資料の読み取り等に関する問題。

解答形式

2024年度	記　述／マーク／併　用

出題傾向

　三分野とも広い知識が求められている。また，テーマごとにグラフや表，資料を読み取る分析力や思考力が必要となる。論述形式の問題も出されている。

　歴史は日本の歴史，世界の歴史を問わず幅広く出題されており，内容も教科書外の問題が見られる。公民は時事的な内容を含む現代の諸課題が出題されることが多い。

今後への対策

　歴史を中心に各分野とも深く掘り下げられた問題が多いため，教科書の学習以上のものが求められる。歴史の論述形式問題の対策の１つとして，ある出来事の因果関係を把握し，事項と事項を関連づけてまとめていくとよい。

　また，新聞やニュース等で日頃から時事的な知識をたくわえておこう。

◆◆◆◆◆ 社会出題分野一覧表 ◆◆◆◆◆

分野	年度	2022	2023	2024	2025 予想※
地理的分野	地形図				△
	アジア		人総	産　総	◎
	アフリカ		産		△
	オセアニア				△
	ヨーロッパ・ロシア				△
	北アメリカ		地		△
	中・南アメリカ		産		△
	世界全般	地　人総	人	地	◎
	九州・四国				△
	中国・近畿				△
	中部・関東		人		△
	東北・北海道				△
	日本全般	地産人		地　人	◎
歴史的分野	旧石器～平安	●	●	●	◎
	鎌倉	●	●	●	◎
	室町～安土桃山	●	●	●	◎
	江戸	●	●	●	◎
	明治	●	●	●	◎
	大正～第二次世界大戦終結	●	●	●	◎
	第二次世界大戦後	●		●	◎
公民的分野	生活と文化				△
	人権と憲法	●	●	●	◎
	政治	●	●		◎
	経済	●	●	●	◎
	労働と福祉				△
	国際社会と環境問題		●		△
時事問題			●		△

※予想欄　◎印：出題されると思われるもの。　△印：出題されるかもしれないもの。
地理的分野については，各地域ごとに出題内容を以下の記号で分類しました。
地…地形・気候・時差，　産…産業・貿易・交通，　人…人口・文化・歴史・環境，　総…総合

出題傾向と今後への対策

出題内容

2024年度 ※ 記

大問４題，小問28問。1は電流について，電磁誘導，送電の流れについて，知識と理解が問われた。エネルギーの変換についても問われた。2は水溶液とイオンについて，電離や濃度，再結晶について，知識と理解が問われた。3は遺伝の規則性について，理解と思考力が問われた。4は火成岩や地層について，知識と科学的な思考力が問われた。

	2024	2023	2022
大問数	4	4	4
作図問題	0	0	1

2023年度 ※ ※

大問４題，小問27問。1は浮力・水圧について，理解が問われた。2は化学変化と原子・分子から，酸化銅の還元や実験操作について，知識と理解が問われた。3は生物の体のつくりとはたらきから，心臓や血液の成分について，正確な知識が問われた。4は大地の変化から，地震について，知識と科学的な思考力が問われた。高層ビルの地震対策や緊急地震速報に関する問いも見られた。

作…作図・グラフ作成問題　記…文章記述問題

解答形式

2024年度	記　述／マーク／併　用

出題傾向

大問数が４題で，大問１題当たり，小問が６～８問ついている。

教科書に載っている実験・観察を題材とし，さらに，発展的内容にふみ込んだ問題も見られた。グラフの作成や文章記述問題も見られ，正確な知識だけでなく，応用力・考察力も必要。

今後への対策

はじめに，教科書の実験・観察の手順や結果・考察についてまとめよう。その後，基礎的な問題集を１冊解き，正確な知識が身についているか確認しよう。できない問題があったら，教科書を見直すこと。

さらに，応用力・考察力を身につけるために，難度の高い問題集や国立や難関高校の過去問題集を使って練習したい。

◆◆◆◆◆ 理科出題分野一覧表 ◆◆◆◆◆

分野	年度	2022	2023	2024	2025 予想※
身近な物理現象	光　と　音				◎
	力のはたらき(力のつり合い)				◎
物質のすがた	気体の発生と性質	●			◎
	物質の性質と状態変化				△
	水　溶　液			●	◎
電流とその利用	電流と回路			●	◎
	電流と磁界(電流の正体)			●	◎
化学変化と原子・分子	いろいろな化学変化(化学反応式)	●	●		◎
	化学変化と物質の質量		●		◎
運動とエネルギー	力の合成と分解(浮力・水圧)	●	●		◎
	物体の運動	●			◎
	仕事とエネルギー	●		●	◎
化学変化とイオン	水溶液とイオン(電池)			●	◎
	酸・アルカリとイオン				◎
生物の世界	植物のなかま			●	◎
	動物のなかま				◎
大地の変化	火山・地震		●	●	◎
	地層・大地の変動(自然の恵み)			●	◎
生物の体のつくりとはたらき	生物をつくる細胞				△
	植物の体のつくりとはたらき	●			◎
	動物の体のつくりとはたらき	●	●	●	◎
気象と天気の変化	気象観察・気圧と風(圧力)	●			△
	天気の変化・日本の気象				◎
生命・自然界のつながり	生物の成長とふえ方				◎
	遺伝の規則性と遺伝子(進化)			●	◎
	生物どうしのつながり				◎
地球と宇宙	天体の動き				◎
	宇宙の中の地球				◎
自然環境・科学技術と人間					△
総　合	実験の操作と実験器具の使い方	●	●		◎

※予想欄　◎印：出題されると思われるもの。　△印：出題されるかもしれないもの。
分野のカッコ内は主な小項目

出題傾向と今後への対策

出題内容

2024年度

一 論説文　二 小説　三 古文　四 漢字

課題文

一石原明子「生と死の現場に立ち現れる和解と赦し」／石牟礼道子『花びら供養』
二曽野綾子『無名碑』
三松平定信『花月草紙』

2023年度

一 論説文　二 随筆　三 古文　四 漢字

課題文

一長谷川眞理子「種と個のあいだ」
二恒藤　恭「友人芥川の追憶」／芥川龍之介「恒藤恭氏」
三一色直朝『月庵酔醒記』／井原西鶴『武家義理物語』

2022年度

一 論説文　二 小説　三 古文　四 漢字

課題文

一中村桃子『〈性〉と日本語』／真田真治『方言は気持ちを伝える』
二有吉佐和子『地唄』
三本居宣長『菅笠日記』

解答形式

2024年度	○記述／マーク／併用

出題傾向

現代文・古文ともに，課題文が比較的長く内容的にも高度で，設問がそれぞれ6問程度付されている。設問の内容は，内容理解に関するものが大半で，現代文に関しては，50～100字程度の記述解答を求める設問が，複数出題されている。全体として，分量も多く，難度の高い試験といえる。

今後への対策

現代文については，応用レベルの問題集などでしっかりとした読解力を養うとともに，文章の内容や自分の考えを正確にまとめる表現力を養うことも大切である。日頃から自分が読んだ文章について，100字程度の概要を書くなどの訓練が必要である。古文については，長い文章も正確に読めるように，問題集で練習しておくこと。

◆◆◆◆◆ 国語出題分野一覧表 ◆◆◆◆◆

分野		年度	2022	2023	2024	2025予想※
現代文	論説文 説明文	主題・要旨	●			△
		文脈・接続語・指示語・段落関係				
		文章内容	●	●	●	◎
		表現				
	随筆 日記 手紙	主題・要旨				
		文脈・接続語・指示語・段落関係				
		文章内容		●		△
		表現				
		心情		●		△
	小説	主題・要旨				
		文脈・接続語・指示語・段落関係				
		文章内容	●		●	◎
		表現	●		●	◎
		心情	●		●	◎
		状況・情景				
韻文	詩	内容理解				
		形式・技法				
	俳句 和歌 短歌	内容理解				
		技法				
古典	古文	古語・内容理解・現代語訳	●	●	●	◎
		古典の知識・古典文法				
	漢文	（漢詩を含む）				
国語の知識	漢字 語句	漢字	●	●	●	◎
		語句・四字熟語	●		●	◎
		慣用句・ことわざ・故事成語				
		熟語の構成・漢字の知識				
	文法	品詞				
		ことばの単位・文の組み立て				
		敬語・表現技法				
	文学史					
作文・文章の構成・資料						
その他						

※予想欄　◎印：出題されると思われるもの。　△印：出題されるかもしれないもの。

2024年度 市川高等学校

【英　語】（60分）〈満点：100点〉

■リスニングテストの音声は，当社ホームページで聴くことができます。（当社による録音です）
再生に必要なユーザー名とアクセスコードは「収録内容一覧」のページに掲載しています。

【注意】 1．解答の際には，句読点や記号は1字と数えること。
2．リスニング問題の放送は，試験開始約1分後に始まる。
3．放送は2度流れる。
4．放送中にメモを取っても構わない。

I

(A)　これから読まれる英文を聞いて，(1)は設問文の指示に従って答えなさい。(2)～(5)は答えとして最も適切なものを選び，それぞれ記号で答えなさい。英文は2回読まれます。なお，放送を聞きながら問題用紙の余白部分にメモをとってもかまいません。

(1)　Complete the student's notes with the information you hear.

Topic: Daylight Saving Time (Sometimes called ①______ time)
Around ②______ countries worldwide use daylight saving time. Usually starts in ③______ and ends in October or November. First suggested by George Hudson in New Zealand in the year ④______. First started in ⑤______ in the year 1916.

(2)　In winter, if it is noon in London, what time is it in Japan？
a．3 a.m.　　b．4 a.m.　　c．8 p.m.　　d．9 p.m.

(3)　Why did George Hudson want to change the time？
a．He didn't like insects.　　b．He didn't want to work.
c．He wanted to do his hobby.　　d．He liked the sunshine.

(4)　What happens to some people every year because of daylight saving？
a．They are late for work.　　b．They go to bed early.
c．They don't like working in the garden.　　d．They stop accidents.

(5)　Choose ONE TRUE answer according to the listening.
a．All countries which follow daylight saving time change their clocks on the same days.
b．Daylight saving time allows people to get more sleep in spring.
c．Germany and the UK had similar reasons for starting daylight saving.
d．It is a fact that daylight saving always saves electricity.

(B)　これから読まれるインタビューを聞いて，答えとして最も適切なものを選び，それぞれ記号で答えなさい。英文は2回読まれます。なお，放送を聞きながら問題用紙の余白部分にメモをとってもかまいません。

(1) How old was she when she began her journey around the world?

a. 6 b. 11 c. 14 d. 16

(2) What reaction did her parents have to her world plan?

a. They were angry.

b. They took away her boat.

c. Her father called the government to stop her.

d. Her father gave her a gift.

(3) What did she enjoy the least?

a. She experienced a terrible storm.

b. She kept seeing the same view.

c. She got lost.

d. She couldn't join a special race.

(4) What is NOT true according to the passage?

a. She lives in New Zealand now.

b. The boat she took around the world was called Guppy.

c. She hopes more young people will like sailing.

d. 17-year-olds can take part in her trips this year.

(5) Which of the following should people do if they want to take part?

a. Take a test. b. Telephone her company.

c. Send an email. d. Wait until they finish school.

※<**リスニング問題放送原稿**>は英語の問題の終わりに付けてあります。

II 次の英文(A)とそれに関する対話文(B)を読んで，各問いに答えなさい。なお，出題に際して本文には省略および表記を一部変えたところがあります。〔本文中で＊の付いている語(句)には注があります〕

(A)

How can we tell if someone is lying?

1 The secret to finding liars is to look for signs of 'leakage'. This means information that we notice even when that person tries their best to hide or camouflage the signals. [A] For example, a false smile is easy to see because it appears only around the mouth and does not change the *muscles around the eyes. [B] A false smile is also likely to be crooked (*non-symmetrical from left to right), making it appear not straight, and unnatural. [C] It is also turned on and off too quickly, like a light switch. [D]

2 Let's examine another common sign of lying, such as the habit of touching one's nose. One of the reasons why people who are lying often touch their nose is that it is likely to start to feel uncomfortable, making the individual think about it more than usual. This fact might have caused the writer of the story of Pinocchio to think of the idea for this character, whose nose famously grew longer when he told a lie. Scientists in Chicago have found that lying can cause the skin of the nose to fill with blood. ①<u>This</u> would make someone want to touch the nose more frequently.

3 A sign that liars feel uncomfortable may also be seen when they can't sit still in their seat, as though they would like to escape from the situation. People who keep touching their eyes while saying 'I see what you mean' may really be ②<u>saying that they are refusing to accept the point</u>. People

who are lying often use fewer strong gestures, as if their hands are refusing to agree with the lie. On the other hand, there is an increase in their use of some other gestures. Waving a hand sideways may be a gesture coming from some deeper part of the personality that doesn't want to be responsible for the spoken lie. Effectively, the hand tries to take away what is being said.

4 Experts can find signs of lying in a speaker by studying tiny *stress-induced movements in the face, which are too quick to be seen at normal speed. Slowing down a video recording so that the face can be studied frame-by-frame shows ③these micro-expressions, which last for much less than a second. These show 'counter emotions', suggesting that at some level the individual is uncomfortable with the lies they are telling. It is as though a higher brain center is cancelling a mood expression that has been automatically started at a deeper level, effectively telling the face to 'shut up'.

5 When a liar is under special pressure and it is very important that their lie is not found out, there are some particular things that may be observed. These include *pupil dilation, speaking in a high voice, shorter comments and waiting a little before speaking. Compared to casual liars, people trying hard to hide their lies sometimes over-control their gestures, because they believe their gestures will show they are lying. For example, they make sure not to *blink so often, keep their head and body very still and keep looking at the person they are lying to.

6 This becomes a difficult game of second-guessing and shows how difficult it can be to discover lies. Because many of us don't trust people whose eyes move around a lot, skilled liars may learn to hide this signal and end up using a lot of direct eye contact instead. Rather than look away sometimes, they look at you straight in the face while telling the lie. At the same time, they may be taking pains to avoid blinking and moving around a lot while sitting down because these are widely believed to be tell-tale signs of lying.

*(注) muscle：筋肉　non-symmetrical：左右非対称の　stress-induced：ストレスに起因した
pupil dilation：瞳孔(どうこう)拡張　blink：まばたきをする

(B)

Naomi : Can you hide lies effectively ?

Ken : Well, it's not a good idea to lie at all. But if someone wanted to hide lies, they might try to act normally and not to raise any doubt. They could also mix in some true facts with the lie to make it seem more believable.

Naomi : I got it. So, including some truth could make it harder to be found out, right ?

Ken : Yes, that's one way people try to cheat others. They might also change the topic or make excuses.
But here's the thing : [④] forever. Even if people try hard to hide their lies, signs of 'leakage' will be found.

Naomi : 'Leakage' ? What's that ?

Ken : It's a piece of information which tells you that [⑤].

Naomi : I see. It seems like being honest is the best way, even if it might be difficult at first.

問１　次の英文を入れるのに最も適切な箇所を A ～ D から選び，記号で答えなさい。

There is an absence of lines around and under the eyes, which is often a mark of someone not being honest.

問２　下線部①の指す内容を日本語で答えなさい。

問３　下線部②とほぼ同じ意味になるように，以下の空欄に入る適切な語をそれぞれ答えなさい。

saying 'I [a] [b] with what you mean'

問4 下線部③の説明として，正しい内容の英文を2つ選び，記号で答えなさい。

ア．People can hide micro-expressions on purpose.

イ．People cannot control the size or speed of micro-expressions.

ウ．Micro-expressions are different depending on how people are feeling.

エ．Micro-expressions perhaps show people don't really want to lie.

オ．Scientists know how many micro-expressions there are from using modern technology.

問5 英文(A)の内容と合うように，下線部に入る最も適切なものを選び，それぞれ記号で答えなさい。

(1) The writer of the story of Pinocchio ＿＿＿＿＿.

ア．might have often had a bloody nose in his childhood

イ．might have had a wooden doll with a long nose in his childhood

ウ．might have known that liars often focus on their nose

エ．might have known the fact that a false smile can be turned on and off quickly

(2) Casual liars ＿＿＿＿＿.

ア．lie more often than liars under special pressure

イ．don't think much about their gestures when they are lying

ウ．think lying sometimes brings people together

エ．don't trust anyone else so that they won't feel uncomfortable

(3) To hide any signals of lying, skilled liars ＿＿＿＿＿.

ア．move their eyes around a lot

イ．try to move around in their chairs

ウ．often look into your face directly

エ．often touch their eyes to hide their blinking

問6 次の【 】内の語を並べかえて，[④]に入る適切な英語を書きなさい。ただし，下線の引かれている語は適切な形に変えること。

【hide / lie / remain / no】

問7 [⑤]に入る適切な連続した3語を英文(A)の[5]段落以降の中から抜き出しなさい。

[III] 次の英文は，両親を亡くして叔父(おじ)夫婦と暮らす少女(Cricket)の物語である。これを読んで，各問いに答えなさい。なお，出題に際して本文には省略および表記を一部変えたところがあります。〔本文中で＊の付いている語には注があります〕

Uncle Hugh knocked on my door.

"Are you sick? It's noon." He came over, softly pulled on my ponytail, and put his hand on my forehead.

"No [A]," he said. "You sure you feel okay?"

"I feel blaaaahhh."

"I didn't know twelve-year-olds could feel blah on ＊Thanksgiving."

"Twelve-year-olds feel whatever they want, whenever they want."

Uncle Hugh laughed. "Sit up."

I sat up.

"You have marks from your pillow all over your face." Uncle Hugh moved the hair that had fallen out of my ponytail. "Tell me why ①you've spent this wonderful day with your face in a pillow."

“I'm tired,” I said, “and so happy not to be at school.”

Thanksgiving made me want Christmas to come soon, but I wondered if it would feel lonely this year, without *Franklin. Who would make his hot cocoa? *No milk*, he always reminds me. *I know!* I always say. And what about candy canes? There aren't good ones at his house. His mom's had the same candy canes on their Christmas tree for ten years. Nobody's allowed to eat them; they're for “decoration.”

“Get up,” Uncle Hugh said. “Get dressed. Aunt Bessie needs your help in the kitchen. She wants to make an apple pie while she is preparing the meat.”

“Okay. But I'm not getting dressed up.”

“Okay. Make sure your shoes are badly tied and your socks don't match, and of course, don't brush your hair.”

“OK.”

I'd never made an apple pie before. ②<u>【longer / took / I / simple apple sauce / much / it / than】.</u> We took the skin off the apples, cut the apples, sugared the apples—then there was the *crust, which was a whole other story. Aunt Bessie let me take some of the extra *dough to decorate the top of the pie; I made leaf and apple shapes.

Annie mixed the *stuffing for the turkey. Ava was in her high chair, in a happy mood. After I finished the pie, I played with Ava. I put a mixing bowl on my head, hit it with a spoon, and made a funny face with each tap. She laughed out loud.

“Hey, Cricket.”

I turned around. “Hi, *Leonard.”

“Ready to go?” he asked.

“Right now?”

“Yes, right now.”

“Aunt Bessie asked me to help her. . . .”

“You helped,” she said. ③<u>“We knew he is coming. That's part of why we needed to get you dressed.”</u>

They're all so secretive.

The drive to the old lake took an hour. I'd expected a sandy beach, but after parking we had a long walk. The way was covered (i) brown, crunchy leaves, and the only way you could really see it was because the trees were a little farther apart. But Leonard knew the way.

“There she is,” Leonard said finally. “We'd walk up here, sit on these rocks, and just talk.”

“Okay.” We sat, but didn't start talking. I looked out at the *smooth water, dark and far away.

We must have been thinking about the same person.

Would the water freeze soon? Did Dad and Leonard go ice-skating here in the winter? Maybe they swam there in the summer, or looked (ii) frogs like me and Franklin liked to do.

I took a long breath. “It must be lonely, when your best friend is gone forever.”

“It can be,” Leonard said.

“Were you friends till the end?”

“Till the end.”

"So you were friends for years and years ?"

"Our whole lives. Or, maybe it makes more sense to say, for your dad's whole life."

"Did you fight, ever ?"

"Sure."

I was quiet. Leonard said, "Think Franklin'll be coming by the store with you soon ?"

"No," I said, (iii) a small voice.

Leonard went quiet. Then he said, "A good friend is one of the hardest things to keep in this life. Don't forget that sometimes you have to work at ④<u>it</u>."

But I *had* forgotten, before I'd even learned.

⑤<u>"I don't feel different,"</u> I said finally. "I thought I would feel different. You said you always felt different after you went to the lake. I thought it would help, to do something that worked for Dad."

"Just going to the old lake doesn't fix anything, you know. It's how you change at the lake. You go away, think about things, and you come back a little bit different. Only you can change what you are."

That sounded like things Uncle Hugh had been saying and Dad had written.

I let Leonard's last sentence repeat in my head. I let it spin around. I let the wind carry it around and around me and then take it away. It took it across the smooth water of the lake, making small waves that were not flat, but became smoothed out again.

"Do you like what I am ?"

"What ?"

"Do you like what I am ?"

"I always love our Cricket, whatever she is." He stopped for a minute. "The better question is, do *you* like [B] ?"

I waited, then said, "I don't."

"I want to hear the whole thing, from the beginning, up to how we got here right now. Start talking, Cricket."

＊(注) Thanksgiving：感謝祭(11月末にある，神に収穫を感謝する祝日)
Franklin：フランクリン(Cricket の友人で，現在ふたりは仲たがい中である)
crust：パイ皮　dough：パン生地　stuffing：詰め物
Leonard：レオナルド(Cricket の父親の親友)　smooth：波立たない

問1 [A] に入る最も適切なものを選び，記号で答えなさい。

ア．way　イ．hope　ウ．fever　エ．money

問2 下線部①について，次の各問いに答えなさい。

(1) この時の 'you' の心情を表す語として最も適切なものを選び，記号で答えなさい。

ア．glad　イ．angry　ウ．sad　エ．comfortable

(2) なぜそのような気持ちなのか，30字以内の日本語で答えなさい。

問3 下線部②の【 】内の語(句)を並べかえ，意味の通る英文にしなさい。ただし，不要な語(句)が1つ含まれています。文頭にくる語も小文字で示してあります。

問4 下線部③には文法的に誤った語が1語含まれています。その語を指摘し，正しい語を書きなさい。

問5 (ⅰ)～(ⅲ)に入る最も適切なものを選び，それぞれ記号で答えなさい。ただし，同じ記号は1度しか使えません。

ア．in　イ．with　ウ．for　エ．from

問6　下線部④の指す内容を日本語で答えなさい。

問7　下線部⑤以降の Cricket と Leonard の対話を説明した次の文を読んで，(1)~(3)の問いに答えなさい。

Finally, Cricket replied that (1a) she had thought that she would feel different, she did not. She knew that Leonard always felt different after visiting the lake. She also believed it would help to do something that used to work for her father. (1b) then Leonard explained that just going to the lake was not (2) to fix anything, (1c) how you change at the lake is (3a). He told Cricket that it is (3b) to go away and think about things, and if you do that, you will come back a little bit different. The reason for this is only we can change what we are.

(1)　(1a)～(1c)に入る最も適切なものを選び，それぞれ記号で答えなさい。文頭にくる語も小文字で示してあります。ただし，同じ記号は１度しか使えません。

ア．but　　イ．because　　ウ．though　　エ．in addition

(2)　(2)に入る最も適切なものを選び，記号で答えなさい。

ア．too far　　イ．difficult　　ウ．exciting　　エ．enough

(3)　(3a)・(3b)に入る最も適切な組み合わせを選び，記号で答えなさい。

ア．3a：important　　3b：unnecessary
イ．3a：important　　3b：necessary
ウ．3a：unimportant　3b：unnecessary
エ．3a：unimportant　3b：necessary

問8　[B]に入る３語を本文中から抜き出しなさい。

＜リスニング問題放送原稿＞

I

(A)

In Japan clocks tell us the time in all seasons with no change or alteration. However, this isn't the same everywhere. For example, in winter Japan is nine hours ahead of London, but in summer it is only eight hours ahead. This is because the UK, along with around seventy other countries worldwide changes its clocks twice a year to follow "daylight saving time," sometimes called "summer time." Those countries include most of North America, Europe, and New Zealand. Confusingly, countries which follow "summer time," don't all change their clocks on the same day, but for most of them clocks move forward by one hour in March and move back an hour in October or November. This means people lose an hour of sleep in spring but can stay in bed for an hour longer in autumn.

The reason some countries do this is to allow more hours of useful daylight. Some people say the idea came from a man called George Hudson in New Zealand. He enjoyed collecting insects and wanted more time after work to collect insects in the sunshine. In 1895 he suggested that New Zealand move their clocks forward. However, the first country to actually start to use daylight saving was Germany in 1916, followed by the UK in 1918. Both these countries wanted people to have more time after work to work in gardens and grow food, which was necessary because of the war.

These days, "summer time" has good and bad points. In the UK, on the longest day, daylight saving means that it doesn't get dark until about 9:30 p.m., though this depends on where you live. People like spending time outside after work. They often play sports, go to the park for exercise or enjoy eating outside if the weather is good. It might also help to save energy and electricity, but this is not always true.

Other people say that changing time can damage your health as well as make you sleepy. What's more, there is evidence that the number of accidents increases in spring. This might be because, every year, some people forget to change their clocks before they go to bed and end up being late for work the next day. In fact, a recent survey shows that 80% of people in Europe would like to stop "summer time," or make it permanent, so that people don't get confused.

(B)

I : Today we have in the studio a very special woman. It is my pleasure to welcome Laura!

L : Hi! I am glad to be here.

I : So, why are you famous?

L : Well, I was the youngest person ever to travel around the world alone by boat.

I : Wow! How did you decide to do that?

L : Actually, it felt natural because I was born on a boat, and I love the sea. I got my first boat when I was six years old. Then, when I was 11 years old, I sailed from my home in Holland to England. I didn't tell my parents where I was going, so they were angry when I called them from the UK.

I : Your parents must have been very worried.

L : They were, but they also trusted me and when I told them about my dream to sail around the world, my dad even bought me a bigger boat. Unfortunately, the government tried to stop me from going at first, but when I was 14 years old, I finally started my journey.

I : Did you have a favorite place?

L : So many! My journey took me west to South America, New Zealand, and Australia and then through the Indian Ocean to South Africa. I saw amazing sights and met interesting people, but the best thing was seeing the beauty of our planet. Altogether, the trip took a little over a year, and finished just after my 16th birthday.

I : You must have had difficult times, too.

L : Of course, but they weren't storms or accidents. I didn't even get lost. When I was in the Indian Ocean, there was little wind, so I did not move for 46 days. Even though I wasn't in a race, it was very boring seeing the same view every day.

I : Do you have any more global plans?

L : Well, now I live in New Zealand with my family, and we take young people on trips around the Atlantic Ocean. Of course, we use a bigger boat than the one I took around the world, but it has the same name. It's called Guppy.

I : It sounds fun. Can anyone come?

L : We keep prices low so anyone can join because I want to introduce young people to the happiness of traveling on the sea, but you must be between 8 and 16 years old. We are planning to add another trip for 16-to 18-year-olds in the future.

I : So, if a child wants to take part, what should they do?

L : We have a telephone number, but we are usually busy, so the best thing is to go to our website and choose the kind of trip you are interested in. We have short trips for two weeks and longer ones for three months. Then, send us an email with your name and the dates you would like to travel. Oh, and please don't forget to add information about any food allergies.

【数　学】（50分）〈満点：100点〉

【注意】 1．コンパス・直線定規を利用してもよい。
　　2．比を答える場合には，最も簡単な整数の比で答えること。

1　右の図のように，関数$y=x^2$のグラフと直線$y=\frac{1}{2}x+3$の交点をA，Bとする。また，関数$y=x^2$のグラフ上に点P(1，1)をとる。このとき，次の問いに答えよ。

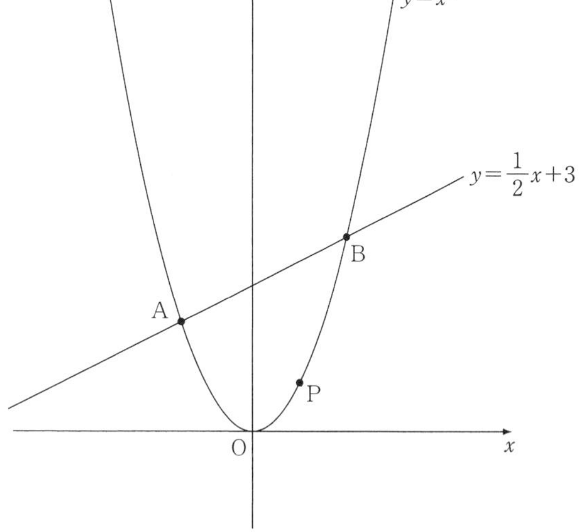

(1)　A，Bの座標をそれぞれ求めよ。

(2)　関数$y=x^2$のグラフ上に2点Q_1，Q_2を，直線ABに関してPと異なる側に，△ABQ_1および△ABQ_2の面積が△APBの面積と等しくなるようにとる。このとき，Q_1，Q_2を作図せよ。ただしQ_1のx座標はQ_2のx座標より小さいものとする。また，作図に用いた線は消さずに残し，作図したQ_1，Q_2の位置にそれぞれQ_1，Q_2とかくこと。

(3)　直線Q_1Q_2の方程式を求めよ。

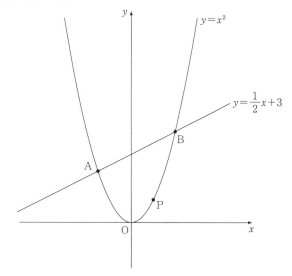

2　目を書きかえることができるサイコロについて，次の操作を順に行う。

操作1：サイコロをふる。
操作2：操作1で出た面の目を，1加えた数に書きかえる。
操作3：操作2によってできたサイコロをふる。

例えば，目が1，3，5，5，7，9であるサイコロをふり，5の目が出たとすると，次は目が1，3，5，6，7，9であるサイコロをふる。

操作1で出た目をa，操作3で出た目をbとするとき，次の問いに答えよ。

(1)　目が1，2，3，4，5，6であるサイコロを用いて上の操作を行うとき，$a+b=7$となる確率を求めよ。

(2)　目が1，2，3，4，x，$x+1$であるサイコロを用いて上の操作を行うとき，$a+b=7$となる確率が最大となるxの値を求めよ。また，そのときの確率を求めよ。ただし，xは1以上5以下の整数とする。

3　右の図1において，△OABと△OBCは直角三角形である。また，Cから辺OAに下ろした垂線の足をD，線分CDと辺OBの交点をE，Bから線分CDに下ろした垂線の足をFとする。このとき，次の問いに答えよ。

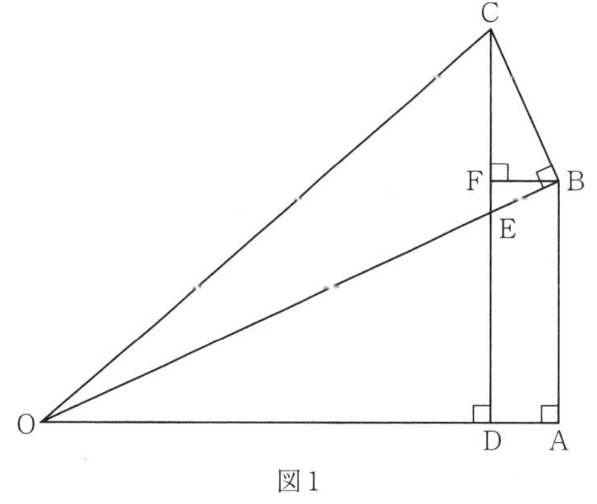

図1

(1)　下の空欄を埋め，△OAB∽△CFBの証明を完成させよ。

<証明>
△OABと△CFBにおいて
　∠OAB＝90°（仮定）

$\angle CFB=90°$ (仮定)

よって

$\angle OAB=\angle CFB$

したがって，2組の角がそれぞれ等しいので

$\triangle OAB \backsim \triangle CFB$

(証明終わり)

(2) OA=45，$AB=5\sqrt{3}$，$BC=6\sqrt{7}$ とするとき，次の［ア］から［オ］にあてはまる値を答えよ。

(1)より $\triangle OAB \backsim \triangle CFB$ であるから，OD=［ア］，CD=［イ］である。ここで右の図2のように，Oを中心とし，半径がOA，中心角が∠COAである扇形を考えると，この扇形の面積は［ウ］である。また，四角形OABCの面積は［エ］であり，［ウ］<［エ］であるから，これを整理することでπ<［オ］であることがわかる。

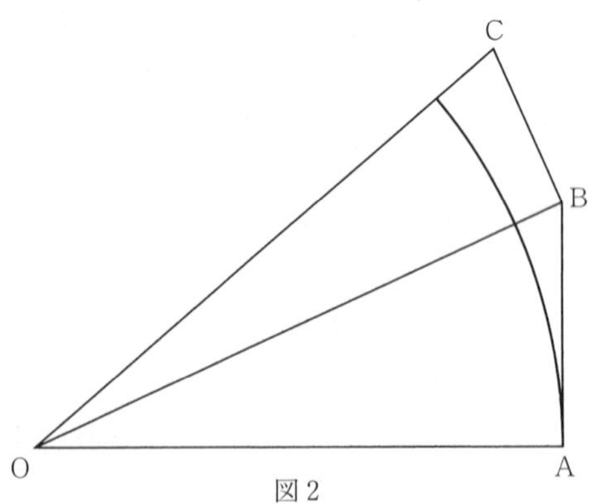

図2

4 1辺の長さが8の立方体ABCD-EFGHについて，点Iは辺BF上，点Jは辺CD上に存在し，BI：IF=CJ：JD=1：3である。このとき，次の問いに答えよ。

(1) △IGHの面積を求めよ。

(2) Jから△IGHに下ろした垂線の足をKとするとき，JKの長さを求めよ。

(3) Kから正方形EFGHに下ろした垂線の足をLとするとき，KLの長さを求めよ。

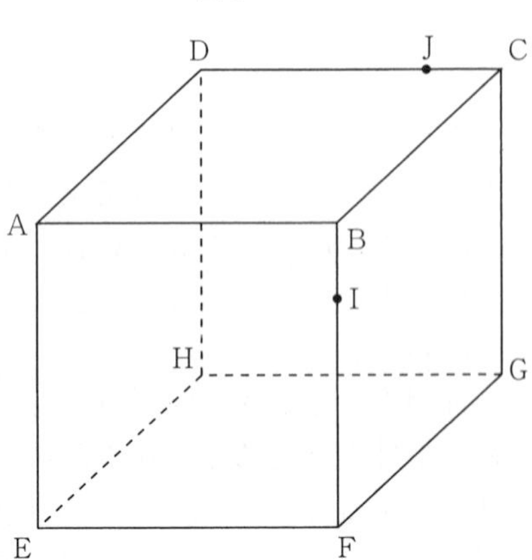

5 今年は西暦2024年であるが，2024は上二桁の数と下二桁の数の和である44で割り切れる。このような性質をもつ年を「良い年」とする。2025年から2099年までに「良い年」がどれだけあるかを調べたい。ここで，Xくんは次のように考えた。

西暦の十の位の数をx，一の位の数をyとするとき，「良い年」を求めるためには，$2000+10x+y$が$20+10x+y$の倍数となるx，yを考えればよいので，［A］が$20+10x+y$の倍数となるx，yを考えればよい。

このとき，次の問いに答えよ。

(1) ［A］にあてはまる整数の約数の個数を求めよ。

(2) 2025年から2099年までの「良い年」をすべて答えよ。

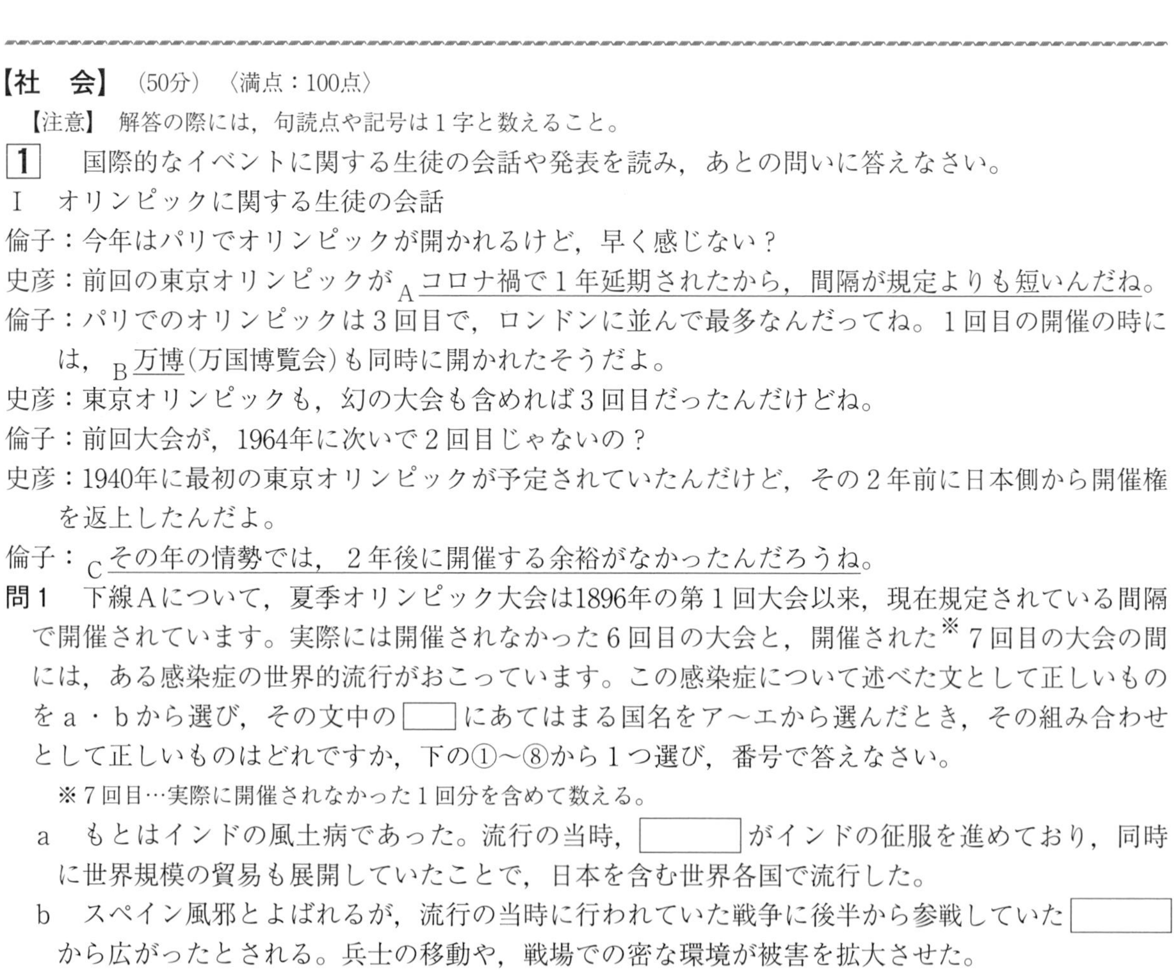

【社　会】（50分）〈満点：100点〉

【注意】 解答の際には，句読点や記号は１字と数えること。

1　国際的なイベントに関する生徒の会話や発表を読み，あとの問いに答えなさい。

Ⅰ　オリンピックに関する生徒の会話

倫子：今年はパリでオリンピックが開かれるけど，早く感じない？

史彦：前回の東京オリンピックがAコロナ禍で１年延期されたから，間隔が規定よりも短いんだね。

倫子：パリでのオリンピックは３回目で，ロンドンに並んで最多なんだってね。１回目の開催の時には，B万博（万国博覧会）も同時に開かれたそうだよ。

史彦：東京オリンピックも，幻の大会も含めれば３回目だったんだけどね。

倫子：前回大会が，1964年に次いで２回目じゃないの？

史彦：1940年に最初の東京オリンピックが予定されていたんだけど，その２年前に日本側から開催権を返上したんだよ。

倫子：Cその年の情勢では，２年後に開催する余裕がなかったんだろうね。

問１　下線Aについて，夏季オリンピック大会は1896年の第１回大会以来，現在規定されている間隔で開催されています。実際には開催されなかった６回目の大会と，開催された※７回目の大会の間には，ある感染症の世界的流行がおこっています。この感染症について述べた文として正しいものをａ・ｂから選び，その文中の□にあてはまる国名をア～エから選んだとき，その組み合わせとして正しいものはどれですか，下の①～⑧から１つ選び，番号で答えなさい。

※７回目…実際に開催されなかった１回分を含めて数える。

ａ　もとはインドの風土病であった。流行の当時，□がインドの征服を進めており，同時に世界規模の貿易も展開していたことで，日本を含む世界各国で流行した。

ｂ　スペイン風邪とよばれるが，流行の当時に行われていた戦争に後半から参戦していた□から広がったとされる。兵士の移動や，戦場での密な環境が被害を拡大させた。

□にあてはまる国名

ア　ロシア　　イ　アメリカ
ウ　イギリス　エ　ドイツ

①［ａ－ア］　②［ａ－イ］
③［ａ－ウ］　④［ａ－エ］
⑤［ｂ－ア］　⑥［ｂ－イ］
⑦［ｂ－ウ］　⑧［ｂ－エ］

問２　下線Bについて，パリでは19世紀に万博が５回開かれています。ａ・ｂの万博が開かれた時期にあてはまるものを＜年表＞中のア～オからそれぞれ選んだとき，その組み合わせとして正しいものはどれですか，下の①～⑩から１つ選び，番号で答えなさい。

ａ　ナポレオン３世の時に開かれた。徳川慶喜の弟が使節として派遣され，渋沢栄一が随行したが，訪問中に日本で新政府が成立し，帰国することになった。

ｂ　フランス革命100周年を記念して開かれ，これにあわせてエッフェル塔が建設された。この年に憲法を発布した日本も参加し，庭園などを出展した。

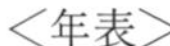
<年表>

ア
横浜が開港した
イ
樺太・千島交換条約が結ばれた
ウ
板垣退助が自由党を結成した
エ
イギリスとの条約で領事裁判権が撤廃された
オ

① ［a－ア　b－イ］　② ［a－ア　b－ウ］　③ ［a－ア　b－エ］
④ ［a－ア　b－オ］　⑤ ［a－イ　b－ウ］　⑥ ［a－イ　b－エ］
⑦ ［a－イ　b－オ］　⑧ ［a－ウ　b－エ］　⑨ ［a－ウ　b－オ］
⑩ ［a－エ　b－オ］

問3　下線Cについて，当時の政府は，その年の情勢に対応し，国内体制の整備を進めていました。この国内体制について，対外的な情勢にふれながら，40字以内で説明しなさい。

Ⅱ　東大寺大仏開眼に関する生徒の会話

史彦：大きなイベントといえば，奈良時代の東大寺の大仏開眼はとても盛大だったそうだよ。
倫子：どんな様子だったの？
史彦：１万人の僧侶が集まる中，インドの高僧が大仏の眼を描いたんだよ。中国や朝鮮の人々も歌や舞を披露し，その中には$_D$林邑(りんゆう)の舞曲もあったんだって。
倫子：大仏建立は$_E$国家的な事業だったといわれるけど，開眼の儀式は国際的なイベントでもあったんだね。でも，当時の大仏はもうないんでしょう？
史彦：$_F$戦乱の中で２回も焼失していて，創建当時の部分はごくわずかなんだよ。
倫子：それでも$_G$その度に再建されているんだから，大仏は時代を超えて大切な存在だったんだね。

問4　下線Dは，現在の東南アジアのある国の領域内にありました。生徒は，この国の歴史を調べ，①～⑥のカードをつくりました。これについて，下の問いに答えなさい。

① ロシアに勝利した日本に学ぶため，留学生が日本に派遣されました。

② 日本から多くの朱印船が来航し，生糸や絹織物などを購入しました。

③ 日本と同様に，たびたび元軍の侵攻を受けましたが，撃退に成功しました。

④ 進駐してきた日本軍に対して，激しい抵抗運動が行われました。

⑤ 独立の時に南北に分かれましたが，アメリカとの戦争を経て統一しました。

⑥ 独自の王朝を開き，宋の文物を取り入れながら国家体制を整備しました。

(1)　カードを古い方から年代順に並べた時，２番目と４番目となるものはどれですか，①～⑥から１つずつ選び，番号で答えなさい。
(2)　この国の現在の国名は何ですか，答えなさい。

問5　下線Eについて，奈良時代に行われた国家事業に関する文として正しいものはどれですか，①～⑤から２つ選び，番号で答えなさい。
①　天皇が国を治めてきた歴史を示すため，『日本書紀』がまとめられた。
②　大宝律令が制定されるなど，中央集権体制が整備された。

③ 唐の文物を取り入れるため，阿倍仲麻呂らが遣唐使として派遣された。
④ 唐にならい，初の貨幣である富本銭が発行された。
⑤ 蝦夷に対する戦いが進められ，坂上田村麻呂が征夷大将軍に任命された。

問6 下線Fについて，２度の大仏焼失は，いずれも権力者の争いの中でおこりました。＜資料１＞は，その経緯と，これに関わった権力者のその後について述べたものです。＜資料１＞中の(あ)または(い)の人物が行ったことの，いずれにもあてはまらないものはどれですか，下の①～⑥からすべて選び，番号で答えなさい。

＜資料１＞

１回目：平氏政権が奈良の僧兵と争ったときに焼失した。その後，（ あ ）が弟らに命じて平氏を攻めさせると，追いつめられた平氏は滅亡した。
２回目：近畿地方を治める三好氏の内紛に巻きこまれ，焼失した。翌年，足利義昭を立てて（ い ）が上洛すると，三好氏は京都を追われた。

① 座や各地の関所を廃止し，自由な商工業の発展をはかった。
② 禁中並公家諸法度を定め，天皇や公家の行動を制限した。
③ 朝廷の統一を実現し，太政大臣となって権力を握った。
④ 一向一揆や比叡山延暦寺と争い，武力で従わせた。
⑤ 後三年合戦で勝利し，東日本に勢力を広めた。
⑥ 朝廷にせまり，守護と地頭を置くことを認めさせた。

問7 下線Gについて，再建された際に東大寺に納められた作品をつくった人物と，その作品がつくられた時期との組み合わせとして正しいものはどれですか，①～⑥から１つ選び，番号で答えなさい。

① ［雪舟－１回目の再建時］　② ［雪舟－２回目の再建時］
③ ［行基－１回目の再建時］　④ ［行基－２回目の再建時］
⑤ ［運慶－１回目の再建時］　⑥ ［運慶－２回目の再建時］

Ⅲ 朝鮮通信使に関する生徒の会話

倫子：H鎖国政策が行われていた時期には，国際的なイベントはなかったのかな。
史彦：国交があったI朝鮮からは，数百人規模の使節団が来日したそうだよ。J幕府は内外に威信を示す機会として盛大にもてなし，往来の沿道は一行を見ようとする人々で賑（にぎ）わったんだって。
倫子：朝鮮通信使だね。一行には高名な学者もいたから，日本の学者が使節団を訪ねて交流したと読んだことがあるよ。
史彦：異国の使節が来日する機会は，他にもあったようだよ。
倫子：Kどんな様子だったのか，調べてみよう。

問8 下線Hの時期には，国内産業の発展がみられました。これに関する＜資料２＞の(う)～(お)にあてはまるものをａ～ｆからそれぞれ選んだとき，その組み合わせとして正しいものはどれですか，下の①～⑧から１つ選び，番号で答えなさい。

＜資料２＞

現在の千葉県では，九十九里浜の（ う ）漁をはじめとする漁業がさかんでした。大豆の産地や消費地の江戸が近いことから，（ え ）醸造業も発展します。幕張では，青木昆陽が（ お ）の試作を行い，関東各地に栽培が広がりました。

ａ にしん　ｂ いわし　ｃ 醤油　ｄ 酒　ｅ 甘藷　ｆ 落花生

① ［う－a　え－c　お－e］　② ［う－a　え－c　お－f］
③ ［う－a　え－d　お－e］　④ ［う－a　え－d　お－f］
⑤ ［う－b　え－c　お－e］　⑥ ［う－b　え－c　お－f］
⑦ ［う－b　え－d　お－e］　⑧ ［う－b　え－d　お－f］

問9　下線Ⅰについて，日本と朝鮮半島との関係について述べた文として正しいものはどれですか，①～⑥から2つ選び，番号で答えなさい。

① 天武天皇の時，白村江の戦いで日本は唐と新羅の連合軍にやぶれた。
② 朝鮮が倭寇の取り締まりと貿易を求めると，足利義満は日朝貿易をはじめた。
③ 日清戦争後の下関条約で，朝鮮が完全な独立国であることが確認された。
④ 初代の朝鮮総督となった伊藤博文は，のちに安重根に暗殺された。
⑤ 民族自決の原則の影響を受け，朝鮮では五・四運動がおこった。
⑥ サンフランシスコ平和条約で，日本は大韓民国政府を承認し国交を結んだ。

問10　下線Jについて，朝鮮通信使の待遇を簡素にし，国書での将軍の呼称を日本国王に改めさせた江戸時代の政治家は誰(だれ)ですか。漢字で答えなさい。

問11　下線Kについて，生徒はその他の使節に関して調べた結果を＜レポート＞にまとめました。この内容を参考にし，(か)の対外関係について40字以内で説明しなさい。説明にあたっては，＜レポート＞中の(か)に入る国名と，(き)に入る大名の家名を用いなさい。

＜レポート＞

教育出版『中学社会 歴史　未来をひらく』より

この図は，将軍へのあいさつのため（ か ）が送った使節を描いたものです。こうした使節は江戸時代の間に18回派遣され，（ き ）氏に伴われて行くのが慣例でした。図をみると，従者は（ か ）の服装ですが，輿に乗っている使節は中国風の服装であることがわかります。このことには，幕府や（ き ）氏にとって，（ か ）が「異国」であることを印象づけて権威を高めるねらいがありました。

2　世界や日本の自然環境・人口・産業に関して，次の問いに答えなさい。

問1　プレートの境界は，山脈の形成や地震・火山の分布と関係しています。＜図1＞中の①～⑤の地域のうち，地震の震源と火山の両方が分布する地域として正しいものはどれですか，①～⑤から2つ選び，番号で答えなさい。

<図1>

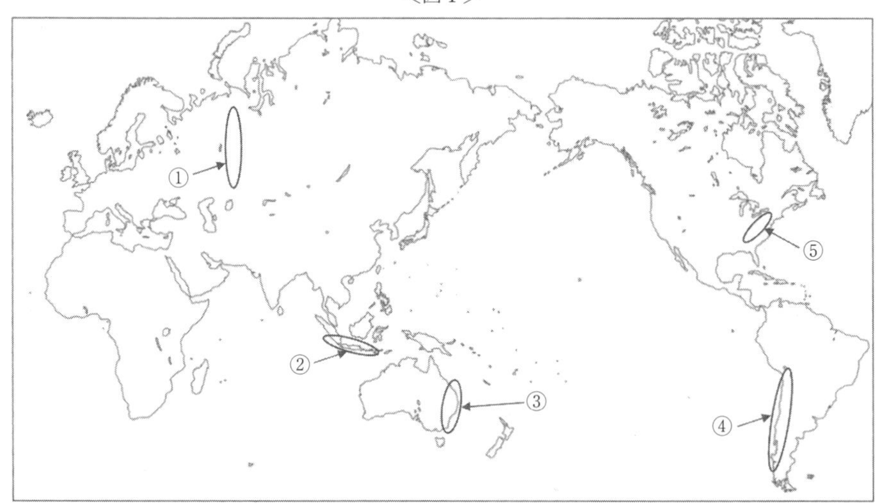

問2　<写真1>は，<図2>中のA地点でみられる，U字谷に海水が浸入してできた入江です。A地点と同様の地形がみられる場所として正しいものはどれですか，①～④から1つ選び，番号で答えなさい。

<写真1>

帝国書院『新詳地理資料 COMPLETE 2023』より

<図2>

問３　日本の各都市の気候を説明した文として正しいものはどれですか，①～⑤から２つ選び，番号で答えなさい。

① 札幌市は，黒潮の影響を受けるため，夏でも低温の日が多い。
② 新潟市は，北西季節風の影響を受けるため，夏よりも冬の降水量の方が多い。
③ 千葉市は，冬に太平洋高気圧の影響を受けるため，他地域に比べて気温の年較差が小さい。
④ 長野市は，内陸に位置しているため，他地域に比べて気温の年較差が大きい。
⑤ 鹿児島市は，熱帯低気圧の影響を受けるため，９月の降水量が最も多い。

問４　<表>は，2020年の青森市・名古屋市・那覇市・奈良市・横浜市の産業別人口比率，昼夜間人口比率※，65歳以上人口比率を示しています。那覇市と横浜市にあてはまるものはどれですか，①～⑤から１つずつ選び，番号で答えなさい。

<表>

	第一次産業人口比率(%)	第二次産業人口比率(%)	第三次産業人口比率(%)	昼夜間人口比率(%)	65歳以上人口比率(%)
①	0.3	23.0	76.8	111.9	25.3
②	0.4	18.5	81.0	91.1	25.1
③	1.3	17.3	81.4	94.7	31.7
④	2.8	14.5	82.7	101.3	32.0
⑤	0.7	10.2	89.1	111.7	23.5

政府統計の総合窓口(e-Stat) HP(https://www.e-stat.go.jp)より作成

※昼夜間人口比率…夜間人口100人に対する昼間人口。

問５　<グラフ>は，サウジアラビアの小麦生産量の推移を示しています。サウジアラビアは1980年代から小麦生産量が増加し，2000年代初頭までは小麦生産はおおむねさかんでしたが，2010年代以降は生産量が減少しています。生産量が減少している理由を，サウジアラビアのある地点の衛星写真である<図３>を参考にしながら，説明しなさい。

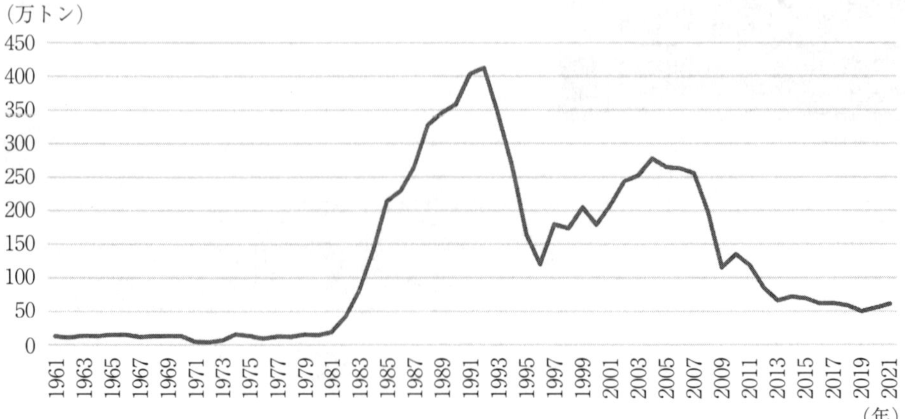

国際連合食糧農業機関 HP(https://www.fao.org/faostat/en/#home)より作成

＜図３＞

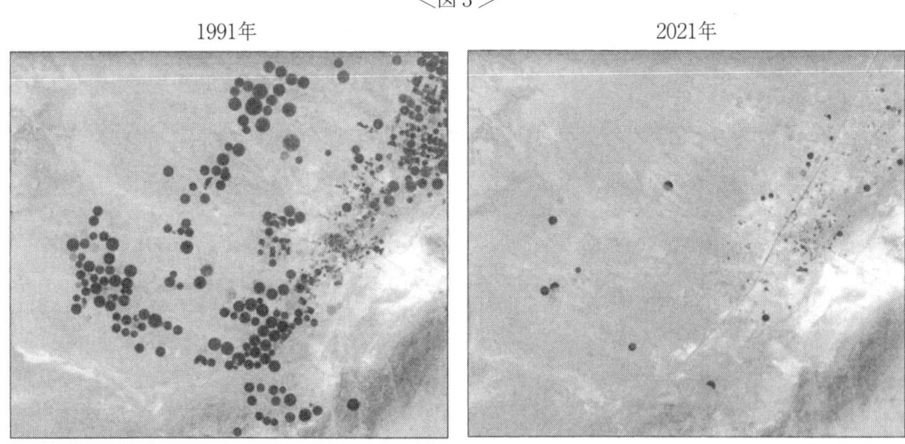

Google Earth HP（https://www.google.co.jp/intl/ja/earth）より

3 東南アジアに関して，次の問いに答えなさい。

＜図＞

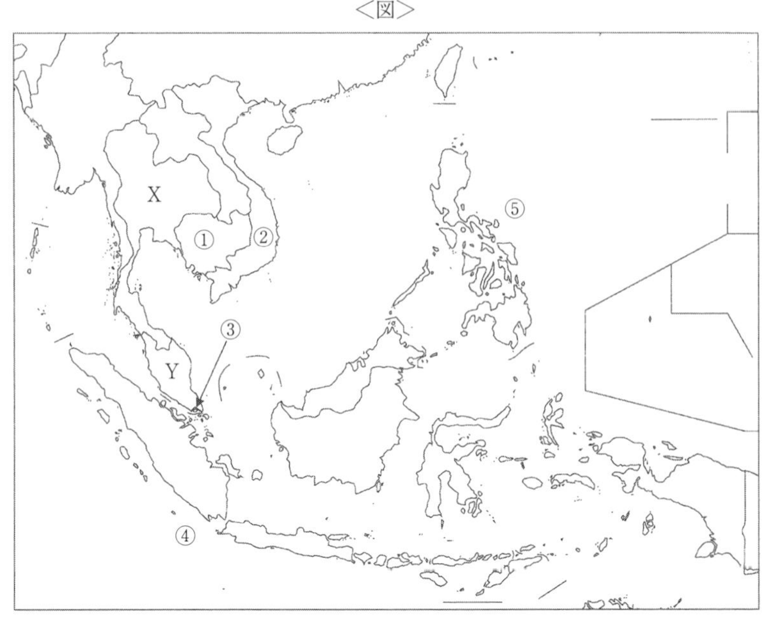

問１ A～Eの文は，＜図＞中の①～⑤のいずれかの国について説明したものです。BとCにあてはまる国はどれですか，①～⑤から１つずつ選び，番号で答えなさい。

A かつてオランダに支配された国で，イスラム教徒が８割を超え，米の生産量が世界第４位である。

B かつてイギリスに支配された国で，仏教徒が一番多く，農作物の生産量は少ない。

C かつてフランスに支配された国で，特定の宗教を信仰しない人が多く，コーヒー豆の生産量が世界第２位である。

D かつてアメリカ合衆国に支配された国で，キリスト教徒が９割を超え，バナナの生産量が世界第６位である。

E かつてフランスに支配された国で，仏教徒が９割を超え，自給的な農作物生産を行っている。

問２　＜グラフ＞は，＜図＞中の①～⑤の国民総所得と１人あたり国民総所得を示しています。＜グラフ＞中のアとエにあてはまるものはどれですか，①～⑤から１つずつ選び，番号で答えなさい。

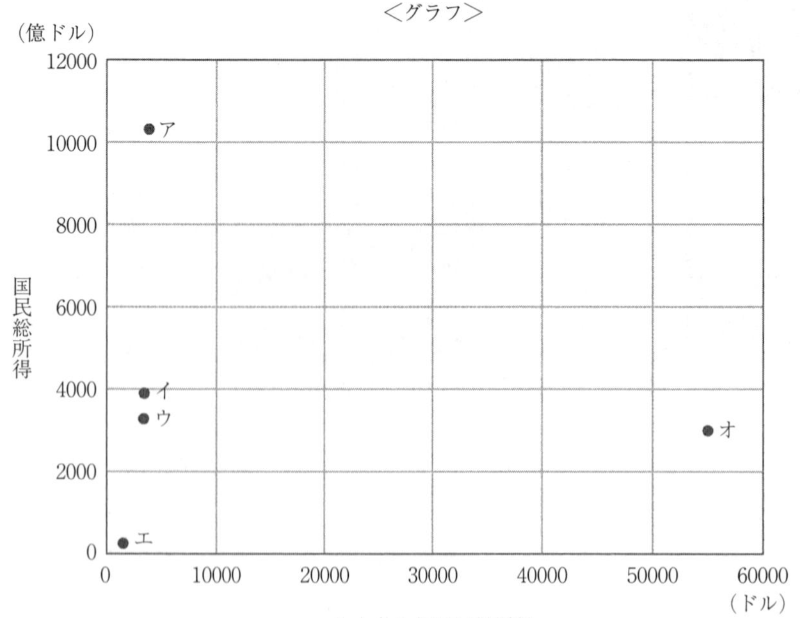

二宮書店『データブック オブ・ザ・ワールド 2023年版』より作成

問３　＜図＞中のＸ国とＹ国では，産業構造の変化とともに輸出品目の変化がおきています。＜表＞は，Ｘ国とＹ国の輸出品目を示したもので，カとキはＸ国またはＹ国のいずれか，ⅠとⅡは1980年または2019年のいずれかです。Ｙ国・2019年にあてはまるものをそれぞれ選んだとき，その組み合わせとして正しいものはどれですか，下の①～④から１つ選び，番号で答えなさい。

＜表＞

		1980年または2019年			
		Ⅰ		Ⅱ	
Ｘ国またはＹ国	カ	機械類	29.1%	米	14.7%
		自動車	11.2%	野菜・果実	14.2%
		プラスチック類	4.6%	天然ゴム	9.3%
		金(非貨幣用)	3.4%	すず	8.5%
		ゴム製品	3.4%	機械類	5.8%
	キ	機械類	43.3%	原油	23.8%
		石油製品	6.3%	天然ゴム	16.4%
		液化天然ガス	4.2%	木材	14.1%
		精密機械	3.9%	機械類	10.8%
		パーム油	3.5%	パーム油	8.9%

帝国書院『新詳地理資料 COMPLETE 2023』より作成

① ［カーⅠ］
② ［カーⅡ］
③ ［キーⅠ］
④ ［キーⅡ］

4 物価変動や景気変動に関して，次の問いに答えなさい。

問１ ＜図１＞は，ある企業が生産・販売している商品の価格が国内市場の需要と供給を通じて決定される仕組みを示しています。＜図１＞中の実線は，この商品のある時点における需要曲線・供給曲線・均衡価格・均衡取引量を示し，①～④中の点線は，その状態から何らかの理由で需要曲線または供給曲線が移動し，均衡価格・均衡取引量も変化したことを示しています。たとえば，この商品に対する人気が高まり，消費者がこの商品をより多く購入するようになるとき，この商品の需要曲線は①の点線に示したように右方向に移動し，あらたな均衡価格に向かうと考えられます。

＜図１＞

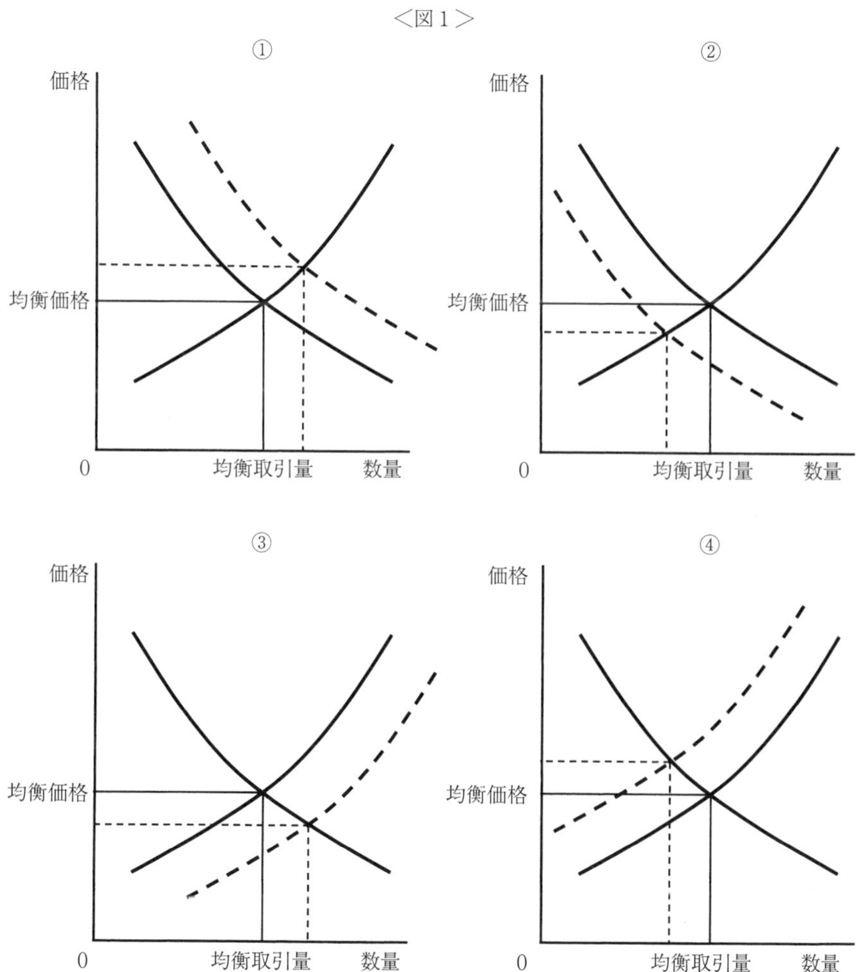

いま，需要と供給が均衡した状態からア～ウの説明文にあるような変化がおきたとすると，需要曲線もしくは供給曲線はどのように移動すると考えられますか。①～④の中から１つずつ選び，番号で答えなさい。ただし，それぞれの説明文にある変化以外の条件は変わらないものとします。

ア　この商品の生産に不可欠な原材料を輸入だけに頼っているとき，急激な円安が進んだ。

イ　この商品の価格を３か月後に大幅に値上げすることを企業が発表した。

ウ　この商品と売り上げを競っているライバル他社の類似品が大幅に値下げされた。

問２ ＜図２＞は，時間の経過とともにGDP成長率が上下動を繰り返す景気変動を模式化したものです。＜図２＞をみて，次の問いに答えなさい。

<図２>

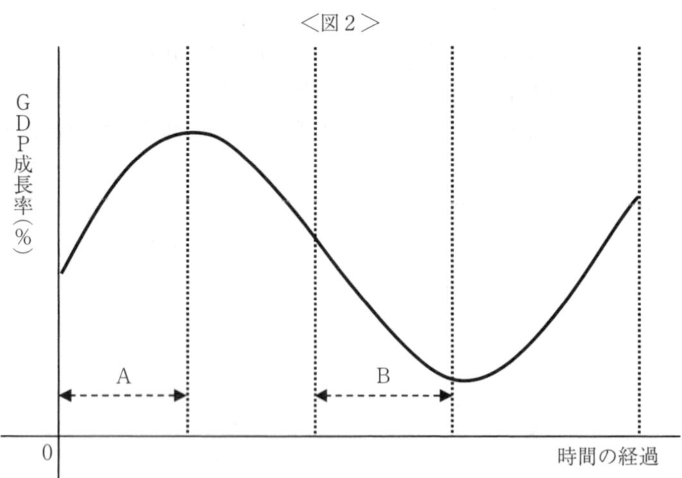

(1)　<図２>中のAの期間は景気がよくなっていく局面です。この局面でおきる４つのできごと①～④を，時間の経過にそって正しい順番に並べ替えなさい。

①　企業の生産が増加する。　②　家計の消費が増加する。
③　家計の所得が増加する。　④　企業の利益が増加する。

(2)　<図２>中のBの期間の局面で，物価の下落と企業利益の減少が繰り返されることを何といいますか，カタカナ８文字で答えなさい。

(3)　<図２>中のBの局面で政府や中央銀行が行う政策として正しいものはどれですか，①～④からすべて選び，番号で答えなさい。

①　中央銀行は，公開市場を通して国債などの債券を民間の銀行に売る。
②　政府は，所得税の累進税率を引き下げるなどの減税措置を行う。
③　政府は，新たな国債の発行を減少させて財政赤字を減らす。
④　政府は，社会保障関連予算を増額した一般会計予算を組む。

5　次の日本国憲法の各条文を読んで，あとの問いに答えなさい。

第13条　すべて国民は，個人として尊重される。生命，自由及び$_{A}$幸福追求に対する国民の権利については，$_{B}$公共の福祉に反しない限り，立法その他の国政の上で，最大の尊重を必要とする。
第21条　①　集会，結社及び言論，出版その他一切の表現の自由は，これを保障する。
第22条　①　何人も，公共の福祉に反しない限り，居住，移転及び職業選択の自由を有する。
第29条　①　財産権は，これを侵してはならない。②　財産権の内容は，公共の福祉に適合するやうに，法律でこれを定める。

問１　下線Aについて，この権利を根拠として，産業の発達や科学技術の発展，情報化の進展などにともなって，日本国憲法に直接的には規定されていない「新しい人権」が認められるようになってきました。このうち，臓器提供意思表示カードで自分の意思を表示することや，治療方法についてインフォームド・コンセントを求めることに共通する「新しい人権」を何といいますか，漢字５文字で答えなさい。

問２　下線Bについて，日本国憲法で保障される基本的人権が公共の福祉によって制限を受ける事例を説明した文として，誤っているものはどれですか，①～④から１つ選び，番号で答えなさい。

① 公職選挙法では，選挙運動のできる期間やSNSの使用についての規定をもうけることで，第21条の自由を制限している。

② 感染症法では，感染症罹患(りかん)者の隔離を求めるなどの規定をもうけることで，第22条の自由を制限している。

③ 薬事法では，薬局が乱立することで薬の安全性が失われないよう，薬局開設について距離制限をもうけることで，第22条の自由を制限している。

④ 建築基準法では，不備な建築により周辺住民への被害が及ばないよう，建築についての規定をもうけることで，第29条の財産権を制限している。

第14条 C すべて国民は，法の下に平等であつて，人種，信条，性別，社会的身分又は門地により，政治的，経済的又は社会的関係において，差別されない。

問3 下線Cについて，法の下の平等に関して説明した文として，正しいものはどれですか，①～④から1つ選び，番号で答えなさい。

① 最高裁判所は，一人の衆議院議員が当選するために必要な投票数が選挙区によって2倍以上の開きがある状態を違憲状態とし，選挙のやり直しを求めた。

② 男女雇用機会均等法は，雇用における女性差別を禁止するとともに，セクシャルハラスメント防止義務をすべての労働者に課した。

③ 国会は，「アイヌ民族を先住民族とすることを求める決議」を可決し，アイヌ民族の文化を保護するため北海道旧土人保護法を制定した。

④ 最高裁判所は，女性だけが離婚や死別後6ヶ月間は再婚禁止とする民法の規定に対して違憲判決を下した。

第15条 ① 公務員を選定し，及びこれを罷免することは，国民固有の権利である。
③ 公務員の選挙については，成年者による普通選挙を保障する。
第92条 地方公共団体の組織及び運営に関する事項は，地方自治の本旨に基いて，法律でこれを定める。
第93条 ② 地方公共団体の長，その議会の議員及び法律の定めるその他の吏員は，その地方公共団体の住民が，直接これを選挙する。

問4 グローバル化の進展に伴い，日本でも外国人定住者が増加していますが，参政権は認められていません。最高裁判所は1995年2月28日の判決で，現在外国人に参政権が与えられていないことは憲法違反ではないとする一方で，外国人定住者について地方参政権を与えることを憲法が禁止しているわけではないとの判断を示しています。現在参政権が認められていない理由と，憲法が禁止しているわけではない理由を，憲法第15・92・93条から読み取れる根拠を示して説明しなさい。ただし，実際の最高裁判所の判決内容に合致しているかどうかは問いません。

【理　科】 (50分) 〈満点：100点〉

【注意】 1．コンパス・定規は使用しないこと。

2．計算問題の答えは，整数または小数で答え，割り切れない場合は小数第２位を四捨五入して，小数第１位まで答えること。

1 私たちが日常で使用している電気は，さまざまな発電所でつくられています。多くの発電所では，電気をつくる方法として電磁誘導とよばれる現象を利用しています。そこで，棒磁石，コイル，発光ダイオード，導線を用意し，発電に関する実験を行いました。手で棒磁石を持ち，図１のように，棒磁石のＮ極をコイルにすばやく近づけると発光ダイオードが一瞬点灯しました。なお，発光ダイオードは長いほうの端子に電池の＋極，短いほうの端子に－極をつなぐと点灯し，逆向きにつなぐと点灯しません。

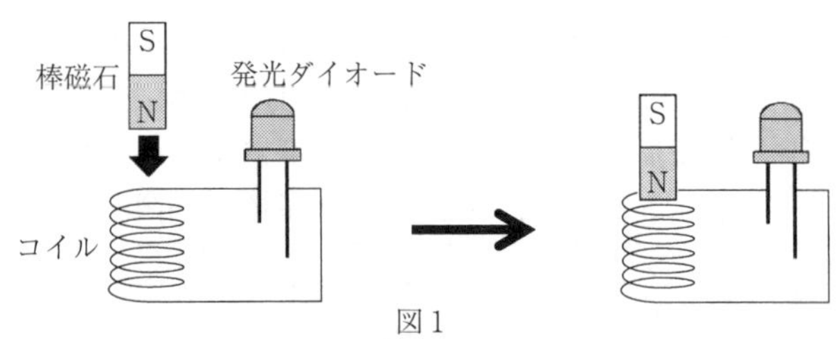

図１

(1) 下の図ア～カのように，矢印の向きにすばやく棒磁石を動かした場合，発光ダイオードが一瞬点灯するものはどれですか。**３つ**選びなさい。

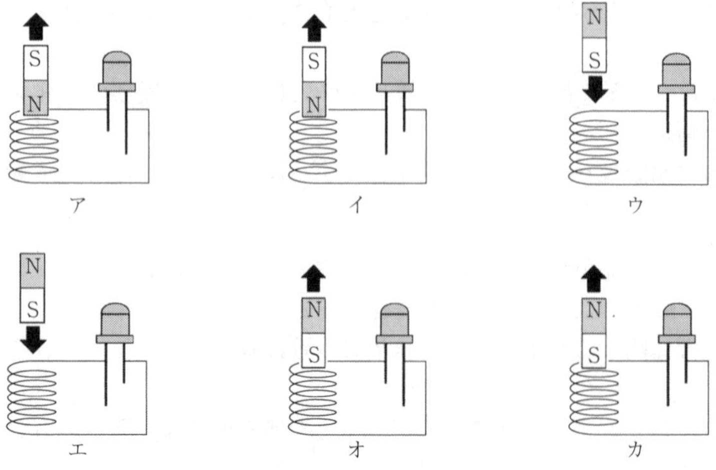

(2) 発光ダイオードは電気エネルギーを光エネルギーに変換しています。発光ダイオードは変換効率のよい電子部品ですが，電気エネルギーをすべて光エネルギーに変換できるわけではありません。その理由について，以下の□にあてはまる内容を15字以内で答えなさい。

エネルギーの一部が，主に［　　　　　　］から。

図２のように，磁石のＮ極とＳ極の間でコイルを矢印の向きに一定の速さで回転させ続け，連続的に電流を発生させました。コイルが１回転するのにかかる時間は0.2秒です。コイルのＡ点側はＰ端のブラシとつながり，コイルのＤ点側はＱ端のブラシとつながっています。Ｐ端にオシロスコープの＋端子，Ｑ端にオシロスコープの－端子を接続しました。

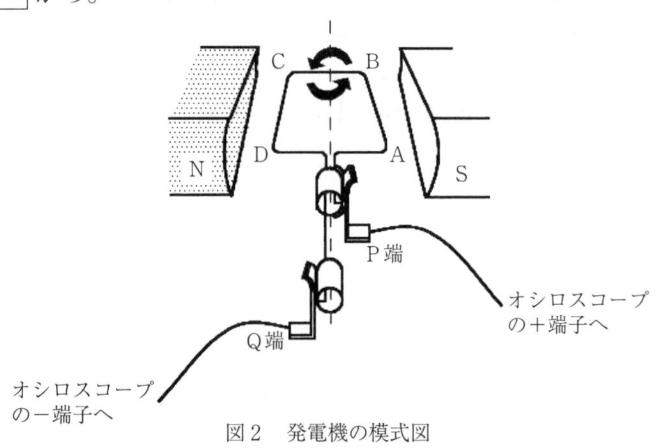

図２　発電機の模式図

(3) 回転しているコイルが，図2のような状態になった瞬間から1回転するまでの電流の大きさと向きを，オシロスコープを使って調べました。このときの電流と時間の関係を表しているグラフはどれですか。ただし，電流がオシロスコープの＋端子に流れこむ向きをグラフの正の向きとします。

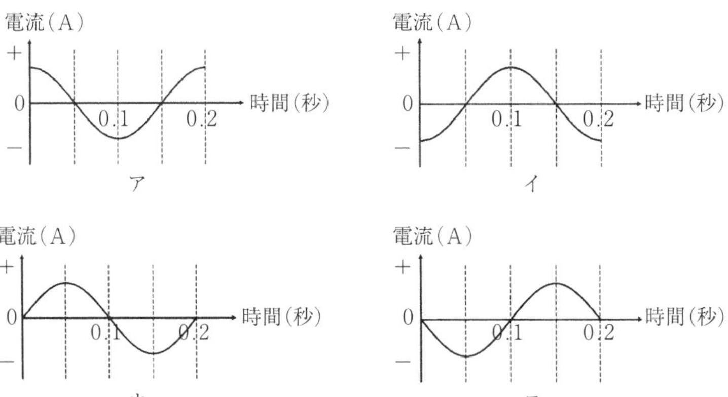

発電所でつくられた電力は，変電所，送電線，変圧器などを経由して各家庭に送られます。図3は送電の流れを模式的に表しています。

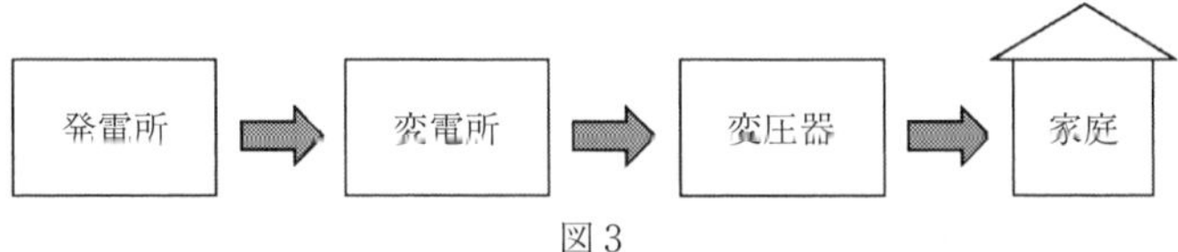

図3

発電所からある一定の電力を各家庭に送電する場合を考えます。短い電線では抵抗の値がとても小さいですが，長い電線では抵抗の値が大きくなり，電力損失が無視できません。発電所や変電所からの送電は長距離になるため，高電圧にして電流を小さくすることで，送電線での電力損失が小さくなるように工夫をしています。

一方，家庭で電力を利用するときには，安全のため電圧を小さくする必要があります。交流は直流よりも電圧を容易に変えることができるので送電に適しており，現在送電の多くは交流が使われています。

図4のように，変電所から変圧器を介して家庭に電力が送られます。変圧器では，電力の大きさを変えずに，電圧を小さくしています。具体的には，AB間（変圧器の受電部分）の電圧は6600Vですが，CD間（家庭）の電圧を100Vにしています。ただし，配電線や変圧器内での電力損失はないものとし，電流の大きさが電圧の大きさに比例する関係や電力の求め方は，交流でも直流と同様であるとします。なお，図4の変電所や変圧器の送電部分は直流電源として表記しています。

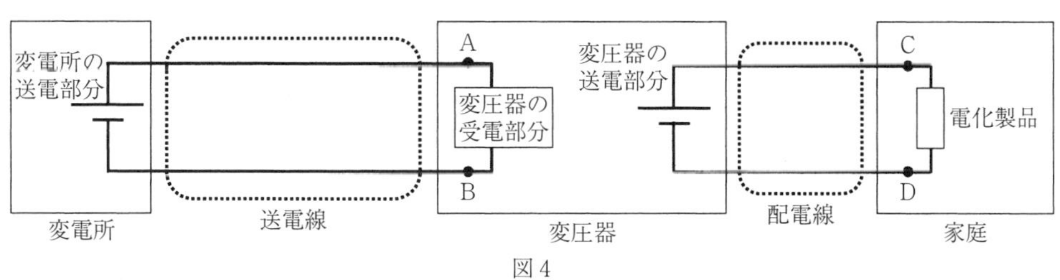

図4

(4) 家庭で1320Wの電力を使うとき，家庭に流れる電流は何Aですか。

(5) 家庭で1320Wの電力を使うとき，送電線に流れる電流は何Aですか。

(6) 家庭で1320Wの電力を使うとき，送電線全体の抵抗を20Ωとすると，変電所から送られてこなければならない電力は何Wですか。

(7) AB 間の電圧を 6600 V から 1100 V にしたとき，送電線での電力損失は何倍になりますか。

家庭に届く電流は交流ですが，電化製品の多くは直流でしか働きません。そのため交流を直流に変換する仕組みが必要となります。図5はダイオードの一方向からしか電流を流さない特性を用いて，交流を直流に変換する回路です。図6はダイオードの電気用図記号で，矢印の向きには電流が流れますが，矢印の反対向きには電流が流れません。

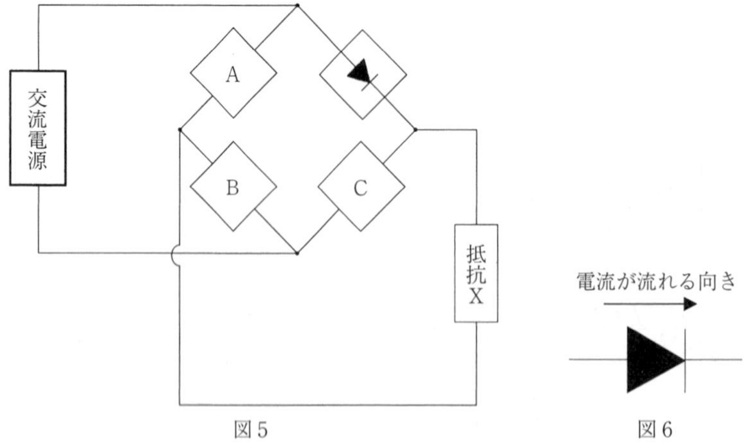

図5　　図6

(8) 抵抗Xにおいて，同じ向きに連続的に電流が流れるように，図5のA～Cにあてはまるダイオードの向きをそれぞれ選びなさい。ただし，同じ記号を何度使ってもよいものとします。

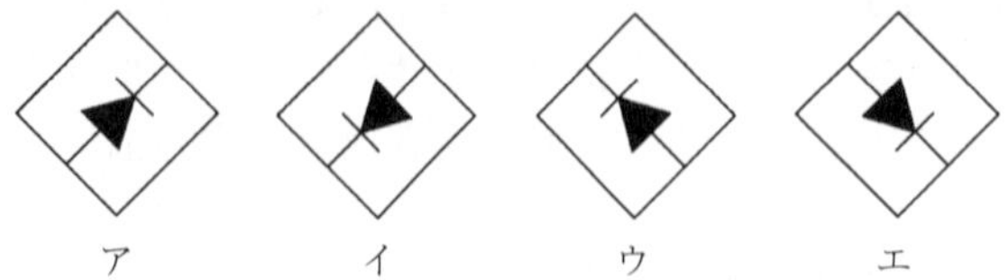

2 硝酸(しょうさん)カリウム，硫酸(りゅうさん)銅，塩化ナトリウムのそれぞれの水溶液について，再結晶の様子を調べるため，次の【実験1】，【実験2】を行いました。図1は，硝酸カリウム，硫酸銅，塩化ナトリウムの溶解度曲線です。ただし，実験中に水の蒸発はなく，それぞれの溶質の溶解度は，ほかの物質が混ざっていても互いに影響しないものとします。

【実験1】
60℃の水 200g に，それぞれ硝酸カリウム，硫酸銅を溶ける限度まで溶かし，2種類の飽和水溶液をつくった。
この飽和水溶液から，それぞれ 100g ずつ別の2つのビーカーに取り出し，30℃まで冷却した。

【実験2】
60℃の水 100g に，それぞれ硝酸カリウム，塩化ナトリウムを溶ける限度まで溶かし，2種類の飽和水溶液をつくった。
この2つの飽和水溶液をすべて1つのビーカーに入れ，この混合溶液を徐々に冷却した。

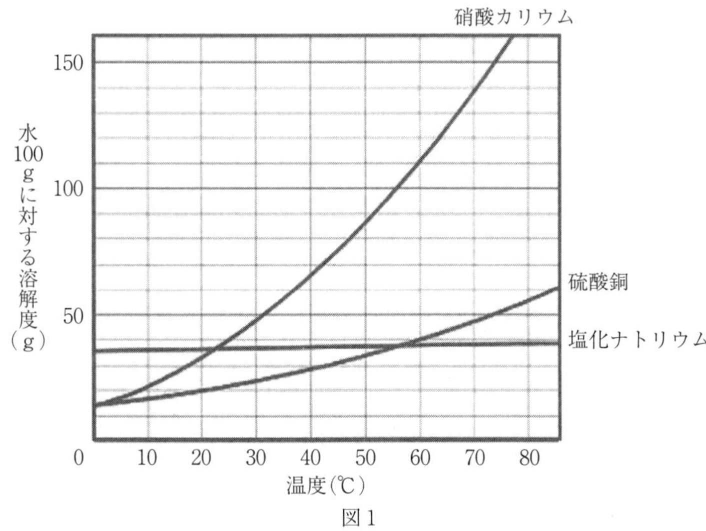

図1

(1) 硝酸カリウム，硫酸銅，塩化ナトリウムは，水に溶けると電離して陽イオンと陰イオンになります。硝酸カリウムと硫酸銅の電離の様子をイオンを表す化学式で示すとどうなりますか。

[1]，[3]には，あてはまる**陽イオン**を表す化学式を，

[2]，[4]には，あてはまる**陰イオン**を表す化学式をそれぞれ示しなさい。

KNO_3 ⟶ [1] ＋ [2]

$CuSO_4$ ⟶ [3] ＋ [4]

(2) 【実験1】でつくった60℃の硝酸カリウム飽和水溶液の質量パーセント濃度として，最も適するものはどれですか。

ア　19%　　イ　29%　　ウ　48%

エ　52%　　オ　90%

(3) 溶液100mL中に溶けている溶質の質量(g)を質量体積パーセント濃度といい，単位は，「vol%」を用いて表します。【実験1】でつくった60℃の硝酸カリウム飽和水溶液の密度を1.40g/mLとすると，この水溶液の質量体積パーセント濃度として，最も適するものはどれですか。

ア　37vol%　　イ　51vol%　　ウ　73vol%

エ　85vol%　　オ　94vol%

(4) 【実験1】で30℃まで冷却したところ，それぞれのビーカーの中に結晶が析出しました。析出した結晶の色として，最も適する組み合わせはどれですか。

	硝酸カリウム	硫酸銅
ア	白色	青色
イ	黄色	白色
ウ	青色	黄色
エ	黄色	青色
オ	白色	白色

(5) 【実験1】で析出した硝酸カリウムの結晶の質量として，最も適するものはどれですか。

ア　25g　　イ　30g　　ウ　48g

エ　62g　　オ　110g

(6) 【実験２】で徐々に冷却したところ，ある温度で硝酸カリウムまたは塩化ナトリウムの結晶が析出し始めました。そのときの温度として，最も適するものはどれですか。

ア　11℃　　イ　22℃　　ウ　33℃　　エ　44℃　　オ　55℃

【実験１】で，硝酸カリウム飽和水溶液から再結晶により析出する結晶は，硝酸カリウムだけからなりますが，硫酸銅飽和水溶液から再結晶により析出する結晶は，硫酸銅だけでなく水を含みます。

この結晶中に含まれる水を「結晶水」とよび，再結晶により結晶水を含む結晶が析出するときには，析出する温度が異なっていても結晶中に含まれる硫酸銅の質量と結晶水の質量の割合は常に一定です。

例えば，ある温度の硫酸銅水溶液を冷却し，再結晶により結晶が25g析出したとき，この結晶中の硫酸銅は16g，結晶水は9gの割合になります。一方，結晶水を含む結晶を水に溶かすと，結晶中に含まれていた結晶水は，溶媒の一部になります。つまり，結晶水を含む硫酸銅の結晶25gを水100gにすべて溶かすと，結晶水が溶媒の一部になり，結果的に水109gに硫酸銅16gが溶けている水溶液ができます。

(7) 結晶水を含む硫酸銅の結晶100gをすべて20℃の水に溶かして，硫酸銅飽和水溶液をつくるために加える水の質量として，最も適するものはどれですか。ただし，図１の硫酸銅の溶解度曲線は，結晶水を含まない硫酸銅の溶解度(g)を示しています。

ア　220g　　イ　256g　　ウ　284g　　エ　320g　　オ　464g

3　生物がもつ形や性質を形質といい，多くが遺伝子のはたらきによって決まります。メンデルは，遺伝子が親から子へ伝えられるしくみに法則性があることを明らかにしました。

エンドウの種子の形を例にとると，丸形としわ形それぞれの純系の親世代を交雑してできる子の世代(F1)の種子はすべて丸形になり，さらに，F1を育てて自家受精させてできる①孫の世代(F2)の種子では丸形としわ形が生じました。このことからメンデルは，F1で現れる形質を顕性形質，現れない形質を潜性形質としました。また，②子葉の色もあわせて２種類の形質を同時に調べると，それぞれの形質は互いに影響を与えることなく遺伝することがわかりました。

(1) エンドウについて，花のつくりのうち，将来種子になる部位の名称を答えなさい。

(2) 下線部①について，F2の形質は理論上どのような分離比となりますか。**最も簡単な整数比**で答えなさい。

(3) 下線部②について，エンドウの子葉の色には，顕性形質の黄色と潜性形質の緑色があります。種子の形が丸形で，子葉の色が黄色の純系個体と，種子の形がしわ形で，子葉の色が緑色の純系個体を交雑しF1を得ました。さらに，F1を自家受精して得たF2の種子の形と子葉の色は理論上どのような分離比となりますか。**最も簡単な整数比**で答えなさい。

ヒトの形質にも多くの遺伝的特徴があり，病気の原因となる遺伝子も多く見つかっています。遺伝子の変異が原因であることが疑われるヒトの病気の一つに高血圧症をひきおこす原発性アルドステロン症があります。

図１は，アルドステロンが関係する血圧上昇のしくみ(RAA系)をまとめたものです。RAA系では，血圧低下を感知した腎臓がレニンを分泌し，レニンによって血液中のアンジオテンシノーゲンからアンジオテンシンⅠが作られます。アンジオテンシンⅠはアンジオテンシン変換酵素(ACE)によってアンジオテンシンⅡに変換されます。アンジオテンシンⅡは全身の動脈を収縮させるとともに，副腎からアルドステロンを分泌させます。アルドステロンは腎臓でのナトリウムイオン(Na^+)の再吸収を促進することで，循環する血液量を増加させます。これらのはたらきによって血圧が上昇します。

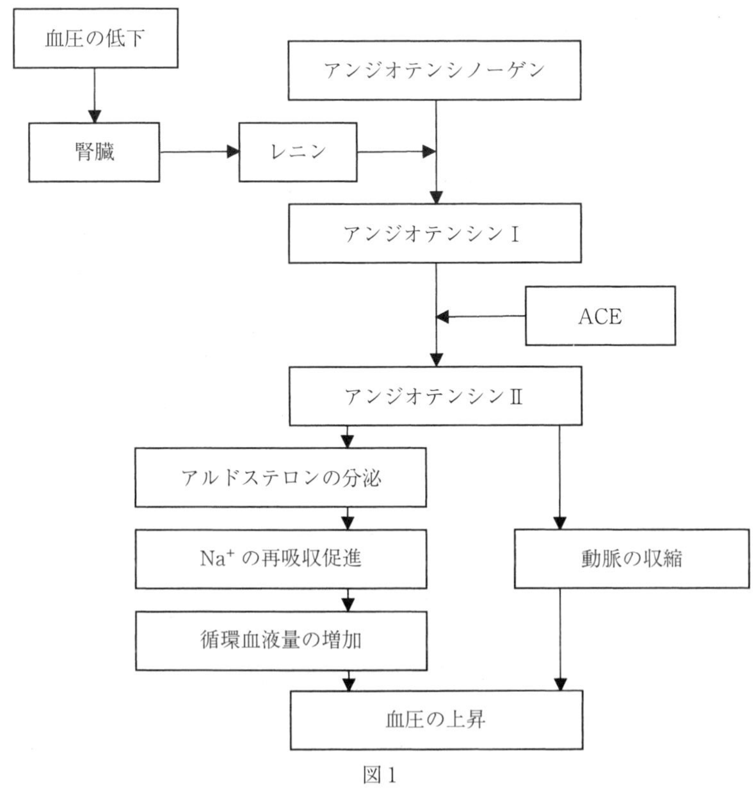

図 1

原発性アルドステロン症では，レニンの濃度が高くないにもかかわらず，アルドステロンが過剰に分泌されることで高血圧症を引き起こします。表 1 は，ある高血圧症患者の血液検査の項目と結果，および正常範囲を示したものです。

表 1

	検査項目	結果	正常範囲
ア	レニン	0.9	0.2〜2.3
イ	コルチゾール	19.50	7.07〜19.60
ウ	アルドステロン	139.0	4.0〜82.1
エ	アドレナリン	50	100以下
オ	ノルアドレナリン	300	100〜450
カ	ドーパミン	20	20以下
キ	※アルドステロン / レニン比	228	200以下

※アルドステロン / レニン比…レニンの値に対するアルドステロンの値を特別な計算式で算出したもの

(4) 腎臓のはたらきとして**誤っているもの**はどれですか。
ア 血液から尿を生成し，不要物を排出する。
イ Na^+ の再吸収量を変化させ，血液量を調整する。
ウ 体内の水が過剰な際には，尿量の増加により水を多く排出する。
エ 呼吸によって生じたアンモニアをもとに尿素を合成する。

(5) 原発性アルドステロン症の疑いがあると診断するにあたって，最も重要な検査項目は表 1 のア〜キのどれですか。

(6) 原発性アルドステロン症の治療薬の一つは，アルドステロンのはたらきを抑えるものです。この他に，どのような薬であれば，原発性アルドステロン症患者の血圧上昇を抑えることができますか。

4 岩石とは鉱物の集合体です。多くの鉱物は，無機物で一定の化学組成を持つ結晶です。鉱物の中には，化学組成は同じですが，温度・圧力の条件によって結晶構造が異なる鉱物も存在しています。例えば炭素を主成分とする鉱物群です。低温低圧下では鉛筆のしんの原材料となるようなセキボクという鉱物になりますが，マントル内部のような高温高圧下ではダイヤモンドという鉱物になります。

同様に，珪(けい)酸アルミニウム(Al_2SiO_5)を主成分とする鉱物群(ランショウ石・コウチュウ石・ケイセン石)があります。右の図1に示すように3種類の鉱物が温度・圧力の条件によって結晶構造が変化する特性があります。この特性によって，地下の環境を探ることができるようになりました。

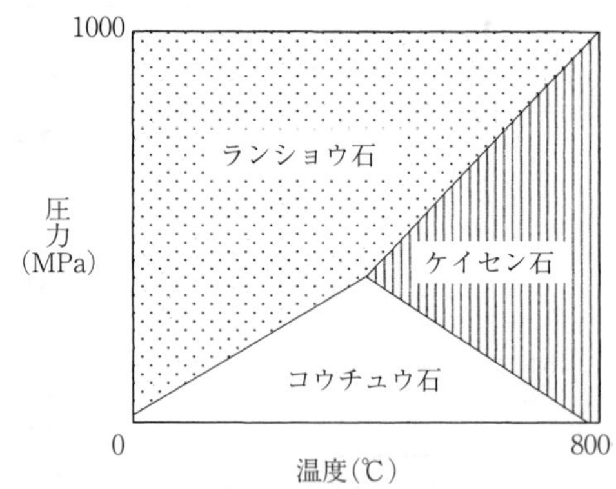

図1 ランショウ石・コウチュウ石・ケイセン石の形成される温度・圧力範囲

ある地域で，少し離れた2地点で確認できた垂直な露頭をスケッチしました。2地点で同じ火成岩(C)を観察することができました。各露頭においていくつかの地層を確認することができたため，それぞれの地層をA～Fに分類し，図2のようにまとめました。この地域において，断層はなく地層の逆転は認められませんでした。

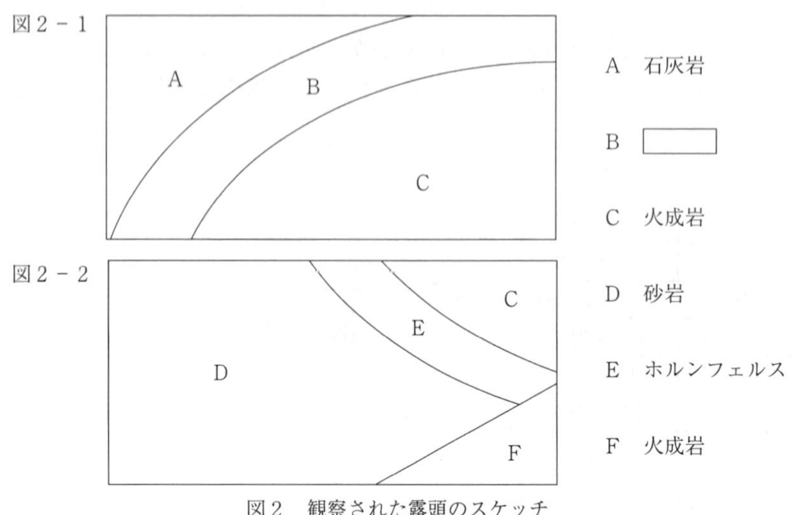

図2 観察された露頭のスケッチ

(1) Cの火成岩から薄片を作成し，偏光顕微鏡で観察したところ，右の図3のようなスケッチを得ることができました。Cの火成岩の名称と組織名を答えなさい。ただし，岩石の名称は**カタカナ**で答えなさい。

(2) Aは，主に微細な方解石の結晶で構成されていることがわかりました。方解石の化学式を示しなさい。

(3) Bの岩石は，Aよりも粗粒な方解石の結晶からできていました。この岩石は，Cからの熱の影響でAの方解石

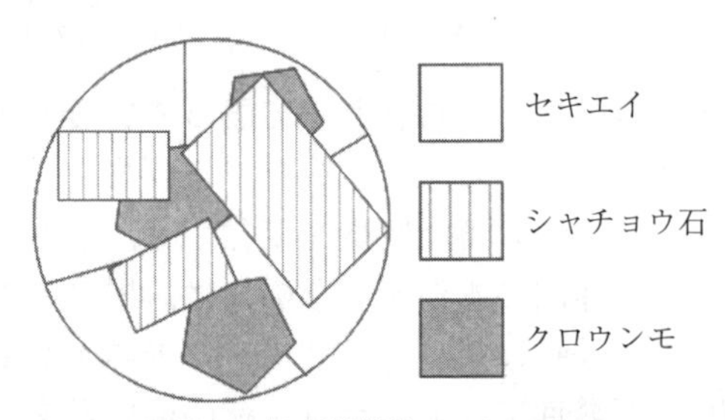

図3 偏光顕微鏡のスケッチ

の結晶が大きくなったと考えられます。また，加工がしやすく彫刻や壁材，床材などに使用されます。図2の［　］にあてはまる岩石の名称を答えなさい。

この露頭のD・Eから複数の岩石を採取して，薄片を作成しました。それらを偏光顕微鏡で観察したところ，ケイセン石やコウチュウ石を確認することができました。ケイセン石はC・F付近のみで観察することができ，C付近よりもF付近の方がケイセン石を確認できた範囲が狭いことがわかりました。この結果をもとに，図2－2の一部を拡大してケイセン石とコウチュウ石の分布をかきいれ，図4のようにまとめました。ただし，太線はC，D，E，Fの境界を表しています。

観察した薄片のうち，Dの2か所(⑤・⑥)とEの4か所(①・②・③・④)で，同じくらいの大きさのケイセン石やコウチュウ石がみられました。観察できたケイセン石やコウチュウ石の様子を図5のようにまとめました。

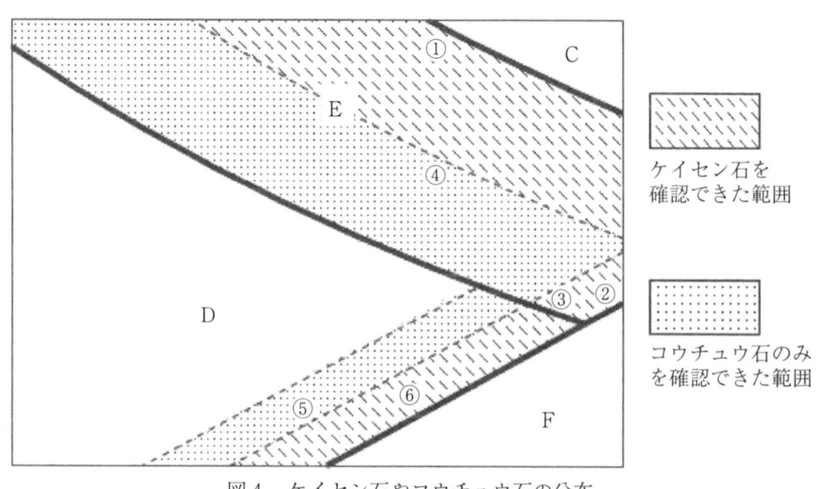

図4　ケイセン石やコウチュウ石の分布

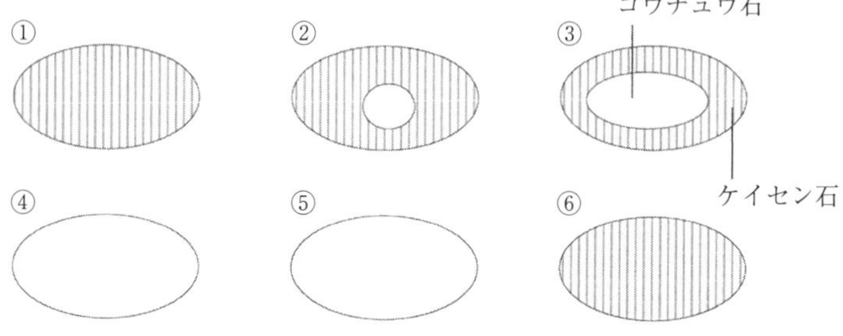

図5　①～⑥で観察できたケイセン石やコウチュウ石の様子

(4)　EもBのようにCからの熱で変化してできたものと考えられます。このEを観察したときに見られる特徴はどれですか。

ア　Cに近いほど，結晶が大きい。

イ　Eの中央(CとDの中間)に近いほど，結晶が大きい。

ウ　Dに近いほど，結晶が大きい。

(5)　Fを観察したところ，ゲンブ岩であることがわかりました。また，Eの一部(②・③)を観察したところ，ケイセン石の中に大きさの異なるコウチュウ石が入っているように見えるものが確認できました。これは，CとFの貫入の影響で生じたものと考えられます。④でみられたコウチュウ石はCのみの影響で，⑤でみられたコウチュウ石はFのみの影響で晶出したとすると，④と⑤では晶出環境が異なるものと考えられます。C，Fの貫入時の熱の伝わり方はほぼ均一だったとすると，⑤

の晶出時の環境は④に対してどのように異なりますか。

ア　⑤の晶出時の方が，温度が高く圧力も高かった。

イ　⑤の晶出時の方が，温度が高く圧力は低かった。

ウ　⑤の晶出時の方が，温度が低く圧力は高かった。

エ　⑤の晶出時の方が，温度が低く圧力も低かった。

(6)　A～Fの形成の間，マグマの貫入のほかに，この地域に起こった変化として考えられるものはどれですか。

ア　氷河期が終わり，この地域の氷床がなくなった。

イ　プレートの運動によって，より高緯度に移動した。

ウ　地殻変動によって隆起した。

エ　海退が起こって水深が浅くなった。

オ　磁極の逆転が発生した。

(7)　A～Fの形成順序を古い順に並べたとき，形成時期によって４つのグループに分けられます。２番目と３番目に形成されたグループはそれぞれA～Fのどれが対応しますか。同時期に形成したと考えられるものは同じグループとしてすべて答えなさい。

ウ　人は他者の忠告を聞き入れないことが多いので、相手に聞き入れてもらえる方法を考えるのがよい。

エ　人は自身の健康を維持するために、むやみに他者に頼ろうとせず、自己管理に徹することが肝要である。

オ　人は結果を残せたかどうかで評価されるので、よい結果が出せるよう最大限の努力をする必要がある。

四　次の各文の――線のカタカナを漢字に直しなさい。

1　ケイガイ化した制度に異を唱える。

2　男は、くやしさのあまりコブシを握りしめた。

3　さわやかなアイサツは、人を笑顔にする。

4　刻苦ベンレイの末に医者になった。

5　カンゼン懲悪の物語を好む。

ら。

イ　ある医者から「あなたは今秋、何かの病気にかかる」と予告されたが、そのとおり病気にはかかったものの、秋ではなく冬であったため、この医者には正確に診察する能力がなく、処方される薬も効かないのではないかと不信感を募らせてしまったから。

ウ　ある医者から「あなたは今秋、何かの病気にかかる」と言われて腹を立てていたが、本当に病気にかかったので、医者に診てもらおうとしたものの、自分の病気を予告した医者に今さら世話になるのは恥ずかしいと思い、会いたくなかったから。

エ　ある医者から「あなたは今秋、何かの病気にかかる」と根拠のない予告をされたことに納得できなかったが、秋になって本当に病気にかかってしまったので、医者にかかろうとしたものの、医者は自分の話を信用しなかったことを理由に診察を拒絶したから。

オ　ある医者から「あなたは今秋、何かの病気にかかる」と言われたことを忘れていたが、病気にかかってしまったため、予告をした医者にかかろうとしたところ、予告を気にとめなかったことを不快に思った医者の態度があまりにも横柄で腹立たしかったから。

問2　――線2「しるしもみえず」の本文中の意味として最も適当なものを次の中から選び、記号で答えなさい。

ア　効果が現れず　　イ　指示に従わず　　ウ　原因がわからず
エ　理解ができず　　オ　方針が決まらず

問3　――線3「家傾けてもむくいまほしく思ひし」とあるが、このように考えるに至った医者の行動を説明したものとして最も適当なものを次の中から選び、記号で答えなさい。

ア　医者は病気が何であるかの判断ができず、必要な薬を見つけられなかった。

イ　医者はさまざまな薬を試したが、長きにわたり病気で苦しめてしまった。

ウ　医者は適切な薬を見つけられずにいたが、試しに与えた薬によって回復させた。

エ　医者はつぎつぎ現れる症状に、それぞれふさわしい薬を与えて病気を治した。

オ　医者は症状から素早く病気を特定し、適切な薬を投与して命を助けた。

問4　――線4「いまひとりのをのこ」の様子について説明したものとして最も適当なものを次の中から選び、記号で答えなさい。

ア　医者から病気を予告されて薬を処方されたが、健康な自分は病気にかかるはずはないと気にもとめずに薬を飲まないでいたので、予告どおり病気にかかってしまった。

イ　医者から病気を予告されて薬を処方されたが、予告をした医者の言うことはあてにならないとのうわさを聞いていたので、薬を飲もうとは思わなかった。

ウ　医者から病気を予告されて薬を処方されたので、予告を信じて薬を飲み続けたところ、予告された病気にかかる気配がなかったため、途中で薬を飲むことをやめた。

エ　医者から病気を予告されて薬を処方されたので、指示どおり薬を飲み続けたところ、病気にもかからず体調の変化もなかったため、そもそも薬を飲む必要性はなかったと考えた。

オ　医者から病気を予告されて薬を処方されたので、素直に医者の言うことを聞いて薬を飲み続けていたところ、まったく病気にかからなかったため、医者に心から感謝した。

問5　本文全体から読み取れる内容として最も適当なものを次の中から選び、記号で答えなさい。

ア　人は苦しいときに助けてくれる人を信用する傾向にあるので、人助けは本当に苦しんでいる人にのみ行うのがよい。

イ　人はたとえ専門家の言うことが正しいことであったとしても、素直にその指摘を受け入れられないものである。

一人前の生活も幸せな結婚生活も結局は梨花自身の努力次第である以上、梨花の心臓が悪くても梨花と結婚して幸せな人生を歩んでくれる男性が現れる可能性は十分にあるということを竜起の説明によって知ったから。

問6　この文章の表現に関する説明として**適当でないもの**を、次のア～オのうちから**2つ**選びなさい。ただし、解答の順序は問わない。

ア　══線a「一キロワットのランプの光も死んだように力ない」、══線c「夜勤の労務者が、あちこちから、蟻のように天端にとりつき」のように比喩表現を用いることで、周囲の情景を印象的に描いている。

イ　══線b「靄を消す方法はないのだ」、══線i「あらゆる機械は又、数日前の霧の日には信じられぬほど順調に動いていた」という表現からは、人間の力ではどうすることもできないものがあるということを読み取れる。

ウ　══線d「それがどうしたというのだ」、══線e「どうも僕はあんまり信じられないけどね」という表現によって、ものごとを軽く考える竜起の楽観的な人柄を浮き彫りにしている。

エ　══線f「優しい時間」、══線g「空にはまろやかな秋の陽が光を充たしている」という表現を重苦しい話題の中で効果的に用いることによって、その後の竜起の状況が好転することを暗示している。

オ　══線h「ダムはまだ出来てもいないのだ。崩す心配は今はまだ生まれてもいない未来の人々に課せられた問題だ」というダムの現場に関する表現と、══線j「生きているうちから、梨花を失った瞬間のことを恐れる必要はない」という梨花の病状に関する表現を重ねることで、竜起の心情がいっそう明らかになっている。

三　次の文章は、松平定信(まつだいらさだのぶ)『花月草紙(かげつぞうし)』の一部である。これを読んで、後の問いに答えなさい。なお、出題に際して、本文には表記を一部変えたところがある。

あるくすしが、「君はかならずこの秋のころ、何のいたづきにかかり給(たま)はん」といふを、むづかりて、「いかでさることあらん」と秋まではいひぬ。つひにいたづきにかかりてければ、いひあてしくすしにあはんも、おもてぶせなりとて、[1]よそのくすしまねきてけり。さまざま薬あたへたるが、[2]しるしもみえず、初(はじめ)のほどは※うちのそこねしなるべしとて、うちととのふる薬なりければ、むねのあたりいよいよくるしく、ものもみいれねば、くすしも心得て、そのくすりはやめつ。こたびは汗にとらんとしても、しるしなく、くださんとすれば、はらのみいたみて、いよいよくるし。せんかたなくて、こころみにふとてうぜし薬、そのやまひにあたりやしけん、のみくだすより、むねのうちここちよく、つひに其(その)やまひ癒(い)えにけり。いのちたすけしひとなりとて、[3]家傾けてもむくいまほしく思ひしとなり。さるに、「こん秋は、かならずこのやまひ出づべし、このくすり今よりのみ給へ」といふを、[4]いまひとりのをのこ、「いかでさあらん。されどさいひ給はば、のみてまゐらすべし」とて、ひとごとのやうにのみ居たるが、つひにそのやまひもおこらず、つねにかはりし事なかりしかば、さればこそかくあるべけれと思ひしを、あの薬のまでもあるべきものをといひきとや。

※うちのそこねし…腹をこわしたこと。

問1　——線1「よそのくすしまねきてけり」とあるが、このようなことをしたのはなぜか。その理由として最も適当なものを次の中から選び、記号で答えなさい。

ア　ある医者から「あなたは今秋、何かの病気にかかる」と言われたが、具体的な病名が指摘されなかったことに不信感を抱いたため、予告どおり秋になって病気にかかった時も、本当にこの医者は自分の病気を治すことができるのかと不安に思ったか

ウ　医者から梨花が先天性の心臓の病気かもしれないという診断を受けたことによる不安を、竜起が家に帰ってくるまで容子一人で抱え込んでいたから。

エ　竜起は家庭よりも仕事に集中しており、梨花が神経質な子でなかなか寝付けないという問題を容子一人で受け止めなければならなかったから。

オ　医者から梨花が発育上の問題を抱えているかもしれないと診断されたのにもかかわらず、竜起が家族のことよりも仕事を優先している様子だったから。

問3　――線2「梨花の生かし方を心に決めた」とあるが、この時竜起が「心に決めた」ことはどのようなことか。80字以内で説明しなさい。

問4　――線3「竜起はこの雄大な現場に立ち会えたことを心から幸運だと思った」とあるが、このときの竜起の様子はどのようなものか。その説明として最も適当なものを次の中から選び、記号で答えなさい。

ア　ダムが建設される様子を改めて目にして、自分の人生よりも長く社会に影響を与え続けるような大事業を完遂するという明確な目標が定まり、奴隷のような自分の人生に思い悩む必要はないのだということを理解し、希望に満ちている。

イ　自分が死んだ後も社会の中で働き続けるような、多くの人から賞賛される仕事に携わることができたのだと実感して、まるで自分がこのダムを作ったかのように錯覚してしまうほど満足している。

ウ　自分の死後も社会の中で機能し続けるようなダムの建設現場を目の前にして、自分はちっぽけな存在だが、誰もが認める大事業に関わることができたのだと実感し、このような仕事を自分に与えてくれた神に感謝している。

エ　奴隷のような人生に悩んでいたが、社会の中で自分よりもはるかに長く機能し続けるダムの建設現場を目にして、自分の人生が人の記憶に残らなくても、自分の作ったダムが多くの人に影響を与えればそれでよいと考え、幸せを感じている。

オ　自分の死後も社会の中で多くの人を助ける巨大なダムの建設現場を遠望して、自分は後世に名前が残ることのない存在だが、大事業に関わることができたのだと実感し、満ち足りた気持ちになっている。

問5　――線4「容子は、はっと胸を衝かれたような表情をした」とあるが、容子がそのような表情をしたのはなぜか。その理由として最も適当なものを次の中から選び、記号で答えなさい。

ア　手術が成功しなければ梨花は幸せになれないと思っていたが、過去に傷のある自分のような人間でも竜起と結婚して幸せに生活しているように、梨花の心臓が悪くても梨花と幸せな家庭をつくってくれる男性が現れるかもしれないということを竜起の説明によって理解したから。

イ　さまざまな事情があっても幸せになれる方法はないかと考えていたが、心臓の悪い梨花でなければいやだという僕みたいな男が現れるかもしれない、という竜起の話を聞いて、自分が過去に傷のある人間だったからこそ竜起は結婚したいと言ってくれたのだということがわかったから。

ウ　手術が成功しても梨花は幸せになれないと思っていたが、結婚する資格のない自分のような人間を受け入れて結婚してくれた人が言うのだから、心臓の悪い梨花を選んで幸せにしてくれる僕みたいな男が現れる可能性もあるのだ、という竜起の話を信じようと決意したから。

エ　さまざまな事情で幸せになれない人間はいるだろうと思っていたが、梨花の心臓が悪くても梨花を幸せにしてくれる僕みたいな男が現れるかもしれない、という竜起の話を聞いて、結婚する資格のない自分のような人間を竜起が選んでくれたからこそ今の生活があるということを実感したから。

オ　手術をする前から梨花の将来を考えて不安を感じていたが、

その日、i あらゆる機械は又、数日前の霧の日には信じられぬほど順調に動いていた。三台のケーブルクレーンは、迸るような青さをたたえた空を泳いで、谷を一直線に渡って来る。クレーンの運転所には、インディケーターが備えつけられていて、各バケットの位置は、その図表の上に赤い天道虫のように動いて示されている筈だったが、すっかり手馴れた鮮かな停止の仕方は、機械に頼るばかりでなく、オペレーター達が、やはり勘と馴れによってこの巨大な振子を自在に扱えるようになったことを示していた。空を背景に遠近感覚を正確に持つということは、むずかしいのである。なぜなら、青空は、人間が問題にする程度のささやかな厚さや深みを、ことごとく吸い取ってしまうからだ。そしてこれらのオペレーター達の円熟した技術が、数百米の長いワイヤーの先に保たれたバケットが殆んど揺れもせず所定の位置でぴたりと静止させるのを見ると、それらはあたかも物理学の慣性の法則などない世界にあるような不思議な爽快さを感じさせるのだった。

竜起は全身に、生きていることの確証のようなものが流れるのを感じた。

数日前、あれほどごたついたケーブルクレーンが、今日は整然と動いている。梨花の心臓も又、新らしい治療法だという手術か或いは自然に体力がつくことによって機能を恢復するだろう。たとえ、それがうまく行かなかったにせよ、j 生きているうちから、梨花を失った瞬間のことを恐れる必要はない。いつかは死がやって来るという点では、梨花も自分も同様である。それまでに、梨花にも自分にもまだあまりに多く、この世に残すべき仕事がありそうだ。思想も哲学もいらないのだ、と竜起は思った。そうした抽象的な世界に踏み迷い、B 無為に心を束縛されるには、今、眼前に拡る天地は、あまりにも明晰に澄んでおり、しかも竜起の前には、確固とした仕事の目標が、長い航路を先々まで照らす燈台の標識のように、並んで輝いていた。

竜起は夕食の食膳で、今日自分が心に決めたことを容子に話した。

「生きている時は、生きている時なんだ。生きているうちから、死んだ時のことを考えることはない」

「でも、たとえ手術が成功しても、やっぱり一人前の生活もできなければ、結婚にもさし支えるでしょうね」

「運動選手になろうったって無理かも知れないけど、学者でも、弁護士でも、薬剤師でも、肉体労働でなければできるだろう。結婚は健全な娘だって運なんだから、保証はできないけど、又僕みたいな男が現れるだろうよ。心臓がどんなでも、梨花でなけりゃいやだっていう男が。それが却って梨花のしあわせになるんだ」

4 容子は、はっと胸を衝かれたような表情をしたが、

「あなたみたいな人は、もう二度と現れっこないと思うの」

と涙ぐんだ。

※ファラオ…古代エジプトの王の称号。

問1 〰〰線A・Bの本文中の意味として最も適当なものを後のア〜オから選び、それぞれ記号で答えなさい。

A「凡庸な」

ア 興ざめな　イ 無価値な　ウ 汎用的な
エ ありがちな　オ 機械的な

B「無為に」

ア 無理矢理に　イ 無責任に　ウ 何もせずに
エ 深く考えずに　オ 自暴自棄に

問2 ――線1「容子の疲れたような顔」とあるが、容子がそのような顔になったのはなぜか。その理由として最も適当なものを次の中から選び、記号で答えなさい。

ア 梨花を診療所に連れて行ったときにはただの発熱だと思っていたのに、医師から梨花は先天性の心臓の病気かもしれないという診断を受けてしまったから。

イ 梨花の発熱は先天性の心臓の病気が原因かもしれないという診断を受けて、事務所まで竜起を探しに行ったが、竜起に会うことができなかったから。

「程度問題でしてね。軽ければ、気がつかないで、かなり大きくなる迄、スポーツなんかしている子供もいるんです。それに最近は手術という方法もぽつぽつあるようですから」

いずれにせよ、精密検査が必要であった。

「とにかく、さし当り、別に心配される必要はありませんから。検査を受けられる場合には、東北大学に、私の知人もいますし、いつでも御紹介します」

竜起は礼を言って診察室を出た。

その日、一日竜起は心の片隅でこの問題を考え続けた。梨花の心臓に関する一切の感情に、感傷をまじえるのはよさねばならぬ、と竜起は考えた。これから幼い娘にとって、戦いの生活が始る。それはどの角度から考えても、感傷では突破できない障害なのだ。幸いなことに、竜起は心の一部で、梨花の心臓を考えながら、作業の手順を考えることもできるようになっていたのだった。長い間の訓練で、反射的に最も重要な点に注意が向くのである。部外者はまさか、と言って笑うかも知れないが、土木業は洋裁と似ている。違うところは、素材から創り出して行くことだが、型に当て嵌めて立体的なものを作るという点では同じなのである。その証拠に、この世界では、科学的な計算と、経験から来る馴れや勘が、同居して、技術を補足したり、鬩ぎ合ったりしていた。複雑な曲線を持つ構造物の型枠を作るのに、大学出は何日もかけて測点を出すが、年功を積んだ大工ならかなり複雑なものでも目分量で作って、手加減でねじり曲げたあと曲尺一本で急所をチェックするだけで、すんでしまう。

竜起が彼なりに2梨花の生かし方を心に決めたのは、それから四日目であった。とりたてて何か特別な出来ごとがあった訳ではない。A凡庸な日であった。雪は再び近くの山々まで迫っていた。それだけに紅葉の色は凝縮し、人工の如何なる色合の強烈さも、その中に入って行けば、ぼやけてしまいそうであった。g空にはまろやかな秋の陽が光を充たしている。竜起は錚々とした秋風の中に立って、かなり遠い距離から現場を遠望して、深い感動に捕えられたのだった。

ダムはまだ、盃を横から見た場合の、糸底の部分にようやくコンクリートを打たれたばかりだった。しかしそれでもなお、竜起は※ファラオが二十年かかってピラミッドの礎を据え終った時に、恐らく感じたであろう満足と同じようなものを覚えた。勿論、竜起は、ファラオではなかった。彼は奴隷の側だった。ファラオの名は残りそのピラミッドは何千年と存続しても、奴隷たちは名も知られず、数十年のうちに、たちまちにして虫けらと同じに死んで行くのだった。自分は奴隷たちより恐らくもう数十年は長く生きるであろう。

さまざまな思いが同時に竜起の心に吹きあげて来た。ピラミッドと違ってダムの生命はそれほど長くない。近い将来に、第三のエネルギーが、電力にとって代るであろう。そうでなくとも、ダムの消却年限は大体五十年と見込まれている。その更に数十年後に、ダムはもう使いものにならなくなって、取り壊されるかも知れない。

このダムをもし壊すとしたら、どうすればいいのだ。高層ビルを崩す方法なら人々は既にかなり研究している。しかし五億立方米の水を湛えたまま、それを支えている壁を取りはずすことは、これまた至難の業である。

竜起はこんな無駄な心配を笑い出したかった。hダムはまだ出来てもいないのだ。崩す心配は今はまだ生まれてもいない未来の人々に課せられた問題だ。

ダムの命が、ピラミッドに比べて嘘のように短くとも、3竜起はこの雄大な現場に立ち会えたことを心から幸運だと思った。このダムは自分が作った、と言えば誰もが笑うだろう。しかし竜起の感覚全体は、それを肯定するのだった。誰も知らなくとも、自分と、そしてもしいるとするならば神のような存在が、それを記憶するであろう。そしてこのダムは自分よりはるか長い年月を生き残って、社会の思いがけぬ部分に、関り、生産し、押しすすめ、証言し、血流のように細胞と組織を若返らせながら、その機能の結果を天地に齎すのだ。

人々はその儘、現場で、空の晴れるのを待った。隣のブロックの人影も見えない。靄は既に標高四百十五米まで約四十五米の立ち上がりを見せているダムの高さの感覚まで奪って、天端の上にいると、すぐそこ迄大地が上って来たような錯覚がある。

人々は待ち、苛立ち、無力感に捉えられた。ケーブルクレーンの機械的な故障による停止時間を短縮することは努力次第で如何ようにもできる。しかしb靄を消す方法はないのだ。

作業は午後になってやっと再開された。誰もが割り当てられたクレーンの順番をじりじりしながら待っているとクレーンは十分ほど動いて又停ってしまった。トランスファー・カー(コンクリート運搬車)が故障したのだ。修理には三時間ばかりかかり、やがて夕暮が早々と谷に沈んで、夜間作業用の照明が、野外劇場のように荘厳な現場を照らした。

c夜勤の労務者が、あちこちから、蟻のように天端にとりつき、作業が再び続けられようとした時、靄は又しても人人を嘲笑うように、山肌を伝って充満し始めた。

竜起は、靄の中を八時頃、家に帰った。夜勤の職員に必要な連絡は済ませてあった。靄を待つことはできない。家の中には暗い灯があった。梨花は神経質な子で、暗闇では怖がって寝つかない。寝室に小さな灯があることは、梨花がもう寝たということなのだ。

1容子の疲れたような顔が玄関に現れた時、竜起は初めて、昼間、容子が事務所まで竜起を探しに来たということを聞かされたのを思い出した。

「今日、何か用事だったの?」

竜起は、作業靴を脱ぎながら言った。

「ええ、梨花を診療所へ連れて行ったの」

竜起は反射的に、ほの暗い部屋の中で、規則正しい寝息をたてている娘の様子を窺った。

「どこか悪かったのか?」

「あなたがでかけてからあとで、少し熱があることがわかったんです」

dそれがどうしたというのだ。梨花はそこに気持よさそうに寝ている。しかし容子の表情からは、重苦しい不安が竜起の上に投げかけられていた。

「そしたら、お医者さまが胸を診察したあとで、この子は前に、心臓が悪いと言われたことはなかったか、っておっしゃるのよ」

「心臓?」

「そう言えば、この子、唇がすぐ薄い紫色になるでしょう。これ、紫藍症って言うんですって」

「悪いって、どういうふうに悪いんだ?」

「まだ精密検査をしなければわからないけど、先天性の心臓の病気かも知れないんですって。だから、風邪をひかさないようにして、できるだけ体力をつけて、何かいい機会に、もっといい病院でみてもらいなさいって」

「しかし、診療所の医者には、前に何回かかかって、一度もそんなことを言われたことはなかったろう?」

「ええ、まだ若い先生ばかりだったからかしら。とにかく、異常は異常らしいの。只、どこが悪くて、いつどんなふうに、どんな治療をしたらいいか、すぐには決められないらしいけど。あなた、もし何だったら、明日にでも行ってもう一度確かめて来て下さらない?」

「そうしよう。eどうも僕はあんまり信じられないけどね」

それは仄かな甘い夜だった。現実の重苦しさとは別に、そのような、f優しい時間が与えられる時もある。竜起に話してしまうと、容子は幾分、精神的に救われたように見え、小さな卓袱台の向うで髪をほつらせたまま二人の茶碗に飯をよそった。

竜起は翌日、一時間ばかり仕事を脱け出して、診療所の医師に会い、容子から聞いた話を確認した。心室中隔欠損の疑いが濃い、と医師は言った。

「非常に危険なものなのでしょうか」

たしはほかに見たことはない。
　後ろすざりしてゆく背後を絶たれた者の絶対境で吐かれたどんでん返しの大逆説がここにある。かねてこの人はこうもいう。
「知らんちゅうことは、罪ぞ」
　光に貫ぬかれた言葉だと思う。現代の知性には罪の自覚がないことをこの人は見抜いたにちがいない。不自由きわまる体で、あらためて、水俣病とそこに生じる諸現象の一切を、全部ひきうけ直します、と栄子さんは宣言したのだ。皆が放棄した「人間の罪」をも、この病身に背負い直すぞとも言っているのではないか。自分にむかって、迫害する者たちにむかって、世界にむかって仲間たちに対して。

※茂道…杉本栄子が生まれ育った水俣市最南部に位置する集落。

生徒A　【文章Ⅱ】で、筆者は、杉本栄子さんが言った「水俣病は守護神」という言葉を「どんでん返しの大逆説」ととらえているけれど、たしかにすごい表現だね。
生徒B　そうね。【文章Ⅰ】に出ていた「　ア　」と似たような意味の逆説だと思うよ。
生徒C　【文章Ⅱ】で、筆者は、知らないということは罪なのだ、という意味の杉本栄子さんの言葉を、「光に貫ぬかれた言葉だ」と言っているね。次に続く「現代の知性には罪の自覚がない」というのが、そもそも生き物の命のつながりに無自覚で、しかもそのつながりが破壊されている事実に気づかない現代人への批判だとしたら、この「光」に「貫ぬかれた」という表現は、そんな人間の罪を見抜いていた栄子さんの洞察力の鋭さを述べているのかなあ。
生徒D　たしかに、罪の自覚がない人間は、この「光」に「貫ぬかれた」のだと思うけれど、それだけではなくて、この「光」は、その人間が罪を知った後にまで、射程を延ばしているような気がする。その意味で、【文章Ⅰ】に出ていた「　イ　」は、罪を知った後の人間を照らし出す言葉なのではないかと思う。
生徒E　「光に貫ぬかれた言葉だ」は、さまざまな解釈ができそうな表現だよね。【文章Ⅰ】に出ていた「　ウ　」という言葉は、【文章Ⅱ】の「宣言」と同じことを表現していると思う。この考えに基づいて生きようとすること自体を、筆者は、「光」に「貫ぬかれた」行為としてとらえているのかもしれないよ。

(一)　ア　に入る最も適当な箇所を、【文章Ⅰ】の中からさがし、10字以内で抜き出しなさい。
(二)　イ　に入る最も適当な箇所を、【文章Ⅰ】の中からさがし、15字以内で抜き出しなさい。
(三)　ウ　に入る最も適当な箇所を、【文章Ⅰ】の中からさがし、20字以内で抜き出しなさい。

二　次の文章は、曽野綾子『無名碑』の一部である。土木技術者である三雲竜起は、大規模なダムの建設に従事している。竜起は、妻の容子、娘の梨花と三人で暮らしているものの、仕事で夜遅くまで家に帰ることができない。容子は、過去のできごとが原因で、結婚した今でも自分は結婚する資格のない人間だと考えている。そんな自分を受け入れてくれた竜起に、容子は感謝するとともに負い目を感じている。これを読んで、後の問いに答えなさい。なお、出題に際して、本文には表記を一部変えたところがある。

　十一月初旬、その年初めての本格的な濃霧が谷に降りた。視界は十米もきかない。夏場、労務者を苦しめた虻も、この濃霧も、予定には一切含まれていない出来事である。クレーン沿いにとりつけたa一キロワットのランプの光も死んだように力ない。白い空間の中から突如としてバケットが落石のように下りて来る怖ろしさに作業は間もなく中止になった。

りへ向けての協働を要請しているのだ。

イ　母の言葉は、産業・経済を優先させて水俣病を隠し続けた行政への告発であり、被害者と加害者双方の救済を祈ることでしか終着に向かっていけない患者としての苦しみがにじんだ発言である。それは水俣病の事実が忘れ去られていくことへの危惧を示したものであり、母はこの言葉によって、歴史の風化を許さない断固とした決意を表明しているのだ。

ウ　母の言葉は、水俣病患者を差別し敵視してきた一般市民への怨念を最終局面において克服したものであり、人間とわが身の罪に侘びる祈りの中から生まれた悟りの発言である。それは解決を見出せない困難を前にした人間に進むべき方向を指し示したものであり、母はこの言葉によって、人間が自己への執着から脱却することの尊さを主張しているのだ。

エ　母の言葉は、水俣病の発生によって分断された地域の人間関係の修復と産業・経済の再生に大きな影響を与えたものであり、原因企業や行政が聞き流してはならない発言である。それは水俣病の痛みへの理解を同じ人間として加害者にも求めるものであり、母はこの言葉によって、現実には困難なこの理解を連帯に不可欠な条件として要求しているのだ。

オ　母の言葉は、水俣病の原因企業や行政と向き合い続けた末に述べられたものであり、抜き差しならない決意を込めた発言である。それは、加害者・被害者という関係性を超えた人間の罪への自覚をもって初めてなし得るものであり、母はこの言葉によって、二度と水俣病を繰り返さない未来へ向けてともに歩み出すことを強くうながしているのだ。

問3　――線3「いざないとしての赦し」とあるが、それはどういうことか。その説明として最も適当なものを次の中から選び、記号で答えなさい。

ア　被害者と加害者が、「赦す」「赦される」という関係件の実現をめざして向き合い続けた結果、和解してともに責任ある行動へ向かっていく、という現象のこと。

イ　加害者が被害者と向き合った末に、過ちを認め謝罪することで敵味方を超えた関係性が生まれ、両者が手を携えて社会的責任を果たしていく、という現象のこと。

ウ　被害者が苦難と怒りを経た後に、加害者は「赦されなければならない」という認識に達し、新しい社会づくりの責任を担いつつ加害者に向き合っていく、という現象のこと。

エ　被害者が加害者を「赦す」ことによって、加害者は自分がしたことに向き合えるようになり、その後、加害者が責任ある行動を起こしていく、という現象のこと。

オ　被害者が苦難の末に、加害者に対して被害の実態にきちんと向き合うことをうながし、そのうながしに導かれて加害者が責任を自覚していく、という現象のこと。

問4　次の【文章Ⅱ】は、石牟礼（いしむれ）道子（みちこ）『花びら供養』の一部である。生徒A～Eは、【文章Ⅰ】を読んだ後に【文章Ⅱ】を読んで、話し合いを行った。これを読んで、後の㈠～㈢に答えなさい。

【文章Ⅱ】

ここに杉本栄子という患者さんがいる。この人の口から、「水俣病は守護神ばい」という言葉が飛び出した時には、まじまじとその顔をみた。御主人の雄さんともども私たち『本願の会』の柱になって下さっている仲でもある。せっぱつまった声音で、「あのな、わたしどもはな、今、今日、祈らんことには、今夜ば生きられんとばい。人間の罪に対して祈らんば」と打明（うちあ）けられたのはその二、三週間前だった。祈る、ということには命がかかっているのだとわたしも覚（さと）った。

「命とひき替え」というほど毎日を思いつめて生きている人の口から出た「水俣病は守護神」という表現の逆説とその気迫。

すさまじい迫害の体験を言葉少なく語って、「それでもやっぱ※茂道（もどう）が好き」といつも言いそえる時、潮風にうるむようなまなこがきっと宙を見て、涙声になられる。こんなに情の深い人をわく水俣病の実態や患者の苦難を知らずに、無関心あるいは差別の対象としてきた自分に対して、栄子さんから「あんたの役割は、これからたい！」と背中を押され、責任に押し出されていった、という。

患者に市長として公式謝罪し、地域の人間関係の修復（「もやいなおし」）と水俣の地域再生に尽力した吉井正澄市長（当時）やその下で働く行政官たちにも、杉本栄子さんは、夫の雄さんと共に大きな影響を与えたという。

二〇一五年の水俣病慰霊式の患者の祈りの言葉を担当したのは、杉本栄子さんの長男である杉本肇さんであった。杉本肇さんは「母はいった。国も、県も、チッソもゆるす、と。どういう気持ちでこれをいったのか」と今は亡き天の母に問いかけた。筆者は杉本肇さんに、この「ゆるす」の意味がどういう意味だったと思うか、ということを聞き、語り合ったことがある。「それは、水に流して無かったことにするという意味では決してない。赦す、私たちをこんな目にあわせたあなたたちを赦すから、人として受け入れるから、だから、同じ人としてこの痛みを理解し、二度とない未来をつくることに一緒に踏み出せ！　という、2突き付けにも似た、最後の覚悟の祈りの行為であったろう」と杉本肇さんはいった（事例ここまで）。

水俣病公害事件の被害を受けた人の人数というのは、正確に把握されていない。というのは、市民すべての健康調査・疫学調査は一度もされていないからだ。水俣病患者である、あるいは、水銀中毒の影響を受けた可能性が高いとして制度的救済の対象となった人だけでも六万人以上、それ以外に、水俣病公害事件の初期には何の認定も救済も受けずに苦しみ亡くなり行政による被害者のリストに入ってこない人もいる。また、申請をしても救済対象にされなかった人、水俣病の症状があっても偏見を気にして申請できない人、自分の考えとして申請しない人、実際には影響を受けたが健康被害を自覚していない人もいる。

数えるほどかもしれないが、水俣病の患者の中には、この問題の苦難と怒りに向き合った末に「赦す」といった人が杉本栄子さん以外にもいる。緒方正人さんは「私はチッソだった。チッソがこの世で最も赦されなければならない」といった。緒方正実さんは「行政も向き合って、最後は過ちを認めた。そのことに対してきちんと受け入れなければ、人としての道に反する。彼らが向き合いしてくれたそのことに対して、私は行政を赦す」という。赦すという意味、その理由は人によって違うのだが、この向き合った末に「赦す」といった人たちの周辺から、水俣病をめぐっての敵味方の壁がとけ、共に、二度と水俣病を繰り返さない新しい社会づくりをすることに向かった変化が起こってきたことは事実である。※ここにも「3いざないとしての赦し」がある。

※軋轢…人間関係が悪くなること。

※ここにも…筆者は、問題文の前節「ルワンダ」の中で、内戦地での加害・被害関係における「いざないとしての赦し」の事例について述べており、「ここにも」は、この事例を受けた表現である。

問1　——線1「闘う一部の患者やその支援運動家たちと、それ以外の一般市民の間で大きな軋轢があり続けた」とあるが、「闘う一部の患者やその支援運動家たち」を、「それ以外の一般市民」は、どのように見ていたのか。「それ以外の一般市民」をA、「闘う一部の患者やその支援運動家たち」をBという記号に置き換え、A・Bの記号を用いて、80字以内で説明しなさい。

問2　——線2「突き付けにも似た、最後の覚悟の祈りの行為であったろう」とあるが、肇さんは、母である栄子さんの言葉をどのように受け取ったと考えられるか。最も適当なものを次の中から選び、記号で答えなさい。

ア　母の言葉は、水俣病の実態や患者の苦難を知らない人々への最後の抵抗であり、自己の無念を押し殺してでも人間関係を修復しようという強い意志に貫かれた発言である。それは生まれながら罪を背負った人間に赦しを与えるという思想に支えられたものであり、母はこの言葉によって、人々に新しい社会づく水俣病患者の杉本栄子さんが、漁の船に最初に乗ったのは、三歳のころ。網元だった父親に連れられて、海と魚に囲まれて少女時代を過ごした。数十人の網子を抱える杉本家では、彼らと寝食も共にし人の出入りが絶えることがなかった。常に将来の網元としての帝王教育を受けた彼女は、小学校三年生のときには、父親の代わりに地域の網元同士の会議に出て、役割を果たすこともあったという。

彼女の母親が集落で最初の患者として水俣病を発症したのは、一九五九年のことであった。最初の患者としてメディアに報じられると、次の日から村人は杉本家に寄りつかなくなった。当時、チッソの工場排水が原因だという事実は隠されており、伝染する奇病と思われていたからである。寄りつかないばかりか、雨戸をあけるならば、窓をあけるなと石を投げられた。

こんなひどいことをされて「やり返したい！」といった小学生の栄子さんに、網元だった父は、「村人を憎んではいかん。彼らも前はいい人だった。漁も大漁のときと時化(しけ)のときがある。今は時化のときと思え。森に感謝して、山に感謝して、水俣病をのさりと思え」といった。のさりとは、水俣では「(天からの)授かりもの」「恵み」というような意味がある。大漁のときには「ああ今日はのさったなぁ」という。獲(と)れなかったときには「今日はのさらんじゃった。精進しよう」となる。人から何かいただきものをしたときも「のさった」という。

そんな網元だった父も、その後急性水俣病を発症して亡くなり、栄子さん自身も水俣病の症状に苦しめられる一生となった。結婚し、五人の子どもを授かるが、夫と共に水俣病で長期間入院したり、痛みなどで苦しみ続ける人生だった。子どものころから「こんな目にあって、水俣病をのさりと思うとはどういうことか。わからない」とずっと考え続けたという。

栄子さんは、長い年月、悶(もだ)え考え続けて、その意味がやっとわかるようになった、という。「この水俣病は、山や海を壊してしまった人間への神の怒り。みんなの代わりに私たち患者が病んでいる。水俣病が隣の人ではなく自分のところにきたことを、喜びとする。チッソの人たちも助かりますようにと祈り、人間そしてわが身の罪に侘(わ)びて祈る。チッソも、行政も、ゆるす」と、のちに語り部となった栄子さんは語るようになった。

実際、栄子さんとの出会いで変えられていった人も多い。水俣の対立構図の中では、大きくいえば、水俣病患者や漁民は、チッソの繁栄下で生活する大半の市民からは、初期には伝染病と差別を受け、原因がわかってからも「金欲しさに症状を訴えるニセ患者。彼らのせいで水俣のイメージが悪くなって経済も悪くなった」と敵意を向けられた。そのうえ実際の水俣病をめぐる闘争運動の激しさもあり、その傷つきと対立構造の中で患者の「敵側」の人たちは、仕事で患者の家を訪ねなければいけないときには、患者に怒鳴られるのではないか、殴られるのではないか、と負の思いとびくびくした感情で訪ねて行っていた、という。しかし、多くの人がいう。杉本家を訪ねると、「敵側」の人たちも「よく来たね。食べんね」と食卓に招かれた、と。拍子抜けしながら、食事に預かり、人間として友として話しているうちに、自然に互いの人生の話になり、そこではじめて生の患者の暮らしや苦難の体験を聞き、言葉を失った、という。

当時の地域内での対立は、水俣病へのきちんとした理解に基づいた対立ではない。例えば患者の多発地帯である漁村と町中は一〇キロの距離、車のない時代には歩いて二時間の距離であった。さらに水俣には、山に住む人たちもいる。今のようにインターネットがあるわけでもない。原因企業のみならず国など行政も一緒になって水俣病の原因を隠した時代に、声を奪われた患者たちのリアリティは知られていなかった。

杉本家で食卓に招かれ、そこで初めて患者の身に起こったことを知り、愕然(がくぜん)として、水俣病の問題に取り組んでいくための責任に押し出されていった、という話を、筆者は地元の方々から少なからず聞いている。彼らが共通していうのは、初めて知り驚いた、ということと同時に、赦された、と感じたということである。これまで全

二〇二四年度　市川高等学校

【国語】（五〇分）〈満点：一〇〇点〉

【注意】解答の際には、句読点や記号は一字と数えること。

一　次の【文章Ⅰ】は、石原明子「生と死の現場に立ち現れる和解と赦し」の一部である。これを読んで、後の問いに答えなさい。なお、出題に際して、本文には表記を一部変えたところがある。

【文章Ⅰ】

熊本県南の水俣を中心とする地域は、チッソの工場排水に含まれた有機水銀中毒による水俣病に苦しめられた地域だ。原因企業であるチッソがこの地域で操業を始めたのは、明治期の一九〇八年のことであった。チッソの前身である曽木電気は水力発電を水俣から近くの大口につくり、その電気の活用先として、水の豊かであった水俣に、日本窒素肥料株式会社（のちにチッソと社名変更）を創立し工場をつくっていった。水俣病の原因となる有機水銀の発生にかかわるアセドアルデヒドの生産は一九三二年に開始された。水俣病患者が公式に確認されたのは一九五六年といわれているが、一九三〇年代にも、同様の症状の人がみられたことは地元の人によって語られている。

チッソの財力は、十五年戦争の前後の時期でみるならばきわめて大きく、終戦後はGHQによって日本の十五大財閥として、財閥解体の対象となった。チッソは戦時中、日本が朝鮮半島を植民地支配する中で、今の北朝鮮に大きな工場をつくっていた。一九四五年に日本が戦争に負けて、北朝鮮からも日本人工員は引き上げ、水俣のチッソの工場に合流した。戦後復興の時期、チッソは他の企業に先駆けていち早く成果をあげ、一九五〇年代後半には、当時の日本の化学工業製品で唯一の輸出製品を生産していた企業であった。

そのような一九五六年、保健所にこれまでみたことのない症状の患者が報告された。公式確認された最初の水俣病患者である。当時は原因はわからず、「奇病対策委員会」が水俣市に立ち上げられた。一九五九年、熊本大学医学部は、この「奇病」の原因がチッソの工場排水の有機水銀であることを発見する。しかしこの熊本大学研究班を中心に原因究明にあたっていた厚生省食品衛生調査会の特別部会は、国の命令で突然解散させられた。同年、チッソ病院でも猫に工場排水をまぜたエサを食べさせて発症することが確認された。だがこれも、会社上層部に公表を止められてしまう。その後、国が公式に、この病気の原因がチッソの工場排水の有機水銀であることを公表したのは、それから九年後の一九六八年であった。技術転換で、有機水銀排出の原因となるアセドアルデヒドをチッソが生産する必要がなくなった四か月後のことであった。産業・経済を優先するために隠し続けた九年の間、この「奇病」については、様々な原因説が唱えられ、同時に、人々の間では伝染病だという誤ったイメージが固定化されていった。

原因を国が正式に公表した後、被害への補償が始まるが、それからも「患者は金欲しさに水俣病のふりをするニセ患者だ」とか「チッソをつぶす水俣の敵」というように、地域内で患者への差別は根強くあり、そのような中で、1闘う一部の患者やその支援運動家たちと、それ以外の一般市民の間で大きな※軋轢があり続けた。チッソを救うか、患者を救うかの二者択一のように語られた時代。その雰囲気が変わったのが一九九〇年代前半だと地元の人々はいう。一九九四年に新しく水俣市長になった吉井正澄氏が患者に公式に謝罪し、「水俣病の患者救済も、チッソを含む水俣市の経済も両方大事」という方針を打ち出し、地域再生と人間関係の再構築が開始された。その水俣の再生の精神的支柱となった一人が、杉本栄子さんという水俣病患者であった。杉本栄子さんのストーリーを紹介したい。

〔事例③：水俣病患者　杉本栄子さん〕

英語解答

Ⅰ (A) (1) ① summer
② 70〔seventy〕 ③ March
④ 1895 ⑤ Germany
(2)…d (3)…c (4)…a (5)…c
(B) (1)…c (2)…d (3)…b (4)…d
(5)…c

Ⅱ 問1 B
問2 うそをつくと鼻の皮膚が血液で満たされること。
問3 a don't b agree
問4 イ，エ
問5 (1)…ウ (2)…イ (3)…ウ
問6 no lie remains hidden
問7 they are lying

Ⅲ 問1 ウ
問2 (1) ウ
(2) (例)フランクリンと一緒にクリスマスを過ごせないと思ったから。(28字)
問3 It took much longer than simple apple sauce
問4 誤…is 正…was
問5 i…イ ii…ウ iii…ア
問6 親友との関係を維持すること。
問7 (1) (a)…ウ (b)…ア (c)…イ
(2) エ (3) イ
問8 what you are

Ⅰ〔放送問題〕解説省略

Ⅱ〔長文読解総合―説明文・対話文〕

≪全訳≫(A)誰かがうそをついているかどうかをどうやって見分けることができるか❶うそつきを見分ける秘けつは，「漏れ」のしるしを探すことだ。これは，その人がその兆候を隠したりカモフラージュしたりしようと最善を尽くしたとしても，私たちが気づく情報のことだ。例えば，つくり笑いは口の周囲にだけ現れ，目の周りの筋肉を変えないので，簡単にわかる。B目の周囲や下に線が出ず，これは多くの場合，人が正直でないことの目印となる。つくり笑いはまた，顔が曲がっていることも多く(左右非対称である)，率直でなく不自然に見える。また，照明のスイッチのように，オンとオフの切りかえが早すぎる。❷鼻を触る癖のような，よくあるうその別のしるしを調べてみよう。うそをつく人がよく鼻を触る理由の1つは，鼻の感じが悪くなり始めて，いつもより鼻のことを考えてしまう傾向があるためだ。この事実により，ピノキオの物語の作者は，うそをつくと鼻が長くなることで有名なこのキャラクターのアイデアを思いついたのかもしれない。シカゴの科学者たちは，うそをつくと鼻の皮膚が血液で充満することがあることを発見した。このことによって人はより頻繁に鼻を触りたくなるのだろう。❸うそをつく人が居心地悪く感じているしるしは，その状況から逃げたいかのように，席にじっと座っていられないときにも見られるかもしれない。「あなたの言いたいことはわかります」と言いながら目を触り続ける人は，本当はその言い分を受け入れることを拒否していると言っているのかもしれない。うそをつく人は，あたかも自分の手がそのうそに同意することを拒否しているかのように，あまり強いジェスチャーを使わないことが多い。一方で，他のジェスチャーの使用が増える。手を横に振るのは，ついたうそに対して責任を負いたくないという，性格のどこか深い部分からくるジェスチャーなのかもしれない。事実上，手は話されていることを追いやろうとしているのだ。❹専門家は，ストレスに起因する顔の小さな動きを観察することで，話者の中にうそをついているしるしを見つけることができる。この動きはとても速いので，通常の速度では見えない。顔をコマごとに観察できるようにビデオ録画をゆっくり再生すると，これらの微表情が見える。そうした表情が続くのは１秒よりずっと短い。これらは「反対の感情」を表し，その人が自分のついたうそにある程度居心地の悪さを感じていることを示している。それはあたかも高次の脳中枢が，より深いレベルで自動的に生じた感情表現を取り消し，実質的に，顔に「黙れ」と命じているかのようだ。**5**うそをついている人に特別なプレッシャーがかかっていて，うそがばれないことが非常に重要である場合，観察されるかもしれない，いくつかの特別なことがある。これには，瞳孔拡張，高い声で話す，短いコメントをする，話す前に少し待つ，などがある。気軽にうそをつく人に比べて，必死にうそを隠そうとしている人は，自分のしぐさでうそをついていることがわかると考えるため，しぐさを過剰に抑制することがある。例えば，あまりまばたきをしないようにし，頭と体を動かさず，うそをついている相手を見つめ続けるようにする。**6**これは，裏を読む難しい推測ゲームとなり，うそを見破るのがいかに難しいかを示している。私たちの多くは目がくるくる動く人を信用しないので，熟練したうそつきはこのしるしを隠して，代わりにアイコンタクトをしょっちゅうとるようになるだろう。彼らはときどき目をそらすのではなく，うそをついている間，あなたの顔をまっすぐに見つめる。同時に，座っているとき，まばたきや頻繁に動き回ることを避けようとするだろう，なぜならそれはうそをついている証拠であると広く信じられているからだ。

(B)**1**ナオミ(N)：あなたはうそをうまく隠すことができる？**2**ケン(K)：うーん，うそをつくのはよくない考えだ。でも，もし誰かがうそを隠したいなら，普通に振る舞って何の疑いも起こさせないようにしようとするだろうね。それに，真実であるように見せるために，うその中にいくつか本当のことを混ぜるかもしれない。**3**N：なるほど。つまり，真実を含めることで，ばれにくくできるかもしれないということ？**4**K：うん，それは人が他人をだまそうとする方法の１つだ。また，話題を変えたり，言い訳をしたりすることもある。でも，重要なことはこうだよ。永遠に④隠されるうそはない。人はうそを一生懸命隠そうとしても，「漏れ」のしるしが見つかるんだ。**5**N：「漏れ」？　それは何？**6**K：⑤人がうそをついていることを教えてくれる情報だよ。**7**N：なるほどね。最初は難しいかもしれないけれど，正直でいることが最善の道のようね。

問１＜適所選択＞脱落文は，目の周囲の変化について述べた内容。Bの直前で，つくり笑いと目の周囲の表情について述べているので，その後に続けると話がつながる。

問２＜指示語＞この This の後ろは‘make＋人＋動詞の原形’「〈人〉に～させる」の形で，「これのせいで人はより頻繁に鼻を触りたくなる」という意味。この意味から，この This「これ」が，前文の that節の「うそをつくと鼻の皮膚が血液で充満することがある」という内容を指しているとわかる。

問３＜書き換え＞下線部②は「彼らはその言い分を受け入れることを拒否していると言って」という意味。書き換える文では say の後ろを I で始まる直接話法の文にする。空所の後に with があるので agree with ～「～に同意する」を使って「私はあなたが言っていることに同意しない〔できない〕」という意味にする。

問４＜語句解釈＞第４段落後半の内容から，micro-expressions「微表情」とは，うそをついている人の意識の奥深いところで生じる居心地の悪さが，隠しきれずに瞬間的に顔に出てしまうものであることが読み取れる。この内容に合うのは，イ．「人は微表情の大きさや速さを制御できない」とエ．「微表情は，ひょっとすると，人は本当はうそをつきたくないのだということを示しているのかもしれない」。ア．「人は微表情を意図的に隠せる」は，本文の内容に反する。ウ．「微表情は人の感じ方によって異なる」，オ．「科学者たちは現代の技術を使うことによって，微表情の数がわかる」に関する記述はない。

問５＜内容一致＞⑴「ピノキオの物語の作者は(　　)」―ウ．「うそつきは鼻に神経を集中させることがよくあることを知っていたのかもしれない」　第２段落第２，３文参照。第３文の文頭の This fact「この事実」は，第２文の「うそをつく人は鼻を気にしがちである」という内容を指す。
⑵「気軽にうそをつく人は(　　)」―イ．「うそをついているときのしぐさをあまり気にしない」　第５段落第３文参照。「うそを隠そうとする人は，気軽にうそをつく人に比べて自分のしぐさを抑制する」という内容から，逆に気軽にうそをつく人はしぐさを気にしないといえる。　⑶「うそのしるしを隠すために，熟練したうそつきは(　　)」―ウ．「相手の顔を直接見つめることが多い」　第６段落第２，３文参照。うそをついていることを示すしぐさを見せず，その反対の態度をとる。

問６＜整序結合＞直前の here's the thing は，重要なことを切り出すときの定型表現で「要はこういうことだ」といった意味。空所はその具体的な内容になる。直後の文の「人はうそを一生懸命隠そうとしても，『漏れ』のしるしが見つかる」という内容が，空所を含む文の内容を詳しく説明していると考えられるので，ここから空所に入るのは「うそは隠しきれない」といった内容になると推測できる。主語を No lie とし，残りを 'remain＋形容詞〔過去分詞〕'「～(の状態)であり続ける」の形で remains hidden,「隠されたままである」とする。lie が単数形なので remain には３単現の -s がつくことに注意。　hide－hid－<u>hidden</u>

問７＜適語句補充＞空所を含む部分は 'tell＋人＋(that＋)主語＋動詞' の形で，文全体としては「それ(＝leakage)は(　　)ことを教えてくれる情報だ」という意味になると考えられる。leakage「漏れ」は，うそを隠そうとしても見えてしまうしるしのことなので，空所には「うそをついている」といった内容が入るとわかる。第５段落終わりから２文目に they are lying がある。

Ⅲ〔**長文読解総合―物語**〕

≪全訳≫❶ヒューおじさんが私のドアをノックした。❷「具合が悪いの？　もう昼だよ」　彼はやってきて，私のポニーテールをそっと引っ張り，そして私の額に手を置いた。❸「熱はないね」と彼は言った。「本当に大丈夫かい？」❹「だ～～るいの」❺「12歳の子どもが感謝祭にだるくなるなんて知らなかったな」❻「12歳は，好きなときに，好きなことを感じるの」❼ヒューおじさんは笑った。「体を起こして」❽私は体を起こした。❾「顔中に枕の跡がついているよ」　ヒューおじさんが私のポニーテールから抜け落ちた髪をどけた。「どうしてこのすばらしい１日を枕に顔を埋めて過ごしたのか，話してごらん」❿「疲れてるの」と私は言った，「そして学校にいないのがうれしい」⓫感謝祭は私に早くクリスマスがきてほしいと思わせたけれど，今年はフランクリンがいなくて寂しいかしらと思った。誰が彼のホットココアをつくるのかしら？　「ミルクなしで」と彼はいつも念を押す。「わかってる！」と私はいつも言う。そしてキャンディケーン(杖の形をしたキャンディ)は？　彼の家にはいいキャンディケーンがない。彼の母親の家では10年間，クリスマスツリーに同じキャンディケーンが飾られていた。誰もそれらを食べてはいけなかった。それらは「装飾用」だから。⓬「起きなさい」とヒューおじさんが言った。「服を着て。ベッシーおばさんが，台所で君の手伝いを必要としている。肉を下ごしらえしている間にアップルパイをつくりたいそうだ」13「わかった。でも，きれいな服は着ないわよ」14「いいよ。靴ひもをきちんと結ばず，靴下も左右合わせないようにしなさい，それともちろん，髪をとかしちゃだめだ」15「わかった」16私はそれまでアップルパイをつくったことがなかった。②それはシンプルなアップルソースよりずっと時間がかかった。私たちはリンゴの皮をむき，リンゴを切り，砂糖をまぶして，それから，パイ皮があったが，これは全く別の話だった。ベッシーおばさんは，パイの上を飾るために私に余分な生地を少し分けてくれた。私は葉っぱとリンゴの形をつくった。17アニーは七面鳥の詰め物を混ぜた。エヴァは子ども用の椅子に座り，ご機嫌だった。パイを仕上げた後，私はエヴァと遊んだ。料理用のボウルを頭に乗せてスプーンでたたき，たたくたびに変な顔をした。彼女は大きな声で笑った。18「やあ，クリケット」19私は振り向いた。「こんにちは，レオナルド」20「準備はできてる？」と彼は尋ねた。21「今すぐ？」22「そう，今すぐ」23「ベッシーおばさんが私に手伝ってほしいって…」24「あなたは手伝ったわよ」と彼女は言った。「彼が来ることはわかってたわ。それもあって，あなたにきちんと着がえてもらう必要があったのよ」25彼らはみんなとても秘密主義だ。26古い湖までは車で1時間かかった。砂浜を期待していたのだけれど，車を止めた後，私たちは長い間歩いた。道は茶色のかさかさした葉で覆われていて，道が実際にあるとわかるのは，木々が少し離れた所にあったからだった。でもレオナルドは道を知っていた。27「湖はあそこだ」と，とうとうレオナルドが言った。「僕たちはここまで歩いて，岩の上に座って，ただ話をしたものだ」28「そうなの」　私たちは座ったけれど，話し始めはしなかった。私は滑らかな，暗くて遠い湖を眺めた。29私たちは同じ人のことを考えていたに違いない。30もうすぐ水が凍るのだろうか？　お父さんとレオナルドは冬にここでアイススケートをしに来たのだろうか？　たぶん夏はそこで泳いだか，私やフランクリンが好きな，カエル探しをしたのかもしれない。31私は深く息を吸った。「親友が永遠にいなくなるって寂しいでしょうね」32「そうかもしれない」とレオナルドは言った。33「最後まで友達だったの？」34「最後まで」35「じゃ，何年もずっと友達だった？」36「一生ずっと。あるいは，君のお父さんの一生，と言う方が正しいかもしれない」37「けんかしたことはある？」38「もちろん」39私は黙った。レオナルドは「フランクリンは近いうちに君と一緒に店に来ると思う？」と言った。40「ううん」と私は小さな声で言った。41レオナルドは黙った。それから言った，「親友は人生で維持するのが最も難しいものの1つだ。ときにはそうする努力をしなければならないことを忘れてはいけないよ」42しかし，私は忘れてしまっていたのだ，知りさえする前に。43「気分が変わらない」と，ようやく私は言った。「違う気分になると思った。湖に行った後はいつも気分が変わるって言ったでしょ。お父さんに効果があったことをすれば役に立つと思ったのに」44「古い湖に行くだけでは何も解決しないよ。湖で自分がどう変わるかだ。行って，いろいろ考えて，少し変わって戻ってくる。今の君を変えることができるのは君だけだ」45それは，ヒューおじさんがずっと言っていて，お父さんが書いていたことのように思えた。46レオナルドの最後の言葉が頭の中で繰り返された。それはくるくる回った。風に吹かれて私の周りを回り，そして運ばれていった。それは風に乗って滑らかな湖面を横切り，平らではない小さな波を立て，再び滑らかになった。47「今の私が好き？」48「何だって？」49「今の私が好きですか？」50「どんなであろうと，私はいつも私たちのクリケットが大好きだ」　彼は少し言葉を止めた。「もっといい質問はね，君は今の君が好きかい？」51私は待った，それから言った，「好きじゃない」52「最初から，私たちが今ここに来るまでのことを全部聞きたいな。話を始めなさい，クリケット」

問１＜適語選択＞この言葉の前でヒューおじさんは，クリケットに具合をきき，彼女の額に手を置いている。　fever「熱」

問２＜文脈把握＞このときのクリケットの心情は続く２つの段落から読み取れる。第11段落では，友人のフランクリンと仲たがいしていることで(語注参照)，一緒にクリスマスを過ごせないことを寂しく思っているクリケットの心情が描写されている。

問３＜整序結合＞アップルパイをつくる場面。動詞 took の後に longer than を続けて「～より時間がかかる」の形をつくる。この形では通例‘人’を主語にとらないので主語を it(＝an apple pie)とし，much は longer を強調する副詞としてその前に置く。不要語はＩ。

問４＜誤文訂正＞１文目の動詞 knew が過去形なので，その目的語に当たる that節中(接続詞 that は省略されている)の動詞も，過去形にする(時制の一致)。２文目は‘That's why＋主語＋動詞…’「それが～の理由だ」の変化形で「それが～の理由の一部だ」という文。最後の get you dressed は‘get＋目的語＋過去分詞’「～を…(された状態)にする」の形。

問５＜適語選択＞ⅰ．be covered with ～「～に覆われている」　ⅱ．look for ～「～を探す」　ⅲ．in a ～ voice「～な声で」

問６＜指示語＞work at ～ は「～に(努力して)取り組む」という意味。ときに努力しなければならないこととは，文脈より，レオナルドがその前で述べた「親友を維持すること」である。

問７＜内容一致―適語(句)選択＞≪全訳≫結局，クリケットは，気分が変わると思っていた[1a]けれど変わらない，と答えた。彼女は，レオナルドはいつも湖を訪れた後に気分が変わることを知っていた。彼女はまた，父に効果があったことをすれば役に立つだろうと信じていた。[1b]しかしそのとき，レオナルドは，湖に行くだけでは何かを解決するのに[2]十分ではない，[1c]なぜなら，湖で自分がどう変わるかが[3a]重要なのだと説明した。彼はクリケットに，行っていろいろ考えることが[3b]必要だ，そうしたら，少し変わって戻ってくるだろうと話した。その理由は，今の自分を変えることができるのは自分だけだからだ。

＜解説＞(1)下線部⑤を含む第43段落と次の第44段落参照。1a は，replied の目的語である that節の中が‘though＋主語＋動詞…, 主語＋動詞’の形に，1c も explained の目的語である that節の中が‘主語＋動詞…, because＋主語＋動詞…’という形になっている。　(2)・(3)第44段落第１～３文の内容を書き換えた形である。

問８＜適語句補充＞この前でクリケットはレオナルドに Do you like what I am？と尋ねている。what I am とは「(私が今そうであるもの→)今の私」という意味((類例) Find out what you want to be.「なりたい自分を探しなさい」)。空所Ｂは，レオナルドがクリケットに対して「自分が好きか」と問い返していると考えられる。第44段落の最後に what you are がある。

数学解答

1 (1) A$\left(-\frac{3}{2},\ \frac{9}{4}\right)$，B(2，4)

(2) （例）

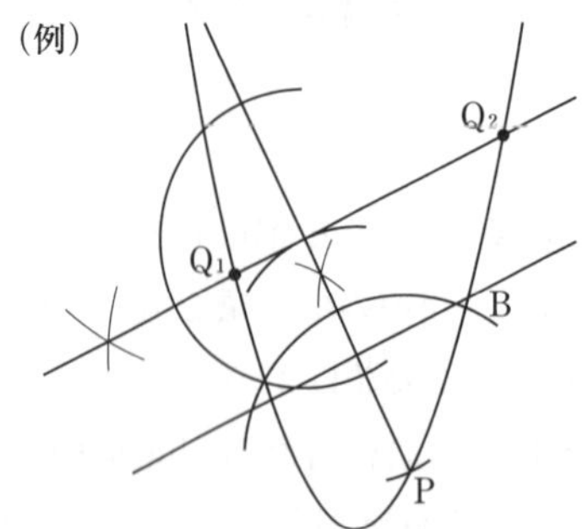

(3) $y=\frac{1}{2}x+\frac{11}{2}$

2 (1) $\frac{7}{36}$　(2) $x=3$，確率…$\frac{5}{18}$

3 (1) （例）∠OBA＝∠FBA－∠FBE，∠CBF＝∠CBE－∠FBE　四角形ABFDで，∠BFD＝∠FDA＝∠DAB＝90°より，∠FBA＝90°　仮定より，∠CBE＝90°　よって，∠OBA＝90°－∠FBE，∠CBF＝90°－∠FBEとなるから，∠OBA＝∠CBF

(2) ア…42　イ…$14\sqrt{3}$　ウ…$\frac{675}{4}\pi$　エ…$\frac{645\sqrt{3}}{2}$　オ…$\frac{86\sqrt{3}}{45}$

4 (1) 40　(2) $\frac{32}{5}$　(3) $\frac{72}{25}$

5 (1) 36個

(2) 2025年，2035年，2040年，2046年，2070年，2079年，2090年

1 〔関数 $y=ax^2$ と一次関数のグラフ〕

≪基本方針の決定≫(2)　△PAB，△Q₁AB，△Q₂ABでABを共通の底辺としたときの高さに着目する。　(3)　直線 Q_1Q_2 の切片に着目する。

(1)**＜座標＞**右図1で，2点A，Bは放物線 $y=x^2$ と直線 $y=\frac{1}{2}x+3$ の交点だから，2式から y を消去して，$x^2=\frac{1}{2}x+3$ より，$2x^2=x+6$，$2x^2-x-6=0$，解の公式より，$x=\frac{-(-1)\pm\sqrt{(-1)^2-4\times2\times(-6)}}{2\times2}=\frac{1\pm\sqrt{49}}{4}=\frac{1\pm7}{4}$ となる。これより，$x=\frac{1-7}{4}=-\frac{3}{2}$，$x=\frac{1+7}{4}=2$ である。したがって，$y=\left(-\frac{3}{2}\right)^2=\frac{9}{4}$，$y=2^2=4$ より，A$\left(-\frac{3}{2},\ \frac{9}{4}\right)$，B(2，4)である。

図1

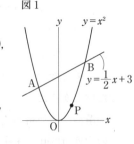

(2)**＜作図＞**右図2の△PAB，△Q₁AB，△Q₂ABで，ABを共通の底辺とすると，面積が等しいことより高さは等しいから，点Pから直線ABに引いた垂線の交点をCとし，直線PC上にP′C＝PCとなる点P′をとると，△P′AB＝△PABとなる。点P′を通り直線ABに平行な直線上に点Qがあれば，△QAB＝△P′ABとなるから，2点Q₁，Q₂はこの直線と放物線 $y=x^2$ との交点である。よって，右上図3のように，①点Pから直線ABに垂線を引き，②P′C＝PCとなる点P′をとり，③点P′を通り，直線PP′に垂直な直線を引く。そして，この直線と放物線 $y=x^2$ との2つの交点をそれぞれQ₁，Q₂とすればよい。

図2

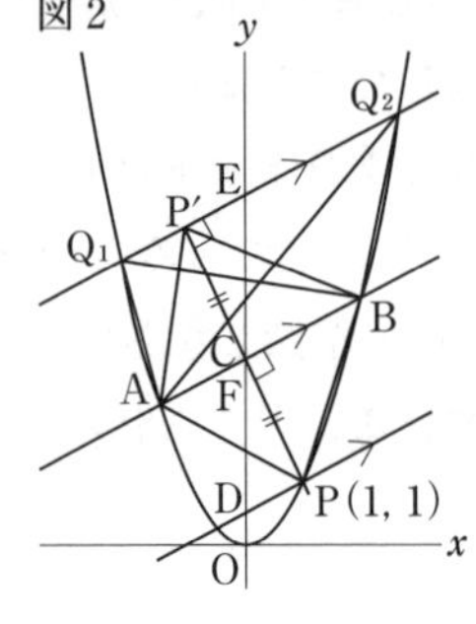

図3

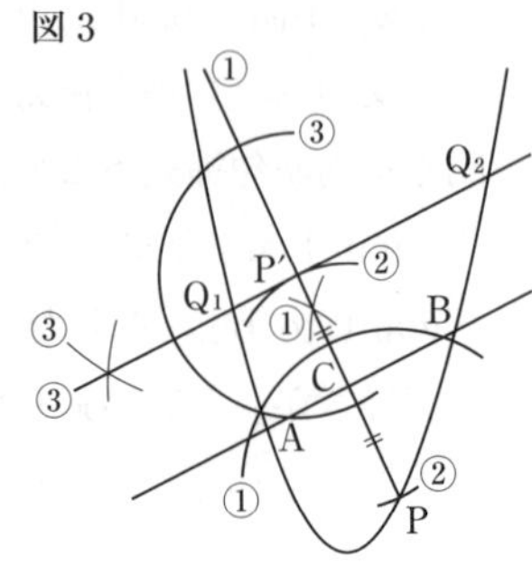

(3)**＜直線の式＞**右上図2で，Q₁Q₂∥ABだから，直線 Q_1Q_2 の傾きは直線ABの傾きと等しく $\frac{1}{2}$ であ

り，その式は$y=\frac{1}{2}x+b$とおける。P(1，1)を通り直線ABに平行な直線の傾きも$\frac{1}{2}$だから，その式を$y=\frac{1}{2}x+k$とおくと，$1=\frac{1}{2}\times1+k$，$k=\frac{1}{2}$となる。よって，直線$y=\frac{1}{2}x+\frac{1}{2}$と$y$軸の交点をD，直線$Q_1Q_2$と$y$軸の交点をE，直線ABと$y$軸の交点をFとすると，EF＝DF＝OF－OD＝$3-\frac{1}{2}=\frac{5}{2}$だから，$b$＝OE＝OF＋EF＝$3+\frac{5}{2}=\frac{11}{2}$となる。よって，直線$Q_1Q_2$の式は$y=\frac{1}{2}x+\frac{11}{2}$である。

2〔データの活用―確率―サイコロ〕

(1)＜**確率**＞操作1で出る目aも操作3で出る目bも6通りあるから，a，bの組は全部で6×6＝36(通り)ある。また，操作2により，書き換えられる目を，Xを用いて表し区別する。a＝1の場合，操作2により，サイコロの目は2，2X，3，4，5，6となるから，$a+b=7$となるのは，(a，b)＝(1，6)の1通りである。同様に，a＝2～6の場合について考えると，$a+b=7$となるのは，(a，b)＝(2，5)，(3，4)，(3，4X)，(4，3)，(5，2)，(6，1)の6通りである。よって，$a+b=7$となるa，bの組は，1＋6＝7(通り)あるから，求める確率は$\frac{7}{36}$である。

(2)＜**確率**＞x＝1～5の場合について，目が同じになるときはY，Zを用いて表し区別し，(1)と同様に考える。x＝1の場合，目は1Y，1Z，2Y，2Z，3，4となるから，$a+b=7$となるa，bの組は，(a，b)＝(3，4)，(3，4X)，(4，3)の3通りある。x＝2の場合，目は1，2Y，2Z，3Y，3Z，4となるから，$a+b-7$となるa，bの組は，(a，b)＝(3Y，4)，(3Y，4X)，(3Z，4)，(3Z，4X)，(4，3Y)，(4，3Z)の6通りある。同様に考えると，x＝3の場合，$a+b=7$となるa，bの組は，(a，b)＝(3Y，4X)，(3Y，4Y)，(3Y，4Z)，(3Z，4X)，(3Z，4Y)，(3Z，4Z)，(4Y，3Y)，(4Y，3Z)，(4Z，3Y)，(4Z，3Z)の10通り，x＝4の場合，$a+b=7$となるa，bの組は，(a，b)＝(2，5)，(3，4X)，(3，4Y)，(3，4Z)，(4Y，3)，(4Z，3)，(5，2)の7通り，x＝5の場合，$a+b=7$となるa，bの組は，(1)と同様に7通りある。いずれの場合もa，bの組は全部で36通りあるから，$a+b=7$となる確率が最大となるのは，場合の数が最大の10となるx＝3の場合で，このときの確率は$\frac{10}{36}=\frac{5}{18}$となる。

3〔平面図形―直角三角形〕

≪基本方針の決定≫(1)　∠FBA＝∠CBE＝90°であることに着目する。　(2)　△ODCの直角をはさむ2辺の長さの比に着目する。

(1)＜**証明**＞右図で，仮定より，∠OAB＝∠CFBだから，もう1組大きさの等しい角を示せばよい。解答参照。

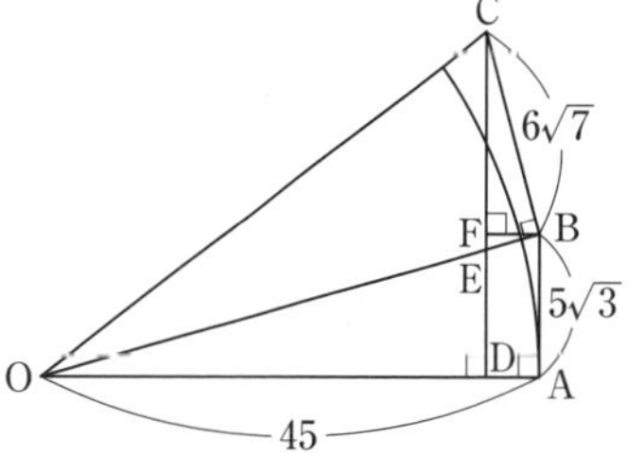

(2)＜**長さ，面積**＞右図で，∠BFD＝∠FDA＝∠DAB＝90°より，四角形ABFDは長方形だから，DA＝FBである。(1)より，△CFB∽△OABだから，FB：AB＝BC：BOである。△OABで三平方の定理より，BO＝$\sqrt{OA^2+AB^2}=\sqrt{45^2+(5\sqrt{3})^2}=\sqrt{2100}=10\sqrt{21}$だから，FB：$5\sqrt{3}=6\sqrt{7}:10\sqrt{21}$が成り立つ。これを解くと，FB×$10\sqrt{21}=5\sqrt{3}\times6\sqrt{7}$より，FB＝3となる。よって，DA＝3より，OD＝OA－DA＝45－3＝42である。また，△CFB∽△OABより，CF：OA＝FB：ABだから，CF：45＝3：$5\sqrt{3}$より，CF×$5\sqrt{3}$＝45×3，CF＝$9\sqrt{3}$となる。これとFD＝BA＝$5\sqrt{3}$より，CD＝CF＋FD＝$9\sqrt{3}+5\sqrt{3}=14\sqrt{3}$である。△ODCで，∠ODC＝90°であり，OD：CD＝42：$14\sqrt{3}$＝3：$\sqrt{3}$＝$\sqrt{3}$：1だから，△ODCは3辺の比が1：2：$\sqrt{3}$の直角三角形であり，∠COD＝30°である。したがって，点Oを中

心とし，半径が OA＝45，中心角が∠COA＝30° のおうぎ形の面積は，$\pi\times45^2\times\frac{30^\circ}{360^\circ}=\frac{675}{4}\pi$ となる。四角形 OABC の面積は，$\triangle\mathrm{OAB}+\triangle\mathrm{OBC}=\frac{1}{2}\times45\times5\sqrt{3}+\frac{1}{2}\times10\sqrt{21}\times6\sqrt{7}=\frac{645\sqrt{3}}{2}$ である。以上より，このおうぎ形の面積は四角形 OABC より小さいから，$\frac{675}{4}\pi<\frac{645\sqrt{3}}{2}$ であり，$\pi<\frac{645\sqrt{3}}{2}\times\frac{4}{675}$ より，$\pi<\frac{86\sqrt{3}}{45}$ となる。

4〔空間図形―立方体〕

≪基本方針の決定≫(1)　辺 HG は面 BFGC に垂直であることに着目する。　(3)　線分 JK を含む立方体の切断面に着目する。

(1)<**面積**>右図 1 で，HG⊥〔面 BFGC〕より，HG⊥IG となるから，△IGH の底辺を IG と見ると，高さは HG となり，$\triangle\mathrm{IGH}=\frac{1}{2}\times\mathrm{IG}\times\mathrm{HG}$ である。ここで，BI：IF＝1：3 より，$\mathrm{IF}=\frac{3}{1+3}\mathrm{BF}=\frac{3}{4}\times8=6$，FG＝8 だから，△IFG で三平方の定理より，$\mathrm{IG}=\sqrt{\mathrm{IF}^2+\mathrm{FG}^2}=\sqrt{6^2+8^2}=\sqrt{100}=10$ である。よって，$\triangle\mathrm{IGH}=\frac{1}{2}\times10\times8=40$ となる。

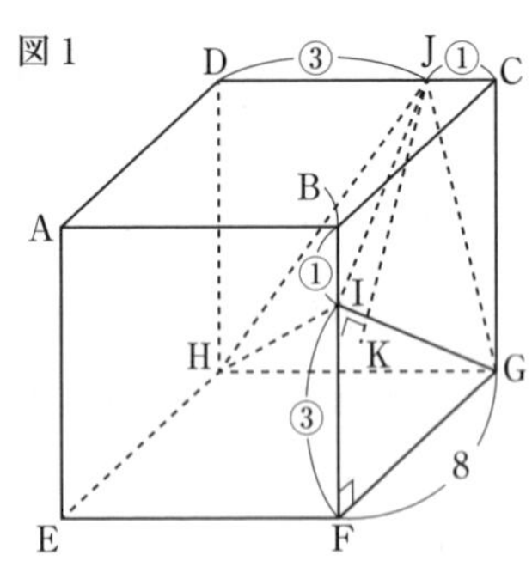

(2)<**長さ**>右図 1 で，JK は，三角錐 JIGH の底面を△IGH と見たときの高さである。三角錐 JIGH の底面を△HGJ と見ると，高さは FG＝8 だから，$\triangle\mathrm{HGJ}=\frac{1}{2}\times8\times8=32$ より，〔三角錐 JIGH〕$=\frac{1}{3}\times32\times8=\frac{256}{3}$ である。よって，(1)で△IGH＝40 より，$\frac{1}{3}\times40\times\mathrm{JK}=\frac{256}{3}$ が成り立ち，$\mathrm{JK}=\frac{32}{5}$ となる。

(3)<**長さ**>右図 2 で，△IGH を含む平面と辺 AE との交点を P とすると，〔面 AEFB〕∥〔面 DHGC〕より，PI∥HG となるから，AP：PE＝BI：IF＝1：3 である。(2)で，この平面 IGHP に引いた垂線 JK は，平面 IGHP に垂直な平面上にある。つまり，JK は，点 J を通り，面 BFGC に平行な平面上にある。図 2 のように，点 J を通り，面 BFGC に平行な平面と辺 AB，PI，EF，HG との交点をそれぞれ Q，R，S，T とすると，点 K から面 EFGH に引いた垂線 KL は平面 JQST 上にある。よって，平面 JQST で立方体を切断したときの切断面は，右図 3 のような正方形になり，図 2 で，AB∥PI∥EF より，QR：RS＝BI：IF＝1：3，QS∥BF より，QS＝BF＝8 だから，$\mathrm{RS}=\frac{3}{1+3}\mathrm{QS}=\frac{3}{4}\times8=6$ である。図 3 で，KL∥RS より，△KLT∽△RST となるから，KL：RS＝KT：RT である。KT は△JKT で三平方の定理より，$\mathrm{KT}=\sqrt{\mathrm{JT}^2-\mathrm{JK}^2}=\sqrt{8^2-\left(\frac{32}{5}\right)^2}=\sqrt{\frac{576}{25}}=\frac{24}{5}$，RT は IG の長さと等しいので，(1)より RT＝IG＝10 となるから，$\mathrm{KT}:\mathrm{RT}=\frac{24}{5}:10=12:25$ である。したがって，KL：6＝12：25 が成り立ち，これを解くと，KL×25＝6×12 よ

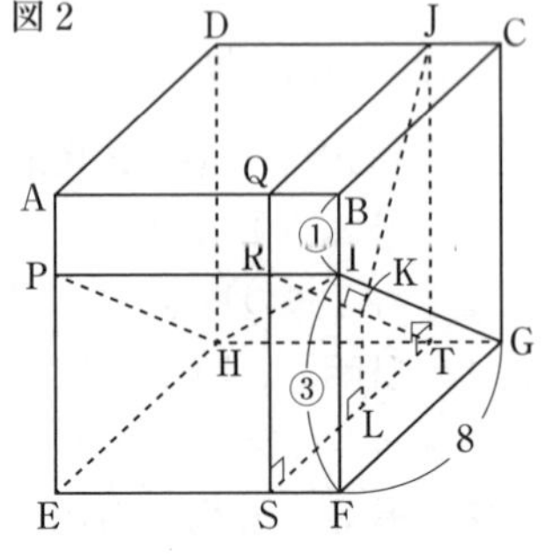

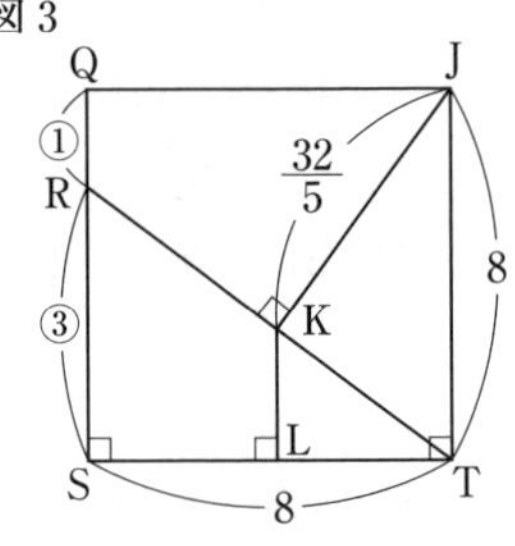

り，$KL=\frac{72}{25}$ となる。

5〔数と式―数の性質〕

≪基本方針の決定≫(1) A にはxもyも含まれないことに着目する。　(2) A の約数のうち条件を満たすものを探す。

(1)**＜個数＞**$2000+10x+y$……①が $20+10x+y$……②の倍数であるとき，①から②をひいた差も②の倍数である。$(2000+10x+y)-(20+10x+y)=1980$ だから，1980は②の倍数であり，A に当てはまる整数である。1980を素因数分解すると $1980=2^2\times3^2\times5\times11$ となる。ここで，2^2 の約数は1，2，4の3個，3^2 の約数は1，3，9の3個，5の約数は1，5の2個，11の約数は1，11の2個であり，1980の約数はこれらからそれぞれ1個ずつ約数を選んでかけたものだから，全部で $3\times3\times2\times2=36$(個)ある。

(2)**＜年＞**(1)より，1980は $20+10x+y$ の倍数だから，$20+10x+y$ は1980の約数である。2025年から2099年までの「良い年」を求めるから，$10x+y$ の値は25以上99以下である。よって，$20+10x+y$ の値は，$20+25=45$，$20+99=119$ より，45以上119以下である。1980の約数のうち45以上119以下であるものは，(ア) $1\times1\times5\times11=55$，(イ) $1\times9\times1\times11=99$，(ウ) $1\times9\times5\times1=45$，(エ) $2\times1\times5\times11=110$，(オ) $2\times3\times1\times11=66$，(カ) $2\times9\times5\times1=90$，(キ) $4\times3\times5\times1=60$ の7個である。(ア)の場合，$20+10x+y=55$ より，$10x+y=35$ だから，2035年である。同様にして，$10x+y$ の値は，(イ)の場合が79，(ウ)の場合が25，(エ)の場合が90，(オ)の場合が46，(カ)の場合が70，(キ)の場合が40となるから，求める「良い年」は，2025年，2035年，2040年，2046年，2070年，2079年，2090年の7年である。

＝読者へのメッセージ＝

3では，四角形とその内部にあるおうぎ形の面積を比較して，$\pi<\frac{86\sqrt{3}}{45}$ すなわち $\pi<3.310\cdots$ であることを導きました。古代ギリシアのアルキメデスは，正九十六角形と円の周の長さを比較して，$3\frac{10}{71}<\pi<3\frac{1}{7}$ すなわち $3.140\cdots<\pi<3.142\cdots$ であることを導いています。

社会解答

1 問1 ⑥　問2 ⑥
問3 (例)日中戦争が長引く中，労働力や物資の動員を容易にするため国家総動員法が制定された。(40字)
問4 (1) 2番目…③　4番目…①
(2)…ベトナム
問5 ①，③　問6 ②，③，⑤
問7 ⑤　問8 ⑤　問9 ②，③
問10 新井白石
問11 (例)琉球王国は，薩摩藩の島津氏の支配下に置かれる一方，中国への朝貢を続けていた。(38字)

2 問1 ②，④　問2 ④
問3 ②，④
問4 那覇市…⑤　横浜市…②
問5 (例)小麦栽培のために地下水をくみ上げてかんがいを行っていたが，その地下水が枯渇するようになったため。

3 問1 B…③　C…②
問2 ア…④　エ…①　問3 ③

4 問1 ア…④　イ…①　ウ…②
問2 (1)…②→①→④→③
(2)…デフレスパイラル
(3)…②，④

5 問1 自己決定権　問2 ③
問3 ④
問4 (例)第15条で参政権は国民固有の権利と定められているため，現在外国人に参政権は認められていない。一方，第93条の「地方公共団体の住民」には外国人定住者も含まれると解釈できることから，第92条の「地方自治の本旨」に基づいて外国人に地方参政権を与えることは禁止されていない。

1〔歴史―古代～現代の日本と世界〕

問1＜スペイン風邪と第一次世界大戦＞問題文から，この感染症の世界的流行が起こった時期は，第6回と第7回の夏季オリンピック大会の間の時期である。夏季オリンピック大会は4年ごとに開かれ，第1回大会は1896年であることから，第6回大会は1916年，第7回大会は1920年となる。この時期には第一次世界大戦(1914～18年)が起こり，1918年からスペイン風邪と呼ばれる感染症が世界的に流行した。第一次世界大戦では，初め中立を保っていたアメリカが1917年に参戦し，これによってスペイン風邪が世界各地へ拡大したともいわれる。したがって，この時期の感染症について述べた文はbであり，［　　］に当てはまる国はアメリカである。なお，aは19世紀に世界規模で流行するようになったコレラについての説明であり，［　　］に当てはまる国はイギリスである。

問2＜19世紀の出来事と時期＞年表中の出来事が起こった時期を確認すると，横浜が開港したのは1859年，樺太・千島交換条約が結ばれたのは1875年，板垣退助が自由党を結成したのは1881年，イギリスとの条約で領事裁判権が撤廃されたのは1894年である。aは，文中に江戸幕府第15代将軍である「徳川慶喜」，「日本で新政府が成立」などの言葉があることから，明治政府が成立した1868年に近い時期であり，年表中のイに当てはまる。bは，文中に「フランス革命100周年」，「この年に憲法を発布した日本」などの言葉があることから，フランス革命(1789年)から100年後であり大日本帝国憲法が発布された1889年となり，年表中のエに当てはまる。

問3＜日中戦争と国家総動員法＞1937年に始まった日中戦争が長引く中，日本国内では戦時体制の強化が進められた。1938年には近衛文麿内閣のもとで国家総動員法が制定され，政府が議会の承認を得ることなく労働力や物資を動員できるようになった。こうした情勢の中で，日本は２年後の1940年に予定されていた東京オリンピックの開催権を返上した。

問４＜ベトナムの歴史と年代整序＞この国が東南アジアにあることをふまえて①〜⑥のカードを見ると，②に日本から多くの朱印船が来航したとあること，⑤に独立したときに南北に分かれた後，アメリカとの戦争を経て統一したとあることなどから，この国はベトナムであると判断する。①〜⑥のカードは，年代の古い順に，⑥(10〜13世紀頃―宋の時代)，③(13世紀後半―元軍の襲来)，②(17世紀初め―朱印船貿易)，①(1905年―日露戦争の終結)，④(1940〜41年―日本軍のフランス領インドシナ北部・南部への進駐)，⑤(1960〜70年代―ベトナム戦争〜ベトナム統一)となる。

問５＜奈良時代の国家事業＞奈良時代は平城京に都が置かれた710〜94年を指す。『日本書紀』がまとめられたのは720年(①…○)，阿倍仲麻呂が唐に派遣されたのは717年(③…○)のことである。なお，大宝律令が制定されたのは，701年である(②…×)。富本銭は，７世紀末の天武天皇の頃に発行された(④…×)。坂上田村麻呂が征夷大将軍に任命されたのは，平安時代初めの８世紀末である(⑤…×)。

問６＜源頼朝・織田信長が行ったこと＞資料１中のあ.に当てはまるのは，鎌倉幕府を開いた源頼朝である。頼朝が弟の源義経に命じて攻めさせた平氏は，壇ノ浦の戦いで滅亡した。その後，義経との関係が悪化した頼朝は，義経を捕らえる名目で，守護・地頭の設置を朝廷に認めさせた(⑥…あ)。資料１中のい.に当てはまるのは織田信長である。信長は，足利義昭を立てて上洛し，朝廷にはたらきかけて義昭を室町幕府第15代将軍としたが，後に対立して義昭を京都から追放し，室町幕府を滅ぼした。信長は，各地の関所を廃止し，安土城下では市の税を免除し座を廃止する楽市・楽座を行うなど，自由な商工業の発展を図った(①…い)。また，一向一揆や比叡山延暦寺などの仏教勢力と対立し，武力で従わせた(④…い)。なお，②の禁中並公家諸法度を制定したのは江戸幕府である。また，③は南北朝を統一した室町幕府第３代将軍の足利義満，⑤は頼朝の祖先にあたる源義家が行ったことである。

問７＜東大寺と運慶＞東大寺は，平氏の焼き打ちによって１回目に焼失した後，鎌倉時代に再建された。この再建のときつくられた南大門には，運慶らが制作した金剛力士像が納められた。なお，①，②の雪舟は室町時代に水墨画を描いた画家であり，１回目の再建よりも後で２回目の焼失よりも前の時期に活動した。また，③，④の行基は，奈良時代に東大寺の大仏造立が行われた際，朝廷に協力した僧である。三好氏の内紛に巻き込まれて２回目に焼失した東大寺は，その後江戸時代になってから再建された。

問８＜江戸時代の千葉県の産業＞う，え．鎖国政策が行われていた江戸時代，九十九里浜では地引き網を用いた大規模ないわし漁が発展した。また，野田や銚子を中心に醤油(しょうゆ)醸造業が盛んとなった。なお，にしん漁が盛んであったのは蝦夷地(北海道)，酒の醸造が盛んであったのは灘(兵庫県)や伏見(京都府)などである。　お．江戸幕府第８代将軍の徳川吉宗は，ききんに備えるため，青木昆陽に命じて甘藷(かんしょ)〔さつまいも〕の栽培方法を研究させた。昆陽は幕張で甘藷の試作を開始し，やがて関東各地に甘藷の栽培が広がっていった。

問９＜日本と朝鮮半島の関係＞白村江の戦い(663年)が起こったのは，中大兄皇子(後の天智天皇)が政治を行っていた時期である(①…×)。伊藤博文が就任したのは初代の韓国統監であり，朝鮮総督が置かれたのは伊藤の死後に行われた韓国併合(1910年)のときである(④…×)。民族自決の原則の影響を受けて朝鮮で起こったのは三・一独立運動(1919年)であり，五・四運動は同年に中国で起こった運動である(⑤…×)。サンフランシスコ平和条約(1951年)は日本がアメリカなど48か国との間に結んだ第二次世界大戦の講和条約であり，大韓民国との国交を結んだ条約は日韓基本条約(1965年)である(⑥…×)。

問10＜新井白石＞新井白石は，江戸幕府の第6，7代将軍に仕えた儒学者であり，18世紀初めに「正徳の治」と呼ばれる政治を行った。白石は，将軍の代替わりのときなどに日本を訪れていた朝鮮通信使の待遇を，それまでより簡素なものに改めた。また，国書(外交文書)では日本の将軍の呼称を「日本国大君」としていたが，それをより高い意味を持つ呼称である「日本国王」に改めさせた。

問11＜琉球王国の対外関係＞レポート中の図は，琉球王国(か)が将軍や琉球国王の代替わりのときに江戸に派遣した使節(琉球使節)の様子を描いたものである。琉球王国は，江戸時代初めに薩摩藩の島津氏(き)の支配下に置かれたが，その後も形式的には王国としての形を保ち，中国(明・清)にも朝貢していた。幕府や島津氏は，江戸を訪れる琉球使節に図のような中国風の服装をさせることで，琉球が「異国」であることを強調し，将軍の権威が異国にまで及んでいることを印象づけようとした。

2〔地理―世界と日本の姿と諸地域〕

問1＜造山帯の位置＞地震の震源や火山は，険しい山脈・山地が連なり大地の活動が活発な新期造山帯と呼ばれる地域に集まっている。新期造山帯には，アルプス山脈からヒマラヤ山脈を通ってインドネシアまで続くアルプス・ヒマラヤ造山帯と，日本列島やロッキー山脈，アンデス山脈などを含み太平洋を取り囲むように分布する環太平洋造山帯がある。図1中でこれらの造山帯に位置するのは，インドネシアにあたる②と，アンデス山脈が分布する④である。なお，①にはウラル山脈，③にはグレートディバイディング山脈，⑤にはアパラチア山脈が分布しているが，これらは現在の造山帯よりも古い時代に大地の活動が活発であった場所(古期造山帯)であり，地震の震源や火山は見られず，低くなだらかな山脈となっている。

問2＜フィヨルド＞写真1は，氷河の侵食によってつくられたU字谷に海水が浸入してできたフィヨルドと呼ばれる地形であり，細長く奥行きのある入り江が連続した複雑な海岸線が見られる。フィヨルドは，北ヨーロッパのスカンディナビア半島(図2中のA)やグリーンランド，南アメリカ大陸の南端部(図2中の④)などの高緯度地域で見られる。

問3＜日本の気候＞黒潮は，太平洋を日本列島に沿って北上する暖流であり，札幌市のある北海道の沿岸には流れていない(①…×)。太平洋高気圧は夏に発達し，千葉市などの太平洋側の地域の夏の気候に影響をもたらす(③…×)。鹿児島市は，梅雨の時期である6月の降水量が最も多い(⑤…×)。

問4＜市の統計＞わかりやすいものから特定していく。第三次産業人口比率が最も高く，65歳以上人口比率が最も低い⑤は，観光業が盛んで，高齢化率が全国で最も低い沖縄県に位置する那覇市である。残る①～④のうち，第一次産業人口比率と65歳以上人口比率が低い①と②は大都市である名古屋市か横浜市のいずれかであり，第一次産業人口比率と65歳以上人口比率が高い③と④は青森市か奈良市のいずれかである。①，②のうち，第二次産業人口比率と昼夜間人口比率が高い①は，自動車工業などの製造業が盛んで，周辺地域から通勤・通学してくる人が多い名古屋市である。また，昼夜間人口比率が低い②は，東京などへ通勤・通学する人が多く住む横浜市である。③，④のうち，昼夜間人口比率が低い③は大阪などへ通勤・通学する人が多く住む奈良市であり，④が青森市である。

問5＜サウジアラビアの小麦生産＞図3中で色が濃くなっている部分は，地下水をくみ上げて自走式のスプリンクラーで散水するセンターピボットと呼ばれるかんがい法によってつくられた農地である。1991年の衛星写真では多くの農地が見られるが，2021年にはほとんど見られなくなっていることがわかる。1980年代以降，サウジアラビアでは地下水をくみ上げて小麦の栽培を行ってきたが，地下水が枯渇するようになったため，2010年代以降は小麦の生産量が減少している。

3〔世界地理―東南アジア〕

問１＜東南アジアの国々の特徴＞A．④のインドネシアは，東南アジアではマレーシアとともにイスラム教徒が人口の最も多くを占めている。　B．③のシンガポールは，国土面積が非常に小さいため，農作物の生産量は少ない。　C．②のベトナムは，フランスの植民地であった時代にコーヒー豆が栽培されるようになり，現在の生産量はブラジルに次いで世界第２位である(2021年)。
D．⑤のフィリピンは，東南アジアでは唯一，キリスト教徒が人口の最も多くを占めている。
E．①のカンボジアは，東南アジアではタイやミャンマーなどとともに仏教徒が人口の最も多くを占めている。

問２＜東南アジアの国々の国民総所得＞国民総所得〔GNI〕は，ある国の国民が１年間に生産した財・サービスの総額を指す(例えば，１人あたり年間100ドルの財・サービスを生み出し，人口が100人である国の国民総所得は10000ドルとなる)。経済水準が同程度であれば，人口が多い国の方が国民総所得が大きくなる。また，１人あたり国民総所得が大きい国ほど経済が発展しているといえる。以上をふまえてグラフを見ると，まず１人あたり国民総所得が他の４か国に比べて非常に大きいオは，アジアNIESの一員で東南アジアで最も経済が発展している③のシンガポールである。次に，国民総所得が最も大きいアは，東南アジアで最も多い２億人以上の人口を抱える④のインドネシアである。また，国民総所得，１人あたり国民総所得とも５か国中で最も低いエは，他の４か国に比べて工業化の遅れている①のカンボジアである。残るイは⑤のフィリピン，ウは②のベトナムである。

問３＜タイ・マレーシアの輸出品目の変化＞X国はタイ，Y国はマレーシアである。タイやマレーシアなどの東南アジアの国々では，外国企業を誘致して急速な工業化を進めてきたため，近年は主な輸出品が農産物や鉱産資源などから工業製品に変化している。したがって，米や原油，天然ゴムなどが輸出品目の上位に見られるⅡが1980年，機械類が最大の輸出品となっているⅠが2019年の輸出品目となる。次に，1980年の最大の輸出品目が米であり，2019年の主な輸出品目に自動車が含まれるカは，世界有数の米輸出国であり，東南アジア最大の自動車生産国であるタイである。また，1980年の最大の輸出品目が原油であり，1980年と2019年の主な輸出品日にパーム油が見られるキは，東南アジア有数の原油産出国であり，パーム油の生産量が世界第２位(2020年)のマレーシアである。

4〔公民―物価変動と景気変動〕

問１＜需要曲線・供給曲線＞図１中では，右下がりのグラフが需要曲線，左下がりのグラフが供給曲線である。　ア．円安が進むと日本が輸入する品物の価格は高くなるため，原材料を輸入だけに頼っている場合は原材料費が上昇する。原材料費が上がると製品の価格も上がるため，同じ供給量であっても価格がこれまでよりも高くなる。したがって供給曲線が左方向に移動する(④)。　イ．３か月後の大幅値上げが発表されたことにより，値上げ前に購入しようとする人が増えるため，同じ価格であっても需要量が増加する。したがって，需要曲線が右方向に移動する(①)。　ウ．ライバル他社の類似品が値下げされたことにより，ライバル他社の製品を購入する人が増えるため，同じ価格であっても需要量が減少する。したがって，需要曲線が左方向に移動する(②)。

問２＜景気変動＞(1)図２中のＡのような好景気の時期には，家計の消費が拡大して商品の需要量が増加するため，企業の生産が拡大して利益も増加し，賃金の上昇や雇用の増加によって家計の所得も増加する。　(2)Ｂのような不景気の時期には，需要が供給を下回り，物価が下がり続けるデフレーション〔デフレ〕が起こりやすい。デフレーションが進むと，企業の利益が減少するため家計の所得も減少し，消費が低迷してさらに物価が下がることが連続する。このように，物価の下落と企業利益の減少が繰り返し起こる状況をデフレスパイラルという。　(3)不景気のとき，政府は減税措置を行って企業や家計の持つ資金を増やし，消費を拡大させて景気の回復につなげようとする(②…○)。不景気のときには，失業などで社会保障サービスを必要とする人が増えるため，社会保障に関する費用は増加することが予想される(④…○)。なお，中央銀行である日本銀行は，不景気のとき，民間の銀行から国債などを買って銀行が持つ資金量を増加させ，企業などへの資金の貸し出しを促す(①…×)。不景気のときには，税収が減少する一方，公共事業費や社会保障関連費などが増加するため，政府が新たに発行する国債の額は増加すると考えられる(③…×)。

５〔公民―日本国憲法と基本的人権〕

問１＜自己決定権＞自己決定権は，個人が自分の生き方や生活について自由に決定する権利である。臓器提供意思表示カードは，死後に自分の臓器を移植のために提供するかどうかについて本人があらかじめ記入しておくもので，自己決定権を尊重する考え方に基づくものである。また，インフォームド・コンセントは，医療の場での患者の自己決定権を尊重する考え方であり，病気や治療方法について医師が十分に説明し，患者が納得したうえで治療方法を決定するというものである。

問２＜公共の福祉による人権の制限＞かつての薬事法には，新たに薬局を開設する場合に既存の薬局から一定以上の距離を取らなければならないという規定があったが，これは日本国憲法第22条に定められている職業選択の自由に反するという判断から，1970年代に違憲判決が出された。判決後にこの規定は削除され，現在はそのような制限はない(③…×)。

問３＜法の下の平等＞女性だけ離婚や死別後６か月間は再婚を禁止する民法の規定は，法の下の平等や結婚における男女の平等に反するという判断から，2015年に違憲判決が下された(④…○)。なお，衆議院議員選挙では，「一票の格差」が２倍を超えた場合に最高裁判所が「違憲状態」の判断を下したことがあるが，選挙のやり直しを求めた判決はこれまで出ていない(①…×)。男女雇用機会均等法のセクシュアル・ハラスメント防止義務は，事業主に課されている(②…×)。「アイヌ民族を先住民族とすることを求める決議」(2008年)が国会で可決された後に制定された法律はアイヌ民族支援法(2019年)であり，北海道旧土人法は明治時代に制定され1997年に廃止された法律である(③…×)。

問４＜外国人の地方参政権＞日本国憲法第15条では，公務員を選定・罷免することを「国民固有の権利」としており，参政権を持つのは日本国籍を持つ人のみであると解釈できる。これに基づくと，日本国籍を持たない外国人には参政権が認められないということになる。一方，第92条では，地方の政治については「地方自治の本旨(住民の意思に基づき，国から独立した地方公共団体が自治を行うこと)」に基づいて行われることを定めている。また第93条では，「地方公共団体の住民」が地方選挙を行うことを定めているが，「住民」には日本人だけでなく外国人定住者も含まれるという解釈も成り立つ。これらから，地方自治での判断に基づいて外国人に地方参政権を与えることは，憲法上禁止されていないと考えることができる。

理科解答

1 (1) イ，エ，オ
(2) (例)熱エネルギーに変換される
(3) イ　(4) 13.2A　(5) 0.2A
(6) 1320.8W　(7) 36倍
(8) A…ア　B…エ　C…ア

2 (1) 1…K^{+}　2…NO_3^{-}　3…Cu^{2+}
4…SO_4^{2-}
(2) エ　(3) ウ　(4) ア　(5) イ
(6) ウ　(7) ウ

3 (1) 胚珠　(2) 3：1
(3) 9：3：3：1　(4) エ　(5) キ
(6) (例)アンジオテンシンⅡのはたらきを抑える薬。

4 (1) 名称…カコウ岩
組織名…等粒状組織
(2) $CaCO_3$　(3) 大理石　(4) ア
(5) エ　(6) イ
(7) 2番目…A　3番目…B，C，E

1 〔電流とその利用〕

(1)<**誘導電流**>図1のようにコイルの中の磁界を変化させると，コイルの両端に電圧が生じて電流が流れる。この現象を電磁誘導といい，流れる電流を誘導電流という。誘導電流が流れる向きは，磁石の動く向きを逆にすると逆になり，また，磁界の向きを逆にすると逆になる。アとイは，図1とは磁石の動く向きが逆で，誘導電流が流れる向きが逆になるため，発光ダイオードの端子を図1と逆向きにつないだイが点灯する。ウとエは，図1とは磁界の向きが逆で，誘導電流が流れる向きが逆になるため，発光ダイオードの端子を図1と逆向きにつないだエが点灯する。オとカは，図1とは磁石の動く向きも磁界の向きも逆で，誘導電流が流れる向きが同じになるため，発光ダイオードの端子を図1と同じ向きにつないだオが点灯する。

(2)<**変換効率**>発光ダイオードは白熱電球や蛍光灯に比べ，電気エネルギーから光エネルギーへの変換効率がよいが，電気エネルギーを全て光エネルギーに変換できるわけではない。それは，電気エネルギーの一部が主に熱エネルギーに変換されるためである。

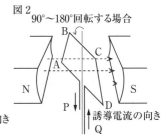

(3)<**発電機**>反時計回りに回転しているコイルが，問題の図2のような状態になった瞬間から1回転するまでを，(i)コイルが0°〜90°回転する場合，(ii)コイルが90°〜180°回転する場合，(iii)コイルが180°〜270°回転する場合，(iv)コイルが270°〜360°回転する場合に分けて考える。(i)の場合，右上図1のように，P端のブラシとつながるA点側がN極に近づき，コイルを貫く右向きの磁力線が増えるため，コイルには，逆向きである左向きの磁界を生じるように誘導電流が流れる。よって，誘導電流は，Q端からオシロスコープの－端子に流れ込むので，電流は負の向きとなる。(ii)の場合，右上図2のように，Q端のブラシとつながるD点側がN極から離れ，コイルを貫く右向きの磁力線が減るため，コイルには，同じ向きである右向きの磁界を生じるように誘導電流が流れる。よって，誘導電流は，P端からオシロスコープの＋端子に流れ込むので，電流は正の向きとなる。(iii)の場合，次ページの図3のように，Q端のブラシとつながるD点側がN極に近づき，コイル

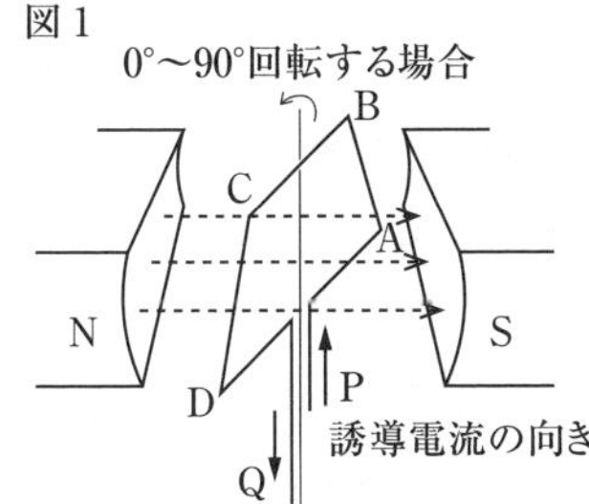

を貫く右向きの磁力線が増えるため，コイルには，逆向きである左向きの磁界を生じるように誘導電流が流れる。よって，誘導電流は，P端からオシロスコープの＋端子に流れ込むので，電流は正の向きとなる。(iv)の場合，右図４のように，P端のブラシとつながるA点側がN極から離れ，コイルを貫く右向きの磁力線が減るため，コイルには，同じ向きである右向きの磁界を生じるように誘導電流が流れる。よって，誘導電流は，Q端からオシロスコープの－端子に流れ込むので，電流は負の向きとなる。以上より，求めるグラフはイである。

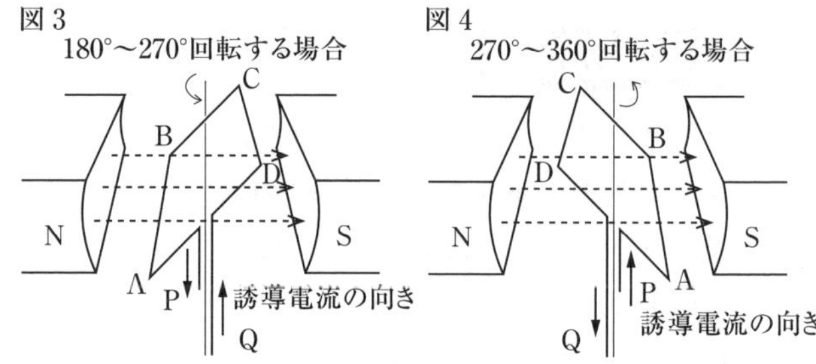

(4)＜**電力**＞家庭で1320Wの電力を使うとき，家庭の電圧は100Vで，〔電力(W)〕＝〔電流(A)〕×〔電圧(V)〕より，$〔電流(A)〕=\frac{〔電力(W)〕}{〔電圧(V)〕}$だから，家庭に流れる電流は，$\frac{1320}{100}=13.2$(A)である。

(5)＜**電流**＞変圧器では，電力の大きさを変えずに電圧を変えている。よって，家庭で1320Wの電力を使うとき，変圧器の送電線側でも1320Wの電力を受け取っている。したがって，送電線側の電圧は6600Vだから，送電線に流れる電流は，$\frac{1320}{6600}=0.2$(A)である。

(6)＜**電力損失**＞(5)より，家庭で1320Wの電力を使うとき，抵抗が20Ωの送電線に0.2Aの電流が流れるため，オームの法則〔電圧〕＝〔抵抗〕×〔電流〕より，20×0.2＝4(V)の電圧が送電線に加わる。このとき，送電線で消費される電力は，0.2×4＝0.8(W)である。つまり，送電のときに0.8Wの電力が失われるため，変電所からは1320＋0.8＝1320.8(W)の電力が送られてこなければならない。なお，6600Vの電圧は，図４のAB間に加わる電圧で，送電線に加わる電圧は４Vである。

(7)＜**電力損失**＞AB間の電圧を6600Vから1100Vにすると，家庭で1320Wの電力を使うとき，送電線に流れる電流は，$\frac{1320}{1100}=1.2$(A)であり，送電線全体の抵抗が20Ωのとき，送電線に加わる電圧は，20×1.2＝24(V)である。よって，送電線で消費され失われる電力は，1.2×24＝28.8(W)になる。したがって，送電線での電力損失は，(6)より，AB間の電圧が6600Vのときに送電線で失われる電力が0.8Wだから，28.8÷0.8＝36(倍)である。

(8)＜**ダイオード**＞交流は，流れる電流の向きと大きさが周期的に変化する。交流を電源にして，抵抗Xに同じ向きの電流を連続的に流したいので，Bに◇を当てはめ，右図５の向きに電流が流れる回路になるように，AとCには◇を当てはめる。このようにダイオードを当てはめると，電流の向きが変わったとき，右上図６の向きに電流が流れる回路になり，抵抗Xには同じ向きに連続的に電流が流れることになる。

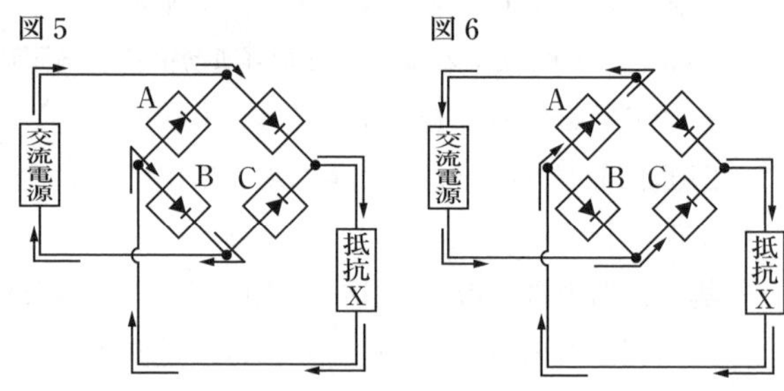

2〔物質のすがた〕

(1)＜**電離**＞硝酸カリウム(KNO_3)は，カリウムイオン(K^+)と硝酸イオン(NO_3^-)に電離する。また，硫酸銅($CuSO_4$)は，銅イオン(Cu^{2+})と硫酸イオン(SO_4^{2-})に電離する。

(2)<**質量パーセント濃度**>図1より，60℃の水100gに硝酸カリウムは110gまで溶けるので，60℃の水200gに硝酸カリウムを，$110\times\frac{200}{100}=220$(g)溶かすと，$200+220=420$(g)の飽和水溶液をつくれる。よって，硝酸カリウム飽和水溶液の質量パーセント濃度は，〔質量パーセント濃度(%)〕＝$\frac{〔溶質の質量(g)〕}{〔水溶液の質量(g)〕}\times100$より，$\frac{220}{420}\times100=52.3\cdots$となるから，約52%である。

(3)<**質量体積パーセント濃度**>実験1では，60℃の水200gに硝酸カリウム220gを溶かして硝酸カリウム飽和水溶液420gをつくった。この水溶液の密度を1.40g/mLとすると，飽和水溶液420gの体積は$420\div1.40=300$(mL)である。よって，硝酸カリウム飽和水溶液300mLに硝酸カリウム220gが溶けているので，100mL中に溶けている溶質の質量は，$220\times\frac{100}{300}=73.3\cdots$より，約73gなので，質量体積パーセント濃度は73vol%である。

(4)<**結晶**>硝酸カリウムの結晶は白色で針状，硫酸銅の結晶は青色で平行四辺形の形をしている。

(5)<**再結晶**>実験1でつくった硝酸カリウム飽和水溶液は，(2)より質量パーセント濃度が52%なので，取り出した硝酸カリウム飽和水溶液100gには，硝酸カリウムが52g，水が$100-52=48$(g)含まれる。図1より，30℃の水100gに硝酸カリウムは46gまで溶けるので，30℃の水48gには，$46\times\frac{48}{100}=22.08$より，約22gまで溶ける。よって，析出した硝酸カリウムの結晶の質量は，$52-22=30$(g)となる。

(6)<**再結晶**>図1より，60℃の水100gに硝酸カリウムは110gまで，塩化ナトリウムは38gまで溶けるので，実験2でつくった2種類の飽和水溶液を1つのビーカーに入れると，60℃の水200gに硝酸カリウム110gと塩化ナトリウム38gが溶けた混合液になる。このとき，水100gに対して硝酸カリウムは，$110\div2=55$(g)，塩化ナトリウムは，$38\div2=19$(g)溶けているので，徐々に冷却すると，図1より，33℃付近で溶解度が約55gになる硝酸カリウムが結晶となって析出し始める。なお，塩化ナトリウムは，33℃の水100gに対して約37gまで溶けるので，この温度では析出しない。

(7)<**飽和水溶液**>結晶水を含む硫酸銅の結晶25g中には硫酸銅16gと水9gが含まれるので，結晶水を含む硫酸銅の結晶100g中に硫酸銅は，$16\times\frac{100}{25}=64$(g)，水は，$9\times\frac{100}{25}=36$(g)含まれる。図1より，20℃の水100gに硫酸銅は20gまで溶けるから，64gの硫酸銅を溶かすのに必要な水の質量は，$100\times\frac{64}{20}=320$(g)で，このうち36gは結晶中に含まれていた結晶水なので，加える水の質量は，$320-36=284$(g)である。

3〔生命・自然界のつながり〕

(1)<**花のつくり**>花のつくりのうち，将来種子になるのは胚珠である。受粉後，子房は膨らんで果実になり，子房の中の胚珠が種子になる。

(2)<**遺伝の規則性**>エンドウの種子を丸形にする遺伝子をA，しわ形にする遺伝子をaとすると，丸形の純系が持つ遺伝子の組み合わせはAA，しわ形の純系が持つ遺伝子の組み合わせはaaである。これらを交雑すると，それぞれの両親からAとaが受け継がれ，子の世代(F1)が持つ遺伝子の組み合わせは全てAaになり，丸形の種子が生じるので，丸形が顕性形質である。F1を育てて自家受精させると，孫の世代(F2)では，右表1のように，遺伝子の組み合わせの数の比が，AA：Aa：aa＝1：2：1になる。このうち，Aを持つAAとAaは丸形の種子，Aを持たないaaはしわ形の種子になる。よ

表1

	A	a
A	AA	Aa
a	Aa	aa

って，F2の形質の分離比は，丸形：しわ形＝(1＋2)：1 ＝ 3：1である。

(3)＜**遺伝の規則性**＞(2)で用いたエンドウの種子の形に関する遺伝子の他に，子葉の色を黄色にする遺伝子をB，緑色にする遺伝子をbとする。種子の形が丸形で子葉の色が黄色の純系個体が持つ遺伝子の組み合わせはAABBで，この個体がつくる生殖細胞の持つ遺伝子は全てABとなる。一方，種子の形がしわ形で子葉の色が緑色の純系個体が持つ遺伝子の組み合わせはaabbで，この個体がつくる生殖細胞の持つ遺伝子は全てabとなる。よって，これらを交雑するとそれぞれの両親からABとabの遺伝子が受け継がれ，子の世代(F1)が持つ遺伝子の組み合わせは全てAaBbとなる。さらに，F1がつくる生殖細胞が持つ遺伝子は，AB，Ab，aB，abの4通りで，これらは同数できるので，F1を自家受精して得られるF2が持つ遺伝子の組み合わせと数の比は，右表2のように，AABB：AABb：AAbb：AaBB：AaBb：Aabb：aaBB：aaBb：aabb＝1：2：1：2：4：2：1：2：1となる。このうち，種子の形は，Aを持つものは丸形，Aを持たないものはしわ形，子葉の色は，Bを持つものは黄色，Bを持たないものは緑色になる。よって，F2の種子の形と子葉の色の分離比は，(丸形・黄色)：(丸形・緑色)：(しわ形・黄色)：(しわ形・緑色)＝(1＋2＋2＋4)：(1＋2)：(1＋2)：1 ＝ 9：3：3：1である。

表2

	AB	Ab	aB	ab
AB	AABB	AABb	AaBB	AaBb
Ab	AABb	AAbb	AaBb	Aabb
aB	AaBB	AaBb	aaBB	aaBb
ab	AaBb	Aabb	aaBb	aabb

(4)＜**腎臓のはたらき**＞細胞の呼吸によってタンパク質(アミノ酸)が分解される際にはアンモニアが生じる。このアンモニアをもとに尿素を合成するのは，肝臓のはたらきである。

(5)＜**検査項目**＞原発性アルドステロン症は，レニンの濃度が高くないにもかかわらず，アルドステロンが過剰に分泌されることで起こる病気である。よって，レニンの値に対するアルドステロンの値を表すアルドステロン／レニン比が重要な検査項目になる。

(6)＜**治療薬**＞原発性アルドステロン症の治療には，アルドステロンが過剰に分泌されることを防ぐ薬が有効である。アルドステロンは，アンジオテンシンⅡのはたらきによって分泌されるから，アンジオテンシンⅡのはたらきを抑える薬や，アンジオテンシンⅠをアンジオテンシンⅡに変換するアンジオテンシン変換酵素(ACE)のはたらきを抑える薬であれば，原発性アルドステロン症患者の血圧上昇を抑えることができると考えられる。

4〔**大地の変化**〕

(1)＜**カコウ岩**＞図3より，Cの火成岩は，大きな鉱物が組み合わさったつくり(等粒状組織)を持つから，深成岩であり，セキエイやシャチョウ石の割合が多く全体に白っぽいのでカコウ岩である。なお，シャチョウ石はチョウ石の一種で，白色鉱物である。

(2)＜**石灰岩**＞図2－1より，Aは石灰岩で，炭酸カルシウム($CaCO_3$)を主成分とする堆積岩である。方解石は炭酸カルシウムの結晶である。

(3)＜**大理石**＞Bの岩石は，A(石灰岩)がC(火成岩)からの熱の影響で変化したもので，加工しやすく彫刻や建築材に使用されることから大理石である。大理石は，結晶質石灰岩とも呼ばれ，高温のマグマによって，方解石が再結晶し，結晶が大きくなることでつくられる。

(4)＜**熱による変化**＞EもBのようにCからの熱の影響で結晶が大きくなったと考えられるから，Cに近い所ほど熱の影響を強く受け，大きな結晶が見られる。

(5)＜**変性**＞(1)よりＣはカコウ岩である。図４で，カコウ岩は深成岩なので，Ｃに接しているＥ(①と④)は地下深くでカコウ岩をつくるマグマに接触することで形成されたと考えられる。一方，Ｆのゲンブ岩は火山岩なので，Ｆと接しているＤの部分(⑤と⑥)は地表付近でゲンブ岩をつくるマグマに接触することで形成されたと考えられる。地表付近の方が地下深くよりも圧力は低く，また，高温下で形成されるケイセン石の範囲が，Ｃ付近よりもＦ付近の方が狭かったことから，⑤が形成されるときの方が，④が形成されるときよりも圧力も温度も低かったと考えられる。なお，貫入は，マグマが地下の深部から地層や岩石に割れ目をつくりながら上昇してくること，晶出は，液体から結晶が析出することである。

(6)＜**プレートの移動**＞図２－１の石灰岩は，この土地から離れた海で形成されたものである。海のプレートが高緯度に移動したことで，暖かい海で生息していたサンゴが死滅して石灰岩ができたと考えられる。この石灰岩を乗せた海のプレートは海溝まで移動すると大陸のプレートの下に沈み込むが，その際に石灰岩は海のプレートからはぎ取られ，海溝付近に堆積していた土砂とともに大陸につけ加えられる。

(7)＜**地層の成り立ち**＞図２で，Ｄの上にＡが重なり，Ｃの貫入による影響でＢとＥが形成され，その後，Ｆが貫入したと考えられる。よって，形成順序は，Ｄ→Ａ→(Ｃ，Ｂ，Ｅ)→Ｆとなる。

国語解答

一 問1 AはBを，金欲しさに水俣病のふりをするニセ患者や地元に繁栄をもたらしたチッソをつぶそうとする水俣の敵であり，水俣のイメージや経済を悪くした人々だと見ていた。(78字)

問2 オ　問3 エ

問4 (一) 水俣病をのさりと思え〔思う〕

(二) あんたの役割は，これからたい！

(三) みんなの代わりに私たち患者が病んでいる

二 問1 A…エ　B…ウ　問2 ウ

問3 梨花の心臓がよくなる可能性もあり，もしそうはならなかったとしても，梨花が生きていることを大切にして，死ぬことをあまり恐れないようにしよう，ということ。(75字)

問4 オ　問5 ウ　問6 ウ，エ

三 問1 ウ　問2 ア　問3 ウ

問4 エ　問5 イ

四 1 形骸　2 拳　3 挨拶

4 勉励　5 勧善

一〔論説文の読解―社会学的分野―現代社会〕出典：石原明子「生と死の現場に立ち現れる和解と赦し」(荻野蔵平／トビアス・バウアー編著『生と死をめぐるディスクール』所収)／石牟礼道子『花びら供養』。

≪本文の概要≫【文章Ⅰ】一九九〇年代前半頃に，水俣で，地域再生と人間関係の再構成が開始され，その精神的支柱になったのが，杉本栄子さんである。彼女の母親が集落で最初の患者として水俣病を発症すると，村人は杉本家に寄りつかなくなり，彼女の家が雨戸を開けようとすると，石を投げられた。栄子さんは，やり返したいと言ったが，父は，栄子さんを諭した。そんな父も水俣病で死に，栄子さんも，水俣病に苦しめられた。栄子さんは，自分が水俣病にかかった意味を考え続け，この病気は，人間への神の怒りであり，患者は，人間の罪を背負って苦しんでいるのだから，チッソも行政もゆるさなければならないという結論に達した。栄子さんの長男の肇さんは，この「ゆるす」とは，あなたを人として受け入れるから，同じ人として，この痛みを理解し，このようなことが二度とない未来をつくることに一緒に踏み出せ，という意味だと解釈している。このように向き合った末に「赦(ゆる)す」と言った人たちの周辺から，敵味方の壁がとけ，ともに，二度と水俣病を繰り返さない新しい社会づくりをすることに向かった変化が起こってきたのである。

【文章Ⅱ】わたしは，杉本栄子さんという患者さんの口から，「水俣病は守護神ばい」という言葉が飛び出したときには驚いた。二，三週間前に，栄子さんは，今日，人間の罪に対して祈らなければ，今夜を生きられないと言っていた。祈るということには，命がかかっているのである。それほど毎日を思いつめて生きている人の口から出た「水俣病は守護神」という言葉には，背後を絶たれた者のどんでん返しの大逆説がある。彼女は，現代の知性には罪の自覚がないことも見抜いていたに違いない。彼女は，水俣病とそこに生じる諸現象のいっさいを全部引き受けると同時に，皆が放棄した「人間の罪」を，自分の病身に背負い直すと宣言したのではないだろうか。

問1＜文章内容＞「それ以外の一般市民」は，主に「チッソの繁栄下で生活」していたために，「闘う一部の患者やその支援運動家たち」を，「金欲しさに水俣病のふりをするニセ患者」や「チッソをつぶす水俣の敵」として差別した。さらに，水俣病の原因がチッソの工場排水に含まれた有機水銀であることが明らかになった後も，「それ以外の一般市民」は，「彼らのせいで水俣のイメージが悪くなって経済も悪くなった」と敵意を向け続けた。

問２＜文章内容＞栄子さんは，長い年月の間，チッソや行政と向き合いながら，自分が水俣病にかかった意味について考えていた。そして，水俣病は，「山や海を壊してしまった人間への神の怒り」であり，自分たち患者は，そんな人間の罪を背負って苦しんでいるのだという結論に達した。栄子さんのいう「ゆるす」とは，自分の罪とともに他者の罪を背負うことを喜びとし，チッソや行政を含めて，他者が助かることを祈るということである。このような認識に至ったことで，栄子さんは，チッソや行政が加害者であり，自分たちは被害者なのだという枠組みから自由になり，彼らを「ゆるす」と言うことで，チッソや行政に向かって，患者とともに，二度と水俣病が起こらないような社会へと向かって進むように呼びかけているのである。

問３＜文章内容＞「いざない」は，誘うこと。被害者が，加害者と「向き合った末に『赦す』」ことによって，加害者は，自分の犯した罪を自覚し，「二度と水俣病を繰り返さない新しい社会づくり」へ向けて努力するようになった。栄子さんや他の人たちの「赦し」は，そのような方向へと加害者を誘うものだったのである。

問４＜文章内容＞㈠「水俣病は守護神」という表現は，【文章Ⅰ】の水俣病は天からの「授りもの」や「恵み」であるという意味の「水俣病をのさりと思え〔思う〕」という表現と似ている。　㈡これまで全く水俣病の実態や患者の苦しみを知らずに，「無関心あるいは差別の対象としてきた」ことを知った人たちに対し，栄子さんは「あんたの役割は，これからたい！」と言って，その背中を押した。栄子さんのこの言葉は，自分たちの罪を知った人間の，その後を照らし出す言葉だったといえる。　㈢栄子さんの「宣言」は，「水俣病とそこに生じる諸現象の一切を，全部ひきうけ直します」というものであり，また，「皆が放棄した『人間の罪』をも，この病身に背負い直すぞ」というものであった。【文章Ⅰ】の「みんなの代わりに私たち患者が病んでいる」という表現は，この「宣言」と同じことを表している。この考えに基づいて，「人間そしてわが身の罪に侘びて」祈り，チッソも行政もゆるそうとすることを，石牟礼道子は「光に貫かれた」行為としてとらえていると考えられる。

二〔**小説の読解**〕出典：曽野綾子『無名碑』。

問１＜語句＞Ａ．「凡庸」は，平凡で，これといって優れたところのないこと。　Ｂ．「無為」は，何もしないでいること。

問２＜文章内容＞容子が，少し熱があった梨花を診療所に連れていったところ，診療所の医師は，梨花が先天性の心臓の病気かもしれないと言った。意外なことを言われて，容子は動揺し，相談しようと「事務所まで竜起を探しに」行ったが，会うことはできなかった。竜起が帰ってくるまで，一人きりで不安にさいなまれていたので，容子は「疲れたような顔」をしていたのである。

問３＜文章内容＞竜起は，「このダムをもし壊すとしたら，どうすればいいのだ」と考えたが，すぐに「まだ出来てもいない」ダムを壊すという「無駄な心配」を笑い出したくなった。また，「数日前，あれほどごたついたケーブルクレーンが，今日は整然と動いている」のを見て，竜起は，梨花の心臓も「手術か或いは自然に体力がつくことによって機能を恢復するだろう」と考えた。さらに,「たとえ,それがうまく行かなかったにせよ,生きているうちから,梨花を失った瞬間のことを恐れる必要はない」とも思った。竜起は,梨花は生きているのだから,梨花の心臓が治ることを期待しつつ,仮に治らなかったとしても,過度に悲観することなく,梨花が今生きているということを大切にすべきだと決意したのである。

問4<心情>竜起は,ピラミッドを建てた奴隷たちと同じように,自分もすぐに忘れ去られてしまう存在であることはわかっていた。それでも,建設しているダムは「自分よりはるか長い年月を生き残って,社会の思いがけぬ部分に,関り,生産し,押しすすめ,証言し,血流のように細胞と組織を若返らせながら,その機能の結果を天地に齎すのだ」と思うと,自分がそのような大きな仕事に関われたことをうれしく感じて,十分に満足したのである。

問5<文章内容>竜起は,「心臓がどんなでも,梨花でなけりゃいやだっていう男」が現れるだろうと言った。実際に竜起は,過去の出来事によって「自分は結婚する資格のない人間」だと考えている容子と結婚しているだけに,その言葉には説得力があった。容子は,竜起がまさに人物重視の人であったことに改めて気づいて,「はっと」すると同時に,竜起の言うことに納得し,自分が竜起のような男と出会えたことがいかに幸運なことだったかを痛感して,涙を流した。

問6<表現>ア.他にも「すぐそこ迄大地が上って来たような錯覚」「野外劇場のように荘厳な現場」などの比喩表現が用いられており,周囲の情景を読者に印象づけている(…○)。　イ.「靄を消す方法はないのだ」も「あらゆる機械は又,数日前の霧の日には信じられぬほど順調に動いていた」は,「靄」や「霧」という自然に対して人間が無力であることを表している(…○)。　ウ.竜起は,梨花が少し熱を出したと聞いても,「それがどうしたというのだ」と思い,梨花が「先天性の心臓の病気」かもしれないと聞いても,「どうも僕はあんまり信じられないけどね」と答えているが,医師から梨花の病状を聞いてからは,梨花について真剣に考え始めている。竜起は,事実をきちんと確認するまでは,落ち着いて対処しようとする人物だと考えられる(…×)。　エ.「優しい時間」の後に,「容子は幾分,精神的に救われたように見え」たが,竜起の状況は好転してはいない(…×)。　オ.まだできてもいないダムを壊すときの心配をする必要がないのと同様に,今生きている梨花が死んだときのことを心配する必要はないと,竜起は考えたのである(…○)。

三〔**古文の読解―随筆**〕出典:松平定信『花月草紙』一の巻,一一。

≪現代語訳≫ある医者が,「あなたは必ずこの秋頃に,何かの病気にかかりなさるでしょう」と言ったところ,(言われた人は)不機嫌になって,「どうしてそんなことがあるだろうか(,いや,あるはずがない)」と秋までは言っていた。とうとう病気にかかったので,言い当てた医者に診てもらうのも,恥ずかしいと思って,他の医者を招いた。(その医者は)さまざまな薬を与えたが,効果が現れず,はじめのうちは腹を壊したのだろうというので,治すための薬を用いたが,(患者の)胸の辺りがますます苦しくなり,体内を見ることはできなかったが,(効きめがないことは)医者も理解して,その薬はやめた。今度は汗とともに(病気を)追い出そうとしたが,効果がなく,排せつさせようとすると,腹が痛くなるだけで,(患者は)ますます苦しがった。どうしようもなくて,試しにふと調合した薬が,その病気に合っていたのだろうか,飲み下したとたんに,胸の中は気持ちよくなり,とうとうその病気は治ったのだった。(その医者は)命を助けてくれた人だというので,財産をつぎ込んででも恩返しをしたいと思ったという。一方，（最初の医者が）「この秋に，必ずこの病気にかかるに違いないので，この薬を今からお飲みなさい」と言ったところ，もう一人の男は，「どうしてそんなことがあるだろうか（，いや，あるわけがない）。しかしそうおっしゃるのなら，お飲み申し上げよう」と言って，他人事のように飲んで過ごしていたが，とうとうその病気にもかからず，いつもと変わったこともなかったので，（男は）だからこうなるに違いないと思っていたので，あの薬を飲まなくても構わなかったのにと言ったとか。

問１＜古文の内容理解＞医者に，この秋頃に，何かの病気にかかるだろうと言われたとき，そう言われた男は，気分を害して，そんなはずはないと否定した。ところが，この男は，本当に病気になってしまい，医者を呼ぼうとしたが，このことを言い当てていた医者を呼ぶのは恥ずかしかったので，別の医者を呼んだのである。

問２＜現代語訳＞「しるし（験）」は，効きめのこと。「しるしもみえず」は，効きめが現れなかった，という意味。

問３＜古文の内容理解＞別の医者は，さまざまな薬を試したが，どれも効果がなく，しかたなく試しに調合した薬を患者に与えたところ，たまたまこの薬が病気に合っていたのか，患者はすぐに回復した。そのため，患者は，財産をなくしてでも，医者に礼をしたいと思ったのである。

問４＜古文の内容理解＞「いまひとりのをのこ」は，病気になると医者に予言されて，本気にはしなかったが，与えられた薬は素直に飲んだ。その結果，病気にかからず，いつもどおりに過ごすことができたので，この男は，薬など飲まなくてもよかったのにと言ったのである。

問５＜古文の内容理解＞ある医者が，あなたはこの秋頃には必ず病気にかかると予言したが，言われた男は，そんなことがあるはずはないと反発し，やがて本当に病気にかかってしまった。このように，専門家が正しいことを言っても，それが素直に聞き入れられるとは限らない。

四〔漢字〕

１．「形骸」は，外の形だけを残して，本来の機能や意義を失っているもののこと。「形骸化」は，そのようになること。　２．音読みは「拳法」の「ケン」。　３．「挨拶」は，人と出会ったときや別れるときに交わす儀礼的な言葉や動作のこと。　４．「刻苦勉励」は，非常に苦労して，勉学や仕事に励むこと。　５．「勧善懲悪」は，善行を勧め，悪事をこらしめること。特に，最後には善人が勝利し，悪人が滅びるという，小説や芝居の筋書きで表される道徳観のこと。

Memo

Memo

Memo

2023年度 市川高等学校

【英　語】（60分）〈満点：100点〉

■リスニングテストの音声は，当社ホームページで聴くことができます。（当社による録音です）
再生に必要なユーザー名とアクセスコードは「収録内容一覧」のページに掲載しています。

【注意】 1．解答の際には，句読点や記号は１字と数えること。
2．リスニング問題の放送は，試験開始１分後に始まる。
3．放送は２度流れる。
4．放送中にメモを取っても構わない。

Ⅰ

(A) これから読まれる英文を聞いて，答えとして最も適切なものを選び，それぞれ記号で答えなさい。英文は２回読まれます。なお，放送を聞きながら問題用紙の余白部分にメモをとってもかまいません。

(1) What did NOT happen before coffee was first made ?
a．Kaldi's goats got sick.
b．Kaldi couldn't sleep because of the strange fruit.
c．Kaldi met the priest travelling to the city.
d．The priest cooked the strange fruit.

(2) Why did the priest want to make a drink from the fruit ?
a．Because he wanted to make money.
b．Because he wanted to cook something strange.
c．Because he wanted to be able to pray more.
d．Because he wanted to be happy.

(3) In which country did people go to 'coffee houses' to learn many things ?
a．Turkey.　　b．England.
c．India.　　d．America.

(4) How much coffee does Brazil grow ?
a．About one fourth of the world's coffee.
b．About one third of the world's coffee.
c．About half of the world's coffee.
d．About two thirds of the world's coffee.

(5) Which of the following statements is true ?
a．In America, tea is more popular than coffee.
b．Many coffee farmers receive a small amount of money.
c．The coffee business has become fair.
d．The countries which grow coffee have become rich.

(B) これから読まれる会話を聞いて，(1)は設問文の指示に従って答えなさい。(2)～(4)は答えとして最も適切なものを選び，それぞれ記号で答えなさい。英文は２回読まれます。なお，放送を聞きながら問題用紙の余白部分にメモをとってもかまいません。

(1) Complete the invitation with the information you hear.

Invitation
Please come to our welcome picnic for Ms. Sabine Braun, an exchange student from ① __________ on April ② __________. Meet at the ③ __________ at 2 o'clock. We will go to Castle Gardens for the picnic. Food and drinks will be provided.

(2) Why do they decide not to go to the steak restaurant ?
  a . Because sushi is better.
  b . Because it is too unique.
  c . Because none of the guests eats meat.
  d . Because their visitor wouldn't enjoy it.

(3) Which is NOT a reason for the picnic ?
  a . They can have more space.
  b . They want to surprise Sabine.
  c . They can choose what to eat.
  d . They don't want to annoy people.

(4) Why do they choose Castle Gardens ?
  a . Because the other park is not open.
  b . Because they can enjoy music indoors if it rains.
  c . Because there are more fun things to do.
  d . Because they can play basketball.

※**<リスニング問題放送原稿>**は英語の問題の終わりに付けてあります。

Ⅱ 次の英文(A)と英文(B)を読んで，各問いに答えなさい。なお，出題に際して本文には省略および表記を一部変えたところがあります。〔本文中で＊の付いている語(句)には注があります〕

(A)

1 How does my brain control me ? There are two important words in this question, 'brain' and 'me'. We first need to make sure we really understand what they mean.

2 The brain is a slimy thing that fills up the inside of your head and looks a little like a very large and not very smooth ＊walnut. Although unlike a nut, it's soft, like a soft-boiled egg. But it does much, much more than a nut or an egg : it lets you see, hear, feel, smell and taste. It also tells other parts of your body what to do, directing all the many different muscles in your arms and legs so that you can move. Most importantly of all, ①【you / your / what / think with / brain / is】, so you can think about being 'you'.

3 Let's see what happens inside your head . . .

4 When you are a newborn baby, your brain is the same size as a baby chimpanzee's. But then something amazing happens. There are about a hundred billion tiny building blocks ('cells') that can

only be seen under a *microscope and it is these cells that make up your brain. However, after you are born these cells in the human brain start to make thin connections with each other, and as the connections get longer and increase, so your brain grows accordingly, way more than for a chimp.

5 Why is this interesting or important?

6 We humans don't run particularly fast, we don't see particularly well, and we're not that strong compared to many other animals. But we can live and succeed across more of the planet than any other species, because we do something far better than any other. [a]

7 It is because we are so good at learning from experience that we can get used to any environment in which we are born. And we are good at learning because our brain cells are fantastic at making connections every moment we are alive. ②Every experience you have will change your brain connections. So even if you are a clone—an *identical twin with the same *genes as your brother or sister—you will have a unique pattern of brain-cell connections because only you will have a certain set of experiences. Even if you live in the same house with the same family, individual and unique things will happen to you that are different from what happens to everyone else. Every time you do something ordinary like talking with someone, playing a game, eating a certain food or looking out of the window, your brain-cell connections will change in a unique way to make you the wonderful individual you are.

8 The answer to ③the question, therefore, is that 'my brain' and 'me' are the same. So one cannot control the other.

9 However, how the feeling of being you can be caused by something that looks like a nut and feels like an egg is one of the hardest and biggest puzzles still to solve.

*(注) walnut：クルミ　microscope：顕微鏡　identical twin：一卵性双生児　gene：遺伝子

(B)

Ⅰ ④What makes you you? Just about everything that you can think of: your head, your arms, your toes, your heart and most especially your brain.

Ⅱ If you lost a toe, of course, in some unlucky accident, you'd still be you, just 'you without a toe'. The same goes, I suppose, for your left arm, or your right kneecap, though I'm sure you'd miss them both.

Ⅲ Your brain, however, is a different matter. If there is one part of you that most makes you you, it's probably that: your brain, the three pounds or so of 'grey matter' held tightly inside your head that help you think, reason, and remember.

Ⅳ [b] your brain, you wouldn't know how to get out of bed in the morning. You wouldn't have any ideas. And you wouldn't remember who you were; you wouldn't even be able to ask the question 'What makes me me?'

Ⅴ All of which raises *another* question: what makes *your* brain your brain? You can go to the shop to pick out a new shirt or new pair of shoes, but the brain that you have is the brain that you are born with. Even your heart could be replaced, but if you replaced your brain, you wouldn't be you any more. Your whole personality might change if you did! For it is your brain that makes you happy or sad, nice or mean, friendly or shy.

Ⅵ Your brain started to become what it is when you were still inside your mother's *womb. A sheet of cells, similar to a piece of skin, folded over on itself and formed a tube. That tube began to grow bigger and started to look like a ball, and after some time divided into two halves (called hemispheres). Then it divided into more sections, like the frontal lobe, which helps you make decisions, and the temporal lobe, which helps you understand the things that you hear.

Ⅶ Much of your brain's basic shape originally came from your parents, by way of their genes. But ever since then, it's been up to you. Every time you try to learn something new, your brain changes. You can't order a new brain online, but by learning something new every day, you can keep making the brain you already have even better.

Ⅷ ⑤Because no two brains are quite the same, no two people think or act in the same way. More than anything else, it is *your* brain that makes you you.

＊(注) womb：子宮

問1 下線部①の【 】内の語(句)を並べかえ，意味の通る英文にしなさい。

問2 [a] に入る最も適切な英文を選び，記号で答えなさい。

ア. We communicate. イ. We live.

ウ. We lie. エ. We learn.

問3 下線部②とほぼ同じ内容を表している一文が英文(B)の Ⅵ ～ Ⅷ 段落の中にあります。その最初の3語を書きなさい。

問4 下線部③が表す内容を，英文(A)の中から抜き出しなさい。

問5 下線部④に3語の英文で答えなさい。

問6 [b] に入る最も適切な1語を答えなさい。

問7 下線部⑤を日本語になおしなさい。

問8 英文(B)についての Ryota と Ken の対話文を読み，[c] に入る適切な5～7語の英語を英文(B)の Ⅴ ～ Ⅷ 段落の中から抜き出しなさい。

Ryota : Hey, listen. I'm depressed. I couldn't get a recommendation for the university I wanted to enter.

Ken : I'm sorry to hear that. But even if you can't get a recommendation, you have another chance. You can try again, right?

Ryota : Yes. I'll try the ordinary entrance examination in March, but it is much more difficult than getting into university through a recommendation. I wish I had a better brain.

Ken : You mean you want another, better brain?

Ryota : Yes.

Ken : No way! [c] if you got another brain. That means you wouldn't be YOU any more. I don't want to lose my best friend!

Ⅲ 次の英文を読み，各問いに答えなさい。なお，出題に際して本文には省略および表記を一部変えたところがあります。〔本文中で＊の付いている語(句)には注があります〕

Bradley was too excited to sleep. *Mrs. Ebbel will be so surprised,* he thought. *She'll tell the whole class, "Only one person got a hundred percent—Bradley!"*

But there were so many things that could still go wrong. ＊*What if I lose it on the way to school?* he worried. *What if Jeff and his friends steal it?* Twice during the night he got out of bed to make sure it was safely folded inside his math book.

What if I did the wrong page? He was no longer sure whether Mrs. Ebbel had said page 43 or page 62! He tried [1a] exactly what she said to him.

He sat up in horror. She never said it was *math* homework. Mrs. Ebbel had just said a page number. She never said what book! She could have meant history, or language, or any of his other books!

He [1b] back down and *trembled. His tears wet his pillow.

He got out of bed early in the morning, checked to see if his homework was still there, then quickly got ready and left for school without [1c] breakfast.

On the way he stopped [1d] sure he still had his homework. As he opened his book, the paper fell onto the sidewalk, right next to *a puddle of water.

He looked down at it, shocked by ①<u>what he had almost done</u>, then quickly picked it up and put it back in his book. He held the book tightly shut until he arrived at school.

He was one of the first ones there. He had to wait for the doors to open. He looked around carefully for Jeff and his friends. He stood with his back to the school wall so they couldn't surprise him from behind.

He saw Andy. He thought Andy had seen him, too, but if he had, he didn't do anything about it.

When the doors opened, he was the first one in Mrs. Ebbel's class. He sat at his desk—last seat, last row—and waited.

As the other kids came in, he saw them put sheets of paper on Mrs. Ebbel's desk. He wondered if that was their homework. He now had ②<u>a new worry</u>. He didn't know how he was going to give the teacher his homework.

Jeff entered, put a piece of paper on the pile on top of Mrs. Ebbel's desk, then came toward the back of the room.

It must be his homework, thought Bradley. *What else could it be?*

"Shawne," he said aloud.

The girl who sat in front of Jeff turned around.

③<u>"Are you going to put your homework on Mrs. Ebbel's desk?"</u>

"Don't tell me what to do, Bradley!" Shawne said angrily. "You worry about your homework, and I'll worry about mine, okay?" She turned back around.

It was almost time for school to start. *What if I have to put it on her desk before the bell rings or it doesn't count?* He took his homework out of his book, stood up, then went to Mrs. Ebbel's desk.

He became more nervous with each step he took. His mouth was dry and he had trouble breathing. ④<u>【was / see clearly / couldn't / going / he / he / where】</u>. He felt like he was going to fall down. Mrs. Ebbel's desk seemed so [A]. It was like he was looking at it through the wrong end of a *telescope. His heart pounded and his hand holding his homework shook.

Somehow he made it to her desk and tried to see the sheets of paper the other kids had put there. It looked like math homework! Page 43!

But instead of feeling better, he felt worse—like he was going to explode.

"Do you want something, Bradley?" asked Mrs. Ebbel.

He looked at his homework shaking in his hand. Then he *tore it in half and dropped it in the wastepaper basket next to Mrs. Ebbel's desk.

He quickly felt better. His head cleared and his breathing returned to normal. His heart stopped pounding.

He walked back to his desk, took a deep breath, breathed out, and sat down. He folded his arms on his desktop and lay his head down across them. He felt sad, but relaxed, as he looked at the gold stars on the wall.

Bradley remained in his seat after everyone else had gone to take a break. He walked to Mrs. Ebbel's desk.

She was sorting papers.

"Mrs. Ebbel," he said shyly. "May I use the *hall pass? I have to see the counselor."

She looked up.

"Please."

Normally Mrs. Ebbel would never allow Bradley Chalkers to be free in the halls, but something about the way he asked must have changed her mind. "All right, Bradley," she said. "But if you're bad, you'll never be allowed in the halls of this school again!"

"Thank you."

He took the hall pass [7a] behind her desk and walked towards the door.

"You're welcome," Mrs. Ebbel said to herself.

He knocked [7b] the door to Carla's office.

"How nice to see you today, Bradley," she greeted him. "Thank you [7c] your coming to see me."

He shook her hand, then they sat around the round table. She was wearing the shirt [7d] the crazy lines on it. It was the one she wore the first time he saw her. He liked it, but ⑤<u>【as / as / one / with / not / much / the】</u> the pictures of mice.

"[8a]," he said.

Carla looked very happy. "I'm so proud of—"

"I *ripped it up."

"What?"

"I ripped it up. I brought it to school, and [8b], but then I ripped it up."

"Why did—?" Carla started to ask.

"Why did I rip it up?" he asked her first.

"I don't know, why did you?"

He shrugged.

She shrugged.

They both laughed quietly.

"[8c]," Bradley said when he stopped laughing.

Carla shook her head. "You did your homework, that's the important thing. I'm so very proud of you, Bradley Chalkers."

"[8d]," he promised.

"That's wonderful!"

"But what if I keep ripping it up?" he asked.

"Why would you want to do that?"

"I don't know. [8e]."

"The important thing is that you did it. And you learned some things by doing it, didn't you?"

"What 'of' means," said Bradley.

"What 'of' means?" Carla repeated.

"*Times," said Bradley.

She stared at him, confused. "Oh, right!" she said, as it all suddenly connected for her. "Okay, so even though you ripped up your homework, you still remember what you learned. ⑥You didn't rip up your memory. And when Mrs. Ebbel gives the next math test, you'll know how to answer the questions."

⑦"If they don't change the rules," said Bradley.

"What rules?"

"Like, what if they decide to make 'of' mean *subtraction?"

"They won't change the rules," Carla said gently, "whoever *they* are."

"But what if I rip up my test, too?" he asked.

Carla looked at him as if he was being childish. "Has Mrs. Ebbel given you any homework for tomorrow?" she asked.

"Tomorrow is Saturday."

"Okay, for Monday?"

"No, we never have homework over the weekend."

He spoke like he'd been doing homework for years. "But we have a book report that we have to give the teacher next week. Only . . ."

"Only what?"

"I don't have a book. And Mrs. Wilcott won't let me borrow any from the library."

"Well, let's see," said Carla. "Do you think you might know somebody else who might let you borrow a book? Think hard now."

Bradley looked around at all the books in her office. "May I borrow one of yours?" he asked. "Please. I won't write in it."

Carla walked around the table, then picked out a book from one of her bookcases. "It's my favorite," she said as she gave it to Bradley.

*(注) What if：～したらどうなるだろうか　tremble：ふるえる　a puddle of water：水たまり
telescope：望遠鏡　tear：～を破く　hall pass：廊下の通行証
rip up：～を引き裂く　times：かけ算　subtraction：引き算

問1　[1a]～[1d]に入る最も適切なものをそれぞれ選び，必要があれば形を変えて答えなさい。ただし，同じ語は1度しか使えません。

【lie / take / remember / eat / make】

問2　下線部①の具体的な内容を日本語で答えなさい。

問3　下線部②の具体的な内容を日本語で答えなさい。

問4　下線部③について，(1) Bradleyはどのような意図でその言葉を発したのか。(2) Shawncはその言葉をどのような意味だと受け取ったのか。最も適切なものをそれぞれ選び，記号で答えなさい。

ア．Have you told Mrs. Ebbel about my homework?

イ．How should we turn in our homework?

ウ．How busy I was doing my homework!

エ．Have you already turned in your homework?

オ．To whom do I have to turn in my homework?

問5　下線部④・⑤の【　】内の語(句)を並べかえ，意味の通る英文にしなさい。ただし，文頭にくる語も小文字で示してあります。

問6　A に入る最も適切なものを選び，記号で答えなさい。

ア．shiny　　イ．dirty　　ウ．close to him　　エ．far away

問7　7a ～ 7d に入る最も適切なものをそれぞれ選び，記号で答えなさい。ただし，同じ記号は1度しか使えません。

ア．on　　イ．for　　ウ．from　　エ．with

問8　8a ～ 8e に入る最も適切なものをそれぞれ選び，記号で答えなさい。ただし，同じ記号は1度しか使えません。

ア．I didn't think I wanted to rip it up, today

イ．I did my homework last night

ウ．I'm going to do all my homework, from now on

エ．I was afraid you'd be angry

オ．I was just about to put it on Mrs. Ebbel's desk

問9　下線部⑥の言葉で，Carla が伝えたかったことを25～35字の日本語で説明しなさい。

問10　下線部⑦以降の Bradley と Carla の対話から読み取れる内容として適切なものを2つ選び，記号で答えなさい。

ア．Bradley asked Carla what would happen if someone changed the meaning of 'of'.

イ．Bradley was sure that he would not rip his test up again.

ウ．Bradley had to do his math homework before he read a book.

エ．Bradley was allowed to borrow a book from the library.

オ．Bradley asked Carla to think carefully about who could lend him a book.

カ．Bradley promised not to write memos in Carla's book.

＜リスニング問題放送原稿＞

(A)　Listen to the passage and answer the questions.　Listen twice.

The story of coffee is long and full of mystery, but one thing that we know for sure is that coffee first came from Ethiopia in North Africa.　Around the year 700, a man called Kaldi went to check on his goats one evening and saw that they were dancing.　They had so much energy that they couldn't sleep!　Kaldi thought the goats must be sick, but then he noticed that they were eating red fruit that looked like cherries.　He decided to try eating the strange fruit and found that it had the same effect on him!　Some time later a priest who was travelling to the city on foot met Kaldi and his dancing goats. Kaldi told him about the fruit and the priest was very happy because he wanted to stay awake at night to pray.　The priest took some of the fruit, boiled it, and made a drink which he then shared with other priests.　This drink became the coffee that we drink today.

Slowly, over the centuries, the coffee from Ethiopia spread both east to India and Asia, and west to Europe.　In England during the 1600s it was very popular to drink coffee at 'coffee houses', an idea which first came from Turkey.　These places became known as 'penny universities' where you could learn many things about the world by having discussions with other people if you bought a cup of coffee.

Eventually, coffee travelled to America, where it quickly replaced tea, and Brazil, which now grows 32% of the world's coffee and even sells it to Ethiopia.

However, the coffee industry has a problem.　While customers might pay several dollars for a cup of coffee in a modern cafe, little of that money reaches the coffee farmers. As many coffee farmers live in developing countries, they receive less than three U.S. cents for each $3 cup of coffee that is sold. In recent years, more and more coffee companies have been trying to change this unfairness, but there is still a lot of improvement to be made to make the coffee business fair for everyone.

(B) Listen to the conversation and answer the questions. Listen twice.

A : Hi, how are you ?

B : Hi ! I'm sorry that I haven't had time to come to basketball practice recently. I've been studying hard because I have joined a study abroad program.

A : That's so exciting ! Where are you going to go ?

B : Germany. I'm really looking forward to it, but my partner, Sabine, is going to visit me first, in April. My parents say I should organize a party for when she arrives. Can you help ?

A : Sure. First you need to invite some people. You could ask the other members of the basketball club. I'm sure everyone will be excited to meet her.

B : Good idea ! I thought the steak restaurant by the station would be a good place for a party because it's cheap and has a unique atmosphere, but I read in her letter that she is vegetarian.

A : I guess a steak restaurant would be unpleasant for someone who doesn't eat meat or fish. I don't think we should go to eat sushi either.

B : Right. I wondered if I could cook a special meal, but my parents work at home, and a party would be too noisy.

A : We could invite everyone to my house, but there isn't much space . . . I know, let's have a picnic ! We can make our own food, we won't make anyone angry, and there will be plenty of room. When do you plan to have the party ?

B : She will arrive on Friday 15th in the morning. How about Saturday ?

A : I think you should avoid Saturday. Germany is very far away, so she will probably have jet lag !

B : Well, how about Sunday ?

A : That's better. I love cooking, so I'll make a cake if you can bring snacks and drinks.

B : OK. We should write some invitations, too. But . . . my writing is terrible !

A : Don't worry. Just tell me what to write. What is her name ?

B : Sabine Braun.

A : Got it. When and where shall we go ? I'll write the date as the 16th of April . . . how about 2 o'clock ?

B : Yes, the afternoon is a good idea, but the 16th is Saturday ! Don't write the wrong date. Let's meet at the station and then walk to the park together.

A : Good idea, West Park is near the station.

B : West Park ? Isn't it closed while they build the new library ?

A : It wasn't when I went there last week to play basketball.

B : But at West Park there is nothing interesting to do except play basketball. At Castle Gardens, you can see the whole town, there is a lake with boats and there is usually a free outdoor music performance on Sundays.

A : OK, that does sound more fun than just a regular park. Let's hope it doesn't rain.

【数　学】（50分）〈満点：100点〉

【注意】 1．コンパス・直線定規を利用してもよい。

2．比を答える場合には，最も簡単な整数の比で答えること。

1　次の図のように，関数 $y=x^2$ のグラフ上に2点A，Bがあり，それらの x 座標はそれぞれ -2，-5 である。また，y 軸上に点Pをとる。このとき，下の問いに答えよ。

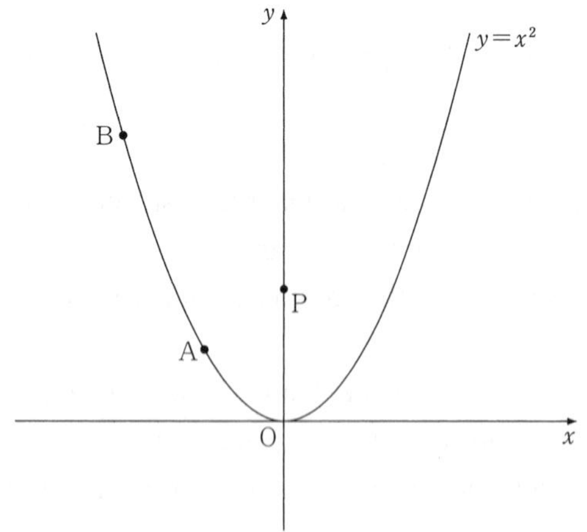

(1)　AP＋PBが最小となるような点Pを解答用紙の図を利用して作図せよ。ただし，作図に用いた線は消さずに残し，作図したPの位置にPをかくこと。

(2)　(1)のPに対して，△APBの面積を求めよ。

(3)　関数 $y=x^2$ のグラフ上に点Qがある。△AQBの面積が60となるようなQの x 座標をすべて求めよ。

2　縦の長さが2，横の長さが4の長方形がある。これを次の図のように，格子状に1の長さで切り分け，点AからOを定義し，格子点と呼ぶことにする。

このとき，下の問いに答えよ。

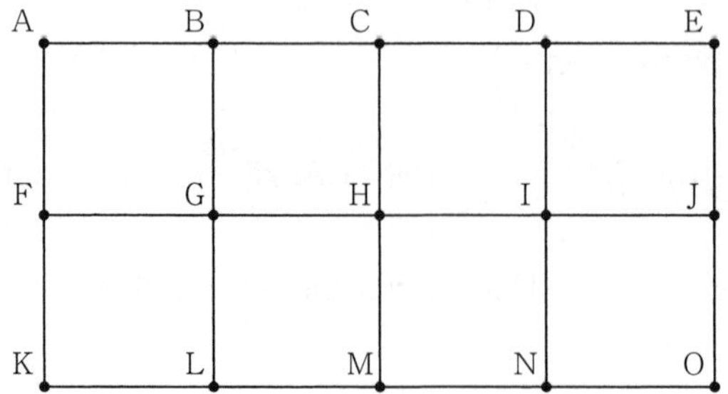

(1)　線分AE，FJ，KO上から格子点をそれぞれ1点ずつ選び，結んでできる三角形のうち，△ALHと合同な三角形は△ALH以外に何個あるか求めよ。

(2)　線分AE，FJ，KO上から格子点をそれぞれ1点ずつ選び，結んでできる三角形のうち，内部に格子点をGのみ含む三角形は何個あるか求めよ。ただし，三角形の辺上にある格子点は内部とはみなさない。

3　X，Yの２人が次の問題の解き方を相談しながら考えている。

> n 番目に $4n-5$ が書かれている数の列Ａと，n 番目に n^2-2n-1 が書かれている数の列Ｂがある。ただし，n は自然数とする。
> 　Ａ，Ｂを書き並べると，
> 　　Ａ：-1，３，７，11，15，……
> 　　Ｂ：-2，-1，２，７，14，……
> 　Ａ，Ｂに現れる数字を小さい順に並べた数の列をＣとするとき，2023はＣの中で何番目に現れるか。

Ｘ：途中過程を書きやすいように，Ａ，Ｂの n 番目の数をそれぞれ a_n，b_n と表すことにしよう。

Ｙ：例えばＡの３番目の数は a_3 で，計算は $4n-5$ に $n=3$ を代入した７になるから，$a_3=7$ と書けばいいんだね。同じようにＢの10番目の数を求めると，$b_{10}=$［ア］となるね。

Ｘ：では，Ａ，Ｂの規則性を見てみよう。Ａは $a_n=4n-5$ だから最初の -1 から４ずつ増えていくことと，奇数しか現れないことがわかるけど，Ｂはどうだろうか。

Ｙ：$b_n=n^2-2n-1$ だけど規則が読み取りにくいね。規則を見つけるために隣り合う数の差をとってみようか。$(n+1)$ 番目の数から n 番目の数を引いてみよう。

Ｘ：$b_n=n^2-2n-1$ だから

$$b_{n+1}-b_n=\{(n+1)^2-2(n+1)-1\}-(n^2-2n-1)$$
$$=2n-1$$

となるね。

Ｙ：ということは，隣り合う数の差が必ず奇数だからＢは偶数から始まって偶数と奇数が交互に現れるね。だけど，これだけではまだ特徴がわからないな。

Ｘ：そうしたら次はもう１つ離れた数との差をとってみようよ。$(n+2)$ 番目の数から n 番目の数を引いてみよう。

Ｙ：$b_{n+2}-b_n$ を計算すると［イ］となるね。

Ｘ：わかった。これと今までわかっている特徴を合わせると問題が解けるね。

(1)　［ア］，［イ］にあてはまる式や値を答えよ。

(2)　Ｂの数の列において，2023が何番目か求めよ。

(3)　Ｃの数の列において，2023が何番目か求めよ。

4　右の図のように，四面体ABCDがあり，AB＝AC＝AD＝$\sqrt{21}$，CD＝$2\sqrt{5}$，BC＝BD＝$\sqrt{30}$ である。また，CDの中点をM，Aから△BCDに下ろした垂線と△BCDとの交点をHとする。このとき，次の問いに答えよ。

(1)　AMの長さを求めよ。

(2)　AHの長さを求めよ。

(3)　Hを中心として半径 $\sqrt{5}$ の球を平面ACDが切りとってできる断面と，△ACDの共通部分の面積を求めよ。

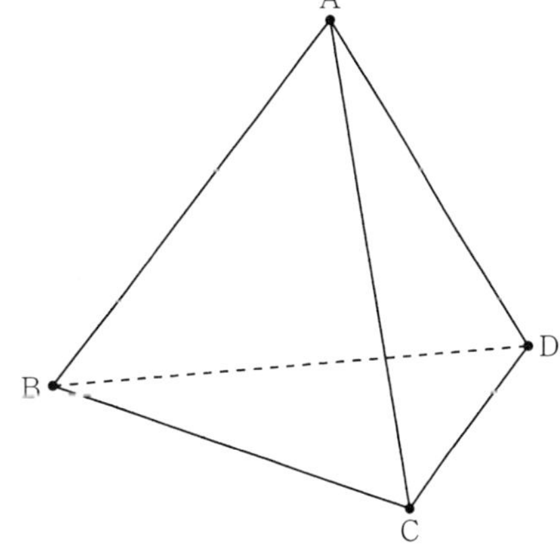

5 次の図のように，半径1の円に内接している六角形ABCDEFがあり，直線BC，EFの交点をP，直線CD，FAの交点をQとする。DE∥PRとなるような点Rを直線DQ上にとる。

$\overset{\frown}{AB}:\overset{\frown}{BC}:\overset{\frown}{CD}:\overset{\frown}{DE}:\overset{\frown}{EF}:\overset{\frown}{FA}=3:1:2:1:1:4$

であるとき，下の問いに答えよ。

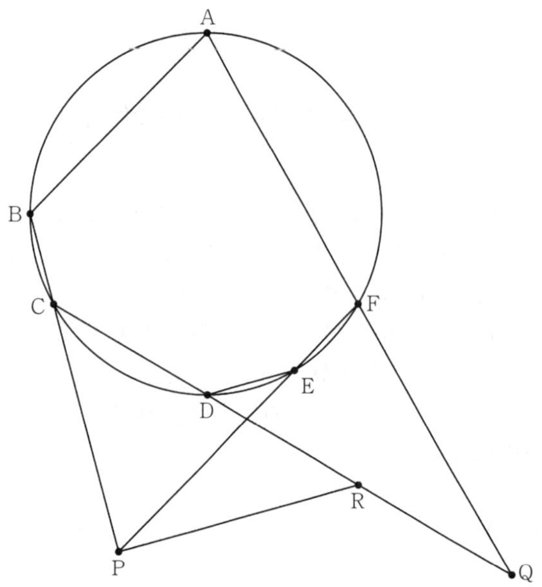

(1) 六角形ABCDEFの面積を求めよ。

(2) 4点F，C，P，Rが同一円周上にあることの証明について，以下の□を埋め，証明を完成させよ。

(証明)

したがって，

$\angle PFC=\angle PRC$ …(＊)

CPに対して，2点F，Rは同じ側にあり，(＊)から円周角の定理の逆より，4点F，C，P，Rが同一円周上にある。

(3) FPとCQの交点をSとする。このとき，DSの長さを求めよ。

【社　会】（50分）〈満点：100点〉

【注意】 解答の際には，句読点や記号は１字と数えること。

1 あるクラスの社会の授業で，海外から日本に来訪した人物について各班が調べ，発表を行いました。その発表内容を読み，あとの問いに答えなさい。

Ⅰ班の発表　蘭溪道隆について

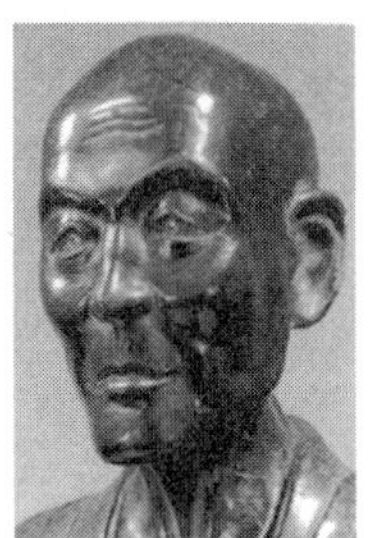

東京国立博物館 HP(https://www.tnm.jp)より

$_A$日本の仏教は，大陸との交流の中で発展してきました。$_B$中国の禅僧であった蘭溪道隆は，1246年に来日し，鎌倉幕府に招かれました。彼は$_C$鎌倉に建てられた建長寺の開山(初代住職)となり，弟子の育成に努めました。禅宗の発展は$_D$中世の日本文化に様々な影響を与え，彼の書は国宝にも指定されています。

問１　下線Aについて，古代日本の仏教に関する文として正しいものはどれですか，①～⑤から２つ選び，番号で答えなさい。

① 大和政権と友好関係にあった新羅から，仏像や経典が伝わった。
② 聖徳太子は物部氏と提携し，仏教の考えを取り入れた十七条の憲法をつくった。
③ 聖武天皇は仏教を重んじ，国ごとに国分寺・国分尼寺を建てた。
④ 最澄は比叡山に延暦寺を建て，真言宗を開いた。
⑤ 藤原頼通が建てた平等院鳳凰堂には，浄土信仰が反映されている。

問２　下線Bについて，Ⅰ班の生徒は当時の中国について調べ，＜レポート１＞にまとめました。文中の(あ)にあてはまる国名を下の①～④から１つ選び，番号で答えなさい。また，文中の(１)にあてはまる語句は何ですか，漢字２字で答えなさい。

＜レポート１＞

蘭溪道隆の出身国である(　あ　)は，日本との交流が盛んでした。(　あ　)でつくられた(　１　)は，日本に輸入されて商業の発展を促しました。最近の研究で，鎌倉の大仏は大量の(　１　)を溶かしてつくられたことがわかっています。1279年に(　あ　)が元に滅ぼされると，(　あ　)の兵は二度目の日本侵攻(弘安の役)に動員されました。

① 明
② 宋
③ 唐
④ 漢

問３　下線Cについて，Ⅰ班の生徒は鎌倉を見学しようと考え，＜地図１＞にメモを書き込んでいます。メモ中の(い)と(う)にあてはまる人名は何ですか，次のページの①～⑥からそれぞれ選び，番号で答えなさい。

＜地図１＞

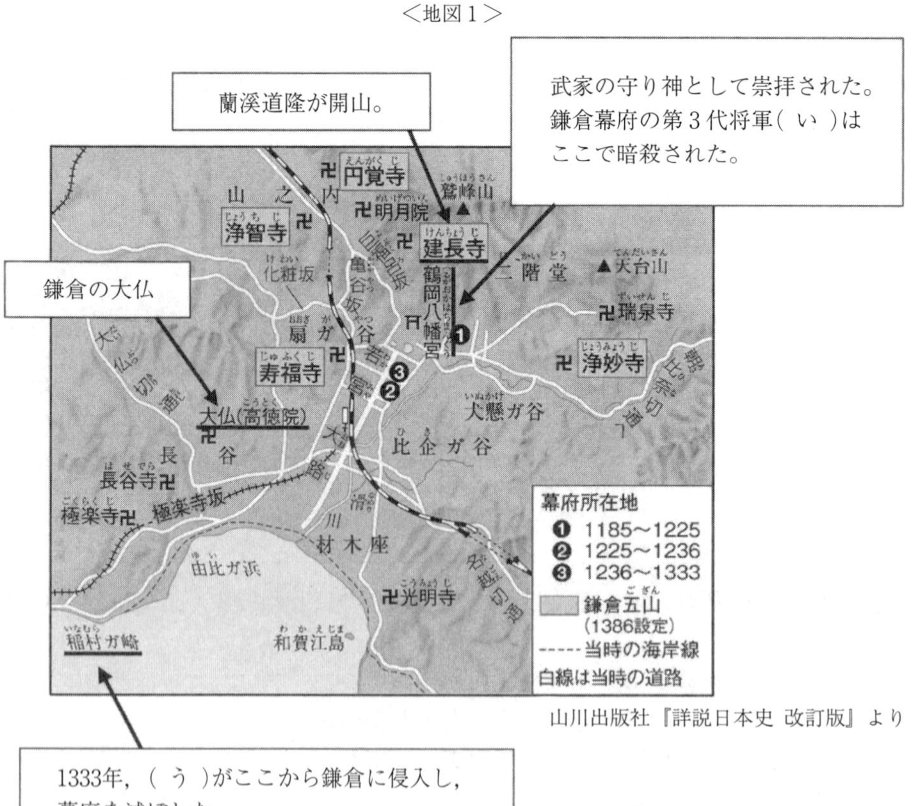

山川出版社『詳説日本史 改訂版』より

① 藤原純友　② 源頼家
③ 新田義貞　④ 北条泰時
⑤ 足利尊氏　⑥ 源実朝

問４ 下線Ｄについて，鎌倉時代のはじめから室町時代のおわりまでの文化に関する文として正しいものはどれですか，①〜⑤からすべて選び，番号で答えなさい。

① 東大寺南大門の金剛力士像など，力強い彫刻作品がつくられた。
② 床の間をもつ書院造の建築や，枯山水の様式による庭園が生まれた。
③ 俵屋宗達や尾形光琳が，はなやかな装飾画を完成させた。
④ 『竹取物語』や『古今和歌集』など，仮名文字による文学が発達した。
⑤ 田楽や猿楽から能が大成され，能の合間には狂言が演じられた。

Ⅱ班の発表　シーボルトについて

Ｅ外国との交流が制限された江戸時代に，ドイツ人医師のシーボルトはＦ海外の知識を日本に伝える上で重要な役割を果たしました。彼は長崎に鳴滝塾を開き，全国から集まった門人に医学などを教えました。

Ｇ1828年に国外追放になりますが，ヨーロッパに帰ってから日本に関する本を著し，高く評価されました。Ｈ幕末には再来日し，弟子たちと再会しました。

長崎県歴史文化博物館 HP（http://www.nmhc.jp）より

問５　下線Ｅについて，Ⅱ班の生徒は，江戸時代に海外の窓口となったある藩について調べ，<レポート２>にまとめました。この藩の位置を<地図２>中のア～ウから，<レポート２>中の(え)にあてはまる国名をａ・ｂからそれぞれ選んだとき，その組み合わせとして正しいものはどれですか，下の①～⑥から１つ選び，番号で答えなさい。

<レポート２>

> この藩の仲立ちにより，日本は(　え　)と国交を回復しました。以後，将軍の代替わりなどに(　え　)の使節が日本を訪れました。また，この藩は(　え　)の国内に居留地を持ち，貿易を行いました。

<地図２>

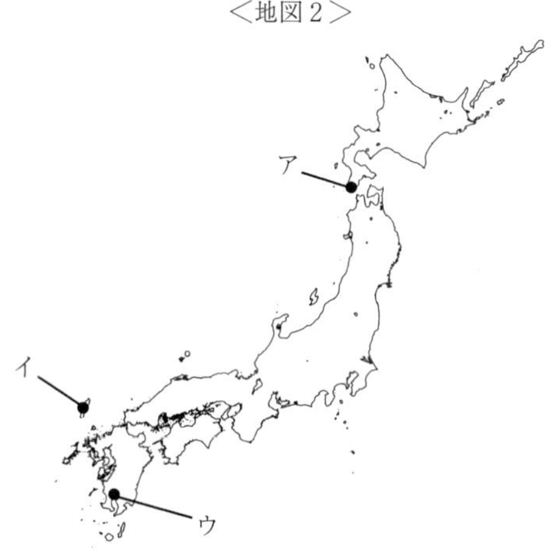

<レポート２>の(え)にあてはまる国　ａ　琉球　　ｂ　朝鮮

①　［アーａ］　②　［アーｂ］　③　［イーａ］
④　［イーｂ］　⑤　［ウーａ］　⑥　［ウーｂ］

問６　下線Ｆについて，キリスト教に関係しない漢訳された洋書の輸入を許可するなど，18世紀前半に様々な改革を行った将軍は誰(だれ)ですか，漢字で答えなさい。

問７　下線Ｇについて，Ⅱ班の生徒が調べ，<メモ１>・<メモ２>をつくりました。これを読んで，あとの問いに答えなさい。

<メモ１>	<メモ２>
事件の概要 シーボルトが，禁令に反して，地図を海外に持ち帰ろうとしていることが発覚した。	事件の背景 幕府は，日本をとりまく対外環境の変化を警戒し，シーボルトの国外追放以前にも，対策を講じた。

(1)　<メモ１>で述べられている地図の中には，当時もっとも正確とされた日本地図(大日本沿海輿地全図)の写しがありました。この日本地図を実測によって作成した，現在の千葉県出身の学者は誰ですか，漢字で答えなさい。

(2)　<メモ２>について，幕府はどのような対外環境を警戒し，具体的にどのように対策をとりましたか，説明しなさい。

問８　下線Ｈについて，次の出来事ａ～ｃを古い方から時代順にならべたものとして正しいものはどれですか，次のページの①～⑥から１つ選び，番号で答えなさい。

ａ　薩長同盟が結ばれた。

b　日米修好通商条約が結ばれた。

c　四国連合艦隊が下関の砲台を攻撃した。

①［a－b－c］　②［a－c－b］　③［b－a－c］

④［b－c－a］　⑤［c－a－b］　⑥［c－b－a］

Ⅲ班の発表　孫文について

19世紀，I 清朝が動揺する中で，若くして海外に出た孫文は革命により中国を変えようと志し，日本を拠点として，J 犬養毅らの協力を得ながらK 革命運動を進めました。1912年に中華民国が成立すると，孫文は臨時大総統となりましたが，政争にやぶれ，一時日本に亡命しました。亡くなるまで新しい中国の建設に尽くした孫文は，L 今も多くの人々に尊敬されています。

教育出版『中学社会　歴史　未来をひらく』より

問9　下線Ⅰについて，<資料>と生徒の<会話文>を読んで，あとの問いに答えなさい。

<資料>

a　1865年　李鴻章による上奏文

中国の文武制度は，全然外国の低俗なものとは異なり，治世に至り，国を保ち基礎が壊れないように固められるのはもちろん道理があったわけである。

b　1898年　康有為による上奏文

日本の維新の始まりを考えますに，三点があります。第一には，広く群臣に旧習を改め維新をはかり，天下の※1輿論(よろん)を採用し，各国の良法を取り入れることを約束したこと…。

c　1906年　胡惟徳による報告書

立憲の※2枢要には以下の三点がある。それは，行政，司法，そして代議制である。代議制というのは，国民を代表して法律に関する議決を行なうことで，これを立法という。

※1輿論…世論のこと。　※2枢要…物事の最も大切な所。

陳敏「李鴻章の思想形成についての一考察」・歴史学研究会編『世界史史料9』より

<会話文>

史彦：a～cはそれぞれ，清の官僚による提案や報告だよ。

倫子：aと，b・cとでは，考えがずいぶん違っているね。清の危機が深まり，変革の必要が高まったからなのかな。

史彦：aが書かれた時期とbが書かれた時期の間には，日本で変革が起こっているよ。その経験から学ぼうとしているようだね。

倫子：X その中でも，どのような日本の変革に注目しているのか，cを読むと見えてくるね。

問い　<会話文>中の二重下線Xにおける「日本の変革」とは，何を指していると考えられますか，例を2つあげながら説明しなさい。

問10　下線Jについて，この人物はのちに首相となりますが，軍人に暗殺されました。この事件を何といいますか，答えなさい。

問11　下線Kについて，Ⅲ班の生徒は，この時期の孫文の活動を<年表>にまとめ，重要な出来事の年には日本が関わる戦争が行われていることに気づきました。二重下線Y・Zの年に行われていた戦争に関する文として正しいものはどれですか，次のページの①～⑤からそれぞれ選び，番号で答えなさい。

<年表>

Y 1894年	ハワイで，革命組織の興中会を結成。
1895年	広州ではじめての武装蜂起をしたが，失敗して日本に亡命。
Z 1905年	東京で革命諸団体を集め，中国同盟会を結成。
1911年	辛亥革命の勃発を受け，アメリカから中国に帰国。

① 日本が，樺太の南半分や旅順・大連の租借権を獲得した。
② 日英同盟を理由に参戦し，山東半島の青島などを占領した。
③ 関東軍が鉄道を爆破し，これを口実として満州を占領した。
④ 講和条約で，朝鮮が独立国であることが認められた。
⑤ ロシア革命に干渉するため，アメリカなどと共同で出兵した。

問12 下線Lについて，Ⅲ班の生徒は<レポート3>にまとめました。文中の(2)にあてはまる地域名は何ですか，答えなさい。

<レポート3>

孫文は，とくに(2)で尊敬を集めています。紙幣には孫文の肖像画が用いられ，彼の名を冠した地名もたくさんあります。このことは，孫文の後継者である国民党の蔣介石が，共産党との内戦にやぶれた後，中華民国政府を(2)に移したことと関係があります。その後，(2)では国民党の独裁が終わって民主化が進み，近年では一部に孫文の評価を見直す動きもあります。

2 次の<表1>は，2020年現在，人口が1億人以上の国を地域ごとにまとめたものです。<表1>に関連する内容について，あとの問いに答えなさい。

<表1>

A アジア	アフリカ	欧州	中南米	北米
B インド インドネシア C 中国 D 日本 パキスタン バングラデシュ フィリピン	エジプト エチオピア E ナイジェリア	ロシア	F ブラジル	G アメリカ合衆国 メキシコ

問1 下線Aについて，東南アジアや南アジアでは，中国やインドからの宗教伝播(でんぱ)や，欧米による植民地支配の影響で，様々な宗教が信仰されています。<表2>はインドネシア，タイ，パキスタン，バングラデシュ，フィリピンにおける国内信者数の割合が高い宗教の上位2つと人口密度を示しています。イ・ウにあてはまる国の組み合わせとして正しいものはどれですか，次のページの①～⑦から1つ選び，番号で答えなさい。

<表2>

	1位	2位	人口密度(人/km^2)
ア	イスラム教	キリスト教	143
イ	イスラム教	ヒンドゥー教	1109
ウ	キリスト教	イスラム教	365
エ	イスラム教	ヒンドゥー教	277
オ	仏教	イスラム教	136

二宮書店『データブック オブ・ザ・ワールド 2022年版』より作成

① ［イ－バングラデシュ　ウ－インドネシア］
② ［イ－バングラデシュ　ウ－フィリピン］
③ ［イ－パキスタン　ウ－インドネシア］
④ ［イ－パキスタン　ウ－フィリピン］
⑤ ［イ－パキスタン　ウ－タイ］
⑥ ［イ－インドネシア　ウ－フィリピン］
⑦ ［イ－インドネシア　ウ－タイ］

問２　下線Ｂについて，＜表３＞はインド，中国，南アフリカ共和国，ロシアにおける産業別人口構成割合と合計特殊出生率を示しています。インドにあてはまるものはどれですか，①～④から１つ選び，番号で答えなさい。

＜表３＞

	第１次産業人口割合(%)	第２次産業人口割合(%)	第３次産業人口割合(%)	合計特殊出生率
①	5.2	23.1	71.7	2.38
②	26.1	28.2	45.7	1.70
③	5.9	26.8	67.3	1.50
④	43.3	24.9	31.7	2.20

二宮書店『データブック オブ・ザ・ワールド 2022年版』より作成

問３　下線Ｃについて，中国各地の伝統料理は風土や農林水産業とつながりがあります。ア～エは広東料理，四川料理，上海料理，北京料理のいずれかの料理を説明した文章です。ア・ウにあてはまる料理の組み合わせとして正しいものはどれですか，下の①～⑥から１つ選び，番号で答えなさい。

ア　材料には小麦や豚肉，羊肉などが用いられ，味が濃く塩辛いことが特徴である。宮廷料理の特徴を継いでいるとされている。代表的な料理として水ギョウザがある。

イ　材料には米や豚肉，魚介類，岩のりなどが用いられ，薄味で素材の風味をいかすことが特徴である。さらに，茶の生産が盛んなことから，中国茶を飲みながらシュウマイなどの点心を食べる飲茶(やむちゃ)も有名である。

ウ　材料には米や豚肉，魚介類などが用いられ，甘みが強いことが特徴である。さらに，大河川の河口があることで，川魚やエビやカニなどの魚介類が充実している。代表的な料理として八宝菜がある。

エ　材料には米や豚肉，鳥肉，大豆などが用いられ，盆地で湿度が高いことから，保存がきくように香辛料をふんだんに用いていて，辛みが強いことが特徴である。代表的な料理としてマーボー豆腐がある。

① ［ア－北京料理　ウ－広東料理］
② ［ア－北京料理　ウ－四川料理］
③ ［ア－北京料理　ウ－上海料理］
④ ［ア－四川料理　ウ－広東料理］
⑤ ［ア－四川料理　ウ－北京料理］
⑥ ［ア－四川料理　ウ－上海料理］

問４　下線Ｄについて，日本では少子高齢化や東京への人口の一極集中が進んでいます。これに関して次の問いに答えなさい。

(1)　少子高齢化は※年少人口の減少によって進行していきます。＜グラフ１＞はアメリカ合衆国，インド，日本の年少人口割合の推移(2050年は推計)を示しています。ア～ウにあてはまる国の組み合わせとして正しいものはどれですか，下の①～⑥から１つ選び，番号で答えなさい。
※年少人口… 0 ～14歳の人口のこと。

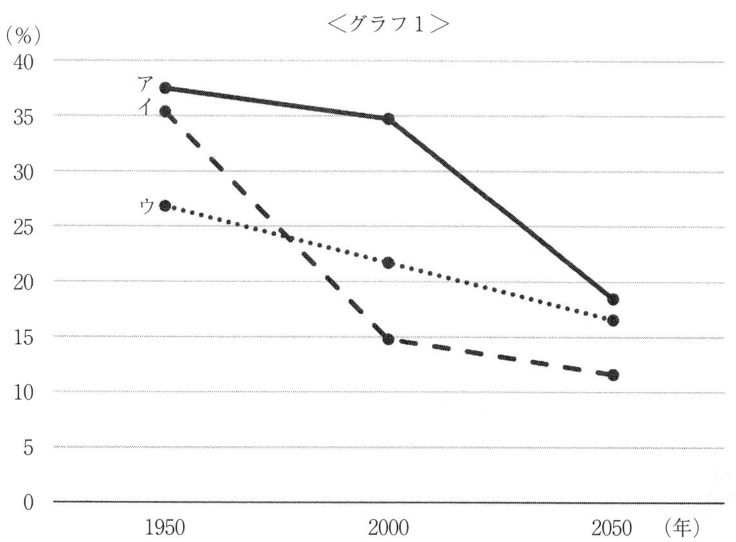

United Nations Department of Economic and Social Affairs Population Division HP
(https://population.un.org/wpp)より作成

① ［アーアメリカ合衆国　イーインド　ウー日本］
② ［アーアメリカ合衆国　イー日本　ウーインド］
③ ［アーインド　イーアメリカ合衆国　ウー日本］
④ ［アーインド　イー日本　ウーアメリカ合衆国］
⑤ ［アー日本　イーアメリカ合衆国　ウーインド］
⑥ ［アー日本　イーインド　ウーアメリカ合衆国］

(2) ＜グラフ２＞は，政治や経済の中心で都心３区と呼ばれる中央区・千代田区・港区と，埼玉県・千葉県に接している練馬区・江戸川区の人口増減率を年度別に示しています。都心３区と他の２つの区では，人口増減の推移に違いがあります。都心３区の人口増減の特徴を，時期ごとの理由とともに説明しなさい。

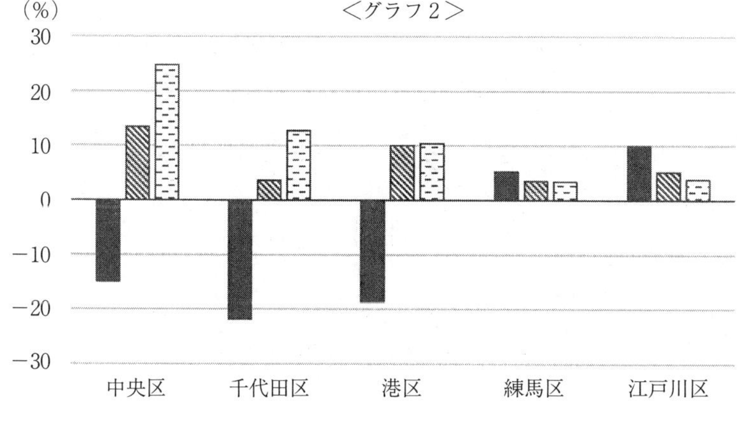

統計ダッシュボードHP(https://dashboard.e-stat.go.jp)より作成

問５　下線Ｅについて，＜表４＞はナイジェリアの輸出品目上位３つと，輸出額に占める割合を示しています。ナイジェリアは原油の輸出が大きな割合を占めていることが読み取れます。このように特定の鉱産資源や農作物の輸出に頼る経済構造を何といいますか，答えなさい。

<表４>

品目	原油	液化天然ガス	船舶
割合	76.5%	9.3%	5.9%

二宮書店『データブック オブ・ザ・ワールド 2022年版』より作成

問６　下線Ｆについて，<グラフ３>・<グラフ４>は，1965年または2016年のブラジルの輸出品目の内訳を示しています。<グラフ３>の年とア・イにあてはまる品目の組み合わせとして正しいものはどれですか，下の①～④から１つ選び，番号で答えなさい。

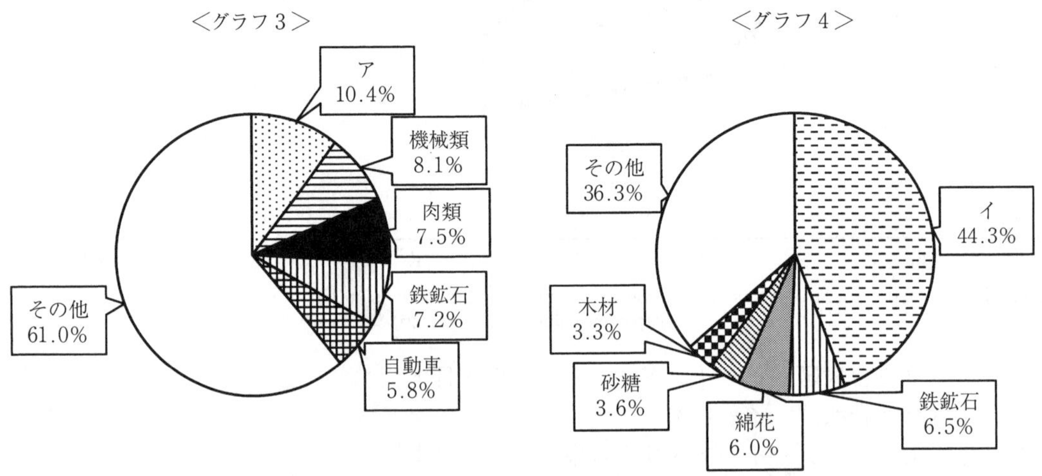

教育出版『中学社会　地理　地域にまなぶ』より作成

①　[<グラフ３>−1965年　ア−コーヒー豆　イ−大豆]
②　[<グラフ３>−1965年　ア−大豆　イ−コーヒー豆]
③　[<グラフ３>−2016年　ア−コーヒー豆　イ−大豆]
④　[<グラフ３>−2016年　ア−大豆　イ−コーヒー豆]

問７　下線Ｇについて，<グラフ５>は，横軸が各月の平均気温の最も高い月と最も低い月の差を示していて，縦軸が各月の降水量の最も高い月と最も低い月の差を示しています。①～④は<地図>で示したサンフランシスコ，シカゴ，マイアミ，ラスベガスのいずれかです。サンフランシスコとシカゴにあてはまるものはどれですか，①～④からそれぞれ選び，番号で答えなさい。

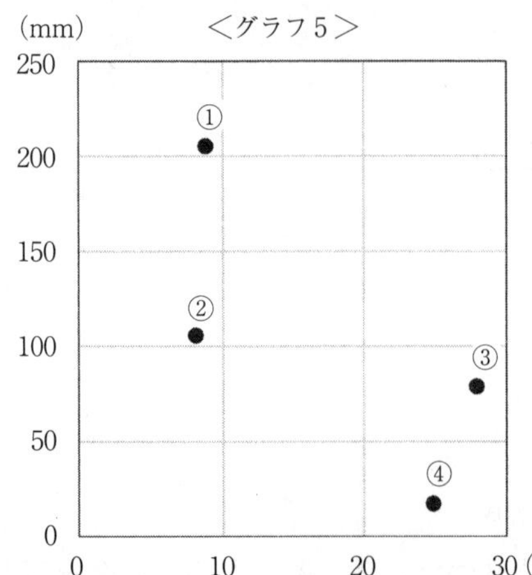

二宮書店『データブック オブ・ザ・ワールド 2022年版』より作成

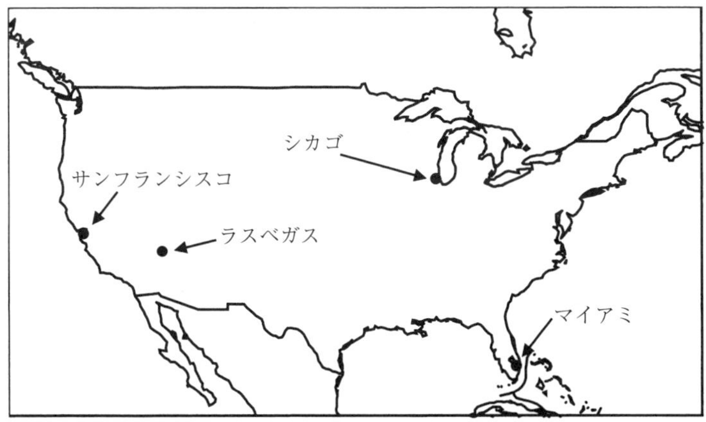

3　あるクラスの社会の授業で，各班がテーマを決めて調べ学習に取り組み，レポートや表にまとめました。各班の調べ学習を読み，あとの問いに答えなさい。

Ｉ班のテーマ　戦争抑止のしくみや国際連盟と国際連合について

<レポート１>

> 国際社会には世界政府が存在しないので，国家間の小さな争いが軍事力の衝突にまで発展することがあります。これを防ぐ方策として考えられたのが，諸国家間で軍事同盟などの友好関係を形成し，対立する同盟や陣営との間の勢力均衡をはかるというものです。しかし，この勢力均衡のもとでは，軍拡競争や国際的緊張を招いてしまい，ひとたびバランスが崩れると大きな戦争が起きかねない危険性がありました。
>
> この危険性を乗り越えるために，（　1　）の考え方が登場します。（　1　）の考え方では，対立する国々も含めた包括的な体制を築き，違法な攻撃をした国に対し，他の国が制裁を加えることで，平和の維持をはかります。このしくみは第一次世界大戦時のアメリカ大統領（　2　）によって提唱された歴史上初の常設の国際平和機構である国際連盟に取り入れられましたが，国際連盟には当時の大国が不参加だったことや，軍事制裁ができないなどの欠陥があり，第二次世界大戦を防ぐことができませんでした。そのため，第二次世界大戦後には A 国際連合が設立されました。

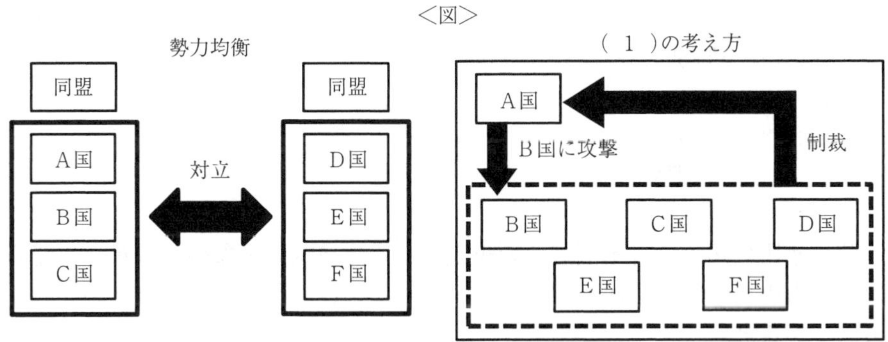

問１　文中・<図>の（１）にあてはまる語句，および文中の（２）にあてはまる人名は何ですか，答えなさい。

問２　下線Ａについて，国際連合の掲げる「国際の平和と安全の維持」に関する文として正しいものはどれですか，①～④から1つ選び，番号で答えなさい。

① 安全保障理事会は，常任理事国5カ国と非常任理事国10カ国で構成され，過半数の賛成で軍事制裁の実行などを決定することができる。

② 1990年のイラクによるクウェート侵攻の際に，国連総会の決議にもとづき国連軍が派遣された。

③ 国際司法裁判所は，紛争当事国どちらか一方の要求により裁判が開始される。

④ 国際連合は，停戦や選挙監視などの平和維持活動(PKO)を実施することができる。

Ⅱ班のテーマ　国会の種類や二院制について

＜表1＞

国会回次	国会の種類	召集日	会期終了日	会期	審議内容など
第208回	ア	令和4年 1月17日	令和4年 6月15日	150日	一般会計予算の審議など
第207回	イ	令和3年 12月6日	令和3年 12月21日	16日	補正予算の審議及び可決など
第206回	ウ	令和3年 11月10日	令和3年 11月12日	3日	内閣総理大臣の指名
第205回	イ	令和3年 10月4日	令和3年 10月14日	11日	任期満了解散
第204回	ア	令和3年 1月18日	令和3年 6月16日	150日	一般会計予算の審議など
第203回	イ	令和2年 10月26日	令和2年 12月5日	41日	補正予算の審議及び可決など

衆議院 HP(https://www.shugiin.go.jp)より作成

＜レポート2＞

日本の国会は，衆議院と参議院からなる二院制をとっていますが，両院は異なる方法で国民に選出された議員で構成されているため，国民のさまざまな意見を反映させ，慎重な審議を行うことができます。しかし，B日本では，衆議院と参議院にあまり違いがなく，二院制の長所を活かすことができていないという批判もあります。

問3　＜表1＞中のア～ウにあてはまる語句の組み合わせとして正しいものはどれですか，①～⑥から1つ選び，番号で答えなさい。

① ［アー常会　イー特別会　ウー臨時会］

② ［アー常会　イー臨時会　ウー特別会］

③ ［アー特別会　イー常会　ウー臨時会］

④ ［アー特別会　イー臨時会　ウー常会］

⑤ ［アー臨時会　イー常会　ウー特別会］

⑥ ［アー臨時会　イー特別会　ウー常会］

問4　下線Bについて，両院の権限に関する日本国憲法の規定のうち，衆議院・参議院の双方に認められている権限として正しいものはどれですか，①～④からすべて選び，番号で答えなさい。

① 内閣不信任決議を可決すること。

② 緊急集会をひらくこと。

③ 国政に関する調査を行い，これに関して証人の出頭や証言などを要求すること。

④ 憲法改正の発議をすること。

Ⅲ班のテーマ　基本的人権の保障について

＜表２＞

権利	主な内容
平等権	C 法の下の平等，両性の平等
自由権	思想・良心の自由，集会・結社・表現の自由，居住・移転・職業選択の自由，（ あ ）など
社会権	生存権，勤労の権利，（ い ）など
基本的人権を確保するための権利	参政権，最高裁判所裁判官の国民審査，（ う ）など
新しい人権	環境権，D 知る権利，プライバシーの権利，自己決定権など

問５　＜表２＞中の(あ)～(う)にあてはまる権利について説明した文として正しいものはどれですか，①～③からそれぞれ選び，番号で答えなさい。

①　法律で定める手続きによらなければ，刑罰を受けることはない。

②　国があやまって国民に損害を与えた場合に，国に損害賠償を求める。

③　国民の誰(だれ)もが学習する機会を等しく与えられる。

問６　下線Cについて，平等に関しては，次のａとｂの考え方があります。ｂの考え方にもとづく具体的な事例として正しいものはどれですか，下の①～④から１つ選び，番号で答えなさい。

> ａ　各個人を，一律に等しく取り扱うことが平等である。
> ｂ　社会的・経済的弱者の保護，積極的な機会の提供などによって，社会的な格差を是正することが平等である。

①　企業が労働者を採用する際，障害があることを理由として採用を拒むことは，法律で禁止するべきだ。

②　国内で生活している定住外国人に対して，その意思を地方自治に反映できるよう，地方選挙権を与えるべきだ。

③　高等学校や大学の入学者選抜試験において，志願者の人種や性別にかかわらず，試験の得点で合否を決めるべきだ。

④　女性議員が極端に少ないため，議会の議席の一定割合をあらかじめ女性に割りあてるべきだ。

問７　下線Dについて，知る権利とプライバシーの権利は，それぞれどのような情報を対象とした権利ですか，対象の違いに着目して簡潔に説明しなさい。

Ⅳ班のテーマ　民法改正について

＜レポート３＞

> 2022年４月１日，「民法の一部を改正する法律」が施行され，約140年ぶりに成年年齢が引き下げられました。
> 未成年者は，親権者など法定代理人の同意を得なければ原則として有効な法律行為をすることができませんが，成年年齢が満18歳に引き下げられると，E 18歳や19歳でも自分の判断で有効な法律行為ができることになります。そのため，若者に対する F 消費者問題の注意喚起が行われました。

問８　下線Eについて，成年年齢の引き下げにより，18歳から行うことができることに関する文として正しいものはどれですか，①～④からすべて選び，番号で答えなさい。

① 10年有効のパスポートを取得すること。
② 飲酒や喫煙をすること。
③ 競馬や競輪などの投票券を買うこと。
④ 親の同意なくローンを組むこと。

問9 下線Fについて，消費者トラブルの具体的事例を示したア～ウと，消費者としてのトラブル処理の結果a～cの組み合わせとして正しいものはどれですか，下の①～⑥から1つ選び，番号で答えなさい。

〈消費者トラブル〉

ア 36歳の会社員が，「眺めも日当りも良好です」と言われてマンションを購入したが，1年後に南側に高層ビルが建設されて，日当りが悪くなった。販売業者は建設予定を知っていながら説明しなかった。

イ 16歳の高校生が，お小遣いの範囲内でネットショッピングを利用し洋服を購入したが，送られてきた洋服のサイズが合わなかった。

ウ 70歳の年金受給者が，訪問販売でローンを組んで高級羽毛布団を購入する売買契約をしたが，寝心地に満足できなかった。

〈トラブル処理の結果〉

a 売買契約をクーリング・オフできた。
b 売買契約を取り消すことができた。
c 売買契約を取り消すことはできなかった。

① ［ア－a イ－b ウ－c］
② ［ア－a イ－c ウ－b］
③ ［ア－b イ－a ウ－c］
④ ［ア－b イ－c ウ－a］
⑤ ［ア－c イ－a ウ－b］
⑥ ［ア－c イ－b ウ－a］

【理　科】（50分）〈満点：100点〉

【注意】 1．直線定規を利用してもよい。

2．計算問題の答えは，整数または小数で答え，割り切れない場合は小数第2位を四捨五入して，小数第1位まで答えること。

1 　図1のように，質量500g，底面積25cm^{2}の直方体の物体Xをばねばかりにつるし，水中に静かに沈めていきました。図2は，物体Xが沈んだ深さとばねばかりの値の関係を表したグラフです。水の密度は1g/cm^{3}とし，質量100gの物体にはたらく重力の大きさは1Nとします。

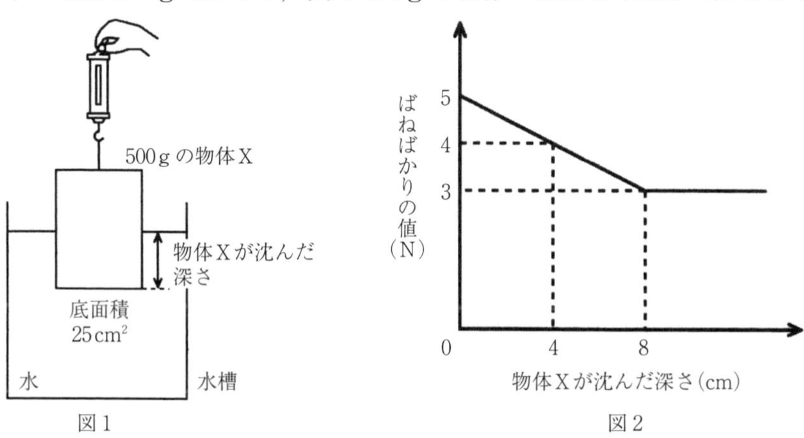

図1　　　図2

(1)　物体がすべて沈んだとき，浮力の大きさは何Nですか。

(2)　図3のように，体積が変わらない物体Yを液体中に沈めたとき，物体Yが受ける浮力の大きさの説明として，**誤っているもの**はどれですか。ただし，物体Yは直方体とは限りません。

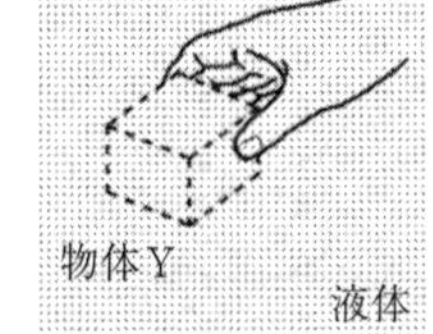

図3

ア　浮力の大きさは，物体Yが押しのけた水の質量にはたらく重力の大きさと等しい。

イ　液体の種類が水よりも海水の方が，浮力の大きさは大きい。

ウ　物体Yの密度を2倍にすると，浮力の大きさは半分になる。

エ　物体Yの形状に関係なく，浮力の大きさは等しい。

図4のように，質量300gのコップを水に浮かせたところ静止しました。コップの外側の底面積は25cm^2，内側の底面積は20cm^{2}で，コップの高さは20cmです。コップは鉛直方向のみに移動し，傾くことはないものとします。

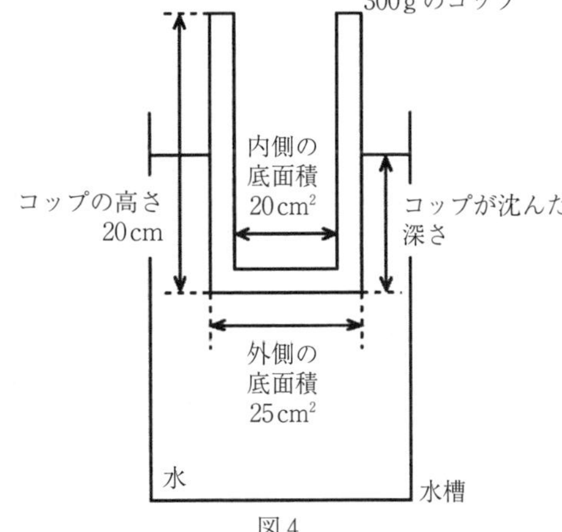

図4

(3)　静止したコップが受ける浮力の大きさは何Nですか。

(4)　静止したコップが沈んだ深さは何cmですか。

コップの中に水を入れていくと，コップは徐々に沈んでいきました。コップにある量の水を入れたとき，コップの上端は水槽の水面に達し，コップ内に水が流れ込みました。

(5)　水をコップの内側の底から5cmまで入れたとき，コップが沈んだ深さは何cmになりますか。

(6)　コップの上端が水槽の水面に達したのは，水をコップの内側の底から何cmまで入れたときですか。

図5のように，ばねばかりにある形の物体Zをつるし，水中に静かに沈めていきました。図6は，

物体Zが沈んだ深さとばねばかりの値の関係を表したグラフです。

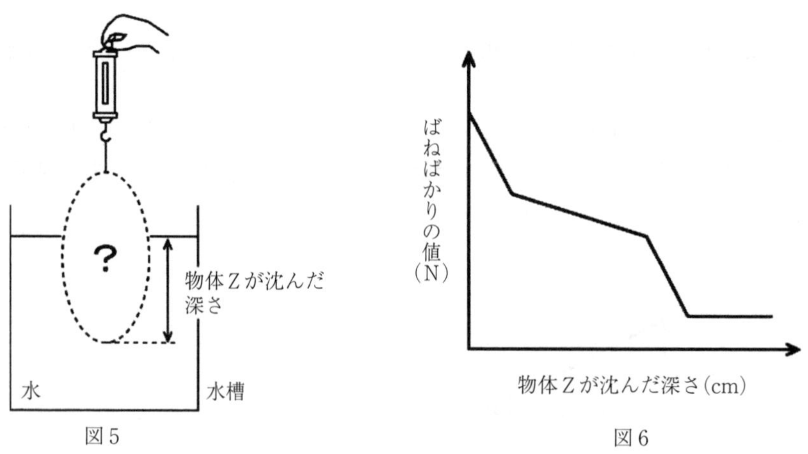

図5　　　図6

(7) ばねばかりにつるした物体Zの形状として考えられるものを**2つ**選びなさい。

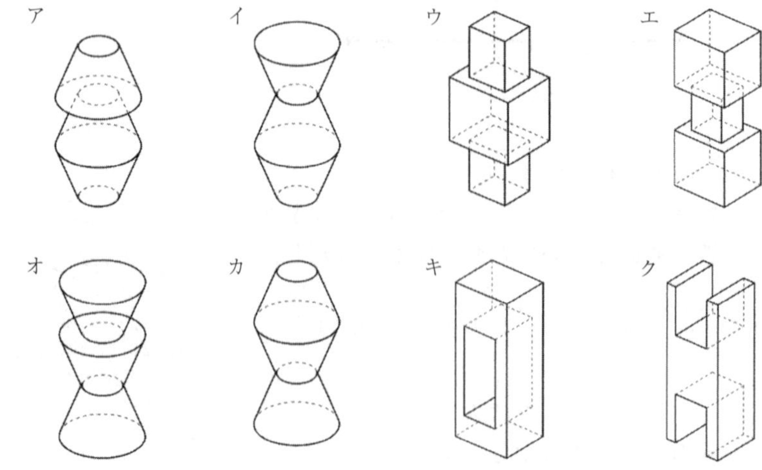

2 銅を空気中で加熱すると，黒色の酸化銅が得られます。この酸化銅について，次の実験を行いました。

【実験1】

0.50gの酸化銅の粉末をガラス管に入れ，水素を送りこみながら十分に加熱したところ，0.40gの銅が得られました。このとき，ガラス管の内部に<u>液体</u>が発生しました。

【実験2】

7本の試験管に炭素(木炭の粉末)0.12gずつを入れ，それぞれ異なる質量の酸化銅の粉末を加えて加熱し，用いた酸化銅の質量と反応後に残った固体の質量の関係を表1にまとめました。ただし，炭素は空気中の酸素とは反応せず，炭素と酸化銅はよく混ざっており，反応は十分に進行したものとします。

表1

酸化銅の質量(g)	0.40	0.80	1.20	1.60	2.00	2.40	2.80
残った固体の質量(g)	0.41	0.70	0.99	1.28	1.68	2.08	2.48

(1) 酸化銅が酸素を奪われて銅に変化するような化学変化を何といいますか。**漢字**で答えなさい。

(2) 【実験１】の下線部の液体に青色の塩化コバルト紙をつけると，紙の色は何色に変わりますか。

ア 白色　イ 黄色　ウ 赤色　エ 紫色　オ 緑色

(3) 【実験２】において，加熱すると銅のほかに気体が発生しました。【実験２】と同じ気体が発生する操作を**すべて**選びなさい。

ア 亜鉛にうすい塩酸を加える。

イ 重そうにうすい塩酸を加える。

ウ レバーにうすい過酸化水素水を加える。

エ 塩化アンモニウムに水酸化ナトリウムと少量の水を加える。

オ 卵の殻に食酢を加える。

カ 過炭酸ナトリウムに湯を加える。

(4) 酸化銅を3.00g用いて【実験２】と同様の操作を行ったとき，反応後に生成する銅は何gですか。

(5) 【実験２】で用いた酸化銅が0.40gのとき，発生する気体は何gですか。

(6) 【実験２】で用いた酸化銅が0.80gのとき，反応後に残る炭素は何gですか。

(7) ガラスの粉末と酸化銅の粉末の混合物があります。この混合物1.20gに0.06gの炭素を加えて試験管に入れ，【実験２】と同様に加熱したところ，反応後に残った固体は1.15gでした。反応前の混合物に混ざっていたガラスの粉末は何gですか。

3 市川高等学校１年生の市川さんと，大学生のお兄さんが，様々な場所で目にするある機器について会話しています。

[市川さん] 最近，駅や公共の施設でも［ 1 ］という機器をよく見かけるね。私の学校にも全部で７台の［ 1 ］があるんだって。

[お兄さん] ［ 1 ］は「自動体外式除細動器」といって，心室細動という①心臓がけいれんした状態のとき，電気ショックを与えて正常な状態に戻すための機器なんだ。この機器のおかげで救われた命もあるんだよ。

[市川さん] ちょっと難しそうだけど，誰(だれ)でも使えるのかな？

[お兄さん] 医療従事者でなくても使用できるように，音声ガイダンスが流れるなどの工夫がされているよ。

[市川さん] それなら私でも使えるかも。

[お兄さん] 心臓や血液は，生物にとって重要なはたらきを担っているからね。ところで，血液に関してはどんなことを学んでいるの？

[市川さん] この前の授業では，カエルとヒトの血液の成分を比較したよ。

[お兄さん] 何か違いは見つけられたかな？

[市川さん] どちらにも赤血球・白血球・［ 2 ］があることがわかったけど，赤血球には明らかな違いがあったよ。カエルの赤血球には核があり，楕円(だえん)形をしていたけど，ヒトの赤血球は［ 3 ］をしていたよ。

[お兄さん] ヒトの赤血球がそのような形をしていることで，いくつかの利点があるんだ。例えば，体積に対する表面積が大きくなるよね。そうなると酸素をより効率良く運搬できるんだ。

[市川さん] 白血球は免疫に関わっていて，［ 2 ］は血液の凝固に関わるんだよね。

[お兄さん] そうだよ。どれも大事なはたらきをしているね。他にはどんなことを学んでいるの？

[市川さん] 別の授業では，ヒトの血液についての調べ学習があったんだ。そこで調べたことをまとめてみたよ(表１)。私の体重は51.5kgだから，血液の総質量は約［ 4 ］gになるね。

表1

血液の総質量	1分あたりの心臓の拍動数	1回の拍動で心臓から送り出される血液量	血管の全長
体重の約8％	約70回	約70mL	約10万km

［お兄さん］　②1日あたりの血液の循環する量も求めることができるね。心臓は，私たちが休憩中でも休むことなくはたらいて，血液を全身に運んでいるんだよ。

［市川さん］　そうだね。お兄さんと話して，心臓や血液の大切さが改めて実感できたよ。もし［ 1 ］を使わなければならないときには，ためらわずに使うようにするね。

(1)　［ 1 ］にあてはまる語句を**アルファベット3文字**で答えなさい。

(2)　下線部①について，多くのヒトの心臓の位置（●）として，適当なものはどれですか。

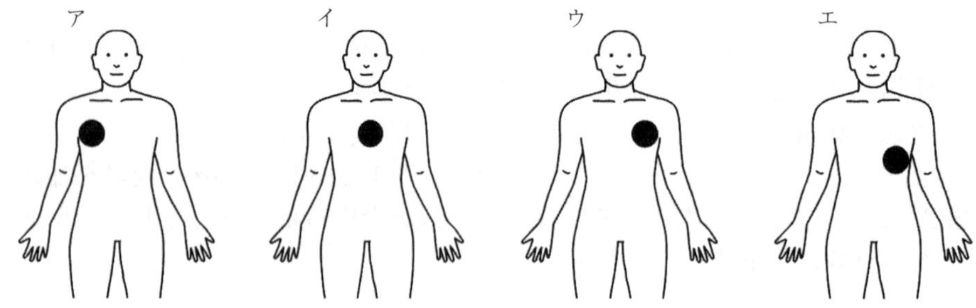

(3)　［ 2 ］にあてはまる語句を**漢字**で答えなさい。

(4)　［ 3 ］にあてはまるものはどれですか。

ア　核があり，球形
イ　核がなく，球形
ウ　核があり，中央がくぼんだ円盤形
エ　核がなく，中央がくぼんだ円盤形

(5)　［ 4 ］にあてはまる値として，最も近いものはどれですか。

ア　4.12　　イ　41.2　　ウ　412　　エ　4120　　オ　41200

(6)　下線部②について，最も近いものはどれですか。

ア　70L　　イ　200L　　ウ　700L　　エ　2000L　　オ　7000L

(7)　次の文のうち，正しいものはどれですか。

ア　心臓の拍動数は，活動中も休憩中も常に一定である。
イ　大動脈には動脈血が流れているが，肺動脈には静脈血が流れている。
ウ　血液の液体成分を組織液といい，養分や不要物を溶かして運搬する。
エ　ヒトの心臓は2心房2心室であるが，カエルの心臓は1心房2心室である。

4　日本列島は，いくつものプレートがぶつかり合う地域で，プレートの運動に伴い多くの地震に見舞われてきました。もっとも古い地震の記事は，西暦416年8月の允恭（いんぎょう）地震で，遠飛鳥宮（とおつあすかのみや）（現・奈良県明日香村付近）で地震があったと記録があります。もっとも古い震災の記事は，西暦599年5月の推古（すいこ）地震で，大和国（やまとのくに）（現・奈良県）で地震があり家屋が倒壊したという記録があります。

このように，日本では人々が古くから地震と付き合い続けてきたため，現在までに様々な地震への対策が生み出されてきました。

(1)　允恭地震や推古地震は同じ書物に載っています。これらの記録がある舎人親王（とねりしんのう）が編纂（へんさん）に携わったとされる書物はどれですか。

ア　日本書紀　　イ　古今和歌集　　ウ　枕草子　　エ　徒然草

(2)　日本周辺で地震を引き起こす要因の一つに，プレートの運動があげられます。市川高等学校(千葉県市川市)があるのは何プレートですか。

(3)　地震で発生する現象の一つに津波があります。津波の速さは水深が深いほど速くなるという特性があり，水深をh(m)とすると，津波の速さは$\sqrt{10h}$(m/s)と表すことができます。2011年の東北地方太平洋沖地震では，日本の各地で津波の到達が観測されましたが，日本沿岸だけでなくほぼ太平洋全域でも観測されました。特に日本から見て東～東南東方向へ強く進行したため，ハワイ諸島の一部では数m～10mの波高も観測されています。東北沖からハワイ諸島まで6200km，水深を4000mとしたとき，津波発生からハワイ諸島に到達するまで何時間かかりますか。**小数第1位を四捨五入**して答えなさい。ただし，計算の際に必要ならば$\sqrt{2}=1.41$，$\sqrt{10}=3.16$を使用してもかまいません。なお，成田－ホノルル間は直行便の旅客機で8時間程度かかります。

(4)　地震計は，揺れの情報を立体的な成分として記録しています。特にP波による最初の動きは，観測点がどの方向に動いたかを調べることができるため，震源の位置推定に役立ちます。図1はある観測点での地震計の記録の模式図で，横軸は時間，縦軸は振幅を表しています。この記録をもとに大森くんと市川さんが会話しています。図1と会話文を参考にして，観測点から見た震源の方向を**8方位**で答えなさい。ただし，会話文の一部は■■■で伏せてあります。

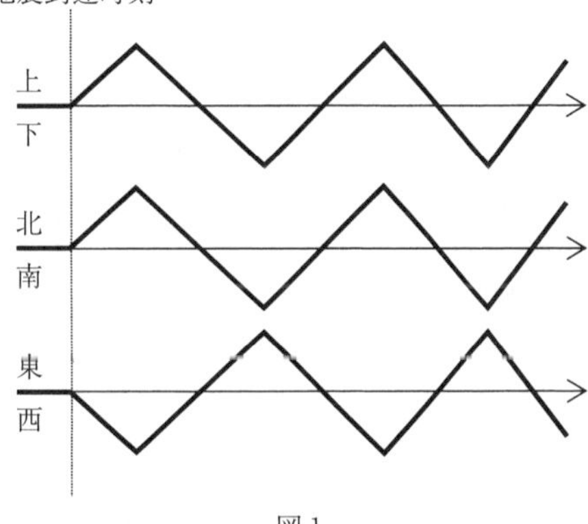

図1

［大森くん］　地震計の最初の動きは観測点の動きを表していて重要なんだって。

［市川さん］　じゃあ，この観測点は，上下では上に，南北では■■■に，東西では■■■に動いたってことね。

［大森くん］　そうすると，水平方向では■■■に動いたってことか。

［市川さん］　でも，上下の動きからは，なにがわかるのかしら？

［大森くん］　そうだね。上下動の意味は何だろう。そもそも，なんでこの観測地は上に動いたんだろう。

［市川さん］　地震が起こるのは震源で，その震源は必ず地下にあるのよね？　ということは，基本的に震源は，観測点や私たちよりも下にあるはず。

［大森くん］　そうか。この観測点が上に動いたと考えるよりも，地震によって下から上に動かされたと考えれば，この観測点は震源から■■■れるように動いたっていえるんじゃないかな？

［市川さん］　きっとそうね！　そう考えたら，震源の方向がわかりそうね。

(5)　大きな地震が発生すると，高層ビルでは上層階の揺れが大きく被害が拡大しやすくなるため，揺れを抑えるような対策が施されることがあります。高さの低い一般的な民家でも，揺れによる建物の倒壊を防ぐような対策方法が開発されています。このような対策を，免震，耐震，制震といい，免震は揺れを逃がし，耐震は揺れに耐えて倒壊を防ぎ，制震は揺れを制御し吸収させるような対策です。次のうち**制震**にあたる対策はどれですか。

ア　建物の最上階付近で非常に重いおもりをぶら下げる。

イ　建物と地面の間に複数のゴム板と金属板を交互に重ねたものをはさむ。

ウ　建物の外壁などに柱や梁(はり)，筋交(すじか)いなどをとりつける。

エ　地震発生時に建物そのものを少し浮かせる。

(6)　地震予報は天気予報ほどの精度ではできていませんが，地震が到達することを知らせる緊急地震速報は広く実施され，身を守る行動につなげられるようになってきました。たとえば，警報に気づき，目の前のテーブルの下に潜るなど身を守る行動をするには，人は10～20秒程度かかるといわれますので，15秒ほど時間があれば命を守ることにつなげられると期待されます。

あるとき，銚子沖の深さ30kmの地点で地震が発生したとします。震源から80km離れた地点にある地震計がP波を観測し，その3秒後に表1の各駅周辺地域において緊急地震速報が同時に流されました。表1の中で，緊急地震速報が流されてからS波が到着するまでに**15秒以上**の時間がある駅はいくつありますか。ただし，この地域におけるP波の速さを5km/s，S波の速さを3km/sとします。

表1

	佐倉駅	四街道駅	千葉駅	幕張駅	西船橋駅	本八幡駅	市川駅	新小岩駅	錦糸町駅
震源距離(km)	90.0	95.4	100.7	104.7	113.0	115.7	117.5	121.6	125.7
震央距離(km)	84.7	90.6	96.1	100.3	108.9	111.7	113.5	117.8	122.0

ウ　牧渓の絵―天目茶碗―河原で千鳥の声を聞くこと
エ　花鳥の名筆―天目茶碗―六角貞頼の屋敷に招かれること
オ　花鳥の名筆―牧渓の絵―天目茶碗―六角貞頼の屋敷に招かれること

(2)　空欄 X に入れる内容として最も適当なものを次の中から選び、記号で答えなさい。

ア　【文章Ⅱ】では、【文章Ⅰ】と違い、「次第に薫りも深く、浅瀬を渡り越えし」（2行目）と暗い中で嗅覚（きゅうかく）を頼りに香炉の持ち主を捜す様子が描かれることによって、大変な苦労をして手に入れた香炉には価値があるということを印象づけている

イ　【文章Ⅱ】では、【文章Ⅰ】と違い、「ただ何となく千鳥の音をのみ聞く」（7行目）と千鳥の声を聞きながらお香を楽しむ様子が描かれることによって、その時に使っていた香炉にも千鳥の鳴き声のような風情があるかのような印象を与えている

ウ　【文章Ⅱ】でも、【文章Ⅰ】と同じように、「これ格別の楽しみ、只人とは思はれず」（8行目）と香炉の持ち主の風流な振る舞いを称賛する様子が描かれることによって、風流人の持ち物として香炉にも価値があるかのような印象を与えている

エ　【文章Ⅱ】でも、【文章Ⅰ】と同じように、「僧にあらず、俗にあらず、三界無庵同然にて」（9行目）と香炉の持ち主が身分の高い人物であることが描かれることによって、所有物である香炉にも高貴な価値があるかのような印象を与えている

オ　【文章Ⅱ】では、【文章Ⅰ】と違い、「香渡して行き方知らずなりにき」（14行目）と香炉の持ち主が立ち去る前に自分から香炉を渡している様子が描かれることによって、相手を喜ばせる贈り物として香炉には価値があることを印象づけている

四　次の各文の――線のカタカナを漢字に直しなさい。

1　花がホコロぶような笑み。
2　気力を奮って試験にノゾむ。
3　ジンソクな対応をとる。
4　ボウセキ工場を見学する。
5　ショウソウに駆られる。

ア　それでも出かけて行ってそのお香の種類を教えてもらおう。
イ　そうだとしたら出かけて行ってその香炉の名を聞いてみよう。
ウ　それならば出かけて行ってそのよい香りをかいでみよう。
エ　そういうことなら出かけて行って千鳥の鳴き声を聞いてみよう。
オ　そのうち出かけて行ってお香を焚(た)く理由を尋ねてみよう。

3　「さても気散じなる返答や」
ア　なんとまあ要領をえない返事であることよ。
イ　なんとまあ悪意のある返事であることよ。
ウ　なんとまあ落ち着いた返事であることよ。
エ　なんとまあ気配りを感じる返事であることよ。
オ　なんとまあ気楽な返事であることよ。

問3　――線2「こころみしける」とあるが、六角貞頼は何をしようとしたのか。その説明として最も適当なものを次の中から選び、記号で答えなさい。
ア　貞頼の屋敷に飾られた絵の前をほとんど素通りしていた大富の様子を聞いて、花鳥の絵の価値が本当にわからないのか質問しようとした。
イ　貞頼の屋敷に飾られた絵に興味を示さずに通り過ぎていた大富の様子を聞いて、花鳥の絵にすばらしい価値があることを理解してもらおうとした。
ウ　貞頼の屋敷に飾られた絵の中でもさほど価値のない絵をずっと見ていた大富の様子を聞いて、その絵にこだわっている理由を質問しようとした。
エ　貞頼の屋敷に飾られた絵の中でも特に価値のある絵に足をとめていた大富の様子を聞いて、ものの価値を見抜く力が本当にあるのかを確かめようとした。
オ　貞頼の屋敷に飾られた絵の中でも蕪の絵に注目していた大富の様子を聞いて、その絵がかつて牧渓の所有物であったと気づいているかを確かめようとした。

問4　次に示すのは、授業で【文章Ⅰ】【文章Ⅱ】を読んだ後の、話し合いの様子である。これを読んで、後の問いに答えなさい。

教　師―【文章Ⅰ】も【文章Ⅱ】も香炉を手に入れるという点は一致していますが、それぞれどのような印象を受けましたか。
生徒A―【文章Ⅰ】の方が【文章Ⅱ】よりも香炉の価値がわかりやすい気がする。
生徒B―確かにそうだね。4「千貫」という具体的な数字が示されているからだろうね。
生徒C―それに対して、【文章Ⅱ】では具体的な価値について触れていないよね。これはどう考えればいいのかなあ。
教　師―【文章Ⅱ】についてもう少し考えてみましょう。香炉そのものは詳しく説明されていませんが、香炉の価値について文章から読み取れるのではないでしょうか。
生徒C―そう言われてみると、［　X　］ということが言えると思う。
生徒B―確かに、【文章Ⅱ】についても香炉が価値あるものとして書かれているように感じるね。
教　師―そうですね、【文章Ⅱ】には具体的な数字が出てきませんが、だからといって【文章Ⅱ】の香炉に価値がないと決めつけないほうがいいでしょう。どちらの本文もよく読んで味わってくださいね。

(1)　――線4「『千貫』という具体的な数字が示されている」とあるが、【文章Ⅰ】で香炉の他に千貫の価値があるとされているものは何か。その組み合わせとして最も適当なものを次の中から選び、記号で答えなさい。
ア　花鳥の名筆―牧渓の絵―天目茶碗―河原で千鳥の声を聞くこと
イ　牧渓の絵―天目茶碗―河原で千鳥の声を聞くこと―六角貞頼の屋敷に招かれること

きりに近くなりぬるに、おぼつかなげなるすがたしけるを、立ちより問ひけれども、いらへもせず。「※川風寒み」とうち詠じて、興にたへで、前後もわかざりけるさまなり。「何人ぞ」と、しきりに問ひければ、うち驚きて、「大富と申す老爺なるが、よるよる千鳥きくにこそ候へ。余りさへ渡るゆへに、香をも焼き候ふ」よし語りけり。「いみじきもののしわざや。明けなば我が館にきたれ」とて、貞頼はかへりけり。明けければ、其の日昼間も過ぎぬるに、かの館にまかりぬ。※よりはの座より、これかれ色々の座敷を過ぎて、※打橋・渡殿ゆきめぐり、※厩にまかりけるが、そこにある座敷の※をし板に、蕪一もと、かきたるすみ絵のありけるに、こころをとめて、立ちかへることを忘れぬ。貞頼このよしきて、対面して、「いかにして、上座の数軸の花鳥の名筆をばはやくうち過ぎて、この一軸に帰を忘じけるや」と、2こころみしけるに、ほほゑみて、「申すにたえたり」とばかりにてありけり。「さらば昨夜の風情、古も今もきかざる興なり」と褒美して、「この絵は※牧渓図なり。※千貫を施すにこそ」とて出だしけり。翁喜びて、また懐中より、過ぎし夜、香焼きし香炉を取り出でて、貞頼につかはしけり。「一軸は昨夜の興たり。これはまた千貫のあたへする、※天目なり」とて、一つつみの茶をたてて、もてなしとしてとらせける。

【文章Ⅱ】

※手回りの侍二人召し連れて、その匂ひに引かれて行くに、柳原はるかに過ぎて、賀茂の川原になれば、次第に薫りも深く、浅瀬を渡り越えしに、十一月末の六日の夜、いつよりは暗く、物の色合ひも見えず。星影の細水に映り、これを頼りに向かうの岸に上がれば、汀の岩の上に蓑笠着たる人の、香炉を袖口に持ち添へ、気を静かにして、座したる風情の心憎し。「いかなる事ありて、かく独りはおはしけるぞ」と問ひけるに、「ただ何となく千鳥の音をのみ聞く」と答へぬ。※さりとは変はりたる境界、これ格別の楽しみ、只人とは思はれず。「いかなる御方」と尋ねしに、「僧にあらず、俗にあらず、※三界無庵同然にて、六十三になりける我、いまだ足も立ちける」と言ひ捨てて、岡野辺の並松分けて立ち帰る。「3さても気散じなる返答や」と、なほ慕ひ、「某が頼るは、その木の※ゆかしく参るなり。何といへる名香ぞ」と聞きしに、「むつかしや、老人は知らず。※すがりたれども聞き分け給へ」と香渡して行き方知らずなりにき。

※夜をこめて…「夜が明けきる前の薄暗い時分に」という意味。
※とねり…ここでは「従者」という意味。
※芝蘭…香りのよい草。
※川風寒み…平安時代に編纂された『拾遺和歌集』に収録されている和歌
「思ひかね妹がりゆけば冬の夜の川風寒み千鳥鳴くなり」の第四句。
「川風寒み」は「川風が寒いので」という意味。
※よりはの座…「建物の入り口脇の、入ってすぐの部屋」という意味。
※打橋・渡殿…建物と建物の間に架け渡した板と渡り廊下。
※厩…馬小屋。
※をし板…板張りの床の間。
※牧渓…十三世紀後半の中国の高名な画家。
※千貫…貫は銭を数える単位。一文銭千枚を一貫とする。
※天目…抹茶茶碗の一種。
※手回り…主君のそば近くに仕える者。
※さりとは変はりたる境界…「なんとも変わった境遇」という意味。
※三界無庵…「この世で住む家がないこと」という意味。「無庵」には「無安」(安らかさがないこと)という意味が掛けられている。
※ゆかしく…「知りたく」という意味。
※すがりたれども…「お香が燃え尽きたけれども」という意味。

問1 【文章Ⅰ】を2つの段落に分けるとすると、第2段落はどこからはじまるか。第2段落の最初の5字を抜き出して答えなさい。

問2 ――線1・3の本文中の意味として最も適当なものを後の中から選び、それぞれ記号で答えなさい。

1 「さらば出でてきかむ」

※エマヌエル・カント…ドイツの哲学者。人々がカントの行動に合わせて時計を調整していたという逸話が残るほど、規則正しい生活を送っていたことでも知られる。
※久米正雄の如き或は菊池寛の如き…久米正雄も菊池寛も作家で、ともに芥川の一高時代の同級生。
※天縦の材…生まれながらに才能に恵まれた人。
※ストオム…主に旧制高等学校の生徒たちが寮や街頭において集団で騒ぐ行為のこと。
※乗合自動車…バス。
※放縦なる…気ままな。
※能わず…できず。

ア　生徒A－【文章Ⅰ】において、恒藤は芥川のことを「言語の感覚の極めて鋭敏であった芥川」と評しているよ。たしかに、芥川は【文章Ⅱ】で同級生たちのことを「時計の振子かと思う程」や「乗合自動車の町を走るが如き」と、比喩を用いて表現しているね。巧みな比喩表現は、芥川の「言語の感覚」が鋭敏であることの一例だと感じたよ。

イ　生徒B－【文章Ⅱ】で芥川は「僕」や「僕等」という一人称を用いていて、【文章Ⅰ】で恒藤が回想していた内容と一致しているね。そこから二人の一人称について考えてみようと思うんだ。【文章Ⅰ】と【文章Ⅱ】を読むと、確かに二人は文章を書くときに違う一人称を用いていることがわかるよ。でも、【文章Ⅰ】によれば二人で会話をする際には同じ一人称を用いていたみたいだね。二人の間には相違点も共通点もあって面白いなあ。

ウ　生徒C－【文章Ⅰ】で恒藤は、自分自身も寮生活に適応しきれなかったとしつつも、芥川は恒藤以上に寮生活に向いていなかったと書いているよ。【文章Ⅱ】で芥川は、自分は人並みの凡庸な生活を送っていて、むしろ恒藤の規則正しさが人並み以上だったと書いているね。お互いに自分を基準にして考えているよ。

エ　生徒D－【文章Ⅰ】では、芥川と恒藤がノスタルジアを語り合った向が陵の様子が描かれているね。夕暮れに寮の明かりが灯り始める風景や草地に白く霧がかかっていく情景を通して故郷に懐かしさを覚える二人に、共感できる気がするなあ。それに対して【文章Ⅱ】は、事実を淡々と記していて、芥川らしい冷静な眼差しが際立つね。

オ　生徒E－【文章Ⅰ】は芥川の死から間もなく書かれているよ。恒藤は「おぼえの悪い私の記憶」や「私の記述は甚だ不充分」と謙遜しているけれど、芥川との思い出が丁寧に描かれていて、大切な友人を悼む気持ちが伝わるなあ。【文章Ⅱ】で芥川も「恒藤の親友」を自称しているよ。二人は一高でかけがえのない友人同士だったんだね。

三　次の【文章Ⅰ】は、一色直朝『月庵酔醒記』の一部であり、【文章Ⅱ】は、井原西鶴『武家義理物語』の一部である。【文章Ⅰ】は武士の六角貞頼が、【文章Ⅱ】は武士の丹波守利清が、ある香炉を手に入れる話である。これを読んで、後の問いに答えなさい。なお、出題に際して、本文には表記を一部変えたところがある。

【文章Ⅰ】

六角貞頼、※夜をこめて馬のすそを賀茂川にてひやさせけるが、※とねりどもの申すやう、「寒風にさそはれて、いづくのかたの名香か、河原おもてに薫じけること、毎夜なる」よしいひけり。「1さらば出でてきかむ」とて、明けぐれの折なりしに、小袖かづひてまかりけるが、げにも※芝蘭の室に入るごとくなり。にほひしいをするだろうと思ったが、名前が無事に訂正されたのを見たことで、親友の心も落ち着くだろうと感じたから。

イ　芥川が自身の名前に子供じみた誇りをもっていたことを知る筆者は、本来とは異なる表記で書かれた名札を狭量な芥川が見たら憤慨するだろうと思ったが、名前が改められたのを見たことで、彼の心が安らぐだろうと感じたから。

ウ　芥川が自身の名前を間違われることを嫌っていたのを知る筆者は、札に誤った字で書かれた名前を芥川が見たら腹を立てるだろうと思ったが、無事に訂正されたのを見たことで、親友は苦笑しつつも許してくれるだろうと感じたから。

エ　芥川が自分の名前にこだわる姿を間近に見ていた筆者は、本来とは異なる表記で書かれた札を芥川が見たら困ったように笑うだろうと思ったが、名前が書き改められたのを見て、彼の愛した名前が後世にも正確に伝わると感じたから。

オ　芥川が生前に自分の名前の美しさを周囲に広めようとする様子を見ていた筆者は、誤った字で書かれた札を芥川が見たら悔しがるだろうと思ったが、名前が訂正されたのを見たことで、彼の名前の美しさが参列者にも伝わると感じたから。

問3　――線3「何だかひどくまばゆいような気もちで聴いた」とあるが、それはなぜか。その説明として最も適当なものを次の中から選び、記号で答えなさい。

ア　東京生まれで小供の頃から文化芸術に触れて育った芥川の話は、地方出身で大人になるまで文化芸術を知らなかった筆者にとって、気後れするものであったから。

イ　幼少期から中学時代までに何度も江戸歌舞伎の観劇を重ねてきた芥川の話は、上京したばかりで観劇経験がない筆者にとって、感慨深いものであったから。

ウ　東京で生まれ育ち幼い頃から東京の文化芸術に接してきた芥川の話は、それらに直接触れる機会がなかった地方出身の筆者にとって、憧れを抱くものであったから。

エ　東京出身で経済的に恵まれた家庭で育った芥川の話は、経済的に苦しい家庭の出身で歌舞伎を直接観る機会のなかった筆者にとって、うらやむべきものであったから。

オ　東京育ちで歌舞伎に対して人一倍強い関心を抱いていた芥川の話は、上京するまで芸術にあまり関心を払うことのなかった筆者にとって、新鮮で興味深いものであったから。

問4　――線4「私たちの共通の世界」とあるが、これについて次の問いに答えなさい。

(1)　――線4と同内容の表現を、これより後の本文中から10字以上15字以内で抜き出しなさい。

(2)　――線4とはどのような過程でつくりあげられたものか。80字以内で説明しなさい。

問5　芥川と恒藤の交友関係について関心をもった生徒A～Eは、図書館で見つけた次の【文章Ⅱ】を読み、【文章Ⅰ】の内容と比較・検討を行った。後の生徒たちの発言の中から、【文章Ⅰ】と【文章Ⅱ】の内容を踏まえたものとして**適当でない**発言を1つ選び、ア～オの中から記号で答えなさい。

【文章Ⅱ】

恒藤は朝六時頃起き、午の休みには昼寝をし、夜は十一時の消灯前に、ちゃんと歯を磨いた後、床にはいるを常としたり。その生活の規則的なる事、※エマヌエル・カントの再来か時計の振子かと思う程なりき。当時僕等のクラスには、※久米正雄の如き或は菊池寛の如き、※天縦の材少からず、是等の豪傑は恒藤と違い、酒を飲んだり※ストオムをやったり、天馬の空を行くが如き、或は※乗合自動車の町を走るが如き、※放縦なる生活を喜びしものなり。故に恒藤の生活は是等の豪傑の生活に対し、規則的なるよりも一層規則的に見えしなるべし。僕は恒藤の親友なりしかど、到底彼の如くに几帳面なる事※能わず、人並みに寝坊をし、人並みに夜更かしをし、凡庸に日を送るを常としたり。

（芥川龍之介「恒藤恭氏」）

当時、芥川の意識の中に二個の東京が存在していた。郷土としての東京と、一高の所在地としての東京とがそれである。芥川にとって、※向が陵は郷土としての東京の範囲外に在った。土曜日の午後、新宿の家に向って寮を去り行く彼の様子は、さながら東京に遊学せる地方の青年が郷里をさして帰省の途に就く姿に似たものがあった。だから、薄暮、寮の窓に灯がつきそめ、白い霧が艸地に這うのをながめながら、私が多少の※ノスタルジアにかかると芥川もひと事ならずそれに同感して呉れたものであった。

尤も、真実のところは、私たちのノスタルジアの対象は、超現実的な或る世界であったかも知れない。そう云う意味においては、白昼、校庭の樹木のかげなどで、私たちは屢々私たちのノスタルジアについて語り合った。

そんなとき、校庭の木立のもとの空間は、芥川の郷土としての東京の一部分でもなければ、第一高等学校の構内の一部分でもなく、私たちだけの領する第三の世界に属するのであった。

※そこばく…いくつか。
※かたえ…片方。
※谷口氏…俳人の谷口喜作のこと。
※仏…死んだ人。ここでは、芥川のことをさす。
※エステチッシュ…美的な。
※IN HIS ELEMENT に在る…いきいきとしている。
※山陰道…ここでは、現在の北近畿から島根県にかけての地域をさす。筆者は島根県出身である。
※團十郎…江戸歌舞伎を代表する役者の市川團十郎のこと。勧進帳などの演目を得意とした。
※肯んじなかった…受け入れなかった。
※向が陵…寄宿寮や校舎を含めた一高の総称。
※ノスタルジア…異郷から故郷を懐かしむこと。

問1 ――線1「一つのディレンマに会する」とあるが、それはどういうことか。その説明として最も適当なものを次の中から選び、記号で答えなさい。

ア　筆者は友人との間の文章では「僕」という一人称を用いてきたが、家族や友人との会話においては「私」という一人称を用いることもあるため、友人である芥川との記憶を文章に記す際には「僕たち」と「私たち」のどちらの一人称を用いるか、決心できずにいるということ。

イ　筆者は芥川以外の人に対しては「私」という一人称を用いてきたが、芥川との会話では「僕たち」という一人称を用いていたため、芥川宛てではない文章で芥川を追想する際には「僕たち」と「私たち」のどちらの一人称を用いるか、決めあぐねているということ。

ウ　筆者は芥川との会話において「僕」という一人称を用いてきたが、郷里で家族に用いた際に芥川に感心された「私」という一人称に思い入れがあるため、芥川との思い出を追懐する上では「僕たち」と「私たち」のどちらの一人称を用いるか、悩ましいということ。

エ　筆者は文章において「私」という一人称を用いてきたが、芥川との会話においては「僕たち」という一人称を用いていたため、芥川についての追憶を記す上では「僕たち」と「私たち」のどちらの一人称を用いるか、決めかねているということ。

オ　筆者は友人との間では「僕」という一人称を用いてきたが、郷里の家族との会話では「私」という一人称を用いてきたため、家族ぐるみのつきあいをしていた芥川について懐古する際には「僕たち」と「私たち」のどちらを用いるか、決断できずにいるということ。

問2 ――線2「何だか私も安心したような気がした」とあるが、それはなぜだと考えられるか。その説明として最も適当なものを次の中から選び、記号で答えなさい。

ア　芥川が生前に自身の名前を愛し誇りをもっていたことを知る筆者は、名前が誤った字で書かれているのを芥川が見たら苦笑

「龍之介」は「龍之助」よりもよほど感じがいいし、そう※エステチッシュでもある、しかし我の強い彼は特別強くこの点を意識していたに違いない。それは子供らしい誇であった。しかしそんな所にわが芥川の愛すべき性格のあらわれがあった。彼の作品を愛読しているとか、彼を敬慕しているとか云ったような事を書いて寄こす人が、偶々「芥川龍之助様」と宛名を書いて居るのを見て、「度し難い輩だ」と云う様なことを呟いた例を一、二思い出す。

　芥川も私も一年のうちの季節の移りかわりを強く意識し、それからの影響を気分の上にかなり深く受けるたちであった。けれども、その点について共通な所もあれば、そうでない所もあった。たとえば、秋は私たち二人の心を同じ仕方で捉えた。ところが、夏については、芥川は梅雨の候を愛すること深く、湿潤の空気にひたって※IN HIS ELEMENTに在るかの如く思われたが、私はそれに先立つ新緑の季節を好もしとした。彼は盛夏のころの強烈な日光に対し一種の本能的な怕れを感じる慣いであったが、私はむしろ夏の太陽の下にかがやく物象のすがたをいさぎよく思った。二人の間の性格や気質やの相違の外に、東京で生まれ東京でそだった彼と、※山陰道で生まれ山陰道で育った私との間に存したところの生活環境の上の相違が、夏季に対する——そうした二人の異なる意識を条件づけたのであるかも知れない。

　小供の時から中学時代までを通じて私たちの生活環境を形づくったところの家庭や、社会的周囲や、郷土やは、かなり趣を異にするものであった。ただ一つの例をあげると、芥川から二、三度聞かせられた話にこんなのがある——「四つか五つの時だった。母に連れられて歌舞伎へ行ったんだ。その時、※團十郎が勧進帳をやったんだそうだが、團十郎があの大きい眼を剝いて花道から出て来たとき、僕が『うまいっ』と叫んだそうだ。見物がみな息をこらしている時なんだろう。母はどうしようと当惑したんだそうだ。今でもよくその事を云って母がわらうよ」。團十郎の噂をしか聞いたことのない私は、この話など、3何だかひどくまばゆいような気もちで聴いたものであった。

　それで、高等学校で二人がお互いを深く知りはじめたとき、二人はずい分と内容の違った世界を所有しつつ接触して行ったのであった。やがて、共通の世界が二人の間に生まれた。それは次第に広くも深くもなって行ったが、その以前から各自の所有していた世界の特性は、この新しく二人の間に展開し始めた世界の内容に対して影響を及ぼすことを止めなかった。勿論依然として東京に住むことをつづけた彼と、新たに東京に住む境遇に立った私とでは、右の関係において著しく事情を異にするものがあった。とは云え、一高における生活、とりわけ二年生である間彼の送った寄宿寮の生活は、芥川にとって全く新しい経験であった。一高及びその寄宿寮の生活は私にとってもまた全く新しい経験であった。こうした種々の事情の錯綜のうちに、4私たちの共通の世界はつくられた。

　私は一年生の時から寮にはいっていたが、芥川は二年生になって初めて寮にはいった。私たちはたしか北寮三番の室に起臥した。初め寮の生活は彼にとって随分無気味な、そして親しみにくいものであったに相違ない。次第に彼はそれに馴れては行ったものの、六分どころしかそれに応化しなかった。私も寮の生活には十分応化せずして終った方だが、それでも芥川に比べればそうした生活に適応する能力をより多くもっていた。例えば、彼は初めは中々寮で入浴することを※肯んじなかった。やっと入浴するようになっても、稀れにしか入浴しなかった。しかし忘れて手拭をもたずに風呂にはいったような逸話をのこした。銭湯にもあまり行ったことはないと云っていた。寮の食事は風呂のように忌避するわけにゆかぬので毎日喫べてはいたが、いつも閉口していた。食堂でも、ある日の昼食後に、インキ瓶だと思って醤油入をつかんで入口まで持って行ったという逸話を作った。そうしたユーモアは、後年に至るまで、彼の行動の上にも、思想の上にも影を射していたように思う。

価値は人間が創出するものだが、科学に対する新たな見方が登場すると、両者の間に因果関係が生じることもあると考えている。

オ　科学的事実は特定の教訓と是非の判断を引き出すことはなく、あくまでも価値判断は人間がするものだが、科学的事実が蓄積されていくと、価値判断が多様になっていくと考えている。

問5　——線5「科学者の使命」とあるが、それはどのようなものだと考えられているか。100字以内で説明しなさい。

二

次の【文章Ⅰ】は、恒藤恭「友人芥川の追憶」の一部である。筆者は芥川龍之介と旧制第一高等学校（一高、現在の東京大学教養学部の前身）の同級生で親友であった。この文章は芥川の死から間もない頃に書かれたものである。これを読んで、後の問いに答えなさい。なお、出題に際して、本文には表記を一部変えたところがある。

【文章Ⅰ】

私にとってだけ興味のある事柄を書くことを恕して貰うとして——芥川との交わりには、四つの時期ともいうべきものがあった。高等学校時代、大学時代、その以後大正十二、三年頃までの時代、彼の晩年三、四年の間といったようなくぎりがそれである。最後の時期には私は海外に在ったし、帰ってからも一度しか彼に会わず、唯彼の作品を通じてのみ彼の存在に接触したのであった。

右にあげた第一の時期、すなわち高等学校時代における芥川及び彼との交わりについて、心にうかぶままに※そこばくの追憶を書きしるしたいと思う。それ以来大分年月が経過したので、おぼえの悪い私の記憶には、多くの事柄が逸してしまったし、その頃の日記の類なども破棄したように思う。そして丹念に思い出のいとぐちをほどいて行く時間の余裕もあたえられていないので、私の記述は甚だ不充分なものとなるであろう。

芥川は会話においていつも「僕」という一人称の代名詞を用いていた。文章においてもそうであったと思う。彼と私との間においても、会話にも音信にも彼は「僕」という代名詞を用いた。私もやはりそうであった。但、芥川が家庭の内でも外でも「僕」を以て一貫していたのに反して、私は幼時から家庭では「私」という代名詞を用いていた。かつて芥川が私の郷里の家に来て泊っていたとき、「なるほど、君はうちでは『私』という語をつかってるね。やさしい語だね」と妙に感心して云ったことがあった。

私にとっては「僕」という語は社交用、特に対友人用の代名詞であった。おかしな事には、自分自身の家庭をつくってからは、妻に向っても「僕」という代名詞を用いるのであった。しかも文章において自己を表わす為には私は「私」という語を用い来っている。芥川と私とは、複数の一人称としては「僕たち」という代名詞を用いていた。そこで、私が文章の上に芥川と私とを一人称の複数において表わす場合には、1一つのディレンマに会する。しかし私は以下において「私たち」という代名詞を用いることにしたい。——言語の感覚の極めて鋭敏であった芥川の事について追想するとき、つい斯ような余計な事柄も書き添えたい気持になるのである。

去る七月二十七日、芥川の遺骸が谷中の斎場から日暮里の火葬場に運ばれ、焼竈の中に移され、一同の焼香が了ったのち、ふと見ると、鉄扉の※かたえにかけてある札の上の文字が「芥川龍之助」となっていた。その刹那に、もしも芥川がそれを見たら、「しょうが無いな」と苦笑するだろうと思った。すると、世話役の※谷口氏が「どなたか硯をもって来て下さい、※仏が気にしますから字を改めます」というようなことを言った。「芥川龍之介」と改めて書かれた。2何だか私も安心したような気がした。生前、芥川は「龍之助」と書かれたり、印刷されたりして居るのを見ると、参ったような、腹立たしいような、浅ましいような感じをもったものだった。それは、彼が「龍之介」という自分の名を甚だ愛し且つそれについて一種の誇りをもって居たからでもあった。第三者の眼から見ても、

オ　新しい遺伝子淘汰の理論によって、動物だけでなく人間の社会の成立の過程も説明しなおそうとしており、さらに人文・社会系の学問が社会生物学を吸収することになるだろうと主張し、学者たちの間で行われていた論争をさらに激化させた書物。

問2　――線2「社会学者、文化人類学者などの多くが構築した反論」とあるが、筆者はそれをどのように捉えているか。その説明として最も適当なものを次の中から選び、記号で答えなさい。

ア　文化や学習の重要性を無視しているという反論は、「遺伝や生物学的部分」ではなく「文化や学習」が人間を規定するという考えに基づいているが、どちらも人間を構成するものであり、単純な二分法は成り立たないと捉えている。

イ　人間の行動を遺伝子だけで解釈するのは乱暴であるという反論は、人間を「遺伝や生物学的部分」と「文化や学習」で二分できないという考えに基づいているが、遺伝が人間の行動に影響があるという点は無視できないと捉えている。

ウ　文化や学習の重要性を考慮していないという反論は、人間が他の動物よりも優れている特異な存在であるとする考えに基づいているが、人間も動物も生物としては同じであり、慎重に考察することが大切だと捉えている。

エ　人間の行動にも遺伝的基盤があるという反論は、人間は「文化や学習」ではなく「遺伝や生物学的部分」によって規定されるという考えに基づいているが、動物と人間を比較することで人間の遺伝子の複雑さを再確認できると捉えている。

オ　文化や学習の重要性を否定しているという反論は、「遺伝や生物学的部分」と「文化や学習」を対置して後者を重視する考えに基づいているが、人間とは多くの要素から構成された複雑な存在であると捉えている。

問3　――線3「双方ともに成長したようです」とあるが、それはどういうことか。その説明として最も適当なものを次の中から選び、記号で答えなさい。

ア　社会生物学者たちと人文・社会系の学者たちの一部が、それぞれ相手の理論を踏まえることで、自分たちの学問分野における議論をより活発なものにしていったということ。

イ　社会生物学者たちは、それまでの乱暴な理論を改めて細かく分析し、人文・社会系の学者たちの一部は、生物学者の意見を受け入れて複雑な理論を展開していったということ。

ウ　社会生物学者たちと人文・社会系の学者たちの一部が、それぞれ相手の考えを否定することで、自分たちの理論の正当性を確認していったということ。

エ　社会生物学者たちは、自分たちの理論の精密さを改めて証明し、人文・社会系の学者たちの一部は、生物学の視点をより積極的に取り入れていったということ。

オ　社会生物学者たちと人文・社会系の学者たちの一部が、それぞれ相手の学問分野も考慮することで、自らの理論展開や分析の正確性をより高めていったということ。

問4　――線4「科学的事実は、私たちの価値判断にどのような影響を与えるのでしょうか」とあるが、筆者は「科学的事実」と「価値判断」の関係についてどのように考えているか。その説明として最も適当なものを次の中から選び、記号で答えなさい。

ア　科学的事実は特定の教訓や是非の判断の根拠にならず、あくまでも価値判断は人間がするものだが、新たな科学的事実が判明すると、価値判断が変わることはあると考えている。

イ　科学的事実は価値判断と無関係であり、あくまでも人間が自分で判断して価値を設定するものだが、時代の移り変わりによって、価値判断の基準が変化することはあると考えている。

ウ　科学的事実から特定の教訓と是非の判断は導き出されないため、あくまでも価値の最終判断は人間がするものだが、新たに科学的事実が解明されると、価値判断の精度も上がると考えている。

エ　科学的事実と価値判断に明確な因果関係はなく、あくまでもいのと同様、特定の倫理観、価値観に科学的根拠などないでしょう。奴隷制や階級社会の存在を正当化する科学的根拠がないと同様に、いまの私たちの価値観を正当化する科学的根拠もないと思います。

しかし、科学的事実が価値判断と本当に関係がないのであれば、結局は、進化生物学が発展しても、私たちの人間観とは無関係なのでしょうか？　そうではないはずです。かつて、人びとは、地球が宇宙の中心であると考え、それに基づいた宇宙観や人間観を築いていました。しかし、地球は宇宙の中心ではありませんでした。その科学的認識は、徐々に人間の人間自身に対する見方を変えていったのです。それと同じように、人間を含めて生物がどのように作られているのかを知ることは、やがて、私たちの人間観、生命観を変えていくでしょう。事実をまったく無視した価値観を、ずっと持ち続けていくことはできないからです。こうして、人間のさまざまな価値観は歴史的に変遷してきました。それでも、獲得した知識の上に特定の価値観、倫理観を引き出すのは、あくまで私たちの選択なのです。

科学者は、自分たちの研究の大部分が、国民の税金を初めとする公的な予算で賄われている以上、その研究成果を、わかりやすく正確に一般の人びとに伝える義務があるはずです。この義務の中には、正しい知識を伝えることとともに、間違って普及されているものを正すということも含まれるでしょう。しかし、科学者は、本来の研究で忙しいのがつねですから、一般への知識の普及を全部引き受けることはできません。そこで、科学ジャーナリズムが不可欠となります。しかし、ジャーナリストに限らず、専門外の人間がある分野について書くときは、少なくともその専門分野の人に原稿を見てもらうのが良心的というものでしょう。科学は単なる思いつきや個人の考えの披露ではなく、現時点まで正しいと確かめられたことの積み重ねの上に、一定の理論による解釈がなされる仕事なのですから。

最後に、一般の人びとも、ある程度の批判的な鋭い目を養わねばなりません。科学をしろうとが理解するのは、必ずしも寝転がってテレビを見るような簡単なものではありません。科学の世界はわくわくするおもしろさに満ちていますが、科学的知識を理解するには、ある程度以上の知的努力が必要です。そういう努力を楽しいと感じ、知的論争を好む層がしっかりと増えれば、科学者も、科学ジャーナリズムも、逆に刺激を受けるに違いありません。そのような鋭い「非」科学者の一般人を育てていくことも、5科学者の使命の一つなのでしょう。

※「利己的に」振る舞う…筆者は本文より前の部分で、遺伝子について「利己的な振る舞い方をしている」と比喩的に説明している。

問1　——線1「『社会生物学』という大著」とあるが、それはどのような書物か。その説明として最も適当なものを次の中から選び、記号で答えなさい。

ア　新しい遺伝子淘汰の理論によって、昆虫だけでなく動物全般の生態系の仕組みを解明しようとしており、さらに人文・社会系の学問が社会生物学を取り込んで一つになるだろうと主張し、分野をまたいだ学者同士の長期的な対立の原因となった書物。

イ　新しい遺伝子淘汰の理論によって、人間の行動や社会の仕組みについても分析しようとしており、さらに人文・社会系の学問が社会生物学の名のもとに一括りで扱われるだろうと主張し、多くの学者たちに長きにわたる大きな混乱をもたらした書物。

ウ　新しい遺伝子淘汰の理論によって、動物だけでなく人間の行動や社会についても明らかにしようとしており、さらに人文・社会系の学問が社会生物学として一つに統合されるだろうと主張し、多くの分野の学者による長期的な論争を引き起こした書物。

エ　新しい遺伝子淘汰の理論によって、昆虫と同じようにその他の動物の進化に関する諸事実を説明しようとしており、さらに動物の進化を研究する学問が社会生物学に統一されるだろうと主張し、様々な分野の学者の間に十年以上にわたる議論をもたらした書物。

いま振り返れば、長く消耗な論争が続いた結果、3双方ともに成長したようです。ウィルソンを初めとする社会生物学者たちは、初期のころの雑な理論展開は撤回し、生物進化と文化と学習との関係を、より精密に分析するようになりました。一方、人文・社会系の学者たちの一部には、より積極的に進化的視点を取り入れる人たちも出てきました。ここで詳しくは述べませんが、これは、科学上の激烈な論争というものの積極的な利点を示した例であると私は思っています。論争が、単に個人の趣味的な意見の対立であるのならば、それは消耗なだけでしょう。しかし、科学においては、論争は双方の理論や分析をさらに精密化する活性剤となるのです。

…〈中略〉…

毎夏、たくさんのセミが鳴いています。このセミという動物を考えてみてください。日本のセミで数年、アメリカに住む一七年ゼミに至っては一七年間も、幼虫の形で地中に眠り続け、やっと地上に出てきておとなになったかと思うと一週間たらずで死んでしまいます。そして、一七年間も地下で眠って、地上に出てきたほんの一週間にすることが、次の一七年間眠る幼虫を作り出すために繁殖することなのです。ビクトリア朝の作家、サミュエル・バトラーは、「にわとりは、卵が次の卵を作りだすための一段階にすぎない」と言いましたが、このせりふに適しているのは、ニワトリよりもセミであると私は思います。

このような話を聞くとすぐに、「生き物というものは……」という哲学めいた話や教訓話が想起されます。事実、せっせと雛に餌を運ぶ鳥の親や、子どもを離乳させるために角で突き放すサイを見て、人間もこのようにするべきだと言ったり、共同で巣を守るアリを見ては、社会のための奉仕の精神が大切だと言ったり、動物のすることを教訓めかして語ることは日常に満ち溢れています。

本当のところ、4科学的事実は、私たちの価値判断にどのような影響を与えるのでしょうか？　通常、科学は価値判断とは無関係であると言われています。実際、水が酸素分子一つと水素分子二つとでできているということは、特定の価値判断とは関係がありません。ところが、生き物の話となるとそれは微妙な領域に入ります。「生き物はこのように作られている」という話は、容易に「生き物はそのように生きるべきなのだ」という教訓話に変わるからです。しかしながら、「自然界がこのように作られている」ということから、「人間はそのように生きなければならない」という教訓を引きだすことはできません。最初の文章から論理的に二番目の文章を導きだすことはできず、そうすることは自然主義の誤りと呼ばれています。

人間は鳥のように空を飛ぶ翼は持っていませんし、ネコのように夜目がきくわけでもありません。しかし、このことから自動的に、人間は空を飛ぶべきではないとか、夜に物を見ようとするのは悪いことだ、という道徳が導かれるわけではありません。人間がどう作られているかにかかわらず、人間は、空を飛びたいと考えれば飛行機を作り、夜も活動したいと思えば照明を開発してきました。

遺伝子は※「利己的に」振る舞うことによって存続してきました。しかし、そのこと自体の中には、だから私たちが何をするべきかというモラルは含まれていません。モラルは、私たちが選択する価値です。何をよいことと感じるかというモラル感情の基本には、おそらく、自然淘汰で形成された脳の働きの制約があるでしょう。そのような一番深い生物学的基盤を明らかにしようとしているのが社会生物学です。しかし、それでも、どのようなモラルを選択するのか、その最終的決断は私たちの決断であり、その責任は私たちにあります。「利己的遺伝子だから利己的に振る舞えばよいのだ」と考えるのならば、それはその人の判断であり、遺伝子のせいにして責任を逃れることはできません。

「個人」の意識、「自我」の意識に価値を置く考えの中にいる現代の私たちには、「個体は遺伝子の乗り物である」というような現代進化生物学の知見は、せっかくの自我の獲得をだいなしにする興ざめなものに聞こえるかもしれません。しかし、これらの事柄の間に直接の関係はないのです。科学的事実が、特定の教訓を引きださな

二〇二三年度 市川高等学校

【国　語】（五〇分）〈満点：一〇〇点〉

【注意】解答の際には、句読点や記号は一字と数えること。

一 次の文章は、長谷川眞理子「種と個のあいだ『利己的な遺伝子』をめぐって」の一部で、一九九六年に出版された書籍に掲載されたものである。これを読んで、後の問いに答えなさい。なお、出題に際して、本文には省略および表記を一部変えたところがある。

一九七五年に、ハーバード大学のエドワード・ウィルソンが1『社会生物学』という大著を著しました。ウィルソンは昆虫学者で、もともと、アリの行動生態に関する世界的な権威です。この本は、その当時知られていた動物の行動と生態に関する諸事実をできるだけ網羅的に集め、新しい遺伝子淘汰の理論で説明しなおした、画期的な本でした。

しかし、これがその後一〇年以上にわたって、多くの分野の学者を巻き込んで繰り広げられることになる大論争を引き起こしたのです。それは、この大著の全体の一〇分の一にも満たない最終章で、人間のことが語られていたからに他なりません。ウィルソンは、新しい遺伝子淘汰の理論を使って、人間の家族や社会の成り立ち、人間の示す利他行動、（中略）などなどを、動物の行動と同じように解明しようとしたのです。そしてさらに、心理学、社会学、文化人類学、法学、倫理学などの人文・社会系の学問は、今後は、社会生物学という名のもとに、遺伝子淘汰の理論で統一されるだろうと主張しました。それは、人間も進化の産物である以上、人間の行動や社会について考える学問はすべて、進化的視点を入れなければならないだろうから、というのが理由でした。

これに対して、心理学、社会学、文化人類学などの分野から、一斉に猛烈な反対の声が上がりましたが、生物学者の中からも反論が出ました。その強烈な反発には、政治的なものもありましたし、生態学者が人文・社会系の学問に領海侵犯しているという、なわばり意識もありました。しかし、反論の骨子は、人間の行動に生物学的・遺伝的基盤があると論じるのはけしからん、人間は動物と違って、知能と理性と文化と学習と教育のたまものである、というものだったのです。

この論争の政治的な側面はさておき、2社会学者、文化人類学者などの多くが構築した反論は、人間は動物とはまったく異なり、動物の行動を解明する理論を人間にあてはめることはできない、という考えに立脚していました。彼らは、人間の行動は、遺伝子ではなく文化や学習や自由意志に基づいているのであり、社会生物学は、文化や学習の重要性を無視した不当な生物学的決定論であり、人間の活動をすべて遺伝子に還元しようとする、乱暴な還元主義であると論じました。（中略）

この論争の中心は、「動物」対「人間」、「遺伝」対「環境」、「本能」対「学習」、「生物決定論」対「文化決定論」にありました。人間が、他の動物にはない高度な知能や文明をもっていることは明らかです。確かに、人間は、他の動物とは異なる存在です。それを否定する人はいないでしょう。しかし、文明や学習や知能があれば、遺伝や生物学的部分は完全になくなってしまうのでしょうか？　社会生物学論争は、上記の〇〇対〇〇の二分法が成り立ち、人間においては、前者の〇〇はすでに意味がなくなってしまったと考える人たちと、このような二分法は成り立たないと考える人たちとの論争でもありました。事実は、このような単純な二分法は成り立ちませんし、何もないところに絵を描くように、学習や文化が人間を作り上げていくのではありません。しかしまた、人間の行動や社会が形成されていく道筋は、他の動物よりもはるかに複雑で、慎重に考慮せねばならないことがたくさんあるのも事実です。

英語解答

Ⅰ (A) (1)… a (2)… c (3)… b (4)… b
(5)… b
(B) (1) ①…Germany
②…seventeenth
③…station
(2)… d (3)… b (4)… c

Ⅱ 問1 your brain is what you think with
問2 エ 問3 Every time you
問4 How does my brain control me ?
問5 My brain does.
問6 Without
問7 ２つの脳が完全に同じことはないので，２人の人が同じように考え，行動することはない。
問8 Your whole personality might change

Ⅲ 問1 1a to remember 1b lay
1c eating〔taking〕
1d to make
問2 宿題をもう少しで水たまりに落としてぬらすところだったこと。
問3 宿題を先生にどうやって渡せばよいかわからないということ。
問4 (1)…イ (2)…エ
問5 ④ He couldn't see clearly where he was going
⑤ not as much as the one with
問6 エ
問7 7a…ウ 7b…ア 7c…イ
7d…エ
問8 8a…イ 8b…オ 8c…エ
8d…ウ 8e…ア
問9 宿題を破いても学んだことは覚えているので，宿題をやり続けてほしい。(33字)
問10 ア，カ

Ⅰ 〔放送問題〕解説省略

Ⅱ 〔長文読解総合―説明文〕

≪全訳≫(A)❶脳はどのように私をコントロールしているのか。この質問には２つの重要な単語，「脳」と「私」がある。私たちはまず，これらが意味することへの真の理解を確かなものにする必要がある。❷脳は，頭の中を満たしているどろどろしたもので，とても大きくあまりつるつるしていないクルミに多少似ている。もっとも，クルミとは違ってそれは軟らかいゆで卵のように軟らかい。だが，クルミや卵よりずっと，ずっと多くのことをする。それはあなたが見て，聞いて，感じて，嗅いで，味わえるようにする。また，あなたが動けるよう，腕や脚にあるさまざまな筋肉全てに指示を出して，何をするべきかを体の他の部分に伝える。何よりも重要なのは，脳を使って考えているからこそ，あなたは「あなた」であることについて考えられるということだ。❸頭の中で何が起きているのか見てみよう。❹新生児のとき，あなたの脳はチンパンジーの赤ちゃんの脳と同じ大きさだ。だがその後，驚くべきことが起こる。顕微鏡の下でしか見られない約1000億個の小さな構成要素(「細胞」)があり，あなたの脳を構成しているのはこれらの細胞だ。しかし，あなたが生まれた後に人間の脳内にあるこれらの細胞どうしがお互いに細くつながり始め，このつながりがより長くより多くなるにつれて，脳もそれに応じて成長し，チンパンジーの場合よりもはるかに大きくなる。❺なぜ，これが興味深く，重要なのか。❻私たち人間は他の多くの動物と比べて，特に速く走れるわけでもなく，特によく物が見えるわけでもないし，それほど強くもない。しかし，私たちが他のどの種よりもこの星の広い範囲で生活し，成功できているのは，あることを他のどの種よりもはるかによくできるからだ。a私たちは学ぶのだ。7私たちが，生まれついたどんな環境にも慣れることができるのは，私たちは経験から学ぶのが非常に得意だからだ。そして，生きているどんな瞬間においても，脳細胞がつながりをつくることがすばらしく上手なので，私たちは学ぶのが得意なのだ。あなたがした全ての経験が，脳のつながりを変化させる。だから，たとえあなたがクローン――兄〔弟〕や姉〔妹〕と同じ遺伝子を持つ一卵性双生児――であっても，ある特定の経験の集合を持つのはあなただけなので，あなたの脳細胞のつながりのパターンは独自のものだ。たとえ同じ家で同じ家族と暮らしていても，他の誰かに起きたこととは異なる個別で唯一のことがあなたに起こる。誰かと話したり，ゲームをしたり，ある食べ物を食べたり，窓の外を眺めたりといったありふれたことをするたびに，あなたの脳細胞のつながりは独特の変化をし，あなたという驚くべき個人をつくる。8したがって，あの質問への答えは，「私の脳」と「私」は同じだということだ。だから，一方が他方をコントロールすることはできない。9しかし，クルミのように見えたり卵のように感じられたりするものによって，自分であるという感覚がどのようにして生じるのかは，いまだ解決されていない最も難しくて大きな謎の1つである。

(B)Ⅰあなたをあなたたらしめているものは何だろうか。まさにあなたが思い浮かべられる全てのものだ。頭，腕，つま先，心臓，そして特に脳だ。Ⅱもちろん，あなたが何かしらの不運な事故でつま先を失ったとしても，あなたはあなたのままであり，単に「つま先のないあなた」にすぎない。たぶん，左腕や右足の膝頭も同じことで，どちらもなくしたらきっとつらいだろうとは思うが。Ⅲしかし，脳は別のものだ。あなたを最もあなたたらしめている部分が1つあるとすれば，それはおそらくこれだ。あなたの脳，つまり頭の中にぎっしりと詰め込まれて，あなたが考え，推論し，記憶するのに役立つ，3ポンドかそこらの「灰白質」だ。Ⅳ脳がなければ，朝どうやってベッドから出ればいいのかわからないだろう。何の考えも浮かばないだろう。そして自分が誰なのかも思い出せず，「何が自分を自分たらしめているのか」と問うことすらできないだろう。Ⅴこれらは全て，別の問いを生み出す。何があなたの脳をあなたの脳たらしめているのか。新しいシャツや靴を選びに店に行けても，あなたが持っている脳は，あなたが生まれつき持っている脳だ。心臓ですら取りかえることができるが，脳を取りかえたらあなたはもうあなたではないだろう。もしそうしたら，あなたの全人格が変わるかもしれない。なぜなら，あなたを喜ばせたり悲しませたり，親切にさせたり意地悪にさせたり，人なつこくさせたり内気にさせたりするのは，あなたの脳だからだ。Ⅵあなたがまだ母親の子宮の中にいるときに，あなたの脳はその本来の形になり始めた。一片の皮膚に似た細胞の薄い広がりがそれぞれ折り重なり，管を形成した。その管が大きくなり始め，ボールのように見え出し，しばらくすると2つに分かれた(脳半球と呼ばれる)。その後，意思決定に役立つ前頭葉や，聞いたことを理解するのに役立つ側頭葉など，さらに多くの部位に分かれた。Ⅶあなたの脳の基本的な形の大部分は，もともとは両親からその遺伝子を通してもたらされた。だが，それ以降はあなた次第だ。何か新しいことを学ぼうとするたびに，あなたの脳は変化する。新しい脳をインターネットで注文することはできないが，毎日新しいことを学ぶことによって，すでに持っている脳をはるかに良いものにし続けることができる。Ⅷ2つの脳が全く同じことはないので，2人の人が同じように考え，行動することはない。何よりもあなたをあなたたらしめているのは，あなたの脳なのだ。

問1＜整序結合＞your の後に，名詞の brain を置く。これを主語とし，これに動詞の is を続ける。what 以降は‘what＋主語＋動詞…’「～が…すること〔もの〕」の形で what you think with とまとめる。この with は‘手段・道具’を表す。

問２＜適文選択＞空所 a は前の文にある do something を具体的に説明した部分で，人間が他の種より優れている点に当たる。これを受けた次の段落で，人間は学ぶことが得意だと述べられている。

問３＜英文解釈＞経験が脳を形づくるということは，経験によって脳が変化するということを意味する。この内容は(B)の第Ⅶ段落第３文にあり，「経験する」が「何か新しいことを学ぼうとする」と言い換えられている。

問４＜語句解釈＞‘my brain’と‘me’がクオーテーション(‘ ’)で閉じられ，強調されている。これと同様の形が(A)の第１段落第２文にあり，これらの語はその直前の文で書かれた疑問において重要だと述べられている。ここから，下線部③が(A)の冒頭の疑問を指しているとわかる。

問５＜文脈把握＞(B)の最終段落最終文が，(B)の冒頭の下線部④の疑問に答えを提示する形で，文章全体をまとめている。一般動詞の疑問文なので，一般動詞を用いて答える。

問６＜適語補充＞続く部分で，人間の基本的な活動ができないことの例が，wouldn't を用いた仮定法過去，つまり現在の事実に反する仮定として挙げられている。これは，もし脳がなかったら，という仮定だと考えられる。without ～ は「(もし)～がなかったら」という‘仮定’を表せる。

問７＜英文和訳＞‘no＋名詞’で「全く～がない」。ここでは，quite は「完全に」，way は「方法，やり方」といった意味で用いられている。

問８＜要旨把握＞≪全訳≫❶リョウタ(R)：なあ，聞いてくれよ。落ち込んでるんだ。入りたい大学への推薦が取れなくてさ。❷ケン(K)：それは残念だったな。でも，推薦が取れなくても，まだチャンスはあるだろ。また挑戦できるじゃないか。❸R：ああ。３月の一般入試に挑戦するけど，推薦で大学に入るよりずっと難しい。もっと頭が良かったらなあ。❹K：別の，もっといい脳みそが欲しいってことかい？❺R：そうさ。❻K：とんでもない！　別の脳を手に入れたら君の全人格が変わるかもしれないよ。それはもう君自身ではなくなってしまうってことさ。僕は親友を失いたくないね！

＜解説＞別の脳を得る，つまり脳を取りかえることについては，(B)の第Ⅴ段落第３文で述べられており，ここに空所を含む文の次の文と同じことが書かれている。続く第Ⅴ段落第４文では，if you did「もしそうしたら」，つまり脳を取りかえたら，全人格が変わると説明されている。　replace ～「～を取りかえる」

Ⅲ〔長文読解総合―物語〕

≪全訳≫❶ブラッドリーは興奮のあまり眠れなかった。エッベル先生はとても驚くだろう，と彼は思った。彼女はクラスのみんなに言うだろう。「１人だけ100点を取った人がいます――ブラッドリーです！」❷でも，まだうまくいかないかもしれないことがたくさんあった。学校に行く途中でそれをなくしたらどうしよう，と彼は心配した。ジェフとその友達に盗まれたらどうしよう？　彼は夜中に２回ベッドから抜け出して，自分の数学の教科書の中にそれが無事折りたたまれているのを確かめた。❸もしページを間違えていたらどうする？　彼には，エッベル先生が43ページと言ったのか62ページと言ったのか，もうわからなくなっていた！　彼は，彼女が言ったことを正確に思い出そうとした。❹彼は恐ろしさで起き上がった。彼女はそれが数学の宿題だとは言っていない。エッベル先生は何ページ目かを言っただけだ。彼女は何の本とは言っていない！　彼女が言ったのは歴史か言語か，あるいは他の本のどれかだったのかもしれない！❺彼はあおむけに寝そべって震えた。涙が枕をぬらした。❻朝早く彼はベッドから出て，宿題がまだそこにあるかどうか確認し，それからすぐに準備をして朝食もとらずに学校へ向かった。❼途中で彼は立ち止まり，宿題があることを確認した。彼が本を開くと，その紙が歩道の上の水たまりのすぐ横に落ちた。**8**彼はその紙を見下ろすと，自分がもう少しでやってしまいそうだったことにショックを受け，それからすぐにそれを拾い上げて本の中に戻した。彼は学校に着くまで，その本をしっかりと閉じたままにしていた。**9**彼は最初に学校に着いたうちの1人だった。彼はドアが開くのを待たねばならなかった。彼は注意深く周囲を見回し，ジェフとその友人たちを捜した。彼らが後ろから驚かすことができないように，背中を学校の壁につけて立った。**10**彼はアンディの姿を見かけた。アンディもこっちを見ていたような気がしたが，もしそうだとしても，何をしたわけでもなかった。**11**ドアが開くと，彼はエッベル先生の教室に一番に入った。彼は自分の机―― 一番後ろの席，最後列――で待っていた。**12**他の子どもたちが入ってきたとき，彼らがエッベル先生の机の上に紙を置くのが見えた。それが彼らの宿題なのだろうかと彼は思った。彼には今や新たな悩みが生じていた。どうやって先生に宿題を渡すのか，彼にはわからなかった。**13**ジェフが入ってきて，エッベル先生の机の上にある紙の山の上に紙を置き，部屋の後ろの方に来た。**14**きっとそれが彼の宿題に違いない，とブラッドリーは思った。それ以外のものだなんてありえるだろうか？**15**「ショーン」と彼は大声で言った。**16**ジェフの前に座っていた少女が振り向いた。**17**「君はエッベル先生の机の上に宿題を置くつもりなの？」**18**「私に指図しないでよ，ブラッドリー！」とショーンは怒って言った。「あなたはあなたの宿題の心配をする，私は私の宿題の心配をする，いい？」　彼女は向き直った。**19**もうすぐ学校が始まる時間だった。ベルが鳴る前にそれを彼女の机の上に置かないと認められないとしたら，どうする？　彼は自分の宿題を本から取り出し，立ち上がって，エッベル先生の机へと向かった。**20**一歩一歩進むたびに，彼の緊張は高まった。彼の口は乾き，息をするのも大変だった。自分がどこに向かっているのかもよくわからなかった。彼は倒れそうな気がした。エッベル先生の机がとても遠くに見えた。まるで望遠鏡を逆から見ているようだった。心臓がどきどきして，宿題を持つ手は震えていた。**21**どうにか先生の机までたどり着き，他の子どもたちが置いていった紙を見ようとした。それは数学の宿題に見えた！43ページだ！**22**しかし彼の気分は良くならず，もっと悪くなった――自分が爆発してしまいそうな気がした。**23**「何かいりますか，ブラッドリー？」とエッベル先生が尋ねた。**24**彼は手の中で震えている宿題を見た。そしてそれを半分に破って，エッベル先生の机の横の紙くず入れに入れた。**25**彼はすぐに気分が良くなった。頭がすっきりとし，呼吸が正常に戻った。心臓がどきどきしていたのも止まった。**26**彼は歩いて自分の机に戻り，深く息を吸ってから吐き，そして座った。机の上で両手を組み，その上に頭を載せた。壁の上の金色の星を見つめながら，彼は悲しんではいたが，落ち着いていた。**27**ブラッドリーは，みんなが休憩を取っていなくなってしまった後も自分の席に残っていた。彼はエッベル先生の机に向かった。**28**彼女は書類を仕分けしていた。**29**「エッベル先生」と彼は恥ずかしそうに言った。「廊下の通行証を使ってもいいですか？　カウンセラーに会わなければならないのです」**30**彼女は視線を上げた。**31**「お願いします」**32**いつもなら，エッベル先生は決してブラッドリー・チョーカーズに廊下を自由に通らせることはなかったが，彼が頼んだ様子の何かが彼女の心を変えたに違いなかった。「いいですよ，ブラッドリー」と彼女は言った。「でも，もし悪いことをしたら，二度とこの学校の廊下に入ることは許されませんよ！」**33**「ありがとうございます」**34**彼は彼女の机の後ろから廊下の通行証を取ると，ドアに向かって歩いていった。**35**「どういたしまして」と彼女は心の中で思った。**36**彼はカーラの診察室のドアをたたいた。**37**「今日はよく来てくれたわね，ブラッドリー」と彼女は彼に挨拶した。「私の所に来てくれてありがとう」**38**彼は彼女と握手をし，それから彼らは丸いテーブルを囲んで座った。彼女はおかしな線の入ったシャツを着ていた。それは彼が彼女に初めて会ったときに着ていたものだった。彼はそれが好きだったが，ネズミの絵がついたものほど好きではなかった。**39**「(8a)僕は昨夜宿題をしました」と彼は言った。40カーラはとてもうれしそうだった。「誇りに思うわ――」41「僕はそれを破りました」42「何ですって？」43「それを破ったんです。学校に持ってきて，8bエッペル先生の机の上に置こうとしていたんですが，その後破ったんです」44「どうして――？」とカーラは尋ね始めた。45「どうして僕は破ったんでしょう？」と彼が先に尋ねた。46「わからないわ，どうして？」47彼は肩をすくめた。48彼女は肩をすくめた。49 2人は静かに笑った。50「8c僕はあなたに怒られるかと思っていました」とブラッドリーは笑うのをやめると言った。51カーラは首を横に振った。「あなたは宿題をした，それが大事なことよ。私はあなたをとても誇りに思うわ，ブラッドリー・チョーカーズ」52「8d僕はこれから，宿題を全部やります」と彼は約束した。53「それはすばらしいわ！」54「でも，僕がそれを破り続けたらどうなりますか？」と彼は尋ねた。55「どうしてそんなことをしたいの？」56「わかりません。8eそれを破りたいなんて，今日は思っていなかったのに」57「大事なのは，あなたがそれをしたということよ。そしてそうすることで，あなたはいくつかのことを学んだわよね？」58「『の』の意味は」とブラッドリーは言った。59「『の』の意味？」とカーラは繰り返した。60「掛け算」とブラッドリーは言った。61彼女は困惑して彼を見つめた。「ああ，わかったわ！」と彼女は言った，というのも，彼女にとって突然全てがつながったからだ。「いいわ，あなたが宿題を破ったとしても，習ったことはまだ覚えている。あなたは自分の記憶を破ったんじゃない。エッベル先生が次に数学のテストをしたら，あなたは問題の解き方がわかるわ」62「あの人たちがもしルールを変えなければ」とブラッドリーは言った。63「どんなルール？」64「例えば，『の』を引き算を意味することにしたらどうなりますか？」65「ルールを変えることはないわ」とカーラは優しく言った。「あの人たちが誰だろうとね」66「でも，もし僕がテストも破ったら？」と彼は尋ねた。67カーラは，彼が子どもじみたことをしているとでも言いたげに，彼を見た。「エッベル先生はあなたに明日の宿題を出した？」と彼女は尋ねた。68「明日は土曜日です」69「そうね。月曜日のは？」70「いえ，週末には決して宿題は出ません」71彼はまるで何年も宿題をやっていたかのように話した。「でも，来週先生に出さないといけない読書感想文があります。ただ…」72「ただ，何？」73「本を持っていないんです。それに，ウィルコット先生は僕には図書館から本を借りさせてくれないんです」74「ねえ，ちょっと待って」とカーラは言った。「誰か他に本を借りさせてくれる人を知っているとは思わない？　さあ，よく考えてみて」75ブラッドリーは彼女の診察室にある全ての本を見回した。「あなたの本を1冊借りてもいいですか？」と彼は尋ねた。「お願いします。書き込みはしませんから」76カーラはテーブルの周りを歩き，本箱の1つの中から1冊の本を選んだ。それをブラッドリーに渡しながら，「私のお気に入りなの」と言った。

問1＜適語選択・語形変化＞1a. 先生に言われたページを思い出そうとしている場面。'try＋to不定詞'で「～しようとする」。　1b. 次の文にpillow「枕」とあるので，ベッドで横になったと考えられる。　lie－lay－lain　1c. eatだけでなく，takeにも「(食べ物など)を摂取する」といった意味がある。without ～ingで「～せずに，～しないで」。　1d. 'make sure(＋that)＋主語＋動詞...'は「～であると確かめる」。ここでは，'stop＋to不定詞'「～するために立ち止まる」の形にする。

問2＜語句解釈＞ここでのalmostは「もう少しで～するところだった」という意味。せっかくやった大事な宿題を，危うく水たまりに落としそうになり，ショックを受けたのである。

問3＜語句解釈＞新たな心配ごとの具体的な内容は，続く文で説明されている。

問4＜文脈把握＞(1)第12段落最終文参照。ブラッドリーは宿題の提出方法に迷っていたのだから，イ.「どうやって宿題を出せばいいのか」が適切。　(2)この言葉を聞いたショーンが怒っていることから，ショーンはブラッドリーのこの問いかけを，宿題を出さないのか，ひょっとしてやっていないのか，という疑いだと解釈したのだと推測できる。これを意味しているのはエ.「君はもう宿題を提出したのか？」である。

問5＜整序結合＞④前後の文から，ブラッドリーの緊張感を表す文が予想できる。'助動詞＋動詞の原形' で couldn't see clearly とまとめ，これに対応する主語として He をその前に置く。残りは '疑問詞＋主語＋動詞...' という間接疑問の形で where he was going とまとめる。　⑤肯定文の後に '逆接' の but があることと，与えられた語句から，否定の比較構文 'not ～ as〔so〕＋原級＋as …'「…ほど～ない」の形が予想できる。'原級' には much，'…' には the one with (the pictures of mice)を入れ，2文前の the shirt with the crazy lines on it と比較する文をつくる。

問6＜適語句選択＞次の文で，この様子が具体的に説明されている。望遠鏡を反対からのぞくと，まるで遠くにあるように像は小さく見える。

問7＜適語選択＞7a. from behind ～「～の後ろから」　**7b.** knock on ～「(ドア)をノックする」　**7c.** 'thank＋人＋for＋～ing'「～してくれて〈人〉に感謝する」　**7d.** with には，「(性質などが)ついた」という意味がある。

問8＜適文選択＞8a. この言葉を聞いたカーラはブラッドリーを褒めようとしたが，彼はそれを遮って「それを破いた」と伝えている。ここから，宿題をやったが破いたという流れだとわかる。
8b. ブラッドリーが，宿題を破る直前の状況を説明している。提出しようと先生の机に向かった後，それを破ったのである。　be about to ～「まさに～しようとしている」　**8c.** 次の段落でカーラは首を横に振り，このブラッドリーの言葉を否定している。続けて彼を褒めていることから，ブラッドリーは褒められるのとは逆に，怒られることを予想していたのだとわかる。　**8d.**「約束」が未来に向けた行動であることと，この言葉を聞いたカーラがブラッドリーを褒めていることから，be going to ～ という '未来' の表現を用いてこれからは宿題をするというウが適する。
from now on「今から」　**8e.** 前の文の that は，その前の段落にある「宿題を破り続けること」を指す。その理由がわからないと言っているので，破るつもりはなかったという内容のアが適する。

問9＜文脈把握＞第54段落から，宿題をやっても無駄なのではというブラッドリーの不安がうかがえる。それに対してカーラは第57，61段落で，宿題をやることに意味があること，宿題で学んだことを彼が身につけていることを指摘している。

問10＜内容真偽＞ア.「ブラッドリーはカーラに，もし誰かが『の』の意味を変えたらどうなるかと尋ねた」…○　第64段落参照。なお第58～60段落は，1/2 <u>of</u> 100＝50「100<u>の</u>2分の1は50」のように，of が掛け算を意味することを述べている。　イ.「ブラッドリーは，自分がもうテストを破ったりしないと確信した」…×　このような記述はない。　ウ.「ブラッドリーは本を読む前に数学の宿題をしなければならなかった」…×　このような記述はない。　エ.「ブラッドリーは図書館から本を借りることを許されていた」…×　第73段落第2文参照。　オ.「ブラッドリーはカーラに，誰が自分に本を貸してくれそうかよく考えるよう頼んだ」…×　第74段落参照。カーラがブラッドリーに語った内容である。　カ.「ブラッドリーはカーラの本に書き込みをしないことを約束した」…○　第75段落参照。

数学解答

1 (1) 右下図　(2) 30　(3) -10, 3

2 (1) 11個　(2) 12個

3 (1) ア…79　イ…$4n$　(2) 46番目
(3) 530番目

4 (1) 4　(2) $2\sqrt{3}$　(3) $\frac{3}{2}\pi+1$

5 (1) $\frac{5+2\sqrt{3}}{4}$

(2) (例)円の中心をOとして，点Oと2点C，E，点Cと点Fを結ぶ。$\angle COE=\frac{3}{12}\times360^\circ=90^\circ$ だから，$\overset{\frown}{CE}$ に対する円周角と中心角の関係より，$\angle PFC=\frac{1}{2}\times90^\circ=45^\circ$　点Aを含む $\overset{\frown}{CE}$ に対する中心角は $360^\circ-90^\circ=270^\circ$ だから，点Aを含む $\overset{\frown}{CE}$ に対する円周角と中心角の関係より，$\angle CDE=\frac{1}{2}\times270^\circ=135^\circ$ であり，$\angle EDR=180^\circ-135^\circ=45^\circ$　よって，$\angle PFC=\angle EDR$　また，DE∥PR より，平行線の錯角は等しいから，$\angle EDR=\angle PRC$

(3) $2-\sqrt{3}$

(例)

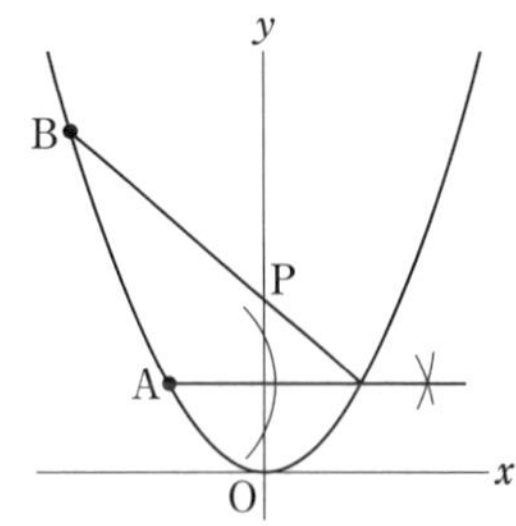

1〔関数—関数 $y=ax^2$ と一次関数のグラフ〕

(1)＜作図＞右図1で，点Aとy軸について対称な点をA′とすると，点Pがy軸上の点より，AP＝A′P だから，AP＋PB＝A′P＋PB である。よって，AP＋PB が最小となるのは，A′P＋PB が最小になるときである。A′P＋PB が最小になるのは，3点A′，P，Bが一直線上に並ぶときだから，点Pは，線分A′Bとy軸の交点である。2点A，A′がy軸について対称であることより，AA′⊥〔y軸〕であり，関数$y=x^2$のグラフはy軸について対称だから，点A′は，点Aを通りy軸に垂直な直線と関数$y=x^2$のグラフの交点である。解答参照。

図1

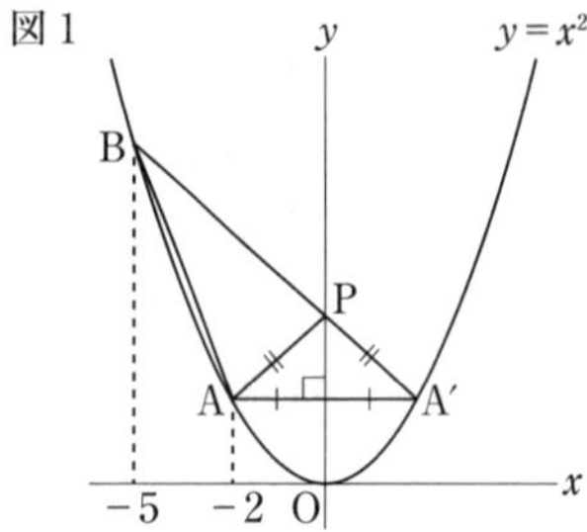

(2)＜面積＞右上図1で，△APB＝△AA′B−△AA′P である。2点A，Bは関数$y=x^2$のグラフ上にあり，x座標はそれぞれ-2，-5だから，$y=(-2)^2=4$，$y=(-5)^2=25$ より，A$(-2,\ 4)$，B$(-5,\ 25)$である。A′$(2,\ 4)$となるので，AA′$=2-(-2)=4$ である。また，直線A′Bの傾きは $\frac{4-25}{2-(-5)}=-3$ となるので，その式は$y=-3x+b$とおけ，点A′を通ることから，$4=-3\times2+b$，$b=10$ となる。よって，P$(0,\ 10)$である。線分AA′を底辺と見ると，△AA′Bの高さは $25-4=21$，△AA′Pの高さは $10-4=6$ となるから，△APB$=\frac{1}{2}\times4\times21-\frac{1}{2}\times4\times6=30$ である。

(3)＜x座標＞次ページの図2で，直線ABとy軸との交点をCとし，y軸上の正の部分に，△ARB＝△AQB＝60 となる点Rをとる。(2)より，A$(-2,\ 4)$，B$(-5,\ 25)$だから，直線ABの傾きは $\frac{4-25}{-2-(-5)}=-7$ となり，その式は$y=-7x+c$とおける。点Aを通るので，$4=-7\times(-2)+c$，

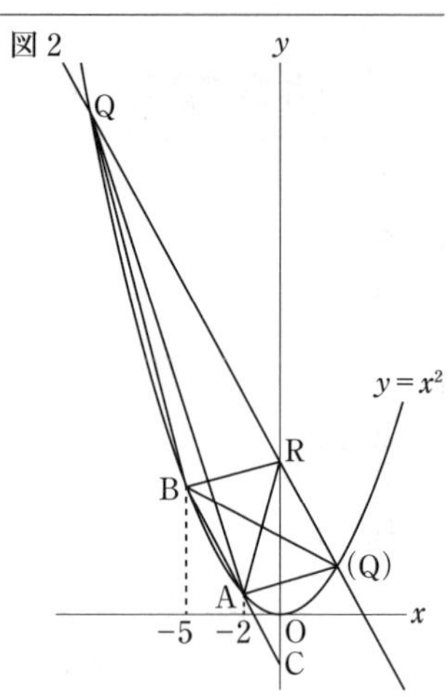

$c=-10$ であり，C(0, -10) である。R(0, t) とすると，$\mathrm{CR}=t-(-10)=t+10$ となる。底辺を辺 CR と見ると，△BCR の高さは 5，△ACR の高さは 2 となるので，$\triangle\mathrm{ARB}=\triangle\mathrm{BCR}-\triangle\mathrm{ACR}=\frac{1}{2}\times(t+10)\times5-\frac{1}{2}\times(t+10)\times2=\frac{3}{2}t+15$ と表せる。よって，$\frac{3}{2}t+15=60$ が成り立ち，$t=30$ となるから，R(0, 30) である。△ARB＝△AQB より，RQ∥AB だから，直線 RQ の傾きは -7 となり，切片は30だから，直線 RQ の式は $y=-7x+30$ となる。点Qは関数 $y=x^2$ のグラフと直線 $y=-7x+30$ の交点だから，$x^2=-7x+30$ より，$x^2+7x-30=0$，$(x+10)(x-3)=0$　$\therefore x=-10,\ 3$　したがって，点Qの x 座標は -10，3 である。

2 〔データの活用―場合の数〕

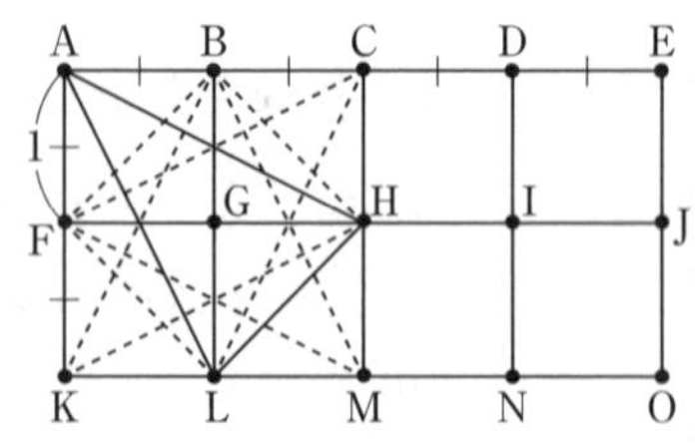

(1)**＜合同な三角形の個数＞**右図で，線分 AE，FJ，KO 上から格子点を 1 点ずつ選んでできる三角形が，△ALH と合同になるのは，正方形 AKMC の中に，△ALH 以外に△KHB，△MBF，△CFL の 3 個ある。これより，格子点を結んでできる 1 辺の長さが 2 の正方形の中には，△ALH と合同な三角形が 4 個できるので，正方形 BLND，正方形 CMOE の中にもそれぞれ 4 個できる。よって，△ALH と合同な三角形は，△ALH 以外に，$3+4+4=11$(個) ある。

(2)**＜格子点を含む三角形の個数＞**右上図で，線分 AE 上の格子点から点Aを選ぶ場合，内部に点Gのみ含む三角形は，△AFN，△AFO，△AHK，△AHL の 4 個できる。点Bを選ぶ場合，△BFM，△BFN，△BHK の 3 個できる。点Cを選ぶ場合，△CFL，△CFM の 2 個できる。点Dを選ぶ場合，△DFK，△DFL の 2 個できる。点Eを選ぶ場合，△EFK の 1 個できる。よって，内部に格子点をGのみ含む三角形は $4+3+2+2+1=12$(個) ある。

3 〔特殊・新傾向問題―規則性〕

(1)**＜数の計算，式の計算＞**Bの数の列の10番目の数 b_{10} は，n^2-2n-1 に $n=10$ を代入した数になるので，$b_{10}=10^2-2\times10-1=100-20-1=79$ である。また，Bの $n+2$ 番目の数 b_{n+2} は，n^2-2n-1 の n を $n+2$ にした数なので，$(n+2)^2-2(n+2)-1$ である。$n+2$ 番目の数 b_{n+2} から n 番目の数 b_n をひくと，$b_{n+2}-b_n=\{(n+2)^2-2(n+2)-1\}-(n^2-2n-1)=n^2+4n+4-2n-4-1-n^2+2n+1=4n$ となる。

(2)**＜n の値＞**$b_n=2023$ とすると，$n^2-2n-1=2023$ が成り立つ。これを解くと，$n^2-2n-2024=0$，$(n+44)(n-46)=0$　$\therefore n=-44,\ 46$　$n>0$ だから，46番目である。

(3)**＜順番＞**$a_n=2023$ とすると，$4n-5=2023$ が成り立ち，$n=507$ となるから，Aの数の列において，2023は507番目である。よって，Aの数の列に現れる数を -1 から2023まで並べると，数の個数は507個となる。また，Bの数の列に現れる数を -2 から2023まで並べると，(2)より，数の個数は46個となる。次に，A，Bの数の列に現れる数で共通するものを考える。A，Bの数の列で，共通する最初の数は，$a_1=-1$，$b_2=-1$ より，-1 である。Aの数の列は，-1 から 4 ずつ増える。また，Bの数の列は，偶数と奇数が交互に現れ，(1)より，$b_{n+2}-b_n=4n$ だから，ある数の 2 つ後の数は，ある数より 4 の倍数の分だけ大きい数となる。このことから，Bの数の列に現れる奇数は全てAの数の列にも現れる。Bの数の列において，奇数は b_2，b_4，b_6，……だから，46番目までに $46\div2=$

23(個)ある。つまり，A，Bの数の列に現れる数で，2023以下の共通する数は23個ある。したがって，Cの数の列において，-2から2023まで並べると，数の個数は$507+46-23=530$(個)となるので，2023は530番目である。

4〔空間図形―四面体〕

(1)**＜長さ―三平方の定理＞**右図1で，△ACDは$AC=AD$の二等辺三角形であり，点Mは辺CDの中点だから，$\angle AMC=90°$，$CM=\frac{1}{2}CD=\frac{1}{2}\times2\sqrt{5}=\sqrt{5}$となる。よって，△ACMで三平方の定理より，$AM=\sqrt{AC^2-CM^2}=\sqrt{(\sqrt{21})^2-(\sqrt{5})^2}=\sqrt{16}=4$である。

図1

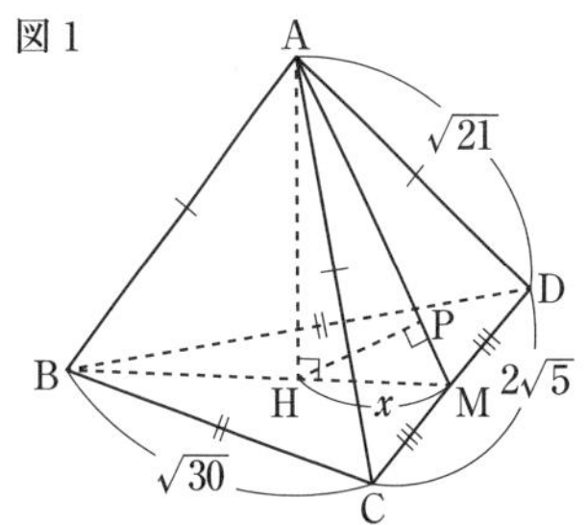

(2)**＜長さ―三平方の定理＞**右図1で，2点B，Mを結ぶ。$AC=AD$，$BC=BD$であり，点Mは辺CDの中点だから，点Aから面BCDに垂線AHを引くと，点Hは線分BM上の点となる。$AH\perp BM$だから，△AMH，△ABHで三平方の定理を用いると，$AH^2=AM^2-MH^2$，$AH^2=AB^2-BH^2$と表せ，$AM^2-MH^2=AB^2-BH^2$が成り立つ。△BCDは$BC=BD$の二等辺三角形で，点Mは辺CDの中点だから，$\angle BMC=90°$となる。(1)より，$CM=\sqrt{5}$だから，△BCMで三平方の定理より，$BM=\sqrt{BC^2-CM^2}=\sqrt{(\sqrt{30})^2-(\sqrt{5})^2}=\sqrt{25}=5$となり，$MH=x$とおくと，$BH=5-x$と表せる。よって，$4^2-x^2=(\sqrt{21})^2-(5-x)^2$となり，これを解くと，$16-x^2=21-25+10x-x^2$より，$10x=20$，$x=2$となるから，$AH=\sqrt{AM^2-MH^2}=\sqrt{4^2-x^2}=\sqrt{4^2-2^2}=\sqrt{12}=2\sqrt{3}$である。

(3)**＜面積＞**右上図1で，(1)，(2)より，△AMHの3辺の比は$MH:AM:AH=2:4:2\sqrt{3}=1:2:\sqrt{3}$となるので，$\angle AMH=60°$である。点Hから面ACDに垂線HPを引くと，点Pは線分AM上の点となり，点Hを中心とする半径$\sqrt{5}$の球を平面ACDで切ったときの断面の円の中心となる。△MHPは3辺の比が$1:2:\sqrt{3}$の直角三角形となり，(2)より，$MH=x=2$だから，$PM=\frac{1}{2}MH=\frac{1}{2}\times2=1$，$HP=\sqrt{3}PM=\sqrt{3}\times1=\sqrt{3}$である。右図2で，球Hを平面ACDで切ったときにできる断面の円の周上の点をIとすると，△HIPで三平方の定理より，$PI=\sqrt{HI^2-HP^2}=\sqrt{(\sqrt{5})^2-(\sqrt{3})^2}=\sqrt{2}$となるので，円Pの半径は$\sqrt{2}$である。

図2

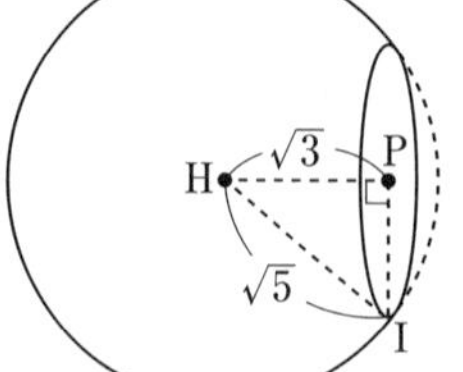

また，右図3で，点Pから辺ACに垂線PEを引く。$AM\perp CD$だから，$\triangle ACP=\triangle ACM-\triangle PCM=\frac{1}{2}\times\sqrt{5}\times4-\frac{1}{2}\times\sqrt{5}\times1=\frac{3\sqrt{5}}{2}$となり，△ACPの面積について，$\frac{1}{2}\times\sqrt{21}\times PE=\frac{3\sqrt{5}}{2}$が成り立つ。これを解くと，$PE=\frac{\sqrt{105}}{7}$となる。よって，$1<\sqrt{2}$より，$PM<\sqrt{2}$だから，円Pは辺CDと2点で交わり，$\frac{\sqrt{105}}{7}=\sqrt{\frac{105}{49}}=\sqrt{\frac{15}{7}}$より，$\sqrt{\frac{15}{7}}>\sqrt{2}$となり，$PE>\sqrt{2}$だから，円Pは2辺AC，ADとは交わらない。円Pと辺CDの交点をF，Gとすると，求める面積は斜線部分の面積で，円Pの面積から，線分FGと$\overset{\frown}{FG}$で囲まれた部分の面積をひいて求められる。$PM\perp FG$であり，$PM=1$，$PF=PG=\sqrt{2}$より，△PFM，△PGMは直角二等辺三角形となる。これより，$\angle FPM=\angle GPM=45°$だから，$\angle FPG=45°+45°=90°$であり，線分FGと$\overset{\frown}{FG}$で囲まれた部分の面積は，〔おうぎ形PFG〕$-\triangle PFG=\pi\times(\sqrt{2})^2\times\frac{90°}{360°}-\frac{1}{2}\times\sqrt{2}\times\sqrt{2}=\frac{1}{2}\pi-1$となる。円Pの面積は$\pi\times(\sqrt{2})^2=2\pi$だから，

図3

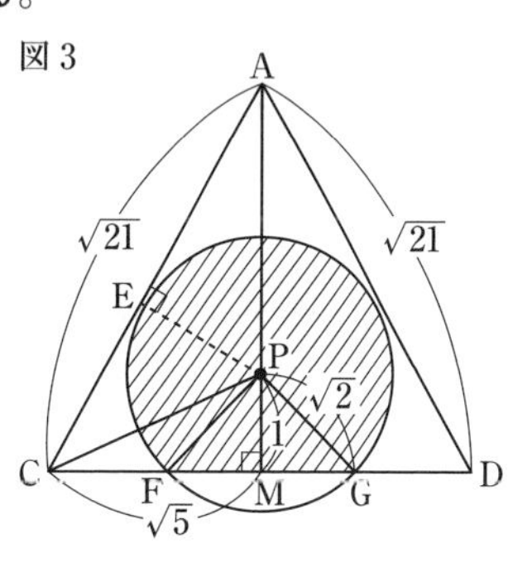

求める面積は，$2\pi-\left(\frac{1}{2}\pi-1\right)=\frac{3}{2}\pi+1$ である。

5 〔**平面図形─円，六角形**〕

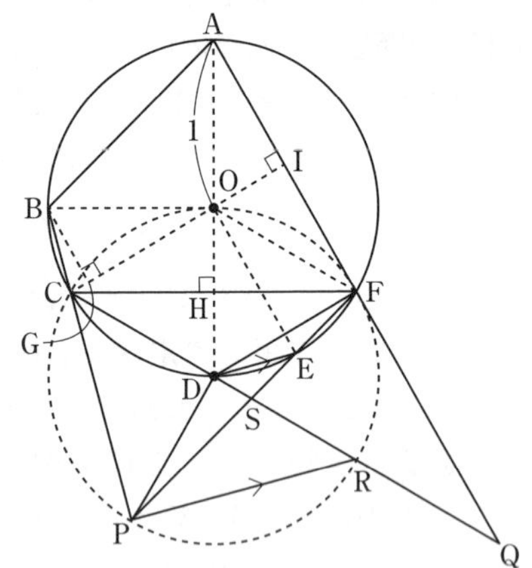

(1)＜**面積**＞右図で，円の中心をOとし，点Oと6点A，B，C，D，E，Fをそれぞれ結ぶ。$\overset{\frown}{AB}:\overset{\frown}{BC}:\overset{\frown}{CD}:\overset{\frown}{DE}:\overset{\frown}{EF}:\overset{\frown}{FA}=3:1:2:1:1:4$ より，$\angle AOB=\frac{3}{3+1+2+1+1+4}\times360°=\frac{3}{12}\times360°=90°$，$\angle BOC=\angle DOE=\angle EOF=\frac{1}{12}\times360°=30°$，$\angle COD=\frac{2}{12}\times360°=60°$，$\angle FOA=\frac{4}{12}\times360°=120°$ となる。$\triangle OAB=\frac{1}{2}\times1\times1=\frac{1}{2}$ である。点Bから線分OCに垂線BGを引くと，△OBGは3辺の比が $1:2:\sqrt{3}$ の直角三角形となるから，$BG=\frac{1}{2}OB=\frac{1}{2}\times1=\frac{1}{2}$ となり，$\triangle OBC=\frac{1}{2}\times1\times\frac{1}{2}=\frac{1}{4}$ である。同様に，$\triangle ODE=\triangle OEF=\frac{1}{4}$ である。点Cから線分ODに垂線CHを引くと，△OCHは3辺の比が $1:2:\sqrt{3}$ の直角三角形となるから，$CH=\frac{\sqrt{3}}{2}OC=\frac{\sqrt{3}}{2}\times1=\frac{\sqrt{3}}{2}$ となり，$\triangle OCD=\frac{1}{2}\times1\times\frac{\sqrt{3}}{2}=\frac{\sqrt{3}}{4}$ である。点Oから線分AFに垂線OIを引くと，△OFAが $OF=OA$ の二等辺三角形より，$\angle AOI=\frac{1}{2}\angle FOA=\frac{1}{2}\times120°=60°$ となり，△OIAは3辺の比が $1:2:\sqrt{3}$ の直角三角形となる。$OI=\frac{1}{2}OA=\frac{1}{2}\times1=\frac{1}{2}$，$AI=\sqrt{3}OI=\sqrt{3}\times\frac{1}{2}=\frac{\sqrt{3}}{2}$ となり，$AF=2AI=2\times\frac{\sqrt{3}}{2}=\sqrt{3}$ となるから，$\triangle OFA=\frac{1}{2}\times\sqrt{3}\times\frac{1}{2}=\frac{\sqrt{3}}{4}$ である。以上より，〔六角形ABCDEF〕$=\triangle OAB+3\triangle OBC+\triangle OCD+\triangle OFA=\frac{1}{2}+3\times\frac{1}{4}+\frac{\sqrt{3}}{4}+\frac{\sqrt{3}}{4}=\frac{5+2\sqrt{3}}{4}$ である。

(2)＜**証明**＞右上図で，DE∥PRより，$\angle EDR=\angle PRC$ だから，$\angle PFC=\angle EDR$ を導ければ，$\angle PFC=\angle PRC$ となる。∠PFC，∠EDRの大きさをそれぞれ求める。解答参照。

(3)＜**長さ**＞右上図で，点Dと点Fを結ぶ。△OCD，△ODFは，$OC=OD=OF$，$\angle COD=60°$，$\angle DOF=30°+30°=60°$ より，正三角形だから，$DF=OD=1$，$\angle ODC=\angle ODF=60°$ となり，$\angle FDQ=180°-60°-60°=60°$ となる。また，$\angle AOB+\angle BOC+\angle COD=90°+30°+60°=180°$ より，線分ADは円Oの直径だから，$\angle AFD=90°$ となり，$\angle DFQ=90°$ である。よって，△DFQは3辺の比が $1:2:\sqrt{3}$ の直角三角形となり，$DQ=2DF=2\times1=2$ となる。次に，△DFQが3辺の比が $1:2:\sqrt{3}$ の直角三角形より，$\angle FQS=30°$ であり，$\overset{\frown}{DF}$ に対する円周角と中心角の関係より，$\angle DCF=\frac{1}{2}\angle DOF=\frac{1}{2}\times60°=30°$ となるから，$\angle FQS=\angle DCF$ となり，$CF=FQ$ である。四角形OCDFはひし形になるから，$CF=2CH=2\times\frac{\sqrt{3}}{2}=\sqrt{3}$ となり，$FQ=CF=\sqrt{3}$ である。また，$\angle AOC=90°+30°=120°$ だから，$\overset{\frown}{AC}$ に対する円周角と中心角の関係より，$\angle AFC=\frac{1}{2}\angle AOC=\frac{1}{2}\times120°=60°$ となる。(2)より $\angle PFC=45°$ だから，$\angle QFS=180°-60°-45°=75°$ となり，△FQSで，$\angle QSF=180°-30°-75°=75°$ である。よって，$\angle QFS=\angle QSF$ となるから，$SQ=FQ=\sqrt{3}$ となる。したがって，$DS=DQ-SQ=2-\sqrt{3}$ となる。

社会解答

1 問1 ③，⑤
問2 あ…② 1…宋銭〔銅銭〕
問3 い…⑥ う…③
問4 ①，②，⑤
問5 ④ 問6 徳川吉宗
問7 (1)…伊能忠敬
(2) (例)日本近海に外国船が出現するようになったのに対して，幕府は1825年に異国船打払令を出して外国船に砲撃を加えて追い払うことを命じた。
問8 ④
問9 (例)1889年の大日本帝国憲法の公布と，選挙によって選ばれた議員による議会政治の開始。
問10 五・一五事件
問11 Y…④ Z…① 問12 台湾

2 問1 ② 問2 ④ 問3 ③
問4 (1)…④
(2) (例)1990年度は，バブル経済での地価の高騰などにより，都心から郊外などに人口が移動したため，都心3区の人口は減少している。2000年度と2010年度は，バブル経済の崩壊や世界金融危機による地価の下落に加え，都心の再開発が進んだことなどから，都心3区の人口は増加傾向にある。
問5 モノカルチャー経済 問6 ④
問7 サンフランシスコ…②
シカゴ…③

3 問1 1…集団安全保障
2…ウィルソン
問2 ④ 問3 ② 問4 ③，④
問5 あ…① い…③ う…②
問6 ④
問7 (例)知る権利は国や地方公共団体が持つ情報を国民が知る権利を意味し，プライバシーの権利は個人の私生活に関する情報を公開されない権利を意味する。
問8 ①，④ 問9 ④

1〔歴史―総合〕

問1＜古代日本の仏教＞奈良時代，聖武天皇は社会不安を仏教の力で鎮めようとして平城京には東大寺を，各地には国分寺と国分尼寺を建てた(③…○)。また，平安時代には，阿弥陀仏を拝めば，死後に極楽に行けるという浄土信仰が広まり，藤原頼通が建てた平等院鳳凰堂に代表される阿弥陀堂が各地に建てられた(⑤…○)。なお，大和政権に仏像や経典を伝えたのは百済である(①…×)。仏教を受け入れることで聖徳太子と提携したのは蘇我氏である(②…×)。平安時代の初めに比叡山に延暦寺を建てた最澄が開いたのは天台宗で，高野山に金剛峯寺を建て真言宗を開いたのは空海である(④…×)。

問2＜日宋関係＞1279年に元に滅ぼされたのは宋(南宋)である。平安時代後半から鎌倉時代前半にかけて日本からは栄西や道元が宋に渡り，宋からは蘭渓道隆などの僧が来日した。また，正式な国交はなかったが，貿易も行われ，宋からは大量の宋銭〔銅銭〕が日本にもたらされて流通した。

問3＜鎌倉時代の人物＞い．鎌倉幕府の第3代将軍は，源実朝である。源実朝が暗殺されると源氏の将軍家は途絶えた。　う．鎌倉幕府を滅亡させた武士のうち，鎌倉を攻めたのは新田義貞である。なお，藤原純友は10世紀に瀬戸内地方で反乱を起こした武士，源頼家は鎌倉幕府第２代将軍，北条泰時は第３代執権，足利尊氏は鎌倉幕府の六波羅探題を攻め落とし，後に室町幕府を開いた人物である。

問４＜鎌倉時代と室町時代の文化＞運慶らがつくった東大寺南大門の金剛力士像は鎌倉時代の文化の特色を，慈照寺銀閣の書院造や龍安寺石庭の枯山水，観阿弥・世阿弥によって大成された能，能の合間に行われた狂言は室町文化の特色を示している。なお，俵屋宗達や尾形光琳が活躍したのは江戸時代初めのこと，『竹取物語』や『古今和歌集』は平安時代の文学作品である。

問５＜江戸時代の対外関係＞豊臣秀吉による朝鮮侵略により，日本と朝鮮の交流は途絶えていたが，九州の北に位置するイの対馬藩の努力により国交が回復した。その後は江戸幕府の将軍の代替わりごとに朝鮮通信使が江戸を訪れ，日本からの使節は朝鮮の倭館に駐在した。

問６＜享保の改革＞江戸時代の政治改革のうち，18世紀前半に第８代将軍の徳川吉宗が行った改革は享保の改革と呼ばれる。吉宗はさつまいもの栽培など新しい産業に力を入れるため，キリスト教に関係しない漢訳洋書の輸入制限を緩和した。

問７⑴＜シーボルト＞江戸時代の後半，全国の海岸線を実測し，それに基づく正確な日本地図を作成したのは，伊能忠敬である。伊能忠敬が測量した地図は弟子たちによって『大日本沿海輿地全図』としてまとめられた。

⑵**＜異国船打払令＞**1792年には根室にロシアのラクスマンが，1808年には長崎にイギリス船のフェートン号が来航するなど，江戸時代の後半は日本近海に外国船が出現するようになった。これに対して，鎖国を保とうとする江戸幕府は1825年に異国船打払令を出して，日本近海の外国船に対して砲撃を加えて追い返すように命じた。

問８＜年代整序＞年代の古い順に，ｂ(1858年の日米修好通商条約の締結)，ｃ(1864年の四国連合艦隊による下関砲撃)，ａ(1866年の薩長同盟の締結)となる。

問９＜明治維新＞1865年から1898年の間の日本の変革とは，明治維新の変革を指す。ｃにある「立憲」や「代議制」という言葉から，1889年に公布された大日本帝国憲法に従って1890年に帝国議会が開かれたことがそれにあたると考えられる。

問10＜犬養毅＞犬養毅は明治時代から昭和初期に活動した政党政治家で，大正時代には護憲運動の中心的な立場にあった。1931年に立憲政友会総裁として内閣を組織したが，翌年の５月15日に海軍の将校によって暗殺された。この事件は起こった日付から，五・一五事件と呼ばれる。

問11＜日清，日露戦争＞Ｙ．1894年に始まったのは日清戦争で，戦勝国となった日本は1895年の下関条約で，清に朝鮮の独立を認めさせた。　**Ｚ．**1905年に終わったのは日露戦争で，戦勝国となった日本はポーツマス条約で，ロシアから樺太の南半分や旅順，大連の租借権を獲得した。なお，②は第一次世界大戦，③は満州事変，⑤は第一次世界大戦のときのシベリア出兵について述べている。

問12＜孫文と台湾＞孫文は，1911年の辛亥革命の翌年である1912年に成立した中華民国の臨時大総統となった。孫文の後継者の蔣介石が中国共産党との内乱に敗れ，台湾に逃れて中華民国を存続させたことから，長い間，孫文は台湾において「国父」として尊敬を集めてきた。

2〔地理―総合〕

問１＜アジアの宗教＞東南アジアや南アジアでは，古くから交易を行っていたムスリム商人の影響などによりイスラム教徒が多い。イスラム教以外の国内信者数の割合では，スペインの植民地だったフィリピンでキリスト教が最も多く，オランダの植民地だったインドネシアでもキリスト教徒の割合は２位である。インドに近いパキスタンやバングラデシュではヒンドゥー教が比較的多く，西欧諸国の植民地になっていないタイでは仏教が最も多い。また，イスラム教徒やヒンドゥー教徒が多いイとエのうち，人口密度が高いイがバングラデシュ，エがパキスタンである。

問２＜各国の産業別人口と出生率＞第１次産業の人口割合が高く，合計特殊出生率が高いという発展途上国の特色が最も強く表れている④がインドに当てはまる。なお，①は南アフリカ共和国，②は中国，③はロシアに当てはまる。

問３＜中国料理＞中国料理のうち，長い期間都があった北京を中心とする北部の地域で，宮廷料理の特徴を継いでいるのは北京料理，大河川である長江の河口にある上海を中心とする東部の地域で，八宝菜が代表的なのは上海料理である。なお，南部の地域で，飲茶が有名なイは広東料理，西部の内陸地域で，香辛料が多く用いられるマーボー豆腐が代表的なエは四川料理について述べている。

問４⑴＜少子化＞1950年から2000年にかけて，３国のうちで年少人口の減少率が最も小さいアがインド，年少人口の減少率が最も大きいイが日本，年少人口の減少率がほぼ一定のウがアメリカ合衆国を表している。

⑵＜人口集中＞高度経済成長期から1990年頃までは，都心に人口が集中し，地価が高騰したために，郊外にベッドタウンがつくられた。これにより人口が郊外に移動するというドーナツ化現象が見られたが，1990年代前半のバブル経済の崩壊や2008年の世界金融危機の影響で都心の地価が下がったことや，都心部の再開発での高層マンションなどの建築による住宅の供給量増加などによって，都心回帰と呼ばれる都心の人口の増加が見られるようになった。これに対して，都心の周辺部にあたる練馬区や江戸川区では人口増加が続いているが，人口増加率は下がっている。

問５＜モノカルチャー経済＞アフリカ諸国や中南アメリカ諸国やアジア諸国の多くは，かつて欧米諸国の植民地だった。その時代に，宗主国の利害によって特定の鉱産資源や農産物の生産が盛んになり，独立後もその特定の鉱産資源や農産物の生産や輸出にその国の経済が大きく依存する経済構造となっている。このような経済構造を，モノカルチャー経済という。

問６＜ブラジルの輸出品＞かつては，ブラジルの輸出品目の中心はコーヒー豆などの農産物や鉄鉱石だったが，近年は工業化が進み機械類の輸出が増えている。したがって，グラフ３が2016年の輸出品目を表している。農産物の輸出では，近年は大豆が中心となっている。

問７＜アメリカ合衆国の気候＞気温の年較差は，海岸沿いのマイアミやサンフランシスコより，内陸部のシカゴやラスベガスの方が大きい。サンフランシスコの気候は地中海性気候なので，冬に降水量が多く，夏に降水量が少ないが，年間を通して比較的降水量が少ないため，多い月と少ない月の差は小さい。ラスベガスは乾燥帯に属するので，年間を通して降水量が少ない。したがって，①がマイアミ，②がサンフランシスコ，③がシカゴ，④がラスベガスを表している。

３〔公民―総合〕

問１＜国際平和＞１．対立する国々も含めた国際社会の多数の国が共同して国家の安全を互いに保障するという考え方を，集団安全保障という。この考え方が，国際連合の基本となっている。　２．

第一次世界大戦後，国際平和のための組織である国際連盟が創設されたが，これは，アメリカ大統領ウィルソンの提唱によるものだった。

問２＜国際連合＞安全保障理事会では，議題などの手続事項に関することでは15理事国中の９理事国以上の賛成により決議され，実質事項に関することでは，常任理事国５か国全てを含む９理事国以上の賛成により決議される(①…×)。1990年のイラクによるクウェート侵攻の際に派遣されたのは多国籍軍で，派遣の決議が行われたのは安全保障理事会である(②…×)。国際司法裁判所の裁判が行われるためには，紛争当事国双方の同意が必要である(③…×)。

問３＜国会の種類＞毎年１月に召集され，会期が150日と決められているのは常会〔通常国会〕で，常会では必ず予算の審議が行われる。常会が開かれていない時期に，内閣が必要と認めるか一定数の国会議員の要求があれば開かれるのは臨時会〔臨時国会〕，衆議院の解散後，総選挙の日から30日以内に，内閣総理大臣の指名を行うために召集されるのは特別会〔特別国会〕である。

問４＜衆議院の優越＞国政調査権の行使，憲法改正の発議に関しては，衆議院の優越の原則は適用されず，衆議院と参議院の権限は対等である。なお，内閣不信任決議を行うことができるのは衆議院だけ，緊急集会は，衆議院解散中に参議院だけで行う。

問５＜基本的人権＞①の法廷手続きの保障と罪刑法定主義は，自由権のうち身体の自由に含まれる。②の国家賠償請求権は請求権に含まれ，請求権は基本的人権を確保するための権利に含まれる。③の教育を受ける権利は，生存権，勤労の権利とともに社会権に含まれる。

問６＜平等権＞差別することなく一律に等しく取り扱うだけでは平等が実現できず，社会的・経済的弱者を制度上，法律上支援することによって平等が実現できるというのがｂの考え方である。①，②，③が差別をなくすことによって平等を実現しようとする例になっているのに対して，④は議席の一定割合をあらかじめ女性に割り当てることによって議員の男女比を近づけようとするもので，ｂの考え方の例になっている。

問７＜新しい人権＞日本国憲法に直接規定されていないが，憲法制定後の社会の変化に応じて認められるようになった知る権利，プライバシーの権利，自己決定権，環境権などの人権を，新しい人権という。知る権利とは，国や地方公共団体が持つ情報を主権者である国民が知る権利のことで，この権利を保障するために情報公開制度が整えられてきている。プライバシーの権利とは，個人の私生活に関する情報を公開されない権利のことで，この権利を守るために個人情報保護制度が整えられてきている。

問８＜成年年齢＞2022年に成年年齢が20歳から18歳に引き下げられた。これにより，2023年３月現在では投票する権利である選挙権に加えて，10年有効のパスポートを取得する権利，親の同意なくローンを組む権利などが18歳から認められるようになった。しかし，被選挙権年齢には変更がなく，飲酒や喫煙，競馬や競輪の投票券の購入は20歳以上のままである。

問９＜消費者保護＞アは，消費者の不利益になる情報を故意に伝えなかった例で，消費者契約法によって契約を取り消すことができる。未成年者が，小遣いの範囲内で行った契約であるイや親の同意を得て行った契約は，契約者が未成年者であっても取り消すことができない。クーリング・オフ制度が適用されるのは訪問販売や電話勧誘での販売などによる契約である。ただし，ネットショッピングや通信販売にはクーリング・オフは適用されない。

理科解答

1 (1) 2N (2) ウ (3) 3N
(4) 12cm (5) 16cm (6) 10cm
(7) エ，キ

2 (1) 還元 (2) ウ (3) イ，オ
(4) 1.28g (5) 0.11g (6) 0.06g
(7) 0.80g

3 (1) AED (2) イ (3) 血小板
(4) エ (5) エ (6) オ (7) イ

4 (1) ア (2) 北アメリカプレート
(3) 9時間 (4) 南東 (5) ア
(6) 6

1 〔運動とエネルギー〕

(1)<**浮力**>図1で，物体Xが受ける浮力の大きさは，沈んだ部分の体積に比例して大きくなる。このため，図2のように，ばねばかりの値は減少し，物体が全て沈むと沈んだ部分の体積は増えないため，浮力の大きさが一定になり，ばねばかりの値も一定になる。ばねばかりの値は5Nから3Nまで減少し一定になったので，物体Xが受ける浮力の大きさは，5－3＝2(N)である。

(2)<**浮力**>浮力の大きさは，物体が押しのけた液体の体積に関係するが，物体の密度には関係しない。物体Yの密度を2倍にしても，押しのけた液体の体積が変わらないため，浮力の大きさは変化しない。よって，誤っているのはウである。なお，浮力の大きさは，物体が押しのけた体積分の液体にはたらく重力(重さ)に等しい。このため，図3の液体を水よりも密度が大きい海水に変えると，押しのけた体積分の液体の重さが大きくなり，物体Yが受ける浮力は大きくなる。また，物体Yは形状が変わったとしても体積が変わらなければ，押しのける液体の体積も変わらないので，浮力の大きさは等しい。

(3)<**力のつり合い**>図4のコップは下向きに重力，上向きに浮力を受け，この2力がつり合うので浮く。質量300gのコップにはたらく重力の大きさは，質量100gの物体にはたらく重力の大きさが1Nなので，300÷100×1＝3(N)である。よって，この力とつり合う浮力の大きさも3Nとなる。

(4)<**沈んだ深さ**>(3)より，図4でコップが受ける浮力の大きさは3Nだから，コップが押しのけた水の重さも3Nで，その質量は3÷1×100＝300(g)となる。よって，水の密度が1g/cm^{3}より，コップの沈んだ部分の体積は300cm^{3}で，コップの外側の底面積は25cm^{2}なので，沈んだ深さは，300÷25＝12(cm)である。

(5)<**浮力**>水をコップの内側の底から5cmまで入れると，内側の底面積が20cm^{2}より，入れた水の体積は20×5＝100(cm^3)となり，水の密度は1g/cm^{3}より，その質量は1×100＝100(g)である。このとき，水が入ったコップ全体の質量は300＋100＝400(g)になるから，コップが受ける浮力の大きさは4Nである。よって，コップの沈んでいる部分が押しのけた水の重さも4Nだから，押しのけた水の質量は400gで，体積は400cm^{3}である。したがって，コップが沈んだ深さは，400÷25＝16(cm)となる。

(6)<**注いだ水の量**>コップの上端が水槽の水面に達するのは，コップが20cm沈んだときだから，コップが押しのけた水の体積は25×20＝500(cm^3)で，その質量が500gより，浮力は5Nである。よって，このとき，水の入ったコップの重さは5Nで，質量は500gなので，コップに入れた水の質量は500－300＝200(g)となる。したがって，コップに入れた水の体積は200cm^{3}となるから，200÷20＝10より，水をコップの内側の底から10cmまで入れたときである。

(7)<**物体の形状**>図6では，物体Zが沈んだ深さが大きくなると，まず，ばねばかりの値が一定の割

合で減少し，その後，減少する割合が小さくなり，再び減少する割合が大きくなって，ばねばかりの値は一定になる。ばねばかりの値が減少する間，傾斜の違う３本の線はそれぞれ直線であることから，各直線部分においては物体Ｚが沈んだ深さと物体Ｚが沈んだ体積は比例関係にある。これより，グラフの直線部分に対応する物体Ｚの形状は，水平面で切断した面の面積が一定な柱状がふさわしい。また，グラフの傾きに対応する物体Ｚの形状は，切断面の面積が最初は大きく，次に小さくなり，再び大きくなるものと考えられる。

2〔化学変化と原子・分子〕

(1)＜**還元**＞物質が酸素と結びつく化学変化を酸化，酸化物から酸素が奪われる化学変化を還元という。加熱した酸化銅に水素を送ると，酸化銅が水素によって還元されて銅になり，同時に水素は酸化されて水になる。

(2)＜**水の検出**＞実験１で，酸化銅が還元されて銅になるとき，同時に水素は酸化されて水になるので，発生した液体は水である。塩化コバルト紙は水に触れると青色から赤色に変化する。

(3)＜**二酸化炭素**＞実験２では，酸化銅は炭素に酸素を奪われて銅になり，炭素は酸素と結びついて二酸化炭素が発生する。ア〜カのうち，二酸化炭素が発生するのは，イとオである。なお，アでは水素が，ウとカでは酸素，エではアンモニアが発生する。

(4)＜**生成物の質量**＞実験２では，0.12gの炭素に加える酸化銅の質量を0.40gずつ増やして加熱している。表１より，残った固体の質量は，1.28gになるまでは0.29gずつ増加するが，1.28g以降は0.40gずつの増加に変わるので，増やした酸化銅0.40gがそのまま残っていることがわかる。よって，残った固体が1.28gのとき，炭素と酸化銅が過不足なく反応し，残った固体は全て銅となる。実験２と同様に炭素0.12gに酸化銅を3.00g加えて加熱しても，生成する銅は1.28gのままである。

(5)＜**質量保存の法則**＞発生する気体の質量は，質量保存の法則より，反応前の酸化銅と炭素の質量の合計と反応後に残った固体の質量の差で求められる。表１より，酸化銅0.40gと炭素0.12gの混合物を加熱すると，反応後に0.41gの固体が残るので，このとき発生した気体は$(0.40+0.12)-0.41=0.11$(g)である。

(6)＜**未反応物質の質量**＞(4)より，炭素0.12gと過不足なく反応する酸化銅の質量は1.60gである。よって，炭素0.12gに酸化銅0.80gを加えて加熱すると，酸化銅の質量が1.60gの$\frac{1}{2}$になるので，反応する炭素も$\frac{1}{2}$の0.06gになり，未反応の炭素は$0.12-0.06=0.06$(g)である。

(7)＜**不純物の質量**＞(4)より，酸化銅1.60gと炭素0.12gが過不足なく反応して銅1.28gが生成する。このとき発生する気体(二酸化炭素)は，質量保存の法則より，$(1.60+0.12)-1.28=0.44$(g)である。ガラスと酸化銅の混合物1.20gと炭素0.06gの反応後に1.15gの固体が残ったことから，このとき生じた二酸化炭素は$(1.20+0.06)-1.15=0.11$(g)である。この二酸化炭素0.11gは，酸化銅1.60gが全て反応したときに生じる二酸化炭素0.44gの$\frac{1}{4}$なので，ガラスと酸化銅の混合物1.20gに混ざっている酸化銅は$1.60\times\frac{1}{4}=0.40$(g)である。よって，混ざっていたガラスは$1.20-0.40=0.80$(g)となる。

3〔生物の体のつくりとはたらき〕

(1)＜**AED**＞自動体外式除細動器の略称はAED(Automated External Defibrillator)である。

(2)＜**心臓**＞心臓は，左右の肺の間で，胸の中央よりやや左寄りにある。

(3)＜**血小板**＞血液の凝固に関わる血液の成分は血小板である。

〔編集部注：血小板があるのは哺乳類だけで，哺乳類以外の脊椎動物で血液の凝固に関わる血液成

分を栓球という。この問題では，カエルの栓球を，哺乳類の血小板に相当するものとした。〕

(4)<**赤血球**>ヒトの赤血球は，核がなく，中央がくぼんだ円盤形である。なお，哺乳類の赤血球には核がないが，哺乳類以外の脊椎動物の赤血球には核がある。

(5)<**血液の総質量**>市川さんの体重は51.5kg，つまり，51.5×1000＝51500(g)である。表1より，この約8％が血液の総質量なので，市川さんのおよその血液の総質量は51500×0.08＝4120(g)となる。

(6)<**血液の循環量**>表1より，心臓は1分当たり約70回拍動し，1回の拍動で約70mLの血液が送り出される。1日は60×24＝1440(分)だから，1日当たり心臓から送り出される血液は70×70×1440＝7056000(mL)より，7056000÷1000＝7056(L)である。よって，1日当たりの血液の循環する量は，約7000Lとなる。

(7)<**血液循環**>心臓から全身に血液を送る大動脈には動脈血が流れ，心臓から肺に血液を送る肺動脈には静脈血が流れている。なお，心臓の拍動数は活動量に応じて変化する。血液の液体成分は血しょうであり，この一部が毛細血管からしみ出し，細胞の周りをひたしているのが組織液である。また，カエルの心臓は2心房1心室である。

4〔**大地の変化**〕

(1)<**地震の記録**>最も古い地震の記事(允恭(いんぎょう)地震)と最も古い震災の記事(推古地震)が載っている書物は，舎人親王が編纂(さん)に携わったとされる日本書紀である。

(2)<**北アメリカプレート**>市川高等学校があるのは北アメリカプレートである。なお，日本の周辺では，大陸プレートである北アメリカプレートとユーラシアプレートの下に，海洋プレートである太平洋プレートとフィリピン海プレートが沈み込んでいる。

(3)<**津波**>水深hmにおける津波の速さは$\sqrt{10h}$m/sと表せるので，東北沖からハワイ諸島までの水深をh＝4000(m)としたとき，津波の速さは$\sqrt{10\times4000}$＝200(m/s)となる。東北沖で発生した津波が6200km，つまり，6200×1000＝6200000(m)離れたハワイ諸島に到達するまでの時間は，6200000÷200＝31000(s)である。よって，1時間は60×60＝3600(s)だから，津波発生からハワイ諸島に到達するまでにかかる時間は，31000÷3600＝8.6…より，約9時間である。

(4)<**震源の位置**>図1より，P波による最初の動きは，上下では上，南北では北，東西では西であるから，観測地点は最初に北西方向，上向きに動いた。P波は波の進行方向と同じ方向に振動しながら伝わるので，最初に動いた北西方向の上向きとは逆の，南東方向の下からP波は届いたと考えられる。よって，震源の位置は観測点から見て南東の方向になる。

(5)<**地震の揺れと対策**>制震は建物の内部におもりや揺れを吸収する装置を取りつけて建物にしなやかさをもたせる対策なので，ア～エのうち，制震に当たるのはアである。なお，イは免震に当たり，ウは耐震に当たる。

(6)<**緊急地震速報**>P波の速さは5km/sより，震源から80km離れた地点の地震計がP波を観測したのは，80÷5＝16(s)後である。その3秒後に緊急地震速報が流されたから，緊急地震速報が流れてから15秒後は，地震発生から16＋3＋15＝34(s)が経過している。この34秒間にS波が伝わる距離は，S波の速さが3km/sより，3×34＝102(km)である。つまり，震源からの距離が102kmより離れた地点では，緊急地震速報が流れてからS波が到着するまでの時間が15秒以上ある。よって，表1の中で，15秒以上の時間があるのは，幕張駅から錦糸町駅までの6駅である。

国語解答

一 問1 ウ　問2 ア　問3 オ
問4 ア
問5 一般人に，研究成果について，正しい知識を伝え，間違って普及されているものを正すことに加え，楽しんで科学的知識を理解して知的論争を好むような，批判的な鋭い目を持つ「非」科学者の一般人を育てていくもの。(99字)

二 問1 エ　問2 ア　問3 ウ
問4 (1) 私たちだけの領する第三の世界
(2) 二人が内容の違う世界を所有しつつ接触して影響を及ぼし合い，一高および寄宿寮の生活という全く新しい経験をする中で，ノスタルジアを共有しながらつくりあげられた。(78字)
問5 ア

三 問1 明けければ
問2 1…ウ　3…オ　問3 エ
問4 (1)…ウ　(2)…ウ

四 1 綻　2 臨　3 迅速
4 紡績　5 焦燥

一〔論説文の読解─自然科学的分野─科学〕出典；長谷川眞理子「種と個のあいだ　『利己的な遺伝子』をめぐって」。

≪本文の概要≫ウィルソンは『社会生物学』で，新しい遺伝子淘汰の理論を使って人間の行動や社会を解明しようとし，人文・社会系の学問は今後社会生物学という名のもとに新しい遺伝子淘汰の理論で統一されるだろうと主張した。これに対し，多くの分野の学者たちによる大論争が起こって長期間続いた。科学において，論争は，双方の理論や分析をさらに精密化する活性剤になる。価値判断とは無関係だといわれる科学的事実も，私たちの価値判断に影響を与えることはある。それでも，獲得した知識のうえに特定の価値観，倫理観を引き出すのは，あくまでも私たちの選択である。科学者には，研究の成果を一般人にわかりやすく正確に伝える義務があり，科学ジャーナリズムは不可欠になる。一般人も，批判的な鋭い目を養う必要がある。科学を理解するための知的努力を楽しいと感じ，知的論争を好む層が増えれば，科学者も科学ジャーナリズムも，刺激を受けるだろう。そのような鋭い「非」科学者の一般人を育てていくことも，科学者の使命の一つなのだろう。

問1＜文章内容＞ウィルソンは，「新しい遺伝子淘汰の理論を使って，人間の家族や社会の成り立ち，人間の示す利他行動」などを「動物の行動と同じように解明しようと」した。さらに，「心理学，社会学，文化人類学，法学，倫理学などの人文・社会系の学問は，今後は，社会生物学という名のもとに，遺伝子淘汰の理論で統一されるだろう」と主張した。その結果，ウィルソンの著した『社会生物学』は「その後一〇年以上にわたって，多くの分野の学者を巻き込んで繰り広げられることになる大論争」を引き起こした。

問2＜文章内容＞「社会学者，文化人類学者などの多くが構築した反論」は，「人間は動物とはまったく異なり，動物の行動を解明する理論を人間にあてはめることはできない」という考えに立脚したもので，彼らは，「人間の行動は，遺伝子ではなく文化や学習や自由意志に基づいている」と論じた。この論争の中心は「『動物』対『人間』，『遺伝』対『環境』，『本能』対『学習』，『生物決定論』

対『文化決定論』」にあり，このような二分法が成り立つと考える人と成り立たないと考える人との論争でもあった。しかし，事実は「このような単純な二分法」は成り立たないのであり，「何もないところに絵を描くように，学習や文化が人間を作り上げていく」のではない。つまり，「遺伝や生物学的部分」なしに「学習や文化」が成り立つわけではない。

問３＜文章内容＞論争が長く続いた結果，社会生物学者たちは，「初期のころの雑な理論展開は撤回し，生物進化と文化と学習との関係を，より精密に分析するように」なった。一方，人文・社会系の学者たちの一部には，「より積極的に進化的視点を取り入れる人たちも出て」きた。論争を通して，それぞれが相手の理論をふまえながら，理論や分析をさらに精密なものにしていったのであり，論争は，そのための「活性剤」になっていたといえる。

問４＜文章内容＞「通常，科学は価値判断とは無関係であると言われて」いるし，実際，「いまの私たちの価値観を正当化する科学的根拠もない」が，だからといって，科学的事実が価値判断と本当に関係がなく，「進化生物学が発展しても，私たちの人間観とは無関係」であるということではない。地球が宇宙の中心ではないことが発見されると，その科学的認識が「人間の人間自身に対する見方を変えていった」ように，「人間を含めて生物がどのように作られているのかを知ることは，やがて，私たちの人間観，生命観を変えていく」ものと思われる。

問５＜文章内容＞まず，科学者の「義務」として，「研究成果を，わかりやすく正確に一般の人びとに伝える」ということがある。この「義務」の中には「間違って普及されているものを正す」ことも含まれる。一方で，一般の人々もある程度「批判的な鋭い目」を養わなければならない。一般の人々が科学的知識を理解するには「ある程度以上の知的努力が必要」であるが，「そういう努力を楽しいと感じ，知的論争を好む層がしっかりと増えれば，科学者も，科学ジャーナリズムも，逆に刺激を受ける」に違いない。そういう状況をつくり出すために，正しい知識を一般の人々に伝えて「鋭い『非』科学者の一般人を育てていくこと」も科学者の使命だということになる。

二〔**随筆の読解―自伝的分野―回想**〕出典；恒藤恭「友人芥川の追憶」（石割透編『芥川追想』所収）／芥川龍之介「恒藤恭氏」（『芥川龍之介全集　第９巻』所収）。

問１＜文章内容＞芥川は会話でも文章でも，一人称の代名詞には「僕」を用いていた。一方，「私」は，家では「私」を用い，「僕」は「社交用，特に対友人用」に使っていたし，「文章において自己を表わす為」には「私」を用いてきている。そのため，「私」は，芥川との会話では「複数の一人称」には「僕たち」を用いていたが，「文章の上に芥川と私とを一人称の複数において表わす場合」には，「私たち」を使うか「僕たち」を使うかという問題にぶつかってしまう。

問２＜心情＞生前，芥川は「『龍之助』と書かれたり，印刷されたりして居るのを見ると，参ったような，腹立たしいような，浅ましいような感じをもった」ものだった。それは，「彼が『龍之介』という自分の名を甚だ愛し且つそれについて一種の誇りをもって居たから」でもあったことを，「私」は知っていた。そのため，札の上の文字が「龍之助」になっているのを見たら，芥川は「苦笑するだろう」と思われたが，幸い字は改められたので，「私」は，これで「仏」の芥川も落ち着くだろうと一安心した。

問３＜文章内容＞芥川は東京で生まれ育ち，「私」は山陰道で生まれ育ったという違いがあった。「團十郎の噂をしか」聞いたことがなかった「私」にとって，幼い頃から歌舞伎にふれる機会があったという芥川の話は，輝かしくて憧れを抱くものだったと考えられる。

問４＜文章内容＞⑴「私たちの共通の世界」は，芥川と「私」が一高で出会い，「接触」していくうちに生まれてきた世界であり，芥川の「郷土としての東京」でも「一高の所在地としての東京」でもない二人がつくる二人だけの世界，すなわち「私たちだけの領する第三の世界」である。　⑵芥川と「私」は，中学時代までの生活環境の違いなど「ずい分と内容の違った世界を所有」しつつ，一高で出会い，「共通の世界」が二人の間に生まれた。これまでの「各自の所有していた世界の特性」は，「新しく二人の間に展開し始めた世界の内容に対して影響」を及ぼしてはいたが，「一高及びその寄宿寮の生活」は，どちらにとっても「全く新しい経験」であり，その点で二人は共有できるものがあった。また，郷土としての東京と一高の所在地としての東京の「二個の東京」が存在する芥川と，「新たに東京」に住む「私」は，寮生活に必ずしもなじめず，郷里を恋しく思い，「ノスタルジア」を共有するようになった。

問５＜文章内容＞芥川は，「私」が家では一人称の代名詞として「私」という語を使っていることに気づいて「やさしい語」だと言ったり，自分の名を「甚だ愛し且つそれについて一種の誇りをもって」いたりしており，そこから「私」は，芥川のことを「言語の感覚の極めて鋭敏であった」と評している(ア…×)。一人称の代名詞として，芥川は会話でも文章でも「僕」を用いていたが，「私」は，「僕」を「社交用，特に対友人用」として芥川との間でも「僕」を用い，家や文章では「私」を使っていた(イ…○)。「私」は，寮の生活について，芥川はしだいに慣れてはいったものの，「六分どころしかそれに応化しなかった」が，自分は「寮の生活には十分応化せずして終った方だが，それでも芥川に比べればそうした生活に適応する能力をより多くもっていた」と述べている。一方，芥川は，「人並み」で「凡庸に日を送る」自分や，クラスの「豪傑」と比べて，恒藤の寮での生活ぶりを「規則的なるよりも一層規則的に見えしなるべし」と述べている(ウ…○)。「私」は，「薄暮，寮の窓に灯がつきそめ，白い霧が艸地に這うのをながめながら，私が多少のノスタルジアにかかると芥川もひと事ならずそれに同感して呉れたものであった」と情緒的につづっているが，芥川は，寮での「私」の生活ぶりを観察し，クラスの「豪傑」や自分と比べながら淡々と述べている(エ…○)。芥川が「親友」と記している「私」は，【文章Ⅰ】を芥川の死から間もない頃に書き，「私の記述は甚だ不充分なものとなるであろう」としながらも，親友だからこそ知る芥川の人となりや二人の関係をていねいに書いて，親友をいたむ気持ちを表している(オ…○)。

三〔古文の読解―随筆／浮世草子〕出典；一色直朝『月庵酔醒記』／井原西鶴『武家義理物語』巻一ノ三「衆道の友呼ぶ千鳥香炉」。

≪現代語訳≫【文章Ⅰ】六角貞頼が，夜が明けきる前の薄暗い時分に馬の足を賀茂川で冷やさせていたところ，従者どもが，「寒風に誘われて，どこの名香か，河原の方面でたきしめることが，毎夜ある」と言った。「それならば出かけていってそのよい香りをかいでみよう」と言って，明けきらない薄暗い頃だったので，小袖をかぶって行ったところ，なるほど香りのよい草の室に入るようである。においがとても近くなったとき，おぼつかなそうな姿をしていた人に，立ち寄って尋ねたが，答えもしない。「川風寒み」とよんで，興に堪えず，前後もわからない様子である。「どのような人か」と，何度も問うと，少し驚いて，「大富と申す老翁ですが，毎晩千鳥の声を聴いております。(その声が)あまりさえ渡っているので，香もたいております」と語った。「すばらしいことですね。夜が明けたら私の館においでなさい」と言って，貞頼は帰った。夜が明けると，その日の昼間も過ぎた頃，(大富は)その館に参上した。建物の入り口脇の，入ってすぐの部屋から，あれこれさまざまな座敷を過ぎて，打橋と渡り廊下を巡り，馬小屋に参ったが，そこにある座敷の板張りの床の間に，蕪を一本，描いた墨絵があったのに，心をとめて，もとの所へ戻るのを忘れてしまった。貞頼はこのことを聞いて，対面して，「どうして，上座の数軸の花鳥の名画はすぐ通り過ぎて，この一軸で帰るのを忘れたのか」と，試したところ，（大富は，）ほほ笑んで，「そうするに堪えるものだったので」とだけ言った。「それでは昨夜の風情は，昔も今も聞かないおもしろさだ」とほめて，「この絵は牧渓の絵である。千貫を与える」と言って出した。翁（おきな）（＝大富）は喜んで，これまた懐中から，前夜，香をたいていた香炉を取り出して，貞頼に差し上げた。（貞頼は）「一軸は昨夜の興である。これはまた千貫の価値のある，天目である」と言って，一服の茶をたてて，もてなした。／**【文章Ⅱ】**そばに仕える侍を二人連れて，そのにおいにひかれていくと，柳原をはるかに過ぎて，賀茂の川原になると，しだいによい香りも深くなり，浅瀬を渡って越えると，十一月末の六日の夜で，いつもよりは暗く，物の色合いも見えない。星がさざ波に映り，これを頼りに向こうの岸に上がると，水際の岩の上に蓑笠を着た人が，香炉を袖口に持ち添え，気持ちを落ち着けて，座っている風情は奥ゆかしい。「どういうわけで，このように一人でいらっしゃるのですか」と尋ねると，「ただ何となく千鳥の声を聴いているだけです」と答えた。何とも変わった境遇で，これは格別の楽しみで，普通の人とは思われない。「どのようなお方ですか」と尋ねたところ，「僧ではなく，俗人でもなく，この世に家がないも同然で，六十三歳になりましたが，まだ足も立ちます」と言い残して，岡野辺の並び立つ松を通り抜けて帰る。「なんとまあ気楽な返事であることよ」と，いっそう慕わしく思い，「私があとを追うのは，その（香の）木を知りたくて参ったのです。何という名香ですか」ときいたところ，「面倒だなあ，（そんなことは）老人は知らない。お香が燃え尽きたけれどもかぎ分けなさい」と香炉を渡してどこへとも知れず行ってしまった。

問１＜古文の内容理解＞前半は，賀茂川の河原でのことが描かれ，その後，場面は貞頼の屋敷になっている。

問２＜現代語訳＞１．「さらば」は，それでは，という意味。「きかむ」は，きこう，という意味で，「きく」は，ここでは香りをかぐことをいう。　３．「気散じ」は，気楽なこと，のんきなこと。

問３＜古文の内容理解＞貞頼は，未明に河原で出会った大富が千鳥の声を聴きながら香をたいていたと聞いて，「いみじきもののしわざや」と感心していた。その大富が，自分の屋敷を訪れたときには「上座の数軸の花鳥の名筆」ではなく，別の絵にひかれていたというので，貞頼は，大富には本当にものの価値を見抜く力があるように思い，それを自分で確かめたいと思った。

問４＜古文の内容理解＞⑴貞頼の屋敷にあった「牧渓図」は，千貫の値があるものだった。それを聞いた大富が「過ぎし夜，香焼きし香炉」を取り出して貞頼に差し出すと，貞頼は，「牧渓図」は「昨夜の興」と同等の価値があると言い，さらに「千貫のあたへする，天目」でもてなした。
⑵香炉を持って香をたいていた人について，「香炉を袖口に持ち添へ，気を静かにして，座したる風情の心憎し」とあり，さらに，「これ格別の楽しみ，只人とは思はれず」とも述べられていることから，風流なことをしている人の持ち物である香炉にも特別な価値があることがうかがえる。

四〔漢字〕

１．音読みは「破綻」などの「タン」。　２．音読みは「臨時」などの「リン」。　３．「迅速」は，非常にはやいこと。　４．「紡績」は，動植物の繊維から糸をつくること。　５．「焦燥」は，いらだち，あせること。

Memo

2022年度 市川高等学校

【英　語】（60分）〈満点：100点〉

■リスニングテストの音声は，当社ホームページで聴くことができます。（当社による録音です）
再生に必要なユーザー名とアクセスコードは「収録内容一覧」のページに掲載しています。

【注意】 1．解答の際には，句読点や記号は1字と数えること。
2．リスニング問題の放送は，試験開始1分後に始まる。
3．放送は2度流れる。
4．放送中にメモを取っても構わない。

I

(A) Listen to the following conversation between a camp guide and a student who has just arrived at summer camp. They are standing at the position marked 'X' on the map. Answer the questions which follow.

(1) Where are the places on the map? Choose the correct alphabet letter for each place.

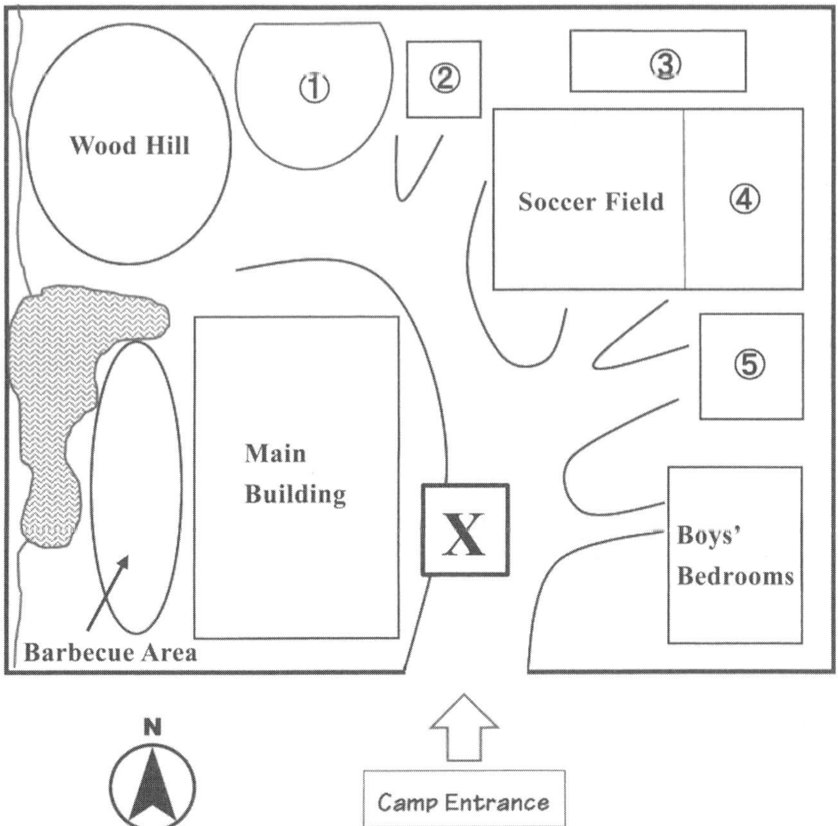

a．Garbage Station
b．Girls' Bedrooms
c．Toilets
d．Tennis Courts

e . Showers

(2) Why is there no pool ?

a . Because it needed a lot of money.

b . Because the weather is not good.

c . Because tennis is more popular.

d . Because they needed more showers.

(3) Complete the sentence with the correct answer.

When using the shower, you don't have to . . .

a . take soap.

b . take a towel.

c . take money with you.

d . clean the shower.

(4) Which answer is true ?

a . Students can't choose activities on Wednesday night.

b . All students have to help cook at least one meal.

c . The cafeteria is open all day.

d . You can eat breakfast at 9 a.m.

(B) Listen to the speaker. Complete the notes and answer the questions.

(1) Complete the notes with the information you hear.

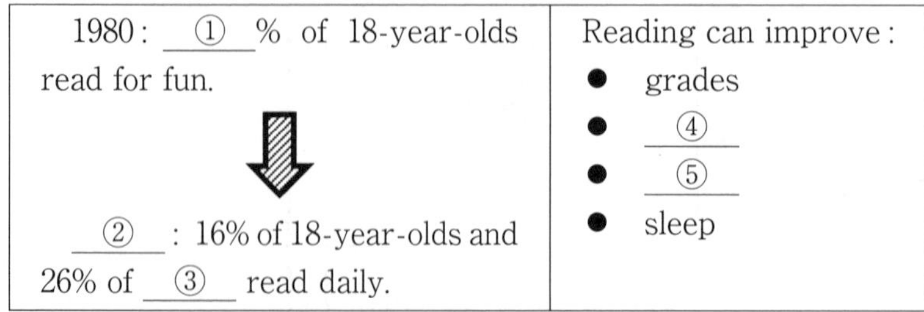

1980 : ___①___ % of 18-year-olds read for fun. ⇩ ___②___ : 16% of 18-year-olds and 26% of ___③___ read daily.	Reading can improve : ● grades ● ___④___ ● ___⑤___ ● sleep

(2) Which of the following statements is true ?

a . All teenagers in the research used social media every day.

b . Some young people spend more than 4 hours on the Internet daily.

c . Over 80% of teenagers prefer using social media to reading.

d . Most of the good effects of reading can come from using the Internet.

(3) What do school age students do on World Book Day ?

a . Exchange books with each other.

b . Wear special clothes to school.

c . Meet their favorite characters.

d . Volunteer to read to people.

(4) Why do students enjoy reading to dogs ?

a . Because they can meet their friends.

b . Because they can take their own pets.

c . Because they feel dogs are better listeners than people.

d . Because they are good at reading aloud.

※＜**リスニング問題放送原稿**＞は英語の問題の終わりに付けてあります。

II　次の英文(A)とそれに関する対話文(B)を読んで，各問いに答えなさい。なお，出題に際して本文には省略および表記を一部変えたところがあります。〔本文中で＊の付いている語には注があります〕

(A)

1 When I was very young, I read a number of stories and saw several movies in which some unlucky person became a wolf at the time of the full moon.

2 The *logic behind this troubled me, however. Why the full moon? I had often seen the full moon and walked under its light and I had felt no effect of any kind as a result. Was moonshine so different from sunshine or from electric lights?

3 For that matter, was the light of a full moon different from the light of a moon one day past the full, or one day before it? I could hardly tell the difference in the moon's shape on those three days. How could a *werewolf tell, therefore, and on an all-or-nothing change, too? Shouldn't such a werewolf turn 95-percent wolf on the day before or after the full moon? In fact, should he not turn half wolf on the night of the half moon?

4 One clear factor that changes with the stages of the moon is the amount of light that falls upon the landscape at night. In the pre-industrial days, people who had to travel by night would prefer, if they could, to travel during the week of the full moon so that there would be as much light as possible if there were no clouds. For similar reasons when "Astronomy Island" (a group of people who love looking at the night sky) carries through its summer trip to Bermuda every year to observe the stars, ①<u>they mostly choose the week of the new moon</u> so that the light of the stars won't be washed out in moonshine.

5 It is not that kind of behavior (voluntary and logical) we're interested in, however. What about the effect of the moon on *psychopathology? ②<u>Is there anything about the moonlight that is different from the sunlight?</u> After all, moonshine comes from sunshine.

6 [　　A　　] The pull of the moon, felt with greater force on the side of the Earth facing it than on the side opposite, produces two hills of water, and any given spot on Earth turns through these hills twice a day.

7 Every half day there is a high-tide / low-tide cycle, and every two weeks a high-high-tide / low-high-tide cycle.

8 Are these tide cycles also linked to human beings? At first thought, one doesn't see how, but it is certain that they are related to the behavior of creatures who spend their lives at or near the sea-shore. The movement of the tide must be closely linked to the rhythm of their lives. Thus, the time of highest tide may be the right time to lay eggs, for example. The behavior of such creatures therefore seems to be related with the stages of the moon. That is not mysterious if you consider the moon / tide / behavior connection. ③<u>If, however, you forget the middle step and consider only a moon / behavior connection, you change an acceptable view into a semi-mystical one.</u>

9 But what connection can there be between worms and fish living at the edge of the sea, and [　　B　　]?

10 Surely there is an *evolutionary connection. We may consider ourselves far removed from tidal creatures *now* but we started out as basic living things 400 million years ago. They were probably living where land and sea meet and were closely linked to tidal rhythms. Our minds might still *sway rhythmically in the half-day and fourteen-day tidal cycles that were linked to our ancestors so

many millions of years ago. This would be unusual and surprising, but understandable and believable. In fact, on days where the moon is full, more accidents happen, and more terrible crimes occur. If it is suggested that our actions are directly controlled by the moon, however, and the link to the tides is forgotten, that is likely to make us believe in magic rather than reality.

＊（注） logic：論理，理屈　werewolf：狼人間　psychopathology：精神病理学　evolutionary：進化の　sway：揺れ動く

(B)

A： I hear that when the day of the full moon approaches, the number of traffic accidents and serious crimes increases. But I think that's strange. The full moon produces a lot of light, so we can see cars clearly then, can't we?

B： The amount of light doesn't matter. The number of accidents or crimes is [C], rather than to the moon itself.

A： Really?

B： Yes. Actually, our life rhythms and tidal creatures' are not so [D]. All living things probably started out as [E] creatures.

問1　下線部①の理由を，20字以内の日本語で答えなさい。

問2　下線部②とほぼ同じ内容になるように，以下の【　】内の語(句)を並べかえなさい。ただし，文頭にくる語も小文字で示してあります。

【no difference / of / the sun / light / and / between / there / the moon's / is / that】.

問3　[A]に入る，以下の日本語を意味する英文として最も適切なものを選び，記号で答えなさい。

「月が大きく影響を与えるものとして，潮の満ち引きが挙げられる。」

ア．One thing the moon *does* control it is the tides.

イ．The moon *does* control one thing is the tides.

ウ．One thing the moon *does* control is the tides.

エ．The moon *does* control the tides is one thing.

問4　下線部③とほぼ同じ内容を表している一文が英文(A)の中にあります。その最初の3語を書きなさい。

問5　[B]に入る最も適切な英語を英文(A)の段落[8]～[10]の中から2語で抜き出しなさい。

問6　英文(A)の内容に合っていれば○，合っていなければ×と答えなさい。

ア．Actually, a half moon causes a man to turn half wolf in a number of stories.

イ．In pre-industrial days, people had to travel by night because they wanted to hide themselves from wolves.

ウ．The moon's power is strongest on the side of the Earth facing it.

エ．We have both high tide and low tide twice a day.

オ．Moonshine has nothing to do with evolution.

問7　英文(A)の内容に合うように，[C]に入る適切な英語を4～6語で書きなさい。

問8　[D]・[E]に入る最も適切な組み合わせを選び，記号で答えなさい。

ア．D：similar　　E：different

イ．D：unique　　E：mysterious

ウ．D：mysterious　E：unique

エ．D：different　E：similar

III　次の英文は，ある少年が10才で初めて学校に通い始めた時の話です。これを読んで，各問いに答えなさい。なお，出題に際して本文には省略および表記を一部変えたところがあります。〔本文中で＊の付いている語(句)には注があります〕

September was hard. I wasn't used to getting up so early in the morning. I wasn't used to homework. And I got my first "quiz" at the end of the month. I never got "quizzes" when Mom homeschooled me. I also didn't like how I had no free time anymore. Before, I was able to play whenever I wanted to, but now it felt like I always had work to do for school.

And being at school was terrible in the beginning. Every new class I had was like a new chance for kids to "not *stare" at me. They would look quickly at me from behind their notebooks or when they thought I wasn't looking. ①They would take the longest way around me to avoid the chance of touching me, like I had some illness they could catch.

In the corridors, which were always crowded, my face would always surprise some kid who maybe hadn't heard about me. ②【make / you / kid / make / would / sound / the / the】 when you hold your breath before going underwater, a little "uh !" sound. This happened maybe four or five times a day for the first few weeks : on the stairs, in front of the lockers, in the library. Five hundred kids in a school : in the end every one of them was going to see my face at some time. And I knew after the first couple of days that word had gotten around about me, because every once in a while I'd catch a kid elbowing his friend as they passed me, or talking [3a] as I walked by them. I can only imagine what they were saying about me. Actually ③I prefer not to even try to imagine it.

I'm not saying they were doing any of these things in a mean way, by the way : nobody laughed or made noises or anything like that. They were just being normal stupid kids. I know that. I wanted to tell them that. Like, it's okay, I know I'm strange-looking, take a look, I don't bite. Hey, the truth is, if a *Wookiee started going to the school suddenly, I'd want to know more, I'd probably stare a bit ! And if I was walking with Jack or Summer, I'd probably talk quietly to them : Hey, there's the Wookiee. And if the Wookiee saw me saying that, he'd know I wasn't trying to be mean. I was just sharing the fact that he's a Wookiee.

It took about one week for [5a] to get used to my face. These were the kids I'd see every day in all my classes.

It took about two weeks for [5b] to get used to my face. These were the kids I'd see in the cafeteria, yard time, PE, music, library, computer class.

It took about a month for [5c] to get used to it. These were the kids in all the other grades. They were big kids, some of them. Some of them had crazy haircuts. Some of them had earrings in their noses. Some of them had *pimples. [A] of them looked like me.

I stayed with Jack in homeroom, English, history, computer, music, and science, which were all the classes we had together. The teachers told students where to sit in every class, and ④I ended up sitting next to Jack in every single class, so either the teachers were told to put me and Jack together, or it was a totally unbelievable happening.

I walked to classes with Jack, too. I know he noticed kids staring at me, but he acted like he didn't notice. One time, though, on our way to history, this huge eighth grader who was running down the stairs two steps at a time accidentally crashed into us at the bottom of the stairs and knocked me down. As the guy helped me stand up, he got a look at my face, and without even meaning to, he just said : "Whoa !" Then he patted me [3b], like he was cleaning me off, and ran quickly after his friends. For some reason, me and Jack started laughing.

"That guy made the funniest face!" said Jack as we sat down at our desks.

"I know, right?" I said. "He was like, whoa!"

"I think he was (i) surprised (ii) he wet his pants!"

We were laughing (i) hard (ii) the teacher, Mr. Roche, had to ask us to settle down.

Later, after we finished reading about how ancient Sumerians built *sundials, Jack said quietly: "Do you ever want to beat those kids up?"

I *shrugged. "I guess. I don't know."

"⑤I'd want to. I think you should get a secret water gun or something and attach it [3c] somehow. And every time someone stares at you, you would spray them [3d] with them."

"With some green *slime or something," I answered.

"No, no: with insect juice mixed with dog pee."

"Yeah!" I said, completely agreeing.

"Guys," said Mr. Roche from across the room. "People are still reading."

We nodded and looked down at our books. Then Jack quietly said: "Are you always going to look this way, August? I mean, can't you get *plastic surgery or something?"

I smiled and pointed to my face. "[B]"

Jack clapped his hand over his forehead and started laughing hysterically.

"Dude, you should *sue your doctor!" he answered between laughs.

This time the two of us were laughing so much that we couldn't stop, even after Mr. Roche came over and ⑥【with / change / next / made / the kids / to / chairs / us both】 us.

＊（注） stare：じろじろ見る　Wookiee：映画『スター・ウォーズ』に登場する架空の種族
pimple：にきび　sundial：日時計　shrug：肩をすくめる
slime：スライム（どろどろしたオモチャ）　plastic surgery：形成手術　sue：～を告訴する

問１　下線部①を訳した以下の文の［ア］・［イ］・［ウ］にそれぞれ日本語を入れて，文を完成させなさい。

他の生徒たちは，まるで［ ア ］ように，［ イ ］ために，［ ウ ］。

問２　下線部②の【　】内の語を並べかえ，意味の通る英文にしなさい。ただし，文頭にくる語も小文字で示してあります。

問３　［3a］～［3d］に入る最も適切なものを選び，それぞれ記号で答えなさい。ただし，同じ記号は１度しか使うことができません。

ア．to your eyes　　イ．behind their hands
ウ．in the face　　エ．on the shoulder

問４　下線部③の内容として最も適切なものを選び，記号で答えなさい。

ア．それをやってみることさえ想像できない。
イ．それを想像してみることさえしたくはない。
ウ．それを想像さえしない人の方が好きだ。
エ．それを想像してみることくらい簡単なことだ。

問５　［5a］～［5c］に入る最も適切なものを選び，それぞれ記号で答えなさい。ただし，同じ記号は１度しか使うことができません。

ア．all the kids in my grade
イ．all the kids in the school

ウ．the kids in my class

問6　[A] に入る最も適切なものを選び，記号で答えなさい。

ア．Some　　イ．Any　　ウ．Each　　エ．None

問7　下線部④の理由として本文で述べられていることを日本語で答えなさい。

問8　(ｉ)(ⅱ)に入る最も適切な語を，それぞれ1語で答えなさい。

問9　下線部⑤の後に省略されている語句を本文中から抜き出して答えなさい。

問10　[B] に入る最も適切なものを選び，記号で答えなさい。

ア．Hello?　This is about plastic surgery!

イ．Hello?　This is for plastic surgery!

ウ．Hello?　This is after plastic surgery!

エ．Hello?　This is over plastic surgery!

問11　下線部⑥の【　】内の語(句)を並べかえ，意味の通る英文にしなさい。

＜リスニング問題放送原稿＞

[I]

(A)

A: Excuse me.

B: Hi there!

A: I have never been here before. Could you help me?

B: Sure, I'd be happy to!

A: OK . . . I didn't get a chance to write down the names of all the places on this map.

B: Right, don't worry. Where would you like me to start?

A: Um, I'm not sure.

B: Well, let's start right here. We are in front of the main building, and opposite us you can see the boys' bedrooms . . . and next to them is the garbage station.

A: Thanks. And the girls' bedrooms . . . where are they?

B: They are in the new building, just north of where we are now and next to Wood Hill. Unfortunately, there are not many toilets in either of the bedroom buildings, but you can find extra toilets between the girls' bedrooms and the soccer field.

A: Oh yes. I am really looking forward to playing soccer!

B: Yes, the soccer game is always great fun. We have also planned a night walk for Wednesday evening. You should go because the weather is good, but there are also a lot of insects. If you are afraid of insects, you can watch the fireworks by the lake instead of going on the walk.

A: I'd love to do both, but I've never been on a night walk, so I think I'll do that! Do you have a pool?

B: I'm sorry to say that we had to close the pool last year because it was expensive, but we have built some new tennis courts where the pool used to be. They are next to the soccer field, in front of the showers.

A: Sorry, where are the showers?

B: Oh, you can find the showers behind the tennis courts and soccer field. They get very busy in the evening, so you should try to go in the morning. You don't need to take any coins, but you will need soap. If you didn't bring any, you can buy it at the shop in the main building. And don't forget to take your towel. One last thing, please be sure to clean the shower when you finish.

A : Thanks, I think that's everything! Oh, sorry one last question. What time is breakfast?

B : It's between 6 and 8 in the morning. I hope you enjoy cooking because all campers here at Sleepy Bear Camp have to take part in cooking a meal for everyone at least once.

A : Don't worry. I love cooking!

B : Great. The cafeteria won't be open until lunchtime, but if you are thirsty there's a drinks machine in the main building. And don't forget we have the welcome barbecue today! It's at 5 p.m. by the lake.

A : See you then!

(B)

These days teachers, parents and politicians all seem to complain that young people don't read as much as they used to. And it's true. According to recent research, young people today read less than any generation in the past.

In 1980, 60% of 18-year-olds in America said they read for pleasure daily, but by 2016, this figure had fallen to 16%. The same year the figure was also surprisingly low for children, with only 26% of them reading on a daily basis.

At the same time, research has also shown the large amount of time youngsters spend texting, using social media or surfing the Internet. 80% of teenagers who were asked said that they used social media every day, often for over 4 hours. While this is also reading, it isn't the kind that will bring the positive results connected to a good reading habit. Reading can increase your grades, help your memory or open up your imagination. It can even help you to get a good night's sleep. You don't need to spend hours reading, though. Experts say a good start is to read for ten minutes a day.

Around the world efforts are being made to help young people, especially children, to enjoy reading. On World Book Day, which is 23rd April every year, all school age children in the UK receive a small amount of money to buy a book, and younger children celebrate by going to school dressed as a character from their favorite story. In America, Reading with Barbers tries to help children by encouraging them to read to volunteer teachers as they have their hair cut, and for younger readers there is Reading to Dogs. This is exactly what you think. Children who dislike reading spend time reading to dogs, and the dogs listen. When you are learning to read, it is important to read to people, but this is difficult for students who feel shy or are not at the same level as their friends. Reading to dogs is popular because students don't have to worry about what the dog thinks. One young student says, "I love reading because the dog never gets up and says, 'I want to leave, this is boring'". Another good thing about this program is that it gives children who don't own a pet a chance to meet animals.

【数　学】（50分）〈満点：100点〉

【注意】　1．コンパス・直線定規を利用してもよい。

2．比を答える場合には，最も簡単な整数の比で答えること。

1　次の図のように，正八角形ABCDEFGHがあり，動点Pは最初，頂点Aにいる。さいころを振って，出た目の数の分だけPは正八角形の頂点を順に反時計回りに進む。ただし，頂点Dより先の頂点に進む目が出たとき，PはDで必ず止まるものとする。例えば，さいころを2回振って出た目の数が順に6，2のとき，PはA→D→Fと動き，出た目の数が順に2，6のとき，PはA→C→Dと動く。このとき，下の問いに答えよ。

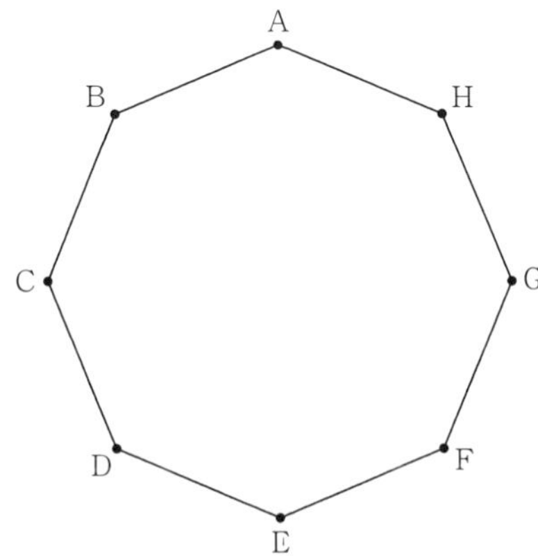

(1)　さいころを2回振ったとき，PがAにいる確率を求めよ。

(2)　さいころを3回振ったとき，PがAにいる確率を求めよ。

2　次の図のように，座標平面上に正十二角形ABCDEFGHIJKLがあり，O(0，0)，A(0，6)，J(6，0)とする。いま，3点B，O，Lを通る放物線をX，3点C，O，Kを通る放物線をYとするとき，下の問いに答えよ。

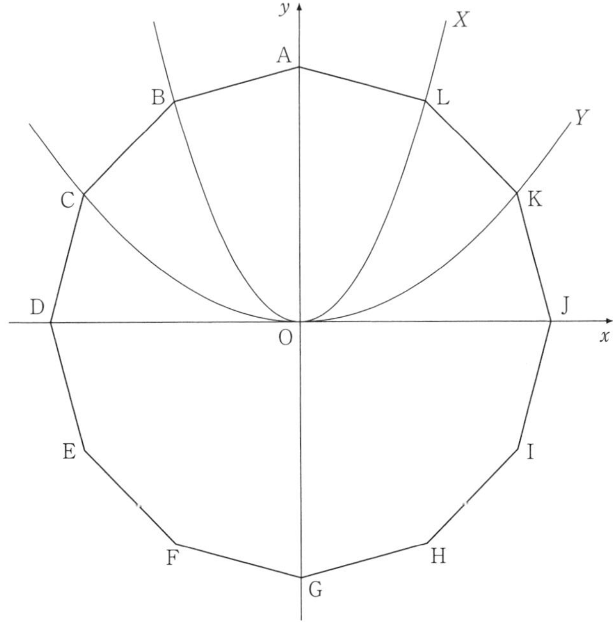

(1)　Lの座標を求めよ。

(2)　XとBJとの交点のうちBでない方の点をPとする。Pの座標を求めよ。

(3)　y軸上に点Qを，△JPQの面積が△JPDの面積と等しくなるようにとる。このときQの座標を求めよ。ただし，Qは正十二角形の内部にあるものとする。

(4)　YとBJとの交点のうち正十二角形の内部にある点をRとする。四角形RQGHの面積を求めよ。

3　次の図のように，線分ABを直径とする半円に対して弧を6等分する点C，D，E，F，Gがある。AEとBFの交点をP，AFとBGの交点をQとおく。

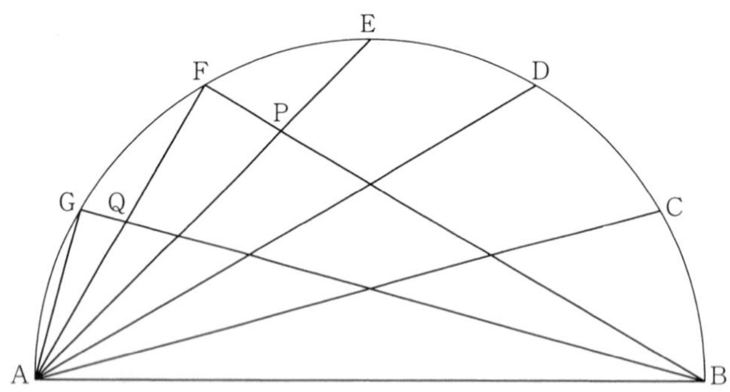

(1)　次の問いに答えよ。

(i)　3点A，B，Pを通る円を作図せよ。ただし，作図で用いた線は消さずに残しておくこと。

(ii)　∠PQBについて，先生と生徒が次のような会話をした。以下の［ア］から［カ］に当てはまる適切なことがらをそれぞれ答えよ。ただし，［イ］，［ウ］の解答の順序は問わない。

> 先生：3点A，B，Pを通る円を作図してみて，何か気付いたことはあるかな。
> 生徒：作図した円が点Qを通っているように見えます。
> 先生：それはどのように証明すればいいのだろう。
> 生徒：次のように証明できます。
>
> 4点A，B，P，Qにおいて，直線［ア］に対して2点［イ］，［ウ］は同じ側にあり，
>
> ∠BQA＝∠［エ］＝［オ］°
>
> （円周角の定理より）
>
> であることから，円周角の定理の逆より，4点A，B，P，Qは同一円周上にある。
>
> 先生：この結果を用いて，∠PQBの大きさが求められるね。
> 生徒：はい。∠PQB＝［カ］°です。

(2)　次の問いに答えよ。

(i)　線分ABの長さが2のとき，

$$AB^2+AC^2+AD^2+AE^2+AF^2+AG^2$$

の値を求めよ。

(ii)　$a>0$，$b>0$とする。$a^2+4b^2=4$のとき，abの最大値を求めよ。

4 次の問いに答えよ。

(1) $\{(a-b)^2+b^2\}\{(a+b)^2+b^2\}$ を展開せよ。

(2) 次の計算をせよ。

$$\frac{1}{6}\times\frac{(4^4+4\cdot3^4)(4^4+4\cdot11^4)(4^4+4\cdot19^4)(4^4+4\cdot27^4)(4^4+4\cdot35^4)}{(4^4+4\cdot7^4)(4^4+4\cdot15^4)(4^4+4\cdot23^4)(4^4+4\cdot31^4)(4^4+4\cdot39^4)}$$

5 次の図のように，1辺の長さが6の立方体ABCD-EFGHがあり，辺BC上にBP：PC＝1：2を満たす点P，辺BF上にBQ：QF＝1：2を満たす点Qがある。このとき，下の問いに答えよ。

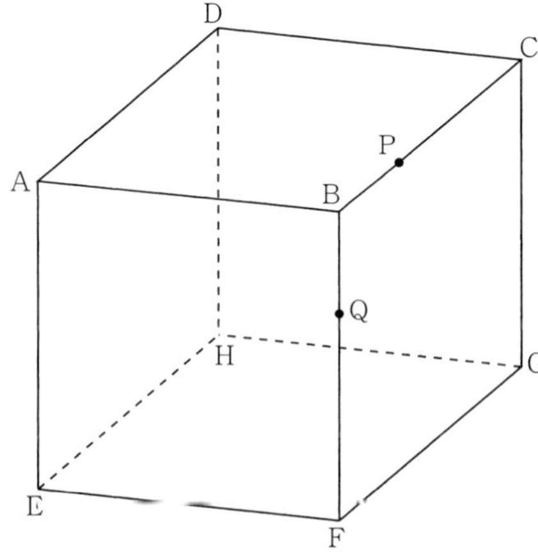

(1) 四角形QPDEの面積を求めよ。

(2) Aから平面QPDEに下ろした垂線と平面QPDEの交点をH_1とする。AH_1の長さを求めよ。

(3) Gから平面QPDEに下ろした垂線と平面QPDEの交点をH_2とする。H_1H_2の長さを求めよ。

【社　会】（50分）〈満点：100点〉

【注意】 解答の際には，句読点や記号は１字と数えること。

1　あるクラスの社会の授業で，「貨幣の歴史」というテーマ学習を行いました。そのなかでの生徒と先生の会話［Ⅰ］～［Ⅲ］を読んで，あとの問いに答えなさい。

［Ⅰ］ 銅銭に関する生徒と先生の会話

浜島書店『新詳日本史』より

史彦：左の銅銭は和同開珎ですね。$_{\rm A}$奈良時代に畿内を中心に用いられたと聞いています。右の貨幣は何ですか。

先生：15世紀に中国でつくられた永楽通宝で，日本でも多く流通していました。

史彦：中国のお金が日本で用いられていたのですか。

先生：日本では10世紀を最後に，政府が銅銭をつくらなくなりました。12世紀後半になると，平氏が政権をにぎり，$_{\rm B}$平清盛が中国との貿易を盛んに行いました。

史彦：なるほど，それ以降$_{\rm C}$中国の銅銭が入ってきて，日本で使われるようになったのですね。

先生：そうです。永楽通宝は，$_{\rm D}$明との貿易を通じて輸入されたお金です。

問１　下線Aの時代のできごととして正しいものはどれですか，①～⑥から２つ選び，番号で答えなさい。

①　税や兵士を集めるため，初めて全国の戸籍がつくられた。

②　かな文字を用いた文学があらわれ，『古今和歌集』がまとめられた。

③　神話や国の成り立ちを記した『古事記』・『日本書紀』が編纂(へんさん)された。

④　位をゆずった天皇が上皇となり，実権をにぎる院政が行われた。

⑤　仏教が朝廷により保護され，法隆寺や四天王寺が建立された。

⑥　開墾を進めるため，墾田永年私財法により土地の私有が認められた。

問２　下線Bについて，朝廷内部の争いのなかで，平清盛が源義朝をやぶった争いを何といいますか，答えなさい。

問３　下線Cについて，史彦は<レポート１>をつくりました。（１）にあてはまる国名を①～③から，（２）にあてはまる表現を④・⑤から，それぞれ１つずつ選び，番号で答えなさい。

<レポート１>

1976年，右の地図のXで沈没船が発見されました。これは日本の貿易船で，1323年，中国からの帰路に（ １ ）の沖合で難破したとみられています。積み荷には，中国の陶磁器などと並んで大量の銅銭がありました。（　２　），日本と中国との間で貿易が活発に行われたことを物語っています。

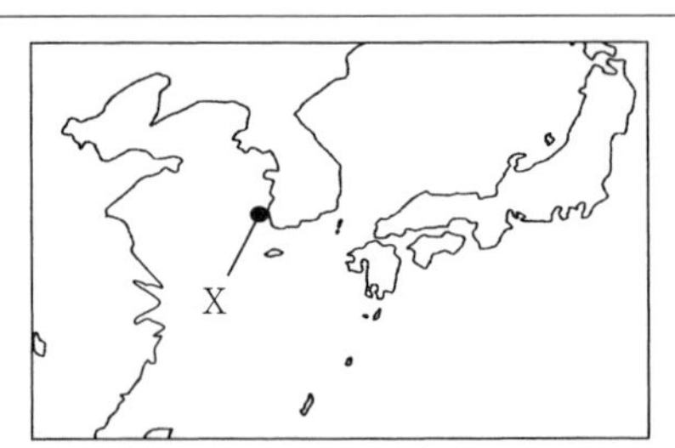

①　高麗

② 渤海
③ 新羅
④ 激しい戦いが行われた後にもかかわらず
⑤ 日本の将軍が中国の皇帝から冊封されたことで

問４ 下線Ｄのなかで取り引きされたある商品について，史彦は＜メモ１＞・＜メモ２＞をつくりました。この商品は何ですか，漢字で答えなさい。

＜メモ１＞

日本から輸出された背景 火山が多い国土のため，豊富に産出された。

＜メモ２＞

明が輸入した背景 北方民族に対抗するため，火器の軍備を増強していた。

［Ⅱ］ 銀の産出に関する生徒と先生の会話

大分市歴史資料館所蔵，文化庁「文化遺産オンライン」(https://bunka.nii.ac.jp)より
（なお，問題の作成上加工した箇所があります。）

先生：これは，16世紀にポルトガル人がE日本を描いた古地図です。「銀鉱山」と書かれた場所に注目してください。

千里：現在の島根県にあった（ ３ ）銀山ですね。世界的な銀の産地だったと聞いています。

先生：しかしF江戸幕府は17世紀前半にヨーロッパ人との貿易を厳しく制限し，その後，中国との貿易も含め金銀の流出をおさえる政策をとりました。

千里：国内の金銀が不足するようになったのですか。

先生：G江戸時代には経済の発達にともない，金や銀が貨幣として広く用いられましたが，その産出量が次第に減少していったのです。

千里：貨幣が不足すると，経済に影響を与えてしまいますね。これに対してH幕府や藩がどのような対策をとったのか，調べてみます。

問５ （３）にあてはまる地名を漢字で答えなさい。

問６ 下線Ｅについて，千里は，現在の日本の国土のうち古地図に描かれていない地方があることに気づき，その地方の歴史について＜メモ３＞と＜メモ４＞をつくりました。（４）にあてはまる語句を①～③から，(5)にあてはまる語句を④・⑤から，それぞれ1つずつ選び，番号で答えなさい。

<メモ3>

14世紀頃から，この地と(4)との間で盛んに交易が行われ，京都に産物が送られました。

<メモ4>

19世紀後半，(5)がおかれてこの地の開発が進められました。

① 対馬
② 十三湊
③ 大輪田泊
④ 総督府
⑤ 開拓使

問7 下線Fについて，千里はこのことに関連する<資料1>を見つけました。<資料1>を参考にし，これが出される原因となった事件にも触れながら，事件後に江戸幕府がヨーロッパ人との貿易を制限していく過程について説明しなさい。なお，出題の都合上，資料は一部伏せてある箇所があります。

<資料1>

幕府が1639年に出した命令
一．キリシタンの信徒達が徒党を組んで，良からぬことを企てれば直ちに処罰する。
……今後，[　　　]船の来航はこれを禁止する。

山川出版社『詳説　日本史史料集』より

問8 下線Gに関する文として正しいものはどれですか，①～⑤から2つ選び，番号で答えなさい。
① 村役人を中心とする本百姓たちが，村の運営を行った。
② 譜代大名は，管領や評定衆などの役職につき政務にあたった。
③ 元禄時代には，滝沢馬琴らが浮世草子で町人の生活を描いた。
④ 徳川吉宗は改革を進め，裁判の基準として公事方御定書を定めた。
⑤ 『古事記伝』を著した賀茂真淵らにより，国学が盛んになった。

問9 下線Hについて，18世紀後半のある老中は，海産物を輸出して金銀の輸入を増やそうとしました。その他にも株仲間を奨励するなど商人の力を利用する政策をとりました。この人物は誰(だれ)ですか，漢字で答えなさい。

［Ⅲ］ 金と通貨に関する生徒と先生の会話

倫子：日本では $_I$開国後に貨幣をめぐって混乱があったと聞きました。
先生：よく知っていますね。$_J$明治政府にとっても通貨の安定は課題でしたが，$_K$金本位制を採用したことで解決に向かいました。
倫子：通貨と一定量の金との交換を保障する制度ですね。
先生：そうです。当時，世界の主要国が採用していたシステムです。次のページの<資料2>を参照してください。
倫子：こんにちでは金本位制は採用されていませんが，なぜでしょうか。
先生：この制度のもとでは，通貨の量を自由に増やすことはできません。また，輸入が増えると金が流出し，景気が悪化します。
倫子：$_L$不況や戦争のときに，政府は困りますね。
先生：こうしたことから，$_M$金は通貨としての役割を終えたのです。

＜資料２＞

国名	通貨と金の交換比率	金本位制の採用年
イギリス	１ポンド＝7.3225049ｇ	1816年
ドイツ	１マルク＝0.35841ｇ	1871年
フランス	１フラン＝0.2903169ｇ	1885年
日本	１円＝0.75ｇ	1897年
アメリカ	１ドル＝1.504656ｇ	1900年

鯖田豊之『金(ゴールド)が語る20世紀
－金本位制が揺らいでも』(中公新書)より作成

問10　下線Ｉについて，倫子は＜レポート２＞をまとめました。これを読んで，あとの問いに答えなさい。

＜レポート２＞

アメリカの（　6　）らとの交渉により安政の五カ国条約が結ばれ，欧米との貿易が始まりました。すると，下図のような金銀の交換比率の違いを知った欧米人は（　7　）を日本で（　8　）と交換しました。その（　8　）を欧米で（　7　）に交換すると，当初の（　9　）倍の（　7　）を得ることができます。こうして日本から大量の（　8　）が流出しました。

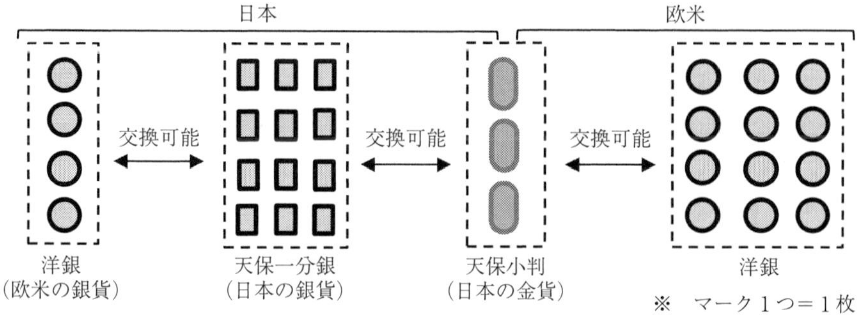

(1)　(６)～(８)にあてはまる語句の組み合わせとして正しいものはどれですか，①～④から１つ選び，番号で答えなさい。

①　[6　ハリス　7　金貨　8　銀貨]
②　[6　ハリス　7　銀貨　8　金貨]
③　[6　ペリー　7　金貨　8　銀貨]
④　[6　ペリー　7　銀貨　8　金貨]

(2)　(９)にあてはまる数字を算用数字で答えなさい。

問11　下線Ｊに関する文として正しいものはどれですか，①～⑤から２つ選び，番号で答えなさい。

①　藩主にかわって県令を中央から派遣する版籍奉還が行われた。
②　地租改正に反対する一揆がおこったため，政府は地租を引き下げた。
③　自由民権運動に対し，政府は治安維持法を定めて取り締まった。
④　大日本帝国憲法が制定されると，伊藤博文が初の内閣を組織した。
⑤　陸奥宗光はイギリスと交渉し，領事裁判権を撤廃した。

問12　下線Ｋについて，＜資料２＞の時期に日本が金本位制を採用した背景には，その数年前に巨額の収入があったことがあげられます。その収入はどのようにしてもたらされましたか，説明しなさい。

問13　下線Lに関する文として正しいものはどれですか，①～⑤から２つ選び，番号で答えなさい。

①　第一次世界大戦では，イタリアは連合国側で参戦した。

②　関東大震災により不況が深刻化すると，米騒動が全国に広がった。

③　アメリカのウィルソンは，ニューディール政策を実施した。

④　盧溝橋事件を機に戦線を拡大した関東軍は，満州国を建国した。

⑤　ドイツがポーランドに侵攻すると，第二次世界大戦が始まった。

問14　下線Mについて調べた倫子は，<メモ５>をつくりました。(10)にあてはまるできごとを答えなさい。

<メモ５>

20世紀後半には，一定量の金と交換が保障されていた通貨はアメリカのドルだけになっていました。しかし，アメリカも1960年代後半，東南アジアでの（ 10 ）が長期化し財政が悪化したことから，1971年に金とドルの交換を停止しました。

2　次の［Ⅰ］・［Ⅱ］のテーマについて，あとの問いに答えなさい。

［Ⅰ］　世界と日本の気候や地形

問１　<グラフ１>は<地図１>に示した都市の１月と７月の月平均気温を示しています。ロンドンとシャンハイにあてはまるものの組み合わせとして正しいものはどれですか，①～⑥から１つ選び，番号で答えなさい。

<グラフ１>

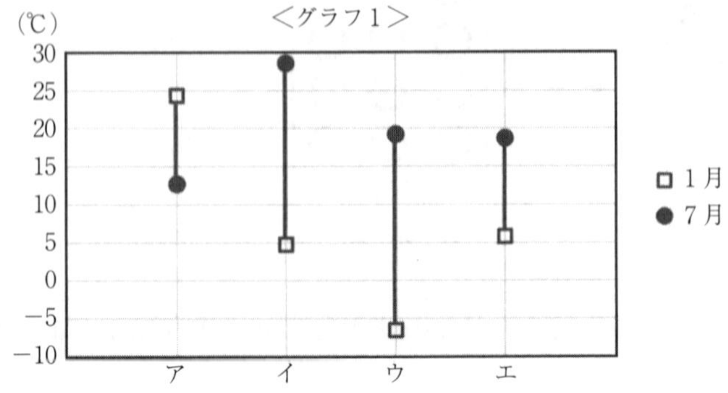

二宮書店『データブック オブ・ザ・ワールド 2021年版』より作成

<地図１>

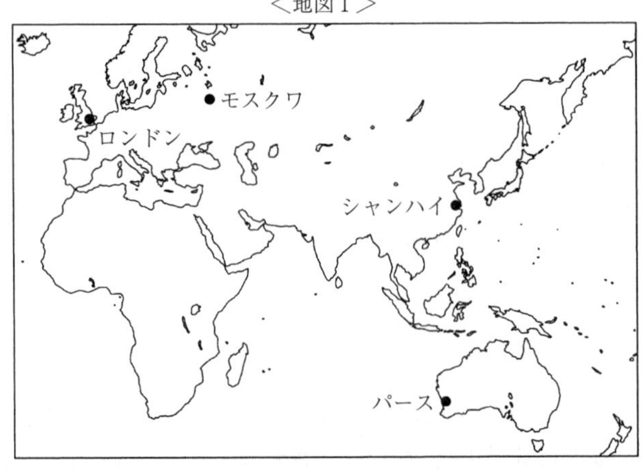

①　［ロンドン－イ　シャンハイ－ア］

② ［ロンドン―イ　シャンハイ―エ］
③ ［ロンドン―ウ　シャンハイ―イ］
④ ［ロンドン―ウ　シャンハイ―エ］
⑤ ［ロンドン―エ　シャンハイ―イ］
⑥ ［ロンドン―エ　シャンハイ―ア］

問２　<グラフ２>は東京の雨温図です。雨温図では，気温は折れ線グラフ，降水量は棒グラフとそれぞれ異なるグラフを用いて表しますが，気候の特色をつかみやすくするため，新しいグラフを考えることにします。

縦軸に気温，横軸に降水量をとり，１月から12月までの各月の気温と降水量を組み合わせた点で表し，各点を線でつなぐと<グラフ２>は<グラフ３>のように書き換えられました(グラフ中の数字は月を表す)。これと同じように，下の<地図２>中の●で示した都市ア～エについても同様の新しいグラフを作成した場合，それぞれの都市のグラフにあてはまるものはどれですか，①～④からそれぞれ１つずつ選び，番号で答えなさい。

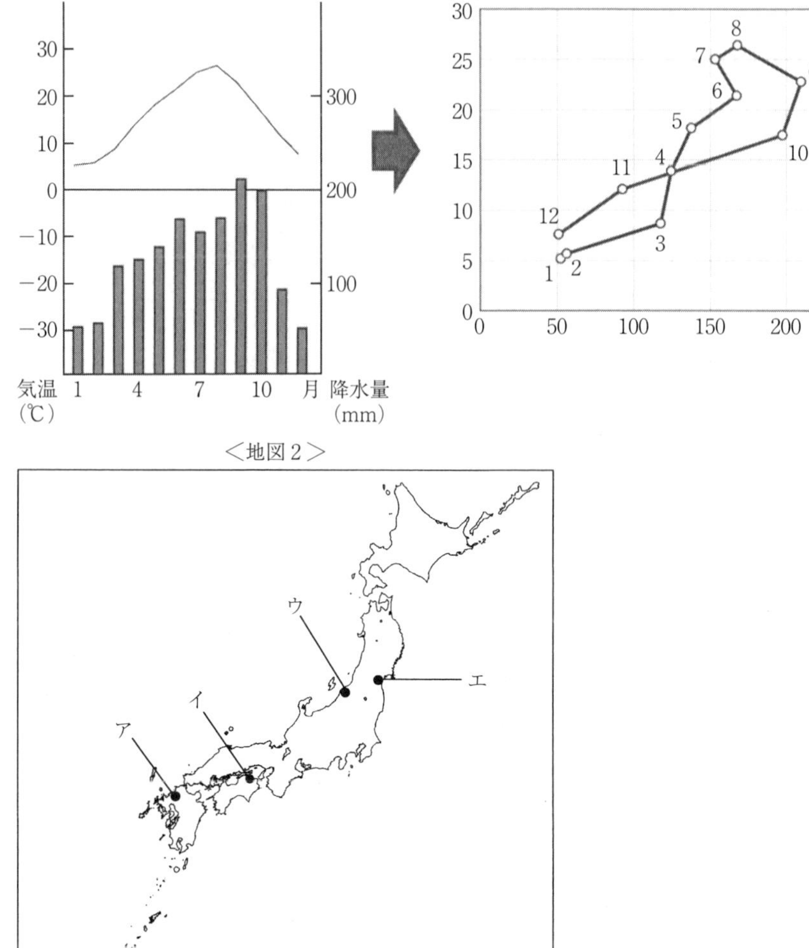

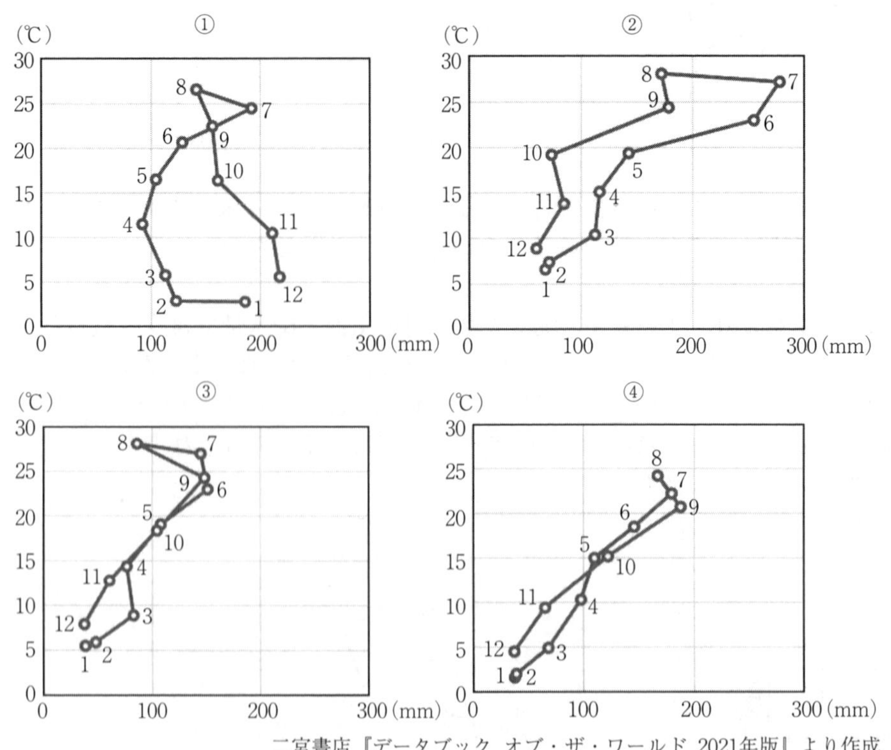

二宮書店『データブック オブ・ザ・ワールド 2021年版』より作成

問３　＜地図３＞に示した世界各地の山脈は，地震活動の活発な新期造山帯に属するものと，そうでないものに分類することができます。新期造山帯に属するものはどれですか，①～⑦からすべて選び，番号で答えなさい。

＜地図３＞

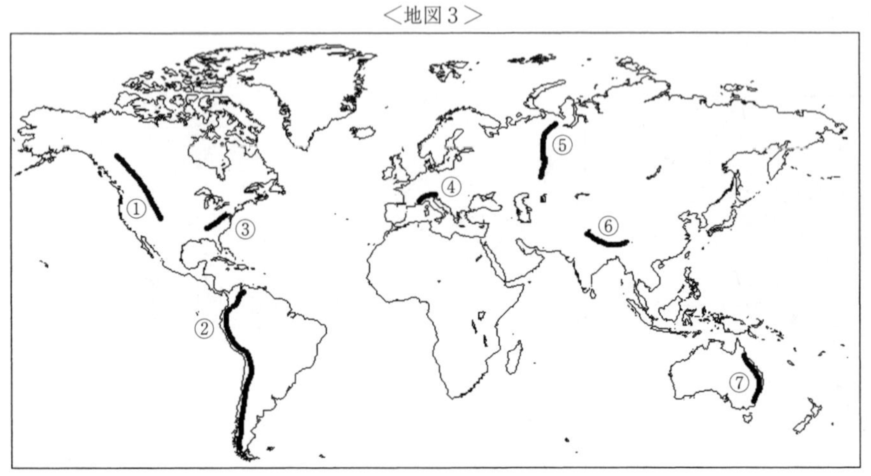

［Ⅱ］　世界と日本の産業や人口

問４　農林水産省は，従来用いてきた「総合食料自給率」に加え，2020年３月に，あらたに「食料国産率」という統計指標を用いることを発表しました。その目的として次のような説明がされています。

食料国産率は，我が国畜産業が輸入飼料を多く用いて高品質な畜産物を生産している実態に着目し，我が国の食料安全保障の状況を評価する総合食料自給率とともに，飼料が国産か輸入かにかかわらず，畜産業の活動を反映し，国内生産の状況を評価する指標です。＜中略＞総合食料自給率が飼料自給率を反映しているのに対し，食料国産率では飼料自給率を反映せずに算出しています。

農林水産省 HP（https://www.maff.go.jp）より

この考え方によって，日本の豚肉・鶏卵・牛肉の総合食料自給率，食料国産率（いずれもカロリーベース），および飼料自給率は＜表１＞のようになっています。Xにあてはまる数値を計算し，小数点以下を四捨五入して答えなさい。

＜表１＞

	総合食料自給率	食料国産率	飼料自給率
豚肉	6％	49％	12％
鶏卵	12％	96％	13％
牛肉	11％	42％	X％

農林水産省 HP（https://www.maff.go.jp）より作成

問５　＜表２＞は，2017年の農業産出額の上位５道県の総合食料自給率を，生産額ベースとカロリーベースで示したものです。ア～ウにあてはまる道県の組み合わせとして正しいものはどれですか，①～⑥から１つ選び，番号で答えなさい。

＜表２＞

	宮崎	ア	イ	茨城	ウ	全国
生産額ベース自給率（％）	281	268	204	136	68	66
カロリーベース自給率（％）	65	82	206	72	26	38

農林水産省 HP（https://www.maff.go.jp）より作成

①［ア　北海道　イ　千葉　ウ　鹿児島］　②［ア　北海道　イ　鹿児島　ウ　千葉］
③［ア　千葉　イ　北海道　ウ　鹿児島］　④［ア　千葉　イ　鹿児島　ウ　北海道］
⑤［ア　鹿児島　イ　北海道　ウ　千葉］　⑥［ア　鹿児島　イ　千葉　ウ　北海道］

問６　＜グラフ４＞は，日本の１次エネルギー供給の総量と内訳の推移を示しています。ア～エにあてはまるエネルギーの組み合わせとして正しいものはどれですか，①～⑥から１つ選び，番号で答えなさい。

＜グラフ４＞

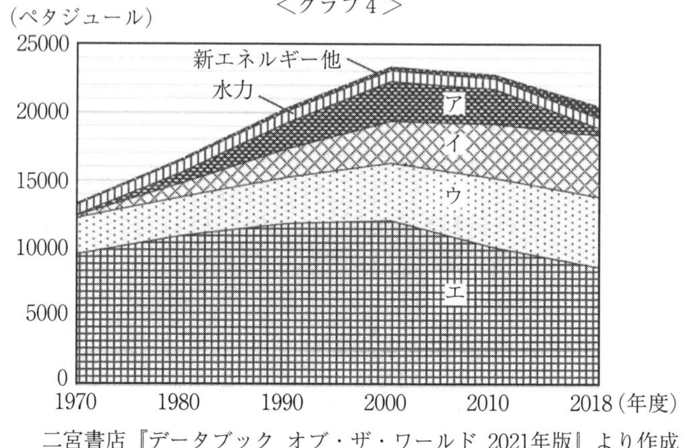

二宮書店『データブック オブ・ザ・ワールド 2021年版』より作成

①［ア　原子力　イ　ガス　ウ　石炭　エ　石油］
②［ア　原子力　イ　ガス　ウ　石油　エ　石炭］
③［ア　原子力　イ　石炭　ウ　ガス　エ　石油］
④［ア　ガス　イ　原子力　ウ　石炭　エ　石油］
⑤［ア　ガス　イ　原子力　ウ　石油　エ　石炭］

⑥ ［ア　石炭　　イ　原子力　ウ　ガス　エ　石油］

問7　グローバル化の進展にともなって，ものの貿易以外にもサービスの貿易による世界各国の結びつきが強まっています。＜表３＞は，サービスの貿易に含まれる観光収支に関して，2018年の国外からの観光客数，観光収入，国外への旅行者数，観光支出を示しています。また，＜表４＞は，ものの貿易に関して，2019年の輸出額および輸入額を示しています。ア～オは日本，※フランス，アメリカ合衆国，中国，ドイツのいずれかの国です。日本とフランスにあてはまるものの組み合わせとして正しいものはどれですか，①～⑥から１つ選び，番号で答えなさい。

※フランス…＜表４＞における数値はモナコ公国を含んだもの。

＜表３＞

	国外からの観光客数（千人）	観光収入（百万ドル）	国外への旅行者数（千人）	観光支出（百万ドル）
ア	89322	73125	26914	57925
イ	79746	256145	92564	186508
ウ	62900	40386	149720	277345
エ	38881	60260	108542	104204
オ	31192	45276	18954	28096

二宮書店『データブック オブ・ザ・ワールド 2021年版』より作成

＜表４＞

	輸出額（百万ドル）	輸入額（百万ドル）
ア	569740	651143
イ	1645625	2498412
ウ	2498921	2069225
エ	1489190	1234463
オ	705619	720764

二宮書店『データブック オブ・ザ・ワールド 2021年版』より作成

① ［日本―イ　フランス―ウ］　② ［日本―イ　フランス―エ］
③ ［日本―ウ　フランス―ア］　④ ［日本―エ　フランス―オ］
⑤ ［日本―オ　フランス―ア］　⑥ ［日本―オ　フランス―イ］

問8　国や地域の男女別・年齢層別の人口構成を表したグラフを人口ピラミッドといいます。人口ピラミッドがどのような形になるかは，基本的には出生率と死亡率のバランスで決まります。＜グラフ５＞は，出生率と死亡率の推移（2050年は推定値）を模式化したもので，Ｘは先進国，Ｙは発展途上国にみられる模式図です。Ｘの2050年と，Ｙの2000年の人口ピラミッドはそれぞれどのような形になると考えられますか，①～④から１つずつ選び，番号で答えなさい。

＜グラフ５＞

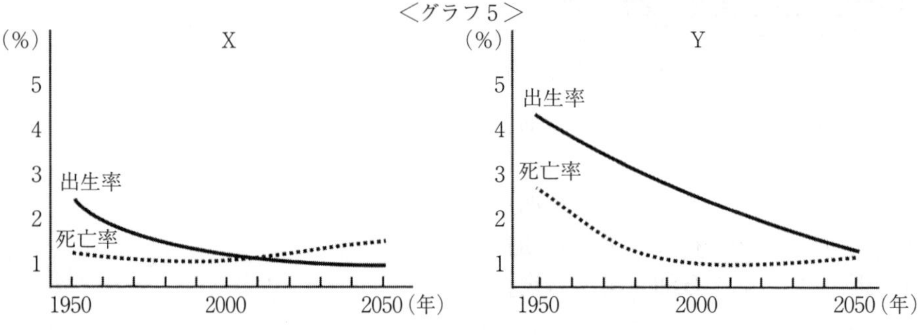

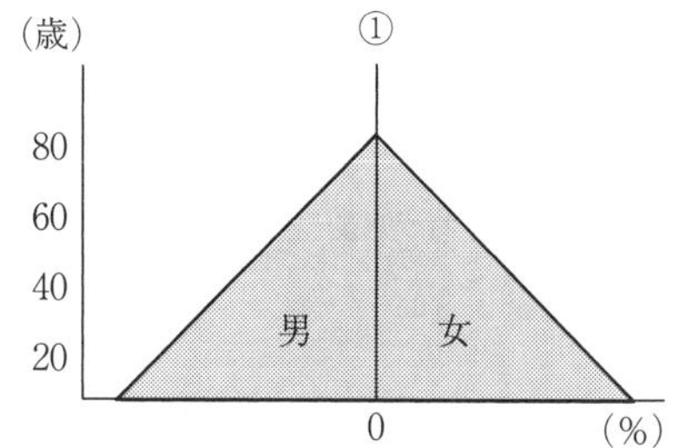

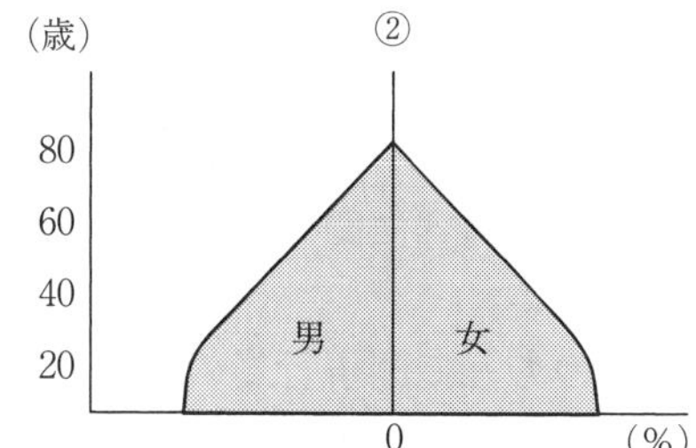

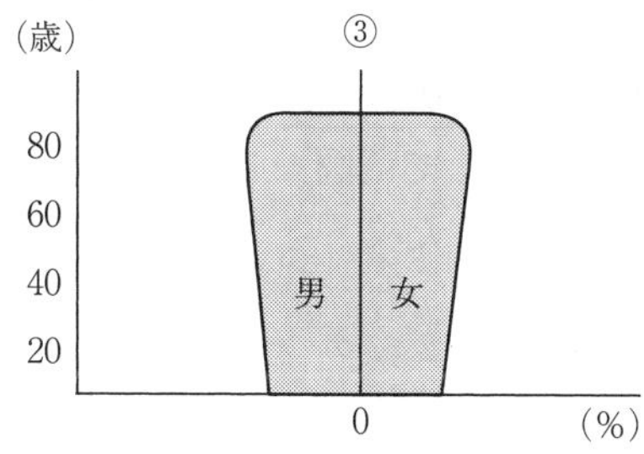

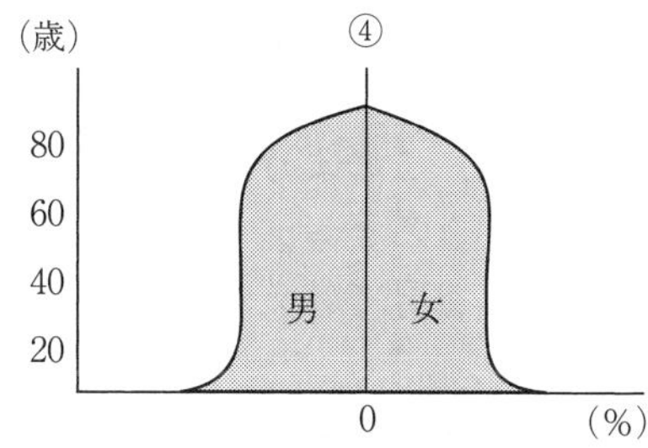

問９　＜表５＞は，人口増加率の上位５都県の人口増加率，出生率，死亡率を示しています。全国では人口が減少していますが，これらの都県では人口が増加しています。その理由として考えられることは何ですか，沖縄県とそれ以外の都県を比較しながら説明しなさい。

＜表５＞

都　県	人口増加率(%) (2018～19年)	出生率(%) (2019年)	死亡率(%) (2019年)
沖　縄	0.18	1.08	0.84
東　京	0.56	0.82	0.91
神奈川	0.05	0.74	0.92
埼　玉	0.02	0.71	0.94
千　葉	0.03	0.71	0.97
全　国	−0.35	0.74	1.09

二宮書店『データブック オブ・ザ・ワールド 2020年版』より作成

３　次の［Ⅰ］・［Ⅱ］のテーマについての文章を読んで，あとの問いに答えなさい。

［Ⅰ］　コロナ禍と人権

新型コロナウイルスの感染拡大によって，私たちの生活は大きく変化しました。感染予防には人と人との接触を減らすことが重要であるとされているため，様々な活動に制限がかけられました。皆さんも，部活動や学校行事などが今までどおりに行えず，不自由を感じたことがあるかもしれません。感染予防を徹底するために，より厳格な行動制限を望む声もあります。しかし，いくら人命を救うためであったとしても，政府が国民の生活に制限を加えることは，様々な$_{\text{A}}$<u>憲法</u>上の問題を引き起こす可能性があります。

例えば，アメリカでは州ごとに感染症対策がとられており，複数の州で強制的に営業や外出を禁止するロックダウンが行われました。$_{\text{B}}$<u>このような措置により憲法で保障された権利が侵害されているのではないかと議論になったり</u>，なかには市民が訴訟を起こしたりしたケースもありました。また，民主主義を守るために不可欠である$_{\text{C}}$<u>選挙</u>の実施にも影響が出ており，多くの国や地域で選挙が延期されています。

感染症対策においては，安全を第一に考えることはもちろん重要ですが，D人びとが長い年月をかけて獲得してきた自由や権利についても目を向ける必要がありそうです。

問１　下線Aについて，日本国憲法の内容に関して説明した文として正しいものはどれですか，①～④から１つ選び，番号で答えなさい。

①　天皇は，国会の助言と承認のもとで国事行為のみを行う。

②　衆議院で可決された法律案が参議院で否決された場合，衆議院で総議員の３分の２以上の賛成で再可決されると法律として成立する。

③　内閣不信任決議が可決された場合，内閣は10日以内に衆議院を解散するか，総辞職しなければならない。

④　司法権の独立が認められており，裁判官は内閣の指示と憲法・法律にのみ従う。

問２　下線Bについて，アメリカでは，このような議論に関係するものとして<図>のような看板が見られました。この看板の事例で起きると考えられる議論の内容を説明した文として正しいものはどれですか，①～④から１つ選び，番号で答えなさい。

<図>

①　店舗に来ても車の中からしか買い物ができないとされ，身体の自由が侵害されているのではないか。

②　店舗の営業時間や曜日が規定され，経済活動の自由が侵害されているのではないか。

③　教会に車で来てはならないとされ，移動の自由が侵害されているのではないか。

④　教会の中で礼拝を行うことができないとされ，信教の自由が侵害されているのではないか。

問３　下線Cについて，日本の選挙に関して説明した文として正しいものはどれですか，①～④から１つ選び，番号で答えなさい。

①　普通選挙，平等選挙，直接選挙，公開選挙の４原則の下で行われている。

②　小選挙区制では，中選挙区制や大選挙区制に比べ死票が少ない傾向がある。

③　インターネットを利用した選挙活動を行うことも認められており，候補者はSNSを利用して考え方を表明することができる。

④　議員１人当たりの人口が多い地域の方が，人口が少ない地域より有権者の１票の価値が大きくなる，「１票の格差」が問題になっている。

問４　下線Dに関して，過去には特定の病気をめぐって人権侵害が起きたこともあります。このことについて，次の文章を読み，（１）・（２）にあてはまる語句・数字をそれぞれ答えなさい。なお，数字は算用数字で答えなさい。

かつて「らい病」とよばれた（　１　）病は伝染病と考えられており，明治時代になると国をあげての隔離政策が行われました。（　１　）病患者は，強制的に療養所に入れられ，厳しい外出制限が課されました。この隔離政策は治療薬ができた後も継続され，社会的な偏見や差別が助長されました。隔離を前提とするらい予防法は1996年にようやく廃止され，裁判所は2001年にかつての隔離政策が憲法第（ 2 ）条の幸福追求権を基礎とする人格権の侵害であるという判決を下しました。

［Ⅱ］ コロナ禍と経済

新型コロナウイルスの感染拡大は，経済面にも影響を及ぼしています。E業績を伸ばしている業種がある一方で，不要不急の外出自粛の要請によって大幅に収益が減少した業種もあります。収益が減少した業種では解雇や雇止め（やといどめ）を行うF企業も増え，2020年にはG非正規雇用者数が大きく減少しました。

こうした状況が長引くと，さらなるH景気の悪化が懸念されます。コロナ禍が長期化するなか，感染症対策と経済政策のバランスをいかにとるかが課題となっています。

問5 下線Eについて，新型コロナウイルスの感染拡大が経済に最も深刻な影響を与えたのは，2020年4～5月とされています。<表1>は，この時期における，平常時と比較した企業の業種別の業績の増減を示したものです。ア～エにあてはまる業種の組み合わせとして正しいものはどれですか，①～⑥から1つ選び，番号で答えなさい。

<表1>

	増加（%）	影響なし（%）	減少（%）	うち業績が5割以上減少した場合
ア	77	0	23	6
イ	35	8	57	2
ウ	1	0	99	95
エ	0	0	100	48
全体	14.2	11.4	74.4	26.0

財務省HP(https://www.mof.go.jp)より作成

① ［ア 家電量販店 イ ドラッグストア ウ 自動車製造 エ 飲食・宿泊サービス］
② ［ア 家電量販店 イ 自動車製造 ウ 飲食・宿泊サービス エ ドラッグストア］
③ ［ア ドラッグストア イ 家電量販店 ウ 飲食・宿泊サービス エ 自動車製造］
④ ［ア ドラッグストア イ 自動車製造 ウ 家電量販店 エ 飲食・宿泊サービス］
⑤ ［ア 自動車製造 イ ドラッグストア ウ 家電量販店 エ 飲食・宿泊サービス］
⑥ ［ア 自動車製造 イ 家電量販店 ウ 飲食・宿泊サービス エ ドラッグストア］

問6 下線Fについて，次の問いに答えなさい。

(1) 企業のうち，株式会社について説明した次の文章を読んで，（3）～（5）にあてはまる語句をそれぞれ漢字で答えなさい。ただし，（5）は5字で答えなさい。

> 株式会社は，多額の資本金を少額の株式に分けて調達することができます。株式を購入して資本を提供した人は，会社の最高意思決定機関である（ 3 ）に出席でき，利潤の一部を（ 4 ）として受け取ることができます。株式はいつまでも保有し続ける必要はなく，株式を売買する場である（ 5 ）で自由に売買することにより，利ざやの獲得をめざすこともできます。

(2) 近年，企業には利潤の追求だけでなく，環境保全や文化保護などさまざまな役割を果たす責任が求められています。こうした責任を何といいますか，アルファベット3文字で答えなさい。

問7　下線Gについて，＜表2＞は正規・非正規の職員・従業員の2020年10～12月における実数と，2020年の各時期の対前年同期増減を示したものです。＜表2＞から読み取れることを説明した文として正しいものはどれですか，①～④から1つ選び，番号で答えなさい。

＜表2＞

			2020年 10～12月	対前年同期増減			
				2020年			
				10～12月	7～9月	4～6月	1～3月
男女計	実数（万人）	正規の職員・従業員	3528	14	45	30	51
		非正規の職員・従業員	2109	−78	−125	−88	−9
	割合（%）	非正規の職員・従業員	37.4	−1.0	−1.6	−1.2	−0.5
男	実数（万人）	正規の職員・従業員	2324	−11	9	2	8
		非正規の職員・従業員	670	−28	−46	−28	0
女	実数（万人）	正規の職員・従業員	1204	25	36	29	43
		非正規の職員・従業員	1439	−50	−79	−59	−10

総務省 HP（https://www.stat.go.jp）より作成

① 2020年10～12月の正規の職員・従業員数は3000万人を超えており，男女ともに正規の職員・従業員数は前年同期と比べて増加している。

② 2020年10～12月の正規および非正規の職員・従業員数は，ともに男性が女性よりも多くなっている。

③ 2020年のすべての時期で，非正規の職員・従業員数の前年同期と比べた減少数は，男性よりも女性の方が多くなっている。

④ 2020年に非正規の職員・従業員数が前年同期と比べて最も減少したのは，7～9月の時期で，4～6月の減少者数の2倍以上になっている。

問8　下線Hについて，日本銀行が景気を安定させるために行う政策を説明した文として正しいものはどれですか，①～④から1つ選び，番号で答えなさい。

① 好況時は，売りオペレーションを行うことで通貨量を増加させる。

② 好況時は，買いオペレーションを行うことで通貨量を減少させる。

③ 不況時は，買いオペレーションを行うことで景気を刺激する。

④ 不況時は，売りオペレーションを行うことで景気を刺激する。

【理　科】（50分）〈満点：100点〉

【注意】 1．直線定規を利用してもよい。

2．計算問題の答えは，整数または小数で答え，割り切れない場合は小数第2位を四捨五入して，小数第1位まで答えること。

1 斜面を下るときと水平面上で台車が物体を押すときの，運動とエネルギーの変化を調べるために実験を行いました。ただし，空気抵抗は無視できるものとします。

【実験1】

図1のような装置を組み立て，おもりを載せて固定した台車に十分に長い記録テープを取り付け，1秒間に50回打点する記録タイマーを用いて実験を行いました。点Aで静かに放した台車が斜面を下り，点Bを通過して点Cにある物体に当たり，その後離れることなく押し続けて点Dで静止しました。

図2は記録テープの打点を示したもので，表1に図2の記録テープを5打点ごとに区切って，それぞれの区間の長さをまとめました。

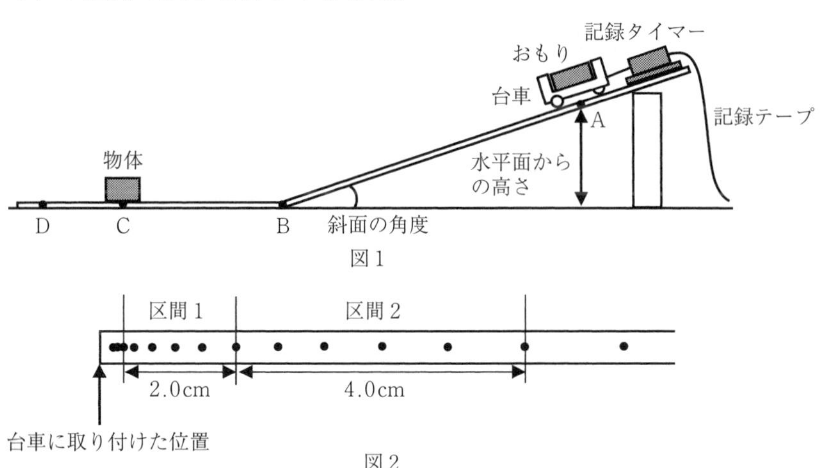

図1

図2

表1

区間	1	2	3	4	5	6	7	8	9
5打点ごとの記録テープの長さ(cm)	2.0	4.0	6.0	8.0	10	10	10	6.0	2.0

(1) 表1を用いて，**区間1から台車が静止するまで**の台車の速さの時間変化のグラフを書きなさい。ただし，区間1のはじめを0秒とし，縦軸を台車の速さ(m/s)，横軸を経過時間(s)とします。

(2) 台車が斜面を下るときの，台車が斜面に平行な向きに受ける力の大きさは，斜面を下るにつれてどのように変化しますか。

ア　だんだんと小さくなる

イ　だんだんと大きくなる

ウ　変わらない

(3) この実験における台車の運動では，慣性の法則が成り立っています。慣性の法則の説明について，以下の［　］に当てはまる内容を20字以内で答えなさい。

物体に力がはたらいていないときや，はたらいていてもそれらがつりあっているときは，静止している物体は静止し続け，［　　　　］。これを慣性の法則という。

(4) 斜面の角度を15°にし，台車を水平面から高さ20cmで静かに放すと，CD間の距離は10cmになりました。次のページの表2のように条件を変えると，CD間の距離はそれぞれいくらになりますか。

表2

	斜面の角度(°)	水平面からの高さ(cm)
①	30	20
②	15	40
③	30	40

【実験2】

次に，【実験1】の図1の装置から，図3のように台車の上のおもりを同じ質量の棒磁石に変えて固定し，BC間にコイルを設置して，コイル，電熱線，検流計を導線でつなぎました。点Aで静かに放した台車が斜面を下り，点Bを通過してコイルの内部を通過し，点Cにある物体に当たり，その後離れることなく押し続けて点Eで静止しました。台車がコイルの内部を通過したときに検流計の針が振れました。

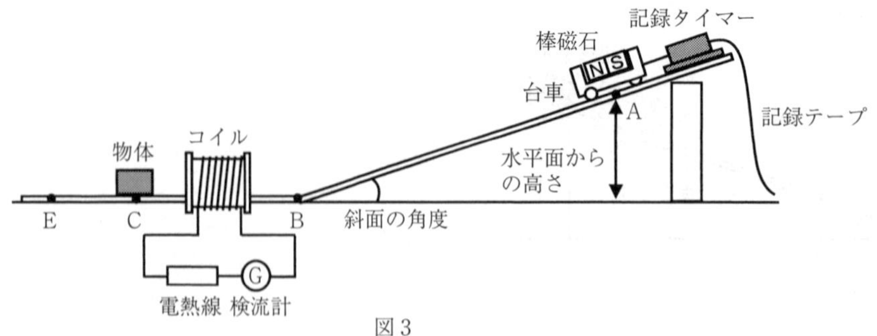

図3

(5) CE間の距離は，【実験1】のCD間の距離に比べてどうなりますか。

ア　短くなる
イ　長くなる
ウ　変わらない

(6) 台車がコイルを通過するときに，コイルには電流が流れました。この電流を誘導電流といい，この現象を電磁誘導といいます。電磁誘導が利用されている技術として**当てはまらないもの**はどれですか。

ア　風力発電　　イ　原子力発電
ウ　地熱発電　　エ　太陽光発電
オ　ワイヤレス充電　　カ　非接触型ICカード
キ　IH調理器

(7) 【実験2】のエネルギーの移り変わりについて図4のようにまとめました。①～④に当てはまるものはそれぞれどれですか。

ア　運動エネルギー
イ　位置エネルギー
ウ　熱エネルギー
エ　電気エネルギー

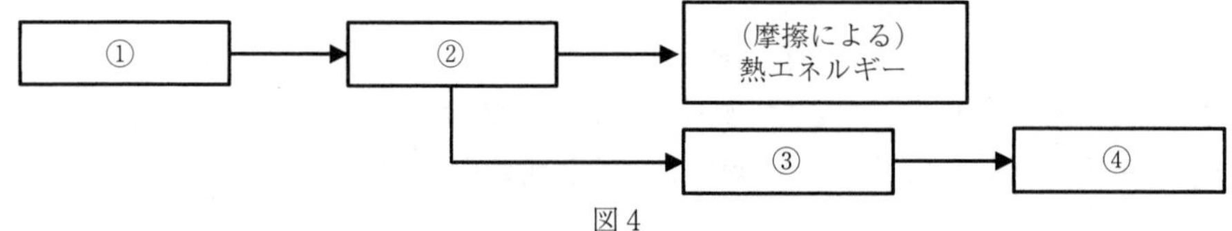

図4

2　気体の発生について，次の問いに答えなさい。

(1)　次の①〜③の気体の発生方法とその気体の捕集方法の組み合わせとして，最も適するものは，それぞれどれですか。

①　H_2

②　CO_2

③　H_2S

	発生方法	捕集方法
ア	石灰石にうすい塩酸を加える	上方置換法
イ	石灰石にうすい塩酸を加える	下方置換法
ウ	さらし粉にうすい塩酸を加える	下方置換法
エ	さらし粉にうすい塩酸を加える	水上置換法
オ	亜鉛粒にうすい塩酸を加える	下方置換法
カ	亜鉛粒にうすい塩酸を加える	水上置換法
キ	硫化鉄にうすい塩酸を加える	下方置換法
ク	硫化鉄にうすい塩酸を加える	水上置換法
ケ	硫黄を燃やす	上方置換法
コ	硫黄を燃やす	水上置換法

(2)　過酸化水素水に二酸化マンガン(MnO_2)を加えると，酸素が発生します。この反応を表す化学反応式はどれですか。

ア　$H_2O_2+MnO_2 \rightarrow Mn+H_2+2O_2$

イ　$H_2O_2 \rightarrow H_2+O_2$

ウ　$2H_2O_2 \rightarrow 2H_2O+O_2$

エ　$MnO_2 \rightarrow Mn+O_2$

オ　$H_2O_2+MnO_2 \rightarrow Mn(OH)_2+O_2$

(3)　固体の塩化アンモニウムと水酸化カルシウムを混合し，ガスバーナーで加熱すると，アンモニアが発生します。この反応を図1のような装置で行うとき，試験管を口の部分がやや下向きになるように取りつける理由を簡潔に説明しなさい。

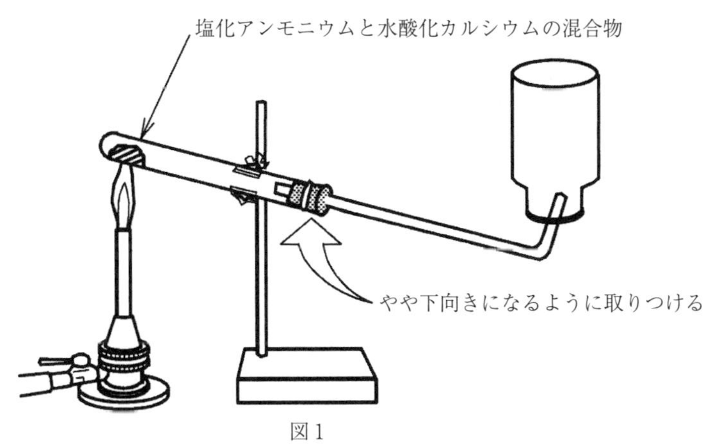

図1

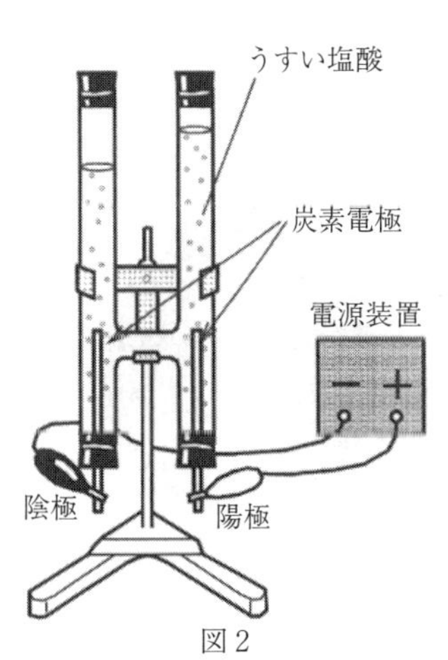

図2

(4)　図2のような装置にうすい塩酸(HCl)を入れ，直流電流を一定時間流したところ，陽極，陰極からそれぞれ気体が発生しました。

①　陽極側，陰極側の管にたまった気体の体積を比べたところ，陽極

側の方が少ないことがわかりました。その理由はどれですか。

ア　陽極で発生する気体は，水に溶けやすいため。

イ　陽極で発生する気体は，水により冷やされ収縮するため。

ウ　陽極で発生する気体は，炭素電極に吸収されるため。

エ　陰極で発生する気体には，多くの水蒸気が含まれているため。

オ　発生する気体の量は，陰極で多く陽極で少ないため。

②　この実験と同じ装置を使い，直流電流を同じ時間流して，両極で発生する気体の量を増やしたいと思います。その場合の工夫はどれですか。

ア　装置に入れる塩酸の体積を増やす。

イ　塩酸の代わりに，同じ濃度の塩化ナトリウム水溶液を用いる。

ウ　炭素電極の代わりに，銅電極を用いる。

エ　直流電流を大きくする。

3　生物はいろいろな養分を利用しており，その一つにデンプンがあります。生物とデンプンの関係を調べるために実験を行いました。

【実験１】

ふ入りの葉２枚を用意し，図１のように，１枚はそのままの状態で，もう１枚は全体をアルミシートでおおい，両方の葉に光を充分に当てました。その後，葉を熱湯につけてから温めた［　①　］で脱色し，うすめたヨウ素液にひたすと，葉の一部が染色されました。

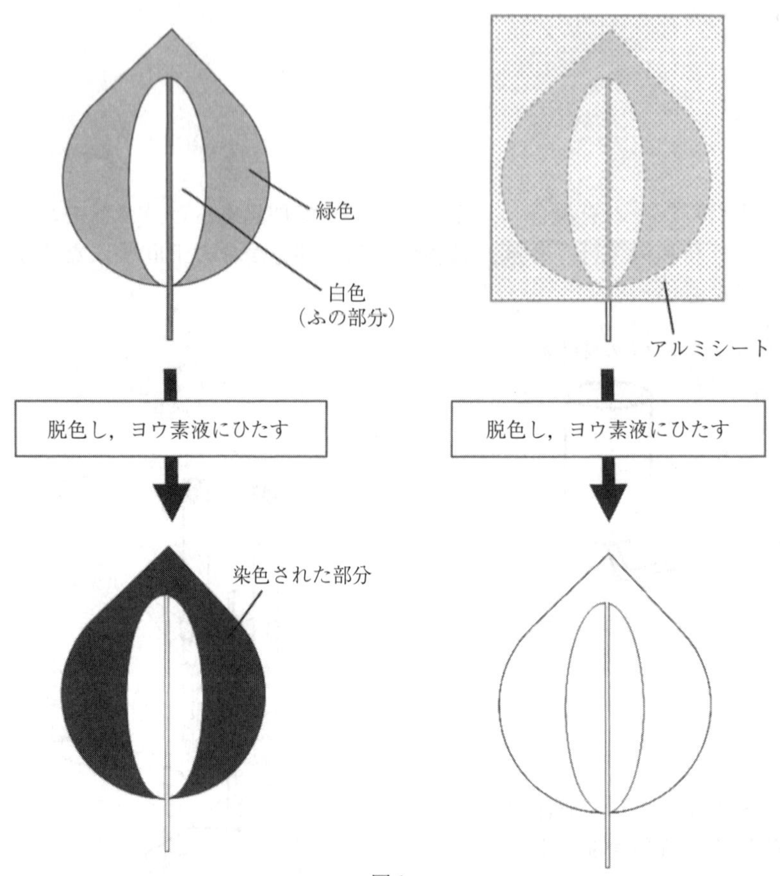

図１

次に，別のふ入りの葉の一部を図2のようにアルミシートでおおい，充分に光を当てました。その後，熱湯と ① で脱色し，うすいヨウ素液にひたしました。

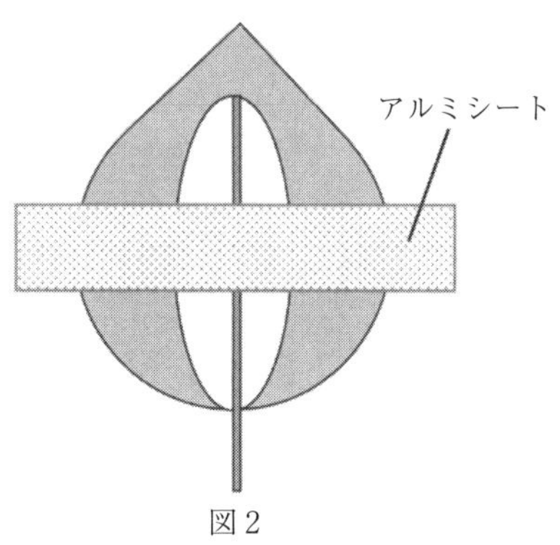

図2

(1) ① に当てはまる溶液はどれですか。
ア　アンモニア水　　イ　エタノール　　ウ　塩酸　　エ　食塩水　　オ　石灰水

(2) 脱色された葉をうすいヨウ素液にひたすと，葉はどのように染色されますか。

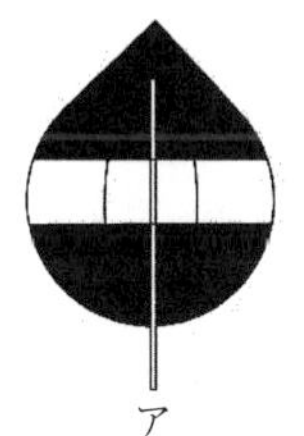
ア

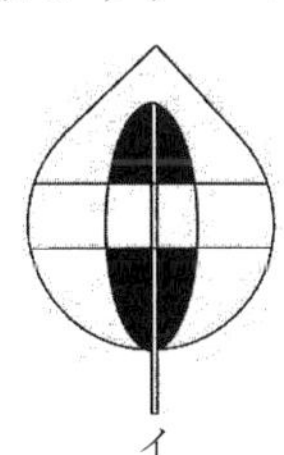
イ

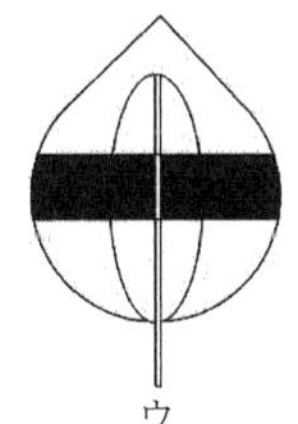
ウ

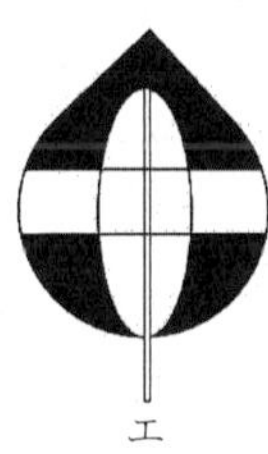
エ

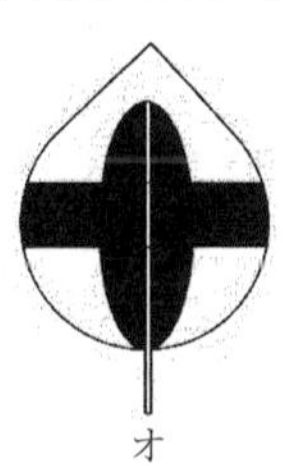
オ

脱色された葉は，部位によって条件が異なります。部位とその条件を図3と表1にまとめました。

表1

部位	条件
A	緑色の部分で，光を当てた。
B	白色の部分で，光を当てた。
C	緑色の部分で，光を当てなかった。
D	白色の部分で，光を当てなかった。

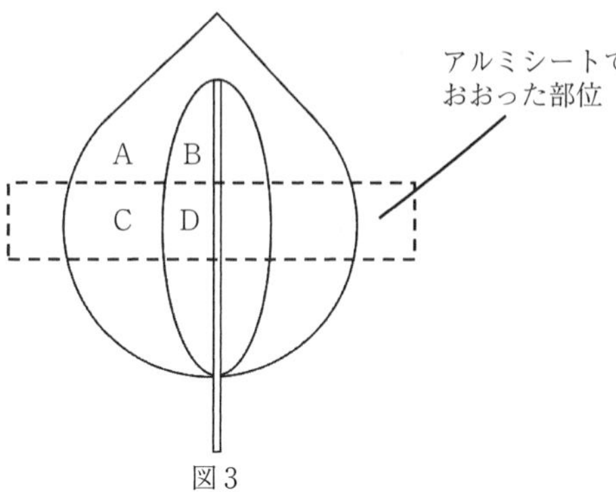

図3

図3と表1を見ながら，市川さんと千葉さんが光合成の条件について話しています。

[市川さん]　この実験では，光合成の条件についていくつかのことがわかるね。
[千葉さん]　何がわかるの？
[市川さん]　AとBを比較することで， ② がわかるよ。
[千葉さん]　なるほど。そうしたら，AとCを比較することで ③ がわかるね。では，AとDを比較することでわかることは何だろう？
[市川さん]　それは， ④ ため，比較することはできないよ。

(3) ②，③ に当てはまるものはそれぞれどれですか。
ア　光合成における酸素のはたらき
イ　光合成における二酸化炭素のはたらき
ウ　光合成における光のはたらき
エ　光合成における水のはたらき

オ　光合成における葉緑体のはたらき

(4) ④ に当てはまるものはどれですか。

ア　条件が2つ変化してしまう　　イ　接している部分がほとんどない

ウ　どちらも同じ結果になる　　エ　含まれている葉脈が異なる

オ　面積が大きく異なる

【実験2】

試験管A～Dに1％デンプン溶液を5 cm^3 ずつ入れ，試験管A，Bには水1 cm^3，試験管C，Dにはうすめただ液1 cm^3 を加えて混ぜました。図4のように試験管A～Dを40℃のお湯に一定時間入れ，A，Cにはヨウ素液を，B，Dにはベネジクト液を入れて加熱し，色の変化をみたところ，結果は表2のようになりました。

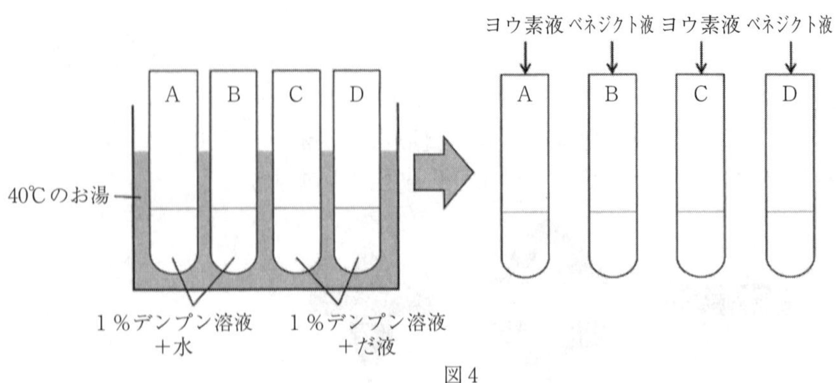

図4

表2

	試験管A	試験管B	試験管C	試験管D
色の変化	青紫色に変化した	変化はみられなかった	変化はみられなかった	赤褐色に変化した

(5) 試験管A～Dの結果から，だ液のはたらきについて，明らかになったことは何ですか。「だ液は」で始まる文で，20字以内で説明しなさい。

次に試験管A′～D′を用意し，図5のような操作を行いました。試験管A～Dとほぼ同じ操作ですが，40℃のお湯を20℃の水に変えた点が異なっています。結果は表3のようになりました。

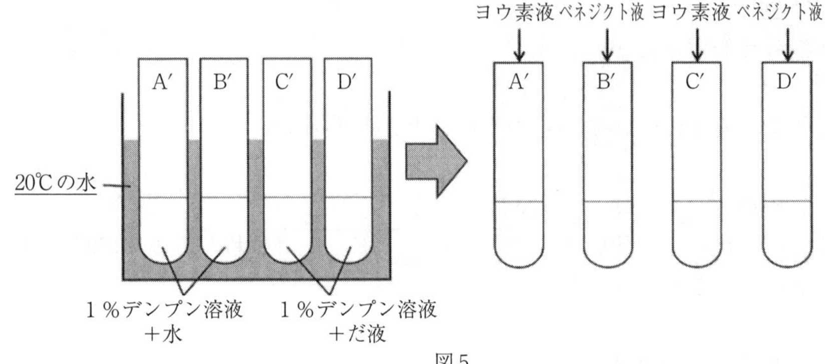

図5

表3

	試験管A′	試験管B′	試験管C′	試験管D′
色の変化	青紫色に変化した	変化はみられなかった	青紫色に変化した	赤褐色に変化した

(6) 実験後のＡ～ＤとＡ′～Ｄ′それぞれの試験管に含まれるデンプン量の関係として，正しいものを**２つ**選びなさい。

ア Ａ＝Ｂ′　イ Ａ＜Ｄ′　ウ Ａ＞Ａ′　エ Ｂ＝Ｃ
オ Ｂ＜Ｄ　カ Ａ＞Ｃ′　キ Ｃ＞Ｃ′　ク Ｃ′＜Ｄ′

4 大気の運動の一つに「風」という現象があります。風は，気圧差によって空気が移動する現象です。コンクリートなどの建造物の壁面やアスファルトでは，日当たりが良いと建造物等が温められ，その周辺の空気を暖めるようになります。すると，暖められた空気は密度が小さくなり，上昇気流を生じさせます。その後，この流れに引きずられるように周辺の空気が集まるようになります。そのため，周囲よりも気温が高い場所では，気圧が低くなりやすいと考えることができます。つまり，風は気温差によっても生じるといえるでしょう。

(1) トンネルのような構造の場合，トンネルの両側で気温差ができると，トンネル内を風が吹き抜けていくことがあります。

このときの様子を表した次の文で，[①]，[②]に当てはまる語句の組み合わせはどれですか。

[　①　]側のトンネル出入り口付近では，トンネルの外よりも[　②　]感じる風が吹く。

	①	②
ア	風上	冷たく
イ	風上	暖かく
ウ	風下	冷たく
エ	風下	暖かく

(2) 限定された範囲で地形に起因する風を局地風といいます。局地風は，１日や１年などを通して，周期的に風向が変化することが多くなります。穏やかに晴れた日に発生しやすく，１日を周期として風向が変化するような局地風では，昼と夜で風向きが逆転します。

このような風における**昼間の風向き**について正しいものを**２つ**選びなさい。

ア 海岸付近では，海から陸へ風が吹く。
イ 海岸付近では，陸から海へ風が吹く。
ウ 山間部では，谷から山頂へ風が吹きあがる。
エ 山間部では，山頂から谷へ風が吹きおりる。
オ 内陸の盆地では，風が右回りに吹く。
カ 内陸の盆地では，風が左回りに吹く。

(3) 偏西風は，地球規模での熱収支に影響されて恒常的に吹く風の一つです。中緯度で発生しているため，日本周辺の天候に影響を及ぼしやすくなります。

次の観天望気(天気に関する言い伝え)のうち，偏西風の影響によって説明できるものはどれですか。

ア 燕(つばめ)が低く飛べば雨。
イ 夕焼けの翌日は晴れ。
ウ おぼろ雲(高層雲)は雨の前ぶれ。
エ 煙が立つか東にたなびけば晴れ，西にたなびくと雨。
オ 星が瞬くと風強し。

(4) 偏西風は季節によって強さが変化しています。偏西風がもっとも強く吹く季節はどれですか。次のページの表１を参考に答えなさい。

ア 春　イ 夏　ウ 秋　エ 冬

表1　1991～2020年の月平均気温(℃)

	1月	2月	3月	4月	5月	6月	7月	8月	9月	10月	11月	12月	年平均
宗谷岬	−4.5	−4.6	−1.1	3.9	8.2	11.9	16.1	18.7	16.4	10.8	3.6	−2.1	6.4
東京	5.4	6.1	9.4	14.3	18.8	21.9	25.7	26.9	23.3	18.0	12.5	7.7	15.8
南鳥島	22.4	21.8	22.5	24.3	26.1	28.0	28.5	28.4	28.5	27.9	26.5	24.5	25.8

(気象庁 HP より作成)

(5) 地球大気は地表全体を切れ目なく覆っているため，一部の地域で発生した気圧の変化が，連鎖するように周囲に影響を及ぼします。このため，エルニーニョ現象のように，大気・海洋を通じて地球全体に異常気象をもたらし，日本では冷夏・暖冬となりやすいことが知られています。

図1のように，高・低気圧が並んでいた状態から，エルニーニョ現象の影響で気圧配置がずれるように変化したとします。この場合，**北半球中緯度におけるA地点**の気温はどのように変化すると考えられますか。「通常よりも」で始まる文で，風向変化の様子に触れながら，35字以内で説明しなさい。

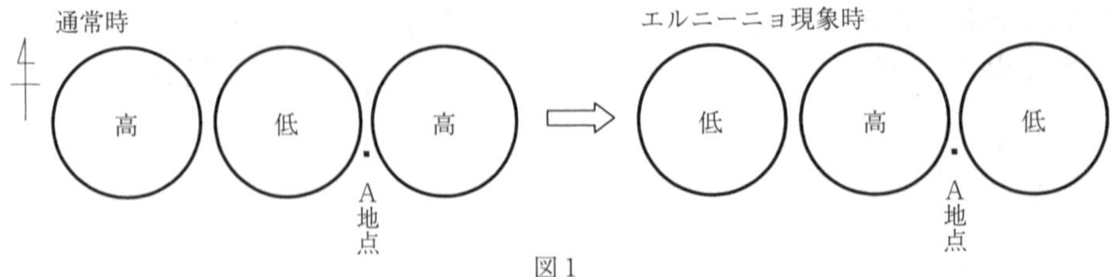

図1

(6) 低緯度では，ENSO が発生することがあります。ENSO とは，海洋ではエルニーニョ・ラニーニャ現象と呼ばれ，ペルー沖海水温が変動する現象であり，大気では南方振動と呼ばれ，太平洋東西の気圧がシーソーのように連動して変動する現象の総称です。

エルニーニョ現象発生時は，貿易風が弱まるため，ペルー沖の海水温は通常時よりも２～３℃上昇することになります。このエルニーニョ現象発生時の南方振動の様子を表したものはどれですか。

ア　通常よりも，南太平洋東部での気圧が高く，西部での気圧が低い。

イ　通常よりも，南太平洋東部での気圧が低く，西部での気圧が高い。

ウ　通常よりも，南太平洋南部での気圧が高く，北部での気圧が低い。

エ　通常よりも，南太平洋南部での気圧が低く，北部での気圧が高い。

の涙も、両親に何一つ恩返しができなかったことを悔いる後悔の涙も、筆者の心からあふれ出たものであって、二つの涙を分けることは不可能だということ。

ウ　かつて父の遺志として参詣した「子守の神」に再び参詣できたうれしさと、両親が今まで自分を育ててくれたことに対する感謝の思いが、筆者の心の中で重なり合って、一粒の涙となって流れ落ちたということ。

エ　自分に縁がある「子守の神」にやっと参詣できたうれしさの涙も、年をとるまで両親のありがたさに気がつかなかった後悔の涙も、筆者の心からあふれ出たものであって、二つの涙を分けることは不可能だということ。

オ　自分に縁がある「子守の神」に三十年ぶりに参詣できたうれしさの涙も、在世中の両親を思い出したことによる懐かしさの涙も、筆者の心からあふれ出たものであって、二つの涙を分けることは不可能だということ。

問4　――線4「花の便り」の本文中の意味として最も適当なものを次の中から選び、記号で答えなさい。

ア　満開の知らせを伝えること
イ　花見のついでに訪れること
ウ　桜の神様に会いに来ること
エ　花をお供えしに訪れること
オ　花を添えた手紙を送ること

問5　本文における筆者の考察に合致するものには○を、合致しないものには×を書きなさい。

ア　かつて父親が参詣した「子守の神」は、長年調べていた文献に書いてあった「吉野の水分の神の社」とは異なる神社だということがいえる。

イ　「吉野の水分の神の社」は、『続日本紀』の中で「水分の峰の神」と呼ばれていたが、実際の地形と照らし合わせてみても「水分の峰の神」と呼ぶのにふさわしいといえる。

ウ　古歌にある「みくまり山」とは、「吉野の水分の神の社」とは別の「みづわけ」神社のことだったにもかかわらず、誤って「吉野の水分の神の社」のことだと認識されるようになった。

エ　「吉野の水分の神の社」は、「みくまり」という言葉が「みこもり」「こもり」と変化していった結果、子孫繁栄を祈願する神社であると認識されるようになった。

四

次の各文の――線のカタカナを漢字に直しなさい。

1　ソショウを起こす。
2　大理石にチョウコクする。
3　シュウイツなデザインを残す。
4　美しいケイコクを眺める。
5　目的と手段がトウサクする。

へ給はで、我が十一といふになん、父は亡せ給ひぬる」と、母なん物のついでごとにはのたまひ出でて、涙落とし給ひし。かくてその年にもなりしかば、父の願果たさせんとて、かひがひしう出でたたせて、詣でさせ給ひしを、今はその人さへ亡くなり給ひにしかば、さながら夢のやうに、

　思ひ出づる※そのかみ垣に手向けして※麻より繁く散る涙かな

袖も絞り敢へずなん。かの度は、無下に稚くて、まだ何事も覚えぬほどなりしを、やうやう人となりて、物の心も弁へ知るにつけては、むかしの物語を聞きて、神の御恵みの、疎かならざりし事をし思へば、心に懸けて、朝ごとには、此方に向きて拝みつつ、又※ふり延へても詣でまほしく、思ひわたりしことなれど、何くれと紛れつつ過ぎ来しに、三十年を経て、今年又四十三にて、かく詣でつるも、契り浅からず、年頃の本意叶ひつる心地して、3いとうれしきにも、落ち添ふ涙は一つなり。そも4花の便りは、すこし心浅きやうなれど、異事のついでならんよりは、然りとも神も、思し許して、請け引き給ふらんと、猶頼もしくこそ。

　かかる深き由あれば、この神の御事は、ことによそならず覚え奉りて、年頃書を見るにも、よろづに心を付けて、尋ね奉りしに、「吉野の水分の神の社」と申せしぞ、この御事ならんと、はやく思ひ寄りたりしを、※続日本紀に、「水分の峰の神」ともあるは、まことに然いふべき所にやと、地のさまも見定めまほしく、年頃心許なく思ひしを、今来て見れば、げにこの辺りの山の峰にて、いづこよりも、高く見ゆる所なれば、疑ひもなく、然なりけりと、思ひなりぬ。ふるき歌に、「みくまり山」と読めるも、此所なるを、その文字を「みづわけ」と僻訓みして、異所の山にしも、さる名を負せたるは、例のいかにぞや。又「みくまり」を横訛りて、中比には、「御子守の神」と申し、今はただに「子守」と申して、子孫の栄えを祈る神となり給へり。然て我が父も、ここには祈り給ひしなりけり。

※十八町…約二キロメートル。「町」は距離の単位。

※返り申し…神仏へのお礼参り。
※そのかみ垣…ここでは「かみ」に二つの意味が掛けられていて、「そのかみ」に「当時」という意味が、「神垣」に「神社」という意味が掛けられている。
※麻…神に祈るときのささげ物。木綿や麻、布や紙を用いた。旅の安全を祈るときには細かく切ったものを袋に入れて持参し、神前にまいた。
※ふり延へても…ここでは「遠路わざわざ行くのであっても」の意味。
※続日本紀…平安時代に編纂された歴史書。

問1　――線1の内容と表現に関する説明として適当なものを次の中から**2つ**選び、記号で答えなさい。

ア　「子守の神」に向かう道中に「布引の桜」があったが、花の季節を過ぎていたため、筆者は足を止めなかった。
イ　「布引の桜」の「布」に関連づけて「染」「衣」「たち（裁ち）」という語を用い、表現におもしろみを持たせている。
ウ　「子守の神」に至る道筋には「吉水院」があり、そのすぐ横では「滝桜」「雲井桜」と呼ばれる桜が見ごろを迎えていた。
エ　「滝桜、雲井桜」や「世尊寺、古めかしき寺」などの並列表現を用いることで、桜や寺の数の多さを強調している。
オ　「夢違への観音」から「蔵王堂」に至るまでの地名を多く盛り込むことで、「十八町」という道程の長さを印象づけている。

問2　――線2「この神にしも、禱ことし給ひける」とあるが、それはどういうことか。30字以内で説明しなさい。

問3　――線3「いとうれしきにも、落ち添ふ涙は一つなり」とあるが、それはどういうことか。その説明として最も適当なものを次の中から選び、記号で答えなさい。

ア　かつて母とともに訪れた「子守の神」に三十年ぶりに参詣できたうれしさと、両親が生きていた三十年前を思い出したことによる懐かしさが、筆者の心の中で重なり合って、一粒の涙となって流れ落ちたということ。
イ　かつて父が訪れた「子守の神」にやっと参詣できたうれしさ

ましい気持ちを抱いている。

問4 ——線3「程なくアメリカという遠い異国へ自分は行ってしまうのだということを、邦枝は今、忘れそうであった」とあるが、邦枝がこのような状態になったのはなぜか。その理由として最も適当なものを次の中から選び、記号で答えなさい。

ア 言動や容姿にいたるまで威厳に満ちあふれている寿久を目の当たりにして、寿久が近寄りがたい存在として孤立してしまうのではないかと不安になったから。

イ 音曲界の第一線で名人として活躍する寿久を目の当たりにして、寿久が手の届かない存在であることを痛感してたまらなく寂しくなったから。

ウ ますます偏屈になって老いを強めている寿久を目の当たりにして、地唄の大家として敬意の対象であったかつての寿久を思い出し、その落差に悲しくなったから。

エ 以前と変わらず生気に満ちている寿久を目の当たりにして、寿久が音曲の第一人者であることを間近で感じていた頃を回想し、その思い出に浸っていたから。

オ 老いてもなお衰えを見せない寿久を目の当たりにして、寿久がこれからも人間国宝として音曲の世界で活躍し続けるだろうと安心し、気が緩んでいたから。

問5 ——線4「電流に打たれて、二人が二人とも、はっと息を呑んだ」とあるが、それはどういうことか。80字以内で説明しなさい。

問6 ——線5「腹の底が何度も大きく波をうった」とあるが、この時の邦枝の心情はどのようなものか。その説明として最も適当なものを次の中から選び、記号で答えなさい。

ア 邦枝の合わせた琴柱を含むすべての琴柱をずらし激しく弾く寿久の態度から、自分が父に拒絶されていることを改めて痛感し、絶望感に襲われひどく動揺している。

イ 大切な琴を勝手にいじられたことに対する怒りを抑えされない寿久の様子から、取り返しのつかないことをしてしまったと気づき、後悔の念が押し寄せている。

ウ 娘との久しぶりの再会で心が乱れそうになりながらも巧みに琴を弾く寿久の態度から、父が地唄の大家であることを改めて納得し、感動のあまり興奮している。

エ 邦枝の調律した琴の音を乱すばかりか勢いよく演奏もする寿久の様子から、自分に向けられた怒りが今でも激しいとわかり、驚くと同時にうんざりしている。

オ 勢いよく琴柱をずらし威圧するかのように演奏する寿久の態度から、思っていた以上に自分との再会を父が拒んでいるとわかり、強い衝撃を受けて混乱している。

三

次の文章は、本居宣長『菅笠日記』の一部で、日本の古典を研究していた筆者が、吉野(奈良県吉野郡)を旅した折のことを記したものである。これを読んで、後の問いに答えなさい。なお、出題に際して、本文には表記を一部変えたところがある。

1ゆきゆきて、夢違への観音などいふあり。道の行く手に、布引の桜とて、並み立てる所もあなれど、今は染替へて、青葉の陰にしあれば、旅衣たち止まりても見ず。かの吉水院より見遣せし、滝桜、雲井桜も、この近き辺りなりけり。世尊寺、古めかしき寺にて、大きなる古き鐘などあり。なほ上りて、蔵王堂より※十八町といふに、子守の神まします。この御社は、よろづの所よりも、心入れて静かに拝み奉る。さるはむかし我が父なりける人、子持たらぬ事を、深く歎き給ひて、はるばると2この神にしも、禱ことし給ひける。験ありて、程もなく、母なりし人、ただならずなり給ひしかば、かつがつ願ひ叶ひぬと、いみじう悦びて、「同じくは男子得させ給へ」となん。いよいよ深く念じ奉り給ひける。我はさて生まれつる身ぞかし。「十三になりなば、かならず自ら率て詣でて、※返り申しはせさせんと、のたまひ渡りつるものを、今すこし堪

※立方…日本舞踊における踊り手。
※地方…日本舞踊における伴奏者。
※大検校…「検校」とは、盲人に与えられた最高位の称号のこと。
※真性…本来持っている性質。
※挙措…立ち居ふるまい。挙動。
※古稀…七十歳のこと。
※斗為巾…琴の弦のうち第十一番目から第十三番目までの弦を指す。
※琴柱…琴の弦を支え、音の高低を調節するもの。

問1　══線a～cの本文中の意味として最も適当なものを後のア～オから選び、それぞれ記号で答えなさい。

a「勿体ぶって」
ア　やたらと心配そうに　イ　必要以上に悲しそうに
ウ　いかにも重々しそうに　エ　妙によそよそしそうに
オ　とても興味深そうに

b「げんなりして」
ア　困って　イ　あきれて　ウ　混乱を強めて
エ　驚いて　オ　嫌気がさして

c「徐ろに」
ア　いきなり　イ　ゆっくりと　ウ　あわてて
エ　力強く　オ　いつもどおり

問2　――線1「冷たい宣告を聞いたものだ」とあるが、邦枝が「冷たい」と感じたのはなぜか。その理由として最も適当なものを次の中から選び、記号で答えなさい。

ア　邦枝にしてみれば、アメリカへ出発する日が近づき、もう会えないかもしれない父に一目会うことを望んでいるのに、新関が邦枝の望みをあえて無視して、寿久と邦枝を会わせないようにしたから。
イ　邦枝としては、自分がアメリカに行くことぐらいは父の寿久に伝えてくれているだろうと思っていたのに、新関が邦枝のそうした思いに気づきもせず、寿久の機嫌ばかり気にしていたから。
ウ　邦枝にしてみれば、渡米の日が迫るなか、二度と会えなくなる可能性のある父と出国前に会っておきたいのに、新関が邦枝の思いをくみ取ることなく、邦枝の渡米を寿久に知らせていなかったから。
エ　邦枝としては、自分が渡米する前に父と会って別れの言葉を交わそうと思っているのに、新関が邦枝のそうした気持ちに配慮しようとするものの、結局は何の手助けもしてくれなかったから。
オ　邦枝にしてみれば、渡米が近づいており、どうにかして日本を発つ前に父との関係を修復したいのに、新関が邦枝の気持ちに同情しようともせず、いつもどおりの冷静な態度をとっていたから。

問3　――線2「父と自分の距離、そして新関と父の距離を感じた」とあるが、この時の邦枝の心情はどのようなものか。その説明として最も適当なものを次の中から選び、記号で答えなさい。

ア　実の娘として寄り添い続けた自分よりも、成り上がりの弟子である新関の方が寿久に優遇されている現状を思い知らされ、悔しさをにじませている。
イ　娘であっても寿久と演奏することができなかった奥伝の曲を、いつの間にか新関が寿久と演奏することを許されており、うらやましく思っている。
ウ　自分と寿久の親子関係は改善するきざしが見られないものの、新関が自分の代わりとなって献身的に寿久を支えていることに、頼もしさを感じている。
エ　気づいた時には自分と寿久の間に割り込み、実の娘以上の信頼を寿久から受けて奥伝の曲をともに弾く名誉を得た新関に対し、うとましさを覚えている。
オ　自分は寿久と親子でありながら絶縁状態にあるのに、新関が奥伝の曲を任せられるほど寿久に認められていることに、ねた娘と対している時、盲いていればこそ寿久は、こうも音に住めるのであろうかと、邦枝は疑ったものであった。3程なくアメリカという遠い異国へ自分は行ってしまうのだということを、邦枝は今、忘れそうであった。

黒の紋付は寿久の痩せた肩を更に尖らしてみせて、そこにだけ前よりも老いを強めていた。仙台平の袴は派手な青い大名縞で、邦枝は悲しくおやおやと思った。多分今日も寿久は、自分で着るものを選んだのであろう。若い頃、粋を衒って青大名の目の粗いのを喜んだのは分るが、色彩や柄について目あきとはピントの違う寿久が、※古稀に近くどう考えてそれを出させたものか。

新関が部屋の一隅で琴の絃を合せている。そろそろ晩く、菊沢寿久の出番は迫ってきていた。訪う人の潮もひいたようである。暫く部屋には人声がと絶えて、舞台の派手な長唄囃子の合奏が、新関の琴と、寿久の三味線の調子調べを浮かせていた。

やがて、

「新関、琴持ってきなさい」

寿久が冷厳な口調で云った。

新関は黙って坐ったまま、口惜しそうな顔で若い弟子に運べと手真似で命じた。

菊関あい子と、菊の字を許されて、寿久門下では一応の腕と認められている新関なのだから、師の蔭唄を弾く琴の調子を任せて貰えぬ恥ずかしさは、察しがつくというものだ。若い子が二人で琴を寿久の前に置くと、彼女は堪えられぬように立ち上がって、邦枝にも顔を背けて部屋を出て行ってしまった。

寿久と、琴と、二人の弟子と、邦枝が残った。琴を間にして、邦枝は父に向い合いに座を移した。できれば「お父さん」と呼びかけたかった。機会を彼女は待った。

目の前で呼吸している女を、寿久は客の一人と思っているのかもしれない。こういう時客の多いのには馴れている寿久で、人を構わず c徐ろに爪をはめると、彼は十三本の糸を第一絃から※斗為巾と一時に一掻きした。

半雲井調子。「楫枕」の調べに間違いなかった。おそらく、誰もこの十三色の音程から誤りを指摘する者は他にいなかっただろう。が、邦枝は、

「四の糸が高い」

と瞬間に感じた。久しぶりの父の前で指は興奮していたのだろうか、考えるより早く動いて※琴柱を微かに下げた。

微妙な音差を、咄嗟だった。

寿久は、直後、十三本の糸の上を、更にもう一掻きしていた。

四の糸が直っている。

前に居る者の動作が伝わっていた。じんとくるものがあった。琴爪に残った余韻が、腕に痺れてきた。

邦枝だ。

お父さん。

4電流に打たれて、二人が二人とも、はっと息を吞んだ。

寿久の顳顬がひくひくと動いた。邦枝の言葉は喉にひりついていた。

次の瞬間菊沢寿久は、身をのり出して、四の糸の琴柱を元の位置に戻した。続いて五の糸を上げた。六の糸、七の糸、斗、為、巾に続いて、第一第二第三の糸を、彼は息もつがずに十三本全部、支柱を全部高くずらしてしまっていた。

邦枝が呆気にとられて、やがて寿久が何をしているのかを理解した時、彼は胸を張って高調子に改めた琴の上を、まるで挑戦するように、幾度も幾度も掻き鳴らしていた。

追い出されるように、突き出されたように、邦枝は部屋の外へ出ていた。

人通り慌ただしい楽屋の廊下を逃れて、薄暗い舞台裏に立った。大道具の古ぼけた石地蔵が転がっている一隅で、彼女は涙を流さずに泣いた。喉が、奥まで乾いてしまっている。呼吸がこれで止るのだろうかと思った。5腹の底が何度も大きく波をうった。

新関が大真面目に厚い顋を引いて聞いているのに力づけられて、

「父に思い切って会っておこうと思いましたの。話してみようと思うのですけれど、どうかしら」

どうかしらと訊いてよい相手ではなかったが、うっかりそういう云い方をしてしまった。新関は瞼が重い程肥えた顔の中で、a勿体ぶって口を開いた。

「あんな方ですからねえ。一生会わんとおっしゃったら、本当に一生なんですからねえ。殊に貴女のことは、どんなに気を付けていてもお客様の話には出てしまうんでしたけども、その度、そりゃ大変なんですよ。三年も経っているのに、ちっとも変らないんですよ。実の親と子なんですのにねえ。私なんかには一寸分りませんねえ」

もはや邦枝が寿久に会うことを快しとしないわけのものでは無いようである。ただ愚かさゆえに、実の娘より成り上り弟子の自分に分のあるような云い方をしているだけなのかもしれない。結局、邦枝は自分の決心を告げて、彼女の協力を仰ぐより他にないと思った。

「ともかく会ってみますわ、今日は。一週間先には出発ですから、もう日もありませんし。お部屋へ行かせて頂くわ」

素直に新関は肯いたが、すぐ又困った表情に戻って、

「でも出演前にお気を荒さない方が」

「ええ、心得ています。お部屋で坐っているだけよ。機嫌が悪くなるようでしたら、演奏後も黙って帰るつもりですわ。本当はね、新関さん、父の傍に坐っているだけでいいのよ」

新関はにこにこして、匙にのせたプディングを口に運んでいた。これも機嫌の変りやすい性質かと、邦枝はつい彼女を見てしまうことだ。母の死後の娘、娘が坐ったあとの座に、今は坐っている女。そう考えるうちに、ふいと不快な疑いが起った。ひょっとして父は新関を。まさか。確信して打消したが、疑った内容にbげんなりしてしまった。

舞台脇の暗い抜け途を戻りながら、新関は振りむいて、

「御存知でしょうけど、今日は『楫枕』が出るんですよ」

と嬉しそうに囁いた。

プログラムには、※立方神原ふで、※地方菊沢寿久、そのすぐ隣に小型の活字で、菊関あい子と刷りこまれてあった。

秘曲ほどの扱いではないが、「楫枕」は重い奥伝の一つである。菊沢寿久の三味線に合せて琴を受持つのは弟子として栄誉に違いない。邦枝でも、父と二人で組んで出ていた頃は未だ「楫枕」に出る機会を許されなかった。羨望があった。嫉妬であった。改めて2父と自分の距離、そして新関と父の距離を感じた。

楽屋には入れ替り立ち替り人の出入が頻繁だった。

音曲界の長老の部屋は、主が盲目だからか、人数の割には静かだ。敬って話しかける者、手をついて礼厚く挨拶している者、※大検校という古風な威厳を※真性躰に持っている菊沢寿久の前で、人々は彼の心眼を畏れるように※挙措に細心な注意を払っていた。黒羽二重の紋付を着た無形文化財は青年のような表情に古刀のような澄んだ微笑を浮べて誰にも対している。

邦枝は来訪者の目に立たぬように、入口に背を向けて坐っていた。ただ父を、そっと見ていた。付き添いの弟子達は新関に云い含められているから、邦枝の存在に拘泥わらぬように努めている。無論、菊沢寿久は気付く筈がなく、寿久に挨拶した客が出がけに邦枝を認めることがあっても、彼女の手真似ですぐに事態を悟り、心得て黙って部屋を去ってくれる。

楽屋の何とつかぬ騒がしさの間、邦枝は、ただ父を見詰めていた。齢の衰えが感じられず、三年前と変りのない菊沢寿久がいた。私は三年の間に随分変化しているのに、お父さん、貴方は。人の話ではますます偏窟で手がつけられなくなっているというが、邦枝の見るところでは、三年前に描かれた肖像画よりも尚、変化がなかった。今も客と応対している寿久の横顔は若く、邦枝は盲目の表情を美しいとすら感じていた。折に昔、

「眼など、無くてもいいものではないのか」

と、異常な考えについ走らされたものである。音曲の世界で父と

なるけど、それ以外の時は標準語だよ。

ウ　生徒C―【文章Ⅱ】では、熱心な教育によって標準語の普及が完成したことを強調しているよ。【文章Ⅰ】にあった「方言札」などの制度が明治維新から近年まで継続されてきたおかげで、異なる地域の出身者同士では話が通じない状態が改善されたんだよね。今では出身地域にかかわらずコミュニケーションができるようになったよね。

エ　生徒D―ほとんどの人が標準語を話せるようになったからこそ、方言を見直そうという流れが生まれてきたんだな。【文章Ⅰ】では、翻訳の中では方言を話す登場人物が差別的に描かれていることが述べられていたよね。でも【文章Ⅱ】では、出身地の言葉で話す方が誠実さにつながると捉えられるようになってきたことが説明されているね。

オ　生徒E―なるほどね。【文章Ⅱ】ではイギリスの例が紹介されているけど、日本語でも標準語より方言の方がカッコいいって感覚はわかるな。私の好きなミュージシャンはライブの時に広島弁でしゃべるんだけど、それがカッコいいんだよね。

二　次の文章は、有吉佐和子「地唄」の一部である。邦枝は、地唄の名人で人間国宝でもある盲目の菊沢寿久の一人娘だが、日系二世のアメリカ人と結婚したことで親子の縁を切られた。それから三年が経過した頃、邦枝は夫の仕事の都合で渡米することになったため出国前に父と会う決意をし、父の公演会に行きその弟子である新関と話をした。以下の文章はそれに続く場面である。これを読んで、後の問いに答えなさい。なお、出題に際して、本文には表記を一部変えたところがある。

「それでね、新関さんは御存知でしょうけれど、来月の月初に、私ども羽田を発ちますのよ」

「まあ、そんなに直ぐのことだったんですか。まあ、ねえ。それで、それで何時帰ってらっしゃるの？」

「それが、判りませんの。うまくすれば、私だけ時々こちらへ来るような生活にできると思うのですけれど、でも、判りませんの」

「へええ。ねえ？」

新関は一向に邦枝の別離迫った心情など理解しないようであった。おそらく誰に対しても何事に就いてもそういう女なのだろうから望むのが無理というものかと、邦枝は観念する。

「父は」

思い切って邦枝は自分から云い出さねばならなかった。

「父は、私の渡米について何と云っておりますかしら」

「あら、先生は御存知ないんですよ。私だって今度の会のプログラム頂いた時にD社の方やM先生からお聞きしたばかりですもの」

今日の会のことはともかく、何故邦枝が日本を離れようとしていることぐらいは、父にきかせてくれなかったのだろうと、邦枝は椅子の背にぐたりと肩を落して思わず溜息をついた。薄々ひょっとするとそんなことではと予期していたが、1冷たい宣告を聞いたものだ。

「よっぽどお耳に入れようかと思いましたのよ。でも先生は貴女のお名が一寸でも出たあとは、そりゃ御機嫌が悪いの。二階へお上りになるのよ、すぐ。あの暗い部屋へ。もう困っちゃう。察して下さいよ。だから」

重々しく結論した。

「申し上げなかったの」

邦枝は諦めて、始めから出直した。

「新関さん。ひょっとすると、多分そんなことは無いと思いたいのですけれど、私はアメリカへ行ってしまったら、帰れない場合もあるということを覚悟しなきゃならないんですの。それですから」

エ　白人と黒人という区別は、遺伝的なちがいによるものではなく、生物学的には連続している白人と黒人の間に異質性をねつ造することで、黒人を特異な存在とするための手段だということ。

オ　白人と黒人という区別は、自然に発生したものではなく、白人と黒人の優劣構造を維持し、肌の色という明確な根拠を利用して両者の線引きを合理化するための手段だということ。

問5　═線X「『方言』の復権」について関心を持った生徒A～Eは、図書館で見つけた以下の【文章Ⅱ】を読み、話し合いを行った。後のア～オの生徒たちの発言の中から、【文章Ⅰ】と【文章Ⅱ】の趣旨と**異なる**発言を1つ選び、記号で答えなさい。

【文章Ⅱ】

明治以降、日本語はひたすら均質化される方向にすすんできました。方言撲滅(ぼくめつ)をめざした国語教育、標準語奨励運動がその典型です。この均質化は、実質的には、教育によってではなく、マスメディアによってほぼ完成の域(いき)に達しました。わたしは、それは一九八〇年代であったと理解しています。

そして、均質化の完成と同時に、方言の地位向上、格上げ現象が目立ってきました。もちろん、方言の格上げといっても、それは標準語をやめて方言にもどそうということではなく、あくまで※サブカルチャーとして方言を活用しようということです。東京語を話さないようにしよう、ではありません。標準語としての東京語を話せるようになったからこそ、方言を見直そうという運動が出てきたのだと思います。

方言の復興で注目される点は、それが日本だけではなく、そのような運動の風が地球上の各地で吹いているということです。

たとえば、クイーンズ・イングリッシュの本場であるイギリスでも、このところ、バック・トゥ・ローカルという動きが急激に進展しています。地方出身の有名タレントや人気スポーツ選手たちが堂々と方言で話す機会が増え、改まったことばより出身地のことばで話すほうが自分を主張できるという考えがひろまってきているのです。若者たちは携帯電話で、なまり丸出しで話しています。そして、クイーンズ・イングリッシュはカッコ悪いと言います。若者のあいだでは、地方なまりがクールでカッコいいと映っているようなのです。

これは、いままでのイギリスではちょっと考えられなかった現象です。BBC放送でも、キャスターにわざわざスコットランドなまりのある人を起用して、人気を集めています。かつてのイギリスとは大きく変わってきているのです。料理番組でも、コックの人たちに強烈な下町言葉をしゃべらせ、人気を得ている状況なのです。

これは日本でも同様で、一九九〇年代以降の顕著(けんちょ)な流れです。漫才などを契機として大阪弁が全国に流布(るふ)したのもそうですし、公的な場でも東北弁をそのままにしゃべることがけっして恥ずかしいことではないといった状況が出てきています。そして、それが逆に、クールというか、誠実な自己主張につながるとする見方が一般的になりつつあるのです。

（真田信治(さなだしんじ)『方言は気持ちを伝える』）

※サブカルチャー…メインカルチャーと対比される概念。主流文化に対して、一部の集団を担い手とする文化を指す。

ア　生徒A―【文章Ⅰ】では、一九六〇年代に転校生が言葉づかいを笑われたという体験が述べられているよね。一方で【文章Ⅱ】では、一九九〇年代以降、公的な場で東北弁をしゃべることが恥ずかしいことではなくなったと述べられていることから、三〇年の間に方言に対する価値観が変化したと言えそうだよね。

イ　生徒B―確かに私たち中高生には方言に対する負のイメージはあまりないよね。【文章Ⅱ】ではその理由として、一九八〇年代に日本語の均質化が完成したことを挙げているね。私の父も博多の祖父と電話する時は博多弁に

(1)　――線2とはどのようなものか。その説明として最も適当なものを次の中から選び、記号で答えなさい。

ア　明治時代に、一部の知識人に占有されていた知識や情報を広めるため、一般の人びとにも使いやすい話しことばを基準として、大衆が自発的に整備した日本語。

イ　明治時代に、日本が近代国民国家をめざすにあたり、階級や地域を超えて知識や情報を広く普及させることを目的に、東京の教養層の話しことばを基調として整備された日本語。

ウ　明治時代に、それまで藩に分かれていた日本を近代国民国家として統合するために、教育ある東京人の話しことばを基準としてつくられた、地方語よりも習得が容易な日本語。

エ　明治時代に、異なる地域の出身者同士でもスムーズにコミュニケーションができるよう、互いに工夫を重ねて整えられていった、教養がない人びとにも使いやすい日本語。

オ　明治時代に、日本の近代化に必要な欧米諸国の技術や知識を学ぶため、全国各地から東京に人びとが集まった結果生じた、さまざまな地方語の要素が複雑に入り交じった日本語。

(2)　――線2という概念の成立にともなって、「方言」はどのようなものであると考えられるようになったか。50字以内で説明しなさい。

問3　――線3「恐ろしい偏見を再生産している」とあるが、「恐ろしい偏見」の「再生産」とはどういうことか。その説明として最も適当なものを次の中から選び、記号で答えなさい。

ア　外国文学を邦訳する際の中流白人男性は「標準語」を話し中流白人女性は「女ことば」を話すという訳し分けは、翻訳者の中にある男女差別の意識が投影されたものであるが、そのような翻訳者の差別意識が、翻訳を読む日本の読者に、自己の内側にも同様の差別意識があることを再確認させるということ。

イ　外国文学の邦訳における「標準語」と「方言」の訳し分けは、「標準語」と「方言」の間にある優劣関係を利用して登場人物の人種や階級を区別するためのものであるが、それが特定の人種や階級に関する誤った偏見を新たに日本国内にもつくり出しているということ。

ウ　「標準語」と「方言」という異なる種類の言葉を登場人物の属性に応じて使い分けながら外国文学を翻訳する人の心理には、〈優れた白人〉と〈劣った非白人〉という根拠のない偏見がひそんでいるが、その偏見が外国文学の邦訳を読む人の心の中にある同様の偏見をより強固なものにしているということ。

エ　日本語における対等ではない「標準語」と「方言」の関係が、外国文学の邦訳における人種や階級の区別に利用されるが、それは日本の読者に人種・階級差別の意識を植え付けるのみならず、そうして生じた差別意識が「標準語」と「方言」の優劣関係を強化することにもなるということ。

オ　外国文学の邦訳では、地方出身者を劣った存在とみなす日本国内の偏見を利用して、物語の中で劣位に置かれている登場人物に地方語を話させるという手法が用いられるが、その手法によって読者自身の差別意識が助長されるだけでなく、その読者と交流した人びとにまでそれが広がっていくということ。

問4　――線4「〈白人〉と〈黒人〉という区別自体が、じつは生物学的区別ではない」とあるが、それはどういうことか。その説明として最も適当なものを次の中から選び、記号で答えなさい。

ア　白人と黒人という区別は、客観的な基準によるものではなく、白人と黒人を意図的に区分することで黒人を差別し、白人の優位性をつくり出すための手段だということ。

イ　白人と黒人という区別は、まったく根拠のないものではなく、黒人との共生を忌避したいという社会の要請によって生じた、白人が黒人を社会から排除するための手段だということ。

ウ　白人と黒人という区別は、進化の過程で生じたものではなく、白人の仲間入りをしようと願う黒人の意向を無視し、黒人との融和を拒否するための手段だということ。

いて、さらに、「優れた標準語」と「劣った方言」の区別を再生産しているのである。

ここで指摘しておかなくてはいけないのは、4〈白人〉と〈黒人〉という区別自体が、じつは生物学的区別ではないという点である。良く知られているように、白人の中でも血管が透けて見えるほど皮膚の色が薄い人から浅黒い人までいるし、黒人の中でも白人とまったく変わらない色の皮膚の人からチョコレート色の皮膚の人までがいる。そのため、白人と黒人の両親から生まれた子どもがどちらの人種として生きるのかという主題は、アメリカ文学の主要テーマの一つである。ネラ・ラーセンの『白い黒人』は、夫にも「白人」として「パスする、通用する」肌を持つ黒人女性と白人の夫の物語である。黒人を嫌悪する夫の言動から明らかになるのは、夫の〈白人性〉が成立するためには、否定されるべき〈黒人性〉が必要だという点である。つまり、生物学的には連続している皮膚の色に境界線を引いて〈白人〉と〈黒人〉に区別しているのは、〈白人性〉の優位を確立するために、それより劣った〈黒人性〉をつくり出すことを要請する「社会」のほうなのである。そして、日本では翻訳が、このような社会の要請に応える装置の一つとして機能しているのである。

さらに興味深いことに、このような翻訳では、〈教育ある東京人〉が、〈白人性〉によって補強されている。〈白人性に特徴づけられる日本人〉という矛盾したアイデンティティ。あたかも、日本の〈中流性〉〈東京性〉を、〈白人性〉という人種に結びつけることにより正当化するような操作。翻訳では、日本人のアイデンティティを国外のアイデンティティによって特徴づけるという操作を行なうことが可能なのである。

ここで示されているのは、日本語の言語資源が非日本語の言語資源によって補強されるという現象である。「標準語（女ことば）」と「方言」の優劣関係が、「白人言語」と「非白人言語」の優劣関係によって必然性を獲得する。非日本人の発言を通して、〈日本人〉の中の区別が再生産される。翻訳は、言語資源に与えられた差別関係がグローバルに補強される場なのである。

※「インディアン」「ジプシー」…いずれも差別的な意味あいを持つ呼称とされている。現在では、「インディアン」は「北米先住民」「ネイティブ・アメリカン」、「ジプシー」は「ロマ」「スィンティ」などがそれぞれ公称となっている。

※言語資源…ここでは、さまざまな言葉づかいを、個性・属性・特徴などを表現する材料と捉える考え方を指す。たとえば「わしは、～と思うんじゃ」という言葉づかいは、〈老年の男性〉であることを表現する「言語資源」とされる。

問1 ――線1『外国文学の邦訳』とあるが、そこにはどのような特徴があるか。その説明として最も適当なものを次の中から選び、記号で答えなさい。

ア　男性は「標準語」を使い、女性は「女ことば」を使うというように、登場人物の性別に応じて言葉づかいが明確に訳し分けられている。

イ　白人男性や白人女性の登場人物のせりふが、日常会話ではほとんど使われないような「女ことば」を含む「標準語」で訳されている。

ウ　非白人や農民は「標準語」を使い、白人は擬似方言や地域語を使うというように、登場人物それぞれの属性に応じて言葉づかいが訳し分けられている。

エ　非白人や特定の階級の登場人物のせりふが、「標準語」ではなく、特定の地域の言葉やどこのものともわからない擬似方言で訳されている。

オ　白人は「標準語」を使い、非白人や農民は擬似方言や地域語を使うというように、登場人物の人種や階級に応じて言葉づかいが訳し分けられている。

問2 ――線2「国語＝標準語」とあるが、これについて次の問いに答えなさい。

「国語」を制定するために提案されたのが「言文一致」という考え方である。「言文一致」とは、話しことば(言)にもとづいた書きことば(文)を考え出すことをさし、一般の人びとにも使いやすい話しことばのような言葉づかいによって、知識や情報があまねく伝わるだろうと期待された。そして、「国語」の基準として選ばれたのが「教育ある東京人」の言葉づかいである。

ここで「教育ある」という但し書きによって排除されているのは、「ベランメーことば」と呼ばれた、東京の下町や職人によって使われていた言葉づかいである。「標準語に就きて」で「教育ある東京人」の言葉づかいを「国語」の基準として提唱した上田万年(うえだかずとし)も、「ただし、東京語といえば或(あ)る一部の人は直に東京の『ベランメー』言葉の様に思うべけれども決してさにあらず」と「ベランメーことば」をはずすことを明言している。つまり「教育ある」という定義には、すでに社会階級の区別が表明されていたのである。

同様に、「東京人」によって排除されたのが、東京以外での言葉づかいであった。東京以外の言葉づかいが「国語＝標準語」の成立にとっての障害として認識されるようになった。明治三五(一九〇二)年に国語調査委員会が発表した決議事項の一つは「方言ヲ調査シテ標準語ヲ選定スルコト」と、方言調査を経たのちに標準語を選ぶとしている。しかし、イ・ヨンスクが指摘しているように、その実態は「滅ぼすべき相手としての方言の実態調査という意味合いがあった」(『「国語」という思想』)。「方言」とは、「国語＝標準語」の成立を妨げる言葉づかいとして、初めから否定的価値をともなって誕生したのである。

「標準語」を話すことは正しいことであるが、「方言」を話すことは間違っている。このような認識は、学校現場で地域語を使った子どもをあからさまに罰する制度を生み出していった。たとえば、首里(しゅり)語を共通語としていた沖縄では、明治四〇(一九〇七)年ごろになると、学校で方言を話すと札(ふだ)を渡して罰するという「方言札制度」が行なわれるようになる。「方言は悪い」という価値観が体罰を通して教え込まれたのである。罰札制度は昭和の戦中期に再び復活している。

戦後になって「人権」や「民主主義」が流入するようになると、X「方言」の復権が唱えられた。しかし、長い間「劣った」言葉づかいという烙印(らくいん)を押されていた地域語と「標準語」の不均等な関係は、すぐには解消されなかった。実際、私が小学生だった一九六〇年代に、長崎から転校してきた女の子が先生のことを「しぇんしぇい」と呼んだ時に、クラス中が笑ったのを覚えている。彼女はすぐに「せんせい」と言うようになってしまった。

このように、「標準語」と「方言」という概念は、たんに使われている地域が異なることを示すだけでなく、「標準語」は教育ある中流階級の正しい言葉づかいで、「方言」は教育のない階級の劣った言葉づかいだという不均等な価値観が付随していたのである。「方言」誕生の経緯は、※言語資源というものには、区別だけでなく優劣がともなっていることを示している。それは、区別というものが、差別するためにする区別である場合が多いからである。「方言」がつくり出されたのは、日本全国に混在していたさまざまな地域語の中で、「東京語」と「非東京語」の間に境界線を引き、「優れた標準語」に対して「劣った方言」を差別するためであった。

「標準語」と「方言」に与えられたこのような不均等な価値に気づくと、なぜ白人の翻訳には「標準語」が使われ、黒人や農民には架空の「方言」が使われたのかを推測することができる。それは、教育ある中流階級が使う「正しい標準語」と教育のない階級が使う「劣った方言」という区別を通して、〈中流白人〉と〈非白人・農民〉の区別を表現しようとしたからだろう。日本にはない集団間の区別は、国内の区別によって表現するしかないとも言える。

しかし、これは3恐ろしい偏見を再生産している。ここでは、「優れた標準語」と「劣った方言」を白人と非白人に区別して使い分けることで、日本国内にも〈優れた白人〉と〈劣った非白人〉という誤った偏見をつくり出しているだけでなく、この偏見にもとづ

二〇二二年度 市川高等学校

【国語】(五〇分)〈満点：一〇〇点〉

【注意】解答の際には、句読点や記号は一字と数えること。

一 次の【文章Ⅰ】は、中村桃子(なかむらももこ)『〈性〉と日本語 ことばがつくる女と男』の一部である。これを読んで、後の問いに答えなさい。なお、出題に際して、本文には表記を一部変えたところがある。

【文章Ⅰ】

[1]外国文学の邦訳を読んでいると、びっくりするような言葉づかいに出会うことがある。作品中で「黒人」※「インディアン」「ジプシー」と呼ばれる〈非白人〉が、どこのものともはっきりしない「擬似方言」を使っているのである。一九五七年に邦訳されたマーガレット・ミッチェルの『風と共に去りぬ』では、白人男性は「標準語」、白人女性は「女ことば」を使っているのに、黒人は「ごぜえますだ」を使っている。パーティーに行く前の場面では、「わ・のよ」で食事を拒否するスカーレット(白人女性)に対して、マミー(黒人女性)は「ごぜえますだ・ねえだか・ますだよ」で説得している。

スカーレット「いらないわ。ほしくないのよ。台所にさげておくれ」

マミー「いんや、駄目でごぜえますだ。この前の園遊会のときには、(中略)あんなぶざまなことを仕出かしたではねえだか。これを一つ残らず食べていただきますだよ」

(M・ミッチェル『風と共に去りぬ』大久保康雄(おおくぼやすお)・竹内道之助(たけうちみちのすけ)訳)

翻訳で使われる地域語は「白人の標準語」から区別されていれば良いようで、同じ集団のせりふが複数の地域語で翻訳される場合もある。また、白人でも農家など特定の階級にも使われる。一九五六年に邦訳されたドストエフスキーの『罪と罰』では、「百姓」のせりふが「けえ」という西日本方言と、「べえ」「だよ」という東日本方言の両方に訳されている。

「おい、ミコールカ、わりゃぜんたい正気けえ?(後略)」

「さあ、乗れっていうに! うんと飛ばしてくれべえ! 飛ばしてみせるだよ!」

(F・ドストエーフスキィ『罪と罰』米川正夫(よねかわまさお)訳)

「標準語」は白人が使い、非白人や農民は「方言」を使う。このようなことばの使い分けは右に挙げた作品に限らない。なぜ、このような使い分けが行なわれたのだろうか。それを推測するためには、「方言」という概念が生まれた事情に立ち戻らなければならない。

私たちは、「方言」とは、その地域に住む集団が実際に特定の言葉づかいをしたから自然に成立したと考えがちである。東北地方に住む人が特定の言葉づかいをしたから、「東北弁」という地域語ができたと考えるのである。しかし、「方言」という概念は、「[2]国語=標準語」概念の成立にともなってつくり出されたものであることが指摘されている。

明治時代には、それまで藩に分かれていた日本を、近代国民国家として統合するために「国語」を制定することが不可欠だと考えられた。当時の日本では、一部の知識人に占有された漢文体などの書きことばと、それとはかけ離れたいろいろな話しことばが混然としていた。今からは想像もつかないが、違う地域からきた人とはスムーズにコミュニケーションできないような状態だったと言われている。欧米諸国の技術や知識を広く普及させ、「一つの国語を話す一つの国民」をつくりあげるためには、「一つの国語」が必要とされた。

英語解答

I (A) (1) ①…b ②…c ③…e ④…d ⑤…a
(2)…a (3)…c (4)…b
(B) (1) ① 60 ② 2016 ③ children ④ memory ⑤ imagination
(2)…b (3)…b (4)…c

II 問1 月の光で星が見えなくなるのを避けるため。
問2 There is no difference between the moon's light and that of the sun
問3 ウ 問4 If it is
問5 human beings
問6 ア…× イ…× ウ…○ エ…○ オ…○
問7 closely linked to tidal rhythms
問8 エ

III 問1 ア 僕が伝染するかもしれない病気にかかっているかの
イ 僕に触れる機会を避ける
ウ 僕の周りをできるだけ遠回りしたものだった
問2 The kid would make the sound you make
問3 3a イ 3b エ 3c ア 3d ウ
問4 イ
問5 5a ウ 5b ア 5c イ
問6 エ
問7 先生が僕とジャックを一緒にするように言われていたか，全くの偶然かのいずれか。
問8 i so ii that
問9 beat those kids up 問10 ウ
問11 made us both change chairs with the kids next to

I 〔放送問題〕解説省略

II 〔長文読解総合―説明文〕

(A)≪全訳≫❶幼い頃，満月のときに不運な人が狼(おおかみ)になってしまう物語をたくさん読み，映画もいくつか見た。❷しかしながら，この背後にある理屈が私を悩ませた。なぜ満月なのか。私は何度も満月を見たりその光の下を歩いたりしてきたが，結果としていかなる種類の影響も受けたことはなかった。月の光は，日光や，電気の明かりとはそんなに違うのだろうか。❸さらに言えば，満月の光は，満月の翌日や前日の月の光とは違うのだろうか。私はその３日間の月の形の違いをほとんど区別できない。狼人間はどうやってそれを区別でき，またその結果，完全に狼になるかそうでないかという変身をするのだろうか。そういった狼人間は，満月の前日や翌日には95パーセントの狼になるはずではないのか。本当なら，半月の夜には半狼になるのではないのか。❹月の満ち欠けに伴って変化する明らかな要素の１つが，夜に地上を照らす光の量である。産業化以前の時代には，夜間に移動しなければならない人々は，できれば満月の週の間に移動することを好んだものだが，それは雲が全く出ていなければこれ以上ないというほど多くの光があったからである。同じような理由で，「アストロノミー・アイランド」（夜空を眺めるのが大好きな人々のグループ）が星を観察するために毎年バミューダへ夏の旅行を実施する際，彼らはたいてい新月の週を選ぶのだが，それは星の光が月の光でかき消されずに済むからである。❺しかしながら，我々が興味を引かれるのは，その種の(自発的で論理的な)行動ではない。月が精神病理学に及ぼす影響についてはどうなのだろう。月の光には日光とは違った何かがあるのだろうか。結局のところ，月の光は太陽の光から生じたものではないか。❻ A 月が大きく影響を与えるものとして，潮の満ち引きが挙げられる。月の引力は，地球が月に面している側の方が，反対側の面よりも強い力として感じられるが，これが水の２つの隆起を引き起こし，地球上のどんな地点も１日に２回，自転しながらこの隆起を通過する。❼半日おきに満潮／干潮の周期があり，２週間おきに大潮／小潮の周期がある。❽これらの潮の満ち引きの周期もまた人間と関係があるのだろうか。ちょっと考えただけでは，どうなっているのかわからないが，この周期が海岸やその近くで生活を送る生き物の行動に関係していることは確かである。潮の動きは彼らの生活リズムと密接に関連しているに違いない。例えば，大潮のときが産卵に最適な時期なのは，そういう理由かもしれない。そうなると，そういった生き物の行動は月の満ち欠けと関係があるように思える。月／潮／行動の関係を考えれば，このことは謎でも何でもない。しかし，この真ん中のステップのことを忘れて，月／行動の関係だけを考慮した場合，受け入れられるはずの見解を半ば謎のようなものに変えてしまうことになる。❾だが，海の端っこで暮らす虫や魚と人間との間にどんな関係がありうるのだろうか。❿間違いなく，進化の結びつきがある。我々は今は自分たちが潮から影響を受ける生き物と遠くかけ離れた存在だと考えているかもしれないが，４億年前に原始的な生物として歩み始めたのだ。それらはおそらく陸と海が接する所で暮らしていて，潮のリズムに密接に結びついていた。我々の精神はいまだに，何億年も前の我々の祖先に結びついていた半日おき，そして14日おきの潮の周期の中でリズミカルに揺れ動いているのかもしれない。これは当たり前ではないし，驚くべきことであるが，理解可能で信じられる話である。実際，満月の日には，より多くの事故が発生したり，より凶悪な犯罪が起きたりしている。ところが，我々の行動が月によって直接コントロールされていると考え，潮との関連性を忘れてしまうと，それは我々に現実よりもむしろ魔法を信じさせることになりかねないのである。

(B)≪全訳≫Ａ：満月の日が近づくと，交通事故や重大な犯罪の件数が増えるんだってね。でもそれはおかしいと思うんだ。満月はたくさんの光を発するんだから，そういうときには車がはっきり見えるはずだよね？／Ｂ：光の量は重要じゃないんだよ。事故や犯罪の件数は，月そのものよりむしろ潮のリズムと密接に関連しているんだ。／Ａ：ほんと？／Ｂ：うん。実は，僕たちの生活リズムは潮から影響を受ける生き物の生活リズムとそんなに違わないんだ。全ての生き物はおそらく同じような生物として始まったんだよ。

問１＜文脈把握＞下線部の直後に so that「～するために」とあり，月の光の中で星の光が消されてしまうことがないように，という理由が述べられている。月の光が明るすぎると，それよりも弱い星の光は見えづらくなってしまい，星の観察には向かないため，新月の週を選んで出かけるのである。

問２＜整序結合＞下線部②は，月の光には日光とは何か違うところがあるのか，という意味だが，その後には月の光は太陽の光から生じたものだとあることから，下線部②が疑問文ではなく反語の文で，違いはないと述べていることがわかる。よって，There is no difference「違いは何もない」で始め，'between *A* and *B*'「*A* と *B* の間に」の形を続ける。'*A*' は the moon's light「月の光」とし，'*B*' は light を受ける代名詞として that を使い，that of the sun「太陽の光」とする。

問3＜和文英訳—適文選択＞「〜ものとして，潮の満ち引きが挙げられる」は「〜なものの1つは，潮の満ち引きである」と読み換えられるので，One thing is the tides. が文の骨組みと判断できる。「月が大きく影響を与える」は「月が大いに支配している」と読み換え，目的格の関係代名詞を省略した‘主語＋動詞...’の形で the moon *does* control と表して thing の後に置く。control の目的語である One thing は先行詞として前に出ているので，アにある it は不要。なお，*does* は動詞 control を強調するはたらきをしている。

問4＜要旨把握＞下線部は，科学的な因果関係のある月／潮／行動の3つのステップのうち，潮を考慮に入れず，月が直接，人間の行動に影響を及ぼしていると考えてしまうと，科学的根拠が薄れ，不可思議な関係に思えてしまうという内容。これとほぼ同じ内容を表すのは，第10段落の If it is 〜 で始まる最終文である。

問5＜適語句補充＞海辺に生息する生き物が潮の満ち引きに影響を受けるのは理解できても，それらとは異なる生態を持つ人間がなぜ同様の影響を受けるのか，両者の間にはどんな関連性があるのか，という疑問を提起した部分。この後，人間は海の原始的な生物から進化したものだという説明が続く。よって，第8段落第1文にある human beings「人間」が当てはまる。

問6＜内容真偽＞ア.「実際，数多くの物語の中で，半月は人間を半狼に変えてしまう」…×　第3段落最終文参照。　イ.「産業化以前の時代，人々は狼から身を隠したかったので夜間に移動しなければならなかった」…×　第4段落第2文参照。狼との関連性はない。　ウ.「月の力は，地球が月に面している側で最も強くなる」…○　第6段落第2文に一致する。　エ.「満潮と干潮は両方とも1日に2回起きる」…○　第7段落第1文に一致する。　オ.「月の光は進化とは何の関係もない」…○　第10段落参照。

問7＜適語句補充＞第10段落に，人間は潮のリズムに強い影響を受けていた海の原始的生物から進化した存在で，今もその影響を受けているとある。また，潮の満ち引きは月によって引き起こされるものなので，一見，月が人間の心理に影響を及ぼすように見えるが，実際は月そのものではなく潮のリズムがその原因であると指摘している。よって，第10段落第3文の closely linked to tidal rhythms「潮のリズムに密接に結びついていた」という部分を利用すればよい。

問8＜適語選択＞第10段落に，人間の祖先は海の原始生物であり，海辺の生き物と同様に潮の満ち引きから影響を受けているとあるので，D には different「違う」を補って，人間の生活リズムと海辺の生き物の生活リズムはそれほど違わない，とする。また，全ての生物は等しく海の原始的な生物を祖先としていると述べられているので，E には similar「同じような」が適する。

Ⅲ〔長文読解総合—物語〕

≪全訳≫❶9月はつらかった。朝あんなに早く起きるのに慣れていなかった。宿題にも慣れていなかった。それに月末には僕にとって初めての「テスト」があった。母さんが僕を家で教えてくれていたときには，「テスト」なんて一度もなかった。もう自由時間がないという点も気に入らなかった。前は，遊びたいときはいつでも遊べたが，今では学校のためにしなければならない課題を常に抱えているような気分だった。❷そして，初めのうちは学校にいること自体がとてもつらかった。僕が受けるあらゆる新しい授業は，生徒たちが僕を「じろじろ見ない」という新たな冒険であるかのようだった。彼らはノートのかげから，あるいは僕がそっちを見ていないと思っているときに，僕をすばやく盗み見たものだった。まるで僕が伝染するかもしれない病気にかかっているかのように，僕に触れる機会を避けようとして，僕の周りをできるだけ遠回りしたものだった。❸廊下にはいつも人がいっぱいいたが，そこでは僕の顔は，おそらく僕のことをまだ聞いたことがなかった生徒を常に驚かせていた。②そういう生徒は，水に潜る前に息を止めるときに出るような，小さな「うっ！」という音を出したものだった。最初の数週間は，階段や，ロッカーの前や，図書館で，たぶん1日に4，5回はこういうことが起きた。学校には500人の生徒がいて，最終的には，その誰もがいずれ僕の顔を見ることになるのだった。そして最初の2，3日が過ぎた後，僕は自分に関するうわさが広まっているのを知った。それは彼らが僕とすれ違うときに1人の生徒がその友達を肘でつついたり，あるいは僕が彼らのそばを通りかかると両手で口を隠しながらこそこそ話したりしているのを時折見かけたからである。彼らが僕のことを何と言っていたのか，想像することしかできない。実際，それを想像しようとすらしたくはないのだが。❹ところで，僕は彼らがこういったことをいじわるなやり方でしていたと言っているわけではない――声を上げて笑ったり，騒いだり，そういったことは誰もしなかった。彼らはごく普通の思慮の浅い子どもだったというだけのことだ。それはわかっている。そのことを僕は彼らに伝えたかった。こんな感じで，大丈夫，僕は自分が変わった容姿をしているってわかってる，見てごらん，かみついたりしないよ。ねえ，実際さ，もしウーキー族が突然この学校に通い始めたら，僕はもっとよく知りたくなって，たぶんちょっとはじろじろ見ちゃうな！　それに，もし僕がジャックかサマーと一緒に歩いてたら，たぶん小声で彼らにこう話しかけるよ。おい，ウーキー族がいるぜって。それに，もしそのウーキー族が，僕がそう言ってるのを見たら，僕がいじわるしようとしてるわけじゃないってことを彼はわかってくれるだろうな。僕はただ彼がウーキー族だっていう事実を伝えてただけなんだから。❺僕のクラスの生徒たちが僕の顔に慣れるのに約1週間かかった。それは僕が受ける全ての授業で毎日顔を合わせる生徒たちだ。❻僕の学年の生徒たち全員が僕の顔に慣れるのに約2週間かかった。それは食堂や校庭での遊び時間，体育，音楽，図書館，コンピューターの授業で顔を合わせる生徒たちだ。❼この学校の生徒たち全員が僕の顔に慣れるのに約1か月かかった。それは他の全ての学年の生徒たちだ。彼らの中には体の大きい生徒たちもいた。おかしな髪型をした生徒たちもいた。鼻にピアスをつけた生徒たちもいた。にきびのある生徒たちもいた。僕みたいな容姿の生徒は1人もいなかった。❽僕は，ホームルームや英語，歴史，コンピューター，音楽，理科の授業のときはジャックと一緒にいて，それらは全て僕らが一緒に受けている授業だった。全ての授業で先生は生徒に座る場所を指示したが，僕は結局どの授業でもジャックの隣に座ることになったので，先生が僕とジャックを一緒にするように言われていたか，あるいは信じられないような全くの偶然だったか，そのどちらかなのだろう。❾僕は授業に行くときもジャックと一緒に歩いていった。生徒たちが僕をじろじろ見ていることに彼は気づいていたが，気づかないふりをしていたことを僕は知っている。だがあるとき，歴史の授業に向かう途中で，階段を1段抜かしで駆け降りてきた巨体の8年生が，階段の下でたまたま僕らにぶつかってしまい，僕を転倒させた。その男子が僕を助け起こし，僕の顔を一目見たとき，そんなつもりはなかったのだろうが，彼はただこう言った。「うわあお！」　そして彼はまるで僕についた汚れを落とすかのように僕の肩をぽんぽんと叩くと，友人の後を追ってさっさと走っていった。どういう訳だか，僕とジャックは笑い出した。❿「あいつ，最高におもしろい顔してたな！」　席に着くと，ジャックはそう言った。⓫「そうだよね」と僕は言った。「うわあお！　なんて言ってさ」⓬「あいつ，びっくりしすぎておもらししたんじゃないか！」⓭僕たちがあんまりひどく笑っていたので，ロシュ先生は僕たちに落ち着くように注意したほどだった。⓮それから，僕らが古代シュメール人の日時計のつくり方について読み終わると，ジャックが小声でこう言った。「君はあいつらをぶちのめしてやりたいって思ったことはないの？」⓯僕は肩をすくめた。「あるかもね。わからないよ」⓰「僕はそうしてやりたいよ。秘密の水鉄砲か何かを手に入れてさ，それをどうにかして君の目にくっつけるんだ。そして誰かが君をじろじろ見るたびに，そいつの顔面に浴びせてやるのさ」⓱「緑色のスライムか何かをね」と僕は答えた。⓲「そんなんじゃだめだな。犬のおしっこを混ぜた虫のジュースがいい」⓳「それだ！」　僕は意見がすっかり合ってそう言った。⓴「君たち」とロシュ先生が教室の向こうから言った。「みんなまだ読んでいるんだよ」㉑僕らはうなずくと教科書に目を落とした。するとジャックが小声で言った。「君はこれからもずっとこんな見た目でいるつもりなのかい，オーガスト？　つまり，形成手術か何かを受けられないのか？」㉒僕は笑顔で自分の顔を指さした。「B言っとくけどさ。これでも形成手術後なんだ！」㉓ジャックは額をぴしゃりとたたくと，ばか笑いを始めた。㉔「おいおい，その医者は告訴した方がいいな！」　彼は笑い声で途切れ途切れになりながらそう答えた。㉕今度は僕ら２人ともあんまりひどく笑い過ぎて，ロシュ先生がこちらにやってきて，僕ら２人に隣の生徒と席を交換させた後になっても笑いが止まらなかった。

問１＜英文和訳＞ア．like「まるで～のように」の後の部分。I had some illness「僕は何かの病気にかかっていた」が文の骨組みで，they could catch は目的格の関係代名詞を省略した‘主語＋動詞...’の形。この catch は「(病気など)に感染する」という意味。　イ．to avoid ～は‘目的’を表す副詞的用法の to不定詞なので，ここから me までの部分を訳す。avoid は「～を避ける」，the chance of touching me は「僕に触れる機会」と訳せる。　ウ．would は「～したものだ」という‘過去の習慣的動作’を表す。take the longest way around me「僕の周りの最も長い道を通った」とは，「僕の周りをできるだけ遠回りして避けて通った」ということ。

問２＜整序結合＞主語を The kid とし，助動詞の would の後には動詞の原形の make を置く。この後，目的語として the sound を続け，The kid would make the sound「その子は音を出したものだった」を文の骨組みとする。残りの you make は目的格の関係代名詞を省略した‘主語＋動詞...’の形で sound の後に続け，when 以下と合わせて「人が水に潜る前に息を止めるときに出すような音をその子は出した」といった意味にする。

問３＜適語句選択＞3a．すれ違ったときに肘でつつき合って僕のうわさをしているのを見かけた，という場面なので，手で口元を覆い隠してこそこそと話している様子を表すイが適する。　3b．pat「軽くたたく」や touch「触れる」など，身体に接触することを表す動詞の後に‘人＋on the＋身体の部分’を続けると，「〈人〉の～をたたく，触る」を表せる。patted me on the shoulder で「私の肩を軽くたたいた」となる。　3c．‘attach *A* to *B*’で「*A* を *B* に取りつける」。
3d．じろじろ見る失礼な相手に水鉄砲で液体をかけてやれと冗談でけしかけている場面。水鉄砲で狙う場所として in the face「顔面に」が適切。

問４＜英文解釈＞prefer to ～で「～を好む」。周囲の生徒たちにうわさされてつらく不快だったが，それを直接聞いたわけではないので内容は想像するしかない。しかし，できればそれを想像しようとすることすらしたくはない，ということである。

問５＜適語句選択＞5a．直後の文に，毎日全ての授業で会う生徒だとあるので，自分のクラスの生徒だとわかる。　5b. 直後の文に，校内のさまざまな施設や副教科の授業で会う生徒だとあるので，自分の学年の全ての生徒だとわかる。　5c. 直後の文に，残り全ての学年の生徒だとあるので，自分の学校の全生徒だとわかる。

問６＜適語選択＞主人公は他人と著しく異なる容姿をしているために，初めて出会う生徒たちから好奇の目で見られてつらい思いをしている。校内にはさまざまな外見の生徒がいるものの，自分のような人は誰もいないと孤独を感じている場面。よって，「彼らの中に僕みたいな容姿の生徒は１人もいなかった」となる None「誰も〔１人も〕〜ない」が適切。

問７＜文脈把握＞下線部は，僕は結局どの授業でもジャックの隣に座ることになった，という意味。下線部の後で，先生が僕とジャックを一緒にしておくように言われていたか，あるいは全くの信じがたい偶然でそうなったのか，とその理由を推察している。

問８＜適語補充＞１つ目の部分は，とても驚いたのでパンツをぬらした，２つ目の部分は，とてもひどく笑ったので先生が静かにするように言った，という内容だと考えられるので，ⅰに so，ⅱに that を補い，‘so 〜 that …’「とても〜なので…」の形にする。

問９＜文脈把握＞第14段落でジャックは主人公に「あいつらをぶちのめしてやりたいと思ったことはあるか」と尋ね，第15段落で主人公はわからないと曖昧に答えたが，ジャックは第16段落で I'd want to.「僕はそうしてやりたい」と言い，主人公を無礼に眺める生徒たちに報復する方法を冗談半分で提案している。よって，to の後には，第14段落最終文の want to の後にある beat those kids up が省略されているとわかる。

問10＜適文選択＞主人公の顔は初対面の人を驚かせるほど変わっているが，ジャックだけはそれに動じず親しく接している。ジャックは形成手術を受けてはどうかと主人公に提案したが，それに対するＢの発言を聞いたジャックは，その医者を告訴すべきだと言って爆笑している。よって，「形成手術後」だと述べるウが適する。

問11＜整序結合＞隣り合って座っている主人公とジャックが授業中にいつまでも爆笑しているため，先生が業を煮やして２人の席を引き離しに来た場面。‘make＋目的語＋動詞の原形’「〜に…させる」の形にする。made の後の‘目的語’には us both「僕たち２人とも」，‘動詞の原形’には change が当てはまる。それぞれの隣にいた生徒と席を交換させて２人を引き離そうとしていると考えられるので，change chairs with the kids next to us と続ける。

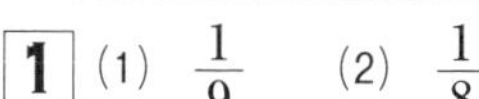

1 (1) $\frac{1}{9}$　(2) $\frac{1}{8}$

2 (1) $(3,\ 3\sqrt{3})$　(2) $\left(2,\ \frac{4\sqrt{3}}{3}\right)$

(3) $(0,\ -2\sqrt{3})$　(4) $3\sqrt{3}+9$

3 (1) (i) 右図

(ii) ア…AB　イ・ウ…P，Q

エ…BPA　オ…105　カ…45

(2) (i) 14　(ii) 1

4 (1) a^4+4b^4　(2) $\frac{1}{2022}$

5 (1) $8\sqrt{22}$　(2) $\frac{9\sqrt{22}}{11}$　(3) $\frac{6\sqrt{11}}{11}$

(例)

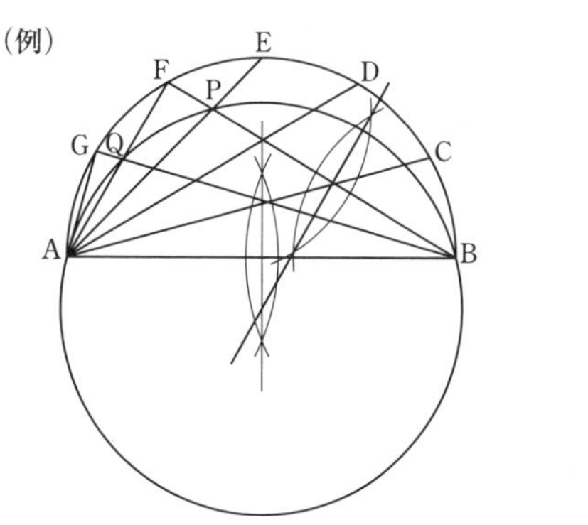

1 〔データの活用―確率―さいころ〕

(1)＜確率＞さいころを2回振るとき，目の出方は，全部で$6\times6=36$(通り)ある。このうち，PがAにいるのは，1回目にDで止まり，2回目に5の目が出る場合である。1回目にDで止まるのは3以上の目が出るときだから，(1回目，2回目)＝(3，5)，(4，5)，(5，5)，(6，5)の4通りある。よって，求める確率は$\frac{4}{36}=\frac{1}{9}$となる。

(2)＜確率＞さいころを3回振るとき，目の出方は，全部で$6\times6\times6=216$(通り)ある。このうち，PがAにいるのは，㋐2回目にDで止まり，3回目に5の目が出る場合か，㋑1回目にDで止まり，2回目と3回目に出る目の和が5になる場合である。㋐の場合，2回目にDで止まるのは，1回目が2以下で，1回目と2回目の出る目の和が3以上のときだから，1回目，2回目の目の出方は，(1回目，2回目)＝(1，2)，(1，3)，(1，4)，(1，5)，(1，6)，(2，1)，(2，2)，(2，3)，(2，4)，(2，5)，(2，6)の11通りある。3回目の目の出方は5の1通りだから，㋐の場合の目の出方は$11\times1=11$(通り)ある。㋑の場合，1回目の目の出方は3，4，5，6の4通りあり，2回目と3回目の目の出方は(2回目，3回目)＝(1，4)，(2，3)，(3，2)，(4，1)の4通りだから，$4\times4=16$(通り)ある。よって，PがAにいる目の出方は$11+16=27$(通り)あるから，求める確率は$\frac{27}{216}=\frac{1}{8}$となる。

2 〔関数―関数 $y=ax^2$ と一次関数のグラフ〕

(1)＜座標＞右図で，点Oは正十二角形ABCDEFGHIJKLの対角線AG，DJの交点だから，全ての頂点を通る円の中心となり，OL＝OA＝6，∠AOL＝360°÷12＝30°である。点Lからy軸に垂線LMを引くと，△OLMは3辺の比が$1:2:\sqrt{3}$の直角三角形となり，$\mathrm{LM}=\frac{1}{2}\mathrm{OL}=\frac{1}{2}\times6=3$，$\mathrm{OM}=\sqrt{3}\mathrm{LM}=\sqrt{3}\times3=3\sqrt{3}$となる。よって，$\mathrm{L}(3,\ 3\sqrt{3})$である。

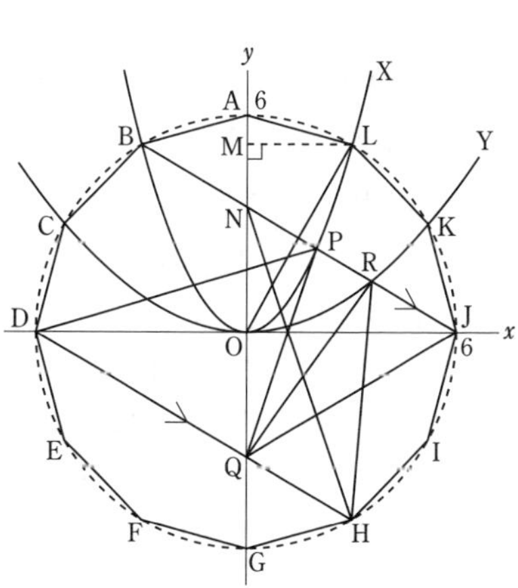

(2)＜座標＞右図で，放物線Xの式を$y=ax^2$とおくと，(1)より，$\mathrm{L}(3,\ 3\sqrt{3})$を通るので，$3\sqrt{3}=a\times3^2$が成り立ち，$a=\frac{\sqrt{3}}{3}$となる。これより，放物線Xの式は$y=\frac{\sqrt{3}}{3}x^2$である。また，点Bは点Lと$y$軸について対称なので，$\mathrm{B}(-3,\ 3\sqrt{3})$とな

る。J(6, 0)だから，直線BJの傾きは$\frac{0-3\sqrt{3}}{6-(-3)}=-\frac{\sqrt{3}}{3}$であり，その式は$y=-\frac{\sqrt{3}}{3}x+b$とおける。点Jを通るので，$0=-\frac{\sqrt{3}}{3}\times6+b$，$b=2\sqrt{3}$より，直線BJの式は$y=-\frac{\sqrt{3}}{3}x+2\sqrt{3}$となる。点Pは放物線$y=\frac{\sqrt{3}}{3}x^2$と直線$y=-\frac{\sqrt{3}}{3}x+2\sqrt{3}$の交点だから，この2式より，$\frac{\sqrt{3}}{3}x^2=-\frac{\sqrt{3}}{3}x+2\sqrt{3}$，$x^2+x-6=0$，$(x+3)(x-2)=0$　$\therefore x=-3,\ 2$　よって，点Pのx座標は2であり，$y=\frac{\sqrt{3}}{3}\times2^2=\frac{4\sqrt{3}}{3}$より，$P\left(2,\ \frac{4\sqrt{3}}{3}\right)$となる。

(3)<座標>前ページの図で，△JPD，△JPQの底辺を辺JPと見ると，△JPD＝△JPQより，DQ∥BJとなる。直線BJとy軸の交点をNとすると，∠ODQ＝∠OJNであり，OD＝OJ，∠DOQ＝∠JONだから，△ODQ≡△OJNとなる。これより，OQ＝ONである。(2)より直線BJの切片は$2\sqrt{3}$だから，$N(0,\ 2\sqrt{3})$より，$Q(0,\ -2\sqrt{3})$となる。

(4)<面積>前ページの図で，点Dと点Hを結ぶと，BJ∥DHである。(3)よりDQ∥BJだから，点Qは線分DH上の点となる。このことから，△RQH＝△NQHであり，〔四角形RQGH〕＝△RQH＋△GQH＝△NQH＋△GQH＝△NGHとなる。$N(0,\ 2\sqrt{3})$であり，A(0, 6)より，G(0, −6)だから，$NG=2\sqrt{3}-(-6)=2\sqrt{3}+6$である。また，点Hの$x$座標は点Lの$x$座標と等しく3だから，△NGHは底辺をNGと見ると，高さは3である。よって，〔四角形RQGH〕＝△NGH＝$\frac{1}{2}\times(2\sqrt{3}+6)\times3=3\sqrt{3}+9$である。

3 〔平面図形―半円〕

(1)<作図，角度>(i)右図1で，3点A，B，Pを通る円の中心をHとすると，線分AB，線分BP，線分APは円Hの弦となる。よって，点Hは，線分AB，線分BP，線分APの垂直二等分線上にあるから，この3つの線分のうちの2つの線分の垂直二等分線の交点として求められる。点Hを中心とし，半径HAの円をかけばよい。解答参照。　(ii)図1で，4点A，B，P，Qが同一円周上にあることをいうので，直線ABに対して2点P，Qは同じ側にあり，∠BQA＝∠BPAとなればよい。半円の中心をOとする。$\overset{\frown}{FA}:\overset{\frown}{AB}=2:6=1:3$より，$\angle FOA=180^\circ\times\frac{1}{3}=60^\circ$だから，$\overset{\frown}{FA}$に対する円周角と中心角の関係より，$\angle PBA=\frac{1}{2}\angle FOA=\frac{1}{2}\times60^\circ=30^\circ$である。また，$\overset{\frown}{FA}:\overset{\frown}{BE}=2:3$だから，∠PBA：∠BAP＝2：3であり，$\angle BAP=\frac{3}{2}\angle PBA=\frac{3}{2}\times30^\circ=45^\circ$である。よって，△ABPで，$\angle BPA=180^\circ-\angle PBA-\angle BAP=180^\circ-30^\circ-45^\circ=105^\circ$となる。同様にして，$\overset{\frown}{FA}:\overset{\frown}{GA}=2:1$より，$\angle QBA=\frac{1}{2}\angle PBA=\frac{1}{2}\times30^\circ=15^\circ$となり，$\overset{\frown}{GA}:\overset{\frown}{BF}=1:4$より，$\angle BAQ=4\angle QBA=4\times15^\circ=60^\circ$となるから，△ABQで，$\angle BQA=180^\circ-\angle QBA-\angle BAQ=180^\circ-15^\circ-60^\circ=105^\circ$である。よって，$\angle BQA=\angle BPA=105^\circ$となる。4点A，B，P，Qは円Hの周上にあるので，$\overset{\frown}{PB}$に対する円周角より，$\angle PQB=\angle BAP=45^\circ$となる。

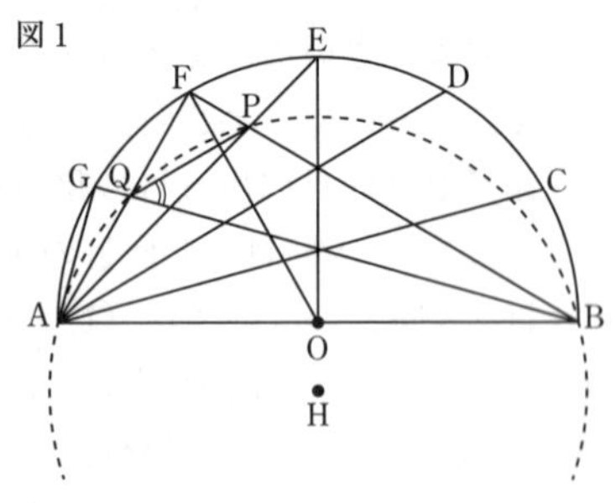

(2)<長さ，最大値>(i)右図2で，線分ABは半円Oの直径だから，$\angle ACB=\angle ADB=90^\circ$である。直線OEについて対称だから，AG＝BC，AF＝BDとなる。よって，$AG^2=BC^2$，$AF^2=BD^2$であり，△ABC，△ABDで三平方の定理より，$AC^2+BC^2=AB^2$，

図2

$AD^2+BD^2=AB^2$ となるから，$AC^2+AG^2=AB^2$，$AD^2+AF^2=AB^2$ である。したがって，与式 $=AB^2+(AC^2+AG^2)+(AD^2+AF^2)+AE^2=AB^2+AB^2+AB^2+AE^2=3AB^2+AE^2$ となる。また，△AOE は直角二等辺三角形であり，$OA=\frac{1}{2}AB=\frac{1}{2}\times2=1$ だから，$AE=\sqrt{2}OA=\sqrt{2}\times1=\sqrt{2}$ である。以上より，与式 $=3AB^2+AE^2=3\times2^2+(\sqrt{2})^2=12+2=14$ となる。　(ii) $a^2+4b^2=4$ より，$a^2+(2b)^2=2^2$ だから，右図3のような，直角をはさむ2辺の長さが a，$2b$，斜辺の長さが2である直角三角形を考えると，三平方の定理より，$a^2+4b^2=4$ となる。図3のように，3点I，J，Kを定めると，$\triangle IJK=\frac{1}{2}\times a\times2b=ab$ となる。よって，$a^2+4b^2=4$ のときの ab の最大値は，△IJK の面積の最大値となる。△IJK の面積が最大になるのは，JK を底辺と見たときの高さが最大になるときである。点Iは線分JKを直径とする円の周上にあるので，高さが最大になるとき，点Iは，$\overset{\frown}{JI}=\overset{\frown}{KI}$ となる。このときの点IをI′とし，円の中心をLとすると，I′L⊥JK である。$I'L=JL=\frac{1}{2}JK=\frac{1}{2}\times2=1$ より，△IJK の面積の最大値は $\triangle I'JK=\frac{1}{2}\times JK\times I'L=\frac{1}{2}\times2\times1=1$ だから，求める ab の最大値は $ab=1$ となる。

4 〔数と式〕

(1)＜式の計算＞与式 $=(a^2-2ab+b^2+b^2)(a^2+2ab+b^2+b^2)=(a^2+2b^2-2ab)(a^2+2b^2+2ab)$ として，$a^2+2b^2=A$ とおくと，与式 $=(A-2ab)(A+2ab)=A^2-4a^2b^2$ となる。A をもとに戻して，与式 $=(a^2+2b^2)^2-4a^2b^2=a^4+4a^2b^2+4b^4-4a^2b^2=a^4+4b^4$ となる。

(2)＜数の計算＞(1)より，$a^4+4b^4=\{(a-b)^2+b^2\}\{(a+b)^2+b^2\}$ だから，$4^4+4\times3^4=\{(4-3)^2+3^2\}\{(4+3)^2+3^2\}=(1^2+3^2)(7^2+3^2)$ となり，$4^4+4\times11^4=\{(4-11)^2+11^2\}\{(4+11)^2+11^2\}=\{(-7)^2+11^2\}(15^2+11^2)=(7^2+11^2)(15^2+11^2)$ となる。以下同様に考えると，$\frac{1}{6}\times$ の後の分数の分子は，$(1^2+3^2)(7^2+3^2)\times(7^2+11^2)(15^2+11^2)\times(15^2+19^2)(23^2+19^2)\times(23^2+27^2)(31^2+27^2)\times(31^2+35^2)(39^2+35^2)$ となり，分母は，$(3^2+7^2)(11^2+7^2)\times(11^2+15^2)(19^2+15^2)\times(19^2+23^2)(27^2+23^2)\times(27^2+31^2)(35^2+31^2)\times(35^2+39^2)(43^2+39^2)$ となる。よって，約分すると，分子には 1^2+3^2，分母には 43^2+39^2 が残るので，与式 $=\frac{1}{6}\times\frac{1^2+3^2}{43^2+39^2}=\frac{1}{6}\times\frac{10}{3370}=\frac{1}{2022}$ となる。

5 〔空間図形―立方体〕

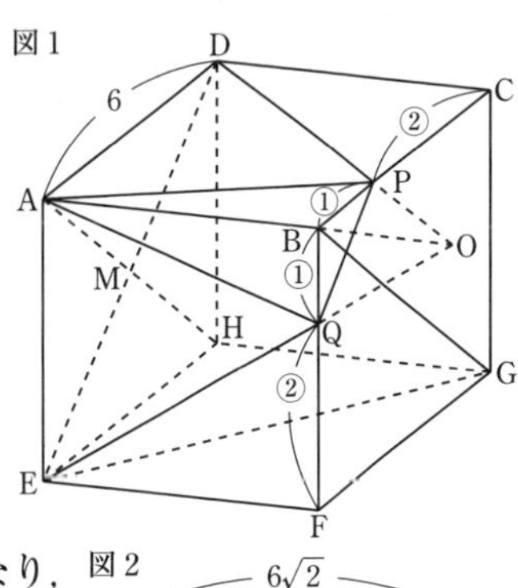

(1)＜面積＞右図1で，四角形 QPDE は PQ∥DE の台形である。BP：PC＝BQ：QF＝1：2 より，$BP=BQ=6\times\frac{1}{1+2}=2$，$PC=QF=6-2=4$ となる。△BPQ，△ADE は直角二等辺三角形だから，$PQ=\sqrt{2}BP=\sqrt{2}\times2=2\sqrt{2}$，$DE=\sqrt{2}AD=\sqrt{2}\times6=6\sqrt{2}$ である。また，△DCP で三平方の定理より，$DP=\sqrt{CD^2+PC^2}=\sqrt{6^2+4^2}=\sqrt{52}=2\sqrt{13}$ となり，同様にして，$EQ=2\sqrt{13}$ である。よって，台形 QPDE は右下図2のようになる。2点P，Qから辺EDに垂線PP′，QQ′を引くと，四角形 QPP′Q′ は長方形だから，$P'Q'=PQ=2\sqrt{2}$ となり，△PDP′≡△QEQ′ だから，$DP'=EQ'=(6\sqrt{2}-2\sqrt{2})\div2=2\sqrt{2}$ である。△PDP′ で三平方の定理より，$PP'=\sqrt{DP^2-DP'^2}=\sqrt{(2\sqrt{13})^2-(2\sqrt{2})^2}=\sqrt{44}=2\sqrt{11}$ となるから，〔四角形QPDE〕$=\frac{1}{2}\times(6\sqrt{2}+2\sqrt{2})\times2\sqrt{11}=8\sqrt{22}$ である。

(2)＜長さ＞点Aから面 QPDE に引いた垂線 AH_1 は，右上図1で，四角錐

A-QPDEの底面を四角形QPDEと見たときの高さに当たる。辺AB，線分DP，線分EQの延長の交点をOとすると，〔四角錐A-QPDE〕=〔三角錐O-ADE〕−〔三角錐O-BPQ〕−〔三角錐A-BPQ〕である。△OBP∽△DCPより，OB：DC=BP：PC=1：2だから，$OB=\frac{1}{2}DC=\frac{1}{2}\times6=3$，OA=AB+OB=6+3=9となる。よって，〔三角錐O-ADE〕$=\frac{1}{3}\times$△ADE×OA$=\frac{1}{3}\times\frac{1}{2}\times6\times6\times9=54$，〔三角錐O-BPQ〕$=\frac{1}{3}\times$△BPQ×OB$=\frac{1}{3}\times\frac{1}{2}\times2\times2\times3=2$，〔三角錐A-BPQ〕$=\frac{1}{3}\times$△BPQ×AB$=\frac{1}{3}\times\frac{1}{2}\times2\times2\times6=4$となるから，〔四角錐A-QPDE〕=54−2−4=48となる。(1)より〔四角形QPDE〕$=8\sqrt{22}$だから，四角錐A-QPDEの体積について，$\frac{1}{3}\times8\sqrt{22}\times AH_1=48$が成り立ち，$AH_1=\frac{9\sqrt{22}}{11}$である。

(3)<長さ>前ページの図1で，PQ∥DEであり，AH⊥DE，BG⊥PQだから，〔面AHGB〕⊥〔面QPDE〕である。よって，点A，点Gから面QPDEに引いた垂線AH_1，GH_2は，面AHGB上にある。正方形AEHDの対角線AH，DEの交点をMとすると，$AM=\frac{1}{2}AH=\frac{1}{2}DE=\frac{1}{2}\times6\sqrt{2}=3\sqrt{2}$となる。右図3で，△OAMで三平方の定理より，$OM=\sqrt{OA^2+AM^2}=\sqrt{9^2+(3\sqrt{2})^2}=\sqrt{99}=3\sqrt{11}$である。辺OMと辺BGの交点をNとすると，AH∥BGより，MN：ON=AB：OB=6：3=2：1だから，$MN=\frac{2}{2+1}OM=\frac{2}{3}\times3\sqrt{11}=2\sqrt{11}$となる。また，$\triangle AH_1M\backsim\triangle OAM$となるから，$H_1M：AM=AM：OM$であり，$H_1M：3\sqrt{2}=3\sqrt{2}：3\sqrt{11}$が成り立つ。これより，$H_1M\times3\sqrt{11}=(3\sqrt{2})^2$，$H_1M=\frac{6\sqrt{11}}{11}$となる。次に，$\triangle AH_1M\backsim\triangle GH_2N$となるから，$H_1M：H_2N=AM：GN$である。△OAM∽△OBNより，AM：BN=OA：OB=9：3=3：1となるから，$BN=\frac{1}{3}AM=\frac{1}{3}\times3\sqrt{2}=\sqrt{2}$となり，$GN=BG-BN=6\sqrt{2}-\sqrt{2}=5\sqrt{2}$となる。したがって，$\frac{6\sqrt{11}}{11}：H_2N=3\sqrt{2}：5\sqrt{2}$が成り立つので，$H_2N\times3\sqrt{2}=\frac{6\sqrt{11}}{11}\times5\sqrt{2}$，$H_2N=\frac{10\sqrt{11}}{11}$となる。以上より，$H_1H_2=MN-H_1M-H_2N=2\sqrt{11}-\frac{6\sqrt{11}}{11}-\frac{10\sqrt{11}}{11}=\frac{6\sqrt{11}}{11}$となる。

図3

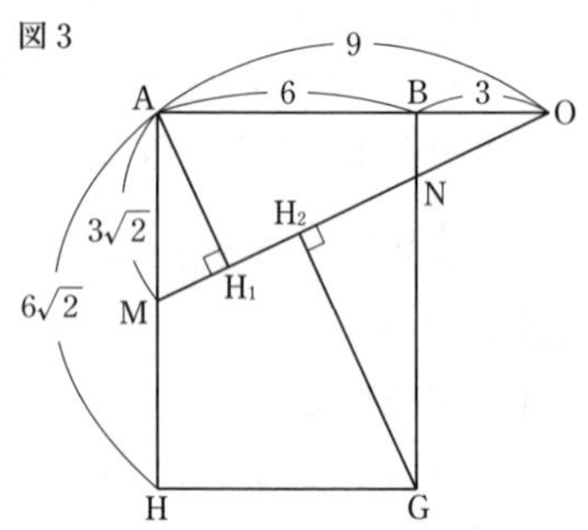

社会解答

1 問1　③，⑥　　問2　平治の乱
問3　1…①　2…④　　問4　硫黄
問5　石見　　問6　4…②　5…⑤
問7　(例)1637年，キリシタンの弾圧などに抵抗する人々が島原・天草一揆を起こした。乱後，幕府は1639年にポルトガル船の来航を禁止し，1641年に平戸のオランダ商館を長崎の出島に移した。
問8　①，④　　問9　田沼意次
問10　(1)…②　(2)…3　　問11　②，⑤
問12　(例)日清戦争の賠償金として清から得た。
問13　①，⑤　　問14　ベトナム戦争

2 問1　⑤
問2　ア…②　イ…③　ウ…①　エ…④
問3　①，②，④，⑥　　問4　26
問5　⑤　　問6　①　　問7　⑤
問8　X…③　Y…②
問9　(例)沖縄県では死亡率よりも出生率が高く，それ以外の都県では流出人口よりも流入人口が多いため。

3 問1　③　　問2　④　　問3　③
問4　1…ハンセン　2…13
問5　③
問6　(1)　3…株主総会　4…配当　5…証券取引所
(2)　CSR
問7　③　　問8　③

1〔歴史―古代～現代の日本と世界〕

問1＜奈良時代の出来事＞①と⑤は飛鳥時代，②は平安時代の出来事である。④について，院政は平安時代後期～鎌倉時代前期に行われたが，鎌倉時代には政治の実権は幕府に移っていた。

問2＜平治の乱＞平安時代後期には，保元の乱(1156年)，平治の乱(1159年)という2つの大きな戦乱が起こった。保元の乱は，天皇・上皇や藤原氏の勢力争いに平氏・源氏が動員された戦いで，平清盛と源義朝はともに勝利した。その後，藤原氏の勢力争いや平氏・源氏の対立から起こった平治の乱では，平清盛が源義朝を破った。清盛はこれらの戦いを通じて大きく勢力を伸ばし，1167年には武士として初めて太政大臣になった。

問3＜13～14世紀の東アジア＞1．①～③のうち，1323年に存在していた国は高麗である。高麗は10世紀前半に新羅を滅ぼして朝鮮半島を統一し，14世紀末に朝鮮国に滅ぼされた。なお，渤海は7世紀末から10世紀前半にかけて中国の東北部にあった国である。　2．鎌倉時代の13世紀後半，元(中国)の大軍が2度にわたって日本に攻め寄せる元寇〔蒙古襲来〕が起こった。レポート1中の沈没船は，こうした戦いが行われた後にも活発な貿易が行われていたことを示している。なお，⑤について，1323年より後の15世紀初め，室町幕府第3代将軍を務めた足利義満が明の皇帝の冊封(中国の皇帝から王などの位を与えられ臣下として認められること)を受けて日明貿易を開始した。

問4＜硫黄＞室町時代に行われた日明貿易において，硫黄は日本の主要な輸出品の1つであった。硫黄は火薬の原料となり，火器の軍備増強が進められていた明で需要が高まっていたが，明国内には硫黄の産出地となる火山が少なかった。一方，火山国である日本では硫黄が豊富に産出した。

問5＜石見銀山＞現在の島根県にあった石見銀山は，戦国時代から開発が進められ，江戸時代初め頃までの最盛期には世界有数の産出量をあげたが，その後産出量はしだいに減少していった。現在，石見銀山遺跡は世界文化遺産に登録されている。

問6＜十三湊，開拓使＞「古地図に描かれていない地方」とは，蝦夷地(北海道)である。　4．十三湊は，津軽半島(青森県)にあった港である。この地域を拠点とした豪族の安藤氏は，室町時代の14

世紀頃，蝦夷地に住むアイヌの人々との交易を盛んに行っていた。なお，対馬(長崎県)は九州の北方に位置する島，大輪田泊は現在の神戸港(兵庫県)の一部にあたる港の古代の名称である。　5．明治政府は，北海道の開拓事業を進めるための役所として，開拓使を設置した。なお，総督府は，日本が植民地支配を進めるために台湾と朝鮮に設置した役所である。

問7＜鎖国＞江戸幕府は，キリスト教の禁止や貿易の制限を徹底するため，外国船の来航や日本人の海外渡航などを段階的に禁止していった。1637年，キリシタンの弾圧などに抵抗する人々が島原・天草一揆を起こし，翌年，幕府はこれを鎮圧した。乱後の1639年，幕府は資料1の命令を出してポルトガル船の来航を禁止し，1641年には平戸のオランダ商館を長崎の出島に移した。こうして，中国とオランダだけが長崎で幕府との貿易を許され，幕府が貿易と海外の情報を独占する鎖国体制がつくられた。

問8＜江戸時代の様子＞管領は室町時代，評定衆は主に鎌倉時代に幕府に置かれた役職である(②…×)。元禄時代に浮世草子で町人の生活を描いたのは井原西鶴で，滝沢馬琴は化政文化が栄えた江戸時代後半に『南総里見八犬伝』などの長編小説を書いた(③…×)。賀茂真淵は『万葉集』の研究などを行った国学者で,『古事記伝』を著したのは真淵の弟子の本居宣長である(⑤…×)。

問9＜田沼意次＞18世紀後半に老中となった田沼意次は，商人の経済力を利用して幕府財政の立て直しや経済の活性化を目指した。俵物などの海産物の輸出によって金銀の輸入を増やそうとしたほか，株仲間の結成を奨励し，これに特権を与える代わりに営業税を徴収した。しかし，わいろが横行したことや，天明のききんによって百姓一揆や打ちこわしが多発したことなどから，意次は老中を辞めさせられた。

問10＜幕末の外交と貿易＞アメリカ使節のペリーと江戸幕府の間で結ばれた日米和親条約(1854年)によって日本が開国した後，アメリカ総領事としてハリスが来日した。ハリスらとの交渉により，1858年に日米修好通商条約が結ばれ，次いでオランダ，イギリス，ロシア，フランスとも同様の条約が結ばれた(安政の五か国条約)。この条約に基づいて外国との貿易が開始されたが，当初，金銀の交換比率は日本では金1：銀5，外国では金1：銀15と異なっていた。そのため，図のように外国から持ち込んだ銀貨を日本で金貨に交換し，その金貨を再び外国で銀貨に交換すると，もともと持っていた銀貨の3倍の銀貨を得ることができた。そのため，日本から海外へ大量の金貨が流出した。

問11＜明治時代の政治＞それまでの藩主に代わって中央から県令を派遣することを定めたのは廃藩置県(1871年)で，版籍奉還(1869年)は藩主が支配していた土地と人民を天皇に返還させた政策である(①…×)。自由民権運動を取り締まるために定められたのは新聞紙条例などで，治安維持法が定められたのは大正時代の1925年のことである(③…×)。大日本帝国憲法が発布されたのは1889年，伊藤博文が初代内閣総理大臣となったのはこれより前の1885年のことである(④…×)。

問12＜金本位制の採用＞日清戦争(1894～95年)の講和条約である下関条約により，日本は清から約2億両(約3億1000万円)の賠償金を得た。この賠償金の一部を使って，1897年に金本位制の導入が行われた。金本位制とは，金を貨幣の価値の基準とし，金と貨幣をいつでも交換することができる制度である。発行した貨幣と同じ額に相当するだけの金を国が保有している必要があるため，その採用には準備のための費用がかかり，また金本位制のもとでは金の保有量を超えて貨幣発行量を自由に増やすことはできない。

問13＜不況と戦争＞イタリアは，第一次世界大戦(1914～18年)開戦以前はドイツ・オーストリアとともに三国同盟を形成し，イギリス・フランス・ロシアの三国協商と対立していたが，1915年に三国同盟を破棄し，連合国側で参戦した(①…○)。1939年，ドイツがポーランドに侵攻すると，ポーランドを援助する条約を結んでいたイギリスとフランスがドイツに宣戦布告し，第二次世界大戦が始まった(⑤…○)。なお，関東大震災は1923年，米騒動は1918年の出来事である(②…×)。世界恐慌への対策としてニューディール政策を実施したアメリカの大統領はフランクリン=ルーズベルトである(③…×)。1931年，関東軍は柳条湖事件を機に戦線を拡大し，1932年に満州国を建国して植民地化した。盧溝橋事件は1937年に起こった事件で，日中戦争のきっかけとなった(④…×)。

問14<ベトナム戦争とアメリカ経済>ベトナム戦争は，冷戦下で南北に分断されていたベトナムで，社会主義のもとに統一を目指す北ベトナムや南ベトナム解放民族戦線の人々が，南ベトナム政府を支援するアメリカと戦った戦争である。この戦争はアメリカが本格的に参戦した1965年から激化し，長期化するにつれてアメリカの財政は大きく悪化した。国際的な反戦運動が高まったこともあり，1973年にアメリカ軍はベトナムから撤退し，1975年に戦争は終結した。

2〔地理―総合〕

問１<世界の気候>地図１中のモスクワ(ロシア)は冷帯〔亜寒帯〕，ロンドン(イギリス)とシャンハイ(中国)とパース(オーストラリア)は温帯に属する。グラフ１中で，７月よりも１月の平均気温が高いアは，南半球に位置するパースである。また，１月の平均気温が４つの中で最も低く，１月と７月の平均気温の差が大きいウは，モスクワである。残るイとエのうち，７月の平均気温が高いイが温暖湿潤気候に属するシャンハイ，７月の平均気温が低いエが西岸海洋性気候に属するロンドンである。

問２<日本の気候>グラフ３のように，縦軸に気温，横軸に降水量をとり，各月の気温と降水量を点で表したグラフを，ハイサーグラフという。地図２中のア(福岡)とエ(仙台)は太平洋側の気候，イ(高松)は瀬戸内の気候，ウ(新潟)は日本海側の気候に属する。①は冬(11～１月頃)の降水量が多いことからウ，③は年間を通して降水量が少ないことからイに当てはまる。残る②と④はどちらも夏(６～８月頃)の降水量が多いが，年間を通して気温の低い④が北に位置するエ，④よりも年間の気温が高い②がアとなる。

問３<新期造山帯>新期造山帯とは，現在まで大地の活動が活発で地震の震源や火山が多く集まる地域である。地球上には，環太平洋造山帯とアルプス・ヒマラヤ造山帯という２つの新期造山帯がある。地図３中で，①のロッキー山脈と②のアンデス山脈は環太平洋造山帯に，④のアルプス山脈と⑥のヒマラヤ山脈はアルプス・ヒマラヤ造山帯に属する。なお，③のアパラチア山脈，⑤のウラル山脈，⑦のグレートディバイディング山脈は，新期造山帯よりも古い時期に大地の活動が活発であった古期造山帯に属しており，新期造山帯の山脈に比べると低くなだらかとなっている。

問４<食料自給率>国内で消費される食料のうち，国内で生産された食料の割合が食料国産率である。また，国内で生産された食料のうち，国産の飼料を用いて生産された食料の割合が総合食料自給率である。したがって，総合食料自給率は，(食料国産率の割合)×(飼料自給率の割合)×100で求めることができる。例えば，表１中の豚肉の場合，$0.49\times0.12\times100=5.88\fallingdotseq6$より，総合食料自給率が６％となる。この考え方に基づいて牛肉の飼料自給率を求めると，$0.11\div0.42\times100=26.1\cdots\fallingdotseq26$より，およそ26％となる。

問５<都道府県の食料自給率>食料自給率には，生産額をベースにしたものとカロリーをベースにしたものの２つがある。生産額ベースの自給率は，単価の高い畜産物や単価のやや高い野菜などの影響を大きく受けるため，これらの生産が盛んな地域で数値が高くなる。カロリーベースの自給率は，単位重量当たりのカロリーが高い米や小麦などの影響を大きく受けるため，これらの生産が盛んな地域で数値が高くなる。アは，生産額ベース自給率がカロリーベース自給率に比べて非常に高いことから，畜産が特に盛んな鹿児島県である。鹿児島県と同様に畜産が盛んな宮崎県も，鹿児島県と似た特徴を示していることがわかる。イは，生産額ベース自給率とカロリーベース自給率がどちらも高いことから，米の生産，畜産がともに盛んな北海道である。ウは，生産額ベース自給率がカロリーベース自給率に比べて高いことから，野菜などの生産が盛んな千葉県である。千葉県と同様に野菜の生産が盛んな茨城県と特徴が似ていること，他の４道県に比べて自給率が低めであることからも千葉県と判断できる。

問６<日本の１次エネルギー供給>１次エネルギー供給総量に占める割合が1970年頃に最も高く，その後，他のエネルギーの供給量の増加とともにその割合が下がっているエは石油である。1970年頃には供給量が０に近く，その後2000年代にかけて増加し，東日本大震災(2011年)後に急減しているアは原子力である。また，1970年頃に石油に次いで供給量が多かったウは石炭である。原子力と同様に1970年頃には供給量が０に近く，現在まで緩やかに増加しているイはガスである。

問７<各国の観光収支と貿易額>国外からの観光客数(表３)が最も多いアは，長年にわたって国外からの観光客数が世界第１位のフランスである。また，国外への旅行者数(表３)と輸出額(表４)が最も多いウは，人口が多く，世界中に工業製品を輸出している中国である。輸入額(表４)が最も多く輸出額(表４)も中国に次いで多いイは，アメリカ合衆国である。残るエとオのうち，国外への旅行者数(表３)が少なく，輸出額と輸入額(表４)が小さいオが日本で，エがドイツとなる。

問８<出生率・死亡率と人口ピラミッド>Ｘ．2050年のＸは，出生率よりも死亡率の方が高く，少子高齢化の進展によって人口が減少している状態である。したがって，高齢者の割合よりも子どもの割合が少ない「つぼ型」をした③の人口ピラミッドとなる。　Ｙ．2000年のＹは，出生率に比べて死亡率が大幅に低く，人口が急速に増加している状態である。したがって，子どもの割合が高いが，年齢が上がると割合が減っていく②のような人口ピラミッドとなる。これは，出生率と死亡率がともに高い国で見られる①のような「富士山型」の人口ピラミッドから，出生率と死亡率がともに低下した国で見られる「つりがね型」の人口ピラミッドへ変化する途中の形といえる。

問９<都道府県の人口増加の原因>ある地域の人口が増加する原因としては，出生率が死亡率を上回っていること(自然増加)，他地域からの流入人口が他地域への流出人口を上回っていること(社会増加)の２つがある。表５中の５都県のうち，沖縄県は死亡率よりも出生率が高いが，その他の４都県は出生率よりも死亡率が高くなっている。したがって，沖縄県は自然増加，その他の４都県は社会増加によって人口が増加していると考えられる。

3 〔公民―総合〕

問１<日本国憲法と政治の仕組み>天皇の国事行為は内閣の助言と承認に基づいて行われる(①…×)。衆議院で可決された法律案が参議院で否決された場合，衆議院で出席議員の３分の２以上の賛成で再可決されると法律となる(②…×)。裁判官は内閣や国会などの指示を受けることなく，自らの良心に従い，憲法・法律にのみ拘束される(④…×)。

問２<感染症対策と権利の侵害>「Baptist Church」と書かれていることから，図は教会の看板で(バプテスト教会はキリスト教のプロテスタントの一宗派)，土曜日(SAT＝Saturday)の午後６時と日曜日(SUN＝Sunday)の午前９時15分・午前11時に礼拝が行われることを示している。看板の右側部分に書かれているのは，通常どおり教会に来てよいが，日曜日の９時15分と11時に関しては自家用車の中にとどまるようにという内容で，感染症対策のため，多くの人が集まる日曜日の礼拝は教会の中に入らない方法で行っていると考えられる。このことから起こると考えられる議論は④となる。

問３<選挙>2013年の公職選挙法改正により，インターネットを利用した選挙運動が認められるようになった(③…○)。なお，日本の選挙は，一定の年齢以上の全ての国民が選挙権を得る普通選挙，

１人１票を投票する平等選挙，代表を直接選出する直接選挙，無記名で投票を行う秘密選挙という４原則のもとで行われている(①…×)。１つの選挙区から１人の代表を選出する小選挙区制では，中選挙区制や大選挙区制に比べて死票(落選者に投票された票)が多くなりやすい(②…×)。有権者の１票の価値は，議員１人当たりの人口が多い地域よりも，議員１人当たりの人口が少ない地域の方が大きくなる(④…×)。

問４<ハンセン病と人権侵害>１．ハンセン病は，伝染性がほとんどない病気であるにもかかわらず，患者は強制的に療養所に隔離され，長い間差別や偏見の対象となってきた。2001年に出された裁判所の判決では，「らい予防法」に基づくこのような隔離政策が違憲であったことが認められ，国は患者や元患者に謝罪した。その後2008年には，元患者の名誉回復や療養所の地域への開放などを定めたハンセン病問題の解決の促進に関する法律〔ハンセン病問題基本法〕が成立した。　２．日本国憲法第13条では，全ての国民が個人として尊重され，幸福追求権(「生命，自由及び幸福追求に対する国民の権利」)を持つことが定められている。

問５<新型コロナウイルスと企業の業績>業績が増加した企業の割合が77％と高いアは，マスクや消毒液などの売り上げが増加したと考えられるドラッグストアである。業績が増加した企業の割合と減少した企業の割合がどちらもある程度高いイは，テレワークや在宅時間の増加に伴って情報通信機器などの売り上げが伸びた一方，繁華街や都心部へ買い物に出かける人が減ったことによる売り上げ減少が考えられる家電量販店である。99％の企業の業績が減少し，うち５割以上と大幅に減少した企業の割合が95％を占めるウは，多くの人が外食やレジャーを控えたことによる影響を大きく受けたと考えられる飲食・宿泊サービスである。100％の企業の業績が減少しているエは，部品の供給不足や工場の稼働停止などの影響が考えられる自動車製造である。

問６<企業>⑴３，４．株式会社は，資本金(生産活動のもとになる資金)を小額の株式に分け，多くの人から資金を集めている。株式を購入した出資者である株主は，会社の最高意思決定機関である株主総会に出席し，役員の選出や経営方針の決定などに関する議決に参加することができる。また，会社が得た利潤の一部を配当として受け取ることができる。　５．株式は，証券取引所で自由に売買することができる。株価(株式の価格)は，証券取引所での売買の需要と供給に応じて決定され，常に変動している。　⑵CSR(Corporate Social Responsibility)は，企業の社会的責任のことである。これは，企業が利潤を得るために行う生産活動とは別に，社会の一員としての責任を果たすためにとるべき行動や役割を意味する。CSRには，法令の遵守や情報公開，消費者の安全や雇用の確保，環境の保全，文化の保護などさまざまなものがある。

問７<資料の読み取り>2020年10～12月の男性の正規の職員・従業員数は，前年同期と比べて11万人減少している(①…×)。2020年10～12月の非正規の職員・従業員数は，男性(670万人)よりも女性(1439万人)の方が多くなっている(②…×)。2020年の非正規の職員・従業員数の前年同期と比べた減少者数は，７～９月が125万人，４～６月が88万人で，７～９月の減少者数は４～６月の減少者数の２倍に満たない(④…×)。

問８<金融政策>日本銀行は，景気や物価を安定させるため，市場に出回る通貨の量を調整する金融政策を行っている。金融政策の中心となるのは，国債などを売買する公開市場操作である。好況のとき，日本銀行は一般の銀行に国債などを売却する売りオペレーションを行い，市場の通貨量を減らして景気の過熱を抑える。反対に不況のとき，日本銀行は一般の銀行から国債などを買い入れる買いオペレーションを行い，市場の通貨量を増やして景気を刺激する。

理科解答

1 (1) (例)

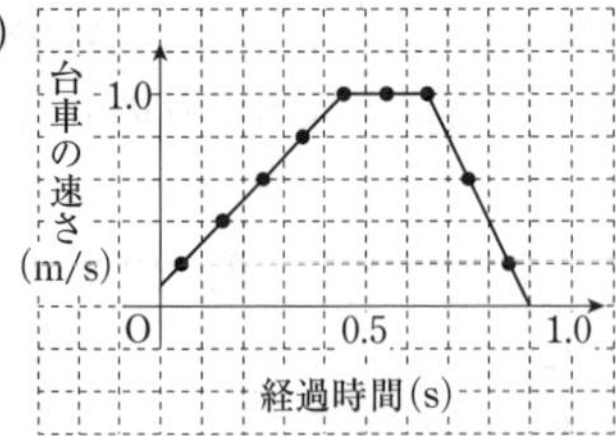

(2) ウ

(3) (例)運動している物体は等速直線運動を続ける

(4) ①…10　②…20　③…20

(5) ア　(6) エ

(7) ①…イ　②…ア　③…エ　④…ウ

2 (1) ①…カ　②…イ　③…キ　(2) ウ

(3) (例)反応で生じる水が試験管の加熱部に流れ込むのを防ぐため。

(4) ①…ア　②…エ

3 (1) イ　(2) エ

(3) ②…オ　③…ウ　(4) ア

(5) (例)デンプンを糖に変化させる。

(6) ア，カ

4 (1) ウ　(2) ア，ウ　(3) イ

(4) エ

(5) (例)北寄りの風が吹くことで寒気が流れ込み，気温が低くなる。

(6) イ

1 〔小問集合〕

(1)＜速さと時間の関係＞記録タイマーは1秒間に50回打点するので，図2のように5打点ごとに区切ると，各区間の記録テープの長さは，$\frac{1}{50}\times5=0.1$(s)間に台車が移動した距離を表す。表1より，区間1では，台車が0.1秒間に2.0÷100＝0.02(m)移動したことを表すので，この区間の平均の速さは，〔速さ(m/s)〕＝〔移動距離(m)〕÷〔移動にかかった時間(s)〕より，0.02÷0.1＝0.2(m/s)である。同様に各区間の平均の速さを求めると，区間2では0.04÷0.1＝0.4(m/s)，区間3では0.06÷0.1＝0.6(m/s)，区間4では0.08÷0.1＝0.8(m/s)，区間5～7では0.1÷0.1＝1(m/s)，区間8では0.06÷0.1＝0.6(m/s)，区間9では0.02÷0.1＝0.2(m/s)となる。求めた速さは各区間の平均の速さで，その区間の中間の時間での速さに当たるので，それぞれ0.05秒，0.15秒，0.25秒，0.35秒，0.45秒，0.55秒，0.65秒，0.75秒，0.85秒の速さとなる。また，図2のように，打点が重なり合った部分は使わず，区間1のはじめを0秒として経過時間を表すので，原点を通らないグラフになる。

(2)＜斜面上の物体にはたらく力＞斜面上の台車が受ける斜面に平行な向きの力は，台車にはたらく重力の斜面に平行な分力である。台車にはたらく重力の大きさは一定で斜面を下っても同じなので，斜面の角度が変わらないとき，台車が受ける重力の斜面に平行な分力の大きさは変わらない。

(3)＜慣性の法則＞表1の記録テープの長さが変わらない区間5～7で，台車は水平面上を等速直線運動している。これは，水平面上を運動する台車には重力と垂直抗力だけがはたらき，この2力はつり合い，運動している物体は等速直線運動を続けるという慣性の法則が成り立っているためである。

(4)＜位置エネルギー＞台車が最初に持つ位置エネルギーは，斜面を下るときに運動エネルギーに移り変わり，水平面上で物体に当たると物体を動かす仕事をする。物体が動いたCD間の距離は，最初に台車が持つ位置エネルギーの大きさに比例する。位置エネルギーの大きさは，物体の水平面からの高さに比例し，水平面から20cmの高さで台車を放すとCD間の距離が10cmになったことから，①のように水平面から同じ20cmの高さから台車を放すとき，最初に台車が持つ位置エネルギーの

大きさは斜面の角度が15°のときと等しくなり，CD 間の距離は同じ10cm になる。また，②，③のように台車を水平面から40cm の高さから放すとき，最初に台車が持つ位置エネルギーの大きさは，20cm の高さから台車を放すときの２倍なので，CD 間の距離は２倍の20cm になる。

⑸＜運動エネルギーの変化＞実験２では，実験１と同じ質量にした台車を同じ高さから放すので，最初に台車が持つ位置エネルギーの大きさは同じであり，点Ｂを通過するときに台車が持つ運動エネルギーの大きさも同じである。また，実験２では台車に棒磁石を載せたので，台車がコイルの内部を通過するとき，コイル内の磁界が変化し，台車が持つ運動エネルギーの一部が電気エネルギーに移り変わる。そのため，台車が物体を押す仕事量は減少し，CE 間の距離は，実験１の CD 間の距離に比べて短くなる。

⑹＜電磁誘導＞太陽光発電は，光電池（太陽電池）で光エネルギーを電気エネルギーに変えるので，電磁誘導を利用していない。なお，ワイヤレス充電器は，充電器により発生する磁界でスマホなどに電磁誘導を起こし，生じた誘導電流をバッテリーに蓄える。非接触型 IC カードは，読み取り機により発生する磁界でカード内のコイルに電磁誘導が起こり，IH 調理器（電磁調理器）は，調理器により発生する磁界で鍋などに電磁誘導が起こる。

⑺＜エネルギーの移り変わり＞実験２では，台車が最初に持つ位置エネルギー①が，斜面を下るときに運動エネルギー②に移り変わる。そして，台車がコイルの内部を通過するとき電磁誘導が起こり，台車の持つ運動エネルギーの一部が電気エネルギー③に移り変わり，図３の回路に電流が流れる。電流が電熱線に流れると，電熱線は発熱するので，電気エネルギーは熱エネルギー④に移り変わる。

2 〔化学変化と原子・分子〕

⑴＜気体の発生と捕集＞①水素（H_2）は，亜鉛にうすい塩酸を加えると発生し，水に溶けにくいので，水上置換法で捕集する。　②二酸化炭素（CO_2）は，石灰石にうすい塩酸を加えると発生し，空気よりも密度が大きいので，下方置換法で捕集する。なお，二酸化炭素は水に少ししか溶けないので，純粋な二酸化炭素を捕集するには水上置換法で捕集する。　③硫化水素（H_2S）は，無色で腐卵臭がある気体で，硫化鉄にうすい塩酸を加えると発生する。硫化水素は水に溶けやすく，空気よりも密度が大きいので，下方置換法で捕集する。

⑵＜酸素＞うすい過酸化水素水（H_2O_2）に二酸化マンガン（MnO_2）を加えると，水（H_2O）と酸素（O_2）が生じる。化学反応式は，矢印の左側に反応前の物質の化学式，右側に反応後の物質の化学式を書き，矢印の左右で原子の種類と数が等しくなるように化学式の前に係数をつける。なお，この反応では，二酸化マンガンは反応を進めやすくする触媒としてはたらき，反応の前後で二酸化マンガン自身は変化しないため，化学反応式には表さない。

⑶＜アンモニア＞塩化アンモニウムと水酸化カルシウムの混合物を加熱すると，アンモニアのほかに水も発生する。発生した水が試験管の加熱部に流れ込むと，加熱部が急に冷えて試験管が割れるおそれがある。そのため，試験管の口の部分がやや下向きになるように取りつけて，水が加熱部に流れ込まないようにする。

⑷＜塩酸の電気分解＞①図２のようにうすい塩酸に電流を流すと，陽極側に塩素，陰極側に水素が発生する。このとき発生する塩素と水素の体積は等しいが，水素は水に溶けにくく，塩素は水に溶けやすいため，陰極側にたまる水素に比べ，陽極側にたまる塩素は少なくなる。　②図２のように

うすい塩酸に電流を流すと，塩化物イオン(Cl^-)から陽極に電子が渡され，陰極から水素イオン(H^+)に電子が渡される。直流電流を大きくすると，同じ時間に電極でやりとりする電子の量が増えるため，発生する気体の量を増やすことができる。

3〔生物の体のつくりとはたらき〕

(1)<葉の脱色>葉を脱色するには，温めたエタノールが用いられる。なお，葉を脱色するのは，ヨウ素液による色の変化を見やすくするためである。

(2)<光合成>図1より，ヨウ素液に反応して染色されるのは，光を当てた緑色の部分だから，図2でも，エのように光が当たった緑色の部分が染色される。なお，ヨウ素液でデンプンが青紫色に染色されるので，染色された部分では，光合成によりデンプンができていることがわかる。

(3)<対照実験>表1より，Aは葉緑体がある緑色の部位で，Bは葉緑体がない白色の部位であり，どちらも光を当てている。よって，AとBを比較することで，光合成における葉緑体のはたらきがわかる。また，AとCの部位はどちらも葉緑体がある緑色の部分で，Aには光を当て，Cには光を当てていない。そのため，AとCを比較することで，光合成における光のはたらきがわかる。

(4)<対照実験>光合成の条件を調べるには，調べたい事柄以外の条件を同じにしたものを比較する必要がある。AとDの部位では，葉緑体と光の2つの条件が変化しているため，比較することはできない。なお，調べたい事柄以外の条件を同じにして行う実験を対照実験という。

(5)<だ液のはたらき>実験2で，試験管A，Cにヨウ素液を入れると，だ液を加えていない試験管Aは青紫色に変化したので，デンプンがあり，だ液を加えた試験管Cは変化が見られなかったので，デンプンがなくなっていた。これより，だ液によってデンプンが分解されることがわかる。また，試験管B，Dにベネジクト液を入れて加熱すると，だ液を加えていない試験管Bは変化が見られず，だ液を加えた試験管Dは赤褐色に変化した。ベネジクト液はブドウ糖がいくつか結合した糖に反応して赤褐色になるので，だ液を加えると糖ができることがわかる。以上より，だ液はデンプンを糖に分解することが明らかになった。

(6)<消化酵素>表2，3より，試験管A，B，A′，B′はヨウ素液に反応して青紫色になり，ベネジクト液に反応しないので，デンプンは分解されずに全て残っている。また，試験管C，Dは，ヨウ素液に反応せず，ベネジクト液に反応して赤褐色になったので，デンプンは全て分解され，試験管C′，D′は，ヨウ素液に反応して青紫色になり，ベネジクト液にも反応して赤褐色になったので，デンプンの一部が分解されている。よって，それぞれの試験管に含まれるデンプンの量は，A＝B＝A′＝B′＞C′＝D′＞C＝D＝0となる。

4〔気象と天気の変化〕

(1)<温度差による風>トンネルの両側で気温差があるとき，暖められた空気は膨張して上昇するので，気温が高い側のトンネル出入口付近は気圧が低くなり風下になる。このとき，トンネルを通って気温が低い側から空気が流れ込むので，トンネルの出入口付近では冷たく感じる風が吹く。

(2)<局地風>陸は海より暖まりやすいので，昼間は海よりも陸の気温が高くなり，陸側の空気が上昇して気圧が低くなるため，海から陸に風が吹く。また，昼間の日差しで山の斜面が暖められると，斜面の空気も暖められて上昇するため，谷から山頂へ風が吹きあがる。

(3)<偏西風の影響>イは，偏西風の影響によって，日本付近の天気が西から東へ変化することで説明できる。なお，アは，湿度が高くなると，ツバメのえさである虫が高く飛べなくなることで説明でき，ウは，高層雲が温暖前線の接近によって現れることで，エは，風が低気圧に向かって吹くことで，オは，強風の影響により，空気の密度が変化することで説明できる。

⑷＜偏西風＞偏西風は低緯度の暖かい空気と高緯度の冷たい空気の温度差と地球の自転によって生じ，温度差が大きいほど風は強くなる。表1で，高緯度の宗谷岬と低緯度の南鳥島の温度差が大きいのは冬なので，偏西風は冬に強くなることがわかる。

⑸＜風向き＞北半球では，風は低気圧の中心に向かって，反時計回りに吹き込むので，右図のように，通常時には，A地点では南寄りや東寄りの風が吹く。これに対して，エルニーニョ現象時には，A地点では北寄りの風が吹き，北から寒気が吹き込むので，気温は低くなると考えられる。

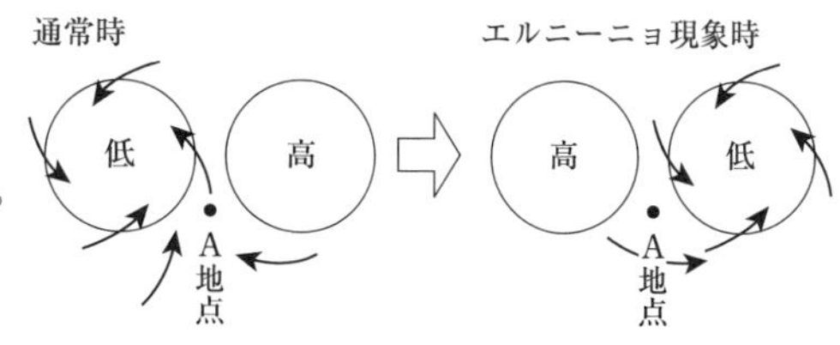

⑹＜エルニーニョ現象＞貿易風は低緯度の地域で1年を通して東から西へ吹く風であり，南太平洋の東部から西部に吹くため，南太平洋の東部は気圧が高く西部は気圧が低い。エルニーニョ現象発生時，貿易風が弱まっているので，南太平洋の東部の気圧は通常より低く，西部の気圧は通常より高くなる。

国語解答

一 問1 オ

問2 (1)…イ

(2) 正しく，優れた言葉づかいである「国語＝標準語」の普及を妨げる，間違っていて，劣った言葉づかい。(47字)

問3 エ　問4 ア　問5 ウ

二 問1 a…ウ　b…オ　c…イ

問2 ウ　問3 オ　問4 エ

問5 四の糸の音が直っていたことから，寿久は，目の前にいる琴柱を下げた人が，邦枝であることを直感的に察し，邦枝も，父が自分に気づいたのが一瞬でわかった，ということ。(79字)

問6 ア

三 問1 ア，イ

問2 父が，この神に，子どもを授けてほしい，と願ったということ。(29字)

問3 オ　問4 イ

問5 ア…×　イ…○　ウ…×　エ…○

四 1 訴訟　2 彫刻　3 秀逸

4 渓谷　5 倒錯

一〔論説文の読解―芸術・文学・言語学的分野―日本語〕出典；【文章Ⅰ】中村桃子『〈性〉と日本語 ことばがつくる女と男』／【文章Ⅱ】真田信治『方言は気持ちを伝える』。

≪本文の概要≫【文章Ⅰ】外国文学の邦訳を読むと，標準語は白人が使い，非白人や農民は方言を使っていることが多い。なぜ，このような使い分けが行われたのだろうか。方言という概念は，「国語＝標準語」概念の成立に伴ってつくり出されたものである。明治時代に，近代化のためには，「一つの国語」が必要であると考えられた。その際に，「国語」の基準として選ばれたのが，教育ある東京人の言葉づかいである。そして，東京以外の言葉づかいは，「国語＝標準語」の成立にとっての障害として認識されるようになり，標準語は優れており，方言は劣っているという価値観が生まれた。白人の翻訳に標準語が使われ，黒人や農民には方言が使われるのは，この価値観に基づいて区別するためだろう。これは，偏見を再生産するものであり，日本では，翻訳が偏見を生む装置として機能しているのである。さらに，このような翻訳では，教育ある東京人が「白人性」によって補強されている。日本では，翻訳は，言語資源に与えられた差別関係がグローバルに補強される場なのである。

【文章Ⅱ】明治以降，日本語は，ひたすら均質化される方向に進んできた。方言撲滅を目指した国語教育，標準語奨励運動が，その典型である。この均質化は，実質的には教育によってではなく，マスメディアによってほぼ完成の域に達した。おそらく一九八〇年代に均質化が完成したが，それと同時に，方言の地位向上，格上げ現象が目立ってきた。もちろん，それは標準語をやめて，方言に戻そうということではなく，サブカルチャーとして方言を活用しようということである。そのような運動は，世界中で見られた。地方出身の有名タレントやスポーツ選手が，堂々と方言で話す機会が増え，その方が自分自身を主張できるという考えが広まってきた。日本でも，一九九〇年代以降になると，公的な場でも方言をしゃべることが決して恥ずかしいことではないといった状況が出てきた。それが，逆に，クールであり，誠実な自己主張につながるとする見方が，一般的になりつつある。

問1＜文章内容＞外国文学の邦訳を読むと，「『標準語』は白人が使い，非白人や農民は『方言』を使う」というケースが多く見られる。その「方言」は，「どこのものともはっきりしない『擬似方言』」で，翻訳で使われる「地域語」は「『白人の標準語』から区別されていれば良いよう」なのである。

問２＜文章内容＞(1)前近代の日本は，「いろいろな話しことばが混然として」おり，「違う地域からきた人とはスムーズにコミュニケーションできないような状態」だった。そのため，近代国民国家としての統合を目指す明治政府は，「欧米諸国の技術や知識を広く普及させ，『一つの国語を話す一つの国民』をつくりあげるため」に，「一つの国語」を必要とした。そして，「『国語』の基準として選ばれたのが『教育ある東京人』の言葉づかい」だったのである。　(2)「国語＝標準語」という概念の成立によって，「方言」は，「『国語＝標準語』の成立にとっての障害として認識されるようになった」のである。そして，そこから，「『標準語』を話すことは正しいことであるが，『方言』を話すことは間違っている」という認識が広がっていった。そしてそれは，「優れた標準語」と「劣った方言」という差別にもつながっていったのである。

問３＜文章内容＞翻訳では，「正しい標準語」と「劣った方言」という区別を用いて，「〈中流白人〉と〈非白人・農民〉の区別を表現しよう」とする。しかし，そうすることによって，「日本国内にも〈優れた白人〉と〈劣った非白人〉という誤った偏見をつくり出しているだけでなく，この偏見にもとづいて，さらに，『優れた標準語』と『劣った方言』の区別を再生産」している。翻訳によって，日本国内に，特定の人種や方言に対する差別が改めて生み出されているのである。

問４＜文章内容＞「白人」と「黒人」を区別する客観的な基準は存在せず，両者の皮膚の色は，「生物学的には連続している」のである。社会が，「〈白人性〉の優位を確立するために，それより劣った〈黒人性〉をつくり出すことを要請」しているのであり，そのために，「白人」と「黒人」の区別が，人為的に生み出されたのである。

問５＜要旨＞一九六〇年代では，方言を話すことは恥ずかしいことだったが，九〇年代になるとそうではなくなったということは，この間に，方言に対する価値観が変わったということである(ア…〇)。一九八〇年代に，日本語の均質化は，ほぼ完成の域に達したので，誰もが，「標準語としての東京語を話せるようになった」のである(イ…〇)。日本語の均質化は，「実質的には，教育によってではなく，マスメディアによってほぼ完成の域に達し」たのである。また，【文章Ⅰ】の筆者は，「方言札」を，「『方言は悪い』という価値観」を体罰を通して教え込む制度であったとして，否定的にとらえている(ウ…×)。「標準語としての東京語を話せるようになったからこそ，方言を見直そうという運動が出てきた」のであり，その結果，かつての翻訳では，方言を話す人は差別的に描かれていたが，現在では，方言を話す人の方が「誠実」に話していると受け取られるようになってきた(エ…〇)。イギリスでは「クイーンズ・イングリッシュはカッコ悪い」とされ，「若者のあいだでは，地方なまりがクールでカッコいいと映っている」ようだが，「これは日本でも同様」で，方言で話す方が，「クールというか，誠実な自己主張につながるとする見方が一般的になりつつ」ある(オ…〇)。

二〔小説の読解〕出典；有吉佐和子『地唄』。

問１＜語句＞a．「勿体ぶる」は，重々しく，気取った態度を取る，という意味。　b．「げんなり」は，程度が甚だしくて，嫌になるさま。　c．「徐ろに」は，静かで，ゆっくりしているさま。

問２＜文章内容＞邦枝は，間もなく，夫とともに渡米することになっており，ひょっとすると，二度と父に会えなくなるかもしれなかった。新関が，そんな邦枝の気も知らずに，渡米の件を父に知らせていなかったことを知って，邦枝は，驚くと同時に失望し，新関の言葉を「冷たい宣告」だと感じたのである。

問3＜心情＞「楫枕」は，「重い奥伝の一つ」であり，「邦枝でも，父と二人で組んで出ていた頃は未だ『楫枕』に出る機会を許されなかった」のである。実の娘の自分が父から縁を切られていた間に，弟子の新関が，「楫枕」で琴を弾くことを許されるほど父に近づいていたことを知って，邦枝は，自分と父の関係よりも，新関と父の関係の方が近いように感じて，新関に「嫉妬」したのである。

問4＜文章内容＞楽屋には，「齢の衰えが感じられず，三年前と変りのない菊沢寿久がいた」のである。そんな父を見ているうちに，邦枝は，かつて，「眼など，無くてもいいものではないのか」と考えたり，「盲いていればこそ寿久は，こうも音に住めるのであろうか」と疑ったりしたことを思い出した。そのような回想にふけっているうちに，邦枝は，自分が間もなくアメリカへ行くことを忘れそうになったのである。

問5＜表現＞父の寿久が十三本の糸を一搔きすると，邦枝は，一瞬で「四の糸が高い」ことに気づき，「考えるより早く動いて琴柱を微かに下げ」た。糸をもう一搔きした寿久は，「四の糸が直っている」ことに気がつき，目の前に座っているのが「邦枝だ」ということを直観的に察した。同時に，父が自分の存在に気づいたことは，たちまち邦枝にも伝わり，邦枝は，心の中で「お父さん」と呼びかけた。このとき，二人は，電流に打たれたように，はっとしたのである。

問6＜心情＞せっかく邦枝が四の糸の琴柱を下げたのに，寿久は，その琴柱を含めた全ての琴柱を高くずらして，激しく琴を搔き鳴らした。それは，邦枝の配慮に対する寿久の答えであり，邦枝を厳しく拒絶する心情の表れだった。寿久の琴の音に，「追い出されるように，突き出されたように，邦枝は部屋の外へ出て」いき，悲しみのあまり，「涙を流さずに泣い」て，絶望的な気持ちになっていたのである。

三〔古文の読解―日記〕出典；本居宣長『菅笠日記』。

≪現代語訳≫どんどん進んでいくと，夢違えの観音などというものがある。道の行く手には，布引の桜といって，(桜が)並び立っている所もあるけれど，今は染め直して，青葉の木陰になっているので，旅の衣(を身につけた私)は立ち止まって見ることもしない。例の吉水院から見渡した，滝桜，雲井桜も，この近所であった。世尊寺は，いかにも昔のものと感じられる寺で，大きな古い鐘などがある。さらに上って，蔵王堂から十八町という所に，子守の神社がおありになる。この御社は，他の全ての神社よりも，心を込めて静かに拝み申し上げる。それというのも昔私の父である人が，子どもがいないことを，深くお嘆きになって，遠くからやってきてこの神に，願い事をなさったのである。その霊験があって，間もなく，母である人が，妊娠なさったので，早くも願いがかなったと，とても喜んで，「どうせなら男の子をお与えください」と(お願いした)。ますます深くお祈り申し上げなさった。私はそうして生まれた身の上なのである。「(この子が)十三になったならば，必ず私が(子どもを)連れていって参詣して，お礼参りをさせようと，(父は)おっしゃっておられたが，あと少しこらえることがおできにならず，お前が十一というときに，父はお亡(な)くなりになった」と，母はもののついでのたびにおっしゃって，涙をお流しになった。こうして(私が)その年になったので，(母は)父の願い事を果たさせようということで，(私を)かいがいしく出発させて，お参りさせなさったのだが，今はその母でさえお亡くなりになったので，まるで夢のように，／思い出す，当時神垣にささげ物をしたが，その麻より多くの涙が散ったことであるよ／(その涙にぬれた)袖は絞っても絞りきれなかったほどである。そのときは，(私は)とても若くて，まだ何事もわからない程度だったが，ようやく大人になって，物事の道理もわかり知るようになるにつれ，昔の物語を聞いて，神のお恵みが，いい加減ではなかったことを思うと，心にとめて，朝ごとに，こちらに向いて拝みながら，また遠路わざわざ行くのであっても詣でたくて，(そう)思い続けてきたことであるが，あれやこれやと紛れて過ごしてきたうちに，三十年を経て，今年再び四十三歳という年に，このようにお参りしたのも，因縁が浅くなく，長年の意向がかなった気持ちがして，とてもうれしいが，ともに落ちる涙は一つである。花見のついでに訪れたのは，少し薄情なようだが，花見以外のことのついでであるよりは，それでも神も，お許しになって，(お礼参りを)お受け入れなさるだろうと，いっそう頼もしく(感じた)。／このような深い事情があったので，この神のことは，特に格別に思い申し上げて，長年書物を読むにしても，万事に気をつけて，お調べ申し上げたが，「吉野の水分の神の社」と申し上げるものこそ，この(神社の)ことであろうと，以前に思い当たったが，『続日本紀』に，「水分の峰の神」ともあるのは，実にそのように名づけるべき所なのだろうかと，土地の様子も見定めたいと，年来もどかしく思っていたが，今来て見ると，確かにこの辺りの山の峰であって，どこよりも，高く見える所なので，疑いもなく，そうなのだと，考えるようになった。古い歌に，「みくまり山」とよまれていたのも，ここなのだが，その文字を「みずわけ」と誤読して，別の場所の山にも，そのような名をつけたのは，例のごとくあまり感心しない。また「みくまり」をなまって，それほど古くない時代には，「御子守の神」と申し上げ，今はただ「子守」と申し上げて，子孫繁栄を祈る神におなりになった。そういうことで私の父も，この神社にお祈りされたという訳である。

問１<古文の内容理解>「子守の神」に向かう途中に，「布引の桜」という桜の名所があったが，桜の時期は過ぎて「青葉」になっていたので，作者は，そこを通り過ぎた(ア…○)。「染替へて」の「染」，「旅衣」の「衣」，「たち止まりて」の「たち(裁ち)」は，「布」の縁語。作者は，「布引の桜」の「布」に掛けて，このような言葉遊びをしているのである(イ…○)。

問２<古文の内容理解>作者の父は，子どもがいないことをとても嘆いていた。そこで父は，子孫繁栄のご利益があるといわれていた「子守の神」に参詣して，自分に子どもを授けてくださいと願ったのである。

問３<古文の内容理解>作者の父が，「子守の神」に子どもを授けてほしいと願うと，間もなく作者の母は妊娠して，作者が生まれた。そのように縁のある神社に三十年ぶりにお参りすることができたうれしさと，今は亡き両親を思う懐かしさから，作者は，涙を流した。その涙は，どちらの気持ちから流れ出たといえるようなものではなく，「一つ」の涙なのである。

問４<古語>ここでの「便り」は，ついでのこと。「花の便り」は，花見のついで，という意味。

問５<古文の内容理解>「吉野の水分の神の社」は，『続日本紀』では「水分の峰の神」とも呼ばれているが，辺りでどこよりも高い場所であるという実際の地形を見て，作者は，確かにそのようにいえるとわかった(イ…○)。古い和歌に，「みくまり山」とあるのも，「吉野の水分の神の社」のことなのだが，誤読から，他の山にも「みくまり山」という名がつけられてしまった(ウ…×)。「吉野の水分の神の社」は，分水嶺であることを意味する「みくまり」という言葉が，「みこもり」「こもり」と変化して，子孫繁栄をご利益とする神社になったのである(エ…○)。このことから作者は，かつて父がお参りした「子守の神」と「吉野の水分の神の社」が同じ神社だとわかった(ア…×)。

四〔漢字〕

１．「訴訟」は，裁判を起こすように，裁判所に訴え出ること。　２．「彫刻」は，木や石や金属などを彫り刻んで，立体的な形をつくり出すこと。　３．「秀逸」は，他と比べて，ひときわ優れていること。　４．「渓谷」は，谷のこと。　５．「倒錯」は，逆になること。

Memo

Memo

Memo

2021年度 市川高等学校

【英　語】（60分）〈満点：100点〉

■リスニングテストの音声は，当社ホームページで聴くことができます。（当社による録音です）
再生に必要なIDとアクセスコードは「収録内容一覧」のページに掲載しています。

【注意】 1．解答の際には，句読点や記号は1字と数えること。
2．リスニング問題の放送は，試験開始1分後に始まる。

Ⅰ

(A) これから読まれる英文を聞いて，(1)～(3)は答えとして最も適切なものを選び，それぞれ記号で答えなさい。(4)は設問文の指示に従いなさい。英文は2回読まれます。なお，放送を聞きながら問題用紙の余白部分にメモをとってもかまいません。

(1) What is the weather like ?
a．It is rainy.　b．It is sunny.　c．It is windy.　d．It is cloudy.

(2) Why does she say they can't walk far ?
a．Her son has hurt his leg.　b．It's raining.
c．She doesn't have a car.　d．Her son is tired from playing soccer.

(3) What day is it ?
a．Monday　b．Wednesday　c．Friday　d．Sunday

(4) Listen to the conversation and complete these notes for the customer.

Place	Reasons	Access
castle	Interesting architecture Excellent ①______	Short walk Up the hill
museum	Exhibition of photographs taken by ISS Price : ②______	③______ minutes' walk
aquarium	Very big You can feed the fish.	Bus
butterfly park	The ④______ sells pancakes.	Bus number : ⑤______

(B) これから読まれる英文を聞いて，答えとして最も適切なものを選び，それぞれ記号で答えなさい。英文は2回読まれます。なお，放送を聞きながら問題用紙の余白部分にメモをとってもかまいません。

(1) Why could people in California suddenly see stars ?
a．The lights stopped working.
b．An earthquake made a silver cloud.
c．The sky was lit up.
d．They moved away from populated areas.

(2) How many stars should people be able to see at one time ?
a．8,000　b．1,400　c．250　d．15

(3) Which of the following statements is true ?

a . Bright lights near the sea confuse birds.

b . Birds die because they crash into buildings in large cities.

c . Birds die because they are very tired.

d . Birds usually travel in circles.

(4) Lights are a problem for sea turtles because __________.

a . they damage the turtles

b . they light up the sea

c . they are brighter than the moon

d . they are in swimming pools

(5) What is a good thing about light pollution ?

a . It is decreasing.

b . It doesn't affect all creatures.

c . It is easy to solve.

d . It is helpful to some animals.

※<**リスニング問題放送原稿**>は英語の問題の終わりに付けてあります。

II 次の英文を読んで，各問いに答えなさい。なお，出題に際して本文には省略および表記を一部変えたところがあります。〔本文中で＊の付いている語(句)には注があります〕

1 In 1988, a plane called *Daedalus* flew 115 kilometers between the Greek islands of ＊Crete and Santorini. It is a very short flight for today's planes, but this plane did not have any engines. The power for the plane came from the pilot ; he used his legs like someone riding a bicycle to make the plane go forward. In a time before modern machines, people used the power of their bodies to build the Great Wall of China. Today, people power is back.

2 In a small village in ＊Malawi, Africa, children shout excitedly as they play on a merry-go-round. It is the favorite meeting place for all the village children. As they turn around and around, a ＊pump uses their movement to bring water up from under the ground.

3 In Africa, getting clean water is a problem for many people. They may be many kilometers away from rivers, and river water is not always clean. Getting clean water from under the ground can be difficult, because pumps with engines are expensive to use and they often break. These merry-go-round 'play pumps' mean that villages and schools can have clean and safe drinking water—and the children can have fun too !

4 When you run, you have a lot of energy which comes from the movement of your body. When you suddenly stop, your body loses this energy. We already have watches and small ＊medical devices which can use energy that we make when we move. In the future, people like police officers and soldiers may wear devices on their legs to 'catch' ①this lost energy and keep it in batteries. [A] They could use the power for computers, radios or other devices.

5 In December 2008, most people walking across Hachiko Square, Tokyo, probably did not notice four yellow squares on the ground as they hurried to work. The squares were made of special materials that make electricity when they change shape. When people stood on the squares, the shape of the materials changed and they produced electricity. The squares were only there for twenty days, but in that time they produced enough power to make a TV work for 1,400 hours !

Imagine putting these squares under all the roads in Tokyo. [B] One day, we may turn our streets into power stations!

[6] ②Moving people can produce a lot of energy, but what about people who cannot move around—sick people or people sitting on trains? Even when we are resting, our bodies produce enough energy to power two *laptops! Most of this energy is heat. Now people are developing medical devices which get their power by changing body heat into electricity. [C] This will be useful in places like Africa, where many villages do not have electricity.

[7] We can use body heat in other ways too. Every day, 250,000 people use Stockholm's Central Station. They eat and drink, carry heavy bags, and run to catch trains—and a lot of heat is produced as they do these things. Inside the station, heat pumps take heat from the air and use it to heat water for a building close to the station. It is a great way to get free energy—③all you need is a lot of people!

＊（注） Crete and Santorini：クレタ島とサントリーニ島［ギリシャ最南端の小島］
Malawi：マラウイ［アフリカの内陸国］　pump：ポンプ
medical device：医療機器　laptop：ノート型パソコン

問1　段落[3]の内容に合うように，次の英文の(1)～(3)の（　）にそれぞれ適切な語を入れなさい。ただし，本文で使われている語とは限りません。

In Africa, getting clean water is a big problem because people may live (1)(　　)(　　) rivers, and river water is sometimes (2)(　　). Also, pumps with engines (3)(　　) a lot of money and break easily.

問2　下線部①はどのようなエネルギーか，本文に即して説明するとき，［　］に入る適切な内容の日本語を20字以内で答えなさい。

［　　　　］エネルギー

問3　次の英文が入る最も適切な箇所を[A]～[C]から選び，記号で答えなさい。

Soon doctors will use them to do things like getting information about their patients' blood, for example.

問4　下線部②を日本語になおしなさい。

問5　下線部③を具体的に説明するとき，［　］に入る適切な英語を5語以内で書きなさい。

When a lot of people do various things, their bodies [　　　　] and heat pumps take it from the air.

問6　次の英文が本文の内容と合うように，[あ]～[え]に入る最も適切なものを選び，それぞれ記号で答えなさい。

Long ago, we used our body power to build big buildings. In modern times, using machines with engines has become popular. [あ]. In Africa, it's difficult to get clean water, [い]. They have fun and at the same time, get clean water from under the ground with 'play pumps'. Movement creates energy. Soon, workers might use such energy for many kinds of devices. In a test in Japan, four yellow squares made of special materials on the streets produced electricity [う]. Streets with these materials on them could become power stations! Even when we don't move, our body heat can be changed into energy to provide enough power for two laptops. [え].

[あ]

ア．Therefore, using human power is out of date now

イ．In short, people like riding a bicycle to visit the Great Wall of China
ウ．However, using human power is getting popular again

い

ア．so a lot of children die from diseases every year
イ．but children play a great role in getting it
ウ．and children can do nothing to help solve the problem

う

ア．when people stepped on them
イ．when people tried to change the shape of them
ウ．when people watched TV for 1,400 hours

え

ア．All people need such heat pumps to heat water
イ．A lot of people were necessary to build Stockholm's Central Station
ウ．Our body heat may become a free future power source

Ⅲ　次の英文を読んで，各問いに答えなさい。なお，出題に際して本文には省略および表記を一部変えたところがあります。〔本文中で＊の付いている語(句)には注があります〕

Alistair Brocket felt sick to his stomach when he remembered how his parents wanted everyone to pay attention to their son. His father, Rupert, dreamed of being an actor; his mother, Claudia, of being an actress. They'd met in drama school in their early twenties, ①when they were【become / to / were / film stars / they / quite sure / international / going / that】.

"I want to work with the very best directors," said Claudia. She had only ever had a small part in a television commercial for very sweet breakfast *cereal. She played a spoon.

"And with actors who really respect the job," added Rupert. He had won the part of "Thug in Café" in one program of a TV show in the early evening when he was sixteen years old.

But they didn't become famous, and so when Alistair was born, they developed a new dream: to turn their son into a star instead.

From the time he learned to walk, the boy was [A] to auditions for commercials, plays, and television dramas, even though he wasn't interested in [B] part in such things and he would have preferred to [C] at home, playing with his friends. A naturally shy boy, he [D] standing up in front of complete strangers and having to perform a scene from *Oliver!* or sing "With a Little Bit of Bloomin' Luck" in a strange *Cockney accent.

"You do it or you won't get any dinner," Claudia told him when he was eleven years old and complaining about being made to audition for the part of Jeremy Potts in a play of *Chitty Chitty Bang Bang*.

"But I don't want to be Jeremy Potts," complained Alistair. "I want to be Alistair Brocket."

"And who is Alistair Brocket?" cried Rupert. He was very disappointed that his son would allow such a great chance to pass him by. "[E] Is that how you want to spend your life? Without anyone paying you any attention? Look at your mother and me—we could have been giants of the film business, but we gave it all up to become the parents of an *ungrateful little boy. And this is the thanks we get."

Alistair said nothing to this. ②He knew very well that they hadn't given anything up for him—that they had been trying to be actors for years before he was born, so it was nothing to do with him that they didn't have any success.

[F] for Alistair, he won the part. For weeks, he attended practices that he didn't want to go to. He had great difficulty remembering his lines and always worried about the moment when it was his turn to sing. It was bad enough with just the other actors and director watching, but whenever he thought of a full audience sitting out there in a dark theater, it was enough to make him feel sick.

"I don't want to do it," he told his parents the day the play opened. "Please don't ③<u>make</u> me."

But nothing he could say could make them change their minds, and a few hours later he went on to the stage with his legs feeling like jelly. Over the next two hours, he remembered less than five percent of his lines, fell off the stage twice, fell over another actor's feet six times, and looked like he was about to wet his pants when Grandpa Potts said that up from the *ashes, grow the roses of success.

The local newspaper was unkind in its *review, and the next day, in school, he was laughed at by his classmates.

"Never again," he told his parents when he went home that evening, wishing the ground would open up and *swallow him whole. "I'm not going back onstage *ever*, and you can't make me. I am never, *ever*, going to ④<u>stand out</u> again."

Walking toward his front door now, some thirty years later, Alistair couldn't help feeling angry at his parents for putting him through this *trauma at such a young age. ⑤<u>Why didn't they let him be himself—a quiet, kind child?</u> Then maybe he would never have so terribly feared to be noticed. And then perhaps he wouldn't have cared so much what people thought of his own children.

＊（注） cereal：シリアル（穀類加工食品） Cockney accent：ロンドンなまり ungrateful：恩知らずの
ash：灰 review：批評 swallow：～を飲み込む trauma：トラウマ

問１ 下線部①の【 】内の語(句)を並べかえ，意味の通る英文にしなさい。

問２ [A]～[D]に入る最も適切な語をそれぞれ選び，必要があれば形を変えて答えなさい。同じものを複数回使ってもかまいません。

【take / hate / stay / go / like】

問３ [E]に入る最も適切なものを選び，記号で答えなさい。

ア．Everybody! Everybody around you!
イ．Somebody! Somebody you love!
ウ．Anybody! Anybody who sings!
エ．Nobody! Nobody at all!

問４ 下線部②のように「彼」が考えた理由を，60字以内の日本語で答えなさい。

問５ [F]に入る最も適切なものを選び，記号で答えなさい。

ア．Happily イ．Especially ウ．Unluckily エ．Successfully

問６ 下線部③と同じ意味の make を含む文を１つ選び，記号で答えなさい。

ア．I <u>made</u> some free time by cancelling my piano lesson.
イ．The scary movie <u>made</u> him leave the room.
ウ．Winning the race <u>made</u> her proud.
エ．She <u>made</u> up a story to entertain the kids.

問７ 下線部④とほぼ同じ内容を表している箇所を，最終段落から２語で抜き出しなさい。

問８ 下線部⑤を日本語になおしなさい。

問9　本文の内容と合うように，下線部に入る最も適切なものを選び，それぞれ記号で答えなさい。

(1) During practice, ＿＿＿＿＿.

ア．Alistair sometimes ran away from the stage

イ．it was hard for Alistair to speak his part

ウ．Alistair felt worst when the other performers and director were watching him

(2) In his first performance, ＿＿＿＿＿.

ア．Alistair felt his legs shaking

イ．Alistair stepped up onto the stage six times

ウ．Alistair's grandfather told him that failure is a stepping-stone to success

(3) The day after the first performance, ＿＿＿＿＿.

ア．the local media praised the good quality of the play

イ．Alistair became a comedy giant in his class

ウ．Alistair wanted to disappear from this world

＜リスニング問題放送原稿＞

Ⅰ

(A)

A： Good morning. I hope you are enjoying your stay. How can we help you today？

B： Morning. Thank you, we are having a lovely time, but today is a bit of a change from the sunshine yesterday. It looks like it will be wet all day. We were wondering if you could recommend a few places we could visit inside.

A： Sure. I'm happy to help. How far are you willing to travel？

B： Well, we don't have a car and my son injured his leg yesterday when he was playing soccer on the beach, so we can't walk that far.

A： Ok, let's see. This is a copy of the free guidebook. First, let me suggest the castle. It's only a short walk from here, just up the hill. The architecture is amazing and on a day like today there will be hardly any people.

B： Oh, that sounds interesting, but I was hoping to go there when it's sunny because I heard that the views are excellent.

A： That's very true, you can see the whole town and right out across the bay. Um, in that case, how about visiting the museum？ It takes about 30 minutes to walk there, but there is a regular bus which will take you there directly from the stop in front of the hotel. It runs every half hour. At the moment there is a special show of photographs taken from the international space station. I heard it is very interesting and definitely worth visiting if you can.

B： Sounds good. Do you have to pay a special admission price？

A： I don't think so, let me see ...... no you don't.

B： OK. Is there anything else that my son might find fun？ He might find the museum a little boring.

A： On the way back, you could take a different bus route and stop at the aquarium. It is one of the biggest in the area and you can feed the fish yourself.

B： Uhuh

A： But wait .... sorry. It's only open Monday to Saturday, so you won't be able to go today.

B : That's a shame, but we could go another day.

A : How about the butterfly park ? It's near the aquarium, just the other side of the castle. It also has a great restaurant where you can get some delicious pancakes !

B : That sounds like a good plan. Which buses do I need to get ?

A : Number 7 to the museum and then number 11 back from the museum via the butterfly park.

B : Thanks, see you later. We'd better get going !

A : Yes. Have a nice day. Don't forget your umbrellas.

(B)

In 1994, people living in California reported seeing a giant cloud of silver light in the night sky. Some people were very worried that it was dangerous.

In fact it was just stars and planets that they could see.

An earthquake had stopped the electricity supply and suddenly the people living there could see the night sky more clearly. Many of them had lived in the large, brightly lit city all their lives and had rarely seen stars.

More than 8,000 stars should be visible without a telescope and up to 4,000 of those can be seen at one time. But to see most stars you need to be far away from cities or other populated areas. Most of us only see a tiny number of the stars that we should be able to see. For example, people who live in the suburbs of New York may be able to see about 250 stars if it is not cloudy, but this drops to about 15 in the city.

Light can cause serious problems as it can change the behavior of plants, animals and people. In large cities, lights inside buildings may be left on at night, even though no one is working. These lights confuse birds who travel at night and they will circle a building until they are so tired that they fall to the ground. Millions of birds die as a result of this artificial light at night each year.

In the countryside, sea turtles use the natural light of the moon and stars to find their way to the sea. But people have built hotels, resorts and houses near the beach and at night those buildings are brighter than the sea. Confused turtles have been found in swimming pools and parking lots and along roads. If they are babies they often die before they reach the sea and this has an effect on future populations.

There is one good thing about light pollution, though. It is probably the easiest kind of pollution to fix. A light can be turned off.

【数 学】（50分）〈満点：100点〉

【注意】 1．コンパス・直線定規を利用してもよい。

2．比を答える場合には，最も簡単な整数の比で答えること。

1 正四面体と正八面体のサイコロがあり，それぞれの各面には1～4，1～8の数字が書かれている。この2つのサイコロを投げるとき，正四面体のサイコロの出た目をx，正八面体のサイコロの出た目をyとする。このとき，次の問いに答えよ。

(1) $x+y=9$となる確率を求めよ。

(2) $xy=a$となる確率が$\frac{1}{16}$となった。このとき，aとして考えられる数をすべて求めよ。

(3) 正四面体のサイコロと，各面に1～5とb（bは6以下の自然数）の数字が書かれた立方体のサイコロの2つを投げる。立方体のサイコロの出た目をzとすると，$x+z=8$となる確率は$\frac{1}{8}$，xzが奇数となる確率は$\frac{1}{3}$となった。このとき，bを求めよ。

2 右の図のように，平行四辺形ABCDの外側に，各辺を1辺とする正方形をつくる。それぞれの正方形の対角線の交点をE，F，G，Hとする。

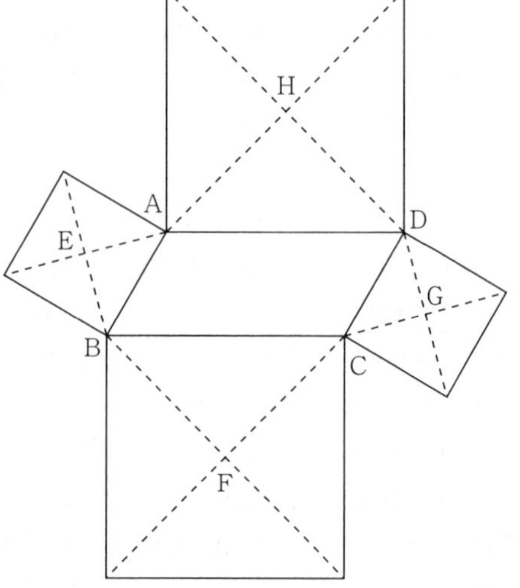

(1) 四角形EFGHが正方形であることを示したい。このとき，次の(a)～(g)にあてはまる式や数字，語句をかけ。

<証明>

△AHEと△BFEにおいて，

正方形の対角線の長さは等しく，それぞれの中点で交わるので，

EA＝EB ……①

四角形ABCDは平行四辺形であるから，［ (a) ］ので，DA＝BCである。よって，DA，BCをそれぞれ1辺とする正方形は合同であり，合同な正方形の対角線の長さは等しく，それぞれの中点で交わるので，

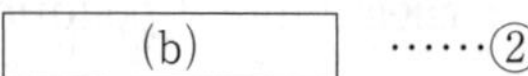 ［ (b) ］ ……②

正方形の対角線の性質より，

∠HAD＝∠BAE＝∠EBA＝∠CBF＝45° ……③

四角形ABCDは平行四辺形なので，

∠DAB＋∠ABC＝180° ……④

③，④より，

∠EAH＝［ (c) ］°－∠DAB，∠EBF＝［ (c) ］°－∠DAB

であるから，

∠EAH＝∠EBF ……⑤

①，②，⑤より，［ (d) ］ので，

△AHE≡△BFE ……⑥

⑥より，合同な三角形の対応する辺の長さは等しいので，HE＝FEである。⑥と同様に，三角形の合同を考えると，

$\triangle$AHE≡$\triangle$BFE≡$\triangle$CFG≡$\triangle$DHG

であることもわかるので，四角形EFGHはひし形である。　……⑦

さらに，⑥より，合同な三角形の対応する角の大きさは等しいので，

∠HEA＝∠[　(e)　]

よって，

∠HEF＝∠HEA＋∠[　(f)　]

　　＝∠[　(e)　]＋∠[　(f)　]

　　＝∠[　(g)　]

Eは正方形の対角線の交点であるから，∠[　(g)　]＝90°となり，

∠HEF＝90°　……⑧

したがって，⑦，⑧より，四角形EFGHは1つの内角が90°であるひし形，すなわち正方形である。

(2)　AB＝4，BC＝8，∠ABC＝60°のとき，四角形EFGHの面積を求めよ。

3　次の問いに答えよ。

(1)　129と282の最小公倍数を求めよ。

(2)　2つの自然数A，Bがあり，A，Bの最大公約数をG，最小公倍数をLとする。A，BをGで割ったときの商をそれぞれa，bとするとき，次の問いに答えよ。

(i)　Lをa，b，Gを用いて表せ。

(ii)　$A-2B-2G+L=2021$のとき，自然数の組$(A,\ B)$をすべて求めよ。ただし，Gは1でない自然数とする。

4　座標平面上に放物線C：$y=x^2$がある。原点Oを通り，傾きが1である直線とCのO以外の交点をA_1とする。A_1を通り傾きが-1である直線とCのA_1以外の交点をA_2，A_2を通り傾きが1である直線とCのA_2以外の交点をA_3，A_3を通り傾きが-1である直線とCのA_3以外の交点をA_4，以下同じようにA_5，A_6，A_7……と順に点をとる。このとき，次の問いに答えよ。

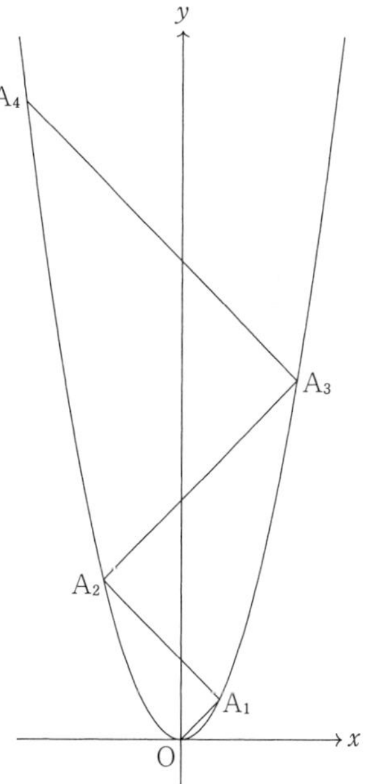

(1)　A_2，A_3の座標を求めよ。

(2)　$OA_1+A_1A_2+A_2A_3+A_3A_4+\cdots\cdots+A_{17}A_{18}$の値を求めよ。

(3)　$OA_1{}^2-A_1A_2{}^2+A_2A_3{}^2-A_3A_4{}^2+\cdots\cdots+A_{n-2}A_{n-1}{}^2-A_{n-1}A_n{}^2$の値が$-576$となるような自然数$n$を求めよ。

5 各辺の長さが１の立方体をいくつか使って，床の上に直方体となるように積み上げる。この立体に対し，以下の操作を繰り返し行う。

操作：３面以上見えている立方体をすべて取り除く

このとき，次の問いに答えよ。

(1) 図１のように，縦が５，横が６，高さが３の直方体Ａとなるように立方体を積み上げた。

(i) Ａに対し，操作を２回行ってできる立体の体積を求めよ。

(ii) Ａに対し，操作を３回行ってできる立体の見えている部分の表面積を求めよ。

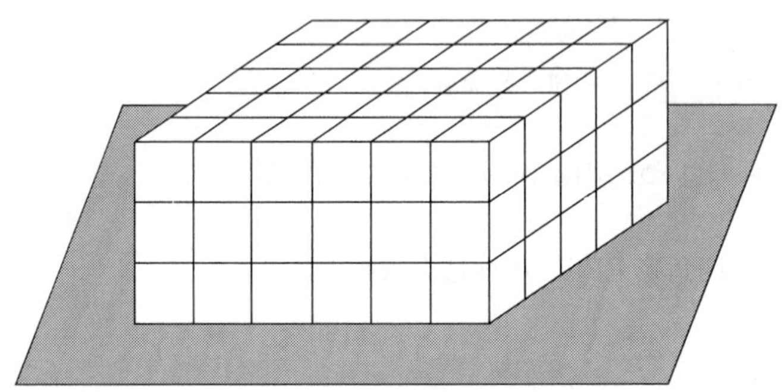

図１：直方体Ａ

(2) 図２のように，縦が５，横が $2n$，高さが３の直方体Ｂとなるように立方体を積み上げた。ただし，n は自然数とする。

(i) Ｂの一番上の面がなくなるまでの操作の回数を n を用いて表せ。

(ii) Ｂに対して操作を繰り返したところ，立方体がすべて取り除かれるまでの操作の回数は９回であった。このとき，n を求めよ。

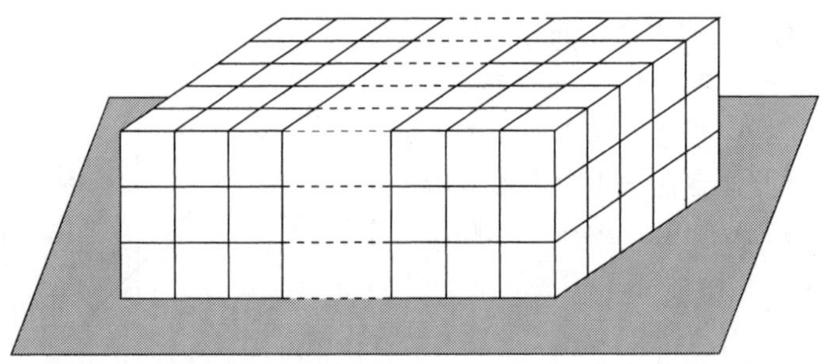

図２：直方体Ｂ

【社　会】（50分）〈満点：100点〉

【注意】解答の際には，句読点や記号は１字と数えること。

1　あるクラスの社会の授業で，「海からみる日本の歴史」という主題学習を行い，各班が発表しました。これらの発表を読み，あとの問いに答えなさい。

１班　古代・中世

A海に囲まれた日本では，人々は古くからその恵みを利用してきました。古代には，B海を経て大陸から伝わった文物が日本に影響を与えました。鎌倉時代には，正式な国交はないものの，日本と中国の経済や文化の交流はさかんでした。道元が中国に渡って禅を学び，帰国後に（　1　）宗を開いたのが一例です。中国を支配する王朝が自国中心のC国際関係をつくるため海外への関心を高めると，大陸から日本への侵攻が行われたり，公式の貿易船による貿易がさかんになったりするなど，日本と大陸との関係は様々に変化しました。

２班　近世

D16世紀からヨーロッパ船が来航するようになり，日本からも多くの使節や貿易船が海外におもむきました。やがて江戸幕府は海外との交流を大幅に制限しましたが，その中でもE限定された窓口で貿易は続いていました。金銀の流出が続いたため，徳川家継に仕えた儒学者である（　2　）の立案により，長崎での貿易が制限されるということもありました。18世紀後半からは，Fロシアの動きなどに対応して，海防の議論が高まりました。

３班　近代・現代

日本が開国し，安政の五か国条約が結ばれると，関東地方の開港場である（　3　）を最大の窓口として対外貿易が拡大しました。G明治政府は岩倉具視らの使節団を欧米に送り，その知見を近代化に役立てました。急速に強化された海軍は，あいつぐ対外戦争の勝利に貢献し，H日本は海外に領土や利権を拡大しました。太平洋戦争後は，造船業や海運業の発展が高度経済成長に寄与しました。頻発するI地域紛争に対応し，自衛隊の海外任務も増えています。J世界的な海洋資源への関心の高まりや，領土をめぐる問題から，日本近海で対立が生じる事態も起きています。

問１　下線Aについて，図１は，現在の千葉県とその周辺を示したもので，点で位置が示されているのが貝塚です。貝塚が図１で示したように分布していることからわかる，貝塚が形成された時代の地形上の特徴は何ですか，現在と比較して考え，説明しなさい。なお，その際，貝塚がおもに形成された時代の名称をあげなさい。

<図１>

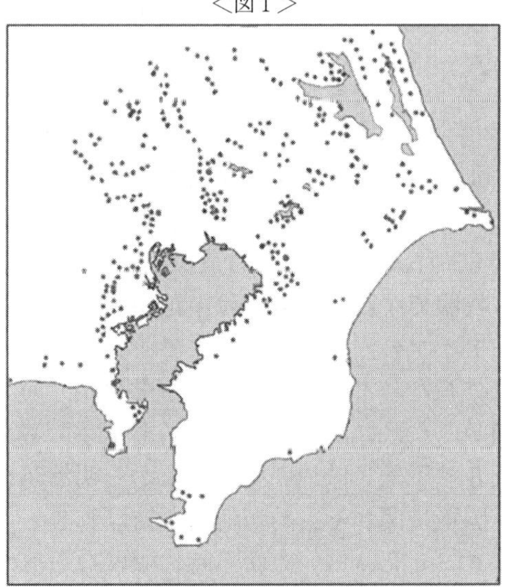

浜島書店『学び考える歴史』より作成

問２　下線Bについて，古代の日本と大陸の関わりについて説明した文として正しいものはどれですか，①～⑤から２つ選び，番号で答えなさい。

①　九州北部にあったとされる奴国は，魏の皇帝から金印を授かった。

②　漢字が渡来人により伝えられ，埼玉県の稲荷山古墳から出土した鉄剣にも記された。

③　平城京に都が移された後，唐の律令にならって大

宝律令が制定された。

④　遣唐使の航路は，朝鮮半島を統一した百済との関係に応じて変化した。

⑤　東大寺正倉院宝物にはペルシアなどから伝わった文物もあり，天平文化の国際性を象徴している。

問3　(1)にあてはまる語句を漢字2字で答えなさい。

問4　下線Cについて，ある国の国際関係に関する史料1・史料2を読み，あとの問いに答えなさい。なお，出題にあたり一部表現を変えたところがあります。

＜史料1＞

> (　a　)王国の王宮に架けられた鐘の銘文より(1458年)
> (　a　)王国は南海の美しい土地で　＜中略＞　(　b　)と日本の中間にわき出る※蓬莱(ほうらい)島である。水運によって万国の架け橋となり，異国の産物や宝が国中に満ちている。

※蓬莱島…仙人が住む伝説上の島

＜史料2＞

> (　c　)の皇帝が(　a　)の国王を冊封した詔書より(1684年)
> なんじの(　a　)王国は，地は南の辺境にあり，職は封建された藩国に列する。中山王の※世(せい)子尚貞(ししょうてい)は，しばしば使いを来朝させ，貢ぎ物を献上することをおこたらなかった。

※世子…後継者

(1)　史料中の(a)にあてはまる国名を漢字で答えなさい。

(2)　史料中の(b)・(c)にあてはまる王朝名は何ですか，正しいものを①～④から1つずつ選び，番号で答えなさい。ただし，同じものを2度使うこともできます。

①　明

②　元

③　宋

④　清

問5　下線Dについて，16世紀の出来事について説明した文として正しいものはどれですか，①～⑤から2つ選び，番号で答えなさい。

①　ルターが95か条の論題を発表し，宗教改革を始めた。

②　バスコ＝ダ＝ガマが，インドのカリカットに到達した。

③　スペインが，南アメリカ大陸のインカ帝国を滅ぼした。

④　フランスのルイ14世が，ベルサイユ宮殿を築いた。

⑤　イギリスで名誉革命がおこり，権利の章典が制定された。

問6　下線Eについて，右の写真はある藩を通じて日本に入ってきた衣服です。もともとは中国から北方の民族に贈られ，交易を通じてアイヌの人々へ，さらにアイヌとの交易を独占するある藩に伝わりました。この藩を何といいますか，漢字で答えなさい。

＜写真＞

帝国書院『明解世界史A』より

問7　(2)にあてはまる人名を漢字で答えなさい。

問8　下線Fについて，幕末から明治時代に，日本とロシアの間では国境に関わる条約が何度か結ばれました。両国の国境を示した地図a～cを，古い方から時代順にならべたものとして正しいものはどれですか，下の①～⑥から1つ選び，番号で答えなさい。

a

ロシア
国境
国境
日本

b

c

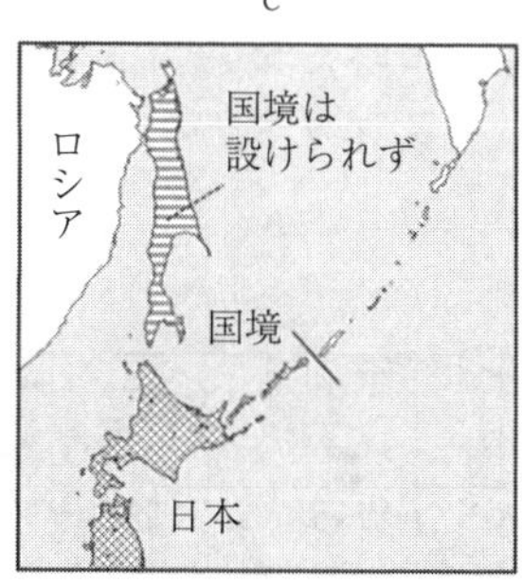

① ［a－b－c］　② ［a－c－b］　③ ［b－a－c］
④ ［b－c－a］　⑤ ［c－a－b］　⑥ ［c－b－a］

問9　(3)にあてはまる地名を漢字で答えなさい。

問10　下線Gについて，使節団が帰国した後，政府内で対外政策をめぐる対立が生じました。その際に政府を去った政治家たちは，その後，主に2つの方法で政府に対抗しました。彼らはどのようにして政府に対抗しましたか，政府を去るきっかけとなった対立にふれながら，具体的に説明しなさい。

問11　下線Hについて，図2のXは，日本がある戦争中に占領し，戦後に統治を行った島々を示しています。この戦争に関して説明した文として正しいものはどれですか，次の①～⑥からすべて選び，番号で答えなさい。

<図2>

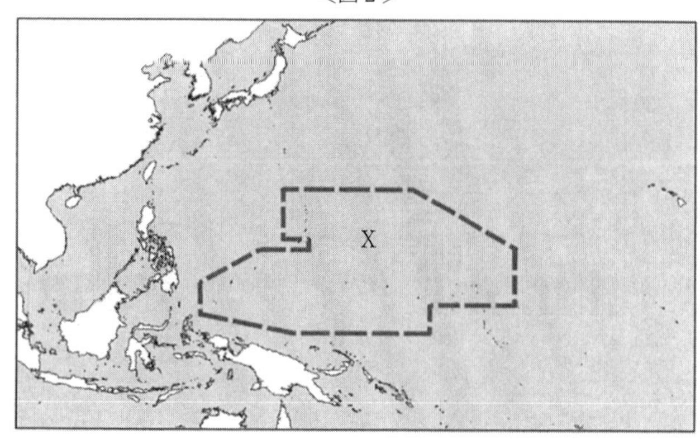

浜島書店『新詳世界史図説』より作成

① 戦争が始まる直前，ドイツとソ連は不可侵条約を締結した。
② 戦争中に，日本は中国に二十一か条の要求をつきつけた。
③ 講和条約によって，日本は台湾などの領土と多額の賠償金を獲得した。
④ ドイツが無制限潜水艦作戦を行うと，アメリカがドイツに宣戦した。
⑤ 戦争が長期化する中で，日本は国家総動員法を制定した。
⑥ 戦争の後，日本は韓国統監府をおき，韓国への支配を強めた。

問12　下線Iについて，20世紀から現在にかけて起きた地域紛争や戦争に関して説明した文として正しいものはどれですか，①～⑤から2つ選び，番号で答えなさい。

① 朝鮮戦争が休戦した後，日本は警察予備隊を創設した。
② ベトナム戦争によって北ベトナム政府が崩壊し，ベトナムは統一された。
③ 9.11事件(同時多発テロ)がおこると，アメリカはアフガニスタンを攻撃した。
④ PKO協力法にもとづき，日本は内戦終結後のカンボジアに自衛隊を派遣した。
⑤ 第3次中東戦争が始まると，アラブ諸国は原油の輸出制限を行った。

問13　下線Jについて，1970年代から世界各国が設定するようになった，水産資源や鉱物資源を自国だけで利用できる水域を何といいますか，漢字で答えなさい。

2 地理を学習する目的の一つは，様々な地域や事象を比較して，特色を明らかにすることです。これについて，あとの問いに答えなさい。

問1 ローマ・青森・キト・シンガポールを示した地図および下の雨温図を見て，あとの問いに答えなさい。

<地図>

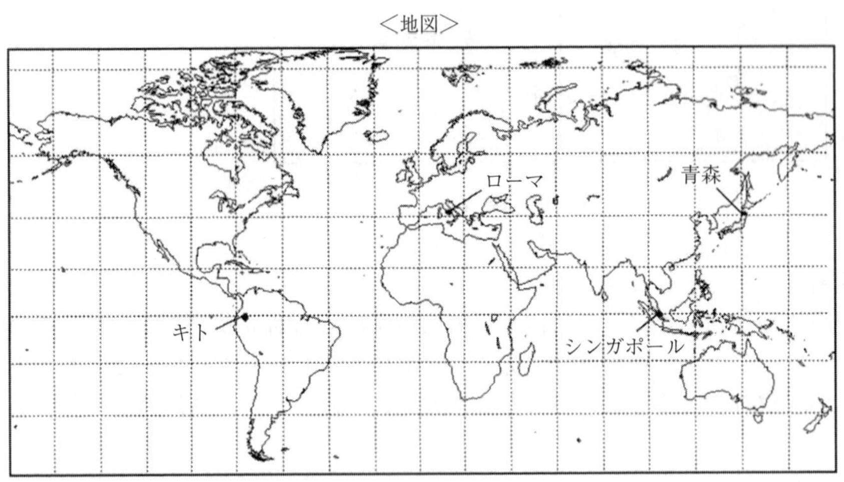

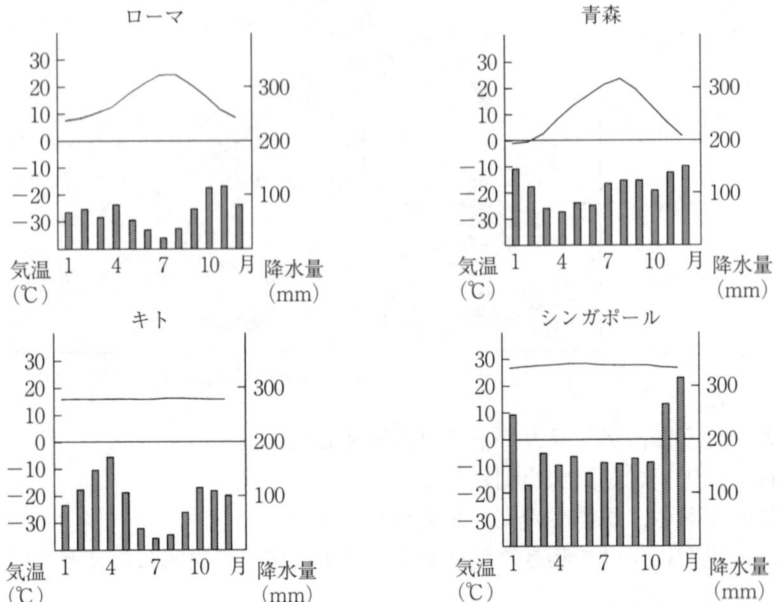

二宮書店『データブック オブ・ザ・ワールド 2020年版』および
WMO World Weather Information Service(https://public.wmo.int/en)より作成

(1) ローマと青森はほぼ同じ緯度に位置する都市ですが，冬の気温には大きな違いが見られます。その理由として考えられることは何ですか，60字以内で説明しなさい。

(2) キトとシンガポールは赤道直下に位置する都市ですが，年平均気温には大きな違いが見られます。キトの年平均気温がシンガポールと異なる理由として考えられることは何ですか，15字以内で説明しなさい。

問2　次の文章は世界に見られる気候帯や植生の特色を説明したものです。（ア）～（オ）にあてはまる語句をそれぞれ答えなさい。

> 北アメリカ大陸の北緯40度付近を境に，北部には主にタイガの広がる（　ア　）帯が分布する一方，南部には西経100度付近を境として西側には（　イ　）帯，東側には（　ウ　）帯が見られる。
> アフリカ大陸には世界最大の砂漠である（　エ　）砂漠があり，その南側の（　オ　）と呼ばれる地域では砂漠化が進んでいる。

問3　日本の各地域の農業を説明した文として誤っているものはどれですか，①～⑧から3つ選び，番号で答えなさい。

① 宮崎県や高知県では，暖かい気候を利用して野菜類の出荷時期を他県より早める促成栽培が行われている。

② 千葉県や茨城県では，大都市向けに農作物を出荷する近郊農業が行われている。

③ 長野県や群馬県では，冷涼な気候を利用して野菜類の出荷時期を他県より遅らせる抑制栽培が行われている。

④ 愛知県や沖縄県では，夜間にも照明をあてて出荷時期を早める菊の促成栽培が行われている。

⑤ 北海道では，広大な十勝平野を中心に大規模農法での稲作が行われている。

⑥ 秋田県や山形県では，やませの影響を強く受けると冷害が起きるため，寒さに強い稲の品種であるササニシキなどの作付けが行われている。

⑦ 鹿児島県や宮崎県では，外国産の安価な肉の輸入増加に対して，安全で肉質を重視した肉用牛や豚のブランド化が行われている。

⑧ 静岡県では，霜害（そうがい）をさけるために風を起こすファンを茶畑に配備するなど工夫をこらした茶の栽培が行われている。

問4　世界の経済を説明した文として誤っているものはどれですか，①～⑧から3つ選び，番号で答えなさい。

① EU諸国は域内の人の移動の自由化を行い，国境を越えた企業の進出や出稼ぎが増えたことで所得の上昇が進んだが，EU加盟国の一人あたり国民総所得の格差は現在も2倍以上ある。

② アメリカ合衆国は20世紀後半より，北東部の重工業に代わって，南部から西部にかけてのサンベルトで情報通信産業や航空宇宙産業など先端技術産業が発展している。

③ 東南アジア諸国連合のマレーシアやタイ・フィリピンなどでは，日本を含む外国企業を積極的に誘致して工業化を進め，農産物や原料中心の輸出から工業製品の輸出への転換が進んでいる。

④ 日本は1980年代半ば以降の円高により輸出産業が不振となった結果，製造費を安くするため外国人労働者を受け入れたことで産業の空洞化が進んでいる。

⑤ ブラジルやロシアなど新興5カ国はBRICSと呼ばれ，国土が広く資源に恵まれ，人口が多く巨大市場があり，いずれも輸出品の上位は機械類など工業製品となっている。

⑥ アフリカ諸国では南アフリカ共和国のように鉱産資源が豊富な国がある一方で，資源の分布には偏りがあり，資源を輸出できる国とできない国の間で南南問題が生じている。

⑦ オーストラリアは20世紀初頭よりアジア系移民を労働力として受け入れて，鉱産資源の開発と工業化を進めた結果，機械類など工業製品が主要な輸出品となった。

⑧ 中国は沿海部に外国企業を誘致する経済特区を設け，工業製品輸出の拡大による経済成長をとげた一方で，内陸部との経済格差が社会問題となっている。

問5　次のグラフはアラブ首長国連邦の※1960年と2015年の人口ピラミッドです。この間に総人口が増えたこと以外に大きな変化が見られます。この変化は何ですか，その理由とともに説明しなさい。

※1960年は，イギリス統治下におけるデータ

＜グラフ＞

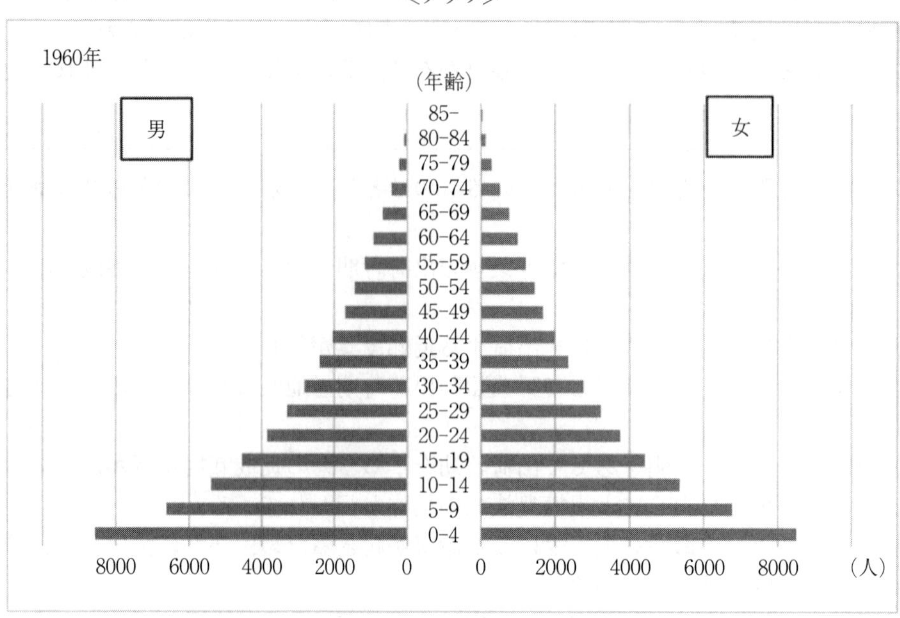

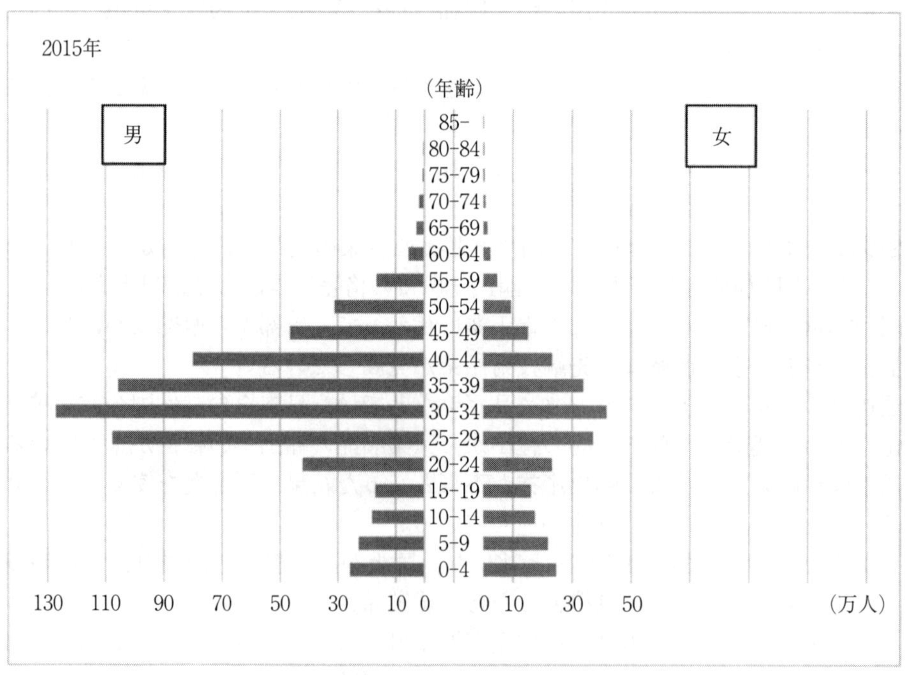

Population Pyramid.net Population Pyramids of the World from 1950 to 2100
（https://www.populationpyramid.net）より作成

3　次の年表を見て，あとの問いに答えなさい。

	世界のできごと	日本のできごと
1945年	A 国際連合発足	
1947年		B 日本国憲法施行
1970年	C 核拡散防止条約発効	
1973年		D 変動相場制に移行
1981年	E 女子差別撤廃条約発効	
1993年	F EU 発足	
2000年		G 循環型社会形成推進基本法制定

問１　下線Aについて，国際連合に関して説明した文として正しいものはどれですか，①～④から１つ選び，番号で答えなさい。

①　安全保障理事会において，常任理事国の持つ拒否権が行使されたことはない。
②　信託統治理事会は，1994年パラオの独立を最後に活動停止している。
③　国連総会の投票権は，国連分担金の出資額に比例して加盟国に与えられる。
④　国際司法裁判所の裁判官が，日本人から選出されたことはない。

問２　下線Bについて，次の問いに答えなさい。

(1)　日本国憲法第25条で規定された生存権の解釈をめぐり，日本では様々な訴訟が行われてきました。資料１・資料２は，1957年に起きた裁判の内容と，それについて1967年に最高裁判所が出した判決文の一部です。この訴訟名と（X）にあてはまる語句をそれぞれ漢字で答えなさい。

<資料１>

　肺結核で国立岡山療養所に入院していた原告は，国から生活扶助などを受けていたが，実兄から送金を受けるようになったため，生活扶助の支給を打ち切られるなどした。これを不当とした原告が厚生大臣及び岡山県知事に対して不服申し立てを行ったが却下された。1957年，「国の定める保護基準では，憲法第25条の定める最低限度の生活を保障していない」として東京地方裁判所に訴えた。

<資料２>

　……この規定〔憲法第25条１項を指す〕は，すべての国民が健康で文化的な最低限度の生活を営み得るように国政を運営すべきことを国の責務として宣言したにとどまり，直接個々の国民に対して具体的権利を賦与（ふよ）したものではない……。具体的権利としては，憲法の規定の趣旨を実現するために制定された（ X ）法によつて，はじめて与えられているというべきである。

(2)　次のア～ウは，憲法で保障されている権利です。これらの権利が公共の福祉により制限を受けるのはａ～ｄのどの場合ですか。それぞれの組み合わせとして正しいものを下の①～⑥から１つ選び，番号で答えなさい。

<憲法で保障されている権利>

ア　表現の自由
イ　営業の自由
ウ　居住移転の自由

<公共の福祉により制限を受ける場合>

a　企業の価格協定を禁止する場合

b　感染症により隔離する必要がある場合

c　選挙運動のため一定枚数のはがき以外の文書の頒布(はんぷ)を禁止する場合

d　道路・空港建設のため補償をもとに土地を収用する場合

① ［アーa　イーb　ウーc］　② ［アーa　イーd　ウーb］

③ ［アーb　イーa　ウーd］　④ ［アーb　イーd　ウーc］

⑤ ［アーc　イーa　ウーb］　⑥ ［アーc　イーb　ウーd］

問3　下線Cについて，核拡散防止条約では，核保有国には核軍縮の交渉を義務づけていますが，一方で世界では核軍拡の動きをとる国もあります。このような対照的な動きがある理由を国家間ゲームで考えてみます。次の文ア・イの下線部が，下の国家間ゲームの説明および得点表から読み取れる内容として正しい場合は○を，誤っている場合は下線部を正しい表現に直しなさい。

ア　A国が軍縮を選択するとB国が予想した場合，B国は<u>軍縮</u>を選択する。

イ　A国が軍拡と軍縮のどちらを選択するかの予想によって<u>B国の選択は異なり，軍拡の場合も軍縮の場合もある</u>。

＜国家間ゲームの説明＞

この国家間ゲームでは，A国とB国の２つの国家が，互いに相談できない状況で相手の行動を予想して，「軍拡」もしくは「軍縮」のいずれか一方の政策を１回のみ同時に選択する。その際，両国は下の得点表に示された点数を得ることを知っているものとする。点数が大きい方が自国はより安全であることを意味し，反対に点数が低ければ相手から攻撃される可能性が高くなり，安全でなくなることを意味する。両国は自国の安全を最大化することのみを目指してゲームを行う。

＜得点表＞

		B国	
		軍拡を選択	軍縮を選択
A国	軍拡を選択	A国に２点 B国に２点	A国に５点 B国に１点
	軍縮を選択	A国に１点 B国に５点	A国に４点 B国に４点

問4　下線Dについて，変動相場制に移行した結果，為替相場は市場での需要・供給に応じて決まることになりました。為替相場の変動は，貿易や私たちの生活に大きな影響を与えます。次の文章中の(ア)～(ウ)にあてはまる語句の組み合わせとして正しいものはどれですか，下の①～④から１つ選び，番号で答えなさい。

為替相場が「１ドル＝100円」から「１ドル＝200円」になった場合，(　ア　)が進んだことになり，このとき外国における日本からの輸出品の価格はドル表示で見ると(　イ　)する。反対に為替相場が「１ドル＝200円」から「１ドル＝100円」になった場合，外国における日本からの輸出品の価格はドル表示で見ると(　ウ　)する。

① ［アー円高　イー上昇　ウー下落］　② ［アー円高　イー下落　ウー上昇］

③ ［アー円安　イー上昇　ウー下落］　④ ［アー円安　イー下落　ウー上昇］

問5　下線Eについて，女子差別撤廃条約の批准(ひじゅん)に伴い，採用や昇進などにおける性別を理由とする差別の禁止を求めて1985年に制定された法律は何ですか，漢字で答えなさい。

問６　下線Ｆについて，EU に関して説明した文として誤っているものはどれですか，①～⑤からすべて選び，番号で答えなさい。

①　EU のすべての加盟国が，ユーロを導入する義務を負っている。

②　EU 加盟国は，イギリスが離脱したことにより現在27カ国となっている。

③　EU に加盟していない国として，トルコやスイスなどが挙げられる。

④　EU の加盟国の中で，最も国内総生産が高いのはフランスである。

⑤　EU の前身は，EC である。

問７　下線Ｇについて，循環型社会形成推進基本法により，大量生産・大量消費・大量廃棄型の経済のしくみを見直して，３Ｒを推進することが求められています。次の文ア・イは３Ｒの何に該当しますか，それぞれカタカナで答えなさい。

ア　空き缶・空き瓶・牛乳パックなどは，資源回収に出す。

イ　買い物の際に，使い捨ての箸(はし)やスプーンをもらわないようにする。

【理　科】（50分）〈満点：100点〉

【注意】　1．コンパス・定規は使用しないこと。

2．計算問題の答えは，整数または小数で答え，割り切れない場合は小数第２位を四捨五入して，小数第１位まで答えること。

1　地球の自転によって，天球は１日に１回転して見えます。この回転運動の中心点は自転軸の延長線上にあり，天の極と呼ばれています。現在は北極星周辺に天の北極があるため，北極星は天球上をあまり動いて見えません。

地球の自転軸は，公転面(軌道面)に対して約 66.6° 傾いています。この傾きは月や太陽の引力の影響を受け，コマの首振り運動のように自転軸自体が回転運動をしています。この運動を歳差運動といいます。地球の歳差運動は25800年で１周期となっていて，天の北極にあたる天体は，時代によって天球上を移動してきました。今後，約13200年の間に，天の北極はこぐま座のポラリス(北極星)からケフェウス座，さらに，はくちょう座のそばを通り，こと座のベガへと移動します。その頃には，こぐま座はベガの周りを回るようになっていることでしょう。

図１　2020年８月中旬21時頃の市川高校周辺での頭上(天頂)を中心とした星図

(1)　地球の歳差運動の中心点は，何座の中にありますか。

(2)　太陽系内の地球以外の惑星にも，自転軸が傾いているものがあります。以下の各惑星の説明として正しいものはどれですか。**２つ選びなさい**。

ア　火星は，自転軸の傾きが地球と同程度のため，両極の氷などの増減が観測される。

イ　木星は，自転軸が公転面に対して約 −83° で傾いているため，自転方向が各惑星と反対方向に見える。

ウ　金星は，リングの公転軸も金星と同程度に傾いているため，地球からリングが観測できないときがある。

エ　天王星は，自転軸が公転面に対して約8°で傾いているため，極地方における昼の長さは公転周期の半分(40年以上)程度続くことになる。

オ　土星は，自転軸が公転面に対してほぼ垂直なため，地球からはリングの全体が見えることが多い。

(3)　地球の自転軸の傾きが現在の角度から90°へと変化していくと，地球上ではどのような環境の変化が考えられますか。**誤っているものを選びなさい**。

ア　日本周辺では夏と冬の気温差が現在よりも小さくなる。

イ　雨季や乾季を繰り返す地域が減少する。

ウ　両極周辺の白夜の期間が現在よりも短くなる。

エ　赤道周辺の日照時間は現在とほとんど変わらない。

(4)　自転軸の傾きが公転面に対して90°に変化した場合，地球全体で受ける太陽からの熱エネルギーは何％増減すると考えられますか。ただし，地球は完全な球とし，受熱率は地表面の状況(海や陸など)に関わらないものとします。また，必要であれば以下の値を使用し，小数第1位を四捨五入して答えなさい。

地球表面で受け取れる一秒当たりの太陽エネルギー　$1.4\,\mathrm{kW/m^2}$

地球の半径　6400km

円周率　3.14

(5)　地表と同じように，天球上で緯度・経度に相当する座標を天球座標といいます。このうち，地球の緯度にあたるものを，特に赤緯と呼びます。右の図2のように，天の北極(現在の北極星)の赤緯を＋90°，反対側の天の南極を−90°とすると，現在の自転軸の傾きの場合，市川高校周辺における地平線に沈まない天体(周極星)の範囲は，何度から何度までになりますか。ただし，市川高校周辺の緯度，経度は，北緯35.7°，東経139.9°とします。

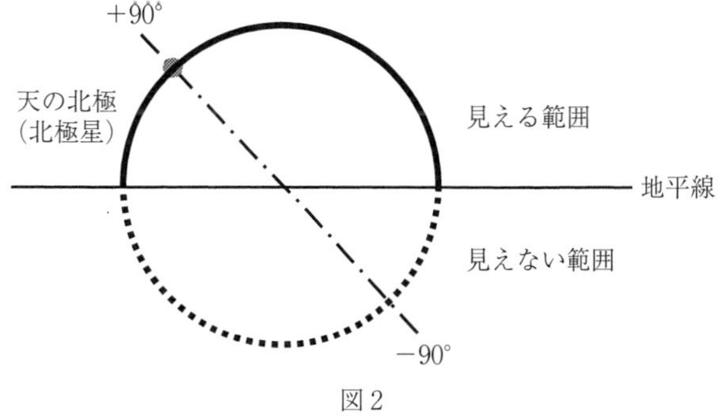

図2

(6)　13200年後，天の北極がベガに変わると，市川高校周辺ではどのような星空が見えることになりますか。図1の星図と現在の赤緯を示した表1を参考に正しいものを**2つ選びなさい**。

ア　はくちょう座の天体は，周極星となって沈まなくなる。

イ　こぐま座は東の空からのぼり，西の空に沈むようになる。

ウ　オリオン座は，季節を問わず見えなくなる。

エ　天の川は，おおいぬ座の中を通るようになる。

オ　天の川は，比較的季節を問わず見えにくくなる。

恒星名	星座	天球座標(赤緯)
シリウス	おおいぬ	−16.7°
デネブ	はくちょう	＋45.3°
ベガ	こと	＋38.8°
リゲル	オリオン	−08.2°
ルクバト	いて	−40.6°

表1

2　次のページの図3のように，2枚の鏡のなす角度を90°にして合わせて，正面に白と黒の碁石を並べて置きました。正面から見ると，鏡に映る白の碁石の像は，3個見ることができました。次に，図4のように，この2枚の鏡がなす角度を60°にして合わせました。

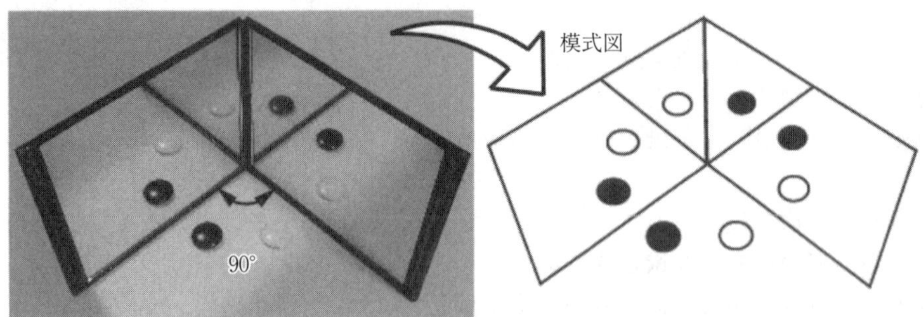

図3

図4

(1) このとき鏡に映った黒と白の碁石の像は，どのように観察することができますか。その様子の模式図を解答欄に描きなさい。ただし，図4では，2枚の鏡に映る像は描かれていません。

図5は，曲がり角に60cm四方の平らな鏡(平面鏡)のカーブミラーが設置されている様子を上から見たものです。

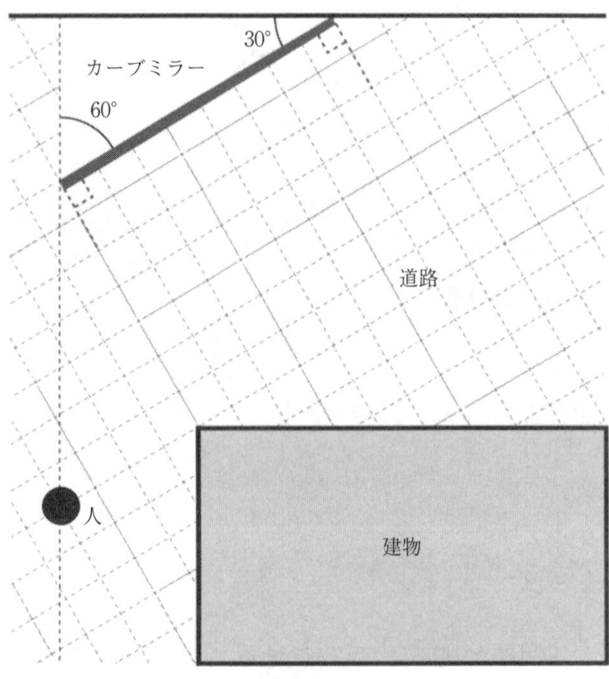

図5

(2)　図５の●に示した位置に人が立ったとき，カーブミラーで見ることも，直接見ることもできない範囲を斜線で示しなさい。もしそのような範囲がなければ，解答欄になしと記入しなさい。なお，図５と解答欄の図には，あらかじめ補助線(点線)を描き入れてあります。また，作図に利用した線は描き残したままでも構いません。

図６のような，焦点距離が12cmの凸レンズaがあります。凸レンズaの左側に物体を，右側にスクリーンを置いたとき，物体と同じ大きさの像がスクリーンに映りました。

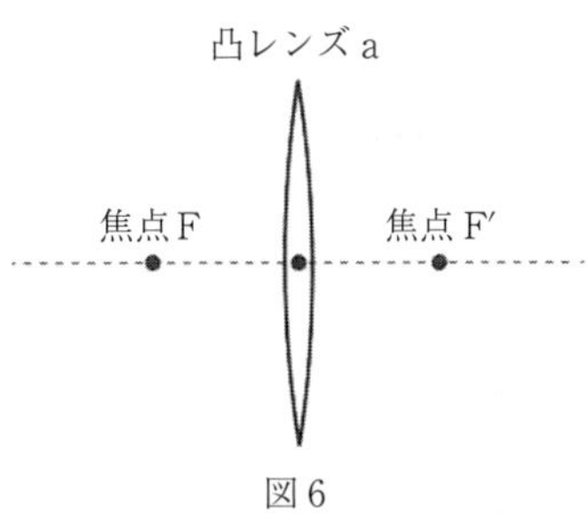

図６

(3)　このときの，①物体と凸レンズaの距離，②凸レンズaとスクリーンの距離は，それぞれ何cmですか。

次に，物体からレンズまでの距離を変えました。そして，図７のようにこの凸レンズaを通して物体を見たところ，物体の大きさの２倍の虚像が見えました。

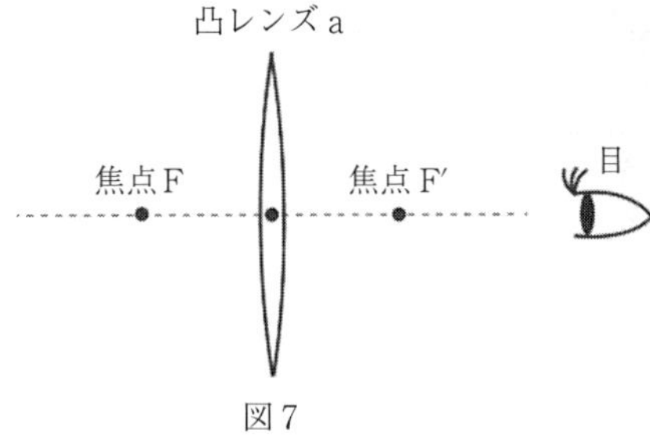

図７

(4)　このときの，①物体と凸レンズaの距離，②虚像と凸レンズaの距離は，それぞれ何cmですか。

次に，焦点距離が３cmの凸レンズbを用意し，図８のように，凸レンズa，bを光軸が一致するように18cm離して並べました。そして，物体を凸レンズbの左に4.5cm離して置きました。

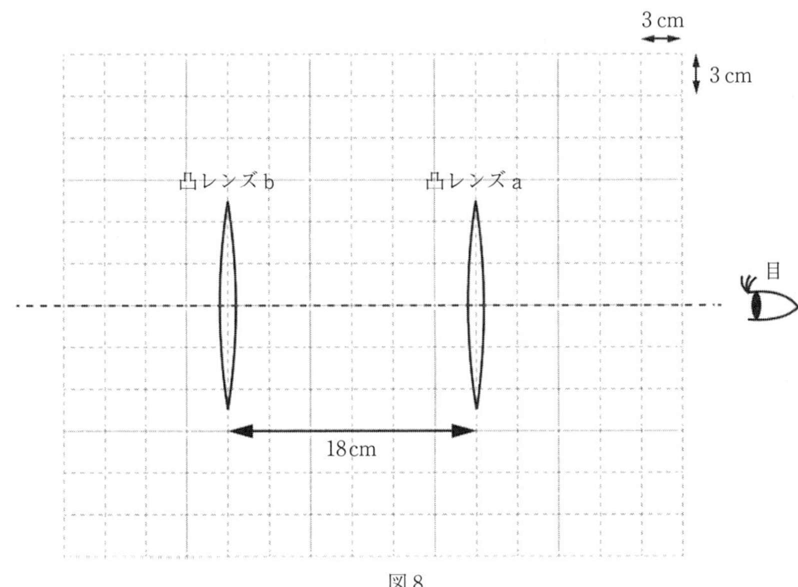

図８

(5)　凸レンズaを通して物体を見たときの像の種類はどれですか。また，像は何倍に見えますか。

ア　倒立実像　　イ　倒立虚像

ウ　正立実像　　エ　正立虚像

太陽から地球に届く太陽光線は地球まで直進し，ほぼ平行光線です。しかし，図９のような光線は平行に見えず，広がっているように見えます。

図９

(6) 下線部の理由を簡潔に答えなさい。

3 図10の装置を用いて，水素と酸素の混合気体を反応させる実験を行いました。

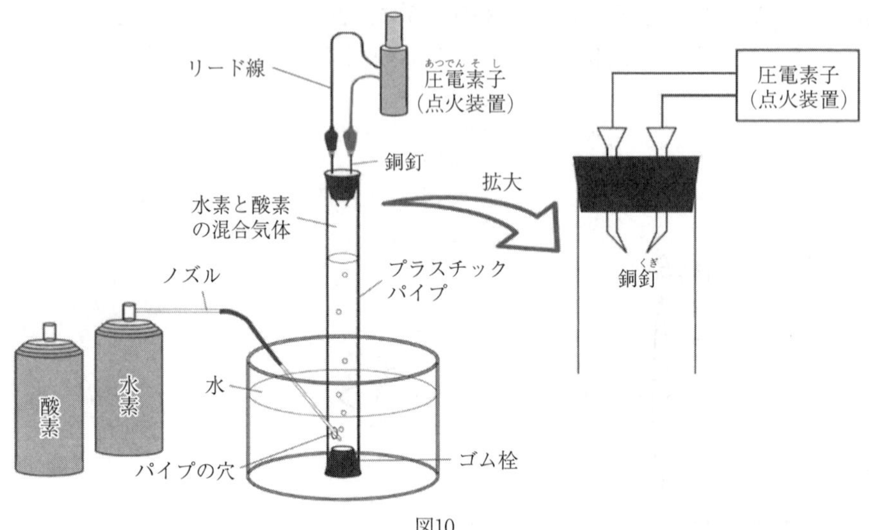

図10

実験用水素ボンベにノズルをつけ，水で満たされたプラスチックパイプに気体37.5mLを注入しました。次に，ノズルを酸素ボンベにつけかえ，水中でノズルに満たされた水素を酸素で追い出しました。さらに，13.5mLの酸素をパイプ内に追加し，水素と酸素の混合気体としました。十分に時間を置いてから圧電素子(点火装置)を用いて点火したところ爆発が起こり，パイプ内の水面がいったん下がりましたが，すぐに水面が上昇しました。パイプ内に残った気体の体積は6.0mLでした。このとき，爆発の衝撃でパイプの穴から気体がもれ出すことはありませんでした。

(1)　A班は，水中に閉じ込められた混合気体に点火する際，圧電素子を用いて火花を起こし，うまく点火することができました。一方，B班も同じ装置を用いて実験を行いましたが，点火することができませんでした。圧電素子やリード線に原因がないとすると，B班が点火することができなかった原因は，どのようなことが考えられますか。

(2)　この反応では，燃えた水素と同体積の水蒸気ができるはずでしたが，残った気体の体積は予想された量よりも小さく，水蒸気はまるで消えてしまったかのように感じられました。そのように観測されたのはなぜですか。

(3)　残った気体がすべて水素であると仮定すると，反応した水素と酸素の体積比はいくらですか。酸素の体積を1とし，X：1の形で答えなさい。

次に，パイプ内に残った気体の性質を確認しました。

残った気体に火を近づけても燃えませんでした。また，この気体中に静かに燃えている線香を入れると，その火はたちまち消えてしまいました。

(4)　下線部の結果から，パイプ内に残った気体は何であると考えられますか。

この結果を踏まえて，次のような考察をしました。

水素をパイプ内に注入するために用いたノズルには，空気が満たされていました。その空気を水素で追い出さずに，パイプ内に注入してしまいました。したがって，純粋な水素37.5mLを注入したつもりでしたが，実際は水素と空気の混合気体となっていたと考えられます。注入した酸素は，ノズル内の水素を酸素で追い出してからパイプ内に注入したので，純粋であると考えられます。

(5)　混入した空気の体積をY[mL]としたとき，パイプ内に残った気体6.0mLをYを用いて表しなさい。ただし，空気は窒素と酸素の4：1の混合気体であるものとします。

(6)　実際にパイプ内にあった純粋な水素は何mLですか。

(7)　本実験を繰り返し測定することで，水素と酸素の体積比が2：1で反応することが分かりました。また，この反応で水素2体積と酸素1体積から，水(水蒸気)が2体積生成することが知られています。現代科学では，水素は水素原子2つからできている二原子分子，酸素は酸素原子2つからできている二原子分子であること，同温・同圧の条件下では，同体積中に同数の気体粒子が存在するという考えが導き出され，次のようなモデル図で本実験の結果を矛盾なく説明することができます。

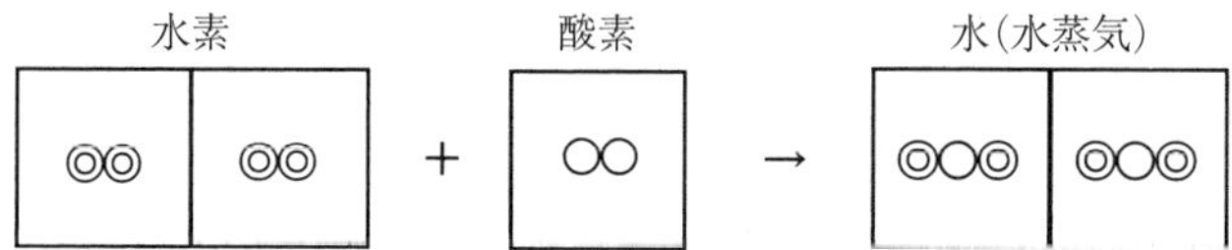

しかし，1800年頃では，気体の水素や酸素は原子の状態で存在すると考えられており，2個の水素原子と1個の酸素原子から2個の水(水蒸気)が生成するという事実にあてはめようとすると，矛盾が生じてしまいます。この矛盾とは何ですか。また，この矛盾をモデル図として示しなさい。

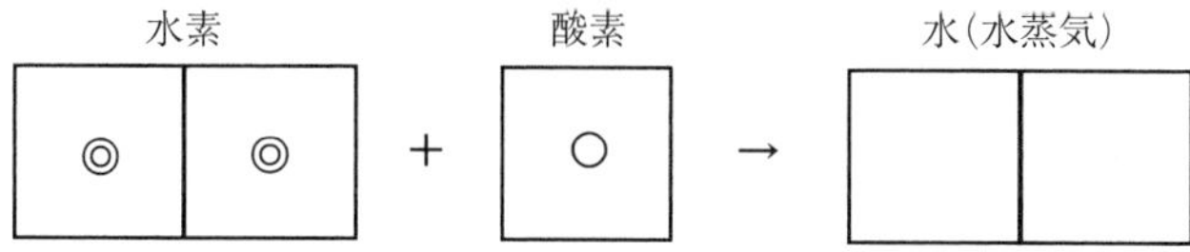

4 生物は生息環境の影響を受けて，その環境に合うような形やはたらきをもつようになります。樹木のような大きな植物では，一個体の中でも部位によって環境が大きく異なるため，同じ器官でもつくりが異なることが知られています。

そこで，高さ5mほどのアラカシの①光合成を行う葉に着目し，最も高い枝につく葉と，最も低い枝につく葉と，それぞれの周囲の環境について調べたところ，表2のような結果が得られました。②気孔の数は顕微鏡を使い，同倍率で観察したときに，視野の中に見えるすべての気孔を数えた結果です。また，顕微鏡でアラカシの葉の断面を観察したところ，図11のように4つの層に分かれていました。さらに各層の厚さを測ると表3のようになりました。ただし，Lux は明るさの単位で，値が大きいほど明るいことを示します。

	気温 (℃)	照度 (Lux)	葉の長さ (mm)	葉の幅 (mm)	気孔の数 (個)
高い枝の葉	28.5	30000	87	24	64
低い枝の葉	24.8	150	128	51	44

表2

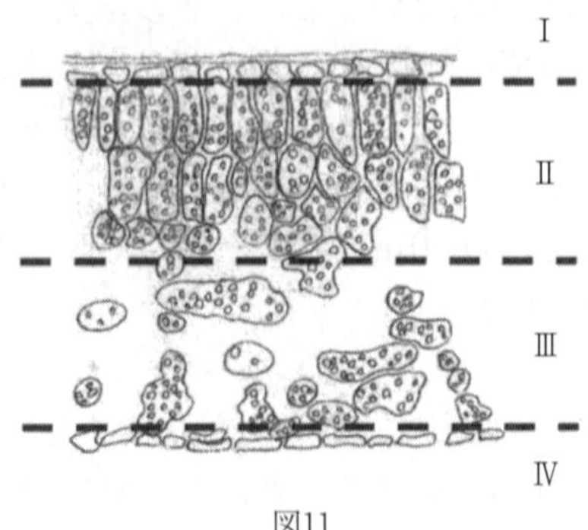

図11

	Ⅰ層 (mm)	Ⅱ層 (mm)	Ⅲ層 (mm)	Ⅳ層 (mm)	合計 (mm)
高い枝の葉	0.04	0.15	0.07	0.02	0.28
低い枝の葉	0.02	0.07	0.07	0.02	0.18

表3

(1) 下線部①について述べた以下の文章の空欄に当てはまる語の組み合わせとして正しいものはどれですか。

光合成は，光エネルギーを利用して［ 1 ］と水から［ 2 ］と［ 3 ］などの養分をつくるはたらきです。つくられた養分は［ 4 ］を通って植物全体に運ばれます。

	1	2	3	4
ア	酸素	二酸化炭素	デンプン	道管
イ	酸素	二酸化炭素	タンパク質	師管
ウ	酸素	二酸化炭素	脂質	道管
エ	酸素	二酸化炭素	デンプン	維管束
オ	二酸化炭素	酸素	脂質	道管
カ	二酸化炭素	酸素	デンプン	師管
キ	二酸化炭素	酸素	脂質	師管
ク	二酸化炭素	酸素	タンパク質	維管束

(2) 下線部②の状態から対物レンズの倍率を上げると，どのようになりますか。

ア 視野が上にずれる

イ 視野が明るくなる

ウ 見えている像の上下左右が逆になる

エ 視野の中の気孔の数が少なくなる

オ 開いた気孔の割合が多くなる

(3) 低い枝の葉と比べたとき，高い枝の葉の大きさと形について，表２から読み取れることは何ですか。

(4) アラカシはブナ科コナラ属の常緑樹です。雑木林に普通に見られる樹木で，ドングリをつけます。海岸でよく見られるマツ科マツ属のクロマツと比較して，アラカシはどのような点で異なっていますか。クロマツにはないアラカシの特徴を**２つ選びなさい**。

ア 維管束をもつ　　イ 一年中葉をつける

ウ 種子でふえる　　エ 広葉樹である

オ 胚珠が子房に包まれる　　カ 平行脈をもつ

(5) 高い枝の葉と低い枝の葉の，１枚の葉にある気孔数の割合は，どのようになりますか。最も近い値のものを選びなさい。なお，気孔の数は観察された状態で一様に分布していると考えるものとします。

ア 高：低＝1：1　　イ 高：低＝2：1　　ウ 高：低＝3：1

エ 高：低＝4：1　　オ 高：低＝1：2　　カ 高：低＝1：3

キ 高：低＝1：4

(6) 低い枝の葉と比べたとき，高い枝の葉はⅠ層とⅡ層が厚いことが分かります。その利点について，どのようなことが考えられますか。それぞれの層について答えなさい。

もし再び横笛が尋ねて来たら、その時は仏道修行を続けられないだろうと思ったから。

オ　他の僧に頼んで横笛を追い返してもらうことができたものの、久しぶりに見る横笛の美しい容姿に心を奪われたため、もし再び横笛が尋ねて来たら、その時は横笛への恋情を抑えきれないかもしれないと思ったから。

問5　〰線X「まことの道に入るぞ嬉しき」・〰線Y「まことの道にいるぞうれしき」の内容について説明したものとして最も適当なものを次の中から選び、記号で答えなさい。

ア　X・Yともに滝口が自分の心情を詠んだもので、Xは「僧として往生院で仏道修行に励むことができて嬉しいのだ」という内容であるのに対し、Yは「横笛と仲直りし、今後はともに仏道修行に励みながら暮らせることが嬉しいのだ」という内容を表している。

イ　Xは滝口が自分の心情を詠んだもので、「横笛が出家するために往生院まで来てくれたことが嬉しいのだ」という内容であるのに対し、Yは横笛が自分の心情を詠んだもので、「自分も滝口同様に、出家することができて嬉しいのだ」という内容を表している。

ウ　X・Yともに滝口が自分の心情を詠んだもので、Xは「横笛に出家の素晴らしさを伝えることができて嬉しいのだ」という内容であるのに対し、Yは「横笛から逃れ、静かに清浄心院で仏道修行に励むことができるようになって嬉しいのだ」という内容を表している。

エ　Xは滝口が自身の心情を詠んだもので、「横笛に出家の素晴らしさを理解してもらえたことが嬉しいのだ」という内容であるのに対し、Yは横笛が自分の心情を詠んだもので、「滝口から出家しないかと誘ってもらえたことが嬉しいのだ」という内容を表している。

オ　X・Yともに滝口が自分の心情を詠んだもので、Xは「出家して仏道修行に励むことができて嬉しいのだ」という内容であるのに対し、Yは「横笛が自分と同じように出家し、仏道修行に励むという話を聞いて嬉しいのだ」という内容を表している。

四　次の各文の――線のカタカナを漢字に直しなさい。

1　部活動の定期エンソウ会に出席する。

2　フンソウの深刻な地域で取材する。

3　弁護士はホウソウ界の人間だ。

4　はぐれてしまった仲間をソウサクする。

5　彼はアオミドロやワカメといったソウルイの研究者だ。

※夫妻は二世の契り…夫婦の契りは現世と来世の二世にわたる。
※雲を動かす雷も、思ふ中をばよもさけじ…雷のような人知を超えた力が作用しても、決して二人の仲を裂くことは出来ないだろう。
※睦言の袖の移り香…男女が寝室で愛し合い、言葉を交わした際に移った香のこと。
※障碍…妨げとなるもののこと。
※清浄心院…高野山にある寺院のこと。

問1　――線1「横笛と聞くよりも」とあるが、横笛の声を聞いた後の滝口について説明したものとして**不適当なもの**を次の中から**1つ**選び、記号で答えなさい。

ア　滝口は、涙を流しながらしょんぼりと立っている横笛の姿を見て、以前よりも横笛の容姿が美しくなっていると感じ、すぐにでも出て行って出家した今の姿を見せてやりたいと思った。
イ　滝口は、別れてから三年もの月日が経っているにもかかわらず、自分への愛情を失わずに尋ねて来てくれた横笛の深い愛情にひどく感動し、涙が溢れてきてしまった。
ウ　滝口は、今ここで出て行って横笛と再会したら、再び別れの悲しみを味わわせることになってしまうので、会うわけにはいかないと考え、横笛との再会を断念した。
エ　滝口は、自分のことを探し回って尋ねて来てくれた横笛の姿を目の当たりにして動揺し、今の状況が夢か現実か区別がつかなくなってしまった。
オ　滝口は、姿を現そうとしない自分に泣きながら会いたいと訴える横笛の気持ちに応えてやりたいと思ったが、下の僧から「出て行ってはならない」と言われ、言葉を失ってしまった。

問2　――線2「横笛、これを見給ひて」とあるが、ここで横笛の語った自身の心情の説明として適当なものを次の中から**2つ**選び、記号で答えなさい。

ア　昔のような恋仲に戻りたいとは言わないが、成長した姿を滝口に一目だけでも見てもらいたいと思っている。
イ　自分も出家して滝口と往生院で仏道修行に励み、来世もともに極楽浄土に生まれ変わりたいと思っている。
ウ　自分と恋仲になったことで父親に勘当されてしまったのだから、滝口が自分を恨むのも当然だと思っている。
エ　決して二人が別れることなどないという約束を破ったのだから、滝口には出て来て謝罪して欲しいと思っている。
オ　忘れられないほど辛い目に遭わされたのに、それでも滝口を愛おしく思ってしまう自分を情けないと思っている。

問3　――線3「うたての滝口や」の意味として最も適当なものを次の中から選び、記号で答えなさい。

ア　気の毒な滝口様ですねえ　　イ　薄情な滝口様ですねえ
ウ　立派な滝口様ですねえ　　エ　やさしい滝口様ですねえ
オ　不潔な滝口様ですねえ

問4　――線4「嵯峨をば出でて高野へのぼり」とあるが、滝口が嵯峨を出て高野山へと向かったのはなぜか。その説明として最も適当なものを次の中から選び、記号で答えなさい。

ア　他の僧に頼んで横笛を追い返してもらうことができたものの、横笛は執念深い性格なので、近日中にもう一度自分に会いにやって来るに違いないと思い、その前に往生院から姿を消してしまいたいと思ったから。
イ　今回は自ら横笛を説得して追い返すことができたものの、横笛に自分の居場所を知られてしまった以上、いつ再び横笛が来るか不安で、このまま往生院にいても集中して仏道修行に取り組むことなどできないと思ったから。
ウ　他の僧に頼んで横笛を追い返してもらうことができたものの、嫌いになって別れたわけでもないので、もし再び横笛が尋ねて来たら、その時は自分の気持ちもどうなってしまうかわからないと思ったから。
エ　今回は自ら横笛を説得して追い返すことができたものの、涙を堪えながら恨めしそうに帰っていく横笛の姿に同情したため、

三　【文章Ⅰ】は『横笛草子』、【文章Ⅱ】は『平家物語』の一部である。「横笛」という女性と恋仲であった「滝口」は、それを快く思わない父親から勘当されてしまった。その後、「滝口」は「横笛」の前から姿を消し、出家して嵯峨の往生院で仏道修行に励んでいた。一方、「横笛」は「滝口」の失踪を悲しんでいたが、「滝口」の居場所を知り、やっとのことでそこにたどり着くことができた。以下の文章は、どちらもそれに続く場面である。これを読んで、後の問いに答えなさい。なお、出題に際して、本文には表記を一部変えたところがある。

【文章Ⅰ】

内より、下の僧を出し、「いづくより」と問ひければ、「横笛と申す者にて候ふ。滝口殿にもの申さん」と申す。1横笛と聞くよりも、胸うち騒ぎ、障子の隙より見給へば、裾は露、袖は涙にしをれつつ、まことに、尋ねわびたるとうち見えて、柴の戸に立ち添ひて、しづしづとしたる有様なり。古の有様に、なほまさりてぞおぼえける。見れば目もくれ、心も消え入るばかりなり。いづれを夢とも思ひ分かず、また思ふやうは、このうへは走り出で、変る姿を一目見せばやとは思へども、心に心をひきとどめ、逢はぬ怨みはなかなかに、二度ものを思はせん、無慙や横笛が、三年ばかりの情をしのびて、尋ね来るこころざし、何に譬へん方もなく、袂を顔におしあてて、泣くよりほかのことぞなき。下の僧申すやう、「この寺へは、女人の参らぬ所なり。そのうへ、滝口とやらんは、聞きもならはぬ人ぞかし。はやはや帰り給へ」とて、柴の編戸をおし立てて、その後、音もせざりけり。2横笛、これを見給ひて、「情なの有様や、昔に変らで、今も契らんと言はばこそ、変りし姿ただ一目見せさせ給へ」と、「※時雨に濡れぬ松だにも、また色変ることもあり、火の中水の底までも、変らじとこそ思ひしに、早くも変る心かな。ありし情をかけよと言はばこそ、みづからもともにさまを変へ、同じ※庵室に住居して、御身は花を摘むならば、みづからは※水を掬び、※一つ蓮の縁とならばやと思ひ、これまで尋ねて参り、※夫妻は二世の契りと聞きしかど、今生の対面さへかなふまじきか、あさましや、親の不孝をかうぶりて、かやうにならせ給へば、みづからを深く怨みさせ給ふも理なり。思へばまた、みづからは、御身故に、深き思ひに沈み、たがひに思ひ深かるべし」と、涙を流し申すやう、「さても、古は、※雲を動かす雷も、思ふ中をばよもさけじと、契りつる言の葉は、今のごとくに忘れず、※睦言の袖の移り香は、今も変らずにほへども、いつの間にかは変りはて、3うたての滝口や」とて、声も惜しまず泣きければ、滝口、これを見て、あまり歎くもいたはし、せめては声なりとも聞かせばやと思ひて、かくなん、

あづさ弓そるを怨みと思ふなよ　Xまことの道に入るぞ嬉しき

【文章Ⅱ】

滝口入道むねうちさわぎ、障子のひまよりのぞいてみれば、まことに尋ねかねたるけしきいたはしうおぼえて、いかなる道心者も心よわくなりぬべし。やがて人を出して、「まったく是にさる人なし。門たがへでぞあるらむ」とて、つひにあはでぞかへしける。横笛なさけなううらめしけれども、力なう涙をおさへて帰りけり。滝口入道、同宿の僧にあうて申しけるは、「是もよにしづかにて念仏の※障碍は候はねども、あかで別れし女に此住ひを見えて候へば、たとひ一度は心強くとも、又もしたふ事あらば、心もはたらき候ひぬべし。暇申して」とて、4嵯峨をば出でて高野へのぼり、※清浄心院にぞ居たりける。横笛も様をかへたるよし聞えしかば、滝口入道一首の歌を送りけり。

そるまではうらみしかどもあづさ弓　Yまことの道にいるぞうれしき

※時雨に濡れぬ松…ここでは「色が変わらない松」の意。
※庵室…僧や尼の住居のこと。
※水を掬び…ここでは「手で水をすくって」の意。
※一つ蓮の縁…ともに極楽浄土に生まれ変わる縁。

イ　おかみさんは、年をとり派手な簪が似合わなくなっただけでなく、病気になって店の経営を娘に預けなければならなくなり、病状も悪化してしまい、いよいよ死を迎えようとしているということ。

ウ　おかみさんが年をとることで、徳永の贈る簪も彫金を施せないものとなったうえに、徳永は仕事もできず、人を頼って生きていかなければならなくなり、おかみさんも死期が近づいているということ。

エ　おかみさんは、年をとり簪への興味をすっかり失っただけでなく、店を継ぐことに乗り気ではない娘に不安を感じ、病気も進行してしまい、ついには死にそうになっているということ。

オ　おかみさんが年をとることで、徳永の贈る簪も質素なものとなったうえに、徳永はおかみさんへの愛情を失ってしまい、病状を心配することもなく、おかみさんも生きる希望を失っているということ。

問5　――線4「いのちの呼応」とあるが、それはどういうことか。その説明として最も適当なものを次の中から選び、記号で答えなさい。

ア　母親の作ったどじょう汁が徳永に生きる力をもたらし、勘定の代わりとして徳永が精魂こめて作った簪は母親の心を慰める。そのようにしていのちはつながっているのだということ。

イ　母親の作ったどじょう汁がくめ子たち親子の生活を支えるだけでなく、徳永を生かして彼の彫金の腕を上げる助けともなる。そのようにしていのちは役に立っているのだということ。

ウ　母親の作ったどじょう汁が年老いた徳永の生命力となり、徳永が全力を尽くして作る簪は生き生きとした素晴らしい作品となる。そのようにしていのちは受け継がれているのだということ。

エ　母親の作ったどじょう汁が母親と徳永の出会いを生んで二人を結びつけ、くめ子と年老いた徳永も結びつける。そのようにしていのちは人と人とのつながりを生んでいるのだということ。

オ　母親の作ったどじょう汁が徳永に仕事の活力を与え、徳永が懸命に仕事をする姿を見せることで母親に生きる気力を与える。そのようにしていのちはすべての原動力となっているのだということ。

問6　――線5「宿命に忍従しようとする不安で逞しい勇気と、救いを信ずる寂しく敬虔な気持」とあるが、それはどういうことか。その説明として最も適当なものを次の中から選び、記号で答えなさい。

ア　夫で苦労する運命であることに心配はあるが、割り切って夫婦生活を送ろうと思うことと、結ばれることはなくてもどこかに自分を好いてくれる人がきっといるはずだと思うこと。

イ　夫に悩まされる運命であることに心配はあるが、店のためにそれを受け入れようと思うことと、自分なりに店を守っていればいずれ店を助けてくれる人がきっと現れるはずだと思うこと。

ウ　愛する人を夫にできない運命であることに心配はあるが、それを我慢しようと思うことと、結ばれることはなくても愛する人を心の中で慕い続けることはきっとできるはずだと思うこと。

エ　夫に悩まされる運命であることに心配はあるが、店のことだけを考えて生きようと思うことと、努力して店を守っていればいつかは自分を認めてくれる人がきっと現れるはずだと思うこと。

オ　夫で苦労する運命であることに心配はあるが、気丈に堪えようと思うことと、結ばれることはなくてもいつか自分の支えとなってくれる人がきっと現れるはずだと思うこと。

分を悩ます放蕩者の良人(おっと)になり、誰が懸命の救い手になるかなどと、※ありのすさびの推量ごとをしてやや c 興を覚える。だが、しばらくすると

「店が忙しいから」

と言って袖で胸を抱いて一人で店へ帰る。窓の中に坐る。

徳永老人はだんだん瘠(や)せ枯れながら、毎晩必死とどじょう汁をせがみに来る。

※拍子木…二つ打ち合わせて鳴らす長方形の小さな木。夜回り等で用いられた。

※鰥夫…独身の男。

※帳場…料理店などで客が支払いを行う場所。

※放蕩者…好き勝手に振るまい、だらしがない人。

※鏨…金属や岩石を加工する道具の一種。

※しくものはない…及ぶものはない。

※加納夏雄…江戸時代末期から明治時代に活躍した彫金師。

※高島田…女性の髪型の一つ。明治時代以降は未婚の女性の正装であった。結婚すると「丸髷」という髪型にした。

※彫るせきもなく…彫金を施す余地がなく。

※琴柱…琴の弦を支え、音の高低を調節するもの。

※ありのすさびの…いいかげんな。

問1　═線a～cの本文中の意味として最も適当なものを後のア～オから選び、それぞれ記号で答えなさい。

a「いたいけなもの」

ア　幼くかわいらしいもの　　イ　慰めとなるもの

ウ　張り合いを与えてくれるもの　　エ　暇つぶしとなるもの

オ　かけがえのないもの

b「たまさか」

ア　盛んに　　イ　怪しげに　　ウ　元気に

エ　必死に　　オ　まれに

c「興を覚える」

ア　不安に思う　　イ　希望を感じる

ウ　楽しさを感じる　　エ　寂しさを感じる

オ　ばかげていると思う

問2　──線1「冷たい石になることも難かしい」とあるが、それはどのような状況を表しているのか。70字以内で具体的に説明しなさい。

問3　──線2「徳永もその時分は若かった」とあるが、その頃の徳永の説明として、正しいものには○を、正しくないものには×を書きなさい。

ア　徳永は、おかみさんを慰めるために最高の簪を作ろうとして、腕をかなり上げた。

イ　徳永は、不実な夫のせいで苦しんでいるおかみさんを助けられるのは自分しかいないと思ったので、彼女を助けることにためらいはなかった。

ウ　徳永は、簪を作ることにうち込む自分の姿をおかみさんに見せることで、彼女が前向きな気持ちで家業に取り組むきっかけをつくってあげたいと思った。

エ　徳永は、おかみさんが置かれた状況に同情し、自分が作った簪を贈ることによって、彼女に生きる気力や若返る力を与えたいと思った。

オ　徳永は、おかみさんから家業を捨てることなどできないと言われたが、一方で彼女が誰かの助けを必要としていることもわかっていた。

問4　──線3「歳月は酷いものである」とあるが、それはどういうことか。その説明として最も適当なものを次の中から選び、記号で答えなさい。

ア　おかみさんが年をとることで、徳永の贈る簪も次第に地味なものとなったうえに、徳永はやりがいを感じなくなり、彫金の仕事をやめ、おかみさんも重い病気になっているということ。

ました。仕事の張気も失せました。永いこともないおかみさんは簪はもう要らんでしょうし。ただただ永年夜食として食べ慣れたどじょう汁と飯一椀、わしはこれを摂らんと冬のひと夜を凌ぎ兼ねます。朝までに身体が凍え痺れる。わしら彫金師は、一たがね一期です。明日のことは考えんです。あなたが、おかみさんの娘ですなら、今夜も、あの細い小魚を五、六ぴき恵んで頂きたい。死ぬにしてもこんな霜枯れた夜は嫌です。今夜、一夜は、あの小魚のいのちをぽちりぽちりわしの骨の髄に嚙み込んで生き伸びたい――」

徳永が嘆願する様子は、アラブ族が落日に対して拝するように心もち顔を天井に向け、狛犬のように蹲り、哀訴の声を呪文のように唱えた。

くめ子は、われとしもなく帳場を立上った。妙なものに酔わされた気持でふらりふらり料理場に向った。料理人は引上げて誰もいなかった。生洲に落ちる水の滴りだけが聴える。

くめ子は、一つだけ捻ってある電灯の下を見廻すと、大鉢に蓋がしてある。蓋を取ると明日の仕込みにどじょうは生酒に漬けてある。まだ、よろりよろり液体の表面へ頭を突き上げているのもある。日頃は見るも嫌だと思ったこの小魚が今は親しみやすいものに見える。くめ子は、小麦色の腕を捲くって、一ぴき二ひきと、柄鍋の中へ移す。握った指の中で小魚は b たまさか蠢めく。すると、その顫動が電波のように心に伝わって刹那に不思議な意味が仄かに囁かれる―― 4 いのちの呼応。

くめ子は柄鍋に出汁と味噌汁とを注いで、ささがし牛蒡を抓み入れる。瓦斯こんろで掻き立てた。くめ子は小魚が白い腹を浮かして熱く出来上った汁を朱塗の大椀に盛った。山椒一つまみ蓋の把手に乗せて、飯櫃と一緒に窓から差し出した。

「御飯はいくらか冷たいかも知れないわよ」

老人は見栄も外聞もない悦び方で、コールテンの足袋の裏を弾ね上げて受取り、仕出しの岡持を借りて大事に中へ入れると、潜り戸を開けて盗人のように姿を消した。

不治の癌だと宣告されてからかえって長い病床の母親は急に機嫌よくなった。やっと自儘に出来る身体になれたと言った。早春の日向に床をひかせて起上り、食べたいと思うものをあれやこれや食べながら、くめ子に向って生涯に珍らしく親身な調子で言った。

「妙だね、この家は、おかみさんになるものは代々亭主に放蕩されるんだがね。あたしのお母さんも、それからお祖母さんもさ。恥かきっちゃないよ。だが、そこをじっと辛抱してお帳場に嚙りついていると、どうにか暖簾もかけ続けて行けるし、それとまた妙なもので、誰か、いのちを籠めて慰めてくれるものが出来るんだね。お母さんにもそれがあったし、お祖母さんにもそれがあった。だから、おまえにも言っとくよ。おまえにももしそんなことがあっても決して落胆おしでないよ。今から言っとくが――」

母親は、死ぬ間際に顔が汚ないと言って、お白粉などで薄く刷き、戸棚の中から※琴柱の箱を持って来させて

「これだけがほんとに私が貰ったものだよ」

そして箱を頬に宛てがい、さも懐かしそうに二つ三つ揺る。中で徳永の命をこめて彫ったという沢山の金銀簪の音がする。その音を聞いて母親は「ほ　ほ　ほ　ほ」と含み笑いの声を立てた。それは無垢に近い娘の声であった。

5 宿命に忍従しようとする不安で逞しい勇気と、救いを信ずる寂しく敬虔な気持とが、その後のくめ子の胸の中を朝夕に縺れ合う。それがあまりに息詰まるほど嵩まると彼女はその嵩を心から離して感情の技巧の手先で犬のように綾なしながら、うつらうつら若さをおもう。ときどきは誘われるまま、常連の学生たちと、日の丸行進曲を口笛で吹きつれて坂道の上まで歩き出てみる。谷を越した都の空には霞が低くかかっている。

くめ子はそこで学生がくれるドロップを含みながら、もし、この青年たちの中で自分に関りのあるものが出るようだったら、誰が自

に食いもの以上の馴染になってしまった」

老人は掻き口説くようにいろいろのことを前後なく喋り出した。人に嫉まれ、蔑まれて、心が魔王のように猛り立つときでも、あの小魚を口に含んで、前歯でぽきりぽきりと、頭から骨ごとに少しずつ噛み潰して行くと、恨みはそこへ移って、どこともなくやさしい涙が湧いて来ることも言った。

「食われる小魚も可哀そうになれば、食うわしも可哀そうだ。誰も彼もいじらしい。ただ、それだけだ。女房はたいして欲しくない。だが、a いたいけなものは欲しい。いたいけなものが欲しいときもあの小魚の姿を見ると、どうやら切ない心も止まる」

老人は遂に懐からタオルのハンケチを取出して鼻を啜った。「娘のあなたを前にしてこんなことを言うのは宛てつけがましくはあるが」と前置きして「こちらのおかみさんは物の判った方でした。以前にもわしが勘定の滞りに気を詰らせ、おずおず夜、遅く、このようにしてたびたび言い訳に来ました。すると、おかみさんは、ちょうどあなたのいられるその※帳場に大儀そうに頬杖ついていられたが、少し窓の方へ顔を覗かせて言われました。徳永さん、どじょうが欲しかったら、いくらでもあげますよ。決して心配なさるな。その代り、おまえさんが、一心うち込んでこれぞと思った品が出来たら勘定の代りなり、またわたしから代金を取るなりしてわたしにおくれ。それでいいのだよ。ほんとにそれでいいのだよと、繰返して言って下さった」老人はまた鼻を啜った。

「おかみさんはそのときまだ若かった。早く婿取りされて、ちょうど、あなたぐらいな年頃だった。気の毒に、その婿は※放蕩者で家を外に四谷、赤坂と浮名を流して廻った。おかみさんは、それをじっと堪え、その帳場から一足も動きなさらんかった。たまには、人に縋りつきたい切ない限りの様子も窓越しに見えました。そりゃそうでしょう。人間は生身ですから、そうむざむざ 1冷たい石になることも難かしい」

2徳永もその時分は若かった。若いおかみさんが、生埋めになって行くのを見兼ねた。正直のところ、窓の外へ強引に連れ出そうかと思ったことも一度ならずあった。それと反対に、こんな半木乃伊のような女に引っかかって、自分の身をどうするのだ。そう思って逃げ出しかけたこともたびたびあった。だが、おかみさんの顔をつくづく見るとどちらの力も失せた。おかみさんの顔は言っていた――自分がもし過ちでも仕出かしたら、報いても報いても取返しのつかない悔いがこの家から永遠に課されるだろう、もしまた、世の中に誰一人、自分に慰め手がなくなったら自分はすぐ灰のように崩れ倒れるであろう――

「せめて、いのちの息吹きを、回春の力を、わしはわしの芸によって、この窓から、だんだん化石して行くおかみさんに差入れたいと思った。わしはわしの身のしんを揺り動かして※鏨と槌を打ち込んだ。それには片切彫に※しくものはない」

おかみさんを慰めたさもあって骨折るうちに知らず知らず徳永は明治の名匠※加納夏雄以来の伎倆を鍛えたと言った。

だが、いのちが刻み出たほどの作は、そう数多く出来るものではない。徳永は百に一つをおかみさんに献じて、これに次ぐ七、八を売って生活の資にした。あとの残りは気に入らないといって彫りかけの材料をみな鋳直した。「おかみさんは、わしが差上げた簪を頭に挿したり、抜いて眺めたりされた。そのときは生々しく見えた」だが徳永は永遠に隠れた名工である。それは仕方がないとしても、3歳月は酷いものである。

「はじめは※高島田にも挿せるような大平打の銀簪にやなぎ桜と彫ったものが、丸髷用の玉かんざしのまわりに夏菊、ほととぎすを彫るようになり、細づくりの耳掻きかんざしに糸萩、女郎花を毛彫りで彫るようになっては、もうたいして※彫るせきもなく、一番しまいに彫って差上げたのは二、三年まえの古風な一本足のかんざしの頸に友呼ぶ千鳥一羽のものだった。もう全く彫るせきはない」

こう言って徳永は全くくたりとなった。そして「実を申すと、勘定をお払いする目当てはわしにもうありませんのです。身体も弱りいないということ。

イ　話し手は相手が自分の気持ちに立ち入ることを嫌って「寂しい」を使い、聞き手は自分の体験や知識から「寂しい」を理解したつもりになっており、互いに個人の内面については何も話し合っていないということ。

ウ　話し手は相手が察してくれることを期待して「寂しい」を使い、聞き手は感情移入して「寂しい」を理解したつもりになっており、互いに寂しさの具体的な中身については話し合っていないということ。

エ　話し手は相手がわかってくれることを期待して「寂しい」を使い、聞き手は相手の今の気持ちを無視して「寂しい」を理解したつもりになっており、互いに寂しさの内容を何も話し合っていないということ。

オ　話し手は相手が理解してくれることを期待して「寂しい」を使い、聞き手は自分の体験や知識から「寂しい」を理解することで、互いに寂しさの具体的な内容について話し合っているということ。

問5　――線5「かなりうそ寒い状況」とあるが、それはどのような状況か。80字以内で説明しなさい。

問6　筆者が理想とする「会話」とはどのようなものか。その説明として最も適当なものを次の中から選び、記号で答えなさい。

ア　話し手が具体的に状況を語って自分の内面を伝えようとし、聞き手も相手の言葉を確実に理解して内面を知ろうとする。形容詞を使わずにそうした煩わしい努力を両者がすることで友好的な人間関係を可能とするもの。

イ　話し手が多くの言葉を用いて自分の内面を伝えようとし、聞き手も相手の言葉を漏らさず聞き取って内面を理解しようとする。形容詞だけに頼らずそうした煩わしい努力を両者がすることで心の交流を可能とするもの。

ウ　話し手が細かく状況を語って自分の内面を伝えようとし、聞き手も相手の状況を推し量って内面を知ろうとする。形容詞に頼ることなくそうした煩わしい努力を両者がすることで良好な人間関係を可能とするもの。

エ　話し手が詳細な状況を語って自分の内面を伝えようとし、聞き手も相手の言葉に細心の注意を払って内面を知ろうとする。形容詞に頼らないでそうした煩わしい努力を両者がすることで心の伝達を可能とするもの。

オ　話し手が具体的な事例を用いて自分の内面を伝えようとし、聞き手も自分の体験や知識を活用して内面を知ろうとする。形容詞を用いることなくそうした煩わしい努力を両者がすることで感情の伝達を可能とするもの。

二　次の文章は、岡本かの子「家霊」の一部である。代々続くどじょう汁の店の一人娘であるくめ子は、母親が病気のため店の経営を任されたが、気乗りがしないでいる。ある日、くめ子のもとに彫金師の徳永という老人がやって来る。以下の文章はそれに続く場面である。これを読んで、後の問いに答えなさい。なお、出題に際して、本文には表記を一部変えたところがある。

ある夜も、風の吹く晩であった。夜番の※拍子木が過ぎ、店の者は表戸を卸して湯に出かけた。そのあとを見済ましでもしたかのように、老人は、そっと潜り戸を開けて入って来た。

老人は娘のいる窓に向って坐った。広い座敷で窓一つに向った老人の上にもしばらく、手持無沙汰な深夜の時が流れる。老人は今夜は決意に充ちた、しおしおとした表情になった。

「若いうちから、このどじょうというものはわしの虫が好くのだった。この身体のしんを使う仕事には始終、補いのつく食いものを摂らねば業が続かん。そのほかにも、うらぶれて、この裏長屋に住み付いてから二十年あまり、※鰥夫暮しのどんな侘しいときでも、柳の葉に尾鰭の生えたようなあの小魚は、妙にわしたりしようとするとき、どうしても形容詞に逃げてしまう。

しかし、形容詞を敵だと思えるようになれば、そこに自ずから自分の言葉で語り、相手の内側の言葉に耳を傾けるという関係が成立する条件が整うのである(もちろんこれで完成というわけではない)。

私たち夫婦は、他の一般的な夫婦と較べれば、たぶん圧倒的に会話の時間の長い夫婦だったのだろうと思う。しかし、妻が亡くなってみて、私が今もっとも悔いているのもまた会話の時間に対する、私自身の忍耐の不足だったということにほかならない。もっと聞いてやればよかった、そのための時間を惜しむのではなかったという後悔は、誰からも責められないゆえにいっそう深く自らに刺さってくるのである。

問1 ——線1「世はデジタルの時代である」とあるが、一般の人々にとって「デジタル」はどのようなものとして意識されているのか。その説明として最も適当なものを次の中から選び、記号で答えなさい。

ア 感覚的なアナログと対立し、論理的に構成されている難解なもの。

イ 時代の先端であり、数値によって成り立つ理解することの困難なもの。

ウ 時代遅れのアナログと較べて、最新の技術が用いられている優れたもの。

エ 最先端のものであり、すべてが数字によって構成されている便利なもの。

オ 一部の人々が使用できるものであり、数値に支配された複雑なもの。

問2 ——線2「それは全体のなかの〈一部〉になってしまう」とあるが、それはどういうことか。その説明として最も適当なものを次の中から選び、記号で答えなさい。

ア 人間が認識したものは、連続した空間である自然から切り取ったものになってしまうということ。

イ 人間を取り巻く自然は、連続した空間である自然とは異なる世界になってしまうということ。

ウ 人間が認識したものは、連続した空間である自然から説明できる部分を切り出したものになってしまうということ。

エ 人間を取り巻く自然は、離散的な空間である自然をより細かく区切ったものになってしまうということ。

オ 人間が認識したものは、離散的な空間である自然から抜き出した一部になってしまうということ。

問3 ——線3「言葉と言葉のあいだには、どうしても埋められない空隙、間隙が存在するほかはないのだ」とあるが、それはなぜか。その説明として最も適当なものを次の中から選び、記号で答えなさい。

ア 無限の要素からなる世界を表現しつくすほど、人間はまだ言語を生み出していないから。

イ 言葉の組み合わせは無限であるはずなのに、人間は言葉を有限だと思い込んでいるから。

ウ 無限の要素からなる世界を有限の言葉で表せるほど、人間は言葉の扱いに習熟していないから。

エ 言葉の組み合わせは無限にあるにもかかわらず、人間が扱える組み合わせには限りがあるから。

オ 無限の要素からなる世界を有限の言葉で表そうとしても、人間が表現できるものには限りがあるから。

問4 ——線4「言う方も、聞く方も、『寂しい』という形容詞を互いに交換しているだけである」とあるが、それはどういうことか。その説明として最も適当なものを次の中から選び、記号で答えなさい。

ア 話し手は相手が気持ちを汲んでいることを知らずに「寂しい」を使い、聞き手は感情移入して「寂しい」を理解したつもりになっており、互いに個人の体験については何も話し合ってぎないのである。

改めて考えてみれば、これで感情の伝達が成り立つのが不思議なのである。これで会話が成り立つ理由はただ一つ、聞く方は、自分のその時の体験、あるいは他の人からの伝聞や書物などから得た知識などを総動員して、相手のいまの状況を推し量るのである。つまり自分の感情移入によって相手の「寂しい」をわかったようなつもりになるのである。

そして話す方は、相手がそのように自らの体験から推し量って自分の気持ちを汲んでくれることを期待して「寂しい」という形容詞を相手に〈預ける〉のである。ここでは4言う方も、聞く方も、「寂しい」という形容詞を互いに交換しているだけであることは言うまでもないだろう。

最近、私が強い違和感を持つのは、若い世代が限られた数の形容詞でコトを済ましてしまう傾向についてである。その代表が、若い女性たちの会話に頻出する「カワイイ」であろうか。それに「めっちゃ」がつけば立派な女子言葉。男女共通の代表的形容詞は「ヤバい」であろう。この「ヤバい」も本来の危険だという意味からははるかに遠い意味内容で使われ、「めっちゃヤバい」が「とても旨い」にもなると言うから驚く。

一時的な時代の流行と大目に見ておいてもいい、単なる〈現象〉なのではあろう。しかし、言葉の表面的な意味だけではなく、自らの内面を見つめるという行為をスキップして、出来合いの形容詞だけで間に合わせてしまうという表現のあり方を考えると、それは5かなりうそ寒い状況を映しているのではないだろうか。

形容詞による会話、あるいは対話は、お互いに内面を語らないことを前提にした情報交換なのである。「寂しい」と言って、ほかならぬ〈私〉がどのように寂しいのかについては触れない、あるいは触れてほしくない、そんな意思表示が形容詞の使用だと言ってもいい。本当は、その形容詞のあとに、個別の状況とか、具体的な状況や出来事とかが縷々語られて初めて、「寂しい」という形容詞が、それを発した人の感情を引き連れて感受されるはずなのである。

形容詞に頼らないという覚悟、拙くとも自分で掘り当てた言葉で、自分の内面の、心の深くに漂っている感情を伝えたい、そんな努力を外しては、会話による心の伝達は成り立ち得ない。

友人関係で、それ以上立ち入って欲しくないから形容詞でという場合は確かにあるだろう。「今日はいいお天気ですねえ」だけで済ませたい相手もあるのであり、そんな相手とは「めっちゃヤバい」を交換して、時間をやり過ごすというのもいいのかもしれない。

しかし、これが夫婦とか、親子とかの会話に侵入してくるとどうなるのか。いきなり結論的なもの言いになってしまうが、私は、家族のあいだの会話では、できるだけ形容詞を使わない会話がなされることが理想だと思う人間である。

形容詞を使わないで自分の感情を伝えるのは、相当に面倒なことである。「今日は悲しいので一人にしておいてくれ」と言うところを、「悲しい」を使わないで言おうとすれば、仕方なくどんなことがあって悲しいのか、どんな風に悲しいのか、そんなこまごまとした具体を引っ張り出して話さなければならなくなる。必然的に話は長くなり、言う方も面倒だろうが、聞く方ももっと面倒なのである。

しかし、その時間がかかって面倒だという煩わしさこそが、本来の会話に必要な要素なのだと思うのである。時間がかかる、忍耐を必要とする、相手の言おうとすることを漏らさず聞き取る努力を必要とする、そんなもろもろの煩わしい努力こそが、夫婦の、あるいは親子の会話あるいは対話を、その二人にしかできない血の通った気持ちの伝達に導くのである。

二人が同じようにそんな努力をしたいと思える場合の方が少ないだろう。話す方がその気にならなければ成立しないが、聞く方が聞こうという気にならなければ、これまた成立しない。対話の成立には双方の努力が必須であるが、一方がちょっとひよったり、かわし

二〇二一年度
市川高等学校

【国語】（五〇分）〈満点：一〇〇点〉

【注意】解答の際には、句読点や記号は一字と数えること。

一 次の文章は、永田和宏（ながたかずひろ）『あの午後の椅子』の一部である。これを読んで、後の問いに答えなさい。なお、出題に際して、本文には表記を一部変えたところがある。

1世はデジタルの時代である。デジタルに対する語はアナログ。「あいつはアナログ人間だから」などという言い方には確かにどこか軽侮の思いが混じっているのを見ると、どうやらアナログ＝時代遅れ、デジタル＝時代の先端、と言った意識が共有されているようである。

デジタルと言うと、いかにも数学的世界と思いがちである。もともとデジットは指を意味し、指折り数えて数値化することがデジタル化である。だから当然、そこは数字の支配する世界。コンピューターの言語が、基本的には0か1で書かれていることは誰もが知っていよう。われわれ普通の人間には、およそ理解の及ばない別世界の雰囲気である。

しかし、もっと身近なところで、私たちが自然（＝世界）を見て、そこに何かを見つけ、それを誰かに伝えようとするとき、この行為はまさにデジタル化以外のものではない。

私たちを取り巻く自然、あるいは世界は連続した空間である。連続量であると言ってもいい。その自然のなかで何かを認識するとき、私たちは連続した世界の一部を切り取っているのである。何も意識していないとき、自然は全体として我々を包んでいるが、そのなかに何かを見ようとすると、あるいは何かを感じようとすると、とたんに2それは全体のなかの〈一部〉になってしまう。デジタル化というのは、連続量を離散的に表すことにほかならず、このような認識は、まさにデジタル化にほかならない。

そしてそれを表現しようとする。表現に用いるのは主として言葉であるが、言葉で表現するということ、そのことがデジタル化の最たるものなのである。連続量、しかも無限の要素からなる世界を、たかだか何万字と言った有限の言葉に当てはめようとするのだから、このデジタル化にはそうとうな無理があるのは言うまでもない。3言葉と言葉のあいだには、どうしても埋められない空隙（くうげき）、間隙が存在するほかはないのだ。

「何と言ったらいいのか」「言葉が見つからない」とか、「言葉で言えないくらい」とか、あるいは「筆舌に尽くしがたい」などの便利な言葉が用意されているが、いずれも多くの場合は、世界を埋めようとする言葉の不如意、また言葉と言葉のあいだの埋まらない間隙を言うことが多い。

夫を亡くして一人になった女性がいるとする。彼女にもっとも切実な感情は、「寂しい」であり「悲しい」であろうことは想像に難（かた）くない。日常会話のなかで「とても寂しいのよ」と言ったとき、どんなに寂しいのか、改めて尋ねるなどということは、誰もしないだろう。尋ねなくてもわかっているからである。

しかし、ほんとうにわかっているのだろうか。彼女がいまどのように寂しいと感じているのか、「寂しいということ」はわかっても、どのように寂しいのか、どれほど寂しいのか、「寂しい」という形容詞は、何も答えてくれない。

形容詞とは本来そのようなものなのである。『広辞苑（こうじえん）』は、「①もとの活気が失せて荒廃した感じがする。②欲しい対象が欠けていて物足りない。満たされない。③孤独がひしひしと感じられる。④にぎやかでない。ひっそりとして心細い。」と説明するが、それ以上に〈個別の寂しさ〉について何も語らない。要するに「楽しい」や「にぎやかだ」「陽気だ」などとは違う感情であると言っているに過

英語解答

I (A) (1)…a　(2)…a　(3)…d
(4) ① views　② free　③ 30
④ restaurant　⑤ 11
(B) (1)…a　(2)…b　(3)…c　(4)…c
(5)…c

II 問1 (1) far from
(2) dirty〔unclean〕
(3) cost〔need〕
問2 突然動きを止めたときに失われてしまう
問3 C
問4 動いている人々は大量のエネルギーを生み出すことができるが，動き回れない人々についてはどうか
問5 produce a lot of heat
問6 あ…ウ　い…イ　う…ア　え…ウ

III 問1 quite sure that they were going to become international film stars
問2 A taken　B taking
C stay　D hated
問3 エ
問4 両親が俳優になろうとしていたのは，彼が生まれる何年も前のことで，彼らが成功しなかったのは彼のせいではなかったから。(57字)
問5 ウ　問6 イ
問7 be noticed
問8 両親はなぜアリスターをありのままの――おとなしくて優しい子どものままでいさせてくれなかったのか？
問9 (1)…イ　(2)…ア　(3)…ウ

I〔放送問題〕解説省略

II〔長文読解総合―説明文〕

≪全訳≫❶1988年に，ダイダロス号という飛行機がギリシアのクレタ島とサントリーニ島の間の115キロメートルを飛行した。これは今日の飛行機としては非常に短距離のフライトだが，この飛行機にはいかなるエンジンもついていなかった。この飛行機の動力はパイロットが生み出していた。つまり，彼が自分の脚を，自転車をこぐように動かして，飛行機を前進させたのである。近代的な機械ができる前の時代には，人間が自らの体力を使って中国の万里の長城を築いた。今日，人力が見直されている。❷アフリカのマラウイのある小さな村では，子どもたちがメリーゴーランドに乗って遊びながら，はしゃぎ声を上げている。ここは村の子どもたちみんなの大好きな集合場所である。子どもたちがぐるぐる回ると，ポンプがその動きを利用して地下から水をくみ上げるようになっている。❸アフリカでは，きれいな水を手に入れることが多くの人にとって悩みの種となっている。人々は川から何キロメートルも離れた場所にいることもあるし，川の水が常にきれいだとはかぎらない。エンジンのついたポンプを使うと費用がかかるし，しょっちゅう故障するので，地下からきれいな水を入手するのが難しい場合もある。このメリーゴーランド型の「遊べるポンプ」があれば，村や学校はきれいで安全な飲み水を手に入れられる――しかも子どもたちも楽しむことができるのだ。❹走ると，体の動きから生じる大量のエネルギーが得られる。急に立ち止まると，体はこのエネルギーを失う。動いたときに発生するエネルギーを利用できる腕時計や小さな医療機器はすでに存在している。将来的には，警察官や兵士のような人たちが，この失われてしまうエネルギーを「捕らえ」，電池に蓄えるための装置を脚に装着するかもしれない。彼らはその電力を，コンピューターやラジオ，その他の機器に利用できるだろう。❺2008年12月，東京のハチ公前広場を行き交う人々が職場へと急いでいるとき，ほとんどの人はおそらく地面に設置された

4つの黄色い正方形に気づかなかったことだろう。この正方形は，変形すると電気を生じる特殊な素材でできていた。人がこの上に立つと，素材が変形し，発電するのだ。この正方形が設置されていたのはたった20日間だけだったが，その間に，1台のテレビをなんと1400時間もつけておけるだけの電力を生み出したのである。この正方形を東京の全ての道路の下に設置することを想像してみてほしい。いつの日か，街路が発電所に変わるかもしれない。❻動いている人は大量のエネルギーを生み出すことができるが，動き回ることができない人たち——病人や電車の中で座っている人に関してはどうだろうか。休んでいるときでさえ，人間の体は2台のノート型パソコンを動かせるほどの電力を生み出している。このエネルギーの大半は熱だ。現在，体温を電気に変えることによって電力を得る医療機器が開発されつつある。近いうちに，医師たちはそれらの機器を使って，例えば患者の血液に関する情報を得るといったことをするようになるだろう。これは，アフリカのように，電気がきていない村が多い所で役に立つことだろう。❼体温は他の方法でも利用できる。毎日25万人がストックホルム中央駅を利用している。彼らは飲食したり，重たいカバンを運んだり，電車に間に合おうと走っている——こうしたことをしているときに，大量の熱が生み出される。駅の構内では，ヒートポンプが空気中の熱を吸収し，駅のそばの建物ではお湯を沸かすのにその熱が利用されている。これは，無料のエネルギーを得るためのすばらしい方法だ——必要なのは大勢の人間だけなのだから。

問1＜要約文完成—適語補充＞「アフリカでは，きれいな水を手に入れることが大きな問題だが，それは人々が川から離れた場所に住んでいる場合があったり，川の水がときどき汚かったりするためである。また，エンジンのついたポンプはたくさんのお金を必要とするし，壊れやすい」 (1)第2文前半参照。many kilometers away from ～「～から何キロメートルも離れて」は far from ～「～から遠く離れて」と言い換えられる。 (2)第2文後半参照。is not always clean「いつもきれいなわけではない」は is sometimes dirty〔unclean〕「汚れていることがある」と言い換えられる。 (3)第3文後半参照。expensive「高価な」は cost a lot of money「多額のお金がかかる」と言い換えられる。また，need「～を必要とする」でもほぼ同じ意味を表せる。

問2＜語句解釈＞同じ段落の第1，2文に，運動中に生じたエネルギーは動きを急に止めると失われるとある。第3文には，運動中のエネルギーを利用した装置はすでに開発され利用されているとあり，第4文では，将来的には動きを止めたときに失われてしまう運動エネルギーを電気エネルギーに転換して充電する装置が開発され，実用化されるだろうと述べられている。ここから，「この失われるエネルギー」とは，第2文で説明された，急に動きを止めたときに失われてしまうエネルギーのことだとわかる。

問3＜適所選択＞補う文は，いずれ医師たちが医療行為にそれらを利用することになるだろう，という内容なので，直前で医療機器について述べているCが適する。戻す文の them は medical devices を指している。

問4＜英文和訳＞moving は people を修飾する形容詞的用法の現在分詞で，Moving people は「動いている人々」という意味。動詞の can produce は「～を生み出すことができる」，目的語の a lot of energy は「大量の〔たくさんの〕エネルギー」と訳せる。but「だが」の後の what about ～？は「～(について)はどうか」という意味。who は people を修飾する主格の関係代名詞で，people ～ around は「動き回ることのできない人々」と訳せばよい。

問5＜要旨把握—適語句補充＞「大勢の人々がさまざまなことをするとき，彼らの体は(　　)，そしてヒートポンプがそれを空気から取り込む」—produce a lot of heat「大量の熱を生み出す」 第7段落は，駅を利用する人々が活動する際に放出される熱をヒートポンプで取り込んで水の加熱に利用しているという例について説明している。第3文後半にa lot of heat is produced「大量の熱が生み出される」とあり，their bodies「彼らの体」が主語なので，produce a lot of heat「大量の熱を生み出す」と形を変化させればよい。

問6＜要約文完成―適文・適語句選択＞「大昔，人は人力で大きな建築物を築いていた。近代になって，エンジンのついた機械を使うことが一般的になった。あところが，人力を利用することが再び人気を取り戻しつつある。アフリカでは，きれいな水を入手するのが困難いだが，水を手に入れるのに子どもたちが大きな役割を果たしている。子どもたちは楽しみながら，同時に『遊べるポンプ』を使って地下からきれいな水をくみ上げている。運動はエネルギーを生み出す。近いうちに，労働者はそのようなエネルギーをさまざまな種類の機器に利用するようになるかもしれない。日本におけるある実験では，う人が踏んだとき，路上にある特殊な素材でできた4つの黄色い正方形が電気を生み出した。これらの素材を敷いた街路が発電所になるかもしれないのだ。動いていないときでも，体温はエネルギーに転換され，2台のノートパソコンを動かすのに十分な電力を生み出すことができる。え我々の体温は将来，無料の電力源となるかもしれない」　あ．第1段落最終文参照。　be back「戻ってくる」　い．第2，3段落参照。　play a（～）role「(～な)役割を果たす」　う．第5段落第1～3文参照。　step on ～「～を踏む」　え．第7段落参照。

Ⅲ〔長文読解総合―物語〕

≪全訳≫❶アリスター・ブロケットは，自分の両親がどれほどみんなに息子に注目してほしがっていたかを思い出すと，胃に痛みを覚えた。父親のルパートは俳優になることを夢見ていた。母親のクラウディアは女優になるのが夢だった。2人は20代前半の頃に演劇学校で出会い，①その頃彼らは，自分たちは国際的な映画スターになるのだと強く確信していた。❷「私は超一流の監督たちと仕事がしたいの」とクラウディアは言った。彼女がこれまでにもらったことがあるのは，甘ったるい朝食用シリアルのテレビコマーシャルの端役だけだった。彼女が演じたのはスプーンの役だった。❸「それに，仕事に対して心から敬意を払っている俳優たちと一緒でないとね」とルパートが言い足した。彼は16歳のとき，夕方早い時間帯のテレビショーのある番組で，「喫茶店にいる不良少年」の役をもらったことがあった。❹しかし，彼らは有名にならなかったので，アリスターが生まれたとき，新たな夢を抱くようになった。代わりに息子をスターにすることだ。❺男の子は，歩けるようになったときからコマーシャルや演劇やテレビドラマのオーディションに連れていかれた，彼はそんなものに参加することには興味がなく，家にいて友達と遊んでいる方が好きだったというのに。生まれつき内気な子だったので，彼は赤の他人の前に立って，「オリバー！」の場面を演じたり，へんてこなロンドンなまりで「運がよけりゃ」を歌ったりしなければならないのが嫌でたまらなかった。❻「やるのよ，でないと晩ごはんはありませんからね」とクラウディアはアリスターに言ったが，そのとき彼は11歳で，「チキ・チキ・バン・バン」という劇のジェレミー・ポッツ役のオーディションを受けさせられることについて文句を言っていた。❼「でも，僕はジェレミー・ポッツになんかなりたくないんだ」とアリスターは不満を述べた。「僕はアリスター・ブロケットでいたいんだよ」❽「だったら，アリスター・ブロケットが何者だっていうんだ？」とルパートが大声で言った。彼は自分の息子がそんなすばらしいチャンスをみすみす逃そうとしていることにひどくがっかりしていた。「E何者でもない！　全くの無名じゃないか！　お前はそんなふうにしてこの先の人生を生きていきたいのか？　誰からも全く注目もされることなく？　母さんと父さんを見てみろ――父さんたちは映画界の大者になるはずだったのに，それをすっかり諦めたんだ，こんな恩知らずの子の親になるために。それで，父さんたちが受け取った感謝の気持ちがこの仕打ちってわけか」❾アリスターはこれに対して何も言わなかった。彼は，自分のために両親が何かを諦めたことなどないということをよく知っていた――両親が俳優になろうとしていたのは，彼が生まれる何年も前のことで，２人が全然成功しなかったのは，自分とは何の関係もないことだった。⑩アリスターは運悪く，この役に合格してしまった。何週間もの間，彼は行きたくもない練習に参加した。彼はセリフを覚えるのに四苦八苦し，自分が歌う番が回ってくる瞬間を常に気に病んでいた。他の出演者や監督が見ているというだけでも十分嫌だったが，暗い劇場に座っている満員の観客のことを考えるたびに，それだけでもう彼は具合が悪くなってしまうのだった。⑪「こんなことやりたくないよ」と，舞台の初日に彼は両親に訴えた。「お願いだからこんなことさせないで」⑫だが，彼が何を言っても両親の考えを変えさせることはできず，数時間後，彼は脚をゼリーのようにぶるぶる震わせながらステージに向かった。それから２時間の間ずっと，彼は自分のセリフの５パーセントも思い出せず，ステージから２回転落し，他の俳優の足につまずいて６回転び，ポッツおじいさんが，灰の中から成功というバラを育てよ，と言ったときには，今にもパンツにおもらしするのではないかという感じだった。⑬地元の新聞はこの劇評においては好意的でなく，翌日，学校でアリスターはクラスメイトから笑い物にされた。⑭「もう２度とやらない」と，その夕方に学校から帰ってきた彼は両親に言い，地面が口を開けて自分をすっぽり飲み込んでくれればいいと願った。「僕はもう，どんなことがあっても舞台に戻るつもりはないし，父さんも母さんも僕にそんなことをさせることはできない。僕はもうどんなことがあっても，絶対に目立つようなことをするつもりはないから」⑮それから30年ほどたった今，自宅の玄関に向かって歩きながら，アリスターは，両親があんな幼い年齢の自分にこんなトラウマを植えつけたことに対して怒りを覚えずにはいられなかった。両親はなぜアリスターをありのままの――おとなしくて優しい子どものままでいさせてくれなかったのか？　そうすれば，彼は人から注目されることをこんなにひどく恐れるようにならなかったかもしれない。また，彼自身の子どもたちのことを人がどう思うかをこんなに気にすることもなかったかもしれない。

問１＜整序結合＞文脈と語群から，アリスターの両親は，自分たちが有名な映画スターになれると信じていたという内容になると推測できる。'be sure that ～'「～ということを確信している」を用いて，they were quite sure that「彼らは～だとひどく確信していた」と始める。that以下は主語をthey，動詞のまとまりをwere going to becomeとし，becomeの後にinternational film stars「国際的な映画スター」を置く。

問２＜適語選択―語形変化＞Ａ．アリスターがさまざまなオーディションに連れていかれたという場面。'take＋人＋to＋場所'「〈人〉を〈場所〉へ連れていく」を'be動詞＋過去分詞'の受け身形で用いる。　take－took－taken　　Ｂ．take part in ～で「～に参加する」。前置詞のinの後なので，動名詞のtakingにする。　　Ｃ．オーディションに参加するよりも，家で友達と遊んで過ごす方が好きだったという部分なので，stay at home「家にいる」とするのが適切。prefer to ～で「～する方を好む」なので，原形のまま補う。　　Ｄ．生まれつき内気な性格だったとあることから，人前で演技をするのを嫌がったと推測できる。したがって，hate「～を嫌う，嫌がる」が適する。過去の文なので，過去形のhatedにする。　hate－hated－hated

問３＜適文選択＞アリスターが舞台に出て誰かの役を演じるのが嫌で，自分のままでいたいと訴えたのに対し，有名になることにこだわる父のルパートが「アリスター・ブロケットとは何者か？」と問いかけ，それに対して自ら答えている。ここでのwhoは「誰か」という'疑問'ではなく，「誰でもない」という'反語'の意味が強いと考えられる。この後，お前は誰からも注目されずに生きていきたいのかと重ねて問いかけていることからも，アリスター・ブロケットは誰でもない無名の人物であるというエが適するとわかる。

問４＜文脈把握＞下線部の後が下線部のように考えたことの理由となっているので，ここをまとめればよい。両親が俳優を目指していたのは自分が生まれる何年も前のことなのだから，彼らが役者として成功できなかったのは自分とは何の関係もなく，両親が自分のために何かを諦めたことなどないことが，アリスターにはわかっていたのである。　nothing to do with ～「～とは何の関係もない」

問５＜適語選択＞第５～７段落の内容から考えると，目立つことが嫌いで舞台に立ちたくなかったアリスターにとって，ミュージカルのオーディションに合格して役をもらってしまったことは，Unluckily「運悪く」，「不運にも」起こったことだといえる。

問６＜用法選択＞下線部の前の部分にI don't want to do it.「僕はそれをしたくない」とあり，両親に向かってPlease don't make me.と頼んでいる。この流れから，make meの後にはdo itが省略されており，don't make me do it「僕にそれをさせないで」という意味だと考えられる。このmakeは，'make＋目的語＋動詞の原形'「～に…させる」という'使役'の意味で用いられている。これと同じ用法を含む文はイの「その怖い映画は彼をその部屋から立ち去らせた(その映画が怖かったので，彼はその部屋から出ていった)」である。　ア．「～をつくる」の意味の動詞。「私はピアノのレッスンをキャンセルして，自由時間をつくった」　ウ．'make＋目的語＋形容詞'「～を…(の状態)にする」の形。　「そのレースに優勝したことが彼女を誇らしい気持ちにした」　エ．make up ～で「～を考え出す，～をつくりあげる」。　「子どもたちを楽しませるために，彼女はお話を考え出した」

問７＜語句解釈＞stand outは「目立つ」という意味。親の意向で無理やりミュージカルに出演させられたもののさんざんな結果となり，地元の新聞に酷評され，クラスメイトにも笑われてしまったため，もう人前で目立つような行動はしたくないと強く主張している場面である。最終段落でこれと似た意味で用いられているのは，第３文の文末にあるbe noticed「注目される」。アリスターは，両親が自分を無理に役者の道に引きずり込もうとしなければ，be noticed「注目される」ことを過剰に恐れる性格にはならずに済んだだろうと考えている。

問８＜英文和訳＞'let＋目的語＋動詞の原形'で「～に…させてやる」。be himselfは「本来の自分でいる，自分らしくいる」といった意味で，これが「おとなしくて優しい子ども」と補足されている。Why didn't they let him ～？とあるので，「なぜ彼らは彼を～でいさせてやらなかったのか？」といった疑問の形で訳す。

問９＜内容一致―適語句選択＞(1)「練習中，(　　)」―イ．「アリスターは自分の役のセリフを言うのが難しかった」　第10段落第２，３文参照。　(2)「初公演で，(　　)」―ア．「アリスターは自分の脚が震えているのを感じた」　第11段落および第12段落第１文参照。　(3)「初公演の翌日，(　　)」―ウ．「アリスターはこの世界から消えてしまいたい気持ちだった」　第13段落および第14段落第１文参照。

数学解答

1 (1) $\frac{1}{8}$　(2) 2，3，16，24　(3) 5

2 (1) (a)…対辺が等しい (b)…AH＝BF
(c)…270
(d)…２組の辺とその間の角がそれぞれ等しい
(e)…FEB (f)…AEF (g)…AEB
(2) $40+16\sqrt{3}$

3 (1) 12126
(2) (i) $L=abG$ (ii) (129，1978)

4 (1) $A_2(-2,\ 4)$，$A_3(3,\ 9)$
(2) $324\sqrt{2}$　(3) 12

5 (1) (i) 74 (ii) 84
(2) (i) $n+2$回 (ii) 5

1〔確率―サイコロ〕

(1)<確率>正四面体，正八面体の２つのサイコロを投げるとき，それぞれ，４通り，８通りの目の出方があるから，目の出方は全部で$4\times8=32$(通り)あり，x，yの組は32通りとなる。このうち，$x+y=9$となるのは，$(x,\ y)=(1,\ 8)$，$(2,\ 7)$，$(3,\ 6)$，$(4,\ 5)$の４通りだから，求める確率は$\frac{4}{32}=\frac{1}{8}$となる。

(2)<目の数の積>x，yの組が全部で32通りだから，$\frac{1}{16}=\frac{2}{32}$より，確率が$\frac{1}{16}$となるのは，32通りのうち２通りのものである。$xy=a$の値は，右表のようになる。この中で２通りある$a$の値は2，3，16，24である。

x＼y	1	2	3	4	5	6	7	8
1	1	②	③	4	5	6	7	8
2	②	4	6	8	10	12	14	⑯
3	③	6	9	12	15	18	21	㉔
4	4	8	12	⑯	20	㉔	28	32

(3)<目の数>正四面体，立方体の２つのサイコロを投げるとき，目の出方は全部で$4\times6=24$(通り)あるから，x，zの組は24通りある。$\frac{1}{8}=\frac{3}{24}$，$\frac{1}{3}=\frac{8}{24}$より，確率が$\frac{1}{8}$になるのは３通りある場合，確率が$\frac{1}{3}$になるのは８通りある場合だから，$x+z=8$となる確率が$\frac{1}{8}$，xzが奇数となる確率が$\frac{1}{3}$より，$x+z=8$となる場合は３通り，xzが奇数となる場合は８通りである。xzが奇数のとき，x，zはともに奇数である。正四面体のサイコロの奇数の目は1，3の２通りであり，$8=2\times4$だから，立方体のサイコロの奇数の目は４通りある。これより，1，3，5の３通りに加えて，bが奇数となる。bは６以下の自然数なので，$b=1$，3，5のいずれかである。$b=1$のとき，$x+z=8$となるのは$(x+z)=(3,\ 5)$，$(4,\ 4)$の２通りだから，適さない。$b=3$のときも同様に，２通りだから，適さない。$b=5$のとき，$(3,\ 5)$，$(3,\ b)$，$(4,\ 4)$の３通りあり，適する。よって，$b=5$である。

2〔平面図形―平行四辺形，正方形〕

(1)<論証>右図で，DA＝BCは，四角形ABCDが平行四辺形で，対辺が等しいことから導いている。②は，DA，BCをそれぞれ１辺とする正方形が合同で，合同な正方形の対角線の長さは等しく，それぞれの中点で交わることから導いているので，AH＝BFとなる。③の∠HAD＝∠BAE＝∠EBA＝∠CBF＝45°，④の∠DAB＋∠ABC＝180°より，∠EAH＝360°－∠HAD－∠BAE－∠DAB＝360°－45°－45°－∠DAB＝270°－∠DAB，∠EBF＝∠EBA＋∠CBF＋∠ABC＝45°＋45°＋(180°－∠DAB)＝270°－∠DABとなる。△AHE と △BFE において，①の EA＝EB，②の AH＝BF，⑤の∠EAH＝∠EBF より，2 組の辺とその間の角がそれぞれ等しいので，⑥の △AHE≡△BFE がいえる。対応する角だから，⑥より，∠HEA＝∠FEB である。これより，∠HEF＝∠HEA＋∠AEF＝∠FEB＋∠AEF＝∠AEB となる。点 E は正方形の対角線の交点だから，∠AEB＝90° となる。

(2)＜面積―三平方の定理＞前ページの図で，△AEB，△BFC は直角二等辺三角形だから，$EB=\frac{1}{\sqrt{2}}AB=\frac{1}{\sqrt{2}}\times 4=2\sqrt{2}$，$BF=\frac{1}{\sqrt{2}}BC=\frac{1}{\sqrt{2}}\times 8=4\sqrt{2}$ である。また，∠EBF＝∠EBA＋∠CBF＋∠ABC＝45°＋45°＋60°＝150° だから，点 E から線分 FB の延長に垂線 EI を引くと，∠EBI＝180°－150°＝30° となり，△EIB は 3 辺の比が $1:2:\sqrt{3}$ の直角三角形となる。よって，$EI=\frac{1}{2}EB=\frac{1}{2}\times 2\sqrt{2}=\sqrt{2}$，$IB=\sqrt{3}EI=\sqrt{3}\times\sqrt{2}=\sqrt{6}$ となり，$IF=IB+BF=\sqrt{6}+4\sqrt{2}$ である。△EIF で三平方の定理より，$EF^2=EI^2+IF^2=(\sqrt{2})^2+(\sqrt{6}+4\sqrt{2})^2=2+(6+16\sqrt{3}+32)=40+16\sqrt{3}$ となるから，〔正方形 EFGH〕$=EF^2=40+16\sqrt{3}$ となる。

3 〔数と式―整数の性質〕

(1)＜最小公倍数＞$129=3\times 43$，$282=2\times 3\times 47$ より，129 と 282 の公倍数は，少なくとも素因数 2，3，43，47 を含むから，最小公倍数は $2\times 3\times 43\times 47=12126$ である。

(2)＜最大公約数，最小公倍数＞(i) $A\div G=a$，$B\div G=b$ より，$A=aG$，$B=bG$ と表せる。G は A，B の最大公約数，つまり，aG，bG の最大公約数が G だから，a，b は共通する素因数を持たない。よって，A，B の公倍数は，aG の倍数で b の倍数になるので，A，B の最小公倍数は，$aG\times b=abG$ となり，$L=abG$ である。　(ii) $A-2B-2G+L=2021$ に，$A=aG$，$B=bG$，$L=abG$ を代入すると，$aG-2bG-2G+abG=2021$，$G(a-2b-2+ab)=2021$，$G(ab+a-2b-2)=2021$，$G\{a(b+1)-2(b+1)\}=2021$ となり，$b+1=X$ とおくと，$G(aX-2X)=2021$，$G(a-2)X=2021$，$G(a-2)(b+1)=2021$ となる。$2021=43\times 47$ だから，$G(a-2)(b+1)=43\times 47$ となる。G，$b+1$ は 2 以上の自然数だから，$a-2=1$ となり，$G=43$，$b+1=47$ か，$G=47$，$b+1=43$ となる。$a-2=1$ より，$a=3$ である。$G=43$，$b+1=47$ のとき，$b=46$ となり，a，b は共通の素因数を持たないから，適する。このとき，$A=aG=3\times 43=129$，$B=bG=46\times 43=1978$ となる。$G=47$，$b+1=43$ のとき，$b=42$ となり，a，b は素因数 3 を持つので，適さない。以上より，求める A，B の組は $(A,\ B)=(129,\ 1978)$ となる。

4 〔関数―関数 $y=ax^2$ と直線〕

(1)＜座標＞右図で，直線 OA_1 は傾きが 1 だから，直線 OA_1 の式は $y=x$ である。点 A_1 は放物線 $y=x^2$ と直線 $y=x$ の交点だから，$x^2=x$，$x^2-x=0$，$x(x-1)=0$　$\therefore x=0,\ 1$　よって，点 A_1 の x 座標は 1 だから，$y=1^2=1$ より，$A_1(1,\ 1)$ である。直線 A_1A_2 の傾きは -1 なので，その式は $y=-x+b$ とおける。$A_1(1,\ 1)$ を通るから，$1=-1+b$，$b=2$ となり，直線 A_1A_2 の式は $y=-x+2$ となる。点 A_2 は放物線 $y=x^2$ と直線 $y=-x+2$ の交点だから，$x^2=-x+2$，$x^2+x-2=0$，$(x+2)(x-1)=0$　$\therefore x=-2,\ 1$　よって，点 A_2 の x 座標は -2 だから，$y=(-2)^2=4$ より，$A_2(-2,\ 4)$ となる。直線 A_2A_3 の傾きは 1 なので，同様にして，直線 A_2A_3 の式を求めると，$y=x+6$ となる。点 A_3 は放物線 $y=x^2$ と直線 $y=x+6$ の交点だから，この 2 式より，$x=-2,\ 3$ となる。よって，点 A_3 の x 座標は 3 だから，$y=3^2=9$ より，$A_3(3,\ 9)$ となる。

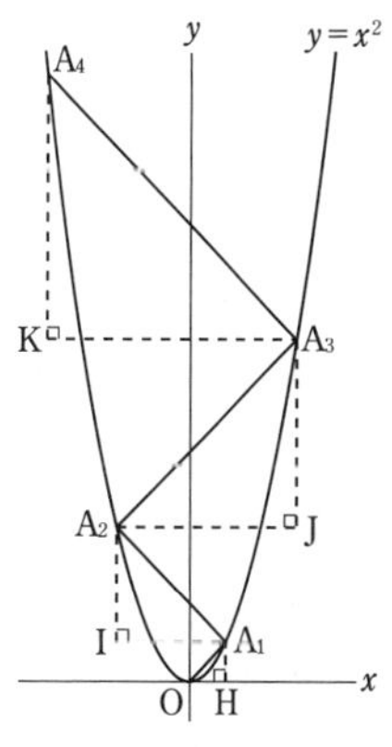

(2)＜長さの和―特別な直角三角形＞右上図のように，線分 OA_1，A_1A_2，A_2A_3，A_3A_4，……を斜辺とし，他の 2 辺が座標軸に平行な直角三角形 OA_1H，A_1A_2I，A_2A_3J，A_3A_4K，……をつくる。直線 OA_1，A_1A_2，A_2A_3，A_3A_4，……の傾きは 1 か -1 だから，$OH=A_1H$，$A_1I=A_2I$，$A_2J=A_3J$，$A_3K=A_4K$，

……となり，$\triangle OA_1H$，$\triangle A_1A_2I$，$\triangle A_2A_3J$，$\triangle A_3A_4K$，……は直角二等辺三角形となる。$OH=1$，$A_1I=1-(-2)=3$，$A_2J=3-(-2)=5$となるので，$OA_1=\sqrt{2}OH=\sqrt{2}\times1=\sqrt{2}$，$A_1A_2=\sqrt{2}A_1I=\sqrt{2}\times3=3\sqrt{2}$，$A_2A_3=\sqrt{2}A_2J=\sqrt{2}\times5=5\sqrt{2}$となり，以下同様にして，$A_3A_4=7\sqrt{2}$，$A_4A_5=9\sqrt{2}$，……，$A_{17}A_{18}=35\sqrt{2}$となる。よって，$OA_1+A_1A_2+A_2A_3+A_3A_4+\cdots\cdots+A_{17}A_{18}=\sqrt{2}+3\sqrt{2}+5\sqrt{2}+7\sqrt{2}+\cdots\cdots+35\sqrt{2}=(\sqrt{2}+35\sqrt{2})+(3\sqrt{2}+33\sqrt{2})+(5\sqrt{2}+31\sqrt{2})+\cdots\cdots+(17\sqrt{2}+19\sqrt{2})=36\sqrt{2}+36\sqrt{2}+36\sqrt{2}+\cdots\cdots+36\sqrt{2}=36\sqrt{2}\times9=324\sqrt{2}$となる。

(3)<$\boldsymbol{n}$の値>$OA_1{}^2-A_1A_2{}^2=(\sqrt{2})^2-(3\sqrt{2})^2=(\sqrt{2}+3\sqrt{2})(\sqrt{2}-3\sqrt{2})=4\sqrt{2}\times(-2\sqrt{2})=-16$，$A_2A_3{}^2-A_3A_4{}^2=(5\sqrt{2})^2-(7\sqrt{2})^2=(5\sqrt{2}+7\sqrt{2})(5\sqrt{2}-7\sqrt{2})=12\sqrt{2}\times(-2\sqrt{2})=-48$，$A_4A_5{}^2-A_5A_6{}^2=(9\sqrt{2})^2-(11\sqrt{2})^2=(9\sqrt{2}+11\sqrt{2})(9\sqrt{2}-11\sqrt{2})=20\sqrt{2}\times(-2\sqrt{2})=-80$，$A_6A_7{}^2-A_7A_8{}^2=(13\sqrt{2})^2-(15\sqrt{2})^2=(13\sqrt{2}+15\sqrt{2})(13\sqrt{2}-15\sqrt{2})=28\sqrt{2}\times(-2\sqrt{2})=-112$だから，$n=8$のとき，$OA_1{}^2-A_1A_2{}^2+A_2A_3{}^2-A_3A_4{}^2+A_4A_5{}^2-A_5A_6{}^2+A_6A_7{}^2-A_7A_8{}^2=-16+(-48)+(-80)+(-112)=-256$である。同様に考えると，$A_8A_9{}^2-A_9A_{10}{}^2=36\sqrt{2}\times(-2\sqrt{2})=-144$だから，$n=10$のとき，$OA_1{}^2-A_1A_2{}^2+A_2A_3{}^2-A_3A_4{}^2+\cdots\cdots+A_8A_9{}^2-A_9A_{10}{}^2=-256+(-144)=-400$となる。$A_{10}A_{11}{}^2-A_{11}A_{12}{}^2=44\sqrt{2}\times(-2\sqrt{2})=-176$だから，$n=12$のとき，$OA_1{}^2-A_1A_2{}^2+A_2A_3{}^2-A_3A_4{}^2+\cdots\cdots+A_{10}A_{11}{}^2-A_{11}A_{12}{}^2=-400+(-176)=-576$となる。よって，求める自然数$n$は$n=12$である。

5 〔特殊・新傾向問題〕

《基本方針の決定》(1)(ii)　各立方体の見えている面の数を合計する。　(2)(ii)　各段の立方体がある位置と見えている面の数は，1回前の1段上と同じになることに気づきたい。

(1)<体積，表面積>(i)立方体の1辺の長さが1で，直方体Aは，縦が5，横が6，高さが3だから，立方体は，縦に5個，横に6個並び，3段に積み上げられている。積み上げられた立方体を上から1段目，2段目，3段目に分けて考える。操作前の各立方体の見えている面の数は，右図1のようになる。1回目の操作では，上から1段目の4隅の4個の立方体が取り除かれ，1回目の操作後の見えている面の数は，右図2のようになる。2回目の操作では，上から1段目の8個と2段目の4個の立方体が取り除かれるので，取り除かれる立方体の個数は$8+4=12$(個)である。最初にあった立方体の個数は$5\times6\times3=90$(個)だから，操作を2回行って残った立方体の個数は$90-(4+12)=74$(個)となる。立方体1個の体積は$1\times1\times1=1$だから，できた立体の体積は$1\times74=74$である。　(ii)2回目の操作後の見えている面の数は，次ページの図3のようになる。3回目の操作では，上から1段目からは，見えている面が3面，4面である10個の立方体が取り除かれ，2段目からは8個，3段目からは4個取り除かれる。よって，3回目の操作後は，次ページの図4のようになる。図4で，見えている面が4面の立方体は上から1段目に2個，2段目に2個，見えている面が3面の立方体は上から1段目に4個，2段目に8個，3段目に8個，見えている面が1面の立方体は上から1段目に2個，3段目に6個ある。立方体の1つの面の面積は$1\times1=1$だから，見えている面の面積は，$1\times4\times(2+2)+1\times3\times(4+8+8)+1\times(2+6)=16+60+8=84$となる。

図1

上から1段目

3	2	2	2	2	3
2	1	1	1	1	2
2	1	1	1	1	2
2	1	1	1	1	2
3	2	2	2	2	3

上から2段目

2	1	1	1	1	2
1	0	0	0	0	1
1	0	0	0	0	1
1	0	0	0	0	1
2	1	1	1	1	2

上から3段目

2	1	1	1	1	2
1	0	0	0	0	1
1	0	0	0	0	1
1	0	0	0	0	1
2	1	1	1	1	2

図2

上から1段目

	3	2	2	3	
3	1	1	1	1	3
2	1	1	1	1	2
3	1	1	1	1	3
	3	2	2	3	

上から2段目

3	1	1	1	1	3
1	0	0	0	0	1
1	0	0	0	0	1
1	0	0	0	0	1
3	1	1	1	1	3

上から3段目

2	1	1	1	1	2
1	0	0	0	0	1
1	0	0	0	0	1
1	0	0	0	0	1
2	1	1	1	1	2

(2)<操作の回数>(i)直方体Aの上から1段目の立方体で，最後に取り除かれるのは，次ページの図4

で，見えている面が1面の，中央にある2個の立方体である。これと同様に，直方体Bにおいても，上から1段目の立方体で最後に取り除かれるのは，中央にある2個の立方体となる。よって，直方体Bの一番上の面がなくなるのは，この2個の立方体を取り除いたときである。また，直方体Bの縦の長さは5で，直方体Aと同じだから，直方体Bで，上から1段目の中央の2個を含む横一列にある立方体が初めて取り除かれるのは，直方体Aの場合と同様に3回目の操作のときである。この横一列の立方体は最初$2n$個あり，3回目の操作以降1回に2個ずつ取り除かれるから，2回操作を行った後に$2n \div 2 = n$(回)操作を行うと，上から1段目の立方体がなくなる。よって，上から1段目の立方体がなくなるのは$n+2$回操作を行ったときだから，一番上の面がなくなるまでの操作の回数は$n+2$回となる。

図3

上から1段目

		3	3		
	3	1	1	3	
4	1	1	1	1	4
	3	1	1	3	
		3	3		

上から2段目

	3	1	1	3	
3	0	0	0	0	3
1	0	0	0	0	1
3	0	0	0	0	3
	3	1	1	3	

上から3段目

3	1	1	1	1	3
1	0	0	0	0	1
1	0	0	0	0	1
1	0	0	0	0	1
3	1	1	1	1	3

図4

上から1段目

		3	3		
	4	1	1	4	
		3	3		

上から2段目

		3	3		
	3	0	0	3	
4	0	0	0	0	4
	3	0	0	3	
		3	3		

上から3段目

	3	1	1	3	
3	0	0	0	0	3
1	0	0	0	0	1
3	0	0	0	0	3
	3	1	1	3	

(ii)前ページの図1～右上図4より，直方体Aで，上から1段目は1回目，2段目は2回目，3段目は3回目の操作で，初めて立方体が取り除かれている。また，立方体の取り除かれ方は，2段目は1段目より1回遅れて，3段目は1段目より2回遅れて同じ位置にある立方体が取り除かれる。よって，上から1段目の立方体がなくなってから，1回操作すると2段目の立方体がなくなり，さらに1回操作すると3段目の立方体がなくなる。これは直方体Bでも同様だから，直方体Bで立方体が全て取り除かれるまでの回数は，上から1段目の立方体がなくなってからさらに2回操作をしたときだから，$(n+2)+2=n+4$(回)と表せる。この回数が9回だから，$n+4=9$が成り立ち，$n=5$となる。

社会解答

1 問1 (例)縄文時代には，現在よりも内陸に海岸線があった。

問2 ②，⑤　問3 曹洞

問4 (1)…琉球 (2) b…① c…④

問5 ①，③　問6 松前藩

問7 新井白石　問8 ⑤

問9 横浜

問10 (例)征韓論を巡る対立から政府を去った政治家のうち，西郷隆盛らは武力による反乱を起こし，板垣退助らは自由民権運動によって政府を批判した。

問11 ②，④　問12 ③，④

問13 排他的経済水域

2 問1 (1) (例)ローマは暖流の北大西洋海流と偏西風による暖かい空気の影響を受け，青森は北西の季節風による冷たい空気の影響を受けるから。(59字)

(2) (例)キトは高地に位置するため。

問2 ア…冷〔亜寒〕 イ…乾燥 ウ…温 エ…サハラ オ…サヘル

問3 ④，⑤，⑥　問4 ④，⑤，⑦

問5 (例)外国からの出稼ぎ労働者が増加したため，20～50代の男性の人口が特に多くなっている。

3 問1 ②

問2 (1)…朝日 X…生活保護 (2)…⑤

問3 ア…軍拡

イ (例)B国の選択は異ならず，常に軍拡を選択する

問4 ④　問5 男女雇用機会均等法

問6 ①，④

問7 ア…リサイクル イ…リデュース

1〔歴史―古代～現代の日本と世界〕

問1＜貝塚と海岸線＞貝塚は，縄文時代の人々が食べ物の残りかすなどを捨てたごみ捨て場の跡で，貝殻などが積み重なって残っている。貝塚は海岸付近に形成されたと考えられるが，図1を見ると，海岸から離れた内陸にも貝塚が多く残っていることがわかる。このことから，当時の海岸線は現在よりも内陸に入り込んでいたと考えることができる。

問2＜古代の日本と大陸＞奴国の王は，後漢の皇帝から「漢委奴国王」と刻まれた金印を授かった(①…×)。平城京に都が移されたのは710年，大宝律令が制定されたのは701年のことである(③…×)。7世紀後半，新羅が朝鮮半島を統一し，遣唐使の航路は新羅との外交関係に応じて変化した(④…×)。

問3＜曹洞宗＞鎌倉時代には，わかりやすく実行しやすい教えを持つ新しい仏教の宗派が成立し，武士や民衆の間に広まった。その1つである曹洞宗は，座禅によって自力で悟りを開くことを目指す禅宗の一派である。道元は，鎌倉時代に宋に渡って学び，帰国後に曹洞宗を開いた。この時期に成立した仏教としては，曹洞宗のほか，法然の開いた浄土宗，親鸞の開いた浄土真宗，一遍の開いた時宗，日蓮の開いた日蓮宗〔法華宗〕，栄西の開いた臨済宗がある。

問4＜琉球王国と中国＞(1)1458年，1684年のいずれの時点でも存続している国で，史料中に「南海の美しい土地」「中山王」といった語があることから，史料が琉球王国について述べられたものだとわかる。1429年に沖縄島を統一した尚氏によって建国された琉球王国は，中国や東南アジア，日本

との中継貿易で栄え，江戸時代には幕府や薩摩藩の支配を受けながら中国(明，清)にも服属していた。　⑵中国では，1368年に朱元璋〔洪武帝〕が漢民族の王朝である明を建国し，広く中国を支配した。その後，明は17世紀半ばに国内の反乱で滅亡し，代わって満州族の王朝である清が中国を支配した。

問５＜16世紀の出来事＞ルターが宗教改革を始めたのは1517年，スペインがインカ帝国を滅ぼしたのは1533年のことで，いずれも16世紀前半の出来事である。なお，バスコ=ダ=ガマがインドのカリカットに到達したのは1498年，ルイ14世がベルサイユ宮殿の増改築を行ったのは17世紀後半，イギリスで名誉革命が起こったのは1688年のことである。

問６＜松前藩＞松前藩は，蝦夷地(北海道)の南部を領地とした藩で，アイヌの人々との交易を独占的に行うことを江戸幕府から認められていた。交易はアイヌ側に不利なものであったため，17世紀後半の1669年にはアイヌの人々が首長シャクシャインを中心として戦いを起こしたが，松前藩は幕府の支援を受けてこれを鎮圧した。こうした出来事を通じて，松前藩は蝦夷地への支配権を強めていった。

問７＜新井白石＞新井白石は，18世紀初め，江戸幕府第６代将軍の徳川家宣，第７代将軍の家継に仕えた儒学者である。この時期に白石の意見を取り入れて行われた政治を，正徳の治という。白石は，海外に金銀が流出するのを防ぐため，長崎で行われる貿易の額を制限した。この他，第５代将軍の綱吉の時代に質を落とした貨幣が発行されていたのをもとに戻したり，朝鮮通信使の待遇を簡素化したりした。

問８＜日本とロシアの国境の変遷＞年代の古い順に，ｃ(1854年―日露和親条約)，ａ(1875年―樺太・千島交換条約)，ｂ(1905年―ポーツマス条約)となる。日露和親条約では，樺太を日本人とロシア人の雑居地とし，択捉島までを日本領，得撫島から北の千島列島をロシア領とした。樺太・千島交換条約では，樺太をロシア領，千島列島の全域を日本領とした。日露戦争の講和条約であるポーツマス条約では，樺太の北緯50度以南が日本領となった。

問９＜横浜＞日米修好通商条約をはじめとする安政の五か国条約では，すでに開港されていた函館に加え，神奈川(横浜)，長崎，新潟，兵庫(神戸)の４港を開港することが決められ，貿易が開始された。このうち最大の貿易港となったのは横浜で，主に生糸や茶が輸出された。

問10＜自由民権運動と士族反乱＞西郷隆盛や板垣退助らは，武力を用いて朝鮮を開国させようとする征韓論を主張したが，岩倉使節団として欧米を視察してきた大久保利通らは，日本の国力充実を優先させるべきだとしてこれに反対した。征韓論が受け入れられなかったため，西郷や板垣らは1873年に政府を去った。その後，板垣らは1874年に民撰議院設立の建白書を政府に提出して議会の開設を要求し，言論によって政府を批判する自由民権運動を展開していった。一方，このとき政府を去った政治家の中には，明治政府に不満を持つ「不平士族」による反乱の指導者となる者もいた。1877年に鹿児島などの士族が西郷隆盛を中心として起こした西南戦争は，そうした士族反乱の中で最大かつ最後のものであった。

問11＜南洋諸島の統治＞Ｘは，第一次世界大戦(1914～18年)までドイツが領有し，戦後に日本が統治権を得た南洋諸島である。第一次世界大戦で，日本は日英同盟を理由に連合国側で参戦し，中国の山東省にあったドイツの拠点やドイツ領南洋諸島を攻撃・占領した。戦後，ドイツ領南洋諸島は国際連盟によって日本の委任統治領とされた。なお，①は第二次世界大戦(1939～45年)，③は日清戦争(1894～95年)，⑤は日中戦争(1937～45年)，⑥は日露戦争(1904～05年)に関する文である。

問12<20世紀～現在の紛争>警察予備隊は，朝鮮戦争中の1950年に創設された(①…×)。ベトナム戦争の結果，アメリカが支援する南ベトナム政府が崩壊し，北ベトナムの指導のもとにベトナムは統一された(②…×)。アラブ諸国が原油の輸出制限を行ったのは第4次中東戦争のときのことで，これによって1973年に石油危機が起こった(⑤…×)。

問13<排他的経済水域>排他的経済水域は，水産資源や鉱物資源を沿岸国が独占的に管理することを認めた水域である。領海の外側で，海岸線から200海里(約370km)までが排他的経済水域となっている。1970年代以降，多くの国が排他的経済水域を設定するようになった。

2 〔地理―総合〕

問1<世界と日本の気候>(1)一般に，西ヨーロッパ諸国のように大陸の西岸付近に位置する地域の気候は偏西風の影響を強く受け，日本のように大陸の東岸付近に位置する地域の気候は季節風の影響を強く受ける。ユーラシア大陸の西岸では，偏西風は暖流の北大西洋海流上を通ることで南西からの暖かい空気を運んでくるため，西ヨーロッパに位置するローマは冬でも比較的温暖である。一方，冬の季節風は，北西から大陸の冷たい空気を運んでくるため，青森は冬の気温が低くなる。　(2)マレー半島の南端に位置するシンガポールは標高が低いが，アンデス山脈に位置するキトは標高が高い。気温は標高が上がるにつれて下がっていくため，高地の気温は，同じ緯度の低地と比べて低くなる。そのため，シンガポールが年中高温の熱帯に属するのに対し，キトは年中冷涼な高山気候に属している。

問2<気候帯と植生>ア～ウ．北アメリカ大陸の北部には，冷〔亜寒〕帯が広く分布する。冷帯には，タイガと呼ばれる針葉樹林が見られる。北アメリカ大陸の中央部～南部には，西経100度付近を境として，西側に降水量の少ない乾燥帯，東側に降水量の多い温帯が分布する。　エ，オ．アフリカ大陸の北部には，世界最大の砂漠であるサハラ砂漠が広がる。サハラ砂漠の南側のサヘルと呼ばれる地域は，丈の短い草原などが広がるステップ気候に属するが，人口の増加による過剰な耕作や放牧などが原因で，砂漠化が進行している。

問3<日本の農業>菊は日照時間が短くなると開花する性質があることから，夜間にも照明を当てて出荷時期を遅らせる抑制栽培が行われている(④…×)。十勝平野では，主に畑作が行われている(⑤…×)。日本海側に位置する秋田県や山形県はやませの影響を受けにくく，また近年は寒さに弱い「ササニシキ」に代わって寒さに強い「ひとめぼれ」などの品種の作づけが増えている(⑥…×)。

問4<世界の経済>産業の空洞化は，海外に工場を移す企業が増えたことにより，国内の産業が衰退する現象である(④…×)。BRICS(ブラジル，ロシア，インド，中国，南アフリカ共和国)のうち，ブラジルは大豆，ロシアは原油が最大の輸出品である(2018年)(⑤…×)。オーストラリアは，20世紀初めから1970年代までヨーロッパ系以外の移民を制限する白豪主義をとっていた。また，主要な輸出品は鉱産資源である(⑦…×)。

問5<アラブ首長国連邦の人口構成>1960年の人口ピラミッドは，発展途上国に多く見られる富士山型であるが，2015年の人口ピラミッドでは，20～50代の男性の人口が非常に多くなっていることがわかる。これは，外国からの出稼ぎ労働者が多くやってきたためである。現在，アラブ首長国連邦の労働者人口のうち，9割以上が外国籍となっている(2017年)。

3 〔公民―総合〕

問１＜国際連合＞2020年末までに，ロシア(旧ソ連)やアメリカを中心として，５つの常任理事国の全てが拒否権を行使したことがある(①…×)。国連総会の投票権は，全ての加盟国が１票ずつ持っている(③…×)。2020年末までに４人の日本人が国際司法裁判所の裁判官に選出されている(④…×)。

問２＜生存権を巡る訴訟，公共の福祉と基本的人権の制限＞⑴日本国憲法は第25条で「健康で文化的な最低限度の生活を営む権利」として生存権を規定している。生存権を保障するための仕組みとして，生活に困っている世帯に生活費などを支給する生活保護の制度があり，支給額などの保護基準は生活保護法によって定められている。1957年，国の定める保護基準では生存権が保障されないとする訴訟が起こされた。この訴訟は，原告の名前から朝日訴訟と呼ばれ，生存権や社会保障制度のあり方を巡る議論のきっかけとなった。　⑵ａは，健全な競争を妨げる価格協定を企業が自由に結ぶことはできないという点で，営業の自由が制限されている。ｂは，隔離によって住む場所を一時的に強制されるという点で，居住移転の自由が制限されている。ｃは，はがき以外の文書を自由につくったり頒布したりできないという点で，表現の自由が制限されている。ｄは，財産である土地を強制的に売り渡すことになるという点で，財産権が制限されている。

問３＜国家間ゲーム＞ア，イ．「両国は自国の安全を最大化することのみを目指して」いるのだから，相手国の得点が自国よりも高くなるか低くなるかについては考慮する必要はない。この状況で，Ａ国が軍縮を選択するとき，Ｂ国が軍拡を選択した場合のＢ国の得点は５点，Ｂ国が軍縮を選択した場合のＢ国の得点は４点である。したがって，Ｂ国は軍拡を選択する。一方，Ａ国が軍拡を選択するとき，Ｂ国が軍拡を選択した場合のＢ国の得点は２点，Ｂ国が軍縮を選択した場合のＢ国の得点は１点である。したがって，この場合もＢ国は軍拡を選択する。つまり，Ａ国が軍拡と軍縮のどちらを選択するとしても，Ｂ国は常に軍拡を選択することになる。

問４＜円高と円安＞「１ドル＝100円」から「１ドル＝200円」になった場合，それまで１ドルの外国商品を購入するのに100円の支払いで済んでいたものに200円の支払いが必要になる。つまり，外国の通貨(ドル)に対して円の価値が低くなった(安くなった)ということであり，これを円安と呼ぶ。例えば，日本が100円の商品を輸出する場合，ドル表示での価格は「１ドル＝100円」のときは１ドル，「１ドル＝200円」のときは0.5ドルとなる。したがって，円安が進んだとき，日本の輸出品の価格はドル表示で見ると下落する。一方，「１ドル＝200円」から「１ドル＝100円」になった場合は，ドルに対して円の価値が高くなったということであり，これを円高と呼ぶ。円高になると，日本の輸出品の価格はドル表示で見ると上昇する。

問５＜男女雇用機会均等法＞1985年に制定された男女雇用機会均等法は，雇用における男女平等を目指すもので，採用や昇進，賃金などにおける女性差別を禁止している。この法律は，女子差別撤廃条約を批准するにあたって制定された。

問６＜EU＞EU〔ヨーロッパ連合〕の加盟国27か国のうち，ユーロを導入しているのは19か国である(2021年)(①…×)。EUの加盟国中で最も国内総生産が高いのはドイツである(2018年)(④…×)。

問７＜3R＞3Rとは，資源を繰り返し利用して環境への負担を減らす循環型社会を目指し，廃棄物を減らそうとする取り組みである。3Rは，イのように無駄な消費をなくしてごみの発生を抑えるリデュース，使ったものを再使用するリユース，アのようにごみを分別して再生利用(再資源化)するリサイクルの３つからなる。

理科解答

1 (1) りゅう座　(2) ア，エ　(3) ウ

(4) 0％　(5) ＋54.3°から＋90°

(6) ア，イ

2 (1) 右下図1　(2) 右下図2

(3) ① 24cm　② 24cm

(4) ① 6cm　② 12cm

(5) 記号…イ　像の大きさ…8倍

(6) (例)遠くにあるものほど小さく，近くにあるものほど大きく見えるから。

3 (1) (例)銅釘の間隔が適切でなかった。

(2) (例)発生した水蒸気が冷えて水になったから。

(3) 2.3：1　(4) 窒素　(5) 0.8Y

(6) 30.0mL

(7) 矛盾…(例)原子を，化学変化でそれ以上に分けることになる点。

モデル…◎◎＋○ ⟶ ◎◑◐◎

4 (1) カ　(2) エ

(3) (例)大きさは小さく，形は細長い。

(4) エ，オ　(5) オ

(6) Ⅰ層…(例)水が失われにくくなる。

Ⅱ層…(例)光合成を盛んに行える。

図1

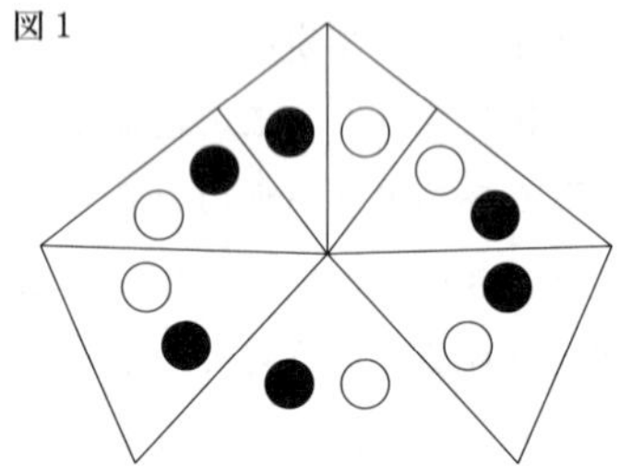

図2

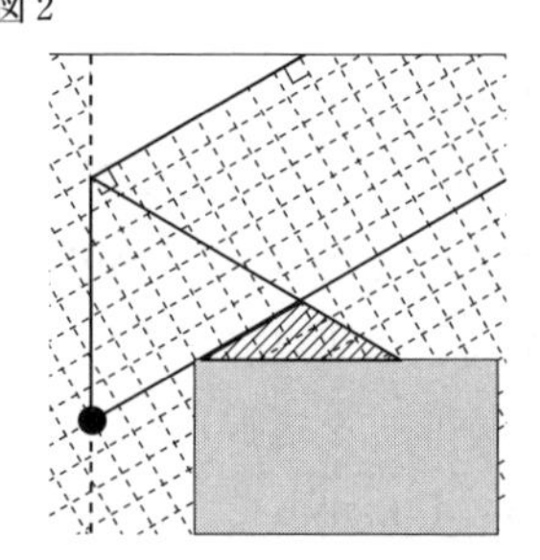

1 〔地球と宇宙〕

(1)<天の北極>現在，天の北極はほぼ北極星の方向と一致するが，地軸が右図のような歳差運動と呼ばれる回転運動をするため，天の北極にあたる天体が変化する。この歳差運動の周期は約25800年で，このおよそ半分の13200年後，天の北極は現在の北極星からこと座のベガに変わることから，歳差運動の中心点は，図1の北極星とベガを結ぶ線分の中点があるりゅう座の中にある。

歳差運動　地軸　自転

(2)<太陽系の惑星>ア…正しい。火星の自転軸の傾きは地球と同程度で，地球と同じように火星でも昼の長さの変化が起き，両極でのドライアイスなどの増減が観測されている。　エ…正しい。天王星の自転軸は公転面に対してほぼ平行であるため，極地方では公転周期約84年の半分の42年が昼，残りの半分が夜となる。　イ…誤り。自転方向が各惑星と反対なのは金星である。ウ…誤り。金星にはリングがない。なお，土星のリングは，土星の赤道面に位置し，自転軸と同程度に傾いていて，厚さが薄いため，真横から見ると，リングが見えなくなる時期がある(環の消失)。オ…誤り。土星の自転軸は公転面に対して約26.7度傾いているが，地球から，同時期に土星のリング全体は見えない。

(3)<自転軸の傾きの変化>ウ…誤り。現在，地球の自転軸は公転面に対して66.6°傾き，緯度が66.6°より高い両極周辺で一日中太陽が沈まない白夜になる。自転軸の傾きが90°へと変化していくと，白夜になる地域は現在より狭くなる。そして，自転軸の傾きが90°になると，両極周辺では一年中

白夜となるため，白夜の期間は現在よりも長くなる。　ア…正しい。昼の長さの変化が小さくなるため，夏と冬の気温差が小さくなる。　イ…正しい。雨季や乾季を繰り返すのは，夏季に赤道低圧帯，冬季に亜熱帯高圧帯に属する低緯度の地域である。昼の長さの変化が小さくなっていき，夏と冬の季節差が小さくなるため，雨季や乾季を繰り返す地域は減少する。　エ…正しい。赤道周辺は，自転軸の傾きが90°へと変化しても，現在と昼の長さが一年中ほぼ変わらないため，大きな日照時間の変化は起きない。

(4)＜太陽からのエネルギー＞地球を完全な球とすると，自転軸の傾きが変わっても，球面の半分を太陽の側に向けることに変わりはないため，地球全体で受ける太陽からの熱エネルギー量は変化しない。

(5)＜地平線に沈まない天体＞観測地点での北極星の高度は，観測地点の緯度と等しい。北緯35.7°の地点において地平線から35.7°の方向に北極星が見え，北極星の赤緯は＋90°だから，図２で，地平線から天の北極までの35.7°の範囲にある天体が地平線に沈まない周極星になる。よって，周極星の範囲は，90°－35.7°＝54.3°より，赤緯＋54.3°から＋90°である。

(6)＜恒星の見え方＞ア…正しい。表１より，ベガとデネブの赤緯はそれぞれ＋38.8°，＋45.3°で，ベガが天の北極になって赤緯が＋90°に変わると，赤緯は現在より90°－38.8°＝51.2°変化する。よって，デネブの赤緯は45.3°＋51.2°＝96.5°となり，これを90°までの範囲で表すと180°－96.5°＝83.5°となる。このとき，デネブの赤緯は，(5)で求めた周極星の範囲に入るので，はくちょう座は周極星になる。　イ…正しい。ベガの赤緯が＋90°になるということは，ベガと北極星の赤緯が入れ替わることなので，北極星の赤緯は現在のベガと同じ＋38.8°になり，北極星(こぐま座)は現在のベガと同じように，東の空から昇り天頂近くを通って西の空に沈むようになる。　ウ…誤り。ベガの赤緯が＋90°になると，オリオン座のリゲルの赤緯は，－8.2°＋51.2°＝43.0°より，＋43.0°になり，現在のデネブのように天球の高い位置を通って見えるようになる。　エ…誤り。天の川は現在もおおいぬ座の中を通っている。天の北極が変わったことでおおいぬ座の中を通るようになるのではない。　オ…誤り。図１で，天の川はベガのすぐ東側を通るので，ベガを中心に天体が動いて見えるようになると，天の川は季節を問わず見えるようになる。

2 〔身近な物理現象〕

(1)＜鏡の像＞問題の図３の２枚の鏡がなす角度を60°にして合わせ，白の碁石をWとすると，右図１のように，左の鏡には白の碁石Wの像W_1が鏡に対して対称な位置に映り，右の鏡に像W_1の像$W_{1'}$が鏡の延長線に対して対称な位置に映って見える。また，右の鏡にはWの像W_2，左の鏡に像W_2の像$W_{2'}$，さらに，右の鏡に像$W_{2'}$の像$W_{2''}$が，いずれも鏡や鏡の延長線に対して対称な位置に映って見える。同様に，鏡には，黒の碁石も映って見える。解答参照。

図１

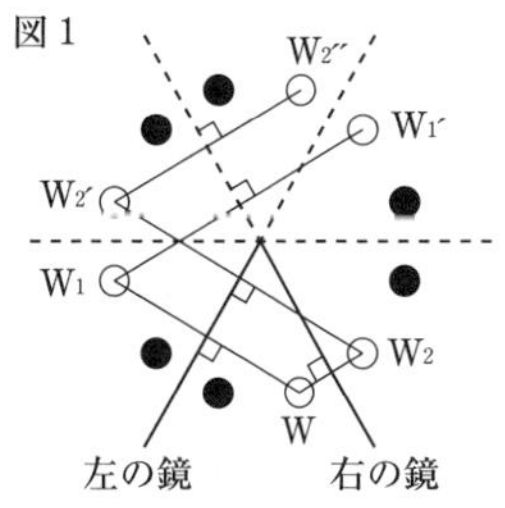

(2)＜光の直進，反射＞まず，光は直進するので，建物の陰で人を直接見ることができない範囲は，右図２の斜線で示した範囲となる。また，光は，入射角と反射角が等しくなるように反射するので，人をカーブミラーに映して見ることができない建

図２

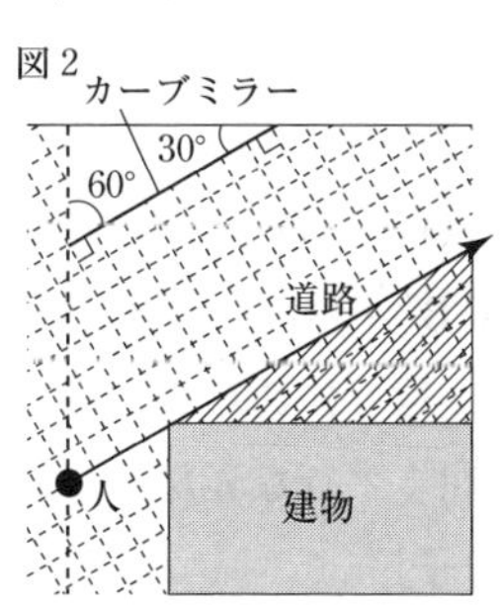

図３

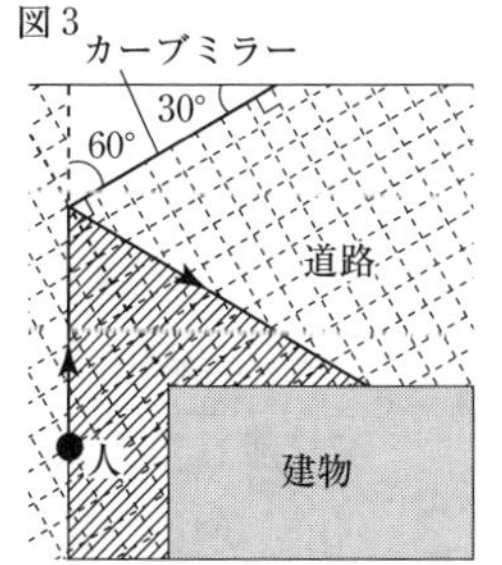

物の周りの範囲は，前ページの図３の斜線で示した範囲になる。よって，人をカーブミラーで見ることも，直接見ることもできない範囲は，図２の斜線で示した範囲と図３の斜線で示した範囲の重なった部分となる。解答参照。

(3)<凸レンズによる像>物体と同じ大きさの像がスクリーンに映るのは，物体を焦点距離の２倍の位置に置いたときである。このとき，像は焦点距離の２倍の位置に映る。よって，凸レンズａの焦点距離は12cm なので，物体と凸レンズａの距離は，12×2＝24(cm)であり，凸レンズａとスクリーンの距離も24cm である。

(4)<虚像>物体をAB，虚像をA′B′，凸レンズａの中心をO，光軸に平行な直線をACとして，物体の２倍の大きさの虚像が見えるときの物体ABと虚像A′B′の位置を図に表すと，右図４のようになる。図４で，A′B′はABの２倍の大きさなので，A′B′：AB＝2：1であり，△A′B′Oと△ABOは相似なので，OB′：OB＝A′B′：AB＝2：1となる。また，ACは光軸に平行な直線なので，CO＝ABとなり，△A′B′F′と△COF′は相似だから，A′B′：CO＝A′B′：AB＝2：1より，F′B′：F′O＝A′B′：CO＝2：1である。ここで，F′O＝12(cm)より，F′B′：12＝2：1となるから，F′B′＝12×2＝24である。よって，OB′＝F′B′－F′O＝24－12＝12(cm)となり，OB′：OB＝2：1より，12：OB＝2：1，OB＝12÷2＝6(cm)である。したがって，物体と凸レンズａの距離は6cm，虚像と凸レンズａの距離は12cm である。

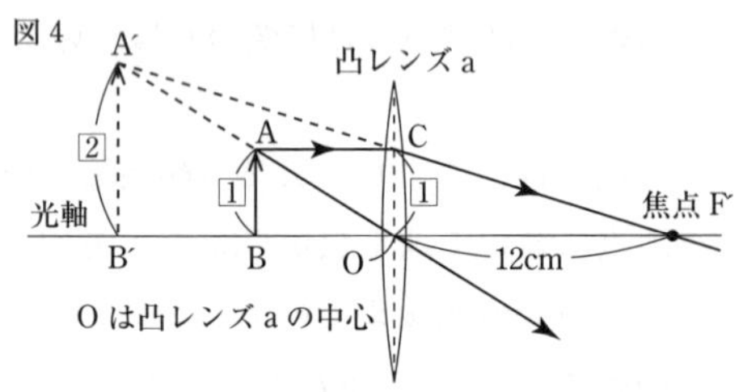

(5)<実像，虚像>問題の図８のように，凸レンズａ，ｂを並べ，凸レンズｂの左に物体を4.5cm 離して置くと，まず，右図５のように，凸レンズｂにより，凸レンズｂの右側に，物体ABの実像A′B′ができ，この実像A′B′を，凸レンズａを通して見ると，虚像A″B″が見える。この虚像A″B″は，物体ABとは逆向きに見えるので，倒立虚像である。次に，虚像A″B″の大きさを求める。凸レンズｂの中心をP，焦点をGとし，光軸に平行な直線をAC，A′Dとすると，△A′PG∽△A′ACで，PG＝3cm，AC＝4.5cmより，A′P：A′A＝PG：AC＝3：4.5＝2：3である。これと△PAB∽△PA′B′より，AP：A′P＝(A′A－A′P)：A′P＝(3－2)：2＝1：2となるから，PB：PB′＝AB：A′B′＝AP：A′P＝1：2であり，PB′＝2PB＝4.5×2＝9(cm)，A′B′＝2ABとなる。さらに，△A″A′D∽△A″OF′で，A′D＝B′O＝PO－PB′＝18－9＝9(cm)，OF′＝12(cm)より，A″A′：A″O＝A′D：OF′＝9：12＝3：4である。これと△OA′B′∽△OA″B″より，A′O：A″O＝(A″O－A″A′)：A″O＝(4－3)：4＝1：4となる。よって，A′B′：A″B″＝1：4より，A″B″＝4A′B′＝4×2AB＝8ABとなり，虚像A″B″は物体ABの８倍に見える。

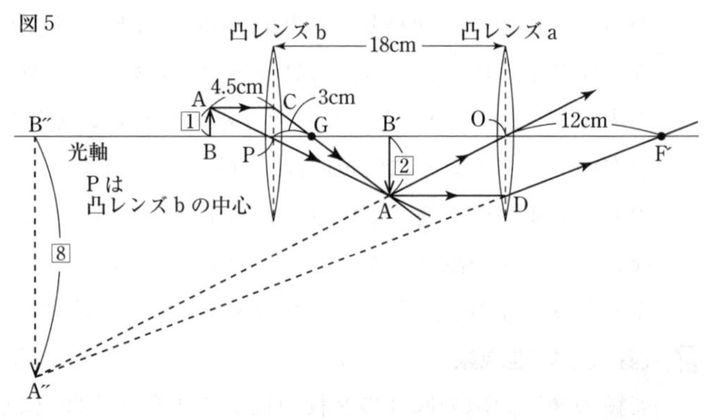

(6)<太陽光線の見え方>遠くにあるものほど小さく，近くにあるものほど大きく見える。そのため，遠く離れた太陽から届く平行な光線も平行に見えず，広がっているように見える。

3 〔化学変化と原子・分子〕

(1)<点火装置>圧電素子を用いると，図10の銅釘の間に放電により火花が飛び，点火することができる。実験で，B班が点火することができなかったのは，銅釘が接触するか，離れすぎて火花が飛ばなかったためと考えられる。

(2)<水蒸気の変化>水素と酸素を反応させたとき，反応した水素と同じ体積の水蒸気が生じるが，水蒸気は冷えてすぐに水になる。このとき，水(液体)の体積は水蒸気(気体)の体積に比べて非常に小さくなる。なお，水蒸気が水になるとパイプ内の気圧が下がるので，水面が上昇する。

(3)<反応した気体の体積比>パイプ内に残った気体6.0mLが全て水素であったと仮定すると，水素ボンベから注入した水素は37.5mLなので，反応した水素の体積は$37.5-6.0=31.5$(mL)となる。よって，水素31.5mLと注入した酸素13.5mLが反応するとき，$31.5\div13.5=2.33\cdots$より，水素の体積は酸素の体積の約2.3倍だから，酸素の体積を1とすると，反応した水素と酸素の体積比は，2.3：1となる。

(4)<残った気体の性質>パイプ内に残った気体は，火を近づけても燃えないので水素ではなく，燃えている線香を入れると火が消えるので酸素でもない。燃えない気体であり，物を燃やすはたらきもない気体には，窒素，二酸化炭素，アルゴン，ヘリウムなどがあるが，この気体は実験中に混入した可能性があるので，空気中に含まれる窒素と考えられる。

(5)<窒素の体積>空気を窒素と酸素が4：1の体積比で混合した気体とすると，混入した空気YmLに含まれる窒素の体積は，$Y\times\frac{4}{4+1}=0.8Y$(mL)と表せる。下線部の結果から，残った気体は水素でも酸素でもないので，混入した空気中の窒素$0.8Y$mLが残った気体6.0mLになる。

(6)<水素の体積>(5)より，混入した空気YmLに含まれる窒素は$0.8Y$mLであり，これが残った気体6.0mLであるから，$0.8Y=6.0$が成り立つ。これを解くと，$Y=7.5$(mL)となるから，実際にパイプ内にあった純粋な水素は，$37.5-7.5=30.0$(mL)である。

(7)<原子の性質>2個の水素原子と1個の酸素原子から2個の水分子が生成するとすると，水分子1個は水素原子1個と酸素原子半分でできていることになる。これは，原子がこれ以上分割できないという性質に矛盾することになる。

4〔植物の生活と種類〕

(1)<光合成>光合成は植物がデンプンなどの養分をつくるためのはたらきである。デンプンなどの養分は葉緑体で光エネルギーを利用して二酸化炭素と水からつくられ，このとき同時に酸素が発生する。つくられた養分は，水に溶けやすい物質に変化した後，師管を通って植物全体に運ばれる。

(2)<顕微鏡の操作>対物レンズの倍率を上げると物体は拡大されるため，視野が狭くなり，視野の中に見える気孔の数は少なくなる。なお，視野に入る光の量が減るため，視野は暗くなる。

(3)<葉の大きさと形>表2より，高い枝の葉の大きさは，葉の長さが短く幅も狭いので，低い枝の葉に比べ小さい。また，形は，低い枝の葉に比べ，高い枝の葉は，長さが$87\div128=0.67\cdots$より約0.7倍，幅は$24\div51=0.47\cdots$より約0.5倍なので，細長い。

(4)<植物の体のつくり>アラカシは広葉樹で，幅が広い平らな葉をつけるが，クロマツは針葉樹で，針のような葉をつける。また，ドングリは果実なので，アラカシは，花の胚珠が子房に包まれている被子植物である。一方，クロマツは裸子植物で，花に子房がなく胚珠がむき出しでついている。なお，アラカシもクロマツも種子植物なので，維管束が発達し，種子をつくってふえる。また，どちらも一年中葉をつけており，アラカシは双子葉類なので葉は網状脈を持っている。

⑸＜気孔の数＞⑶より，低い枝の葉に比べ，高い枝の葉は，長さが約0.7倍，幅が約0.5倍である。これより，１枚の葉の面積は，低い枝の葉に比べ，高い枝の葉では，$0.7\times0.5=0.35$より，およそ0.35倍になると考えられる。よって，表２で，同倍率で観察したとき視野の中に見える気孔の数は，高い枝の葉は64個，低い枝の葉は44個だから，１枚の葉にある気孔数の割合は，高：低$=64\times0.35:44=22.4:44$より，最も近い値は，高：低$=1:2$である。

⑹＜層の厚さとはたらき＞表２より，高い枝の周囲の環境は低い枝の周囲より気温が高く照度が強い。これより，図11のⅠ層の細胞は葉緑体がなく透明なので，高い枝の葉においてⅠ層が厚くなることは，葉の表面から水が失われにくくすることに役立つ。また，Ⅱ層には葉緑体を持つ細胞が密に並んでいるので，Ⅱ層が厚くなることは，強い光を受けて光合成を盛んに行い，より多くの栄養分をつくることに役立つ。

国語解答

一 問1 イ　問2 ア　問3 オ
問4 ウ
問5 お互いの内面を語らないことを前提にした，出来合いの形容詞だけで間に合わせようとする会話ばかりを行っているために，会話による心の伝達が成り立たない，という状況。(79字)
問6 エ

二 問1 a…ア　b…オ　c…ウ
問2 放蕩者の夫が外で遊び歩いている間，それにじっと耐えていたが，心の中では，やはり傷ついており，誰かに頼りたい気持ちにもなる，という状況。(67字)
問3 ア…○　イ…×　ウ…×　エ…○　オ…×
問4 ア　問5 エ　問6 オ

三 問1 オ　問2 イ，ウ　問3 イ
問4 ウ　問5 オ

四 1 演奏　2 紛争　3 法曹
4 捜索　5 藻類

一〔随筆の読解―社会学的分野―コミュニケーション〕出典；永田和宏『あの午後の椅子』。

≪本文の概要≫デジタルというと，いかにも数学的世界と思いがちだが，私たちが，自然や世界を見て，そこに何かを見つけ，それを誰かに伝えようとする行為は，デジタル化である。さらに，それを言葉で表現するということは，デジタル化の最たるものである。例えば，夫を亡くして，一人になった女性がいるとする。彼女は，「寂しい」と感じているに違いない。しかし，どのように寂しいのか，どれほど寂しいのかについて，「寂しい」という形容詞は，何も答えてはくれない。個別の感情を語らない言葉で会話が成り立つのは，聞く方が相手の状況を推し量っているからである。最近，私が強い違和感を持つのは，若い世代が，限られた数の形容詞でコトを済ませてしまう傾向についてである。彼らは，自分の内面を見つめずに，出来合いの形容詞だけで間に合わせているように思われる。私は，家族の間では，できるだけ形容詞を使わない会話がなされることが理想だと思う。形容詞を使わないで，自分の感情を伝えるのは，相当に面倒なことである。しかし，その煩わしさこそが，本来の会話に必要な要素なのだと思う。

問1＜文章内容＞一般の人々の間では，「デジタル＝時代の先端，といった意識が共有されているよう」である。また，「デジタルと言うと，いかにも数学的世界と思いがち」だが，実際，「そこは数字の支配する世界」である。そのため，「われわれ普通の人間には，およそ理解の及ばない別世界の雰囲気」がある。

問2＜文章内容＞「私たちを取り巻く自然，あるいは世界は連続した空間である」が，「その自然のなかで何かを認識するとき，私たちは連続した世界の一部を切り取っている」のである。人間が，自然の中に「何かを見よう」としたり，「何かを感じよう」としたりすると，認識したものは自然という「全体のなか」から切り取った「〈一部〉になってしまう」のである。

問3＜文章内容＞自然の中で認識したものを「言葉で表現するということ」は「デジタル化の最たるもの」だが，「有限の言葉」で，「無限の要素からなる世界」を表現することには「そうとうな無理」がある。そのため，言葉と言葉の間には，埋めることのできない，意味の隙間が生じてしまうのである。

問４＜文章内容＞「寂しい」という形容詞によって「会話が成り立つ」のは，聞く方が，自分の体験や他から得た知識などを総動員して，「相手のいまの状況」を推し量り，「自分の感情移入によって相手の『寂しい』をわかったようなつもりになる」からであり，話す方も，相手がそのようにして「自分の気持ちを汲んでくれることを期待して『寂しい』という形容詞を相手に〈預ける〉」からである。ここでは，話す方は，相手がわかってくれるだろうと期待して，「寂しい」と言い，聞く方も，相手はこう感じているのだろうと推量して，それを受け取っているだけで，「どのように寂しいのか，どれほど寂しいのか」という具体的な個人の内面については，お互いに語られることはないのである。

問５＜文章内容＞今の若い世代には，「限られた数の形容詞でコトを済ましてしまう傾向」がある。彼らは，「自らの内面を見つめるという行為をスキップして，出来合いの形容詞だけで間に合わせて」表現しており，「お互いに内面を語らないことを前提にした情報交換」のみを行っている。自らの内面を見つめることも，お互いに内面を語り合うこともないままに，形容詞だけが行き交う状況は，「かなりうそ寒い」ものであり，そのような会話では「心の伝達は成り立ち得ない」のである。「うそ寒い」は，何となく寒々しいさま。

問６＜主題＞「私」は，家族の間では「できるだけ形容詞を使わない会話がなされることが理想だ」と考えている。「形容詞を使わないで自分の感情を伝えるのは，相当に面倒なこと」であり，話す方は，何があって，どんなふうに感じているのかを，「こまごまとした具体を引っ張り出して話さなければならなく」なる。聞く方も，「相手の言おうとすることを漏らさず聞き取る努力を必要」とする。「必然的に話は長く」なり，話す方も聞く方も面倒だが，その「煩わしさこそが，本来の会話に必要な要素」であり，そんな努力が，会話を「血の通った気持ちの伝達に導く」のである。

二〔小説の読解〕出典；岡本かの子『家霊』。

問１＜語句＞a.「いたいけ」は，小さくて，または幼くて，かわいいもののこと。　b.「たまさか」は，めったにないこと。　c.「興」は，楽しさ，おもしろみのこと。

問２＜文章内容＞おかみさんの夫は，放蕩者で，仕事もせずに夜の町で遊び回っていた。おかみさんは，自分や店を顧みない夫にじっと耐えて，「帳場から一足も」動かなかったが，「たまには，人に縋りつきたい切ない限りの様子」を見せることもあった。「人間は生身」なので，「冷たい石」のように，何も感じず，平然としていることは難しい。おかみさんも，内心では夫の放蕩に傷ついており，誰かに助けてほしいと思うこともあったのである。

問３＜文章内容＞徳永は，おかみさんに同情したが，その一方で，「こんな半木乃伊のような女に引っかかって，自分の身をどうするのだ」と思って，「逃げ出しかけたこともたびたびあった」のである(イ…×)。自分は過ちを犯すことはできないと，「おかみさんの顔は言っていた」のであるが，実際に「家業を捨てることなどできない」と口に出して言ったわけではない(オ…×)。徳永は，「せめて，いのちの息吹きを，回春の力を，わしはわしの芸によって，この窓から，だんだん化石して行くおかみさんに差入れたい」と思って，懸命に簪をつくった(エ…○)。徳永は，簪を贈っただけで，「簪を作ることにうち込む自分の姿」を見せてはいない(ウ…×)。おかみさんを慰めるために「いのちが刻み出たほどの作」をつくるうちに，徳永は，「明治の名匠加納夏雄以来の伎倆を鍛えた」のである(ア…◯)。

問４＜文章内容＞徳永は，おかみさんが若かった頃には，大きくて華やかな簪をつくっていたが，おかみさんが歳を取るにつれて，簪は地味なものになり，徳永が腕を振るう余地はなくなっていった。やがて，徳永も仕事をする気力を失い，おかみさんは，重い病気にかかってしまった。このように，「歳月は酷いもの」なのである。

問５＜表現＞「呼応」は，呼びかけ，それに応えること，互いに呼びかけること。母がつくったどじょう汁によって，若かった母と徳永はつながりを持ち，今，くめ子がつくるどじょう汁は，年老いた徳永老人とくめ子の間に新たな結びつきを生み出している。どじょうを介して母，徳永，くめ子の三者が結びつくように，「いのち」は，互いに呼びかけ合い，結びつき合うのである。

問６＜心情＞くめ子の家の「おかみさんになるものは代々亭主に放蕩される」ことが宿命づけられていた。一方，それに耐えていれば，「誰か，いのちを籠めて慰めてくれるもの」が現れると母は言ったのである。くめ子の心の中では，夫の浮気に悩まされる運命を引き受けて，店を続けていこうと思う気持ちと，自分を救ってくれる人が現れるかもしれないという期待とが，もつれ合っていたのである。

三 〔古文の読解―御伽草子／物語〕出典；『横笛草子』／『平家物語』。

≪現代語訳≫【文章Ⅰ】中から，身分の低い僧を出して，「どこから来たのか」と尋ねると，「横笛と申す者でございます。滝口殿に一言申し上げたいのです」と申し上げる。横笛と聞いてから，(滝口の)胸は騒いで，障子の隙間からご覧になると，着物の裾は露に，袖は涙にぬれながら，本当に，捜し疲れたように見えて，柴の戸の横に立って，いかにも静かな様子である。昔の様子よりも，さらに美しいと思われた。(横笛を)見れば(滝口の)目がくらみ，気が遠くなるほどであった。どちらが夢とも区別がつかず，また思うには，こうなった以上は走り出て，(僧に)変わった姿を一目見せたいと思ったが，心で心を引き止めて，また(自分に)会えなくなる恨みはかえって，二度もつらい思いをさせてしまうだろう(と思うと気の毒でもあり)，無ざんにも横笛が，三年ほどの交際をなつかしく思って，(自分を)捜してやってきた気持ちも，何にたとえる方法もなく，(滝口は)袂を顔に押し当てて，泣く以外のことはできなかった。身分の低い僧が申すことには，「この寺は，女性が参らない所です。そのうえ，滝口とかいう人は，聞いたこともない人です。さっさとお帰りください」と言って，柴の編戸をぴしゃりと閉めて，その後，音もしなかった。横笛は，これをご覧になって，「情けないありさまです，昔と変わらず，今もおつき合いをしようと言うのならば(ともかく)，(僧に)変わった姿をただ一目お見せください」と言い，「色が変わらない松であっても，やはり色が変わることはありますが，火の中水の底までも，変わることはないだろうと思っていたのに，早くも心が変わったのですね。以前の情けをかけてくださいと言うのならば(ともかく)，私もともに(尼に)姿を変えて，同じ庵室に住んで，あなたが(仏に供える)花を摘むなら，私は手で(花を生けるための)水をすくって，ともに極楽浄土に生まれ変わる縁になりたいと思って，これまで(あなたを)捜して参上しました，夫婦の契りは現世と来世の二世にわたると聞きましたが，現世での対面も実現できないのは，情けないことですが，親の勘当を受けて，このようにおなりになったので，私を深くお恨みになるのも道理です。思えばやはり，私は，あなたのために，深いもの思いに沈んでおり，互いに思いは深いでしょう」と，涙を流して申し上げ，「それにしても，昔は，雷のような人知を超えた力が作用しても，決して二人の仲を裂くことはできないだろうと，約束した言葉は，今のように忘れず，愛し合い言葉を交わした際に移った香は，今も変わらずにおっていますが，いつの間にか変わり果ててしまったのですね，薄情な滝口様ですねえ」と言って，声を張り上げて泣いたので，滝口は，これを見て，あまり嘆くので気の毒であり，せめて声だけでも聞かせたいと思って，こうよんだ，／あずさ弓が反るように，私が髪をそったことを恨まないでほしい，弓を射るように，(私は)仏の道に入ったことがうれしいのだ

【文章Ⅱ】滝口入道は胸騒ぎがして，障子の隙間からのぞいてみると，本当に(横笛が自分を)捜しあぐねている様子であるのを気の毒に思って，どんな出家者も心が弱くなってしまうほどである。すぐに人を出して，「全くここにそのような人はいません。家を間違えたのでしょう」と言わせて，とうとう会わずに(横笛を)帰らせた。横笛は情けなく恨めしく思ったけれども，力なく涙をこらえて帰っていった。滝口入道が，同じ寺で修行する僧に会って申すには，「ここはとても静かで念仏の妨げはありませんが，嫌になったわけでもなく別れた女にこの住まいを知られてしまったので，たとえ一度は心強く(拒否でき)ても，また慕ってくることがあれば，心が動くかもしれません。お別れを申し上げます」ということで，嵯峨を出て高野山に登り，清浄心院に住むことになった。横笛も(尼へと)姿を変えたということを聞いたので，滝口入道は一首の歌を送った。／あずさ弓が反るように髪をそるまでは(私も)世の中を恨んでいたけれども，(あなたも)弓を射るように，仏の道に入ったことをうれしく思う

問１＜古文の内容理解＞滝口は，もう一度会いに尋ねてきた横笛の気持ちに応えてやりたかったが，泣きながら自分でその気持ちを抑えたのである(オ…×)。

問２＜古文の内容理解＞横笛は，自分も出家して，同じ嵯峨の往生院で，滝口とともに仏道修行に励み，一緒に極楽浄土に生まれ変わりたいと願っていた(イ…○)。横笛は，自分のせいで，父親から勘当されてしまったのだから，滝口が自分を恨むのも道理だと言った(ウ…○)。

問３＜現代語訳＞「うたて」は，情けない，嫌である，という意味。横笛は，自分に会おうとしない滝口を恨んで，ひどい滝口様であることだと嘆いたのである。

問４＜古文の内容理解＞今回は心を強くして，横笛に会わずに追い返すことができたが，嫌いになって別れたわけではないので，もう一度横笛が尋ねてきたら，昔の恋心がよみがえるかもしれないと，滝口入道は心配した。そのため，滝口入道は，嵯峨を出て高野山に登ったのである。

問５＜和歌の内容理解＞どちらも，滝口が，自分の心情をよんだ歌である。Xは，自分が仏の道に入ったことがうれしいのだ，という意味。Yは，横笛も，仏の道に入ったことをうれしく思う，という意味。「あづさ弓」は，「いる」に掛かる枕詞。「そる」には，「反る」と「(髪を)そる」が，「いる」には，「入る」と「射る」が掛けられている。

四〔漢字〕

1．「演奏」は，音楽をかなでること。　2．「紛争」は，もつれて争いになること。もめごと。
3．「法曹」は，法律関係の仕事に携わる人のこと。裁判官・検事・弁護士など。　4．「捜索」は，人の行方や物のありかをさがし求めること。　5．「藻類」は，水中や湿地などに生息する，光合成をする葉状植物の総称のこと。

2020年度 市川高等学校

【英　語】（60分）〈満点：100点〉

■放送問題の音声は，当社ホームページ（https://www.koenokyoikusha.co.jp）で聴くことができます。
（当社による録音です）

【注意】 解答の際には，句読点や記号は１字と数えること。

I

(A) これから読まれる英文を聞いて，答えとして最も適切なものを選び，それぞれ記号で答えなさい。英文は２回読まれます。なお，放送を聞きながら問題用紙の余白部分にメモをとってもかまいません。

(1) Shauna spends more than half of the year __________.
- a. travelling in America
- b. training near her home
- c. visiting other countries

(2) Shauna first became interested in being a pilot __________.
- a. when she went in a plane with her father
- b. when she saw the ground from the sky
- c. when she got her driving license

(3) When Shauna went in a plane for the first time, __________.
- a. she was scared by the height and speed
- b. she was impressed by the view
- c. she realized she needed to be more healthy

(4) Shauna had a plane accident __________.
- a. at an airshow
- b. when she was terrified
- c. because she made a mistake

(5) In her free time, Shauna usually __________.
- a. watches films on television
- b. gets together with friends
- c. enjoys playing tennis

(6) In the future, Shauna would most like to __________.
- a. listen to other people more
- b. spend more time travelling
- c. teach other pilots

(B) これから読まれる英文を聞いて，空欄を埋めなさい。(1)と(2)は日本語で，(3)から(6)は英文中の１語でそれぞれ答えなさい。英文は２回読まれます。なお，放送を聞きながら問題用紙の余白部分にメモをとってもかまいません。

DREAMS

過去の人々は「夢」は何を表すと考えていたか。

エジプト人	(1)
ヨーロッパ人	(2)
19世紀の医者	考えたくないこと 最も気がかりなこと

Why do we dream ?

● Dreaming helps us solve problems.

● Maybe dreams let people get enough [(3)].

● Our brains never switch off. Dreams might help our minds keep [(4)] at night.

● Dreams fill our brains with pictures and stories to keep them busy.

● We think that maybe dreams help us look after our thoughts and [(5)].

Good Points / Advantages

● Many people think that dreams give us [(6)] ideas.

(ex) Paul McCartney—"Yesterday"

※<**リスニング問題放送原稿**>は英語の問題の終わりに付けてあります。

[II] 次の英文(A)とそれに関する対話文(B)を読んで，各問いに答えなさい。なお，出題に際して本文には省略および表記を一部変えたところがあります。〔本文中で＊の付いている語(句)には注があります〕

(A)

[1] Money was created many times in many places. Its development needed no technological breakthroughs—it was simply a big mental change. It needed the creation of a new reality that is only in people's shared imagination.

[2] Money is not coins and paper notes. Money is anything that people decide to use in order to show the value of other things for the purpose of exchanging goods and services. Money makes it easy for people to compare quickly the value of different commodities (such as apples and shoes), to exchange one thing for another, and to hold wealth conveniently. There have been many types of money. The most popular is the coin, which is a piece of metal stamped with nationally accepted value. Yet people used money long before the invention of coins, and cultures have grown and become rich using other things as *currency, such as shells, cattle, skins, salt, grain, beads and cloth. *Cowry shells were used as the official money for about 4,000 years all over Africa, South Asia, East Asia and Oceania. Taxes could still be paid in cowry shells in British Uganda in the early twentieth century.

[3] In modern *prisons and *POW camps, cigarettes have often been used as money. Even non-smoking prisoners have often accepted cigarettes in payment, and see the value of all other goods and services in cigarettes. One *Auschwitz survivor explained the cigarette currency used in the camp : 'We had our own currency, whose value no one questioned : the cigarette. The price of everything was written in cigarettes. . . . In "normal" times, bread cost twelve cigarettes ; a 300-gram package

of margarine, thirty; a watch, eighty to 200; a litre of alcohol, 400 cigarettes!'

4 In fact, even today coins and paper notes are an unusual form of money. The total amount of money in the world is about $60 trillion, yet the total amount of coins and paper notes is less than $6 trillion. More than 90 per cent of all money—more than $50 trillion appearing in our banks—is only real on computer servers. For this reason, most business exchanges work by moving electronic data from one computer file to another, without any exchange of 'real' cash. Only a *criminal buys a house, for example, with a suitcase full of paper notes. As long as people decide to trade goods and services in exchange for electronic data, it's even better than shiny coins and crisp paper notes—lighter and easier to follow.

5 For modern business to work, some kind of money is very important. A shoemaker in a money economy needs to know only the prices charged for various kinds of shoes—there is no need to memorise the different prices of shoes in apples or goats. Money also frees apple growers from the need to search out shoemakers, because everyone always wants money. This is perhaps its most basic quality. Everyone always wants money because everyone else also always wants money, which means you can exchange money for whatever you want or need. ①The shoemaker will always be happy to take your money, because he can get any of the things he really wants them—apples or goats—in exchange for money.

6 Money is a universal form of exchange that allows people to change almost everything into almost anything else. ②【brain / strength / everything / to / gets changed】 when a person, who was a soldier, pays for his college fees with the money he got from the army. Health is changed to justice when a doctor uses the money she got from a patient to pay for a lawyer.

7 Ideal types of money make it possible for people not only to turn one thing into another, but to hold wealth as well. Many valuable things cannot be kept—such as [あ]. Some things can be kept only for a short time, such as [い]. Other things last longer, but take up a lot of space, cost much and need care. Wheat and corn, for example, can be kept for years, but to do so you need huge buildings and to guard against rats, mould, water, fire and thieves. Money solves these problems—whether it is paper, computer bits or cowry shells. Cowry shells don't break easily, are not rats' favorite food, can survive fires and are compact enough to be locked up in a safe.

8 In order to use wealth it is not enough just to hold it. It often needs to be moved from place to place. Some forms of wealth, such as lands and houses, cannot be moved at all. Commodities such as wheat and rice can be moved only with difficulty. Imagine a wealthy farmer living in a moneyless land who travels to a distant area. His wealth is mainly his house and rice fields. The farmer cannot take with him the house or the fields. He might exchange them for tons of rice, but it would be very difficult and expensive to move all that rice. Money solves these problems. The farmer can sell his house and rice fields in exchange for a lot of cowry shells, which he can easily carry wherever he goes.

9 Because money can change, save and move wealth easily and cheaply, it played an important part in the development of complicated business networks and lively markets. Without money, business networks and markets would never have been able to grow.

*(注) currency：通貨　cowry shell：コヤスガイ　prison：牢獄　POW camp：捕虜収容所
Auschwitz：第二次世界大戦中，ドイツがポーランドに作ったユダヤ人の強制収容所のこと。
criminal：犯罪者

(B)

A： Have you ever heard of crypto-currency？

B： No, I haven't.　What is it？

A： It is digital currency, which is used online.

B： Is it the same as 'real' money？

A： Not really.　I think 'real' money is much safer than crypto-currency.

B： Why？

A： Because we all believe the value of 'real' money.　Crypto-currency isn't [　う　] that can be used within a country.　So we can't use it to pay taxes.

B： How can we use it？

A： You can use it to buy items from anyone who will accept it.　Also, you can trade it with someone. One famous kind of crypto-currency is the Bitcoin, which was first created in 2009.

B： I've heard of Bitcoin！ Its value went up quite a lot in a short time, didn't it？

A： Right.　But don't trust it easily.　The value of crypto-currency often goes higher and lower.

B： Does it？　How does its value go lower？

A： If we (　え　), it will have less value when we want to use it.

問1　次の図は英文(A)で述べられている“money”について簡単にまとめたものです。この図を見て以下の設問に答えなさい。

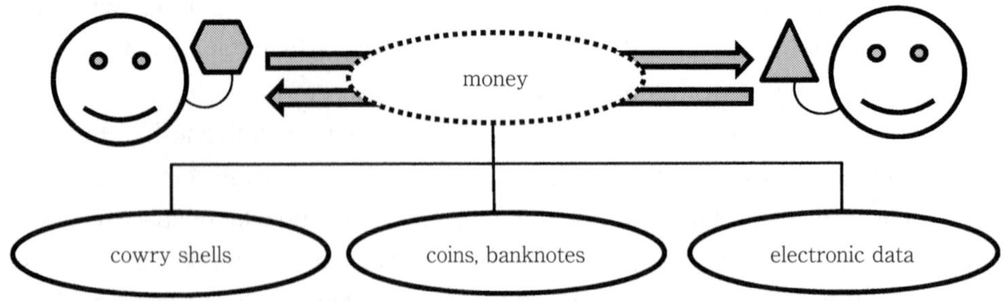

(1)　“money”とは，どのようなものであると説明されていますか。次の[　]に示された語句を使って，(　)に入る適切な内容の日本語を30字以内で答えなさい。

[価値]

(　　　　)ために使うものは何でも“money”である。

(2)　“coins, banknotes”よりも“electronic data”が“money”として優れている点を15字以内の日本語で答えなさい。

問2　下線部①には文法的に不要な語が1語含まれています。その語を抜き出しなさい。

問3　下線部②の【　】内の語(句)を並べかえ，意味の通る英文にしなさい。ただし，不要な語が1語含まれています。文頭にくる語も小文字で示してあります。

問4　[あ]・[い]に入る最も適切な組み合わせを選び，記号で答えなさい。

ア．beauty / money

イ．strawberries / beauty

ウ．time / strawberries

エ．money / time

問5　“cowry shells”が“money”として流通した理由として本文で挙げられているものを4つ選び，それぞれ記号で答えなさい。

ア．栄養価が高い　　イ．かさばらない　　ウ．美しい
エ．希少価値が高い　オ．火に強い　　　　カ．縁起が良い
キ．こわれにくい　　ク．採取しやすい　　ケ．運びやすい

問６　英文(A)の内容に合っていれば○，合っていなければ×と答えなさい。

ア．In human history, the coin has always been the most popular form of money.

イ．In modern prisons, cigarettes have often been used as money because most prisoners are heavy smokers.

ウ．Even today, coins and paper money are the most common form of money.

エ．Without money, shoemakers would be required to know the different prices of shoes in apples or goats.

オ．Money allowed business networks and markets to grow as they are today.

問７　対話文(B)の［う］に入る最も適切な英語を英文(A)の段落［2］の中から３語で抜き出しなさい。

問８　（え）に入る適切な内容の英文を３～７語で書きなさい。

［III］　次の英文は，ベトナムのハノイからオーストラリアへの移民であるLucyが書いたものです。彼女は奨学金を得て，Laurindaという名門女子高校に通っています。これを読んで，各問いに答えなさい。なお，出題に際して本文には省略および表記を一部変えたところがあります。〔本文中で＊の付いている語(句)には注があります〕

When I was six years old, Dad bought a cheap one-pound bag of mixed candy from Tien, who worked at the Allens' factory. He made me stand outside the front of my elementary school and hand them out to the neighborhood kids walking home. He stood a few steps behind me. It had been a hot day, the bag was heavy and I was not interested in either the candy or the other kids. I just wanted to get home and watch *Fat Cat and Friends*.

The other kids were ［　A　］ me, either. They would come up, quickly take a handful of candy and walk off. Some parents made their kids say, "Thank you." Other parents said it for their kids and smiled warmly at me. One mum pulled her little boy away from my bag when she saw my dad standing behind me, even though he was smiling at them. In fact, that probably ①creeped them out even more.

When my father walked home with me that afternoon, he said "Well, Lucy, you've had a chance to get to know the kids at the school, so now some of the older ones will look after you."

Maybe you could do that in Hanoi, because people were so ［　a　］, and older kids knew to look after younger ones, but here in Stanley my ［　b　］ father had no idea of the difference between ＊exploitation and friendship.

So when he suggested that I invite some Laurinda girls over for a movie night, I had to say no.

"This is the first time it will be on television !" he said. "It is a huge event, and it would be nice for you to ［　B　］ our culture with your friends."

"No, Dad, I really don't think the girls will want to watch *Hope in Hanoi*."

My father had been waiting for this movie, which was set during the Vietnam War, to come on TV for years. All movies ended up on the television in the end, he thought, which was why we never, ever went to the cinema. Someone at the factory had told Dad that the movie was going to screen that Friday night.

"We could have a little party, order some takeout food."

"No."

"I can't believe I have a daughter who wants to [C] her culture so much that she won't even have her friends over to see a movie about it."

My father made me very angry because he thought Vietnamese culture was just about the war.

At that moment, I hated my father.

"What is wrong with living simply ?" he continued, but he knew he was wrong because he had to change the words and call it "simple" instead of what it was. Even his voice made me want to break a chopstick in half. "They would see how hard we work, and feel respect for how hard you try at school."

According to my father, everything was easy—all I had to do was keep my head down, keep quiet and work hard, and then everyone would like me. There was no such thing as having trouble *fitting in if you ②showed the right image to your audience.

"You have to be friendly at the new school," he advised. "It's not like Christ Our Savior, where girls just stayed with each other because they were Asian or Spanish or Greek or whatever."

That Friday evening, Dad came home with three big bags of McDonald's. Enough food for a family three times our size.

"*Wah*, what's with all this food, old man ?" my mother asked.

My father looked at me as if I'd poured one of the plastic cups of Coke over his head. It was a wordless look of terrible disappointment. "I thought you were bringing some friends home."

③【the situation / to / worse / I / want / make / didn't】, so I didn't tell him that the types of girls I spent time with didn't consider McDonald's the best kind of modern, clean, healthy food. They considered it the food of poor, fat people.

My father's love of McDonald's was completely *innocent. I knew the Laurinda girls would not share his love of perfect golden French fries, or wonder over the perfection of the ninety-nine-cent ice cream.

"[D] Lamb," I said without being able to look at my dad. I opened up one of the Happy Meal boxes and searched for the surprise toy.

"[E]" my mother complained.

"Our daughter said that she would bring some friends."

"You should have asked her how many people were coming."

"[F]" I shouted.

There was silence. The Lamb found the toy and stared to bite away the packaging with his four front teeth.

"Lamby," I said to him, "let me open that for you."

"[G]" my father said sadly, "who is going to eat all this food ?"

I *sighed. "I will. I love it. I will eat both the Big Macs—one for dinner and one for breakfast."

"[H]" said my father. "Do you want to become fat like the white girls here in Stanley ?"

No one answered. We just looked at the television, all three of us, and didn't say another word, because the movie was about to begin. I had the Lamb on my knee, and I fed French fries into his mouth regularly at a steady pace.

Nothing much excited my parents these days, but movies like this one ④did. It began in a small Vietnamese village and told the life story of one woman. It was also about a white soldier who had always wanted an Asian wife. [I] and [J], but [K] so [L]. It was one of those movies you would call deep and life changing.

But these times — sitting with my family and watching Vietnam War movies filled with terrible violence — were the happiest of my childhood. ⑤I was glad that people kept making these films because they were holding Asian families together all over Australia.

＊(注) exploitation：私的利用　fit in：うまく溶け込む　innocent：無垢(むく)の，心からの　sigh：ため息をつく

問1 [A] に入る3語を本文中から抜き出しなさい。

問2 下線部①と最も近い意味を表すものを次から選び，記号で答えなさい。

ア．pleased　イ．frightened　ウ．disappointed　エ．satisfied

問3 [a]・[b] に共通して入る最も適切な語を次から選び，記号で答えなさい。

ア．afraid　イ．kind　ウ．hungry　エ．poor

問4 [B]・[C] に入る最も適切な組み合わせを選び，記号で答えなさい。

ア．B：share　C：share　イ．B：hide　C：hide

ウ．B：share　C：hide　エ．B：hide　C：share

問5 下線部②は具体的にどのようにすることですか。日本語で答えなさい。

問6 下線部③の【　】内の語(句)を並べかえ，意味の通る英文にしなさい。

問7 [D] ～ [H] に入る最も適切なものを選び，それぞれ記号で答えなさい。

ア．I didn't say anyone was coming!　イ．Nobody likes McDonald's!

ウ．Let's have a look at what's inside,　エ．That's true,

オ．Who is going to eat all this, I ask you?　カ．Don't be silly,

問8 下線部④の did が表す内容を本文中から抜き出しなさい。

問9 [I] ～ [L] に入る最も適切なものを選び，それぞれ記号で答えなさい。ただし，文頭にくるものも小文字で示してあります。

ア．he shot himself in the head

イ．he took the village woman to the United States

ウ．she quickly became used to life there

エ．he couldn't go back to his old life

問10 下線部⑤を日本語になおしなさい。

<リスニング問題放送原稿>

(A)

INTERVIER : Welcome to our radio program, Shauna Taylor.

Shauna : Good morning!

INTERVIER : So Shauna, tell us about your job.

Shauna : Well, I'm a professional air show pilot, so I spend 5 months of the year flying for audiences at airshows around the country and the other 7 months practicing at a place not far from where I live.

INTERVIER : Your shows are really great. How did you start?

Shauna : I began nearly 30 years ago. I was 14 when my father took me on my first flight. I was very nervous when he asked me to take the controls but seeing the sunrise from the sky was magical. I knew then that I wanted to be a pilot, but I had to wait until I could get a license.

INTERVIER : When did you start doing shows ?

Shauna : As soon as I got my license, I learned how to do exciting and difficult moves in my plane.

INTERVIER : It's a very dangerous job. Have you ever made any mistakes ?

Shauna : Performing in a show is always dangerous because you have to fly fast and close to the ground. Once, when I was practicing for a show I lost control of my plane. I had to jump out of my plane before it hit the ground. It was so scary, but it taught me to take more care.

INTERVIER : So, what kind of person can do this job ?

Shauna : This kind of flying is very hard, so you need a strong body, and also a strong mind. I go to the gym for 2 hours 5 days a week. I also enjoy being outside, so I mountain climb, hike, and ski.

INTERVIER : You sound very busy. Do you have time to relax ?

Shauna : Of course, it's important. But you won't find me watching movies on TV. I'm pretty friendly, so I love making plans with friends when I am free. One of them loves playing tennis, and he's tried to get me interested too, but I prefer more exciting and unusual sports.

INTERVIER : Finally, what do you plan in the future ?

Shauna : Doing this job I have travelled to most places in America, so as soon as I get a chance I would like to travel abroad. But more than that, I'd like to help teach the next generation of pilots. One of the most important things I have learned myself is that getting help from others is necessary, and I should listen to advice instead of trying to do everything alone.

(B)

Why do we dream ? This question is very interesting. People who lived in Egypt hundreds of years ago believed that dreams were messages from gods. At the same time, those from Europe believed that dreams were pictures of the future. Later, in the 19th century, early doctors believed that dreams were things people didn't want to think about, and told stories of what you were most afraid of.

Some scientists think dreaming helps us to solve problems. Forgetting your homework is often seen in dreams. Maybe your brain is preparing you for such a bad event.

Other people say that maybe dreams let people get enough sleep. Scientists know that sleeping is good for our health. Also, our brains never switch off, and dreams might help our minds to keep working at night, when our bodies are resting. Dreams are similar to television, because they fill our brains with pictures and stories, so they are always busy.

Or could dreams help us look after our thoughts and memories ? Scientists found that in sleeping animals, two parts of the brain were moving. One part was the area for thinking, and the other remembering. Perhaps we dream to help us forget about the stress in our real lives.

Scientists all agree that dreams have many good points. One group of scientists found that dreams could help people solve very difficult problems. Many think that dreams give us creative ideas. Paul McCartney, a singer in the band The Beatles, said the idea for the famous song "Yesterday" came in a dream.

【数　学】（50分）〈満点：100点〉

【注意】 1．コンパス・直線定規を利用してもよい。

2．比を答える場合には，最も簡単な整数の比で答えること。

1 次の問いに答えよ。

(1) 図1において，円Oは線分PQを直径とする円である。また，点Rは円Oの周上の点であり，2点P，Qと異なる点である。このとき，∠PRQ＝90°であることを示せ。ただし，『1つの弧に対する円周角は，その弧に対する中心角の半分である(円周角の定理)』を用いてはならない。

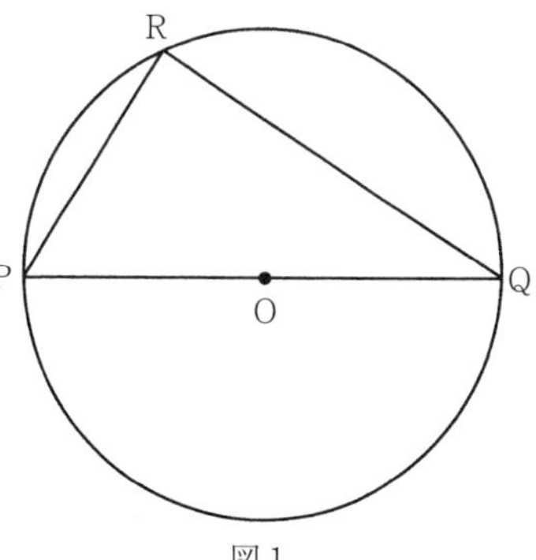

図1

ここで，図2のように，AB＞ACである△ABCの∠Aの内角の二等分線と直線BCとの交点をD，∠Aの外角の二等分線と直線BCとの交点をEとする。

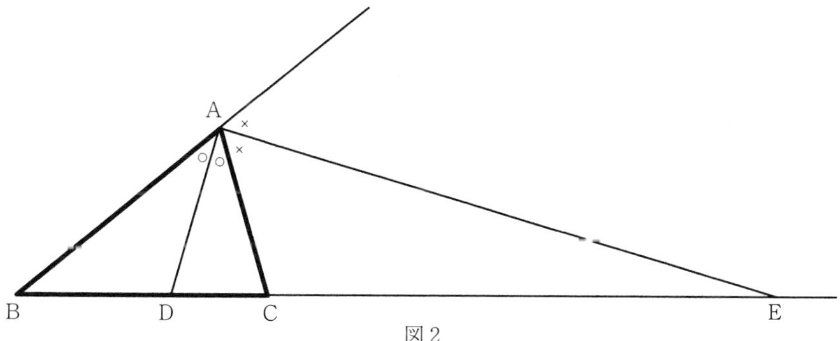

図2

このとき，

AB：AC＝BD：DC＝BE：EC

が成り立つことが分かっている。AB＝5，BC＝a，CA＝$2\sqrt{2}$とするとき，次の問いに答えよ。

(2) BDの長さをaを用いて表せ。

(3) CEの長さをaを用いて表せ。

(4) 3点A，D，Eを通る円の中心をFとするとき，BF：FCを求めよ。

2 4で割って1余る素数は，必ず自然数の平方数の和で表すことができることが分かっている。例えば，$13=2^2+3^2$である。このとき，次の問いに答えよ。

(1) 2020を素因数分解せよ。

(2) $(ac+bd)^2+(ad-bc)^2$を因数分解せよ。

(3) 2020を2つの自然数の平方数の和で2通り表せ。

3 1辺の長さが1の立方体を積み重ねて直方体を作り，この直方体に含まれる様々な大きさの立方体の個数について考える。

例えば，右の図のような，3辺の長さがそれぞれ2，3，2の直方体に含まれる立方体の個数は，1辺の長さが1の立方体が12個，1辺の長さが2の立方体が2個，1辺の長さが3以上の立方体が0個であるから，全部で14個である。

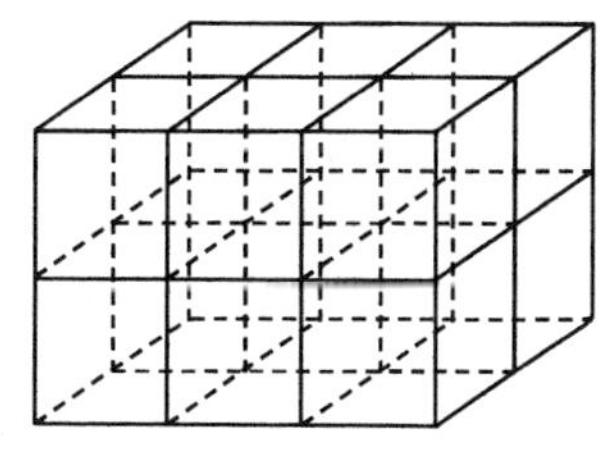

(1) 3辺の長さがそれぞれn，n，4の直方体について，次の問いに答えよ。ただし，nは4以上の自然数とする。

① この直方体に含まれる1辺の長さが2の立方体の個数をnを用いて表せ。

② この直方体に含まれる様々な大きさの立方体の個数が全部で500個であるとき，nの値を求めよ。

(2) 一般に，nが自然数のとき，

$$1^3+2^3+3^3+\cdots+n^3=\left\{\frac{1}{2}n(n+1)\right\}^2$$

が成り立つことが分かっている。

例えば，$n=5$のとき，

$$1^3+2^3+3^3+4^3+5^3=\left\{\frac{1}{2}\times5\times(5+1)\right\}^2=225$$

である。

ここで，3辺の長さがそれぞれn，n，nの立方体について，この立方体に含まれる様々な大きさの立方体の個数が全部で44100個であるとき，nの値を求めよ。

4 1辺の長さが2の立方体ABCD-EFGHがある。3点A，C，Fを通る平面でこの立方体を切断したときにできる2つの立体のうち，点Dを含む立体について考える。このとき，次の問いに答えよ。

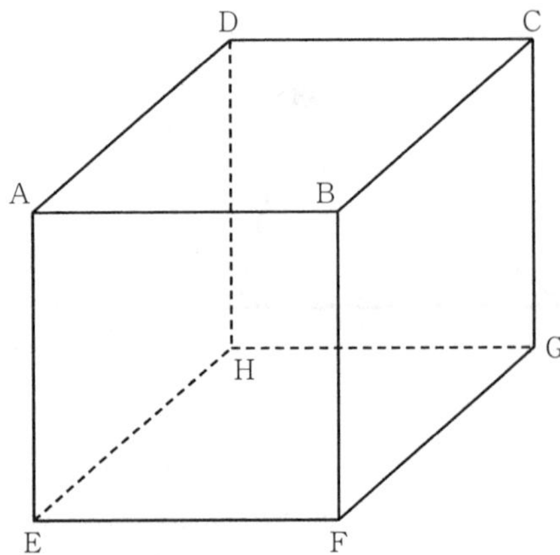

(1) 点Dから点Fまで糸をかける。かける糸の長さが最も短くなるときの，糸の長さを求めよ。

(2) 点Dから切断面を通って点Gまで糸をかける。かける糸の長さが最も短くなるときの，糸の長さを求めよ。

5 原点をOとする座標平面上に，関数$y=\dfrac{1}{x}$のグラフがある。$A\left(\sqrt{2},\ \dfrac{1}{\sqrt{2}}\right)$，$B(-\sqrt{2},\ -\sqrt{2})$，$C(\sqrt{2},\ \sqrt{2})$として，次の問いに答えよ。

(1) AB−ACの値を求めよ。

(2) 2点B，Cからの距離の差が，(1)で求めた値と等しくなるような点の座標として，適するものを次の中からすべて選び，記号で答えよ。なお，適するものがないときは「なし」と答えよ。

① 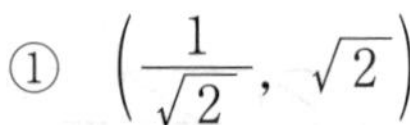 $\left(\dfrac{1}{\sqrt{2}},\ \sqrt{2}\right)$

② $\left(-\sqrt{2},\ -\dfrac{1}{\sqrt{2}}\right)$

③ $(-1,\ -1)$

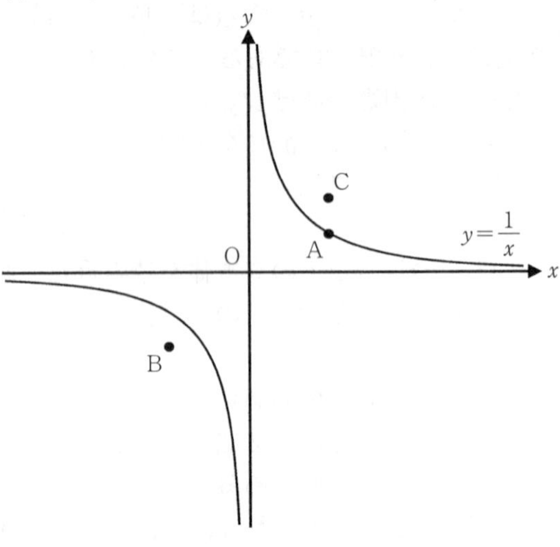

(3) 3点A，B，Cを通る円の中心Dの座標を求めよ。

(4) 3点A，B，Cを通る円周上に点Eをとるとき，△ABEの面積の最大値を求めよ。

【社　会】（50分）〈満点：100点〉

【注意】 解答の際には，句読点や記号は１字と数えること。

1　次の文章【Ⅰ】〜【Ⅲ】は，徳川宗英『徳川家が見た戦争』（岩波ジュニア新書）の抜粋です。これらを読んで，あとの問いに答えなさい。なお，出題に際して，本文には省略および表記を一部変更したところがあります。

【Ⅰ】 欧米での家康の評価は日本で考えている以上に高い。それは何よりおよそ260年間も続く「徳川の平和（パクス・トクガワ）」の土台を築いた点にある。

多種多様な民族，文化，宗教が存在することもあり，ヨーロッパでは200年以上も戦いがないという時代はなかった。特に家康が江戸幕府をつくり，徳川幕府による支配を確立させた17世紀は，$_{A}$ヨーロッパ史では「17世紀の危機」と呼ばれ，戦争や伝染病による社会不安が増大した時代だった。＜中略＞

一方，同時期の日本は自然災害を除けば，天下は泰平。裕福な商家だけでなく，お年寄り，女性，子どもまで，毎年数百万人規模の人たちが道中の観光を楽しみながら，お伊勢参りに大挙して出かけた。$_{B}$街道沿いには「御師」と呼ばれるツアーガイドもいた。ヨーロッパの状況を考えると，それは奇跡に近い。

長期間，戦争が起こらなかった結果，支配者層であった武士から$_{C}$被支配者層であった町民にまで，広く教育が行き届くようになった。

問１　下線Aについて，17世紀のヨーロッパにおけるできごとを説明した文として正しいものはどれですか，①〜⑤からすべて選び，番号で答えなさい。

①　ロックは『市民政府二論』で，人間は生まれながらにして生命・自由を守る権利があると説いた。

②　国民議会は人権宣言を発表し，個人の権利や市民社会の政治の重要な原則を示した。

③　議会を無視する政治を続けた国王を処刑し，クロムウェルの指導により共和政が実現した。

④　名誉革命により議会を尊重する国王が迎えられ，権利章典が制定された。

⑤　軍人のナポレオンが権力を握り，皇帝の位についた。

問２　下線Bについて，幕府は東海道をはじめとする五街道を整備しました。東海道の箱根に関所が設けられ，「入り鉄砲に出女」といわれた取りしまりが行われました。幕府が特に厳しく取りしまった「入り鉄砲に出女」とは何ですか，30字以内で説明しなさい。

問３　下線Cについて，町人や百姓の子どもたちが，「読み・書き・そろばん」を学んだ教育機関を何といいますか，漢字で答えなさい。

【Ⅱ】「ペリー艦隊来航の外圧によって江戸幕府の終わりが始まった」といわれることが多い。しかし，必ずしもそれは正しくないだろう。それ以前にも日本に対する欧米列強からの侵略の危機はあった。

実はロシアでは1705（宝永２）年に，ピョートル大帝の命令で，日本人漂流民を教師とした日本語教習所が，ペテルスブルク（のちのロシアの首都）に開設されていた。なんと$_{D}$５代将軍綱吉の時代から，ロシアは日本への南下を視野に入れていたのだ。＜中略＞

ロシアは，1778（安永７）年に正式に通商を申し入れてきた。蝦夷地を支配する$_{E}$松前藩は拒絶したが，当の松前藩にも，千島や$_{F}$樺太のことはよくわかっていなかった。

一方，ときの老中・田沼意次は，蝦夷地の開発やロシア人との交易を計画。最上徳内らを派遣して可能性を調査させた。$_{G}$意次は賄賂（わいろ）政治で有名だが，当時の日本人としては非常に視野が広く，先進的な考えの持ち主だった。

問４　下線Dについて，綱吉が行った貨幣改鋳とその結果を説明した文として正しいものはどれですか，①～④から１つ選び，番号で答えなさい。

① 金の含有率を下げた小判を発行したために，貨幣の価値が上がり経済は混乱した。
② 金の含有率を下げた小判を発行したために，貨幣の価値が下がり経済は混乱した。
③ 金の含有率を上げた小判を発行したために，貨幣の価値が上がり経済は混乱した。
④ 金の含有率を上げた小判を発行したために，貨幣の価値が下がり経済は混乱した。

問５ 下線Ｅについて，松前藩を説明した文として誤っているものはどれですか，①～④から１つ選び，番号で答えなさい。

① アイヌとの交易を独占する権利を幕府から認められていた。
② 琉球王国とアイヌをつなぐ交易で利益をあげていた。
③ シャクシャインの蜂起をおさえたのち，アイヌをより厳しく支配するようになった。
④ 和人とアイヌの住む地域を分けたうえ，家臣たちには，米の代わりにアイヌの人たちとの交易の権利を与えた。

問６ 下線Ｆについて，19世紀初頭，樺太の探検を行い，ユーラシア大陸との間が海峡でへだてられていることを確認した人物はだれですか，漢字で答えなさい。

問７ 下線Ｇについて，＜表１＞は徳川吉宗と田沼意次の主な政策を示したものです。田沼が行った幕府の財政再建のための政策にはどのような特徴がありますか，徳川吉宗の政策と比較しながら60字以内で説明しなさい。

＜表１＞

徳川吉宗の主な政策	田沼意次の主な政策
上米の制 新田開発 定免法	株仲間の奨励 長崎貿易の奨励

【Ⅲ】 H戊辰戦争で「朝敵」あるいは「逆賊」という汚名を着せられた徳川家だったが，明治時代になると，意外にも早い段階で名誉回復を果たすことになった。

徳川家は八家ある。宗家，徳川慶喜家，三家(尾張・紀伊・水戸)，三卿(田安・一橋・清水)で，徳川慶喜家は1902(明治35)年に創設されたものである。

宗家と慶喜家は公爵に，三家は侯爵に，三卿は伯爵に列された。徳川各家は例外なく華族に列せられたわけである。

大正期に入ると水戸家も公爵に叙された。徳川光圀以来，長年にわたって編纂されてきた『大日本史』が1906(明治39)年に完成し，朝廷に献上されたことが認められたのだ。＜中略＞

華族となった徳川家は，歴史の舞台から退場することはなかったのである。なかでもI徳川家達，好敏，義親，義寛，慶光の５名はそれぞれの立場で，戦火にあいまみれた激動の明治・大正・昭和(戦前)時代を生き抜いた。

問８ 下線Ｈについて，ａ～ｄは戊辰戦争中に起きたできごとです。これらを古い順に並べ，記号で答えなさい。

ａ 江戸城の新政府軍への明け渡し
ｂ 会津の戦い
ｃ 鳥羽・伏見の戦い
ｄ 五稜郭の戦い

問９ 下線Ｉについて，次のページの＜年表＞は宗家を相続した徳川家達に関するものです。これを見てあとの問いに答えなさい。

＜年表＞

1869年	版籍奉還で静岡※藩知事となる
1871年	廃藩置県で知事を辞める……ア
1890年	貴族院議員となる……イ
1903年	貴族院議長となる
1914年	総理大臣に推挙されるも，辞退する……ウ
1921年	全権団の一員に選ばれワシントン会議に参加する……エ
1933年	貴族院議長を辞任する……オ
1940年	自宅で亡くなる……カ

※藩知事…知藩事のこと

(1)　アについて，廃藩置県を説明した文として正しいものはどれですか，①～⑤からすべて選び，番号で答えなさい。

①　元の藩主はすべて中央の太政官で政治を行うようになった。

②　政府から派遣された県令・府知事が政治を行うようになった。

③　諸藩の多くは財政難で苦しんでいたため，ほとんど抵抗なくこの改革は受け入れられた。

④　この改革に反対する農民が一揆を各地で起こし，政府は軍隊を出動させ鎮圧した。

⑤　このときに設置された県の数は，現在の県の数と同じである。

(2)　a～fは，ア～イの間に起きたできごとです。これらを古い順に並べたものとして正しいものはどれですか，①～⑥から1つ選び，番号で答えなさい。

a　大日本帝国憲法が発布される　　b　自由党が結成される

c　帝国議会が開設される　　d　民撰議院設立建白書が出される

e　内閣制度が創設される　　f　国会期成同盟が結成される

①　d→f→b→e→a→c　　②　d→f→b→c→e→a

③　d→b→f→e→a→c　　④　b→d→f→c→a→e

⑤　b→d→f→a→e→c　　⑥　b→f→d→c→e→a

(3)　ア～ウの時期において，＜表2＞に示した各年の日本の領土面積として正しいものはどれですか，＜表2＞中の①～⑤から1つ選び，番号で答えなさい。なお，数値は各年における最終値とします。

＜表2＞

(単位：km^2)

	1880年	1895年	1905年	1910年
①	382,562	382,562	454,614	675,406
②	382,562	382,562	418,524	454,614
③	382,562	418,524	418,524	454,614
④	382,562	418,524	454,614	675,406
⑤	382,562	418,524	675,406	675,406

矢野恒太記念会『数字でみる日本の100年 改訂第6版』より作成

(4)　i～iiiの文章は，ウの年に始まった第一次世界大戦について説明したものです。(X)～(Z)にあてはまる語句は何ですか，答えなさい。なお，(Y)は漢字3字で答えなさい。

i　(X)の帝位継承者が暗殺される事件をきっかけに戦争は始まった。

ii　イギリスやフランスなどの列強は，国内からだけではなく植民地からも人々を兵士や労働力として動員するなど，国力のすべてを戦争につぎ込み，社会全体を戦争協力に巻き込む(Y)の体制がつくられた。

iii　戦争中に革命が起きたロシアでは，臨時政府が成立し皇帝が退位した。しかし，臨時政府が戦争を継続したため，ボリシェヴィキの（　Z　）やトロツキーの指導下で民衆が蜂起し，臨時政府を倒してソビエト政府を樹立した。

(5)　エについて，＜史料＞は平塚らいてうのワシントン会議に関する評論です。＜史料＞の［　　］には，どのような内容があてはまりますか，下の①～⑥から１つ選び，番号で答えなさい。なお，＜史料＞には省略および表記を一部変更したところがあります。

＜史料＞

この時において問題の中心点である［　　　　　　］とすることは，その真の動機が※那辺に存するにかかわらず，現在人類が切に要求しつつあるところの最も好ましき企図たることはあまりに明かであって何人もこれを否定することは出来ないでしょう。私は我が国民が我に対する彼の圧迫策とのみ見て騒ぎたてる代りに，世界の平和，人類の幸福を齎すものとして大いに歓迎し，この際我を軍国主義侵略主義の国と見る列国の誤解を一掃すると共に，列国をして，──わけても日英米の三国をして狭隘なる国家的利己心にのみ囚われることなく，人類の祈願に十分耳傾けしめるよう，＜中略＞　今度こそは，この問題に関する徹底的な同時に具体的な協定を遂げしめ人類の心から来らんとする戦争の不安，脅威を除去することに努むべきだと思います。

※那辺…どのあたり

岩波文庫『平塚らいてう評論集』より

①　中国問題に関する国際会議を開き，あわせて国際連盟を設立しよう
②　中国問題に関する国際会議を開き，あわせて戦争放棄の協定を結ぼう
③　太平洋に関する国際会議を開き，あわせて国際連盟を設立しよう
④　太平洋に関する国際会議を開き，あわせて軍備縮小の協定を結ぼう
⑤　世界大戦処理に関する国際会議を開き，あわせて戦争放棄の協定を結ぼう
⑥　世界大戦処理に関する国際会議を開き，あわせて軍備縮小の協定を結ぼう

(6)　エ～オの時期に起きたできごとを説明した文として正しいものはどれですか，①～⑤からすべて選び，番号で答えなさい。
①　朝鮮で，日本からの独立を求める三・一運動が起きた。
②　日本は中国の袁世凱政府に二十一か条の要求を提出し，大部分を認めさせた。
③　日本国内でラジオ放送が始まり，国内外のできごとがすぐに全国に伝えられるようになった。
④　関東大震災の大混乱の中，朝鮮人が暴動を起こしたというデマが広がり，多くの朝鮮人・中国人が殺害された。
⑤　すべての政党や政治団体が解散し，大政翼賛会にまとめられた。

(7)　次の文章は，オの年のできごとについて説明したものです。（X）・（Y）にあてはまる語句は何ですか，答えなさい。なお，（Y）は漢字で答えなさい。

＜アメリカ＞
フランクリン＝ローズベルト大統領が（　X　）政策をかかげ，景気の回復を図った。
＜ドイツ＞
ナチスのヒトラーが首相となり（　Y　）法を成立させた。以後，ヒトラーが自由に法律を制定するなど独裁体制をつくり上げていった。

(8) ＜グラフ＞はオ〜カの時期における日本の国家財政に占める軍事費の割合を示したものです。これを見ると，⟷の時期に大きな変化があります。その変化が起きた理由は何ですか，最も関係のあるものをa〜fから2つ選び，その組み合わせとして正しいものを，下の①〜⑤から1つ選び，番号で答えなさい。

a　国家総動員法が制定され，戦争遂行のために必要な人や物資が議会の承認なく動員できるようになった。

b　二・二六事件が起きたことにより，軍部の政治への関与が強まった。

c　五・一五事件が起きたことにより，軍部の政治への関与が強まった。

d　真珠湾攻撃をきっかけに太平洋戦争が始まった。

e　盧溝橋事件をきっかけに日中戦争が始まった。

f　柳条湖事件をきっかけに満州事変が始まった。

①　［a・d］
②　［a・f］
③　［b・e］
④　［b・f］
⑤　［c・e］

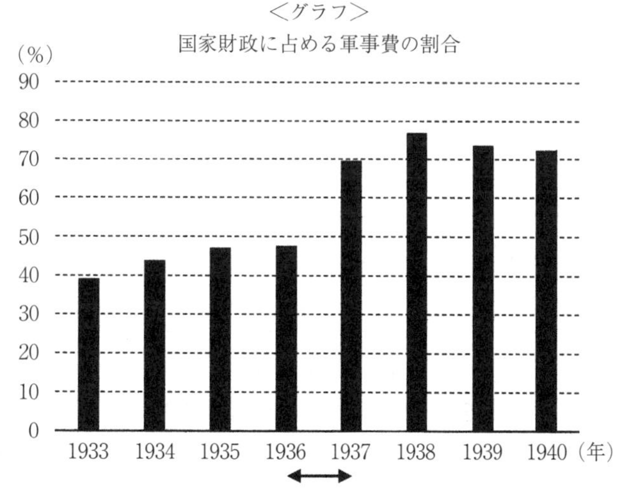

矢野恒太記念会『数字でみる日本の100年 改訂第6版』より作成

2　テニス部に所属する市川さんは，テニスで使用する道具とテニスの歴史を調べ，次のようにまとめました。これらを読んで，あとの問いに答えなさい。

テニスで使用する道具

・ラケットには現在，※カーボンファイバーやグラファイトファイバーなどの素材が使用されているが，かつては木や$_{A}$アルミニウム素材が使われていた。
・ガットは，ナイロン製やポリエステル製が主流だが，牛や$_{B}$羊の腸など動物性の素材を使った高級品もある。
・グリップテープは，ポリウレタンなどの$_{C}$石油化学製品である。
・テニスボールの中身は，コアと呼ばれる$_{D}$ゴム素材でできている。

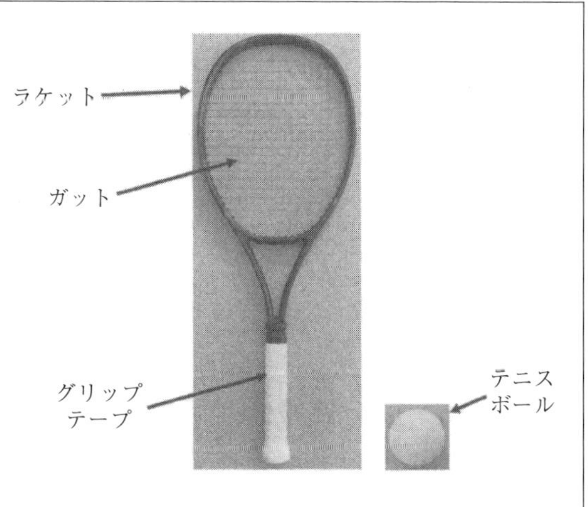

※カーボンファイバーやグラファイトファイバー…炭素繊維

テニスの歴史

・テニスの原型は，11～12世紀に$_{E}$フランスの修道院で，球を手で打ち合ったこととされている。
・1877年，世界最古のテニストーナメントであるウィンブルドンの第１回大会が，$_{F}$イギリスのロンドンで開催された。
・1923年に国際ローンテニス連盟(現国際テニス連盟)が定めた$_{G}$四大大会は，最も規模の大きなテニスの大会である。四大大会は，$_{H}$ニューヨーク，メルボルン，パリ，ロンドンで行われる。
・日本のテニスの歴史は，19世紀に$_{I}$横浜で始まったとされている。

問１　下線Ａについて，＜グラフ１＞・＜グラフ２＞をふまえて，日本国内のアルミニウム製錬が減少した理由を，アルミニウムの原料を明らかにしながら説明しなさい。

＜グラフ１＞
国内アルミニウム供給量の推移(国内製錬量と輸入量の合計)

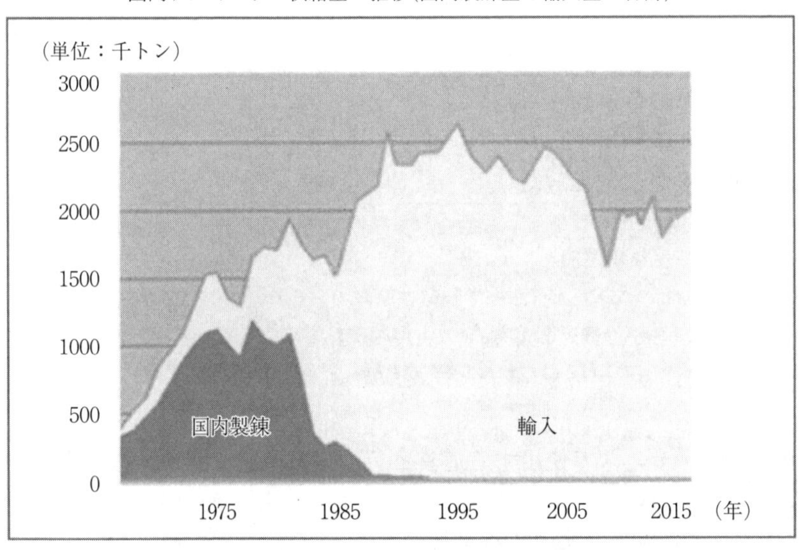

日本アルミニウム協会ホームページ(https://www.aluminum.or.jp/)より作成

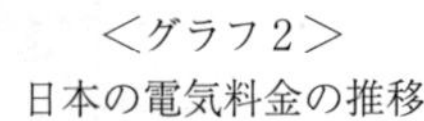
＜グラフ２＞
日本の電気料金の推移

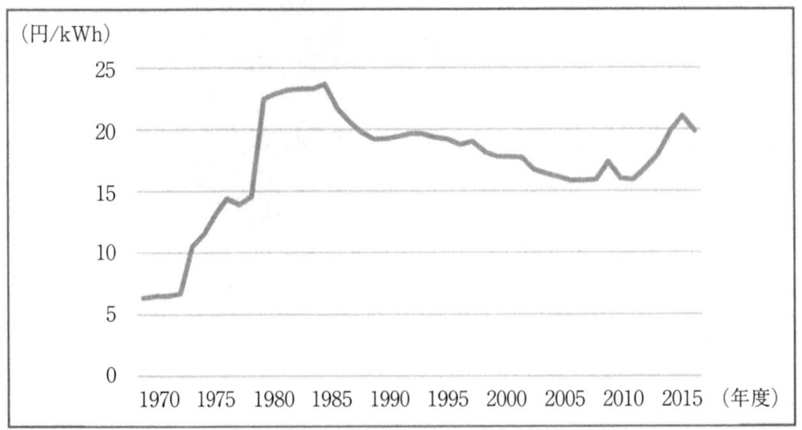

経済産業省資源エネルギー庁ホームページ(https://www.enecho.meti.go.jp/)より作成

問２　下線Ｂについて，<表１>は羊の頭数・羊毛の生産量・羊毛の輸出量の世界上位５ヵ国を示したものです。<表１>中のＸにあてはまる国名は何ですか，答えなさい。

<表１>

	羊の頭数	羊毛の生産量	羊毛の輸出量
１位	中国	中国	（Ｘ）
２位	（Ｘ）	（Ｘ）	ニュージーランド
３位	インド	ニュージーランド	南アフリカ
４位	イラン	イギリス	イギリス
５位	ナイジェリア	イラン	ドイツ

二宮書店『データブック オブ・ザ・ワールド 2019』より作成

問３　下線Ｃについて，石油化学製品の原料である石油の開発や生産は，第二次世界大戦後，国際石油資本（メジャー）の独占状態にありました。これに対抗するために1960年に結成された組織は何ですか，アルファベット４字で答えなさい。

問４　下線Ｄについて，ゴムの原料には合成ゴムと天然ゴムがあり，天然ゴムは一次産品です。<表２>中の①～⑤は，一次産品である天然ゴム・綿花・茶・さとうきび・コーヒー豆のいずれかの生産上位５ヵ国を示したものです。天然ゴムにあてはまるものはどれですか，①～⑤から１つ選び，番号で答えなさい。

<表２>

	①	②	③	④	⑤
１位	中国	ブラジル	インド	タイ	ブラジル
２位	インド	インド	中国	インドネシア	ベトナム
３位	ケニア	中国	アメリカ	ベトナム	コロンビア
４位	スリランカ	タイ	パキスタン	インド	インドネシア
５位	トルコ	パキスタン	ブラジル	中国	エチオピア

二宮書店『データブック オブ・ザ・ワールド 2019』より作成

問５　下線Ｅについて，フランスに関して説明した文として誤っているものはどれですか，①～⑤からすべて選び，番号で答えなさい。

① フランスはEUの共通通貨であるユーロは導入していない。

② フランスはEUの穀倉と呼ばれ，世界有数の小麦生産国である。

③ フランスはEU加盟国の中で，最大の工業国である。

④ フランスの総発電量の７割以上は，原子力発電である。

⑤ フランスの南部に位置するトゥールーズでは，航空機産業が盛んである。

問６　下線Ｆについて，右の<地図>中の①～⑤のうち，第一次世界大戦以前に，イギリスの支配下におかれていた国として誤っているものはどれですか，①～⑤から２つ選び，番号で答えなさい。

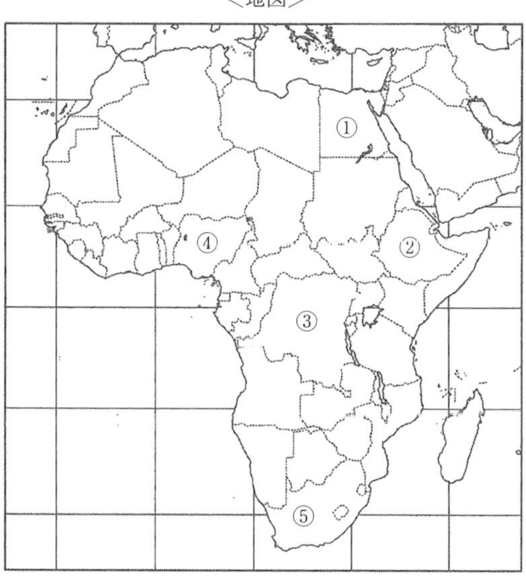

問７　下線Ｇについて，次のページの<グラフ３>中の①～④は，四大大会が行われるニューヨーク・メルボルン・パリ・ロンドンのいずれかの地点における，最暖月・最寒月平均気温と，最多雨月・最少雨月降水量を示したものです。ニューヨークにあてはまる

まるものはどれですか，①～④から１つ選び，番号で答えなさい。

＜グラフ３＞

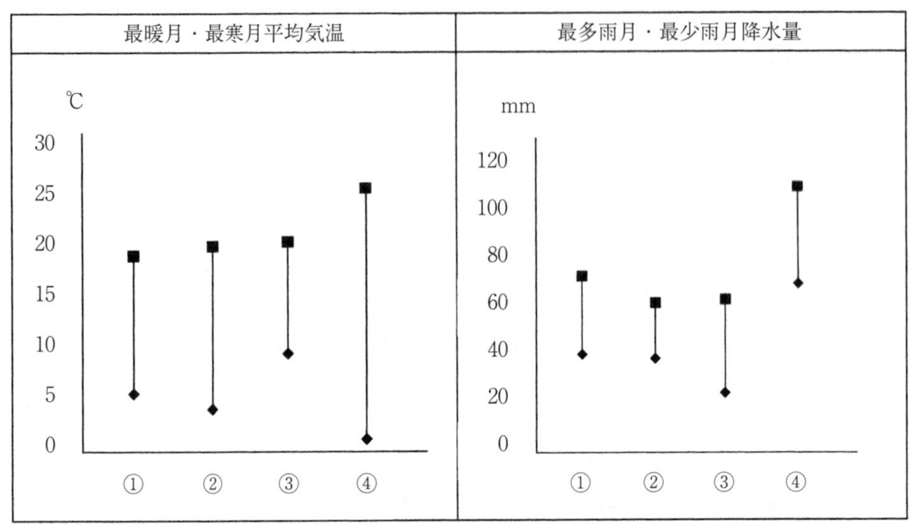

■＝最暖月平均気温・最多雨月降水量　◆＝最寒月平均気温・最少雨月降水量

二宮書店『データブック オブ・ザ・ワールド 2019』・帝国書院『中学校社会科地図』より作成

問８　下線Ｈについて，毎年８月下旬からニューヨーク（西経75度）で四大大会の１つである全米オープンが行われています。2019年の全米オープン男子シングルス決勝戦は，日本時間の９月９日午前５時に開始されました。この時刻は現地時間では何月何日の何時ですか，答えなさい。ただし，サマータイムは考慮しないこととします。

問９　下線Ｉについて，＜表３＞中の①～⑤は，日本の主な貿易港である神戸港・名古屋港・横浜港・東京港・成田空港のいずれかの主要輸出品目・輸出額・輸入額を示したものです。横浜港にあてはまるものはどれですか，①～⑤から１つ選び，番号で答えなさい。

＜表３＞

	主要輸出品目	輸出額（億円）	輸入額（億円）
①	自動車，自動車部品，内燃機関，金属加工機械	117,421	48,656
②	金，科学光学機器，集積回路，電気回路用品	111,679	122,444
③	自動車，自動車部品，内燃機関，プラスチック	71,772	41,336
④	自動車部品，コンピュータ部品，内燃機関，プラスチック	58,621	117,011
⑤	プラスチック，建設・鉱山用機械，有機化合物，電池	56,317	32,356

二宮書店『データブック オブ・ザ・ワールド 2019』より作成

3　次の<年表>を見て，あとの問いに答えなさい。

<年表>

1946年	A日本国憲法が公布された。
	ア
1956年	B国際連合に加盟した。
	イ
1972年	C日中国交正常化が実現した。……X
	ウ
1989年	初めてD消費税が導入された。
	エ
1993年	55年体制が終わった。　　　　……Y
	オ
2001年	E自衛隊がインド洋に派遣され，多国籍軍の後方支援を実施した。
	カ
2014年	F集団的自衛権の行使容認が閣議決定された。

問1　XとYについて，Xの時の首相はだれですか，また，Yによって新たに首相になった人物はだれですか，①～⑦から選び，それぞれ番号で答えなさい。

①　鳩山一郎　②　小泉純一郎　③　吉田茂　④　田中角栄

⑤　細川護熙　⑥　安倍晋三　⑦　竹下登

問2　下線Aについて，日本国憲法と大日本帝国憲法の違いを説明した文として誤っているものはどれですか，①～④から1つ選び，番号で答えなさい。

①　日本国憲法には基本的人権の規定があるが，大日本帝国憲法には人権規定がなかった。

②　日本国憲法における天皇は実質的権能を持たない象徴であるが，大日本帝国憲法では統治権の総攬(そうらん)者であった。

③　日本国憲法には地方自治の規定があるが，大日本帝国憲法には地方自治の規定はなかった。

④　日本国憲法では衆議院と参議院の二院制であるが，大日本帝国憲法では衆議院と貴族院の二院制であった。

問3　下線Bについて，国際連合に関して説明した文として誤っているものはどれですか，①～④から1つ選び，番号で答えなさい。

①　安全保障理事会は，現在，米・英・仏・中・ロの常任理事国を含む10ヵ国で構成されている。

②　国連の原加盟国は51ヵ国であったが，2018年時点では193ヵ国が加盟している。

③　全加盟国が参加する国連総会の決議は，出席投票国による多数決で決定される。

④　経済社会理事会は，ILOなどの専門機関と協力して活動している。

問4　下線Cについて，日中国交正常化に関して説明した文として誤っているものはどれですか，①～④から1つ選び，番号で答えなさい。

①　日本は，日中国交正常化以前，中華民国と国交を結んでいた。

②　日中国交正常化は，アメリカ大統領の中華人民共和国訪問後に実施された。

③　日本は，中華人民共和国政府を唯一の合法政府であると認めた。

④　国交が正常化したにもかかわらず，日中間には，現在も平和条約が結ばれていない。

問5　下線Dについて，消費税に関して説明した文として正しいものはどれですか，①～④から1つ選び，番号で答えなさい。

① 消費税は，所得が多い人ほど税率が高い。
② 消費税は，所得が少ない人にとって相対的に負担が大きい。
③ 消費税は，所得の格差を是正する効果をもつ。
④ 消費税は，税金を納める人と，実際に税金を負担する人が同じである。

問6　下線Eについて，自衛隊に関して説明した文として誤っているものはどれですか，①～④から1つ選び，番号で答えなさい。
① 自衛隊は，東日本大震災に際して，人命救助などを行った。
② 自衛隊が，PKO活動として初めて派遣された場所はイラクである。
③ 自衛隊の最高指揮権は，内閣総理大臣がもっている。
④ 自衛隊の前身は，警察予備隊が改組された保安隊である。

問7　下線Fについて，集団的自衛権を説明した文として正しいものはどれですか，①～④から1つ選び，番号で答えなさい。
① 外国から攻撃を受けた場合，自国を守るために武力を行使する権利。
② 国際連合の要請に基づいて，他国を侵害する国を攻撃する権利。
③ 同盟国が攻撃された場合，同盟国とともに武力を行使する権利。
④ 国際連合憲章の規定に基づいて，侵略行為に対して集団で平和維持のために協力する権利。

問8　次のできごとは，<年表>中のどの時期に入りますか，[ア]～[カ]から1つ選び，記号で答えなさい。

裁判員制度が導入された。

4　次の<グラフ>は，日本の経済成長率の推移を表したものです。これを見て，あとの問いに答えなさい。

<グラフ>

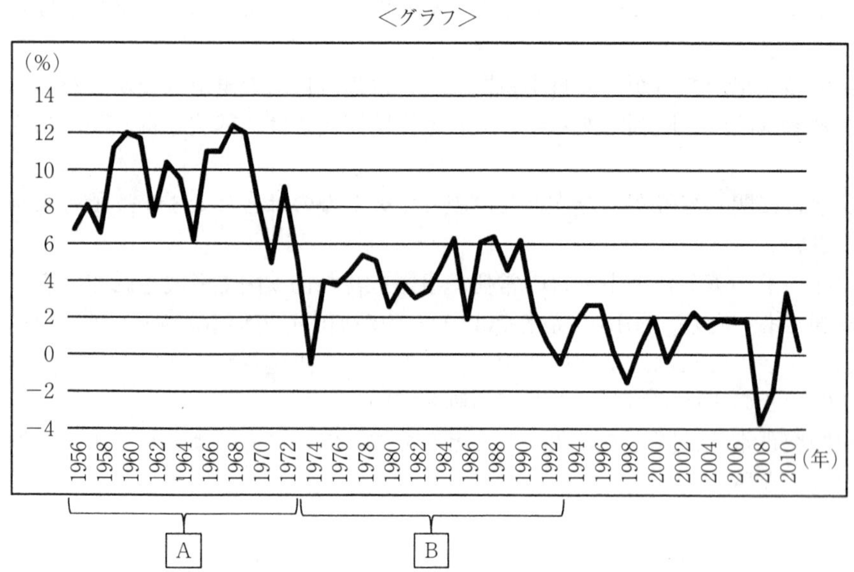

矢野恒太記念会『数字でみる日本の100年 改訂第6版』より作成

問1　<グラフ>中の[A]の時期について説明した文として誤っているものはどれですか，①～④から1つ選び，番号で答えなさい。
① 池田勇人首相が「国民所得倍増計画」を発表した。

② 「三種の神器」と呼ばれる電気洗濯機などの電化製品が普及した。

③ 最初の東京オリンピックに向けて東海道新幹線が開通し，高速道路が建設された。

④ 朝鮮戦争の勃発(ぼっぱつ)により，日本に対する軍需物資の注文が相次ぎ好景気をもたらした。

問２　＜グラフ＞中の[B]の時期について説明した文として誤っているものはどれですか，①～④から１つ選び，番号で答えなさい。

① 財政赤字が拡大し，政府の抱える累積債務が1000兆円を超えた。

② 日本から自動車などが大量に輸出されると，アメリカとの間で貿易摩擦が生じた。

③ 株価や地価が高騰するバブル経済が発生した。

④ 世界的な不況に対処するために，初めて主要国首脳会議(サミット)が開かれた。

問３　＜グラフ＞を見ると経済成長率は上下動を繰り返していることがわかります。経済成長率が低下している時に行われる施策として正しいものはどれですか，①～④から１つ選び，番号で答えなさい。

① 政府は無駄な支出を抑えるため，公共事業などを減らし，歳出額を縮小する。

② 政府は国民が自由に使えるお金を増やすため，減税を行う。

③ 中央銀行は世の中に出回る通貨量を増やすため，一般の銀行からお金を預かり，一般の人や企業に貸し出す。

④ 中央銀行は世の中に出回る通貨量を減らすため，一般の銀行に国債を売る。

【理　科】（50分）〈満点：100点〉

【注意】　1．コンパス・定規は使用しないこと。

2．計算問題の答えは，整数または小数で答え，割り切れない場合は小数第２位を四捨五入して，小数第１位まで答えること。

1　1.0Nの力で1.0cm伸びるばねと，重さ3.0Nの物体を用意しました。水平な天井にとりつけた糸と一端を壁にとりつけたばねで物体を支えたところ，図１の状態で静止しました。物体が静止している位置をA点とします。ただし，物体の大きさは考えないものとし，ばねと糸の重さは無視できるものとします。

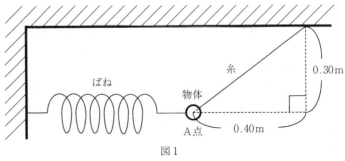

図１

(1)　糸が物体を引く力は何Nですか。

(2)　ばねの伸びは何cmですか。

A点にある物体から静かにばねを外したところ，図２のように，物体はA点と同じ高さのB点との間で振り子の運動をしました。B点に到達したとき，物体から糸が外れました。ただし，空気抵抗は無視できるものとします。

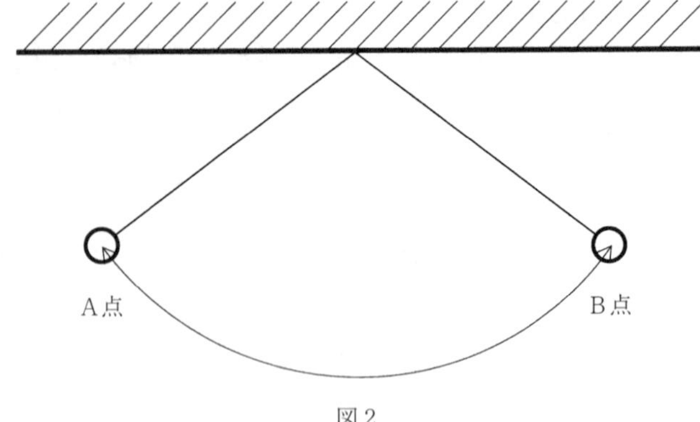

図２

(3)　糸が外れた直後，物体が受ける力(複数の力を受けているときはその合力)の矢印を描きなさい。ただし，力の矢印の長さは考えないものとします。

(4)　糸が外れた後，物体はどの向きに運動をしますか。

図３のように，以下の①～③のとき，それぞれ物体から糸が外れました。

①　A点で運動を始めてから初めてB点に到達したとき

②　A点で運動を始めてから初めてC点(B点とD点の間の点)に到達したとき

③　A点で運動を始めてから初めてD点(糸が天井と垂直になる点)に到達したとき

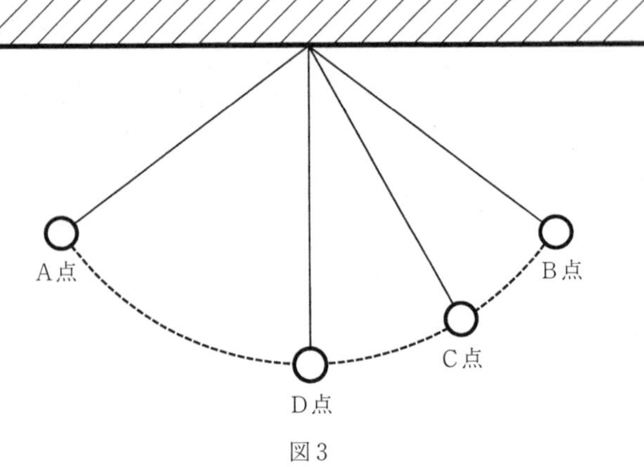

図３

(5)　以下の文章は，①～③で糸が外れた後に，物体がそれぞれの最高点に達したときのエネルギーについて述べたものです。

［ 1 ］は「等しい」または「異なる」から選び，［ 2 ］と［ 3 ］は上の①～③から選びなさい。

物体が最高点に達したとき，①～③の力学的エネルギーの大きさは［ 1 ］。最高点での運動エネルギーが最も小さいのは［ 2 ］である。したがって，最高点の位置エネルギーが最も大きいのは［ 3 ］である。

(6) ①～③で糸が外れた後に，物体が地面に落下する直前にもつそれぞれの運動エネルギーの大小関係を【　】内の記号から適切なものを用いて示しなさい。ただし，同じ記号をくり返し用いてもよい。
【①，②，③，>，<，＝】　（解答例：②>①＝③）

2 1766年，イギリスのキャベンディッシュは，[　X　]ことで生じる気体に関する論文を発表しました。この気体は後に①水素と名づけられました。彼は，この気体を燃焼させたことによって生じた物質が水であることを見出しました。

1800年，イタリアのボルタは，２種類の金属と電解質を用いて電池を発明しました。その６週間後，イギリスのニコルソンとカーライルは，ボルタが発明した電池を用いて②水に電圧をかける実験を行いました。すると，水の中に入れた２つの金属の電極板に気泡が生じました。一方の電極板に生じた気体は水素で，他方に生じた気体は酸素であると結論づけました。この実験は水の電気分解と呼ばれます。

1884年，スウェーデンのアレニウスは，③酸の正体を④水素イオンであると提唱しました。彼は，酸を「水溶液中で水素イオンを生じる物質」と定義しました。

現在，水素と酸素の反応を用いた⑤燃料電池は環境負荷の少ない発電手段として注目されています。

(1) 上の文章中の[　X　]に適するものはどれですか。
ア　亜鉛に塩酸を加える
イ　二酸化マンガンにうすい過酸化水素水を加える
ウ　炭酸水素ナトリウムに塩酸を加える
エ　塩化アンモニウムに水酸化カルシウムを加え加熱する
オ　硫化鉄に塩酸を加える

(2) 下線部①の気体に関する記述のうち，**誤りを含むもの**はどれですか。
ア　赤熱した酸化銅を還元するはたらきがある。
イ　無色・無臭である。
ウ　この気体で満たされた風船は空気中で浮かぶ。
エ　この気体の分子は原子２個からなる化合物である。

図４のような装置を用いて，下線部②を再現した【実験１】を行いました。

【実験１】 管Ａにある量の空気が入ったまま，水酸化ナトリウムを少量溶かした水に電圧をかけ，管Ａに空気と合わせて20.0mLの気体が集まるまで電気分解を行った。その後，点火装置を用いて管Ａに集まった気体に点火したところ，管Ａ内の気体の体積が17.3mLになった。また，点火した後，管Ａ内に空気を混ぜて再び点火したところ音を立てて燃えた。

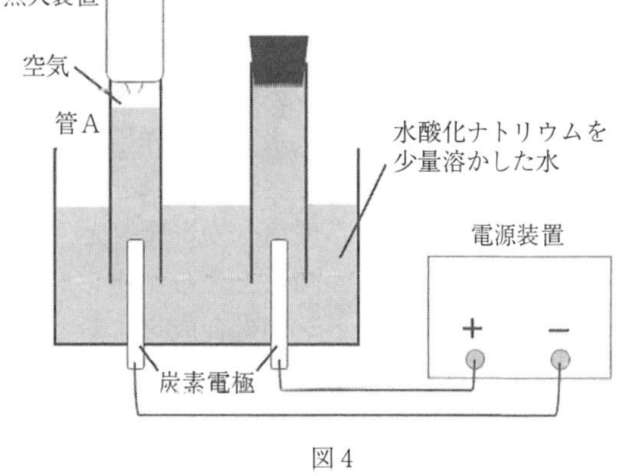

図４

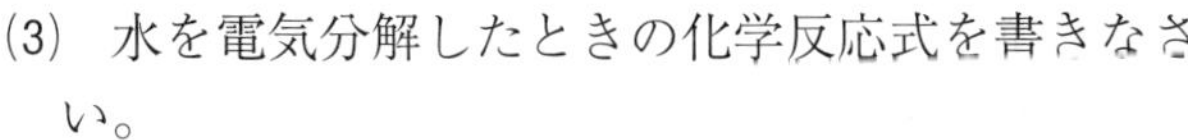
(3) 水を電気分解したときの化学反応式を書きなさい。

(4) 電圧をかける前に管Ａに入っていた空気（窒素と酸素の体積比が４：１の混合気体とします）の体積は何mLですか。ただし，燃焼によって生じた水はすべて液体としてその体積は無視できるものとします。

下線部③について，以下のような【実験２】を行いました。

水溶液	A	B	C
色	青	黄	緑

表１　水溶液Ｄを加えた後の水溶液Ａ，Ｂ，Ｃの色

【実験２】　水素イオンの濃さの異なる酸の水溶液Ａ，Ｂ，Ｃを同じ体積ずつビーカーに取り，それぞれにBTB液を１滴ずつ加えた。それらにＡ，Ｂ，Ｃのそれぞれと同じ体積のアルカリの水溶液Ｄを加えたところ，水溶液の色は表１のようになった。このとき，Ｄを加えた後のＢと，Ｄを加える前のＡの水素イオンの濃さは同じであった。また，Ｄを加えた後のＡ，Ｂをすべて混ぜると水溶液の色は緑色になった。

(5)　水溶液Ｄを加える前の水溶液Ａ，Ｂ，Ｃの水素イオンの濃さを最も簡単な整数比で答えなさい。

(6)　下線部④のイオンは水素原子が電子を１個失うことで生じます。一方，水素原子が電子を１個受け取ると水素化物イオンと呼ばれるイオンを生じます。水素化物イオンのイオン式を書きなさい。

(7)　下線部⑤について，図５は家庭に設置された燃料電池です。従来の火力発電所のような大規模集中型の発電による電気供給では，機構的に一部のエネルギーが失われます。このことを踏まえ，図５を参考に，各家庭に燃料電池を設置することの利点を二つ答えなさい。

図５

3　東京湾には，いくつかの干潟(ひがた)が点在しています。干潟にはたくさんの生き物が生息し，干潟で採れるスズキやアサリ，ノリなどは私たちの食卓に上がっています。

干潟には，川から運ばれた窒素やリン，有機物などが流入します。砂質の干潟では，ワカメのような大型の藻類は生育できないため，海中や海底には植物プランクトンやバクテリアが繁殖しています。干潟は魚の産卵場にもなり，マハゼやボラなどの幼魚が成育しています。砂の上には，①コメツキガニが作った砂だんごや，ゴカイのとぐろを巻いた糞(ふん)がいたるところで見られ，砂の中では，アサリや②ホンビノスガイなどの二枚貝が生息しています。干潟の陸側ではアシ(ヨシ)とよばれる水生植物やアシハラガニが生息し，シギやチドリなどの渡り鳥が飛来します。

高度成長期には，干潟の埋め立てが盛んに行われ，渡り鳥の餌(えさ)となるカニやゴカイが減りました。そのため，渡り鳥への影響が心配されています。近年，③干潟の保全に対する意識が高まり，干潟の多様な生物集団や④水質浄化作用が見直されています。

(1)　ある地域に生息する生物とそれをとりまく環境をまとめて何といいますか。漢字で答えなさい。

(2)　(1)では「生物から環境への影響」と「環境から生物への影響」とが互いにはたらいています。次の文のうち，両方の関係を含む記述を二つ選びなさい。

ア　植物プランクトンが光合成をすると，温室効果が促進される。

イ　砂質の干潟では，有機物が蓄積しないので，カニやゴカイが減る。

ウ　動物プランクトンが大量に発生すると，酸素が消費されて魚は生息できない。

エ　アシハラガニは，アシ原に生息するゴカイを捕食する。

オ　渡り鳥は，カニやゴカイを捕食するために干潟に飛来する。

カ　流入する有機物はアサリなどに消費され，海底の藻類に光が届きやすくなる。

(3)　下線部①は，それらの生物の生活の痕跡(こんせき)を示しています。どのような活動の結果，作られたものですか。

ア　縄張りを作った跡である。
イ　砂の中に産卵をした跡である。
ウ　天敵から身を守るために，擬態をした跡である。
エ　巣穴から，砂をかき出した跡である。
オ　砂中のバクテリアや有機物を捕食した跡である。

(4)　下線部②のホンビノスガイは，かつて東京湾にはいなかったとされています。このような生物を何といいますか。漢字で答えなさい。

(5)　下線部③について，干潟の環境を保つことは大変重要であり，干潟のような湿地の保護と賢明な利用が国際的に図られています。このような取り組みに関係するものはどれですか。
ア　ワシントン条約　　イ　京都議定書
ウ　ラムサール条約　　エ　レッドデータリスト
オ　ウィーン条約

(6)　図６は干潟の生物の食物連鎖の概要を示したものです。矢印は被食される生物から捕食する生物へ向かって描かれています。次の文のうち適当なものはどれですか。
ア　ダイシャクシギは，他地域から入り込んだ生物なので駆除したほうがよい。
イ　アシハラガニとマメコブシガニの間で，食料をめぐる競争は生じていない。
ウ　ゴカイを除くと，干潟の海水温が大きく変化する。
エ　プランクトンが大量発生すると，干潟の食物連鎖はさらに複雑になる。
オ　干潟の食物連鎖において，コチドリは必ず三次消費者になる。

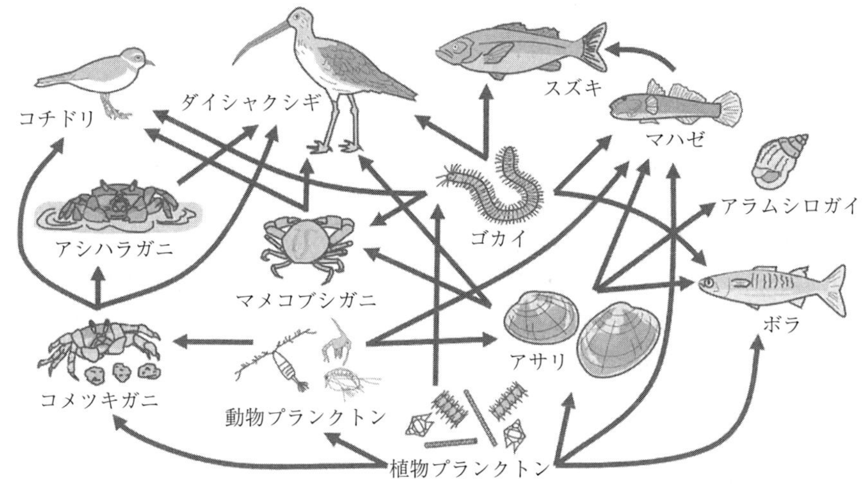

図６

(7)　下線部④について，窒素やリン，有機物は最終的にどのようにして干潟から除去されますか。図６を参考にして簡潔に説明しなさい。

4　地球は太陽とともに誕生し，非常に稀（まれ）な環境によって，生命を育むことができました。しかし，生物の存在が確認されていない期間は非常に長く，生物が誕生するには恒星の寿命が長いことも必須の条件と考えられます。

地球は，微惑星の衝突により形成されたため，誕生当時の地表はマグマに覆われた状態でした。冷え固まった後もジャイアントインパクトにより，再びマグマに覆われることになったため，地表に生物は存在しなかったと考えられています。

35億年前の地層から細菌の一種だと考えられる化石が確認されており，これが最古の化石となっています。その後，光合成を行う生物が出現しました。この生物の出現により劇的に地球環境は変化していきました。このことは，数回にわたる全球凍結やエディアカラ生物群などの多細胞生物の出現にも影響があったと考えられています。太古の生物の大進化によって多くの種が現れ，環境に適応したものがさらに発展を遂げるようになっていきました。

先カンブリア時代の年表

46億年前	太陽系誕生
45.5億年前	ジャイアントインパクト
43億年前	最古の岩石(高圧力による変成岩)
38億年前	最古の堆積岩(れき岩)・火成岩(玄武岩質の枕状溶岩)
35億年前	最古の化石(バクテリア)
27億年前	最古の光合成生物の化石(シアノバクテリア)
22億年前	全球凍結
7億年前	全球凍結
6.5億年前	全球凍結
6億年前～	エディアカラ生物群

(1) 地球のように液体の水をたたえる天体は珍しく，その可能性があるのは太陽系内でもごく一部の領域に限られます。このような領域を何といいますか。

(2) 地球のように海洋を保持することができた理由として，(1)の領域内に地球があったことに加え，他にどのような理由が考えられますか。

ア　地球に生物がいたから。

イ　地球が自転し昼と夜があったから。

ウ　地球がある程度の大きさになったから。

エ　地球の原始大気に酸素や水素が含まれていたから。

オ　地球誕生初期に月ができたから。

(3) 岩石に巨大な圧力やマグマの高温が加わると，ある岩石が別のタイプの岩石に変化することがあります。これを変成作用といい，このときつくられた岩石を変成岩といいます。43億年前につくられたと考えられる変成岩は巨大な圧力によりつくられました。このことから，この当時，すでにどんな運動(現象)があったと考えられますか。「対流」または「沈み込み」という言葉を用いて，要因と運動を20字以内で答えなさい。

(4) 38億年前の岩石から，当時の様子として考えられる状況はどれですか。

ア　気象現象が発生し，海と陸の間で水が循環していた。

イ　地球は海洋のみで，まだ大陸がなかった。

ウ　地球は大陸のみで，まだ大規模な海洋がなかった。

エ　氷河や氷床などの大規模な氷塊が存在していた。

オ　地球上の大陸は一つになっていた。

(5) 22億年前～6.5億年前に見られる全球凍結とは，赤道周辺まで氷河に覆われた状態です。海洋を含む地表全体が氷に覆われているため，太陽光の反射率が大きくなり，地球は非常に暖まりにくくなります。そのため，「一度全球凍結が起こると氷がとけることができなくなる可能性があり，地球史上全球凍結は起こっていない」という説もありました。現在では，全球凍結が起こっても，その都度解消されてきたと考えられています。どのような過程で地球が暖まったと考えられますか。以下の文中の［1］～［4］に適する語句を答えなさい。

[1]から噴出する[2]は，地表が氷に覆われているため[3]に吸収されにくく，徐々に大気中の[2]濃度が高まり，[4]が進行し気温が上昇した。

(6) 光合成生物の出現により，当時の地球にはなかった酸素が生成されるようになりました。これに関して，その後起こったできごとの順序が「光合成生物の発生」→[5]→[6]→「現在の濃度に近いオゾン層の形成」となるように，[5]，[6]に適するものを，それぞれ選びなさい。

ア　地磁気の縞(しま)模様の形成　　イ　熱圏の酸素濃度の増加

ウ　縞状鉄鉱層(床)の形成　　エ　地球規模での寒冷化

オ　大陸の分裂開始

(7) 光合成生物のはたらきで，大気中の酸素濃度は増加しました。増加の様子を表したグラフとして正しいものはどれですか。ただし，グラフの縦軸は5億年前の大気中の酸素濃度を1とした割合で示されています。

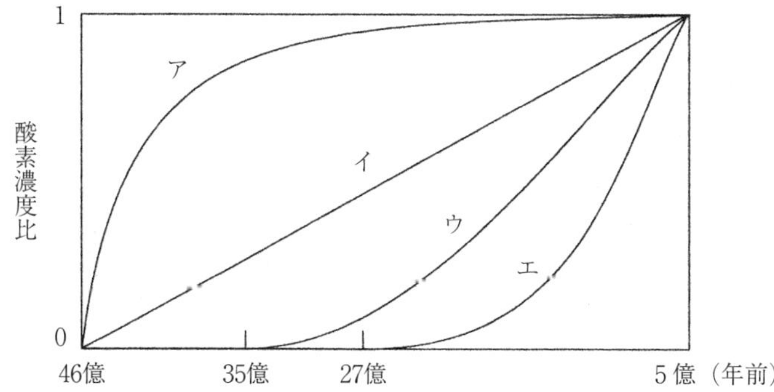

(8) 地球のオゾン層は，古生代初期のオルドビス紀には現在のオゾン層と同じ程度の濃度になったと考えられています。このことが，オルドビス紀後期からシルル紀にかけて起きたある大きな変化の要因になったと考えられます。理由とともにこの時期の変化(事象)とは何か，簡潔に答えなさい。

ぬ」までの経緯の説明として最も適当なものを次の中から選び、記号で答えなさい。

ア　后が多く、誰を騎馬民族の王に差し出すか悩んだ元帝が、絵師に后たちの肖像画を描いて持ってくるよう命じたところ、元帝に愛想をつかした后たちは、絵師に金品を与え、元帝が騎馬民族の王に差し出したくなるよう醜く描いてもらった。その結果、最も多額の金品を与えた王昭君が他の后たちより醜く描かれ、騎馬民族の王に差し出されることとなった。

イ　后が多く、誰を騎馬民族の王に差し出すか悩んだ元帝が、絵師に后たちの肖像画を描いて持ってくるよう命じたところ、絵師は希望通りの容姿で描くことと引き換えに多額の金品を要求してきたが、王昭君だけはその要求に応じなかったためにひどく醜く描かれた。その結果、肖像画を見た元帝によって、王昭君は騎馬民族の王の妻に選ばれてしまった。

ウ　后が多く、後宮の人数を減らしたいと考えた元帝が、誰が不要であるかを決めるために絵師に后たちの肖像画を描いて持ってくるよう命じたところ、王昭君に嫉妬していた后たちは、騎馬民族の妻として王昭君を推薦させようと絵師に多額の金品を与えた。その結果、元帝は、絵師の推薦も考慮に入れ、王昭君を騎馬民族の王の妻とすることに決めた。

エ　后が多く、誰を騎馬民族の王に差し出すか悩んだ元帝が、絵師に后たちの肖像画を描いて持ってくるよう命じたところ、王昭君以外の后たちは、絵師に多額の金品を与え、実際よりも美しく描かせることで身の安全を図ったが、王昭君は何も与えなかったためにひどく醜く描かれた。その結果、元帝は、王昭君を騎馬民族の王の妻とすることに決めた。

オ　后が多く、後宮の人数を減らしたいと考えた元帝が、誰が不要であるかを決めるために絵師に后たちの肖像画を描いて持ってくるよう命じたところ、騎馬民族のもとに行きたくない后たちは、王昭君を自分たちよりも醜く描かせようと絵師に多額の金品を与えた。その結果、王昭君は誰よりも醜く描かれ、騎馬民族の王の妻に選ばれてしまった。

四

問1　次の漢字の問題に答えなさい。

1　次の各文の――線のカタカナを漢字に直しなさい。
過酷な生存キョウソウ。

2　ホウフな資源を活用する。

3　テッコウ石の採掘。

問2　次の各文の――線と同じ漢字を使うものを、後のア～オから選び、それぞれ記号で答えなさい。

1　科学技術のヒヤク的な進歩。
ア　ゲンエキの野球選手。
イ　費用のウチワケ。
ウ　再会をヤクソクした二人。
エ　病院でもらったクスリが効いた。
オ　祭りの音を聞いて心がオドる。

2　彼はチョチクが趣味というわけではない。
ア　友人とタケウマで遊ぶ。
イ　災害に備えて巨大な堤防をキズく。
ウ　チクサン農家として働く。
エ　作業の様子をチクイチ報告する。
オ　動物たちが冬に向けて脂肪をタクワえる。

3　医師は人命を救う使命をオびている。
ア　ネッタイの動物が生息するエリア。
イ　タイダな人間だと言われた。
ウ　最新のタイネツ素材を取り入れた建造物。
エ　いつのまにかダイジュウタイに巻き込まれた。
オ　自分の出番までタイキする。

く画きなして、持てきたりけるに、王昭君といふ人の、容姿のまことにすぐれて、めでたかりけるをたのみて、絵師に、物をも、心ざさずして、うちまかせて画かせければ、本のかたちのやうには画かで、いとあやしげに、画きて持て参りければ、この人を給ぶべきに
6さだめられぬ。その程になりて、召して御覧じけるに、まことに玉のひかりて、えもいはざりければ、みかど、おどろき思し召して、これを、えびすに給ばむ事を、思し召しわづらひて、嘆かせ給ひて、日頃ふる程に、えびす、その人をぞ賜はるべきと聞きて、参りにければ、あらためさだめらるる事もなくて、つひに賜ひにければ、馬にのせて、はるかにゐていにけり。王昭君、嘆き悲しむ事かぎりなし。みかど、恋しさに、思し召しわづらひて、かの王昭君が居たりける所を、御覧じければ、春は柳、風になびき、うぐひす、つれづれにて、秋は、木の葉につもりて、※軒のしのぶ、隙なくて、いとど、もの哀なる事かぎりなし。この心を詠める歌なり。かからざりせば、と詠めるは、悪からましかばたのまざらまし、と詠めるなり。ふるさとを恋ふる涙は、道の露にまさるなど詠むも、王昭君が思ふらむ心のうち、おしはかりて詠むなり。

※もろこし…唐土。現在の中国のことで、この時は前漢という王朝の元帝の時代。
※すゑなめさせ給ひて…並べて座らせなさって。
※ここ…元帝の後宮。後宮とは、后たちの住む宮殿のこと。
※えびすのやうなるもの…前漢と緊張状態にあった、中国北方の遊牧騎馬民族の王。
※具…ここでは「妻」の意。
※軒のしのぶ…ウラボシ科のシダ植物。

問1 ――線1「かからざりせばかからましやは」とあるが、この部分を筆者はどのように解釈しているか。その説明として最も適当なものを次の中から選び、記号で答えなさい。

ア もし王昭君が、元帝の後宮に入っていなかったら、騎馬民族の王の妻となって苦しむことなどなかっただろう。
イ もし王昭君が、唐土一の美女でなかったら、騎馬民族の王から求婚されて思い悩むことなどなかっただろう。
ウ もし王昭君が、醜い容姿であったら、自らの美貌を頼りにすることでつらい目に遭うことなどなかっただろう。
エ もし王昭君が、謙虚で素直な性格であったら、後宮から追放されて路頭に迷うことなどなかっただろう。
オ もし王昭君が、自らの容姿に自信を持っていたら、不安を感じて絵師に金品を渡す必要などなかっただろう。

問2 ――線2「なげきこし」とあるが、これは誰がどこへやって来たことを表しているか。その説明として最も適当なものを次の中から選び、記号で答えなさい。

ア 王昭君が、生まれ故郷から上京して来たということ。
イ 騎馬民族の王が、唐土の都へ攻め込んで来たということ。
ウ 王昭君が、都から騎馬民族の国へやって来たということ。
エ 騎馬民族の王が、王昭君を都まで迎えに来たということ。
オ 多くの女性たちが、元帝の妻として後宮にやって来たということ。

問3 ――線3・4の本文中の意味として最も適当なものを後のア～オから選び、それぞれ記号で答えなさい。

3「いとしもなからむ」
ア 裕福な家庭で育った女性
イ もう会うことのない女性
ウ たいして美しくない女性
エ 愛情の冷めてしまった女性
オ 上京して来たばかりの女性

4「心ざし」
ア 贈りもの　　イ 高価なもの
ウ 心のこもったもの　　エ みすぼらしいもの
オ 無駄なもの

問4 ――線5「さもと思し召して」から――線6「さだめられ

ば今後の治療に生かせると考えていたところに玄白が翻訳の提案をしてきたため、医学の発展のために尽力する決意を固め、仲間とともに行う翻訳作業に期待と興奮を覚えている。

問4　――線3「先駆者のみが知るよろこび」とあるが、それはどういうことか。その説明として最も適当なものを次の中から選び、記号で答えなさい。

ア　日本では先行して研究している人がいない学問領域について、苦労を重ねて手探りで研究を進めるなかで、自分たちだけが探究を深め様々な知識を得ていることに対するよろこび。

イ　日本では一般にまだ存在が知られていない学問分野について、自分たちの力だけで研究を深めることにより、真理を解き明かして得た知識を独占することに対するよろこび。

ウ　日本では先人による研究がなされていない領域について、仲間たちと地道な努力を積み重ねて研究を行い、その分野における第一人者の地位を確立していくことに対するよろこび。

エ　日本ではまだ十分な研究がなされていない学問分野について、研究の過程で一つ一つの疑問点を解き明かすことで、後世の人びとが研究する際の手がかりを残すことに対するよろこび。

オ　日本ではまだ研究の価値が見出されていない学問領域について、研究を重ねて実用的な側面を示すことにより、人びとに学問的な意義を広めていくことに対するよろこび。

問5　――線4「玄白は、常に先を急いでいた」とあるが、それはなぜか。60字以内で説明しなさい。

問6　――線5「良沢は、頑として動かなかった」とあるが、ここで良沢はどのようなことが重要だと考えているのか。その説明として最も適当なものを次の中から選び、記号で答えなさい。

ア　難解な医学書に限らず広く学術書も翻訳し、日本の人びとに多様な学問を広め、人びとの知的水準を向上させること。

イ　単語の意味も議論して深く理解することで、オランダ語の文献を読める人材を育成し、蘭学研究の裾野を広げること。

ウ　本文の趣旨もわかるように翻訳し、人びとに人体の真形を正確に示すことで、日本における医学の大成に寄与すること。

エ　単語に正確な注をつけ、蘭学を知らない人もターヘルアナトミアを読めるようにし、オランダの医学を世に広めること。

オ　一語一語の意味にまでこだわることで、オランダ語のすべてに精通し、オランダの文献を読破できるようになること。

三

次の文章は、源俊頼（みなもとのとしより）『俊頼髄脳（としよりずいのう）』の一部で、平安時代の歌人源俊頼が、故事にまつわる和歌について述べた部分である。これを読んで、後の問いに答えなさい。なお、出題に際して、本文には表記を一部変えたところがある。

みるたびにかがみのかげのつらきかな　1かからざりせばかからましやは　懐円（くわいゑん）

2なげきこし道の露にもまさりけり　なれにしさとをこふる涙は　赤染衛門（あかぞめゑもん）

この歌、懐円と赤染とが、王昭君（わうせうくん）を詠（よ）める歌なり。※もろこしには、みかどの、人のむすめ召しつつ御覧じて、宮のうちに、※すゑなめさせ給ひて、四五百とゐなみて、いたづらにあれど、※ここには、あまり多くつもりにければ、御覧ずる事もなくてぞ候（さぶら）ひける。それに、※えびすのやうなるものの、外の国より、都（みやこ）に参りたる事のありけるに、いかがすべきと、人々に、さだめさせ給ひけるに、「この宮のうちに、いたづらに多く侍（はべ）る人の、3いとしもなからむを、一人給（た）ぶべきなり。それにまさる4心ざしはあらじ」と、さだめ申しければ、5さもと思（おぼ）し召して、みづから御覧じて、その人をさだめさせ給ふべけれど、人々の多さに、思し召しわづらひて、絵（ゑ）師（し）を召して、「この人々のかた、絵に画（か）きうつして参れ」と、仰（おほ）せられければ、次第に画きけるに、この人々、えびすの※具にならむ事を嘆き思ひて、われもわれもと思うて、おのおの、こがねをとらせ、それならぬものをもとらせければ、いとしもなき容姿（かたち）をも、よランダ語のことごとくに、通達し、かの国の書籍何にても読破したい大望をいだいていた。

最初、一、二年は、良沢と玄白との間に、何ら意見の※扞格（かんかく）もなかった。が、彼らの力が進むに従って二人はいつも同じような口あらそいを続けていた。

「このところの文意はよくわかり申した。いざ先へ進もうではござらぬか。」

4 玄白は、常に先を急いでいた。が、良沢は、悠揚（ゆうよう）として落ち着いていた。

「いや、お待ちなされい。文意は通じても、語義が通じ申さぬ。およそ、語義が通じ申さないで、文意のみが通ずるは、当て推量と申すものでござる。」

5 良沢は、頑（がん）として動かなかった。

※分明を得て…明らかになって。
※小冊…小さい書物。
※連城の玉…ここでは、またとない宝物という意。
※如かじ…及ぶまい。
※扞格…食い違い。

問1 ===線a・bの本文中の意味として最も適当なものを後のア～オから選び、それぞれ記号で答えなさい。

a「彷彿として」
ア ひっそりとして　イ ゆったりとして
ウ はっきりとして　エ のんびりとして
オ ぼんやりとして

b「余念もなかった」
ア 焦っていた　イ 没頭していた　ウ 満足していた
エ 困惑していた　オ 飽きていた

問2 ――線1「この上もなき恥辱」とあるが、淳庵が恥じているのはどのようなことか。その説明として最も適当なものを次の中から選び、記号で答えなさい。

ア 日本の医術は最先端の水準にあると考えていたが、実際には基礎的な事項すら分析できていなかったこと。
イ 高尚な学問の研究には励んでいたが、その一方で職務の基礎的な事項がおろそかになっていたこと。
ウ 主君に対して医術で仕えていながら、医術の基礎的な事項を正しく理解しないまま今日まで職にあたっていたこと。
エ 日本の研究は海外にも劣らないと感じていたが、現実には海外に遠く及んでいなかったのだということ。
オ 医学の研究者として主君に仕えていながら、自分の研究を実用に供することまでは思いが及んでいないということ。

問3 ――線2「良沢は、その巨きい目を輝かしながら言った」とあるが、この時の良沢の心情はどのようなものか。その説明として最も適当なものを次の中から選び、記号で答えなさい。

ア オランダの医学書に対して賛嘆の心が芽生え、蘭書を研究してみたいと思い始めた矢先に玄白から翻訳の提案を受けたため、自らも他者のためにオランダ語の知識を提供しようと決心し、仲間となる三人に親近感を覚えている。
イ オランダの医術に大きく心を動かされた上に、自分の長年の願いである蘭書の研究に通じる提案を玄白から受けたため、三人と協力してターヘルアナトミアを翻訳する決意を固め、はやる気持ちを抑えられずにいる。
ウ オランダ医術の有用性を確信し、孤独を慨きつつも一人で医学書を翻訳していたところに玄白から翻訳の提案を受けたため、今までの孤独な作業が報われたように感じ、同志を得たことに対して深い感動を覚えている。
エ オランダの医学を脅威と捉えており、研究して詳細を把握しておくべきだと思っていたところに玄白が翻訳の提案をしたため、長年抱いていた自分の危機感が正しかったと確信し、一刻も早く作業に取りかかるべきだと焦っている。
オ オランダの医術に感服し、ターヘルアナトミアを翻訳できれが、二日の間、考えぬいて、やっと解いたのは『眉トハ目ノ上ニ生ジタル毛ナリ』という一句だったりした。四人は、そのたわいもない文句に哄笑しながらも、銘々うれし涙が目のうちに、にじんで来るのを感ぜずにはいられなかった。

眉から目と下がって鼻のところへ来たときに、四人は、鼻とはフルヘッヘンドせしものなりという一句に、突き当たってしまっていた。

無論、完全な辞書はなかった。ただ、良沢が、長崎から持ち帰った※小冊に、フルヘッヘンドの訳注があった。それは、『木の枝を断ちたるあと、そのあとフルヘッヘンドをなし、庭を掃除すれば、その塵土あつまりて、フルヘッヘンドをなす』という文句だった。四人は、その訳注を、引き合わしても、容易には解しかねた。

「フルヘッヘンド！　フルヘッヘンド！」

四人は、おりおりその言葉を、口ずさみながら、巳の刻から申の刻まで考えぬいた。四人は目を見合わせたまま、一語も交えずに考えぬいた。申の刻を過ぎたころに、玄白がおどり上がるようにして、その膝頭をたたいた。

「解せ申した。解せ申した。方々、かようでござる。木の枝を断り申したるあと、癒え申せば堆くなるでござろう。塵土あつまれば、これも堆くなるでござろう。されば、鼻は面中にありて、堆起するものでござれば、フルヘッヘンドは、堆しということでござろうぞ」と言った。

四人は、手を拍ってよろこびあった。玄白の目には涙が光った。彼のよろこびは、※連城の玉を、獲るよりもまさっていた。

が、神経などという言葉に至っては、一月考え続けてもわからなかった。

彼らは、最初難解の言葉に接するごとに、丸に十文字を引いて印とした。それを、轡十文字と呼んでいた。初め一年の間、どのページにもどのページにも、轡十文字が、無数に散在した。

が、彼らの先駆者としての勇猛精進は、すべてを、征服せずにはいなかった。一か月六、七回の定日を怠りなく守ったかいはあった。一年余を過ぎたころには、訳語の数もふえ、章句の脈も、明らかに、書中の轡十文字は、残り少なくかき消されていた。

先駆者としての苦闘は、やがて3先駆者のみが知るよろこびで酬われていた。語句の末が明らかになるに従って、次第に蔗を噉うがごとく、そのなかに含まれた先人未知の真理の甘味が、彼らの心に浸み付いていた。

彼らは、邦人未到の学問の沃土に、彼らのみ足を踏み入れうるよろこびで、会集の期日ごとに、児女子の祭り見に行く心地にて、夜の明くるのを待ち兼ねるほどになっていた。

玄白が、最初良沢に対していだいていた軽い反感などは、もうあとかたもなかった。彼は良沢の為人とその篤学に、心からなる尊敬を払っていた。

が、翻訳の業が、進んで行くのに従って、玄白はだんだん自分の志と、良沢のそれとが、離れているのに気が付いた。

玄白の志は、ターヘルアナトミアを、一日も早く翻訳して、治療の実用に立て、世の医家の発明の種にすることだった。彼は、心のうちで思っていた。漢学が日本へ伝来して大成するまでには、数代数十代の努力を要している。それと同じように、蘭学の大成も、数代を要すに違いないと思っていた。彼は、そうした一代に期しがたい大業を志すよりも、一事一書に志を集めて、一代に成就することを期するに※如かじと思っていた。五色の糸の乱れしは、美しけれども、実用に供することは赤とか黄とかの一色に決し、他は皆切り棄つるに如かずと思っていた。

従って、彼はターヘルアナトミアの翻訳に、b余念もなかった。彼は、一日会して、解しうるところは、家に帰って、直ちに翻訳した。

が、良沢の志は、遠大だった。彼の志は、蘭学の大成にあった。ターヘルアナトミアのごときはほとんど眼中になかった。彼は、オ刑場からの帰途、春泰と良円とは、一足遅れたため、良沢と玄適と淳庵、玄白の四人連れであった。四人は、同じ感激に浸っていた。それは、玄妙不思議なオランダの医術に対する賛嘆の心であった。

刑場から、六、七町の間、皆は黙々として銘々自分自身の感激に浸っていたが、浅草田圃に差しかかると、淳庵が感に堪えたように言った。

「今日の実験、ただただ驚き入るのほかはないことでござる。かほどの事を、これまで心づかずに、打ち過ごしたかと思えば、1この上もなき恥辱に存ずる。われわれ医をもって、主君主君に仕えるものが、その術の基本とも申すべき、人体の真形をも心得ず、今日まで一日一日と、その業を務め申したかと思えば、面目もないことでござる。何とぞ、今日の実験に基づき、おおよそにも身体の真理をわきまえて、医をいたせば、医をもって天地間に身を立つる申し訳にもなることでござる。」

良沢も玄白も玄適も、淳庵の述懐に同感せずにはいられなかった。玄白は、その後を承けて言った。

「いかにも、もっともの仰せじゃ。それにつけても拙者は、いかにもいたして、このターヘルアナトミアの一巻を、翻訳いたしたいものじゃと存ずる。これだに、翻訳いたし申せば、身体内外のこと、※分明を得て、今日以後療治の上にも、大益あることと存ずる。」

良沢も、心から打ち解けていた。

「いや、杉田氏の仰せ、もっともでござる。実は、拙者も年来蘭書読みたき宿願でござったが、志を同じゅうする良友もなく、慨き思うのみにて、日を過ごしてござる。もし、各々方が、志を合わせてくだされば何よりの幸いじゃ。幸い、先年長崎留学のみぎり、蘭語少々は記憶いたしてござるほどに、それを種といたし、ともどもこのターヘルアナトミアを、読みかかろうではござらぬか。」と、言った。

玄白も、淳庵も、玄適も、手を拍ってそれに同じた。彼らは、異常な感激で結び合わされた。

「しからば、善はいそげと申す。明日より拙宅へお越しなされい！」

2良沢は、その巨きい目を輝かしながら言った。

約のごとく、その翌日を初めとし、四人は平河町の良沢の家に、月五、六回ずつ相会した。

良沢を除いた三人は、オランダ文字の二十五字さえ、最初は定かには覚えていなかった。

良沢は、三人の人々に、蘭語の手ほどきをした。彼は、さすがに長崎に留学したことがあるだけに、多少の蘭語と、章句語脈のことも、少しは心得ていたけれども、それもほとんど言うに足りなかった。一月ばかりたつと、良沢が三人に教えることは、もう何も残っていなかった。

三人の手ほどきが済むと、四人は初めて、ターヘルアナトミアの書に向かった。

が、開巻第一のページから、ただ茫洋として、艫舵なき船の大洋に乗りいだせしがごとく、どこから手の付けようもなく、あきれにあきれているほかはなかった。

が、二、三枚めくったところに、仰むけに伏した人体全象の図があった。彼らは考えた。人体内景のことは知りがたいが、表部外象のことは、その名所も一々知っていることであるから、図における符号と説のなかの符号とを、合わせ考えることが一番取り付きやすいことだと思った。

彼らは、眉、口、唇、耳、腹、股、踵などに付いている符号を、文章のなかにさがした。そして、眉、口、唇などの言葉を、一つ一つ覚えて行った。

が、そうした単語だけはわかっても、前後の文句は、彼らの乏しい力では一向に解し兼ねた。一句一章を春の長き一日、考えあかしても、a彷彿として明らめられないことが、しばしばあった。四人が子の危機を受け入れるとは冷酷だと解釈する。

問3　――線2「雀のかあさんの心情を理解しない人工知能」とあるが、ここで科学者は人工知能にどのような改良を加えようとするのか。その説明として最も適当なものを次の中から選び、記号で答えなさい。

ア　科学者は、人工知能が心情をくみ取ることができるように様々な人間の立場を提示し、それをふまえて相手の立場を理解できる仕組みを人工知能に導入する。

イ　科学者は、様々な感情の種類やその程度に対応する反応のリストを用意し、それをもとにして相手の心情を推定するという仕組みを人工知能に導入する。

ウ　科学者は、様々な心情の生まれる条件を提示し、それを分析して心的反応のリストを作るという仕組みを人工知能に導入する。

エ　科学者は、人間の感情に対する反応のリストを作成し、それを模倣することで人間と同じ感情があると相手に思わせる仕組みを人工知能に導入する。

オ　科学者は、様々な他者の感情や反応のリストを準備し、それを参考にしてこれまでになかった心的反応のリストを作成していくという仕組みを人工知能に導入する。

問4　――線3「我が子を亡くしたばかりの婦人が、その子の指導教員だった教授を訪ね、子供のことを淡々と話す」とあるが、婦人の様子に対する解釈について、筆者はどのように考えているか。その説明として最も適当なものを次の中から選び、記号で答えなさい。

ア　婦人のことを、亡くなった我が子のことを淡々と話す様子から「冷淡な、心ない人間」と解釈するにせよ、ハンカチを握りしめた婦人の手を見て「敢えて平静を装っている」と解釈するにせよ、小編に書かれている情報だけから分析して得た解釈を強制しているという点で、その両者に大きな違いはない。

イ　我が子の死を受けとめきれない婦人が「敢えて平静を装っている」という解釈は、我が子を失った親の反応としては十分あり得るものであるため、亡くなった我が子のことを淡々と話す婦人は「冷淡な、心ない人間」だという一般的ではない解釈よりも優れている。

ウ　婦人のことを、亡くなった我が子のことを淡々と話す様子から「冷淡な、心ない人間」と解釈するにせよ、我が子の死を平然と受けとめることはできまいという判断から「敢えて平静を装っている」と解釈するにせよ、自身の経験や想定に基づく解釈を押しつけているという点で、その両者に大きな違いはない。

エ　我が子の死を受けとめきれない婦人が「敢えて平静を装っている」という解釈は、我が子を失った婦人にしかわからない内面を考慮に入れているため、亡くなった我が子のことを淡々と話す婦人は「冷淡な、心ない人間」だという表面的な解釈よりも優れている。

オ　婦人のことを、亡くなった我が子のことを淡々と話す様子から「冷淡な、心ない人間」と解釈するにせよ、我が子の死を平然と受けとめることはできまいという判断から「敢えて平静を装っている」と解釈するにせよ、実際の婦人の心情からはかけ離れた解釈をしているという点で、その両者に大きな違いはない。

問5　――線4「そのような他者の悲しみは、一・五人称的知性によってのみ、接近可能なのです」とあるが、それはどういうことか。70字以内で説明しなさい。

二

次の文章は、菊池寛（きくちかん）「蘭学事始（らんがくことはじめ）」の一部である。蘭学に関心を抱く医者の杉田玄白（すぎたげんぱく）は、オランダ語の医学書『ターヘルアナトミア』の内容について検証する機会をうかがっていた。以下の文章は、同じく蘭学を志す前野良沢（まえのりょうたく）らとともに刑場での刑死者の解剖を見学した後の場面である。これを読んで、後の問いに答えなさい。なお、出題に際して、本文には表記を一部変えたところがある。

が、想定できない外部に対する準備をする。それが、知覚できない外部の存在を受け容れる、ということです。一・五人称は、「何だろう」だけです。亡くなったばかりの我が子のことを淡々と話す母親、という「わたし」の知覚に自信が持てず、訝しく思う。それが一・五人称的知性なのです。

もう一つ例をあげましょう。あなたは、どこか、避暑地のあまり利用されていない家屋を借りて、一週間ほど生活することになったと想像してください。水回りとガスレンジを備えた台所には、調理器具などほとんど何もなく、小さな鍋と食器、キッチンバサミが棚に置かれているだけです。あなたは、とりあえず、スープでも作ろうと、野菜とベーコンぐらいを買ってきましたが、使えるものは鍋とハサミだけという有様です。

ハサミで野菜やベーコンを切り、鍋に入れてハサミでかき混ぜるあなたは、一人称的知性を有した人でしょう。見える部分だけが情報のすべてなのです。とりあえず、シンクの下や小さな引き出しを開けてみるあなたは、見えていない、知覚していない外部を気にしていた。その結果、「何だろう」と思って開けてみたのです。もちろん、十分常識的な一人称的知性もまた、自らの経験から見えない部分を探すでしょう。しかしその場合は、見ていなかっただけで、最初から想定されていたのです。

一人称的知性と一・五人称的知性は、初めての経験において大きな差を作り出します。いままで、「わたし」が経験も想像もしてこなかった台所の状況、例えば、冷凍庫の中に置かれていた包丁は、一・五人称的知性によってのみ発見されるでしょう。シンク下の引き出しに入っていた程度の包丁は、一人称的知性が有する、台所の記憶情報リストに残されているでしょう。だから見えていなくても、引き出しの包丁は知覚されていた。冷凍庫の包丁は、これに対して、リストには入っていなかったはずです。

わたしが経験しておらず、想定さえしていなかったような他者の悲しみは、想定される心のリスト（心のモデル）に収まっているはずもない。4 そのような他者の悲しみは、一・五人称的知性によってのみ、接近可能なのです。

※雑居ビルから脱出すべく地図を作ったこと…これより前の文章で、地図の作り方を例にあげて一人称的知性や三人称的知性の説明を行っている。

問1 本文中からは次の一文が抜けている。これを補うのに最も適当な箇所を本文中の①～⑤の中から選び、番号で答えなさい。

> つまり、「極めて悲しい場合、絶句して呆然とする」程度の心のモデルでは、社会・経済事情の全く異なる他者の心を理解することなど、全くできないのです。

問2 ――線1「人工知能はそう思わない」とあるが、「雀のかあさん」という詩における親雀の心情について、人工知能はどのように解釈するのか。その説明として最も適当なものを次の中から選び、記号で答えなさい。

ア　鳴き声をあげたくなるほどの恐怖や絶望を親雀が抱いているとは思わず、詩の文言だけを知覚して、鳴くことすらせず我が子を助けるそぶりもみせないとは残酷だと解釈する。

イ　人間から目を離せないほどの恐怖や不安を親雀が抱いているとは思わず、詩の文言だけを知覚して、我が子がつかまったことを理解できないとは愚かだと解釈する。

ウ　鳴き声をあげられないほどの悲しみや絶望を親雀が抱いているとは思わず、詩の文言だけを知覚して、我が子をあえて差し出すことで助かろうとするとは冷淡だと解釈する。

エ　人間の前から動けないほどの恐怖や不安を親雀が抱いているとは思わず、詩の文言だけを知覚して、鳴かずに我が子を助けられる状況を待っているとは冷酷だと解釈する。

オ　鳴くことさえできないほどの悲しみや絶望を親雀が抱いているとは思わず、詩の文言だけを知覚して、鳴くことすらせず我とになる。この時、三人称的知性が有していた白地図が、他者の心を推定する場合の心のモデルに対応することがわかります。つまり白地図に相当する心のモデルを実装することで、一人称的知性は三人称的知性となり、他者の心を理解できる、というわけです。

しかし、心的条件と心的反応の対応リストとして、そもそも心のモデルなんて書き下せるものでしょうか。いかに膨大なリストであろうと、心的条件・反応の関係は網羅できない。リストという形式で限定しながらも、リスト外部の可能性に開かれることの構えを持つ、それこそが、他者の心を理解するということではないのでしょうか。②

先にあげた心のモデルでは、「極めて悲しい場合、絶句して呆然とする」を、悲しみのモデルのリストに加えれば、雀のかあさんの心情が理解できると思うかもしれません。しかし、雀のかあさんの絶望は、さらに想像している以上に深いもので、だから逆に心的状態は乾き切っているかもしれません。絶句したり、呆然としたりする以上に、悲しい。それもまたあり得ることでしょう。③

ある貧しい国の母親が、子供が手術しないと助からない、手術には五十万円かかると言われ、「わかりました。諦めます」と、機械的に、即答したとします。そこには絶望のあまりの絶句や呆然とした態度すらありません。しかしその母親は冷淡でしょうか。むしろ、圧倒的な絶望を、当たり前のものとして受け入れざるを得ない状況を、私たちが知らなかった、ことを改めて知るべきでしょう。④

一人称的知性に足りない「心のモデル」を付け加えれば、三人称的知性が実現でき、他者の心を理解できるだろう、という見込みは大きく外れることになります。私たちは、他者とのやりとりにあって、そんなことなどしていない。

私たちはただ、一・五人称的知性として、他者の心を慮るだけです。それは、「他に何かあるんじゃないか」という感覚で、外部を待ち構えるだけのことです。「お屋根で鳴かずにそれ見てた」親すずめに対し「何かある」と思い、「わかりました。諦めます」と即答する母親に対して「何かある」と感じる。こうすることでのみ、私たちは「わたし」の外部に、受動的であるがゆえに能動的に入り込むことができ、他者の心にその都度触れると感じるのでしょう。まだ知覚さえできていない外部を余白、糊代として感受する態度こそが、一・五人称なのです。

芥川龍之介の小説に「手巾」という小編があります。これもまた、雀のかあさんと同じ状況です。3我が子を亡くしたばかりの婦人が、その子の指導教員だった教授を訪ね、子供のことを淡々と話す。その様子を訝しく思った教授が、しかしテーブルの下に目をやると、ハンカチを握りしめた手が震えていた、といったものです。⑤

ハンカチを見なかったとします。亡くなったばかりの我が子のことを淡々と話す母親は、子供の死を理解できない冷淡な、心ない人間なのでしょうか。知覚できた事象だけで推論するならそうなるでしょう。しかし、我が子の死に際し、何もないと思うことは普通できず、悲しみに耐え、敢えて平静を装っている。通常、そのように考えるのではないでしょうか。

「通常、そう考える」という発想は、「私たち」という共通の場を開き、思いやりの場を開くように思えます。しかし共通の場を指定することは、特定の解釈を断定し強制することになりますから、一人称的知性に他ならないのです。

知覚された情報だけから「この母親は冷淡だ」と考える「わたし」の描像や、「逆に辛さに耐えているのだ」と考える「私たち」の描像も、一人称的知性に過ぎない。そうではなく知覚に対する解釈＝性質を列挙すること、に自信が持てず、そこに「何だろう」が伴い続けること。これが、糊代をもたらす一・五人称的知性の核心なのです。

一・五人称は、他者や他人の心に具体的イメージを強いることがありません。ただ、「何だろう」と思うだけです。この「何だろう」

二〇二〇年度 市川高等学校

【国語】（五〇分）〈満点：一〇〇点〉

【注意】解答の際には、句読点や記号は一字と数えること。

一 次の文章は、郡司ペギオ幸夫『天然知能』の一部である。これを読んで、後の問いに答えなさい。なお、出題に際して、本文には表記を一部変えたところがある。

金子みすゞの詩に、テレビCMでも有名な「雀のかあさん」という表題の次のような詩があります。

子供が
子雀
つかまえた。

その子の
かあさん
笑ってた。

雀のかあさん
それみてた。

お屋根で
鳴かずに
それ見てた。

人間にしてみれば他愛のないことに見える風景も、当事者の雀にしてみれば、その絶望は察するに余りあるものでしょう。雀の悲しみの深さは、鳴くことさえできない沈黙で、より鑑賞者に迫ってくるものとなります。

しかし、1人工知能はそう思わない。詩に現れた文言だけを知覚し、その意味を解釈することになります。その限りで、我が子が拉致されているというのに、それを黙認する親雀は冷酷なものだ、さすがに畜生だ、ということになる。さらには、こういった詩を作る金子みすゞもまた、冷酷な人間だ、ということになるでしょう。

人工知能を構築する科学者は、認知科学や心理学に基づき、絶えず人工知能を改良してきました。2雀のかあさんの心情を理解しない人工知能には、他人の心を理解する仕組みを植え付けようとするでしょう。それは、第一に「人の心」のモデルであり、第二に、自分の立場を他人の立場に変換する装置という、二つの原則から構成されることになります。①

外から見て、心があると思われる反応を作るのは簡単でしょう。例えば、悲しいという心情において、悲しみの程度に応じて、「うなだれる」「泣く」「嗚咽する」といった振る舞いの集まりを対応させれば、「悲しい」という条件のもとでの人の心的反応が概ねカバーできるでしょう。あとは、自分ではなく、相手の立場に立って心的反応を推定すれば、他人の気持ちはわかる、ということになります。この場合、雀のかあさんの悲しみも、簡単に理解できることが期待されます。

悲しい条件など、心的状態に対する心的反応のリストを用意すること。これが心のモデルということになり、これを参照して推定することが、人の心を考えることになるという按配です。

この理解の仕方は、一人称的知性から、三人称的知性への転回に他なりません。※雑居ビルから脱出すべく地図を作ったことと、対比してみます。心のモデルを持たない一人称的知性は、参照すべき白地図を持たずに地図を作る、人工知能に対比されます。その都度得られたデータだけから相手の心を推定するのですから、「うなだれる」でも「嗚咽する」でもない雀のかあさんは冷酷だ、というこ

英語解答

I (A) (1)… b (2)… a (3)… b (4)… c
(5)… b (6)… c
(B) (1) 神のお告げ (2) 将来の様子
(3) sleep (4) working
(5) memories (6) creative

II 問1 (1) (例)商品やサービスを交換する目的で，人々が他のものの価値を示す(29字)
(2) より軽量で追跡しやすい点。
問2 them
問3 Strength gets changed to brain
問4 ウ 問5 イ，オ，キ，ケ
問6 ア…× イ…× ウ…× エ…○ オ…○
問7 the official money
問8 (例)stop believing in it

III 問1 not interested in 問2 イ
問3 エ 問4 ウ
問5 目立たないように静かにし続け，一生懸命勉強すること。
問6 I didn't want to make the situation worse
問7 D…ウ E…オ F…ア G…エ H…カ
問8 excited my parents
問9 I…イ J…ウ K…エ L…ア
問10 (例)私は人々がこれらの映画を制作し続けてくれてうれしかった。なぜなら，それらはオーストラリア中のアジア系の家族を1つにまとめてくれていたからだ。

I 〔放送問題〕解説省略

II 〔長文読解総合―説明文・対話文〕

≪全訳≫(A)**1**お金は多くの場所で何度も創造された。その開発は技術的な躍進を必要とせず――単なる大きな精神的な変化にすぎなかった。人々が共有する想像の中にだけある，新たな現実の創造を必要とした。**2**お金は硬貨でも紙幣でもない。お金は商品やサービスを交換する目的で，人々が他のものの価値を示すために使うと決めたものだ。お金は人々が，異なる商品(例えばリンゴや靴など)の価値をすばやく比較し，あるものを別のものと交換し，便利に財産を保有しやすくする。お金の種類はたくさんある。最も普及しているのは硬貨で，それは国家的に認められた価値を刻印した金属片だ。だが，人々は硬貨が発明されるよりずっと前からお金を使用しており，貝殻，牛，皮革，塩，穀物，ビーズ，布など他のものを通貨として利用しながら，文化は育ち，豊かになった。コヤスガイは，アフリカ，南アジア，東アジア，オセアニアの至る所で約4000年間，法定通貨として使われた。20世紀初めのイギリス領ウガンダでは，依然としてコヤスガイで税金が支払われていた。**3**現代の牢獄(ろうごく)や捕虜収容所では，お金としてよくタバコが用いられている。タバコを吸わない囚人でさえ，支払いにタバコを受け取ることが多く，タバコで他の全ての商品やサービスの価値を理解する。あるアウシュヴィッツの生存者は，収容所で使われた通貨であるタバコについてこう説明した。「私たちには独自の通貨があり，誰もその価値を疑問に思わなかったよ。タバコさ。全てのものの価格はタバコで書かれていたんだ…『通常』時，パンはタバコ12本，300グラムのマーガリン1箱は30本，腕時計1本は80～200本，アルコール1リットルはタバコ400本だったよ！」**4**実際，硬貨や紙幣は，現在でもお金の形態としては一般的ではない。世界にあるお金の総額は約60兆ドルだが，硬貨や紙幣の総額は6兆ドルを下回る。全てのお金の90パーセント以上――私たちの銀行にある50兆ドル以上――は，コンピュータサーバー上に存在するだけだ。このため，大半のビジネス上の取引は，「本物の」現金を交換することなく，あるコンピュータファイルから別のコンピュータファイルへと電子データを移行させて行う。例えば，紙幣が詰まったスーツケースで家を買うのは犯罪者しかいない。人々が電子データのやり取りで物やサービスを交換しようと決めているかぎり，光り輝く硬貨やぴんぴんの紙幣よりもはるかに良い――より軽量で追跡しやすいのだ。❺動いている現代のビジネスにとって，ある種のお金は大変重要だ。貨幣経済において靴屋は，さまざまな種類の靴に課せられる価格だけを知っていればいい――さまざまな靴の価格をリンゴやヤギで覚える必要はない。また，お金のおかげで，リンゴ農家は靴屋を捜し出す必要がない。なぜなら，誰でも常にお金を欲しがるからだ。これはおそらく，最も基本的な特性だろう。誰もが常にお金を欲しがるのは，他の誰もがまた常にお金を欲しがるからで，それは自分が欲しい，あるいは必要とするあらゆるものとお金を交換できるということだ。靴屋はあなたのお金を得られて常に幸せだろう，なぜならお金と引きかえに，自分が本当に欲しいもの――リンゴでもヤギでも――を何でも手に入れられるからだ。❻お金は，それがあるおかげで，人々がほとんど全てのものを他のほとんど全てのものに変えられる，全世界共通の交換形態だ。兵士だった人が軍隊から得たお金で大学の学費を支払えば，体力は脳へと還元される。医者が弁護士への支払いに患者から得たお金を使えば，健康は正義へと形を変える。❼理想的なお金のタイプは，人があるものを別のものに変えられるだけでなく，財産も所有できるものだ。価値あるものの多くは保持できない――例えば時間のように。例えばイチゴのように，短時間だけ保持できるものもある。もっと長持ちするものもあるが，大きな場所をとり，多くの費用もかかるし手入れも必要だ。例えば，小麦やトウモロコシは何年も保存できるが，そのためには巨大な建物や，ネズミ，カビ，水，火，泥棒からそれを守る必要がある。お金はこうした問題を解決する――紙であろうと，コンピュータの情報であろうと，コヤスガイであろうと。コヤスガイは容易には壊れないし，ネズミの好物でもないし，火災を切り抜けられるし，金庫に保管できるほど十分にコンパクトである。❽財産を利用するためには，それを保有しているだけでは十分ではない。あちこちに動かす必要があることも多い。土地や家などのような形態の財産は，動かすことが不可能だ。小麦や米などの商品は，どうにか動かすことができる。お金を使わない土地に暮らしている裕福な農場主が，遠い地域へ旅行すると想像してみよう。彼の財産は主に家と田んぼだ。その農場主が家や田んぼを持っていくことはできない。彼はそれらを何トン分もの米に交換するかもしれないが，その米全てを動かすのは大変難しいし，費用がかかるだろう。お金はこうした問題を解決する。農場主はたくさんのコヤスガイと引きかえに家や田んぼを売ることができるし，彼がどこへ行こうともコヤスガイは簡単に持ち運べる。❾お金は容易かつ安価に富の形を変え，蓄え，動かすことができるので，複雑なビジネスネットワークと活発な市場の発展において重要な役割を果たした。お金がなかったら，ビジネスネットワークや市場は決して成長できなかっただろう。

(B)❶Ａ：暗号通貨って聞いたことある？❷Ｂ：いいえ，ないわ。何それ？❸Ａ：デジタル通貨で，オンラインで使われているんだ。❹Ｂ：「本物の」お金と同じなの？❺Ａ：いや，実際には違うかな。暗号通貨よりも「本物の」お金の方がずっと安全だと思うよ。❻Ｂ：なんで？❼Ａ：僕らは皆，「本物の」お金の価値を信じているからね。暗号通貨はある国で使うことができる法定通貨ではないんだ。だから，税金の支払いにそれを使うことはできない。❽Ｂ：どうやったらそれを使えるの？❾Ａ：それを受け取ってくれる人から商品を買うのに使えるよ。それに，誰かとそれを交換することもできる。よく知られている種類の暗号通貨はビットコインで，2009年に初めてつくられたんだ。⑩B：ビットコインは聞いたことがあるわ！　短い時間でかなり価値が上がったんでしょう？⑪A：そう。でも，簡単に信じちゃだめさ。暗号通貨の価値は高くなったり低くなったりすることが多いからね。⑫B：そうなの？　どうしたらその価値は低くなるの？⑬A：僕たちがそれを信用しなくなれば，それを使いたいときには価値が下がるだろうね。

問１＜要旨把握＞⑴(A)の第２段落第２，３文参照。ここで，お金と価値の関係について，お金の持つ「価値の尺度」「交換の手段」「価値の貯蔵」という機能が説明されている。　in order to ～「～するために」　for the purpose of ～「～の目的で」　⑵(A)の第４段落最終文参照。ここでのfollowは「～を追跡する」の意味。(it's) easier to followは，‘主語＋be動詞＋easy＋to不定詞’「～は…するのが簡単だ」の形。文の主語it(＝electronic data)がto followの意味上の目的語になっている。

問２＜正誤問題＞because以下に注目。２番目のhe以降のまとまりはany of the thingsを修飾する関係代名詞のまとまりになっていると判断できる。ここでは，wantの目的語となるany of the thingsがすでに先行詞として書かれているのだから，wantの後のthemは不要である。なお，thingsとheの間の目的格の関係代名詞which〔that〕は省略されている。

問３＜整序結合＞動詞(句)がgets changedしかないので，これに対応する主語と，何が何に変わるのかを判断すればよい。続く部分では，兵士だった人が大学の学費を払うという例が示されているので，主語はStrengthで，brainに変わるのだとわかる。不要語はeverything。

問４＜適語選択＞あ.には「価値はあるものの，保持できないもの」の例が，い.には「短時間だけ保持できるもの」の例が当てはまる。い.については，続く部分で，「それよりは長く保持できるもの」の例として小麦やトウモロコシが挙げられていることも手がかりになる。

問５＜文脈把握＞(A)の第７段落最終文および第８段落最終文参照。イ.「かさばらない」はcompact，オ.「火に強い」はcan survive fires，キ.「壊れにくい」はdon't break easily，ケ.「運びやすい」はcan easily carryと表現されている。

問６＜内容真偽＞ア.「人類の歴史上，硬貨が常に最も普及しているお金の形態だった」…×　(A)の第２段落第５，６文参照。「常に」という部分が誤り。　イ.「現代の牢獄では，囚人の大半がヘビースモーカーなので，タバコがお金として用いられることが多い」…×　囚人における喫煙者の割合を示す記述は見られない。　ウ.「現在でも，硬貨や紙幣は最も一般的なお金の形態だ」…×　(A)の第４段落第１文参照。　エ.「お金がなかったら，靴屋はリンゴやヤギで異なる靴の価格を知る必要があるだろう」…○　(A)の第５段落第２文に一致する。　オ.「お金のおかげで，ビジネスネットワークや市場は今のように成長できた」…○　(A)の第９段落最終文に一致する。

問７＜文脈把握＞「暗号通貨はある国で使うことができる(　　)ではない」ので，税の支払いには使えない，という文脈。また，暗号通貨は特定の人たちの間でしか使えないという内容もある。したがって，第２段落最後から２文目のthe official money「法定通貨」が適切。

問８＜文脈把握＞どうしたら暗号通貨の価値が下がるかという問いに対する答え。通貨は信用する(使う)人がいることによりその価値が生まれるという前提に基づいて考えるとよい。　(別解例)

have difficulty finding people who accept it「それを受け入れる人を見つけるのが難しい」

Ⅲ〔長文読解総合―物語〕

≪全訳≫❶私が6歳のとき，アレンの工場で働いていたティエンから，父は安い1ポンドのキャンディーの詰め合わせを1袋買った。父は小学校の前に私を立たせて，下校する近所の子どもたちにそれらを配らせた。父は私の数歩後ろに立っていた。暑い日で，かばんは重く，私はキャンディーにも他の子どもたちにも興味がなかった。ただ家に帰って，『Fat Cat and Friends』を見たいと思っていた。❷他の子どもたちも私に興味がなかった。彼らは近寄ってきて，すばやくキャンディーを一握りつかむと立ち去った。「ありがとう」と自分の子どもに言わせる親もいた。自分の子どもの代わりにそう言って，私に温かくほほ笑みかける親もいた。父がほほ笑みかけているのに，父が私の後ろに立っているのを見て，私のかばんから小さな男の子を引き離す母親もいた。実際，それはおそらく彼らをよりいっそう気味悪がらせたのだろう。❸その日の午後，私と歩いて帰宅するときに父が，「なあ，ルーシー，学校の子どもたちと知り合うチャンスがあったんだから，もうお前の世話をしてくれる先輩もいるんだろうな」と言った。❹たぶん，ハノイだったらそれもありうるかもしれなかった。なぜなら人々はとても貧しくて，年上の子どもたちが年下の子どもの世話をすることをわかっていたが，ここスタンリーでは，気の毒なことに父は私的利用と友情の違いが全くわかっていなかった。❺だから，夜の映画鑑賞にローリンダの女子学生を何人か招くよう父が提案したとき，私は断らなければならなかった。❻「それがテレビで放映されるのは今回が初めてなんだよ！」と父は言った。「それはビッグイベントだし，お前が友達と私たちの文化を共有するのはすばらしいだろう」❼「ううん，パパ，女の子たちが『Hope in Hanoi』を見たがるとは全く思えないわ」❽父は，ベトナム戦争の時代が舞台のこの映画がテレビで放映されるのを何年もずっと待っていた。どの映画も結局，最終的にテレビで放映されると父は思っていて，それが私たち家族が決して映画を見に行かない理由だった。工場の誰かが父に，金曜日の夜にその映画が放映される予定だと伝えたのだ。❾「ちょっとしたパーティーを開いて，持ち帰り用の食べ物を注文してもいいぞ」❿「いやよ」⓫「自分の国の文化を隠したがるあまり，それに関する映画を見るのに友達を家に呼ぶことすらしない娘がいるとは信じられないよ」⓬父は，ベトナムの文化は戦争に関するものばかりだと思っていたので，私をとても怒らせた。⓭その瞬間，私は父を嫌いだと思った。⓮「質素に暮らすことのどこが悪いんだ？」と父は続けたが，父は自分が間違っていることがわかっていた。真実を述べる代わりに，父は言葉を変えて「質素だ」と言わなければならなかったからだ。父の声にさえ，私は箸を真っ二つに割りたくなった。「私たちがどれだけがんばっているかを彼女たちは理解するだろうし，お前が学校でどれほど一生懸命努力しているかということに敬意を示すさ」⓯父によると，あらゆることは簡単だった――私は目立たないように頭を低くし，静かにし続けて，がんばってさえいればいい，そうすれば皆が私のことを好きになるだろう。周りに正しいイメージを見せておけば，うまく溶け込むのに苦労するなんてことはない。⓰「新しい学校では友好的でなければならないよ」と父は忠告した。「救世主キリストみたいにしていろというわけじゃなく，アジア人だからとか，スペイン人だからとか，ギリシャ人だからとかっていう理由で，女の子たちはただお互いに一緒にいるものさ」⓱その金曜日の晩，父はマクドナルドの大袋3つを抱えて帰宅した。私たち一家が3食食べるのに十分な食料だった。⓲「まあ，あなた，この食べ物はいったい何？」と母は尋ねた。⓳まるで私がプラスチックのカップ1杯のコーラを父の頭に浴びせたかのような顔で，父は私を見た。それは言葉では表せないくらいひどく落胆した様子だった。「お前が家に何人か友達を連れてきていると思ってたよ」20私はこの状況をさらに悪くしたくなかったので，私が一緒に時間を過ごす女の子のタイプは，マクドナルドを最新の，清潔で，健康的な種類の食べ物として最高だとは考えていないと父に言わなかった。彼女たちはそれを，貧しく太った人の食べ物だと見なしていた。21父のマクドナルドに対する愛情は，全く無垢（むく）なものだった。ローリンダの女子学生たちは，完璧な黄金色のフライドポテトに対する父の愛情を共有しないだろうし，99セントのアイスクリームの完璧さに感嘆しないだろうとわかっていた。22「D中に何が入っているのか見てみようよ，ラム」と，私は父には目もくれずに言った。ハッピーミールボックスの1つを開けて，サプライズトイを探した。23「Eいったい誰がこれを全部食べるの？」と母が文句を言った。24「娘が友達を何人か連れてくると言ったんだ」25「何人来るのかきけばよかったのに」26「F誰か来るなんて私は言ってないわよ！」と私は叫んだ。27沈黙があった。ラムはおもちゃを見つけるとじっと眺め，4本の前歯で包装をかみ切った。28「ラミー」と私は彼に言った，「あなたのために私に開けさせて」29「Gそのとおりさ」と父は悲しそうに言った，「誰がこの食べ物を全部食べるんだ？」30私はため息をついた。「私が食べるわ。大好きなのよ。ビッグマックを両方とも食べるわ——1つは夕食用，もう1つは朝食用」31「Hばか言うなよ」と父は言った。「お前はここスタンリーの白人の女の子たちのように太りたいのか？」32誰も答えなかった。私たちは3人とも全員，ただテレビを見て，もう一言も話さなかった。なぜなら映画が始まる寸前だったからだ。私はラムをひざの上にのせ，一定のペースで規則的に彼の口の中にフライドポテトを入れた。33最近，両親をわくわくさせることは大してなかったが，こういう映画は彼らをわくわくさせた。映画は小さなベトナムの村で始まり，ある女性の生涯を伝えた。それは，アジア人の妻を持ちたいと常に思っていた白人兵士についての話でもあった。I彼はその村の女性をアメリカへ連れていき，J彼女はすぐにそこでの生活に慣れたが，K彼は昔の生活に戻ることができずに，L銃で頭を撃ち抜いて自殺した。それは奥深く，人生を一変させるといえる映画の1つだった。34しかしこのとき——家族と一緒に座って，恐ろしい暴力にあふれたベトナム戦争の映画を見ていたとき——が私の子ども時代で最も幸せだった。私は人々がこうした映画の制作を続けてくれてうれしかった。なぜなら，それはオーストラリア中のアジア系の家族を1つにまとめてくれていたからだ。

問1＜文脈把握＞後ろに，否定の語とともに用いて「〜も…ない」を表すeitherがあることと，主語がThe other kids「他の子どもたち」であることから，2文前（第1段落最後から2文目）に対応しているとわかる。私が他の子どもたちに興味がなかったのと同様に，他の子どもたちも私に興味がなかったのである。

問2＜語句解釈＞彼らをさらにcreep outさせた，という文脈。直前に，ほほ笑むルーシーの父を見た母親が子どもをルーシーから引き離したとあるので，母親はルーシーと父親に不快感や恐怖心を抱いたのだと推測できる。creep 〜 out「〜をひどく怖がらせる」 frighten「〜を怖がらせる」

問3＜適語選択＞ルーシー一家はベトナムからの移民で，ルーシーは奨学金を得て名門女子校へ通っていることや，映画に行ったことがないこと（第8段落第2文）などから，ルーシーの家族が決して裕福ではないことが読み取れる。b.のpoorは「気の毒な」「かわいそうな」という意味で用いられており，ルーシーの置かれた境遇を理解できない父親に対する同情が表されている。

問4<適語選択>第5～7段落から，父親はベトナムを題材にした映画をルーシーの友人にも見せたいと思っていることがわかる。つまり，ルーシーの友人とベトナムの文化を共有したがっているのである。一方で，第7段落や第10段落でルーシーは父親の申し出を断っている。これを聞いて父親は，娘がベトナムの文化を隠したがっていると思ったのである。

問5<文脈把握>下線部は「正しいイメージを見せる」という意味で，父親はルーシーに，正しいイメージを示しておけばうまく周りに溶け込めると助言している。この具体的な内容は，直前の文で keep my head down, keep quiet and work hard と説明されている。「頭を低くしておく」とは，「目立たないようにしておく」ということ。

問6<整序結合>語群に worse と make があるので，'make＋目的語＋形容詞'「～を…(の状態)にする」の形だと推測できる。そこで，make the situation worse とまとめ，残った語で I didn't want to というまとまりをつくる。to の後に make the situation worse を置くと，「私は状況をさらに悪くしたくなかった」という意味の文ができる。

問7<適文選択>D．後に「ハッピーミールボックスの1つを開けて，サプライズトイを探した」とあるので，中を確認しようという内容のウが適切。　E．第18段落から，母親は父親がたくさんの食べ物を買ってきた理由を知らないとわかる。また，直後に「母が文句を言った」とあるので，誰がこれを全部食べるのかというオが適切。　F．第24，25段落において両親は，ルーシーが友達を連れてくると言ったという前提で会話をしているが，実際にはそうではない。そこでルーシーは，これを強い口調で否定したのである。　G．沈黙の後，ペットのラミーに話しかけるルーシーの言葉を除けば，家族に対して発された最初の言葉である。不平を言う母や怒る娘に対し，悲しげな父親は「そう言うのももっともだ」という意味で「そのとおりさ」と言ったのである。　H．普通ではない量の食べ物を自分で食べると言う娘に対する父親の言葉として，カの「ばか言うなよ」が適切。

問8<語句解釈>この did は前の動詞の繰り返しを避けるために用いられている。ここでは直前の動詞である excited を受けており，最近，両親をわくわくさせることは大してなかったが，こうした映画は両親をわくわくさせた，という対比になっている。

問9<適文選択>映画『Hope in Hanoi』のストーリーを説明している箇所。最初は，アジア人の妻を迎えることが夢だったという白人の兵士が，自国と推測されるアメリカへと妻を連れていくイである。イにある the United States を there で受け，妻はそこでの生活に慣れたというウが続き，一方で昔の生活に戻ることができなかったというエを並べると，最後に夫は銃で自殺したというアにうまくつながる。　become used to ～「～に慣れる」

問10<英文和訳>keep ～ing は「～し続ける」，hold ～ together は「～を1つにまとめる」。because 以下を先に訳す場合は，they の内容(these films)を明らかにするとよい。

数学解答

1 (1) (例)2点O，Rを結ぶと，円Oの半径より，OP＝OR＝OQだから，△OPR，△OQRは二等辺三角形である。よって，∠OPR＝∠ORP，∠OQR＝∠ORQより，∠OPR＋∠OQR＝∠ORP＋∠ORQ　つまり，∠OPR＋∠OQR＝∠PRQ……①　また，△PQRの内角の和は180°だから，∠OPR＋∠OQR＋∠PRQ＝180°……②　①，②より，2∠PRQ＝180°となるから，∠PRQ＝90°

(2) $\frac{25-10\sqrt{2}}{17}a$　(3) $\frac{10\sqrt{2}+8}{17}a$

(4) 25：8

2 (1) $2^2\times5\times101$　(2) $(a^2+b^2)(c^2+d^2)$

(3) $2020=16^2+42^2$，$2020=24^2+38^2$

3 (1) ① $3(n-1)^2$個　② 8　(2) 20

4 (1) $\sqrt{2}+\sqrt{6}$　(2) $\sqrt{2}+\sqrt{6}$

5 (1) $2\sqrt{2}$　(2) ①，②，③

(3) $\left(-\frac{3\sqrt{2}}{4},\ \frac{3\sqrt{2}}{4}\right)$

(4) $\frac{25+25\sqrt{2}}{8}$

1〔平面図形―円と三角形〕

≪基本方針の決定≫(4)　∠DAE＝90°であることに気づきたい。

(1)＜論証―角度＞右図1のように2点O，Rを結ぶと，円Oの半径より，OP＝OR＝OQなので，△OPR，△OQRは二等辺三角形である。よって，∠OPR＝∠ORP，∠OQR＝∠ORQだから，∠OPR＋∠OQR＝∠ORP＋∠ORQ＝∠PRQとなる。これと，△PQRの内角の和が180°であることより，∠PRQ＝90°がいえる。解答参照。

図1

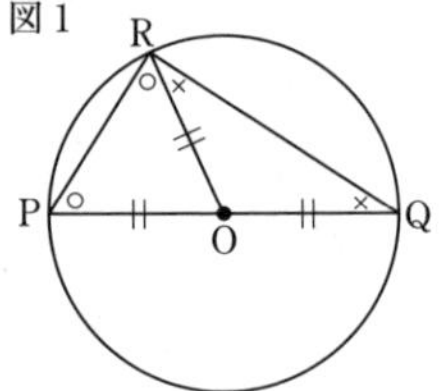

(2)＜長さ＞右下図2で，BD：DC＝AB：AC＝5：$2\sqrt{2}$，BC＝BD＋DCだから，BD：BC＝5：$(5+2\sqrt{2})$である。よって，BD＝$\frac{5}{5+2\sqrt{2}}$BC＝$\frac{5(5-2\sqrt{2})}{(5+2\sqrt{2})(5-2\sqrt{2})}a=\frac{25-10\sqrt{2}}{17}a$となる。

図2

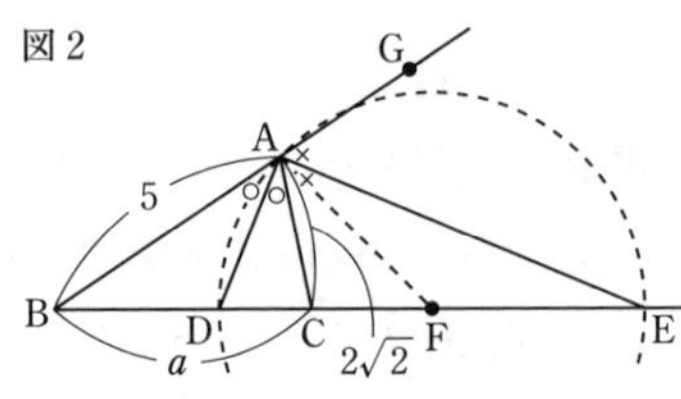

(3)＜長さ＞右図2で，BE：CE＝AB：AC＝5：$2\sqrt{2}$，BC＝BE－CEだから，BC：CE＝$(5-2\sqrt{2})$：$2\sqrt{2}$である。よって，CE＝$\frac{2\sqrt{2}}{5-2\sqrt{2}}$BC＝$\frac{2\sqrt{2}(5+2\sqrt{2})}{(5-2\sqrt{2})(5+2\sqrt{2})}a=\frac{10\sqrt{2}+8}{17}a$となる。

(4)＜長さの比＞右上図2のように，線分BAの延長線上に点Gをとると，∠DAC＝$\frac{1}{2}$∠BAC，∠CAE＝$\frac{1}{2}$∠CAGだから，∠DAE＝∠DAC＋∠CAE＝$\frac{1}{2}$∠BAC＋$\frac{1}{2}$∠CAG＝$\frac{1}{2}$(∠BAC＋∠CAG)＝$\frac{1}{2}\times$180°＝90°となる。よって，線分DEは3点A，D，Eを通る円の直径となり，円の中心Fは線分DEの中点である。ここで，DC＝BC－BD＝$a-\frac{25-10\sqrt{2}}{17}a=\frac{-8+10\sqrt{2}}{17}a$より，DE＝DC＋CE＝$\frac{-8+10\sqrt{2}}{17}a+\frac{10\sqrt{2}+8}{17}a=\frac{20\sqrt{2}}{17}a$だから，DF＝$\frac{1}{2}$DE＝$\frac{1}{2}\times\frac{20\sqrt{2}}{17}a=\frac{10\sqrt{2}}{17}a$となる。したがって，BF＝BD＋DF＝$\frac{25-10\sqrt{2}}{17}a+\frac{10\sqrt{2}}{17}a=\frac{25}{17}a$，FC＝DF－DC＝$\frac{10\sqrt{2}}{17}a-\frac{-8+10\sqrt{2}}{17}a=\frac{8}{17}a$となるから，BF：FC＝$\frac{25}{17}a$：$\frac{8}{17}a$＝25：8である。

≪別解≫△ABFと△CAFにおいて，△ABDで内角と外角の関係より，∠ABF＝∠ADF－∠BADとなり，∠CAF＝∠DAF－∠DACである。ここで，線分DEは3点A，D，Eを通る円の直径だから，点Fは線分DE上にあり，AF＝DFより△ADFは二等辺三角形なので，∠ADF＝∠DAFであり，さらに，∠BAD＝∠DACだから，∠ABF＝∠CAF……①となる。また，共通の角より，∠AFB＝∠CFA……②である。よって，①，②より，2組の角がそれぞれ等しいので，△ABF∽△CAFとなる。相似比は，AB：CA＝5：$2\sqrt{2}$ だから，△ABF：△CAF＝5^2：$(2\sqrt{2})^2$＝25：8となり，△ABF，△CAFは底辺をそれぞれBF，FCと見ると高さが等しいから，BF：FC＝△ABF：△CAF＝25：8となる。

2〔数と式―数の性質〕

(1)＜素因数分解＞$2020=4\times505=2^2\times5\times101$ となる。

(2)＜因数分解＞与式$=a^2c^2+2abcd+b^2d^2+a^2d^2-2abcd+b^2c^2=a^2c^2+a^2d^2+b^2d^2+b^2c^2=a^2(c^2+d^2)+b^2(c^2+d^2)=(a^2+b^2)(c^2+d^2)$

(3)＜平方数の和＞$2020=2^2\times5\times101$ より，$5\times101=p^2+q^2$(p，qは自然数)の形で表せれば，$2020=2^2\times(p^2+q^2)=2^2\times p^2+2^2\times q^2=(2p)^2+(2q)^2$ と変形できるので，2020を2つの自然数の平方数の和で表すことができる。ここで，5も101も4でわって1余る素数であり，$5=1^2+2^2$，$101=1^2+10^2$ と表せるので，$5\times101=(1^2+2^2)(1^2+10^2)$ となる。(2)より，$(a^2+b^2)(c^2+d^2)=(ac+bd)^2+(ad-bc)^2$ だから，$5\times101=(1^2+2^2)(1^2+10^2)=(1\times1+2\times10)^2+(1\times10-2\times1)^2=21^2+8^2$ である。よって，$2020=2^2\times5\times101=2^2\times(21^2+8^2)=2^2\times21^2+2^2\times8^2=(2\times21)^2+(2\times8)^2=42^2+16^2=16^2+42^2$ と表せる。また，$5=1^2+2^2$，$101=10^2+1^2$ とすると，$5\times101=(1^2+2^2)(10^2+1^2)=(1\times10+2\times1)^2+(1\times1-2\times10)^2=12^2+(-19)^2=12^2+19^2$ である。よって，$2020=2^2\times5\times101=2^2\times(12^2+19^2)=2^2\times12^2+2^2\times19^2=(2\times12)^2+(2\times19)^2=24^2+38^2$ と表せる。

3〔方程式―方程式の応用〕

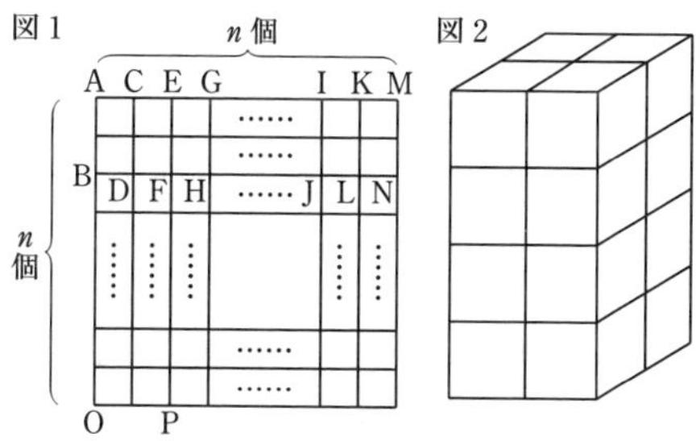

(1)＜文字式，二次方程式の応用＞①3辺の長さがn，n，4の直方体の底面を1辺の長さがnの正方形と見ると，底面は右図1のように，1辺の長さが1の正方形が縦と横にn個ずつ並んでいる。図1で，長方形ABNMの中に含まれる1辺の長さが2の正方形は，正方形ABFE，CDHG，……，IJNMであり，これらの個数は線分AB，CD，EF，……，IJの本数と等しい。その本数は，線分AB，CD，EF，……，MNの本数$n+1$本よりも2本少なく，$(n+1)-2=n-1$(本)だから，長方形ABNMの中には1辺の長さが2の正方形が$n-1$個含まれる。同様に，長方形AOPEの中にも1辺の長さが2の正方形は$n-1$個含まれるから，図1の中に1辺の長さが2の正方形は全部で$(n-1)^2$個含まれる。そのそれぞれの上には右上図2のように，立方体が4段に積まれており，この中に1辺の長さが2の立方体は，底面の1辺の長さnの場合と同様に考えると，$4-1=3$より，3個ある。したがって，3辺の長さがn，n，4の直方体に含まれる1辺の長さが2の立方体の個数は$3(n-1)^2$個となる。　②1辺の長さが1の立方体は，$n\times n\times4=4n^2$(個)ある。また，①と同様に考えると，図1の底面の中に，1辺の長さが3の正方形は全部で$(n-2)^2$個含まれ，そのそれぞれの上に1辺の長さが3の立方体が2個ずつあるから，1辺の長さが3の立方体は$2(n-2)^2$個ある。同様に，図1の中に，1辺の長さが4の正方形は全部で$(n-3)^2$個含まれ，そのそれぞれの上に1辺の長さが4の立方体が1個ずつあるから，1辺の長さが4の立方体は$(n-3)^2$個あり，これより大きな立方体は含まれない。よって，直方体に含まれる全ての立方体の個数について，$4n^2+3(n-1)^2+2(n-2)^2+(n-3)^2=500$ が成り立つ。これを解くと，$4n^2+3n^2-6n+3+2n^2-8n+8+n^2-6n+9=500$，$10n^2-20n-480=0$，$n^2-2n-48=0$，$(n+6)(n-8)=0$ より，$n=-6$，8となり，nは4以上の自然数だから，$n=8$である。

(2)<方程式の応用>(1)と同様に考えると，3辺の長さがn，n，nの立方体の中に，1辺の長さがnの立方体は$1(=1^3)$個，1辺の長さが$n-1$の立方体は2^3個，1辺の長さが$n-2$の立方体は3^3個，……，1辺の長さが2の立方体は$(n-1)^3$個，1辺の長さが1の立方体はn^3個含まれる。よって，含まれる全ての立方体の個数は，$1^3+2^3+3^3+\cdots\cdots+(n-1)^3+n^3=\left\{\frac{1}{2}n(n+1)\right\}^2$(個)だから，$\left\{\frac{1}{2}n(n+1)\right\}^2=44100$が成り立ち，$\frac{1}{2}n(n+1)>0$より，$\frac{1}{2}n(n+1)=\sqrt{44100}=210$となる。これを解くと，$n^2+n-420=0$，$(n+21)(n-20)=0$より，$n=-21$，$20$となり，$n$は自然数なので，$n=20$である。

4〔空間図形―立方体〕

(1)<長さ―特別な直角三角形>右図1より，切断面は△ACFであり，AC，CF，AFは全て合同な正方形の対角線だから，$AC=CF=AF=\sqrt{2}AB=\sqrt{2}\times2=2\sqrt{2}$となり，△ACFは1辺の長さが$2\sqrt{2}$の正三角形である。また，この立体の面ADC，ACF，CFGを展開すると，右下図2のようになる。点Dから点Fまでかけた糸の長さが最も短くなるのは，図2のように，糸が△ADC，△ACFを通り，2点D，Fを結ぶ線分となるときである。図2で，△ADCは直角二等辺三角形より，四角形DAFCはDFを軸として線対称な図形だから，DF⊥ACである。よって，DFとACの交点をIとすると，△ADIは直角二等辺三角形となり，$DI=\sqrt{2}$，△AFIは3辺の比が$1:2:\sqrt{3}$の直角三角形となり，$IF=\frac{\sqrt{3}}{2}AF=\frac{\sqrt{3}}{2}\times2\sqrt{2}=\sqrt{6}$である。したがって，$DF=DI+IF=\sqrt{2}+\sqrt{6}$となる。

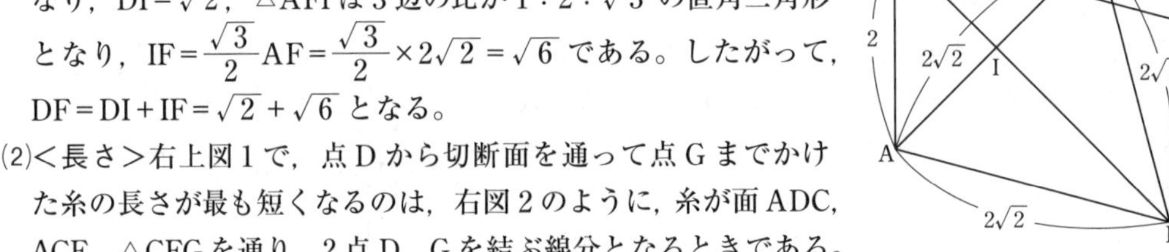

(2)<長さ>右上図1で，点Dから切断面を通って点Gまでかけた糸の長さが最も短くなるのは，右図2のように，糸が面ADC，ACF，△CFGを通り，2点D，Gを結ぶ線分となるときである。図2で，△CDGはCD＝CGの二等辺三角形であり，$\angle DCG=\angle DCA+\angle ACF+\angle FCG=45^\circ+60^\circ+45^\circ=150^\circ$なので，$\angle CGD=(180^\circ-150^\circ)\div2=15^\circ$である。よって，$\angle DGF=\angle CGF-\angle CGD=90^\circ-15^\circ=75^\circ$となる。また，$\angle CFD=\frac{1}{2}\angle AFC=\frac{1}{2}\times60^\circ=30^\circ$より，$\angle DFG=\angle CFD+\angle CFG=30^\circ+45^\circ=75^\circ$となる。したがって，△DFGは，∠DGF＝∠DFGの二等辺三角形だから，$DG=DF=\sqrt{2}+\sqrt{6}$である。

5〔関数―反比例と直線〕

(1)<長さ―三平方の定理>右図のように，線分ABを斜辺とし，他の2辺がx軸とy軸に平行な直角三角形ABMをつくると，2点A，Bの座標より，$M(\sqrt{2},\ -\sqrt{2})$となる。よって，$AM=\frac{1}{\sqrt{2}}-(-\sqrt{2})=\frac{3\sqrt{2}}{2}$，$BM=\sqrt{2}-(-\sqrt{2})=2\sqrt{2}$となるから，△ABMで三平方の定理より，$AB=\sqrt{AM^2+BM^2}=\sqrt{\left(\frac{3\sqrt{2}}{2}\right)^2+(2\sqrt{2})^2}=\sqrt{\frac{25}{2}}=\frac{5\sqrt{2}}{2}$となる。また，点A，Cは$x$座標が等しいから，$AC=\sqrt{2}-\frac{1}{\sqrt{2}}=\frac{\sqrt{2}}{2}$となる。したがって，$AB-AC=$

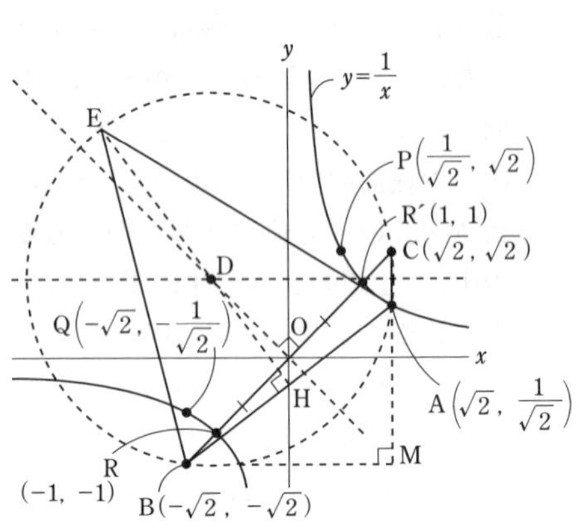

$\dfrac{5\sqrt{2}}{2}-\dfrac{\sqrt{2}}{2}=2\sqrt{2}$ である。

(2)＜長さ―三平方の定理＞前ページの図のように，①の点$\left(\dfrac{1}{\sqrt{2}},\ \sqrt{2}\right)$をP，②の点$\left(-\sqrt{2},\ -\dfrac{1}{\sqrt{2}}\right)$をQ，③の点$(-1,\ -1)$をRとする。まず，2点P，Bの座標より，PB＝$\sqrt{\left\{\dfrac{1}{\sqrt{2}}-(-\sqrt{2})\right\}^2+\{\sqrt{2}-(-\sqrt{2})\}^2}=\sqrt{\left(\dfrac{3\sqrt{2}}{2}\right)^2+(2\sqrt{2})^2}=\dfrac{5\sqrt{2}}{2}$で，点P，Cの$y$座標は等しいから，PC＝$\sqrt{2}-\dfrac{1}{\sqrt{2}}=\dfrac{\sqrt{2}}{2}$より，PB－PC＝$\dfrac{5\sqrt{2}}{2}-\dfrac{\sqrt{2}}{2}=2\sqrt{2}$となる。よって，①は条件に適する。次に，点Q，Bのx座標は等しいから，QB＝$-\dfrac{1}{\sqrt{2}}-(-\sqrt{2})=\dfrac{\sqrt{2}}{2}$で，2点Q，Cの座標より，QC＝$\sqrt{\{\sqrt{2}-(-\sqrt{2})\}^2+\left\{\sqrt{2}-\left(-\dfrac{1}{\sqrt{2}}\right)\right\}^2}=\sqrt{(2\sqrt{2})^2+\left(\dfrac{3\sqrt{2}}{2}\right)^2}=\dfrac{5\sqrt{2}}{2}$より，QC－QB＝$\dfrac{5\sqrt{2}}{2}-\dfrac{\sqrt{2}}{2}=2\sqrt{2}$となる。よって，②は条件に適する。さらに，点R，Bはx座標の差とy座標の差がともに等しく，$-1-(-\sqrt{2})=-1+\sqrt{2}$だから，線分RBは，等しい辺の長さが$-1+\sqrt{2}$の直角二等辺三角形の斜辺となる。よって，RB＝$\sqrt{2}(-1+\sqrt{2})=-\sqrt{2}+2$である。同様に，点R，Cは$x$座標の差と$y$座標の差がともに等しく，$\sqrt{2}-(-1)=\sqrt{2}+1$だから，RC＝$\sqrt{2}(\sqrt{2}+1)=2+\sqrt{2}$である。したがって，RC－RB＝$2+\sqrt{2}-(-\sqrt{2}+2)=2\sqrt{2}$となるので，③は条件に適する。以上より，条件に適するものは，①，②，③全てとなる。

≪別解≫B$(-\sqrt{2},\ -\sqrt{2})$，C$(\sqrt{2},\ \sqrt{2})$より，直線BCの式は$y=x$で，2点A$\left(\sqrt{2},\ \dfrac{1}{\sqrt{2}}\right)$，P$\left(\dfrac{1}{\sqrt{2}},\ \sqrt{2}\right)$は，直線BCを軸として線対称の位置にあるから，AC＝PC，AB＝PBである。よって，|PB－PC|＝|AB－AC|＝AB－ACである。また，点Aと点C，点Qと点Bはそれぞれx座標が等しいのでAC∥QB，AC＝$\sqrt{2}-\dfrac{1}{\sqrt{2}}=\dfrac{1}{\sqrt{2}}$，QB＝$-\dfrac{1}{\sqrt{2}}-(-\sqrt{2})=\dfrac{1}{\sqrt{2}}$よりAC＝QBだから，四角形ACQBは平行四辺形となり，QC＝ABである。よって，|QB－QC|＝|AC－AB|＝AB－ACである。さらに，線分RC上の点(1，1)をR′とおくと，R′とC$(\sqrt{2},\ \sqrt{2})$，R$(-1,\ -1)$とB$(-\sqrt{2},\ -\sqrt{2})$より，線分R′Cと線分RBは原点に関して対称で，R′C＝RBである。よって，|RB－RC|＝|RB－(RR′＋R′C)|＝|RB－RR′－R′C|＝|－RR′|＝RR′＝$\sqrt{\{1-(-1)\}^2+\{1-(-1)\}^2}=2\sqrt{2}$＝AB－ACである。以上より，①，②，③の全てが条件に適する。

(3)＜座標＞前ページの図で，3点A，B，Cを通る円の中心Dは，弦ACと弦BCの垂直二等分線の交点である。まず，点Aと点Cのx座標が等しいので，線分ACの垂直二等分線はx軸に平行であり，線分ACの中点のy座標は$\left(\sqrt{2}+\dfrac{1}{\sqrt{2}}\right)\div 2=\dfrac{3\sqrt{2}}{4}$だから，線分ACの垂直二等分線の式は$y=\dfrac{3\sqrt{2}}{4}$となる。また，線分BCの中点の$x$座標，$y$座標はともに，$(-\sqrt{2}+\sqrt{2})\div 2=0$なので，線分BCの中点は原点Oである。さらに，直線BCの傾きは$\dfrac{\sqrt{2}-(-\sqrt{2})}{\sqrt{2}-(-\sqrt{2})}=1$で，直線BCの傾きと線分BCの垂直二等分線の傾きの積は－1となるから，直線BCの垂直二等分線の傾きは－1であり，その式は$y=-x$となる。よって，点Dは直線$y=\dfrac{3\sqrt{2}}{4}$と直線$y=-x$の交点として求められるから，$-x=\dfrac{3\sqrt{2}}{4}$，$x=-\dfrac{3\sqrt{2}}{4}$より，D$\left(-\dfrac{3\sqrt{2}}{4},\ \dfrac{3\sqrt{2}}{4}\right)$である。

(4)＜面積＞△ABEで，線分ABを底辺と見ると，△ABEの面積が最大となるのは，高さが最大になるとき，つまり，点Eから線分ABに引いた垂線の長さが最大のときである。その垂線の長さが最大となるのは，前ページの図のように，点EがABについて点Dと同じ側にあり，点EからAB

に引いた垂線が円の中心Dを通る場合である。このとき，点EからABに引いた垂線とABの交点をHとすると，垂線EHは線分ABの垂直二等分線となり，点Hは線分ABの中点だから，x座標は$\{\sqrt{2}+(-\sqrt{2})\}\div 2=0$，$y$座標は$\left\{\frac{1}{\sqrt{2}}+(-\sqrt{2})\right\}\div 2=-\frac{\sqrt{2}}{4}$より，$\mathrm{H}\left(0,\ -\frac{\sqrt{2}}{4}\right)$となる。したがって，$\mathrm{DH}=\sqrt{\left\{0-\left(-\frac{3\sqrt{2}}{4}\right)\right\}^2+\left(-\frac{\sqrt{2}}{4}-\frac{3\sqrt{2}}{4}\right)^2}=\sqrt{\frac{25}{8}}=\frac{5\sqrt{2}}{4}$，$\mathrm{DE}=\mathrm{DB}=\sqrt{\left\{-\sqrt{2}-\left(-\frac{3\sqrt{2}}{4}\right)\right\}^2+\left(-\sqrt{2}-\frac{3\sqrt{2}}{4}\right)^2}=\sqrt{\frac{25}{4}}=\frac{5}{2}$より，$\mathrm{EH}=\mathrm{DH}+\mathrm{DE}=\frac{5\sqrt{2}}{4}+\frac{5}{2}$となるから，$\triangle\mathrm{ABE}=\frac{1}{2}\times\mathrm{AB}\times\mathrm{EH}=\frac{1}{2}\times\frac{5\sqrt{2}}{2}\times\left(\frac{5\sqrt{2}}{4}+\frac{5}{2}\right)=\frac{25+25\sqrt{2}}{8}$である。

社会解答

1 問1 ①，③，④
問2 (例)江戸に鉄砲を持ち込むことと，大名の妻が江戸から出ること。(28字)
問3 寺子屋　問4 ②　問5 ②
問6 間宮林蔵
問7 (例)徳川吉宗の改革が年貢収入の増加による財政再建を目指したのに対して，田沼意次は商業の発展による財政再建を目指した。(56字)
問8 c→a→b→d
問9 (1)…②，③　(2)…①　(3)…④
(4) X…オーストリア
Y…総力戦
Z…レーニン
(5)…④　(6)…③，④
(7) X…ニューディール
Y…全権委任〔授権〕
(8)…③

2 問1 (例)ボーキサイトからアルミニウムを製錬するには大量の電力を必要とするため，オイルショック後に電気料金が高騰すると日本国内のアルミニウム製錬は衰退した。
問2 オーストラリア　問3 OPEC
問4 ④　問5 ①，③
問6 ②，③　問7 ④
問8 9月8日午後3時　問9 ③

3 問1 X…④　Y…⑤　問2 ①
問3 ①　問4 ④　問5 ②
問6 ②　問7 ③　問8 カ

4 問1 ④　問2 ①　問3 ②

1 〔歴史―17世紀以降の日本と世界〕

問1＜17世紀のヨーロッパ＞17世紀前半の1640年，イギリスで議会が召集されると，国王と議会の対立が深刻になった。この対立は1642年に武力衝突に発展し，クロムウェルが率いる議会派が勝利して国王は処刑され，共和政が始まった。これを清教徒革命〔ピューリタン革命〕という(③…○)。クロムウェルの死後，王政が復活したが，1688年，議会を無視した政治を行う国王を議会が追放し，新たにオランダから国王が迎えられた。翌1689年，議会は，国王よりも議会に優位性を与え，国民の自由と権利を確認する権利章典を制定した。この一連の出来事を名誉革命という(④…○)。また，イギリスの哲学者ジョン=ロックは1690年に『市民政府二論』を発表し，人は生まれながらの自然な状態で生命や自由，財産を守る権利があると説いた(①…○)。なお，フランスでは18世紀末の1789年に革命が起こり，国民議会が人間の自由と平等を規定した人権宣言を発表した(②…×)。革命に際して混乱したフランス国内では，軍人であったナポレオンが勢力を伸ばし，19世紀初めの1804年に皇帝の位についた(⑤…×)。

問2＜江戸時代の関所＞江戸時代には江戸の日本橋を起点として五街道が整備され，重要な地点には関所が置かれた。東海道では箱根(神奈川県)に関所が置かれて通行人の確認が行われたが，鉄砲などの武器が江戸に持ち込まれることを指す「入り鉄砲」と，参勤交代で江戸に住まわされている大名の妻(と子)が江戸から逃れて領地に戻ることを指す「出女」は，治安維持の観点から特に厳しく取り締まられた。

問3＜寺子屋＞江戸時代には，僧や神官，浪人などが教師となり，町人や百姓の子どもたちに「読み・書き・そろばん」を教える教育機関が全国各地につくられた。これを寺子屋という。

問4＜徳川綱吉の政治＞江戸幕府第5代将軍徳川綱吉のとき，幕府は1657年の明暦の大火からの復興や，大寺院の建設などのために財政難となった。その対策として，幕府は小判の金の含有率を下げて発行量を増やしたが，そのために貨幣価値が下がり，物価は上昇して経済が混乱した。

問５<松前藩>江戸時代に蝦夷地(北海道)に置かれた松前藩は，幕府からアイヌとの交易を独占する権利を認められた。琉球王国との交易は，薩摩藩(鹿児島県)が独占的に行っていた。

問６<間宮林蔵>間宮林蔵は1808年に幕府の命令で樺太を調査し，樺太がユーラシア大陸と海峡で隔てられた島であることを確認した。このとき発見された海峡は，間宮海峡と名づけられた。

問７<享保の改革と田沼の政治>江戸幕府第８代将軍徳川吉宗が行った享保の改革では，参勤交代を緩和する代わりに大名に米を納めさせる上米の制，豊作や凶作にかかわらず年貢率をある期間一定とする定免法や，新田開発などの政策が実施された。これは，農業を発展させ，そこから得られる年貢収入を増やすことで幕府財政を立て直そうという政策だといえる。一方，田沼意次は，商工業者の同業組合である株仲間を奨励して営業税を納めさせ，長崎貿易を奨励して貿易による収入増を目指すといったように，商業の発展によって幕府財政の再建を目指した。

問８<年代整序>戊辰戦争は，京都の鳥羽・伏見の戦いから東へと展開していった。古い順に，c(1868年１月)→a(1868年４月)→b(1868年８～９月)→d(1869年５月)となる。

問９<明治時代～昭和時代の出来事>⑴1871年，明治政府は廃藩置県を行い，藩を廃止して全国を３府(東京・大阪・京都)と302県(同年，72県に統合)に分け，政府が任命した府知事や県令を派遣した(②…○，⑤…×)。藩主は1869年の版籍奉還で知藩事とされ，引き続き藩を治めていたが，このとき華族としての身分を保証されたうえで東京への移住を命じられた。しかし，特定の藩出身者で進められていた中央の政治に深く関わることはなかった(①…×)。明治政府は各藩の抵抗に備えたが，財政難などから目立った抵抗は見られず，民衆による一揆もほとんど起こらなかった(③…○，④…×)。　⑵年代の古い順に，d(1874年)→f(1880年)→b(1881年)→e(1885年)→a(1889年)→c(1890年)となる。　⑶日本は日清戦争の講和条約として1895年に結ばれた下関条約で清から台湾と澎湖諸島を獲得，日露戦争の講和条約として1905年に結ばれたポーツマス条約でロシアから南樺太を獲得，1910年の韓国併合で朝鮮半島を植民地として獲得し，領土面積を増やしていった。　⑷1914年，サラエボでオーストリア皇太子夫妻がセルビア人青年に暗殺されるというサラエボ事件が起こり，これをきっかけとして第一次世界大戦が始まった。第一次世界大戦ではイギリス・フランスを中心とする連合国と，ドイツ・オーストリアを中心とする同盟国が戦ったが，それぞれが保有していた植民地からも兵士や労働力が動員され，国内でも戦時体制が取られるなど，国力の全てを戦争につぎ込む総力戦となった。こうした中，1917年にロシアではボリシェヴィキ(多数派)を率いたレーニンの指導でロシア革命が起こり，社会主義政権であるソビエト政府が樹立された。　⑸第一次世界大戦後1921～22年，アメリカでワシントン会議が開かれた。この会議では，太平洋地域の現状維持などを定めた四か国条約，中国の独立と領土の保全などを確認する九か国条約や，主要国の海軍の主力艦の保有数を制限し，軍備を縮小することを定めたワシントン海軍軍縮が結ばれた。なお，国際連盟は1920年に設立された国際機関である。また，第一次世界大戦の戦後処理は，1919年のパリ講和会議で話し合われた。　⑹日本でラジオ放送が始まったのは1925年のこと，関東大震災が起こったのは1923年のことである(③，④…○)。なお，朝鮮で三・一独立運動が起こったのは1919年のこと(①…×)，日本が中国に二十一か条の要求を出したのは1915年のこと(②…×)，大政翼賛会が結成されたのは1940年のことである(⑤…×)。　⑺1929年，アメリカのニューヨークで株価が大暴落すると，世界中に不景気の波が広がり，世界恐慌が始まった。これに対し，アメリカのフランクリン=ローズベルト大統領は，公共事業の拡大による雇用の増加などを目指すニューディール政策を掲げ，景気回復を図った。一方，ヒトラーを党首とするナチスは世界恐慌後，勢力を強め，1933年にはヒトラーが首相に就任して独裁体制を確立した。同年，ナチスは全権委任法〔授権法〕を成立させ，議会や大統領の承認がなくても政府が法律を制定できるようにした。　(8)1936年に二・二六事件が起こると，軍部は事件後の組閣に介入するなど，政治への関与を強め，発言力を増していった(b…○)。こうした状況の中，翌1937年には盧溝橋事件をきっかけとして日中戦争が始まり，軍事費が増大した(e…○)。なお，国家総動員法が制定されたのは1938年のこと(a…×)，五・一五事件が起こったのは1932年のこと(c…×)，真珠湾攻撃が行われたのは1941年のこと(d…×)，満州事変が始まったのは1931年のことである(f…×)。

2〔地理―総合〕

問1＜アルミニウム製錬＞アルミニウムの原料はボーキサイトである。ボーキサイトから電気分解によってアルミニウムを製錬するには大量の電力を必要とするので，アルミニウムは「電気の缶詰」とも呼ばれる。グラフ2から，日本の電気料金は，第1次オイルショック〔石油危機〕が起こった1973年の後と，第2次オイルショック〔石油危機〕が起こった1978年の後に高騰していることがわかる。日本は電力の多くを火力発電に頼っているため，2度のオイルショックが電気料金の高騰につながったのである。グラフ1では，特に電気料金が高止まりした1980年代に急速に国内製錬が衰え，輸入量が増えたことが読み取れる。これは，大量の電力を使って国内製錬するよりも，海外で製錬された製品を輸入した方が安くなったためである。

問2＜羊毛＞オーストラリアでは，羊毛の生産が盛んだった宗主国のイギリスから羊が持ち込まれて以来，羊の飼育と羊毛の生産が盛んに行われるようになった。2018年のオーストラリアの羊毛の生産量は中国に次いで世界第2位，輸出量は世界第1位であった。

問3＜OPEC＞第二次世界大戦後，石油は採掘・開発から生産，販売に至るまで，メジャーと呼ばれる先進国の国際資本に独占されていた。これに対抗し，産油国の利益を守るため，1960年に西アジア〔中東〕の産油国を中心としてOPEC〔石油輸出国機構〕が設立された。

問4＜天然ゴム＞天然ゴムは，生産量第1位のタイや，植民地時代にプランテーションと呼ばれる大農園で生産されていた歴史的背景から，インドネシアやベトナムなど東南アジア諸国での生産量が多い。なお，①には茶，②にはさとうきび，③には綿花，⑤にはコーヒー豆が当てはまる。

問5＜フランス＞フランスはユーロを導入している。また，EU加盟国の中で最大の工業国はドイツである。

問6＜アフリカの分割＞②のエチオピアは古くからの独立国，③のコンゴ民主共和国は第一次世界大戦前の1908年から1960年の独立まで，ベルギーの植民地だった。なお，①のエジプトと④のナイジェリアは，第一次世界大戦時，ともにイギリスの植民地であった。また，⑤の南アフリカ共和国は1814年から1910年の独立までイギリスの植民地であった。

問7＜世界の気候＞オーストラリアのメルボルン，フランスのパリ，イギリスのロンドンはいずれも，温帯の西岸海洋性気候に属している。これらの都市の気候は，夏は涼しく冬は高緯度のわりに暖かい。また，年間の降水量は少なめである。これに対し，温帯の温暖湿潤気候に属するニューヨークは，西岸海洋性気候の地域に比べると気温の年較差が大きく，年間降水量が多い。なお，①はロンドン，②はパリ，③はメルボルンを表している。

問8＜時差＞日本の標準時子午線は兵庫県明石市などを通る東経135度の経線なので，日本を基準としたときのニューヨークとの経度差は，西回りで135＋75＝210度である。経度差15度で1時間の時差が生じ，基準点から西に向かうときは時刻を戻すので，日本が9月9日午前5時のとき，ニューヨークの時刻は，210÷15＝14時間を戻した9月8日午後3時となる。

問9＜日本の貿易港＞横浜港は，名古屋港，成田空港に次いで輸出額が多い貿易港で，自動車などの機械類が輸出品目の上位を占める。なお，①は名古屋港，②は成田空港，④は東京港，⑤は神戸港を表している。

3〔公民―総合〕

問１＜日本の首相＞Ｘ．田中角栄は1972年に首相〔内閣総理大臣〕に就任すると，同年に日中共同声明に調印し，中国との国交を正常化した。「日本列島改造論」を掲げたが，第１次オイルショックなどもあって経済が混乱し，1974年に辞任した。　Ｙ．「55年体制」とは，自由民主党を与党，日本社会党を野党第一党とする政治形態のことである。この55年体制は，1993年に非自民・非共産の８党派からなる連立政権である細川護熙内閣が成立したことで崩壊した。

問２＜日本国憲法と大日本帝国憲法＞大日本帝国憲法にも「臣民(天皇・皇族以外の国民)の権利」として人権規定があったが，「法律の範囲内」という制約がついていた。

問３＜国際連合＞国際連合の安全保障理事会は，アメリカ，ロシア連邦，イギリス，フランス，中華人民共和国の常任理事国５か国と，任期２年の非常任理事国10か国の計15か国で構成されている。

問４＜日中国交正常化＞1972年に日中共同声明が結ばれて日中の国交が正常化すると，1978年には福田赳夫内閣のもとで日中平和友好条約が締結された。

問５＜消費税＞消費税は原則として全ての商品やサービスを購入した際に課される税で，税を納める人と負担する人が異なる間接税である。消費税は所得に関係なく課される税であるため，所得の少ない人ほど，相対的に負担は大きくなる。消費税のこの性質は，逆進性と呼ばれる。

問６＜自衛隊＞1992年にPKO〔国連平和維持活動〕協力法が制定され，自衛隊の海外での活動が可能になった。同年，この法律に基づき初めて自衛隊が海外に派遣され，カンボジアで内戦後の治安維持活動などの任務についた。

問７＜集団的自衛権＞自国が他国から攻撃を受けたときに自国を自衛する権利を個別的自衛権という(①…×)のに対し，同盟国が攻撃を受けた際，同盟国とともに武力を行使する権利を集団的自衛権という(③…○)。なお，国連の安全保障理事会は，必要な軍事的措置をとるために国連加盟国に対し兵力を要請し，国連軍を組織することができる。しかし，2020年３月現在，安保理が指揮する国連軍が組織されたことはない(②…×)。侵略行為に対し，集団で平和維持のために協力することは，集団安全保障と呼ばれる(④…×)。

問８＜裁判員制度＞裁判員制度は，国民の意見を司法に取り入れることを目的として2009年に導入され，裁判員は殺人などの重大な刑事事件について地方裁判所で行われる第一審に参加する。

4〔公民―景気の変動〕

問１＜高度経済成長期＞1950年に朝鮮戦争が始まると，韓国を支援するために出撃したアメリカ軍が大量の軍需物資を日本に発注したため，日本の産業が活気づき，経済復興を早めることになった。これを特需景気という。朝鮮戦争は1953年に休戦協定が結ばれたが，Ａの時期にあたる高度経済成長期は，これより後のことである。

問２＜低成長の時代＞政府の累積債務が1000兆円を超えたのは2010年代のことである。なお，アメリカとの間で貿易摩擦が深刻になったのは1980年代，バブル経済が発生したのは1980年代後半，初めて主要国首脳会議〔サミット〕(最初の開催時は先進国首脳会議)が開かれたのは1975年のことである。

問３＜財政政策＞一般に，景気が低迷し，経済成長率が低下している場合，政府は企業や家計が使うことのできる資金を供給するために，減税を行ったり(②…○)，公共事業を増やしたりする(①…×)財政政策を行う。また，中央銀行である日本銀行は，市場で流通する通貨を増やすために，銀行などから国債を買う(④…×)が，一般の人や企業と直接取引を行うことはない(③…×)。

理科解答

1 (1) 5.0N　(2) 4.0cm
(3) 右図
(4) 真下の向き〔鉛直下向き〕
(5) 1…等しい　2…①　3…①
(6) ①＝②＝③

2 (1) ア　(2) エ
(3) $2H_2O \longrightarrow 2H_2 + O_2$　(4) 4.5mL
(5) A：B：C＝1：5：3　(6) H^-
(7) 利点1…(例)発電の際に出る熱を給湯や暖房に利用できる。
利点2…(例)送電ロスを少なくすることができる。

3 (1) 生態系　(2) ウ，カ　(3) オ
(4) 外来生物〔外来種〕　(5) ウ
(6) イ
(7) (例)窒素やリンなどの無機物は植物プランクトンに取り込まれ，有機物は砂泥中の生物のえさとなる。

4 (1) ハビタブルゾーン　(2) ウ
(3) (例)マントルの対流によるプレートの運動。〔プレートの沈み込みによる造山運動。〕
(4) ア
(5) 1…火山　2…二酸化炭素
3…海洋　4…温暖化
(6) 5…ウ　6…エ　(7) エ
(8) (例)オゾン層の濃度が高くなったことで，地表に届く有害な紫外線が弱まり，生物が陸上に進出した。

1〔運動とエネルギー〕

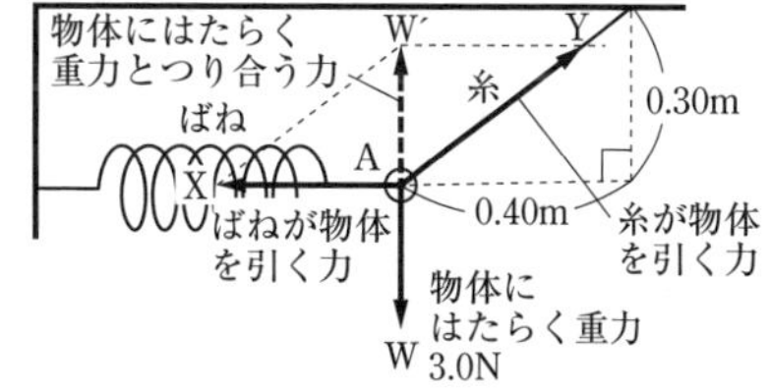

(1)＜力の分解＞右図のように，物体にはたらく重力(重さ)をAW，物体にはたらく重力とつり合う力をAW′で表すと，物体にはたらく力(重さ)AWが3.0Nだから，物体にはたらく重力とつり合う力AW′も3.0Nである。また，力AW′を，ばねが物体を引く力AXと糸が物体を引く力AYに分解する。このとき，直角三角形AW′Xは直角をはさむ2辺AW′，AXの比が，AW′：AX＝0.30：0.40＝3：4となるから，AW′，AXに対するW′Xの比は，三平方の定理より，$W'X=\sqrt{AW'^2+AX^2}=\sqrt{3^2+4^2}=\sqrt{25}=5$となる。よって，AW′：W′X＝3：5より，3.0：W′X＝3：5となるから，W′X＝5.0(N)である。したがって，四角形AXW′Yは平行四辺形だから，糸が物体を引く力AYの大きさは，AY＝W′X＝5.0(N)となる。

(2)＜力のつり合い＞(1)より，ばねが物体を引く力AXと物体にはたらく重力とつり合う力AW′の比は4：3である。ここで，物体にはたらく重力とつり合う力AW′の大きさが3.0Nだから，ばねが物体を引く力AXの大きさは4.0Nとなる。よって，物体がばねを引く力の大きさは，ばねが物体を引く力AXの大きさに等しく4.0Nで，ばねは1.0Nの力で1.0cm伸びるため，求めるばねの伸びは，1.0×(4.0÷1.0)＝4.0(cm)である。

(3)＜重力＞物体が図2のB点に到達すると，速さが0になり，一瞬，静止した状態になる。このとき，物体には重力だけがはたらいている。重力を表す矢印は，物体の中心から真下に向けて(鉛直下向きに)描く。解答参照。

(4)＜自由落下＞(3)より，物体がB点に到達したとき，物体には重力しかはたらいていないから，この瞬間に糸が外れると，物体は真下に向かって(鉛直下向きに)落下する(自由落下)。

(5)＜力学的エネルギー＞空気の抵抗が無視できるので，力学的エネルギーの保存が成り立ち，①～③の力学的エネルギーの大きさは全て等しい。なお，この力学的エネルギーの大きさは，物体がA

点で持っていた位置エネルギーの大きさと等しい。また，運動エネルギーの大きさは，物体の運動する速さが小さいほど小さい。(3)より，物体がB点に到達したとき，物体は一瞬静止するので，①のときの物体の速さは0である。②のとき，物体は斜め上方に飛び出し，最高点での速さは0にならない。③のとき，物体はD点から水平方向に飛び出すので，D点が最高点となり，D点での速さは0ではない。よって，運動エネルギーが最も小さいのは，速さが0になる①のときである。さらに，位置エネルギーが最大になるのは，最高点の高さが最も高いものである。①のとき，B点で物体の運動エネルギーは0なので，力学的エネルギーの保存より，位置エネルギーの大きさは，物体の力学的エネルギーの大きさと等しい。そのため，B点の高さは，運動を始めたA点の高さに等しい。これに対して，②と③のときは，どちらも最高点での運動エネルギーが0にならないので，A点の高さまで上がらない。したがって，最高点の位置エネルギーが最も大きいのは，①のときである。

(6)＜力学的エネルギーの保存＞地面に当たる直前に物体が持つ運動エネルギーの大きさは，力学的エネルギーの保存より，地面を基準にしたときの物体がA点で持つ位置エネルギーの大きさに等しい。よって，①～③で糸が外れた後に，物体が地面に落下する直前に持つそれぞれの運動エネルギーの大きさは等しいので，①＝②＝③である。

2〔化学変化とイオン〕

(1)＜水素の発生＞Xには水素の発生方法が当てはまる。水素は，亜鉛や鉄，マグネシウムなどの金属にうすい塩酸やうすい硫酸を加えると発生する。なお，イでは酸素，ウでは二酸化炭素，エではアンモニア，オでは硫化水素が発生する。

(2)＜水素の性質＞水素分子は，水素原子が2個結びついてできている。1種類の原子からできているので単体であり，2種類以上の原子が結びついてできている化合物ではない。よって，誤っているのはエである。

(3)＜化学反応式＞水(H_2O)を電気分解すると，水素(H_2)と酸素(O_2)が発生する。化学反応式は，矢印の左側に反応前の物質の化学式，右側に反応後の物質の化学式を書き，矢印の左右で原子の種類と数が等しくなるように化学式の前に係数をつける。

(4)＜水素の燃焼＞図4で，管Aの炭素電極は電源の陰極につないであるので，集まった気体は水素である。集まった水素と空気が混じった管A内で点火すると，水素と空気中の酸素が反応して水が生じる。生じた水の体積は無視できるので，減少した気体の体積$20.0-17.3=2.7$(mL)は，反応した水素と酸素の体積を合わせたものである。反応する水素と酸素の体積の比は，化学反応式のそれぞれの係数の比に等しい。よって，水素と酸素は2：1の体積比で反応するので，反応した酸素の体積は，$2.7\times\frac{1}{2+1}=0.9$(mL)となる。ここで，点火した後，再び空気を混ぜて点火すると音を立てて燃えたことから，1回目の点火後に残った気体は水素と窒素で，管Aの中の酸素は1回目の点火のときに全て反応したことがわかる。したがって，管Aに最初に入っていた空気には酸素が0.9mL含まれ，空気は窒素と酸素の体積比が4：1の混合気体だから，求める空気の体積は，$0.9\times\frac{4+1}{1}=4.5$(mL)である。

(5)＜中和＞実験2で用いた酸の水溶液の体積をxmLとし，その中に含まれる水素イオン(H^+)の数をそれぞれa個，b個，c個とする。また，xmLのアルカリ性の水溶液Dに含まれる水酸化物イオン(OH^-)の数をd個とする。表1より，Dを加えた後のBではBTB液の色が黄色になったから，水溶液は酸性で，$2x$mL中にH^+が$b-d$個残っている。この水溶液xmL中には，H^+が$\frac{b-d}{2}$個ある。Dを加えた後のBと，Dを加える前のAのH^+の濃さが等しいことから，$\frac{b-d}{2}=a$となる。また，

Dを加えた後のAは青色になるので，水溶液はアルカリ性で，2xmL中にOH^-が$d-a$個残っていて，これとDを加えた後のBを混ぜると緑色になる。このとき，水溶液は中性で，H^+とOH^-はちょうど中和したから，それぞれのイオンの数は同じで，$d-a=b-d$となる。$\frac{b-d}{2}=a$より$a=\frac{b-d}{2}$だから，これを$d-a=b-d$に代入してbについて解くと，$d-\left(\frac{b-d}{2}\right)=b-d$より，$b=\frac{5}{3}d$となり，$a=\frac{b-d}{2}$に$b=\frac{5}{3}d$を代入して，$a=\left(\frac{5}{3}d-d\right)\times\frac{1}{2}=\frac{1}{3}d$となる。さらに，Dを加えた後のCは緑色になるので，水溶液は中性で，Dに含まれるOH^-の数とCに含まれるH^+の数は等しく，$c=d$である。以上より，$a:b:c=\frac{1}{3}d:\frac{5}{3}d:d=1:5:3$となるので，A，B，Cの水素イオンの濃さの比は，1：5：3である。

(6)＜イオン式＞原子が電子を1個受け取って陰イオンになったものを一価の陰イオンといい，このイオン式は原子の記号の右肩に－を書いて表す。よって，水素原子(H)が電子を1個受け取って陰イオンになったものは，H^-と表される。

(7)＜燃料電池＞大規模集中型の発電では，発電のときに発生する熱エネルギーの多くはそのまま放出され，利用されていなかった。しかし，図5の家庭に設置された燃料電池では，給湯器ユニットにより，発生した熱を給湯や暖房に利用することができるため，エネルギーを効率よく使うことができる。また，大規模集中型の発電では，送電のときに電気エネルギーの一部が失われてしまう(送電ロス)が，燃料電池では発電した電気をその場で使用するため，送電によりエネルギーを失うことがほとんどない。さらに，燃料電池では水素と酸素から水が発生するだけで，二酸化炭素や有害な気体などが発生しないため，環境に悪影響を及ぼさない。

3 〔自然と人間〕

(1)＜生態系＞ある地域に生息する全ての動植物とそれをとりまく水，大気，土，太陽エネルギーなどの環境をまとめて生態系という。

(2)＜生物と環境＞動物プランクトンが大量に発生すると呼吸によって水中の酸素が消費され(生物から環境への影響)，酸素濃度が下がると魚が十分に呼吸を行えず死滅する(環境から生物への影響)。また，川から流入した有機物は水をにごらせるが，アサリがこれをえさとして消費するとにごりは減り(生物から環境への影響)，水の透明度が増すことで光が藻類によく届くようになる(環境から生物への影響)。よって，両方の関係を含むのは，ウとカである。なお，アは光合成により大気中の二酸化炭素が減少し，温室効果は抑制されるので，誤った記述であり，イ，エ，オは「環境から生物への影響」のみの記述である。

(3)＜生活の痕跡＞下線部①は，干潟の砂泥中のバクテリアや有機物が，コメツキガニやゴカイに取り込まれてできたものである。コメツキガニは，砂粒を口に含み付着した微生物をこしとって食べ，残った砂を小さく固めて捨てる。また，ゴカイは，水中や砂泥に落ちた死がいなどの有機物を食べ，巣穴の周辺に排泄物を出す。

(4)＜外来生物＞人間の活動に伴い，もともとは生息していなかった地域に入り込んだ生物を外来生物(外来種)という。

(5)＜干潟の保全＞多様な生物が生息する干潟のような湿地の環境保全を目的とする条約は，1971年にイランのラムサールで採択されたラムサール条約である。なお，ワシントン条約は絶滅の恐れのある野生動植物を保護するための条約，京都議定書は気候変動による悪影響の防止に向けた取り組みを定めた条約，レッドリスト，レッドデータブックは絶滅のおそれのある野生生物の現状の記録資料，ウィーン条約はオゾン層の保護のための条約である。

(6)<食物連鎖>図6より，アシハラガニはコメツキガニを捕食し，マメコブシガニはアサリとゴカイを捕食するので，これらの間で食料をめぐる競争は生じていない。よって，適切なのはイである。なお，ダイシャクシギは本来干潟に生息する生物であり駆除の対象にはならない。ゴカイを除くと，食物連鎖に大きな影響が出ると考えられるが，海水温が大きく変化するとはいえない。プランクトンが大量発生すると，水質が悪化して多くの生物が死滅するので食物連鎖は単純になると考えられる。コチドリは，植物プランクトンを食べるゴカイを食べるので二次消費者でもある。

(7)<干潟の水質浄化作用>干潟に流入する窒素，リンなどの無機物は，植物プランクトンの栄養として取り込まれる。有機物はゴカイのような砂泥中に生息する生物のえさとして取り入れられたり，細菌類の呼吸に使われ無機物にまで分解されたりすることで干潟から除去される。

4〔地球と宇宙〕

(1)<ハビタブルゾーン>天体の表面で，水が液体として存在する，生物が生きることができると考えられる領域をハビタブルゾーン(生命居住可能領域)という。

(2)<海洋の存在条件>地球が海洋を保持することができたのは，温度と気圧が海洋を保持するのに適していたためである。温度と気圧には大気の存在が大きく影響し，大気は重力と密接な関係がある。さらに，重力は天体の大きさで決まるので，地球がある程度の大きさになったことが海洋を保持できた理由になる。

(3)<変成岩と変成作用>変成岩をつくった巨大な圧力は，プレートの運動によって生じたものである。よって，最古の変成岩がつくられた43億年前には，マントルが対流してプレートの運動が始まり，造山運動が起きていたと考えられる。

(4)<堆積岩と堆積作用>堆積岩は，流水のはたらきにより海洋に運ばれた土砂が堆積することでつくられる。38億年前の堆積岩が発見されたことから，当時，気象現象により，海と陸の間で水の循環があったことが考えられる。

(5)<全球凍結の解消>海洋には，火山の噴火などの火山活動により大気中に放出された二酸化炭素を吸収する性質がある。地球全体が氷に覆われると，二酸化炭素は海洋に吸収されにくくなるため，大気中の濃度が上昇する。大気中の水蒸気や二酸化炭素には，地表から宇宙空間へ放射される熱を吸収する性質があるため，熱が放射されずに地表の温度が上昇する。これを温室効果といい，温室効果により温暖化が進行して気温が上昇し，全球凍結が解消されたと考えられる。

(6)<オゾン層>先カンブリア時代の年表より，27億年前に光合成生物が発生すると，光合成により放出された酸素が，海水中の鉄イオンと結合して沈み，海底に大量の酸化鉄が堆積し，縞状鉄鉱層を形成した。酸素が海水中の鉄イオンのほとんどと結合すると，海水中と大気中の酸素濃度が上昇した。この影響でメタンを生成する微生物が減って大気中のメタンが減少し，温室効果が失われたことなどが原因で，地球規模での寒冷化が進み，全球凍結が起こった。その後，(5)のようにして全球凍結が解消し，大気中の酸素濃度が上昇して，4.5億年前に現在のように，成層圏にオゾン層が形成された。なお，アの地磁気の縞模様とは，海洋プレートに残る過去の地磁気の向きの記録である。海嶺からわき出した海洋プレートにはその当時の地磁気の向きが記録され，地磁気の向きは数十万年ごとに反転するため，地磁気の向きが交互に並んで記録されている。

(7)<酸素濃度>大気中の酸素濃度は，光合成生物の出現によって増加した。最古の光合成生物の化石は27億年前のものだから，大気中の酸素濃度の増加が起きたのは，それ以降と考えられる。

(8)<オゾン層の形成>オゾン層は生物にとって有害な紫外線を吸収するので，オゾン層が形成されると地表に到達する有害な紫外線が弱まり，生物の陸上進出が可能になった。

国語解答

一　問1　④　　問2　オ　　問3　イ
問4　ウ
問5　未経験の，または想定外の他者の悲しみは，他者に配慮し，知覚できない外部の存在を受けいれる一・五人称の知性によってのみ理解できる，ということ。(70字)

二　問1　a…オ　b…イ　　問2　ウ
問3　イ　　問4　ア
問5　玄白は，ターヘルアナトミアを一日も早く翻訳して，それを治療に用いたり，発見の材料にしたりしてほしい，と思っていたから。(59字)
問6　オ

三　問1　ウ　　問2　ウ
問3　3…ウ　4…ア　　問4　エ

四　問1　1　競争　2　豊富　3　鉄鉱
問2　1…オ　2…オ　3…ア

一〔論説文の読解─哲学的分野─人間〕出典；郡司ペギオ幸夫『天然知能』。

≪本文の概要≫人工知能に他人の心を理解する仕組みを植えつけるには，「人の心」のモデルと，自分の立場を他人の立場に変換する装置という，二つの原則をつくる必要がある。心的状態に対する心的反応のリストを用意し，これを参照して推定することが，人の心を考えることになるというわけである。この理解の仕方は，一人称的知性から三人称的知性への転回に他ならない。しかし，そもそも心のモデルなど，書き下せるものだろうか。いかに膨大なリストであろうと，心的条件と心的反応の関係は網羅できない。リストという形式で限定しながらも，リスト外部の可能性に開かれることの構えを持つことが，他者の心を理解するということではないだろうか。我々は，一・五人称的知性として，他者の心に配慮するだけである。それは，「他に何かあるんじゃないか」という感覚で，外部を待ち構えることである。一・五人称は，ただ「何だろう」と思うだけである。自分が経験しておらず，想定さえしていなかった他者の悲しみは，一・五人称的知性によってのみ接近可能なのである。

問1＜文脈＞「ある貧しい国の母親が，子供が手術しないと助からない，手術には五十万円かかると言われ，『わかりました。諦めます』と，機械的に，即答」した場合，「そこには絶望のあまりの絶句や呆然とした態度」がないからといって，その母親が「冷淡」とは限らない。むしろ，「圧倒的な絶望を，当たり前のものとして受け入れざるを得ない状況を，私たちが知らなかった，ことを改めて知るべき」である。「つまり，『極めて悲しい場合，絶句して呆然とする』程度の心のモデルでは，社会・経済事情の全く異なる他者の心を理解することなど，全くできない」のである。そうだとすると，「一人称的知性に足りない『心のモデル』を付け加えれば，三人称的知性が実現でき，他者の心を理解できるだろう，という見込みは大きく外れること」になる。

問2＜文章内容＞人工知能は，人間のように，「雀の悲しみの深さ」を，「鳴くことさえできない沈黙」によって理解することはできない。詩の言葉を文字どおりに理解して，「我が子が拉致されているというのに，それを黙認する親雀は冷酷なものだ」と判断してしまうのである。

問3＜文章内容＞人工知能が「他人の心を理解する仕組み」は，「『人の心』のモデル」と「自分の立場を他人の立場に変換する装置」という「二つの原則から構成される」のである。「『人の心』のモデル」とは，さまざまな感情と，その程度に応じた振る舞いを対応させたリストのことである。科学者は，「他人の心を理解する」人工知能をつくるために，「心的状態に対する心的反応のリストを用意」して，これを参照して心的反応から心的状態を「推定する」機能をつけ加えようとするだろう。

問４＜文章内容＞「知覚された情報だけから『この母親は冷淡だ』と考える『わたし』の描像」も，「『逆に辛さに耐えているのだ』と考える『私たち』の描像」も，自分たちなりの「特定の解釈を断定し強制する」という点で，一人称的知性にすぎず，違いはないのである。

問５＜文章内容＞「そのような他者の悲しみ」とは，「わたしが経験しておらず，想定さえしていなかったような他者の悲しみ」のことである。そのような悲しみは，「想定される心のリスト」に収まっているはずもないので，三人称的知性によって理解することはできない。それに対して，一・五人称は，「何だろう」と思うことで，「想定できない外部に対する準備をする」のであり，「それが，知覚できない外部の存在を受け容れる，ということ」である。自分にはわからない他者の悲しみは，想定することも知覚することもできない「外部の存在を受け容れる」一・五人称的知性によってのみ，理解することができるのである。

二〔小説の読解〕出典；菊池寛『蘭学事始』。

問１＜語句＞ａ．「彷彿」は，ぼんやりと見えること。　ｂ．「余念もない」は，あることに熱中していて，他のことを考えない，という意味。

問２＜文章内容＞淳庵は，医術の専門家として主君に仕えていたが，医術の基本ともいうべき，人体の本当の姿を知らずに，その仕事についていた。淳庵は，人体解剖を見て，初めて人体の本当の姿を知り，これまでの自分の仕事ぶりを恥じたのである。

問３＜心情＞良沢は，長年，蘭書を読みたいと思っていたが，自分一人の力ではどうすることもできず，思い嘆くばかりだった。今日の解剖の実験を見て，改めてオランダの医術のすばらしさを痛感していたときに，玄白から，皆でターヘルアナトミアの翻訳をする提案をされて，良沢は，長年の夢が実現するかもしれないと思い，勇み立つような気持ちで，玄白の提案を受け入れたのである。

問４＜文章内容＞日本では，オランダの医術に対する関心は薄く，蘭書を読み解ける者も，ほとんどいなかった。そんな中で，玄白ら四人は，苦労を重ねながらも，ターヘルアナトミアの翻訳に取り組み，少しずつ，その内容を理解していくことで，これまで日本では誰も知らなかった知識を得る喜び，つまり，「先駆者のみが知るよろこび」を味わうことができたのである。

問５＜文章内容＞玄白は，日本で蘭学が大成するまでには数世代かかるだろうから，自分たちは，自分たちの世代でできることに集中するべきだと考えていた。そのため，彼は，「ターヘルアナトミアを，一日も早く翻訳して，治療の実用に立て，世の医家の発明の種」にしてほしいと思っていた。だからこそ，玄白は，「常に先を急いでいた」のである。

問６＜文章内容＞良沢は，「蘭学の大成」を望んでいたため，オランダ語の全てを理解し，オランダ語の書籍はどんなものでも読破できるようになりたいと願っていた。そのため，一言一句もいいかげんにせず，完全に読解できるまでは，彼は「頑として動かなかった」のである。

三〔古文の読解―評論〕出典；源俊頼『俊頼髄脳』。

≪現代語訳≫見るたびに鏡に映る自分の姿がつらく感じられる。このように美しくなければあのようにしただろうか，いや，決してしなかったに違いない。　懐円

嘆きながらやってきた道の端の露よりも多い。懐かしい故郷を恋しく思って流す涙は。　赤染衛門

この歌は，懐円と赤染衛門が，王昭君をよんだ歌である。唐土では，帝が，人の娘をお招きになってご覧になり，後宮の中に，並べて座らせなさって，四五百と居並んで，無駄であったが，後宮には，あまりに多く集めてしまったので，ご覧になることもなくなっていた。そこへ，騎馬民族の王が，外国から，都へ参上したことがあったので，（帝は）どうするべきかと，人々に，議論をさせなさったところ，「この後宮の中に，無駄に多くお仕えしている人の中から，大して美しくない女性を，一人お与えになるべきです。それに勝る贈り物はないでしょう」と，（人々が）決定申し上げると，（帝は）もっともであると

お思いになって，自分でご覧になって，その人をお決めになるべきだったが，人々の多さに，思い悩まれて，絵師をお招きになって，「この人々の姿形を，絵に描き写してこい」と，おっしゃったので，順々に描いていたが，この人々は，騎馬民族の王の妻になることを思い嘆いて，我も我もと思って，それぞれ，金を渡し，それ以上のものも渡したところ，(絵師は)美しくもない容姿でも，よく描きあげて，持ってきたが，王昭君という人は，容姿が本当に優れていて，すばらしいのを当てにして，絵師に，物も，与えずに，任せて描かせたので，(絵師は)本来の容姿のようには描かないで，とても見苦しく，描いて持って参ったので，(帝は)この人を与えようとお決めになった。その時期になって，(王昭君を)お招きになってご覧になると，本当に玉のように輝いて，何とも言えないほどすばらしかったので，帝は，驚きなさって，この人を，騎馬民族の王に与えるのを，思い悩まれ，お嘆きになって，数日が過ぎた頃に，騎馬民族の王が，その人をいただけると聞いて，参上したので，改めてお決めになることもなく，とうとう(王昭君を)お与えになったので，(王は王昭君を)馬に乗せて，遠くに連れていってしまった。王昭君が，嘆き悲しむことは際限がなかった。帝は，恋しさに，思い悩まれて，あの王昭君がいた所を，ご覧になると，春には柳が，風になびき，うぐいす(の鳴き声も)，もの寂しく，秋には，木の葉が積もって，軒にはシノブが，隙間なく生え，とても，もの悲しいことは際限がなかった。この気持ちをよんだ歌である。かからざりせば，とよんだのは，容姿が美しくなければ頼みにはしなかったのに，と(懐円が)よんだのである。ふるさとを恋しく思って流す涙は，道端の露よりも多いなどとよんでいるのも，王昭君が思う心中を，(赤染衛門が)推し量ってよんだのである。

問1＜古文の内容理解＞「かかる」は，「かくある」が変化したもので，このような，という意味。「まし」は，反実仮想の助動詞。「やは」は，反語を表す。もしもこのようでなければ，このようではなかっただろう，という意味。

問2＜和歌の内容理解＞「なげきこし」は，王昭君が，「もろこし」の都から「えびす」の国へと，嘆きながらやってきたことを表している。

問3．3＜現代語訳＞「いとしも」は，「いと(副詞)」＋「しも(強調の副助詞)」の形で，下に打ち消しの語を伴って，大して～ない，という意味を表す。「なからむ」は，「なく(形容詞・連用形)」＋「ある」(動詞・連体形)＋「らむ」(助動詞・連体形)が変化した形で，～ではなさそうなもの，という意味。　4＜古語＞「心ざし」は，好意や謝意を物の形で表すこと。

問4＜古文の内容理解＞騎馬民族の王が中国の都にやってきたので，どう対応するか協議した結果，あまりにも多くなりすぎた後宮の女を一人，贈り物として与えることになった。帝は，よい意見だと思って，自分で見て誰を与えるかを考えようとしたが，後宮の女たちが多すぎたので，絵師に女たちの絵を描かせて，それを見て選ぶことにした。女たちはみんな，選ばれたくなかったので，帝に人に与えるには惜しいと思わせるために，絵師に金品を与えて，実物より美しく描かせた。しかし，王昭君は，絵師に何も与えなかったために，とても醜く描かれてしまった。その結果，帝は，王昭君を，騎馬民族の王に与えることに決めてしまったのである。

四〔漢字〕

問1＜漢字＞1．「生存競争」は，社会生活における生きるための競争のこと。　2．「豊富」は，ゆたかであること。　3．「鉄鉱石」は，鉄の鉱石のこと。

問2＜漢字＞1．「飛躍的」と書く。アは「現役」，イは「内訳」，ウは「約束」，エは「薬」，オは「躍(る)」。　2．「貯蓄」と書く。アは「竹馬」，イは「築(く)」，ウは「畜産」，エは「逐一」，オは「蓄(える)」。　3．「帯(びて)」と書く。アは「熱帯」，イは「怠惰」，ウは「耐熱」，エは「大渋滞」，オは「待機」。

Memo

Memo

Memo

当社発行物の無断使用は固くお断りいたします。御使用の前はまずご相談ください。

当社発行物には500点余の首都圏中・高過去問をはじめ、6点の学校案内、そのほかいくつかの情報誌などがございます。その多くが年度版で、限られたスタッフが来るべき受験シーズン前に余裕を持って受験生へ届けられるよう、日夜作業にあたり出版を重ねております。

最近、通塾生ご父母や塾内部からの告発によって、いくつかの塾が許諾なしに当社過去問を複写（コピー）し生徒に配布、授業等にも使用していることが発覚し、その一部が紛争、係争に至っております。過去問には原著作者や管理団体、代行出版等のほか、当社に著作権がございます。当社としましては、著作権侵害の発覚に対しては著作権を有するこれらの著作権関係者にその事実を開示して、マスコミにリリースする場合や法的な措置を取る場合がございます。その事例としましては、毎年当社過去問の発行を待って自由にシステム化使用していたＡ塾、個別教室でコピーを生徒に解かせ指導していたＢ塾、冊子化していたＣ社、生徒の希望によって書籍の過去問代わりにコピーを配布していたＤ塾などがあります。

当社発行物の全部もしくは一部を無断使用することは固くお断りいたします。

当社コンテンツの中にはリーズナブルな設定で紙面の利用を許諾している塾もたくさんございますので、ご希望の方は、お気軽にご相談くださいますようお願いします。同時に、当社発行物を無断で使用している会社などにつきましての情報もお寄せいただければ幸いです。

株式会社 声の教育社

2025年度用

高校スーパー過去問

■編集人 声の教育社・編集部

■発行所 株式会社 声の教育社

〒162-0814 東京都新宿区新小川町8-15

☎03-5261-5061㈹ FAX03-5261-5062

https://www.koenokyoikusha.co.jp

※本書の内容についての一切の責任は当社にあります。内容・解説・解答その他の質問等は文書にて当社に御郵送くださるようお願いいたします。

公立高校過去問シリーズ

●東京都立高校
●神奈川県公立高校
●千葉県公立高校
●埼玉県公立高校
●茨城県公立高校
●栃木県公立高校
●群馬県公立高校

掲載全問に
わかりやすい解説つき
各教科の
出題傾向と対策

定価1100円(税込)

都立独自高校 公立高校過去問シリーズ

251 都立日比谷高校
252 都立西高校
253 都立八王子東高校
254 都立国立高校
255 都立戸山高校
256 都立国分寺高校
257 都立立川高校
258 都立新宿高校
259 都立青山高校

定価2090円(税込)

高校ベスト10シリーズ

出題形式別、入試によく出る順!!

ベスト10Neo **国語** 読解問題

ベスト10Neo **数学** 図形問題

英語 文法問題ベスト10

定価990～1100円(税込)

高校受験面接ブック

別冊がウリ!! 首都圏の各高校の面接内容

本体 質問回答例ベスト150
面接ワークシート
自己PR書の書き方とワークシート

別冊 首都圏の私国立高校などの面接方法、時間、質問具体例
推薦・一般入試の面接内容
主要校の面接会場のようす
(各校図示)

小冊子 試験場に持って行けるチェックBOOK
など面接対策がつまった1冊

定価1320円(税込)

図解でわかる!! 作文・小論文

本体 (88P) **合格作文の書き方**
①7日間で仕上げる基礎編
②4日間で仕上げる応用編

別冊 (52P) 首都圏の各高校の作文課題、制限時間、文字数の具体例調査
①首都圏の作文課題2000例を代表的な15パターンに分類(書き易くするため)
②着眼点、キーワード、ポイントを各パターンごとにコメント
③推薦と一般入試の作文出題校と課題例を一挙公開!!
④首都圏公立高校4年間課題調査

定価1100円(税込)

公立の漢字

公立高校の試験によく出る漢字

1 漢字は全都道府県で出題!!
2 公立の漢字の配点は高い!!
3 10年間の頻度をデータ化!!
4 最頻出漢字を5段階評価!!

定価748円(税込)

声の教育社 〒162-0814 東京都新宿区新小川町8-15
TEL.03(5261)5061 FAX.03(5261)5062

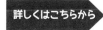

市川高等学校

別冊解答用紙

別冊解答用紙
丁寧に抜きとって、別冊
としてご使用ください。

★教科別受験者平均点＆合格者最低点

年度		英語	数学	社会	理科	国語	合格者最低点
2024	男	48.9	58.7	51.9	57.2	52.3	257
	女	50.6	51.5	48.1	56.0	55.4	
2023	男	55.4	51.0	63.5	68.8	52.3	282
	女	57.5	47.1	60.6	62.2	55.8	
2022	男	52.5	53.5	67.4	68.9	55.9	303
	女	53.9	48.0	64.0	65.3	59.8	
2021	男	58.3	54.2	61.9	39.0	58.3	256
	女	59.8	51.5	58.5	36.1	63.1	
2020	男	45.1	41.9	61.5	55.4	65.4	262
	女	47.9	36.8	57.6	50.1	69.5	

注意

○ 解答用紙は、収録の都合により縮小したものや、小社独自に作成したものもあります。
○ 学校配点は学校発表のもの、推定配点は小社で作成したものです。
○ 無断転載を禁じます。
○ 解答用紙を拡大コピーする場合、表示した拡大率に対応する用紙サイズは以下のとおりです。
101%～102%＝B5　103%～118%＝A4　119%～144%＝B4　145%～167%＝A3
（タイトルと配点表は含みません）

２０２４年度　市川高等学校

英語解答用紙

番号		氏名		評点	／100

Ⅰ	(A)	(1)	①		②		③			
			④		⑤					
		(2)		(3)		(4)		(5)		
	(B)	(1)		(2)		(3)		(4)		(5)

Ⅱ	問１					
	問２					
	問３	a		b		
	問４					
	問５	(1)		(2)		(3)
	問６					
	問７					

Ⅲ	問１						
	問２	(1)					
		(2)					
	問３						
	問４	誤		正			
	問５	i		ii		iii	
	問６						
	問７	(1)	(a)		(b)		(c)
		(2)		(3)			
	問８						

（注）この解答用紙は実物を縮小してあります。Ｂ４用紙に137％拡大コピーすると、ほぼ実物大で使用できます。（タイトルと配点表は含みません）

推定配点		計
	Ⅰ　各２点×14 Ⅱ　問１～問３　各３点×３　問４　各２点×２　問５　各３点×３ 問６　４点　問７　３点 Ⅲ　問１　３点　問２　⑴　３点　⑵　４点　問３，問４　各３点×２ 問５　各２点×３　問６　４点　問７　各３点×１5　問８　２点	100点

２０２４年度　市川高等学校

数学解答用紙　No.1

番号		氏名		評点	／100

1	(1)	A（　　　，　　　）	B（　　　，　　　）
	(2)	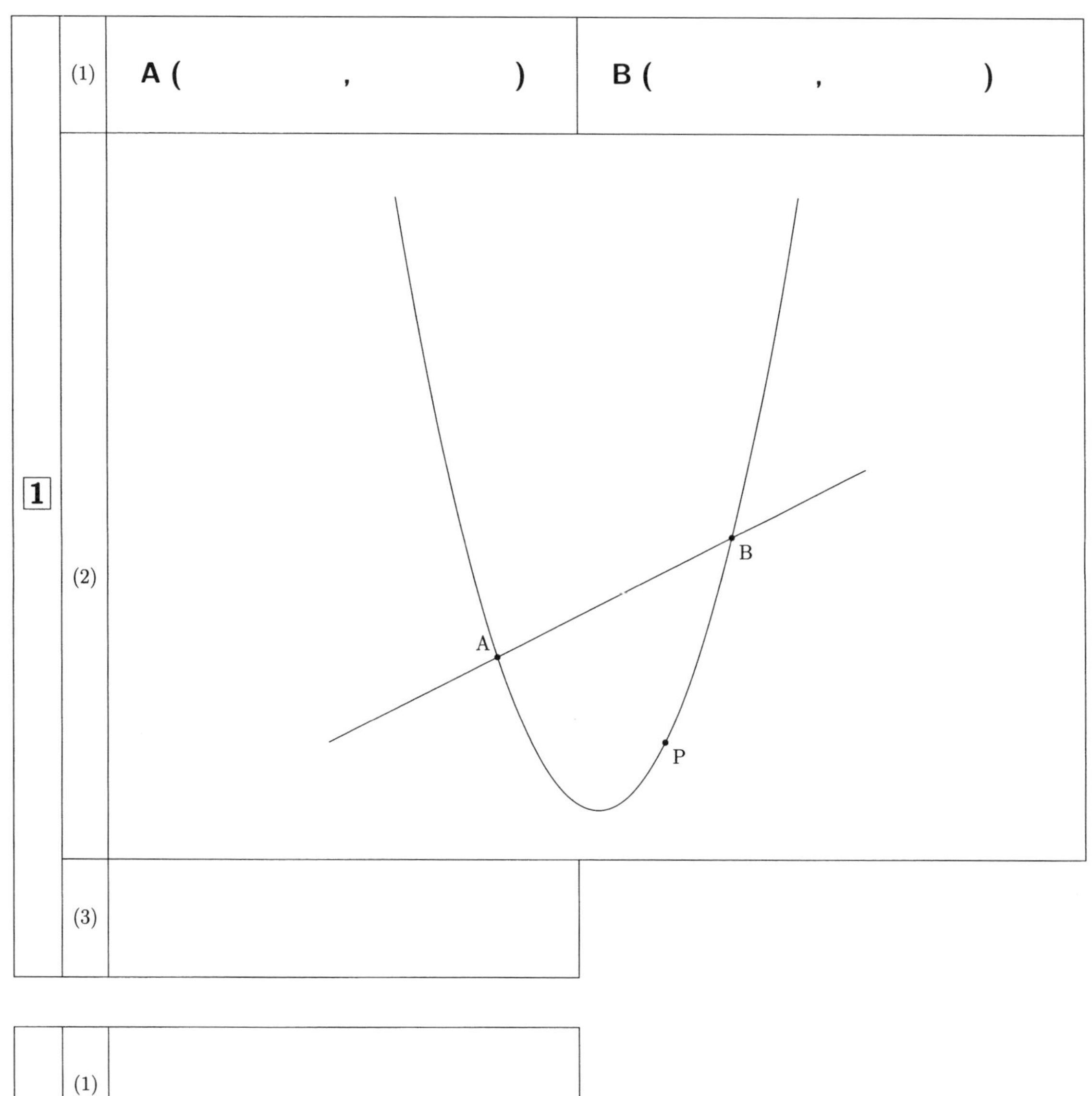	
	(3)		

2	(1)		
	(2)	xの値	確率

２０２４年度　　市川高等学校

数学解答用紙　No.２

3	(1)		
	(2)	ア	イ
		ウ	エ
		オ	

4	(1)		(2)	
	(3)			

5	(1)	個
	(2)	

(注) この解答用紙は実物を縮小してあります。Ａ３用紙に149%拡大コピーすると、ほぼ実物大で使用できます。(タイトルと配点表は含みません)

推定配点		計
	1 (1) 各３点×２ (2), (3) 各７点×２　2 (1) ５点 (2) 各４点×２ 3 (1) ７点 (2) 各５点×５　4, 5 各７点×５	100点

２０２４年度　市川高等学校

社会解答用紙

番号		氏名	

評点	／100

1

問1　問2

問3

問4 (1) 2番目　4番目　(2)　問5　問6

問7　問8　問9　問10

問11

2

問1　問2　問3

問4 那覇市　横浜市

問5

3

問1 B　C　問2 ア　エ　問3

4

問1 ア　イ　ウ　問2 (1)　→　→　→

問2 (2)　(3)

5

問1　問2　問3

問4

(注) この解答用紙は実物を縮小してあります。Ａ３用紙に152%拡大コピーすると，ほぼ実物大で使用できます。(タイトルと配点表は含みません)

推定配点		計
	1 問１，問２　各３点×２　問３　５点　問４　(1)　３点　(2)　２点 問５　各２点×２　問６～問８　各３点×３　問９　各２点×２　問10　３点 問11　５点　2 問１～問４　各２点×７　問５　５点 3 問１，問２　各２点×４　問３　３点　4 問１　各２点×３ 問２　各３点×３　5 問１～問３　各３点×３　問４　５点	100点

２０２４年度　市川高等学校

理科解答用紙

番号		氏名		評点	／100

1

(1)			
(2)			
(3)	(4) A	(5) A	(6) W
(7) 倍	(8) A	(8) B	(8) C

2

(1) 1	(1) 2	(1) 3	(1) 4	(2)
(3)	(4)	(5)	(6)	(7)

3

(1)	(2) （丸形）:（しわ形）＝　　:
(3) （丸形・黄色）:（丸形・緑色）:（しわ形・黄色）:（しわ形・緑色）＝　:　:　:	
(4)	(5)
(6)	

4

(1) 名称　岩	(1) 組織名	(2)	(3)	
(4)	(5)	(6)	(7) 2番目	(7) 3番目

（注）この解答用紙は実物を縮小してあります。Ａ３用紙に152%拡大コピーすると、ほぼ実物大で使用できます。（タイトルと配点表は含みません）

推定配点		計
	1 (1)　３点　(2)　４点　(3)　３点　(4)〜(8)　各４点×５ **2** (1)〜(5)　各３点×６〔(1)は各３点×２〕　(6), (7)　各４点×２ **3** (1)〜(5)　各３点×５　(6)　４点 **4** (1)〜(6)　各３点×７　(7)　各２点×２	100点

二〇二四年度　市川高等学校

国語解答用紙

番号　　氏名　　評点　／100

一

問1

問2

問3

問4　(一)　(二)　(三)

二

問1　A　B

問2

問3

問4

問5

問6

三

問1

問2

問3

問4

問5

四

1　2　3　4　5

(注) この解答用紙は実物を縮小してあります。B４用紙に127%拡大コピーすると、ほぼ実物大で使用できます。(タイトルと配点表は含みません)

推定配点	計
一 問1　8点　問2、問3　各5点×2　問4　各4点×3 二 問1　各3点×2　問2　5点　問3　8点　問4、問5　各5点×2　問6　各4点×2 三 問1　5点　問2　3点　問3～問5　各5点×3 四 各2点×5	100点

2023年度　市川高等学校

英語解答用紙

番号		氏名	

評点	／100

I											
	(A)	(1)		(2)		(3)		(4)		(5)	
	(B)	(1)	①			②		③			
		(2)		(3)		(4)					

II				
	問1			
	問2		問3	
	問4			
	問5		問6	
	問7			
	問8			

III											
	問1	1a		1b							
		1c		1d							
	問2										
	問3										
	問4	(1)		(2)							
	問5	④									
		⑤									
	問6		問7	7a		7b		7c		7d	
	問8	8a		8b		8c		8d		8e	
	問9					25		35			
	問10										

（注）この解答用紙は実物を縮小してあります。B4用紙に139%拡大コピーすると、ほぼ実物大で使用できます。（タイトルと配点表は含みません）

推定配点		計
	I　各2点×11 II　問1　2点　問2～問8　各3点×7 III　問1　各2点×4　問2～問4　各3点×4　問5　各2点×2　問6　3点 問7，問8　各2点×9　問9　4点　問10　各3点×2	100点

２０２３年度　　市川高等学校

数学解答用紙　No.１

番号		氏名		評点	／100

1	(1)	y, B, A, O, x		
	(2)		(3)	

2	(1)	個	(2)	個

3	(1)	ア	イ	
	(2)	番目	(3)	番目

２０２３年度　　市川高等学校

数学解答用紙　No. 2

4	(1)		(2)	
	(3)			

5	(1)	
	(2)	
	(3)	

（注）この解答用紙は実物を縮小してあります。Ａ３用紙に152%拡大コピーすると、ほぼ実物大で使用できます。（タイトルと配点表は含みません）

推定配点		計
	1　各６点×３　　2　各７点×２ 3　(1)　各６点×２　(2), (3)　各７点×２ 4, 5　各７点×６	100点

２０２３年度　　市川高等学校

社会解答用紙

番号		氏名		評点	／100

1

問1		問2	あ	1	問3	い	う
問4		問5		問6		問7	(1)
問7	(2)						
問8							
問9							
問10		問11	Y	Z	問12		

2

問1		問2		問3		問4	(1)
問4	(2)						
問5		問6		問7	サンフランシスコ	シカゴ	

3

問1	1	2	問2		問3		
問4		問5	あ	い	う	問6	
問7							
問8		問9					

（注）この解答用紙は実物を縮小してあります。Ａ３用紙に145％拡大コピーすると，ほぼ実物大で使用できます。（タイトルと配点表は含みません）

推定配点		計
	1 問１　３点　問２，問３　各２点×４　問４～問６　各３点×３ 問７　⑴　３点　⑵　５点　問８　２点　問９　５点　問10～問12　各２点×４ 2 問１～問３　各３点×３　問４　⑴　３点　⑵　５点　問５　３点 問６，問７　各２点×３ 3 問１～問３　各２点×４　問４　３点　問５　各２点×３　問６　３点 問７　５点　問８，問９　各３点×２	100点

２０２３年度　市川高等学校

理科解答用紙

番号		氏名	

評点	／100

1

(1) N	(2)	(3) N	(4) cm
(5) cm	(6) cm	(7)	

2

(1)	(2)	(3)	(4) g
(5) g	(6) g	(7) g	

3

(1)	(2)	(3)	(4)
(5)	(6)	(7)	

4

(1)	(2) プレート	(3) 時間
(4)	(5)	(6)

（注）この解答用紙は実物を縮小してあります。Ｂ４用紙に141％拡大コピーすると、ほぼ実物大で使用できます。（タイトルと配点表は含みません）

推定配点		計
	1 (1), (2) 各３点×２　(3)～(6) 各４点×４　(7) 各２点×２ 2 (1), (2) 各３点×２　(3)～(7) 各４点×５ 3 (1), (2) 各３点×２　(3)～(7) 各４点×５ 4 (1), (2) 各３点×２　(3)～(6) 各４点×４	100点

二〇二三年度　市川高等学校

国語解答用紙

番号　　氏名　　評点　/100

（注）この解答用紙は実物を縮小してあります。B４用紙に141％拡大コピーすると、ほぼ実物大で使用できます。（タイトルと配点表は含みません）

一
問1　問2　問3　問4　問5

二
問1　問2　問3　問4（1）（2）　問5

三
問1　問2　1　3　問3　問4（1）（2）

四
1　2　3　4　5

推定配点	計
一　問１～問４　各５点×４　問５　10点 二　問１～問３　各５点×３　問４（１）　５点（２）　８点　問５　５点 三　問１、問２　各４点×３　問３、問４　各５点×３ 四　各２点×５	100点

２０２２年度　市川高等学校

英語解答用紙

番号		氏名	

評点	／100

I	(A)	(1)	①		②		③	
			④		⑤			
		(2)		(3)		(4)		
	(B)	(1)	①		②			
			③		④			
			⑤					
		(2)		(3)		(4)		

II	問1									
	問2									
	問3									
	問4									
	問5									
	問6	ア		イ		ウ		エ		オ
	問7		問8							

III	問1	ア								
		イ								
		ウ								
	問2									
	問3	3 a		3 b		3 c		3 d		
	問4		問5	5 a		5 b		5 c	問6	
	問7									
	問8	i		ii						
	問9		問10							
	問11									

（注）この解答用紙は実物を縮小してあります。Ａ３用紙に147％拡大コピーすると、ほぼ実物大で使用できます。（タイトルと配点表は含みません）

推定配点		計
	Ⅰ　各２点×16 Ⅱ　問１　３点　問２　２点　問３　３点　問４～問６　各２点×７　問７，問８　各３点×２ Ⅲ　問１～問３　各２点×８　問４　３点　問５，問６　各２点×４　問７　３点　問８～問11　各２点×５	100点

２０２２年度　　市川高等学校

数学解答用紙　No.１

番号		氏名		評点	／100

1	(1)		(2)	
2	(1)	L(　　,　　)	(2)	P(　　,　　)
	(3)	Q(　　,　　)	(4)	

3	(1)(i)				
	(1)(ii)	ア		イ	
		ウ		エ	
		オ		カ	
	(2)	(i)		(ii)	

２０２２年度　市川高等学校

数学解答用紙　No.２

4	(1)	
	(2)	

5	(1)		(2)	
	(3)			

（注）この解答用紙は実物を縮小してあります。Ｂ４用紙に128％拡大コピーすると、ほぼ実物大で使用できます。（タイトルと配点表は含みません）

推定配点		計
	1　各６点×２　2　各７点×４ 3　(1)　(i)　５点　(ii)　各１点×６　(2)　各７点×２ 4, 5　各７点×５	100点

２０２２年度　市川高等学校

社会解答用紙

番号		氏名		評点	／100

1

問1		問2		問3	1	2
問4		問5		問6	4	5
問7						
問8		問9		問10	（1）	（2）
問11		問12				
問13		問14				

2

問1		問2	ア	イ	ウ	エ	
問3		問4	％	問5		問6	
問7		問8	X	Y			
問9							

3

問1		問2		問3		
問4	1	2		問5		
問6	（1）3	4	5			
	（2）	問7		問8		

（注）この解答用紙は実物を縮小してあります。Ｂ４用紙に135%拡大コピーすると、ほぼ実物大で使用できます。（タイトルと配点表は含みません）

推定配点		計
	1　問１～問６　各２点×８〔問１は完答〕　問７　５点 問８～問11　各３点×５〔問８，問11はそれぞれ完答〕 問12　４点　問13，問14　各３点×２ 2　問１～問８　各２点×12〔問３は完答〕　問９　５点 3　問１～問６　各２点×10　問７　３点　問８　２点	100点

２０２２年度　市川高等学校

理科解答用紙

番号		氏名	

評点	／100

1

(1)

(2)

(3) 10 20

(4) ① cm ② cm ③ cm (5)

(6) (7) ① ② ③ ④

2

(1) ① ② ③ (2)

(3)

(4) ① ②

3

(1) (2) (3) ② ③ (4)

(5) だ液は 10 20

(6)

4

(1) (2) (3) (4)

(5) 通常よりも 10 20 30

(6)

（注）この解答用紙は実物を縮小してあります。B４用紙に139％拡大コピーすると、ほぼ実物大で使用できます。（タイトルと配点表は含みません）

推定配点		計
	1 (1) 5点 (2) 3点 (3) 5点 (4)～(6) 各3点×5 (7) 各2点×4 2 (1) 各2点×3 (2) 3点 (3) 5点 (4) ① 4点 ② 3点 3 (1) 2点 (2)～(4) 各3点×4 (5) 5点 (6) 各2点×2 4 (1), (2) 各2点×3 (3), (4) 各3点×2 (5) 5点 (6) 3点	100点

二〇二三年度　市川高等学校

国語解答用紙

番号　　氏名　　評点　　/100

一

問1

問2　(1)　(2)

問3

問4

問5

二

問1　a　b　c

問2

問3

問4

問5

問6

三

問1

問2

問3

問4

問5　ア　イ　ウ　エ

四

1　2　3　4　5

(注) この解答用紙は実物を縮小してあります。B４用紙に137%拡大コピーすると、ほぼ実物大で使用できます。(タイトルと配点表は含みません)

推定配点		計
	一 問1　4点　問2　(1)　4点　(2)　6点　問3　5点　問4　4点　問5　6点 二 問1　各2点×3　問2、問3　各4点×2　問4　5点　問5　8点　問6　4点 三 問1　各3点×2　問2　6点　問3　4点　問4　2点　問5　各3点×4 四 各2点×5	100点

２０２１年度　市川高等学校

英語解答用紙

番号		氏名		評点	／100

I	(A)	(1)		(2)		(3)				
		(4)	①		②		③			
			④		⑤					
	(B)	(1)		(2)		(3)		(4)		(5)

II	問1	(1)		(2)				
		(3)						
	問2							
	問3							
	問4							
	問5							
	問6	あ		い		う		え

III	問1							
	問2	A		B		C		D
	問3							
	問4	60						
	問5		問6					
	問7							
	問8							
	問9	(1)		(2)		(3)		

（注）この解答用紙は実物を縮小してあります。B４用紙に139％拡大コピーすると、ほぼ実物大で使用できます。（タイトルと配点表は含みません）

推定配点		計
	I　各２点×13 II　問１　各２点×３　問２～問５　各４点×４　問６　各２点×４ III　問１　４点　問２　各１点×４　問３～問９　各４点×９	100点

２０２１年度　市川高等学校

数学解答用紙

番号		氏名		評点	／100

1	(1)		(2)	
	(3)			

2	(1)	(a)			
		(b)		(c)	
		(d)			
		(e)		(f)	
		(g)			
	(2)				

3	(1)		
	(2)	(i)	
		(ii)	

4	(1)	A_2(　　　,　　　)，A_3(　　　,　　　)		
	(2)		(3)	

5	(1)	(i)		(ii)	
	(2)	(i)			
		(ii)			

（注）この解答用紙は実物を縮小してあります。A３用紙に149％拡大コピーすると、ほぼ実物大で使用できます。（タイトルと配点表は含みません）

推定配点		計
	1 各６点×３　2 (1) 各１点×７　(2) ６点 3 各７点×３　4 (1) 各３点×２　(2), (3) 各７点×２ 5 各７点×４	100点

２０２１年度　市川高等学校

社会解答用紙

番号		氏名		評点	／100

1

問1							
問2		問3		問4	(1)	(2)b	(2)c
問5		問6		問7			
問8		問9					
問10							
問11		問12		問13			

2

問1 (1)							
問1 (2)							
問2	ア	イ	ウ	エ			
	オ	問3		問4			
問5							

3

問1		問2	(1)　訴訟	(1)X　法	(2)	
問3	ア	イ				
問4		問5		問6		
問7	ア	イ				

(注) この解答用紙は実物を縮小してあります。Ａ３用紙に145%拡大コピーすると、ほぼ実物大で使用できます。(タイトルと配点表は含みません)

推定配点		計
	1　問１～問９　各２点×13　問10　５点　問11～問13　各２点×４〔問11は完答〕 2　問１　⑴　５点　⑵　３点　問２　各２点×５　問３～問５　各３点×７ 3　各２点×11〔問６は完答〕	100点

２０２１年度　市川高等学校

理科解答用紙

番号		氏名	

評点	／100

1

(1)	(2)	(3)
(4)	(5)	(6)

2

(1)	(2)

(3) ① cm	② cm	(4) ① cm	② cm
(5) 記号	倍		
(6)			

3

(1)			
(2)			
(3) ：1	(4)	(5)	(6) mL
(7) 矛盾			

◎ ◎ ＋ ○ →

4

(1)	(2)
(3)	
(4)	(5)
(6) Ⅰ層	
Ⅱ層	

（注）この解答用紙は実物を縮小してあります。Ｂ４用紙に133％拡大コピーすると、ほぼ実物大で使用できます。（タイトルと配点表は含みません）

推定配点		計
	1 (1) ３点 (2) 各２点×２ (3)～(5) 各３点×３ (6) 各２点×２ 2 (1)～(5) 各３点×８ (6) ５点 3 (1), (2) 各５点×２ (3)～(6) 各３点×４ (7) 各４点×２ 4 (1)～(4) 各２点×５ (5) ３点 (6) 各４点×２	100点

二〇二二年度　市川高等学校

国語解答用紙

番号		氏名		評点	/100

一

問1　問2　問3　問4　問5　問6

二

問1　a　b　c

問2

問3　ア　イ　ウ　エ　オ

問4　問5　問6

三

問1　問2　問3　問4　問5

四

1　2　3　4　5

（注）この解答用紙は実物を縮小してあります。B４用紙に141％拡大コピーすると、ほぼ実物大で使用できます。（タイトルと配点表は含みません）

推定配点	
	一　問１～問４　各４点×４　問５　８点　問６　６点 二　問１　各２点×３　問２　８点　問３　各２点×５　問４～問６　各４点×３ 三　各４点×６ 四　各２点×５
計	100点

２０２０年度　市川高等学校

英語解答用紙

番号		氏名		評点	／100

I	(A)	(1)		(2)		(3)		(4)		(5)		(6)
	(B)	(1)				(2)						
		(3)				(4)						
		(5)				(6)						

II	問１	(1)								
		(2)								
	問２									
	問３									
	問４		問５							
	問６	ア		イ		ウ		エ		オ
	問７									
	問８									

III	問１									
	問２		問３		問４					
	問５									
	問６									
	問７	D		E		F		G		H
	問８									
	問９	I		J		K		L		
	問１０									

（注）この解答用紙は実物を縮小してあります。A３用紙に145％拡大コピーすると、ほぼ実物大で使用できます。（タイトルと配点表は含みません）

推定配点		計
	I　各２点×12 II　問１～問４　各４点×５　問５，問６　各１点×９　問７，問８　各４点×２ III　問１～問６　各３点×６　問７　各１点×５　問８　４点　問９　各２点×４　問10　４点	100点

２０２０年度　市川高等学校

数学解答用紙

番号		氏名		評点	／100

1	(1)			
	(2)		(3)	
	(4)			
2	(1)		(2)	
	(3)	2020 =		2020 =
3	(1)	①	(1)	②
	(2)			
4	(1)		(2)	
5	(1)		(2)	
	(3)		(4)	

（注）この解答用紙は実物を縮小してあります。A３用紙に154％拡大コピーすると、ほぼ実物大で使用できます。（タイトルと配点表は含みません）

推定配点		計
	1　(1)　10点　(2)〜(4)　各６点×３ 2　(1), (2)　各６点×２　(3)　各３点×２ 3〜5　各６点×９	100点

２０２０年度　市川高等学校

社会解答用紙

番号		氏名	

評点	／100

1

問1

問2

問3　問4　問5　問6

問7

問8　→　→　→

問9　(1)　(2)　(3)

(4)X　Y　Z

(5)　(6)

(7)X　Y　(8)

2

問1

問2　問3　問4

問5　問6

問7　問8　月　日　時　問9

3

問1 X　Y　問2　問3　問4

問5　問6　問7　問8

4

問1　問2　問3

（注）この解答用紙は実物を縮小してあります。B４用紙に141％拡大コピーすると、ほぼ実物大で使用できます。（タイトルと配点表は含みません）

推定配点		計
	1 問１　２点　問２　６点　問３～問６　各２点×４　問７　10点　問８　４点　問９　各２点×11 2 問１　６点　問２～問９　各２点×９〔問６は各２点×２〕 3, 4　各２点×12	100点

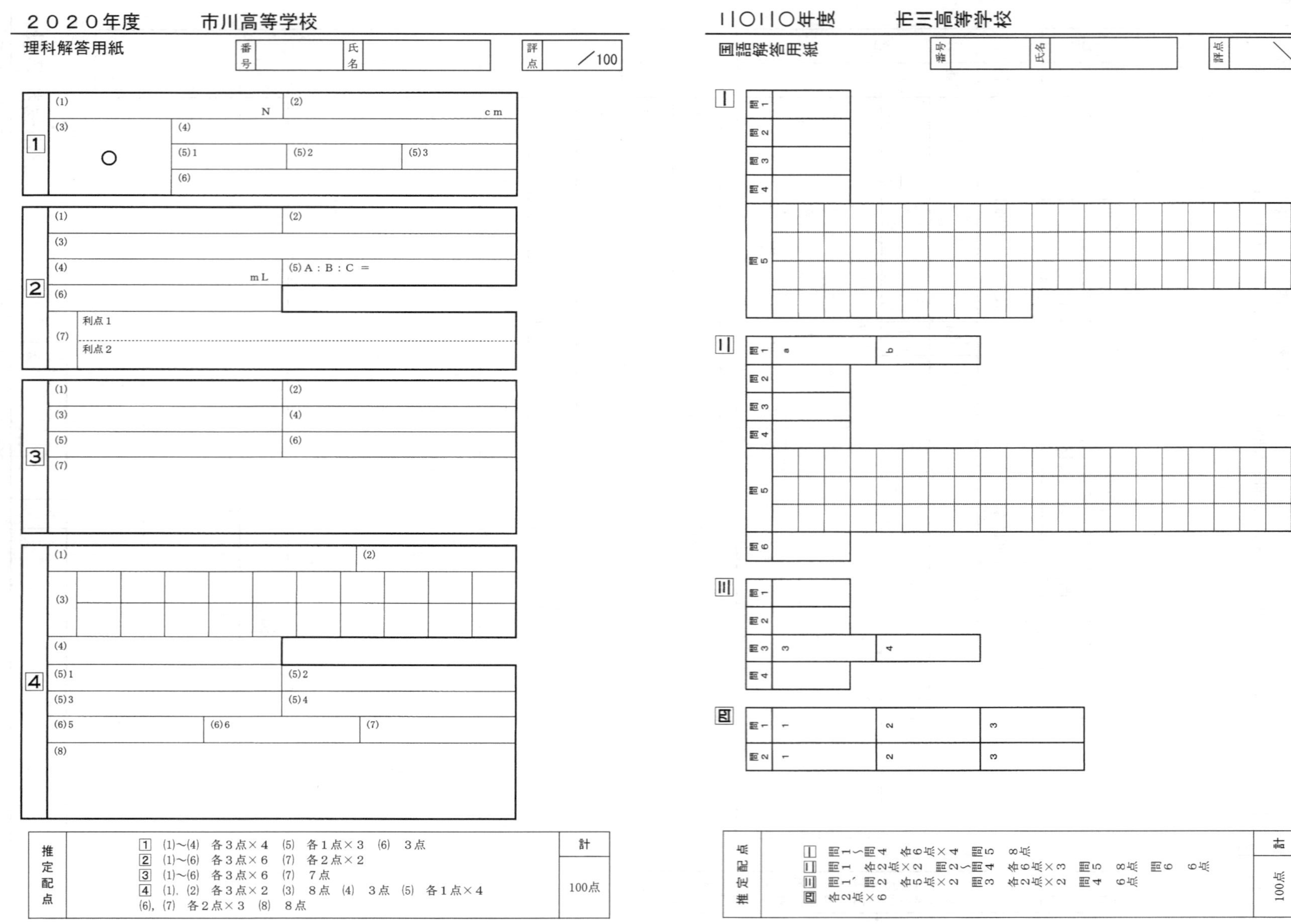

2020年度　市川高等学校

理科解答用紙　番号　氏名　評点　／100

1　(1) N　(2) cm　(3) ○　(4)　(5)1　(5)2　(5)3　(6)

2　(1)　(2)　(3)　(4) mL　(5)A：B：C＝　(6)　(7) 利点1　利点2

3　(1)　(2)　(3)　(4)　(5)　(6)　(7)

4　(1)　(2)　(3)　(4)　(5)1　(5)2　(5)3　(5)4　(6)5　(6)6　(7)　(8)

推定配点

1　(1)～(4)　各3点×4　(5)　各1点×3　(6)　3点
2　(1)～(6)　各3点×6　(7)　各2点×2
3　(1)～(6)　各3点×6　(7)　7点
4　(1)，(2)　各3点×2　(3)　8点　(4)　3点　(5)　各1点×4　(6)，(7)　各2点×3　(8)　8点

計　100点

二〇二〇年度　市川高等学校

国語解答用紙　番号　氏名　評点　／100

一　問1　問2　問3　問4　問5

二　問1 a b　問2　問3　問4　問5　問6

三　問1　問2　問3 3 4　問4

四　問1 1 2 3　問2 1 2 3

推定配点

一　問1～問4　各6点×4　問5　8点
二　問1　各2点×2　問2～問4　各6点×3　問5　8点　問6　6点
三　問1、問2　各5点×2　問3　各2点×2　問4　6点
四　各2点×6

計　100点